ZHONGHUARENMINGONGHEGUO XINGFA
LIFA JINGJIE

中华人民共和国刑法
立法精解
—— 下 ——

王爱立／主编

中国检察出版社

第四章 侵犯公民人身权利、民主权利罪

第二百三十二条【故意杀人罪】

故意杀人的,处死刑、无期徒刑或者十年以上有期徒刑;情节较轻的,处三年以上十年以下有期徒刑。

【条文精解】

本条是关于故意杀人罪及其处罚的规定。

故意杀人罪,是指故意非法剥夺他人生命的行为,是一种最严重的侵犯公民人身权利的犯罪。本罪侵犯的客体是他人的生命权利。生命权是公民最重要的人身权利,根据我国的司法实践,胎儿脱离母体,能够独立呼吸,就有了生命,具有生命的权利,任何人也不能非法剥夺。本罪在客观方面表现为非法剥夺他人生命的行为,在实际发生的案件中,非法剥夺他人生命的方法是多种多样的,行为人采用何种方法,不影响本罪的成立。但是,正当防卫行为、人民警察依法执行职务的行为、依法对罪犯执行死刑的行为,不属于非法剥夺他人生命的行为,不构成本罪。本罪是故意犯罪,包括直接故意和间接故意。直接故意是有明确的杀人目的,并且希望其行为能致使被害人死亡;间接故意是对自己的行为可能造成被害人死亡的后果采取放任的态度。

关于故意杀人罪的刑罚,本条共规定了两档刑:(1)故意杀人的,处死刑、无期徒刑或者十年以上有期徒刑;(2)故意杀人情节较轻的,处三年以上十年以下有期徒刑。这里所规定的"情节较轻",实践中可以从犯罪的动机、原因、后果等方面加以考虑,如出于义愤杀人等情况。第一,考虑到故意杀人罪是一种非常严重的侵犯公民人身权利的犯罪,必须予以严厉打击,本条对于刑罚作了比较特殊的表述,是按照从重刑到轻刑的顺序列举的,首先是死刑,然后是无期徒刑或者十年以上有期徒刑,这样规定的目的在于显示刑法对故意杀人罪从严处罚的态度,维护公民的生命权利不受非法侵犯。第二,对情节较轻的可以处三年以上十年以下有期徒刑,这样规定,主要考虑是实践中故意杀人的情况比较复杂,如果一律处以重刑,既不符合罪责刑相适应原则,也有悖公平正义。同时,也是参考域外有些国家、地区对故意杀人罪

区分不同的情节予以不同的处罚经验做法，如有的国家将故意杀人区分一级谋杀、二级谋杀等，并适用不同的刑罚。

认定故意杀人罪不能客观归罪，不能只看行为的后果，要根据行为人的故意内容来认定。如果行为人不是要故意非法剥夺他人生命，而是出于其他故意行为致人死亡的，如故意伤害致人死亡的，强奸妇女致使被害人死亡的，使用暴力进行抢劫致人死亡的，等等，不能认定为故意杀人罪，而应将致人死亡这一后果作为各该罪的量刑情节考虑。

【实践中需要注意的问题】

司法实践中应当注意，故意杀人侵犯的是人的生命和身体健康，社会危害大，直接影响到人民群众的安全感，应当作为刑法重点惩治的犯罪。但是，实践中的故意杀人案件复杂多样，处理时要注意分别案件的不同性质，做到区别对待。一般而言，故意杀人案件从性质上通常可分为两类：一类是严重危害社会治安、严重影响人民群众安全感的案件，如极端仇视国家和社会以不特定人为行凶对象的，针对妇女、儿童等弱势群体或在公共场所实施的杀人等；另一类是因婚姻家庭、邻里纠纷等民间矛盾激化引发的案件。对于前者应当作为严惩的重点，依法判处被告人重刑直至判处死刑。对于后者处理时应注意体现从严的精神，在判处重刑尤其是适用死刑时应特别慎重。对于被害人在起因上存在过错，或者是被告人案发后积极赔偿，真诚悔罪，取得被害人或其家属谅解的，应依法从宽处罚，对同时有法定从轻、减轻处罚情节的，也应当予以考虑。同时应重视此类案件中的附带民事调解工作，努力化解双方矛盾，实现积极的"案结事了"，增进社会和谐，达成法律效果与社会效果的有机统一。

第二百三十三条 【过失致人死亡罪】

过失致人死亡的，处三年以上七年以下有期徒刑；情节较轻的，处三年以下有期徒刑。本法另有规定的，依照规定。

【条文精解】

本条是关于过失致人死亡罪及其处罚的规定。

过失致人死亡罪属于过失犯罪，是指由于过失导致他人死亡后果的行为。过失致人死亡，包括疏忽大意的过失致人死亡和过于自信的过失致人死亡。前者是指行为人应当预见自己的行为可能造成他人死亡的结果，由于疏忽大意而没有预见，以致造成他人死亡。后者是指行为人已经预见到其行为可能会造成他人死亡的结果，但由于轻信能够避免以致造成他人死亡。如果行为人主观上没有过失，而是由于其他无法预见的原因导致他人死亡的，属于意外事件，行为人不负刑事责任。

关于过失致人死亡罪的刑罚，本条规定，过失致人死亡的，处三年以上七年以下有期徒刑；情节较轻的，处三年以下有期徒刑。同时规定，"本法另有规定的，依照规定"，也就是说，过失致人死亡，除本条的一般规定外，刑法规定的其他犯罪中也有过失致人死亡的情况，根据特殊规定优于一般规定的原则，对于本法另有特殊规定的，适用特殊规定，而不按本条定罪处罚，如本法第一百一十五条关于失火、过失决水、过失爆炸、过失投放危险物质等的规定；第一百三十三条关于交通肇事致人死亡的规定；第一百三十四条关于重大责任事故致人死亡的规定等。

【实践中需要注意的问题】

实际执行中应当注意区分过于自信的过失致人死亡犯罪与间接故意杀人犯罪。上述两种犯罪中，行为人都预见到可能发生他人死亡的后果，但过失致人死亡犯罪的行为人并不希望或放任这种结果发生，而只是轻信能够避免；间接故意杀人犯罪的行为人则对结果的发生采取放任、听之任之和漠不关心的态度。

第二百三十四条 【故意伤害罪】

故意伤害他人身体的，处三年以下有期徒刑、拘役或者管制。

犯前款罪，致人重伤的，处三年以上十年以下有期徒刑；致人死亡或者以特别残忍手段致人重伤造成严重残疾的，处十年以上有期徒刑、无期徒刑或者死刑。本法另有规定的，依照规定。

【条文精解】

本条是关于故意伤害罪及其处罚的规定。

本条共分两款。第一款是关于故意伤害他人，尚未致人重伤、死亡的犯罪及其处刑的规定。故意伤害，是指故意非法损害他人身体健康的行为，包括损害人体组织的完整性或者损害人体器官的正常功能。如果不是对他人的身体健康造成损害，而是损害他人的人格、名誉或者人身自由的，不构成本罪，而是构成其他犯罪。故意伤害的方法很多，行为人采用何种具体方法不影响本罪的构成。需要注意的是，对于故意伤害自己身体的，一般不构成犯罪，但是根据本法第四百三十四条的规定，如果军人在战时逃避执行军事义务而自伤身体的，构成战时自伤罪。依据本款规定，故意伤害他人身体，尚未致人重伤、死亡的，处三年以下有期徒刑、拘役或者管制。

第二款是关于故意伤害他人，致人重伤或者死亡的犯罪及其处刑的规定。根据本款规定，故意伤害致人重伤的，处三年以上十年以下有期徒刑，这里所说的"致人重伤"，依照刑法第九十五条的规定，是指有下列情形之一的伤害：（1）使人肢体残废或者毁人容貌的；（2）使人丧失听觉、视觉或者其他器官机能的；（3）其他对于人身健康有重大伤害的。刑法第九十五条中的"其他对于人身健康有重大伤害的"，主要是指上述几种重伤之外的在受伤当时危及当事人生命或者在损伤过程中能够引起威胁生命的并发症，以及其他严重影响人体健康的损伤，主要包括颅脑损伤、颈部损伤、胸部损伤、腹部损伤、骨盆部损伤、脊柱和脊髓损伤以及烧伤、烫伤、冻伤、电击损伤与物理、化学或者生物等致伤因素引起的损伤等。

"致人死亡或者以特别残忍手段致人重伤造成严重残疾的，处十年以上有期徒刑、无期徒刑或者死刑"。这里所说的"特别残忍手段"，是指故意要造成他人严重残疾而采用毁容、挖人眼睛、砍掉人双脚等特别残忍的手段伤害他人的行为。以特别残忍手段致人重伤造成严重残疾的故意伤害案件，适用死刑时需要严格把握，并非只要达到"致人重伤造成严重残疾"的程度就必须判处死刑，还需要根据致人"严重残疾"的具体情况，综合考虑犯罪情节和危害后果来决定具体适用的刑罚。故意伤害致人重伤造成严重残疾，只有犯罪手段特别残忍，后果特别严重的，才能考虑适用死刑。

本款同时还规定，"本法另有规定的，依照规定"，这是指故意伤害他人身体，除本条的一般性规定外，刑法规定的其他犯罪中也有故意伤害他人身体的情况，根据特别规定优于一般规定的原则，对于本法另有特别规定的，适用特别规定，而不依照本条的规定定罪处罚。例如，放火、决水、爆炸、投放危险物质致人重伤的，按刑法第一百一十五条第一款定罪处罚；强奸妇女或者奸淫幼女致人重伤的，按刑法第二百三十六条第三款定罪处刑；非法拘禁致人重伤的，按刑法第二百三十八条第二款定罪处刑；抢劫致人重伤的，按刑法第二百六十三条定罪处刑；等等。

【实践中需要注意的问题】

一是关于故意伤害罪与故意杀人罪的界限。两罪的主要区别在于是否以非法剥夺他人生命为故意内容，如果行为人没有非法剥夺他人生命的故意，而只有伤害他人身体健康的故意，即使行为导致了他人的死亡，也只能定故意伤害罪；如果行为人有非法剥夺他人生命的故意，即使其行为没有造成他人死亡的结果，也构成故意杀人罪（未遂）。实践中一些致人死亡的犯罪是故意杀人还是故意伤害往往难以区分，在认定时除从作案工具、打击的部位、力度等方面进行判断外，也要注意考虑犯罪的起因等因素。对于民间纠纷引发的案件，如果难以区分是故意杀人还是故意伤害时，一般可考虑定故意伤害罪。

二是故意伤害罪与过失致人重伤罪的界限。过失致人重伤罪在主观上是过失的，而且法律要求必须造成他人重伤的结果才能构成犯罪，而故意伤害罪在主观上是故意的，即使致人轻伤，也构成故意伤害罪。最高人民法院、最高人民检察院、公安部、国家安全部、司法部于2013年8月发布了《人体损伤程度鉴定标准》，自2014年1月1日起施行，在司法实践中，损伤程度的评定和认定主要是依据该标准进行的。

第二百三十四条之一 【组织出卖人体器官罪】

组织他人出卖人体器官的，处五年以下有期徒刑，并处罚金；情节严重的，处五年以上有期徒刑，并处罚金或者没收财产。

未经本人同意摘取其器官，或者摘取不满十八周岁的人的器官，或者强迫、欺骗他人捐献器官的，依照本法第二百三十四条、第二百三十二条的规定定罪处罚。

违背本人生前意愿摘取其尸体器官，或者本人生前未表示同意，违反国家规定，违背其近亲属意愿摘取其尸体器官的，依照本法第三百零二条的规定定罪处罚。

【条文精解】

本条是关于组织出卖人体器官罪及其处罚的规定。

本条共分三款。第一款规定，组织他人出卖人体器官的，处五年以下有期徒刑，并处罚金；情节严重的，处五年以上有期徒刑，并处罚金或者没收财产。其中，组织他人出卖人体器官的，是指在违反国家有关规定的情况下，组织他人进行出卖人体器官的行为。国务院2007年颁发的《人体器官移植条例》第三条规定："任何组织或者个人不得以任何形式买卖人体器官，不得从事与买卖人体器官有关的活动。"由此可见，组织他人出卖人体器官的行为严重破坏了国家对人体器官移植规范的正常秩序，严重损害他人的身体健康、侵犯了他人基本人权，具有严重的社会危害性，必须给予严厉打击。根据本款规定，构成本罪首先必须实施了"组织行为"，实践中非法的人体器官移植已经由早期"供体"与"受体"直接联系交易，发展到由"黑市中介"控制整个非法的人体器官市场的供应，如有的采取欺骗、利诱甚至强迫手段，寻找器官"捐献"者，同时为捐献者提供生活保障、医学检查；有的联系器官需求方；有的怕"捐献"者反悔派人监管、看管等。这就需要有人组织、指挥、协调。所谓组织行为，就是指以领导、策划、指挥、招募、雇用、控制出卖他人人体器官的行为。其次，行为人必须实施了"出卖行为"，即出卖他人人体器官的行为。"他人"是指捐献者。这种行为不仅违背了人体器官捐献坚持的自愿、无偿的原则，而且违反了人类基本的伦理道德，把人体器官变成"商品"，任意买卖，当然为法律所禁止。根据本条规定，构成组织他人出卖人体器官犯罪的，处五年以下有期徒刑，并处罚金；情节严重的，处五年以上有期徒刑，并处罚金或者没收财产。其中，"情节严重的"是指，多次组织他人出卖人体器官或者获利数额较大的等情况。具体还有那些情况属于情节严重，可由司法机关根据司法实践做出具体的司法解释。

第二款规定，未经本人同意摘取其器官，或者摘取不满十八周岁的人的器官，或者强迫、欺骗他人捐献器官的，依照本法第二百三十四条、第二百三十二条的规定定罪处罚。应当说明的是，本条的"摘取"不包括出于医学治疗需要摘取、切除，而是指违反国家规定，非医学治疗需要的摘取人体器官。"未经本人同意摘取其器官"，是指在没有得到被摘取器官的本人的同意，就摘取其器官的行为，包括在本人不明真相的情况下摘取其器官和未经本人同意，采取强制手段摘取其器官两种情况。根据国务院的《人体器官移植条例》的规定，严禁未经公民本人同意摘取其活体器官。因此，未经本人同意摘取其器官，根据本条的规定就已经构成了犯罪行为。"摘取不满十八周岁的人的器官"，是指摘取未满十八周岁的未成年人的器官。未成年人的合法权利一向是被法律重点保护的对象。由于他们是处于社会中的弱势群体，处于身体发育阶段，对事物的判断能力还不成熟，更需要法律加以特殊的保护。因此不论未成年人本人是否同意，只要是非医学救治的需要而摘取其器官就构成了犯罪。"强迫、欺骗他人捐献器官的"，是指采取强迫、欺骗的手段，使他人捐献器官的行为，强迫包括使用暴力、胁迫或其他方法足以压制一般人的反抗，使他人器官被迫摘除，如采用麻醉手段摘除他人器官；欺骗包括虚构事实、隐瞒真相，使他人陷入认识错误，进而处分自己的器官，比如医师不履行告知义务,谎称器官病变需要摘除。公民捐献器官,一般是出于人道主义,自愿地对身患严重疾病或绝症的人给予人体器官捐赠的行为。国务院颁布的《人体器官移植条例》第七条规定:"人体器官捐献应当遵循自愿、无偿的原则。公民享有捐献或者不捐献其人体器官的权利;任何组织或者个人不得强迫、欺骗或利诱他人捐献人体器官。"根据本条的规定,强迫、欺骗他人捐献器官,违背了本人意愿,是对公民的人身权利的赤裸裸的侵犯。从本款规定的三种情形看,未经本人同意摘取其器官,或者摘取不满十八周岁的人的器官,或者强迫、欺骗他人捐献器官的行为,有一些共同特点:违背了器官被摘取者的意愿,行为人都知道摘取他人人体器官会对他人身体造成严重损害,甚至可能导致死亡。因此,本条规定对于上述行为的刑事责任,依据本款的规定,"依照本法第二百三十四条、第二百三十二条的规定定罪处罚"。即可依照故意伤害罪、故意杀人罪定罪处罚。最高刑可判处死刑。

第三款规定,违背本人生前意愿摘取其尸体器官,或者本人生前未表示同意,违反国家规定,违背其近亲属意愿摘取其尸体器官的,依照本法第三百零二条的规定定罪处罚。其中,"违背本人生前遗愿摘取其器官",是指虽然已故公民在生前已经明确表示死后不愿意捐献人体器官但仍违背其生前遗愿摘取其器官的行为。"违反国家规定,违背其近亲属意愿摘取其尸体器官的",是指违反了国务院颁发的《人体器官移植条例》第八条第二款的规定,即"公民生前未表示不同意捐献其人体器官的,该公民死亡后,其配偶、成年子女、父母可以以书面形式共同表示同意捐献该公民人体器官的意愿"。从这一规定可以看出,对没有在生前留下捐献器官意愿的死者,在没有其近亲属以书面形式共同表示同意摘取其器官的情况下,如果摘取其器官,也是被禁止的,也就构成了本条规定的犯罪。根据本款规定,构成本款规定犯罪的,依照本法第三百零二条的规定处罚。刑法第三百零二条规定,"盗窃、侮辱、故意毁坏尸体、尸骨、骨灰的,处三年以下有期徒刑、拘役或者管制"。从本款规定的违背本人生前遗愿摘取其尸体器官,或者本人生前未表示同意,违反国家规定,违背其近亲属意愿摘取其尸体器官的行为,对死者尸体的完整性造成了破坏,不仅是对死者的人格尊严的亵渎,也给死者近亲属带来极大的痛苦和伤害,属于刑法规定的有关侮辱、毁坏尸体行为,因此,本款规定依照该罪定罪处罚。

【实践中需要注意的问题】

实际执行中应当注意以下几个方面的问题:《刑法修正案(八)》实施前,

司法实践中对组织他人出卖人体器官的行为，大多按非法经营罪中的"其他严重扰乱市场秩序的非法经营行为"来处理。《刑法修正案（八）》实施后，组织出卖人体器官罪是对组织他人出卖人体器官行为的专门规定，本罪与非法经营罪构成特殊与一般的法条竞合关系，根据罪刑法定原则，对组织他人出卖人体器官的行为就不能再按非法经营罪来定罪处罚了。

第二百三十五条 【过失致人重伤罪】

过失伤害他人致人重伤的，处三年以下有期徒刑或者拘役。本法另有规定的，依照规定。

【条文精解】

本条是关于过失致人重伤罪及其处罚的规定。

过失致人重伤罪，是指过失伤害他人身体，致人重伤的行为。本罪是过失犯罪，行为人对于伤害他人的结果不是持希望或者放任的态度，而是由于疏忽大意或轻信能够避免而致使他人重伤的结果发生。其中疏忽大意的过失重伤他人，是指行为人应当预见自己的行为可能造成他人重伤的结果，由于疏忽大意而没有预见，以致造成他人重伤。过于自信的过失致人重伤，是指行为人已经预见到其行为可能会造成他人重伤的结果，但由于轻信能够避免以致造成他人重伤。行为人的过失行为，只有造成他人重伤的才能构成犯罪，造成他人轻伤的不构成犯罪。因此，对于行为人过失给他人造成的伤害结果，应当在专门鉴定的基础上，参照《人体损伤程度鉴定标准》，正确认定伤害的结果是否符合刑法第九十五条规定的重伤标准。如果行为人主观上没有过失，而是由于无法预见的原因导致他人重伤的，属于意外事故，行为人不负刑事责任。

依照本条规定，过失伤害他人致人重伤的，处三年以下有期徒刑或者拘役。本条同时还规定，"本法另有规定的，依照规定"，是指过失行为致人重伤的，除本条的一般性规定外，刑法规定的其他犯罪中也有过失致人重伤的情况，根据特别规定优于一般规定的原则，对于本法另有特别规定的，适用特别规定，而不依照本条的规定定罪处罚，如本法第一百三十三条关于交通肇事致人重伤的规定，第一百三十四条关于重大责任事故致人重伤的规定等。

【实践中需要注意的问题】

实际执行中应当注意以下几个方面的问题：一是划清本罪与意外事件的

界限。其一，要查明行为人主观上有无罪过，是否存在疏忽大意、过于自信的情况；其二，对于因过失造成被害人重伤的，还要进一步查明行为人的过失行为与重伤结果之间有无刑法上的因果关系。如果经过调查，根据行为人的认识能力，行为时的具体时间、地点和条件，证明致人重伤是由于行为人不能预见的原因引起的，则属于意外事件，不能追究行为人的刑事责任。二是要划清本罪与故意伤害罪的界限。这两种犯罪在客观方面的表现相同，区别主要有两点：其一，主观方面不同，一个是因过失致人重伤，主观上不希望伤害结果的发生；另一个是故意伤害他人，积极追求或者放任伤害结果的发生。其二，两个罪名对行为结果的要求不同。构成故意伤害罪，一般要求造成轻伤以上的结果，造成重伤结果的当然包括在内；而构成过失致人重伤罪，需要达到重伤的程度，如果过失致人轻伤，则不构成犯罪，但是需承担民事赔偿责任。三是在处理伤害案件时，往往附带有损害赔偿问题，对此首先要注意划清罪与非罪的界限，既不能把已构成伤害罪的案件当作损害赔偿的民事案件处理，也不能把轻微伤害引起的民事案件当作刑事案件处理，更不能把被告人赔偿的态度好坏作为划分罪与非罪的标准。

第二百三十六条【强奸罪】

以暴力、胁迫或者其他手段强奸妇女的，处三年以上十年以下有期徒刑。

奸淫不满十四周岁的幼女的，以强奸论，从重处罚。

强奸妇女、奸淫幼女，有下列情形之一的，处十年以上有期徒刑、无期徒刑或者死刑：

（一）强奸妇女、奸淫幼女情节恶劣的；

（二）强奸妇女、奸淫幼女多人的；

（三）在公共场所当众强奸妇女、奸淫幼女的；

（四）二人以上轮奸的；

（五）奸淫不满十周岁的幼女或者造成幼女伤害的；

（六）致使被害人重伤、死亡或者造成其他严重后果的。

【条文精解】

本条是关于强奸罪及其处罚的规定。

强奸罪，是指违背妇女的意志，以暴力、胁迫或者其他手段强行与妇女发生性关系的行为。强奸罪是一项性质恶劣的刑事犯罪，严重侵犯妇女人身权利及性自由权，使妇女的身心健康遭受严重摧残，有的甚至造成被害妇女死亡、伤残的后果，因此，强奸罪是刑法重点惩治的犯罪之一。我国1979年刑法第一百三十九条规定："以暴力、胁迫或者其他手段强奸妇女的，处三年以上十年以下有期徒刑。奸淫不满十四岁幼女的，以强奸论，从重处罚。犯前两款罪，情节特别严重的或者致人重伤、死亡的，处十年以上有期徒刑、无期徒刑或者死刑。二人以上犯强奸罪而共同轮奸的，从重处罚。"1997年修订刑法时对本条作了修改，删去第三款中"犯前两款罪，情节特别严重的"的表述，对应处十年以上有期徒刑、无期徒刑或者死刑的情形作了具体列举，同时作了文字修改。

2020年《刑法修正案（十一）》对本条作了修改。一是将第三款第三项"在公共场所当众强奸妇女的"，修改为"在公共场所当众强奸妇女、奸淫幼女的"，将在公共场所当众奸淫幼女的行为明确为从重处罚的情形；二是在第三款中增加一项作为第五项，规定"奸淫不满十周岁的幼女或者造成幼女伤害的"。近年来，性侵未成年人犯罪案件（包括强奸罪、猥亵儿童罪以及强制猥亵、侮辱罪案件）不时引发社会舆论的广泛关注。根据最高人检察院的统计，2017—2019年全国检察机关共起诉性侵害未成年人犯罪案件3.88万件4.34万人，其中2017年1.06万人，2018年1.34万人，2019年1.93万人，同比分别上升26.8%、24.9%。据全国公安刑侦部门统计的2017年以来强奸罪，猥亵儿童罪，强制猥亵、侮辱罪等各类性侵犯罪案件情况看，未成年被害人在性侵案件被害人中占较大比重。在强奸案件中，十八周岁以下的占41%，十四周岁以下的占21%。针对上述情况，为了进一步加强对未成年人的刑法保护，根据有关方面的意见，《刑法修正案（十一）》对本罪第三款"处十年以上有期徒刑、无期徒刑或者死刑"的情形作了修改。

本条共分三款。本条第一款对构成强奸罪如何处罚作了规定。本罪的犯罪主体一般是男子，教唆、帮助男子强奸妇女的女子，也可以成为强奸罪的共犯。本罪在客观方面表现为违背妇女意志强行与妇女发生性关系的行为。这种行为具有以下特征：(1)必须是违背了妇女的真实意愿。判断与妇女发生性关系是否违背妇女的意志，要结合性关系发生的时间、周围环境、妇女的性格、体质等各种因素进行综合分析，不能将妇女是否有明显的抗拒举动作为违背其意愿的唯一要件。对于有的被害妇女由于害怕等原因而不敢反抗、失去反抗能力的，也应认定是违背了妇女的真实意愿。同无责任能力的妇女（如果傻妇女或精神病患者）发生性关系的，由于这些妇女无法正常表达自己的真实意愿,因此无论其是否"同意",均构成强奸妇女罪。(2)行为人必须以暴力、胁迫或者其他手段,强行与妇女发生性关系。这里所说的"暴力"手段,是指犯罪分子直接对被害妇女采取身体强制,如施以殴打等危害妇女人身安全和人身自由,使妇女不能抗拒的手段。"胁迫"手段,是指犯罪分子对被害妇女施以威胁、恫吓,进行精神上的强制,迫使妇女就范,不敢抗拒的手段,如以杀害被害人、加害被害人的亲属相威胁的;以揭发被害人的隐私相威胁的;利用职权、教养关系、从属关系等形成的优势地位,以及妇女孤立无援的环境相胁迫的;等等。"其他手段",是指犯罪分子使用暴力、胁迫以外的使被害妇女不知抗拒、无法抗拒的手段,如假冒为妇女治病而进行奸淫的;利用妇女患病、熟睡之机进行奸淫的;将妇女灌醉、麻醉后进行奸淫的;等等。依照本款规定,对于犯强奸罪的,处三年以上十年以下有期徒刑。

本条第二款对奸淫幼女及其处罚作了规定。幼女身体发育尚不成熟,欠缺自我保护能力,为了加强对幼女的保护,刑法规定了奸淫幼女的犯罪。奸淫幼女,是指与不满十四周岁的幼女发生性关系的行为。奸淫幼女的,无论幼女是否"同意",即构成强奸罪。构成本罪应具有两个要件:(1)被害人必须是不满十四周岁的幼女;(2)必须具有奸淫幼女的行为。不论行为人采用什么手段,也不论幼女是否同意,只要与幼女发生了性关系,就构成本罪。依照本款的规定,奸淫不满十四周岁的幼女的,以强奸论,从重处罚。

这里有一个问题需要注意,1997年刑法第三百六十条第二款规定"嫖宿不满十四周岁的幼女的,处五年以上有期徒刑,并处罚金"。对刑法的这一规定,有意见提出删去,对实践中有此类行为的,按照本条第二款的规定处理。2015年8月29日,第十二届全国人民代表大会常务委员会第十六次会议通过的《刑法修正案(九)》删去了第三百六十条第二款关于嫖宿幼女罪的规定。关于这样修改的考虑,嫖宿幼女从性质上讲,也是奸淫幼女的一种情形。刑法原来对嫖宿幼女的情形专门作出规定,是为了司法实践中更准确地适用法律,从严惩处这类犯罪。如嫖宿幼女的起刑点是五年有期徒刑,而强奸罪的起刑点为三年有期徒刑,这充分表明了刑法关于嫖宿幼女的刑罚设定与强奸罪规定的"奸淫不满十四周岁的幼女的,以强奸论,从重处罚"的精神相一致、刑罚相协调。但从实践中的情况看,由于各方面原因,对于嫖宿幼女行为的处理严厉程度不够。还有的意见提出,嫖赌幼女虽然针对的是现实存在的丑恶犯罪情况,但对被嫖宿的幼女而言,客观上会造成"污名化"的后果。应当说,对于嫖宿幼女犯罪的被害幼女的这些歧视等所谓"污名化"的行为,是极其错误并应予以严厉谴责的,但从有利于受害幼女权利保护的角度考虑,删去该罪的规定,对相关行为一律按奸淫幼女处理,也是可以的。虽然如此,有关司法机关在案件处理上,仍有必要强调对各类受害幼女都平等保护,不应因有的受害行为发生在所谓"嫖宿"的场合而有所从宽。

本条第三款规定了对犯强奸罪情节严重的应如何处罚。对于强奸妇女、奸淫幼女情节严重的,本款共列了六项情形,即:(1)强奸妇女、奸淫幼女情节恶劣的。这里的"情节恶劣"是指除本款已经列举之外的其他各种恶劣情节、欺凌等恶劣手段。(2)强奸妇女、奸淫幼女多人的。具体是指强奸妇女、奸淫幼女人数比较多的情况,包括一次多人、多次累计多人等情况。司法实践中一般掌握为三人(含)以上的。(3)在公共场所当众强奸妇女的、奸淫幼女的。这里的"公共场所"包括群众进行公开活动的场所,如商店、影剧院、体育场、街道等;也包括各类单位,如机关、团体、事业单位的办公场所,企业生产经营场所,医院、学校、幼儿园等;还包括公共交通工具,如火车、轮船、长途客运汽车、公共电车、汽车、民用航空器等。"当众"既包括故意使他人看到,也包括不避讳他人看到的情况。在公共场所强奸妇女、奸淫幼女,只要有其他人在场,不论在场人员是否实际看到,均可以认定为在公共场所"当众"强奸妇女、奸淫幼女。(4)二人以上轮奸的。这里所说的"轮奸",是指两个以上的男子在同一犯罪活动中,以暴力、胁迫或者其他手段对同一妇女或幼女进行强奸或者奸淫的行为。(5)奸淫不满十周岁的幼女或者造成幼女伤害的。奸淫不满十周岁的幼女,通常会给幼女造成严重的身体伤害,同时对幼女的身心健康也会带来严重的不良影响,对于这种行为必须予以严惩。"造成幼女伤害的"是指因奸淫幼女行为给幼女造成身体、精神伤害结果的。这里的"奸淫不满十周岁的幼女"与"造成幼女伤害的"二者是并列的两种情形,行为人有奸淫幼女的行为,符合上述条件之一的,即应当处十年以上有期徒刑、无期徒刑或者死刑。(6)致使被害人重伤、死亡或者造成其他严重后果的。这里所说的"致使被害人重伤、死亡",是指因强奸妇女、奸淫幼女导致被害人性器官严重损伤,或者造成其他严重伤害,甚至死亡的。强奸、奸淫幼女,只要具有上述所列六种情形之一的,就属于情节严重的情况,依法应当予以严惩,依照本款规定,属于上述情况的,处十年以上有期徒刑、无期徒刑或者死刑。

【实践中需要注意的问题】

2015年《刑法修正案(九)》删去刑法第三百六十条第二款关于嫖宿幼

女罪的规定，并不是对这类行为不再追究，在《刑法修正案（九）》施行之后，对于实践中发生的嫖宿幼女行为，应适用本条第二款关于奸淫幼女的规定，直接以强奸罪处理，并予以从重处罚。

> **第二百三十六条之一**　【负有照护职责人员性侵罪】
> 　　对已满十四周岁不满十六周岁的未成年女性负有监护、收养、看护、教育、医疗等特殊职责的人员，与该未成年女性发生性关系的，处三年以下有期徒刑；情节恶劣的，处三年以上十年以下有期徒刑。
> 　　有前款行为，同时又构成本法第二百三十六条规定之罪的，依照处罚较重的规定定罪处罚。

【条文精解】

本条是关于负有照护职责人员性侵罪及其处罚的规定。

2020年12月26日十三届全国人大常委会第二十四次会议通过的《刑法修正案（十一）》增加了本条规定。实践中，监护人等特定身份的人员性侵未成年人犯罪案件时有发生。据最高人民检察院统计，2018年7月至2020年6月，全国检察机关批准逮捕监护人性侵未成年人案件1279件，其中强奸案件1013件，猥亵儿童案件214件，强制猥亵、侮辱案件52；教师性侵害未成年人案件1059件，其中强奸242件，猥亵儿童679件，强制猥亵、侮辱138件。司法实践中，监护人等性侵未成年人案件多发于单亲、离异、收养家庭。例如，2015年至2017年浙江办理的15件监护人性侵案件中，均涉及强奸罪，被害人都未满十四周岁，发生在单亲、再婚、收养家庭中的占80%。由此可以看出，需要进一步保护未成年人免受监护人等具有特定身份的人性侵害。刑法奸淫幼女罪的年龄界限为十四周岁，对于利用特定关系性侵已满十四周岁女性未成年人的，如果采取了暴力、胁迫等手段的，可以强奸罪定罪处罚。未使用暴力、胁迫等手段的，难以依照刑法规定追究责任。从实际情况看，这种利用特定身份奸淫未成年人女性的行为，即使未使用暴力手段，但由于收养、监护等特定关系，对未成年人而言，往往会由于恐惧、不知所措等而不敢反抗。有的虽然表现为被害人"自愿"，但由于受害人毕竟尚未成年，尚不具备完全认知自己行为性质的能力。因此，从保护女性未成年人健康成长出发，有必要对此类行为作为犯罪加以规定。从国外的情况看，不少国家和地区将特定关系人与不满一定年龄的未成年人发生性关系规定为犯罪,《联合国儿童权利公约》也有相关规定。立法机关经广泛听取各方面意见并反复研究,规定了本条犯罪,将年龄界限划定在十六周岁。

本条共分两款。第一款是关于负有照护职责人员性侵罪及其处罚的规定。根据本款的规定,对已满十四周岁不满十六周岁的未成年女性负有监护、收养、看护、教育、医疗等特殊职责的人员,与该未成年女性发生性关系的,即构成本罪。这样规定,主要是为了进一步保护未成年人的身心健康,已满十四周岁不满十六周岁的未成年女性尚处于生长发育过程中,其生活经验、社会阅历尚浅,对性的认知能力尚存欠缺,在面对一些特定关系人利用特殊职责等便利条件侵扰时,尚不具备完全的自我保护能力。我国2020年未成年人保护法第五十四条也规定禁止对未成年人实施性侵害、性骚扰。因此,刑法明确禁止负有监护、收养、看护、教育、医疗等特殊职责的人员与已满十四周岁不满十六周岁的未成年女性发生性关系,即使是在该女性"同意"的情况下发生性关系的,也要追究行为人的刑事责任。

本罪的犯罪主体是特殊主体,即对已满十四周岁不满十六周岁的未成年女性负有监护、收养、看护、教育、医疗等特殊职责的人员。这里的负有特殊职责的人员,是相对于未成年女性具体而言的。这里的"监护",是指行为人负有保障无民事行为能力人和限制民事行为能力人的权益,弥补其民事行为能力不足的职责。我国民法典第三十四条规定,监护人的职责是代理被监护人实施民事法律行为,保护被监护人的人身权利、财产权利以及其他合法权益等。关于负有监护职责的人的范围,民法典第二十七条规定,父母是未成年子女的监护人,未成年人的父母已经死亡或者没有监护能力的,由下列有监护能力的人按顺序担任监护人:(1)祖父母、外祖父母;(2)兄、姐;(3)其他愿意担任监护人的个人或者组织,但是须经未成年人住所地的居民委员会、村民委员会或者民政部门同意。此外,民法典还对遗嘱指定监护人、协议确定监护人、监护人变更等作了规定。因此,可以根据上述法律规定,结合案件的具体情况,确定负有监护职责的人的范围。这里的"收养",是指自然人依法领养他人子女为自己子女的民事法律行为。通过收养行为,原本没有父母子女关系的收养人与被收养人形成了法律上拟制的父母子女关系,被收养人与生父母及其亲属之间的关系则相应终止。根据本条的规定,收养人对其收养的已满十四周岁不满十六周岁的未成年女性负有特殊职责,禁止与其发生性关系。这里的"看护",是指对已满十四周岁不满十六周岁的未成年女性负有看护职责的人,如雇用的服务人员、保安等。这种看护职责通常是基于合同、雇用、服务等关系确定,也可以通过口头约定、志愿性的服务等形式确定,如邻居受托或自愿代人照顾。这里的"教育""医疗",主要是指对已满十四周岁不满十六周岁的未成年女性负有教育、医疗职责的人,如学校、培训机构、医院等机构的工作人员,包括教师、医生、护士等。这种教育、医疗职责通常是基于教育关系、医疗关系、服务合同等确定。上述负有特殊职责的人员与该已满十四周岁不满十六周岁的女性未成年人发生性关系的,构成本罪。

对于构成本罪的,处三年以下有期徒刑;情节恶劣的,处三年以上十年以下有期徒刑。这里的"情节恶劣",主要是包括多人、多次、给遭受性侵害的未成年人造成重大伤害等。

本条第二款是关于有前款行为,同时又构成本法第二百三十六条规定的强奸罪的,依照处罚较重的规定定罪处罚的规定。根据刑法第二百三十六条的规定,强奸罪是指违背妇女的意志,以暴力、胁迫或者其他手段强行与妇女发生性关系的行为。对已满十四周岁不满十六周岁的未成年女性负有监护、收养、看护、教育、医疗等特殊职责的人员,如果行为人违背该未成年女性的意志,以暴力、胁迫或者其他手段强行与该未成年女性发生性关系的,属于强奸罪,应当依照处罚较重的规定定罪处罚。

【实践中需要注意的问题】

实际执行中应当注意本罪与强奸罪的区别,主要区别是:一是犯罪主体范围不同。强奸罪是一般主体,而本罪是特殊主体,即限于对已满十四周岁不满十六周岁的未成年女性负有监护、收养、看护、教育、医疗等特殊职责的人员,不负有上述职责的人员与已满十四周岁不满十六周岁的未成年女性发生性关系的,不构成本罪。二是客观表现不同。本罪一般表现为行为人未采用暴力、胁迫等手段;而强奸罪表现为违背妇女意志,以暴力、胁迫或者其他手段强行与女性发生性关系。但需要指出的是,如果对已满十四周岁不满十六周岁的未成年女性负有监护、收养、看护、教育、医疗等特殊职责的人员,利用其优势地位或者被害人孤立无援的境地,违背其意愿,迫使被害人就范,而与其发生性关系的,构成强奸罪。

第二百三十七条 【强制猥亵、侮辱罪】【猥亵儿童罪】

以暴力、胁迫或者其他方法强制猥亵他人或者侮辱妇女的,处五年以下有期徒刑或者拘役。

聚众或者在公共场所当众犯前款罪的,或者有其他恶劣情节的,处五年以上有期徒刑。

猥亵儿童的,处五年以下有期徒刑;有下列情形之一的,处五年以上有期徒刑:

(一)猥亵儿童多人或者多次的;

(二)聚众猥亵儿童的,或者在公共场所当众猥亵儿童,情节恶劣的;

(三)造成儿童伤害或者其他严重后果的;

(四)猥亵手段恶劣或者有其他恶劣情节的。

【条文精解】

本条是关于强制猥亵、侮辱罪和猥亵儿童罪及其处罚的规定。

1979年刑法第一百六十条规定:"聚众斗殴,寻衅滋事,侮辱妇女或者进行其他流氓活动,破坏公共秩序,情节恶劣的,处七年以下有期徒刑、拘役或者管制。流氓集团的首要分子,处七年以上有期徒刑。"1983年9月2日全国人大常委会通过的《关于严惩严重危害社会治安的犯罪分子的决定》第一条规定,流氓犯罪集团的首要分子或者携带凶器进行流氓犯罪活动,情节严重的,或者进行流氓犯罪活动危害特别严重的,可以在刑法规定的最高刑以上处刑,直至判处死刑。由此,将1979年刑法第一百六十条流氓罪最高刑提高至死刑。1997年修订刑法,考虑到1979年刑法关于流氓罪的规定比较原则和概括,司法实践中把握标准也不统一,为防止执法的随意化,按照罪刑法定的要求,1997年修订刑法总结多年司法实践的情况,将流氓罪的规定进一步具体化,分解为几个不同的罪名。本条规定的犯罪属于其中之一。2015年《刑法修正案(九)》对本条进行修改。《刑法修正案(九)》针对1997年刑法实施以来实践中发生的猥亵他人不法行为的实际情况,为进一步加强对公民人身权利的保护,对本罪作了二处修改完善:一是将猥亵妇女改为猥亵他人。1997年刑法第一款规定,以暴力、胁迫或者其他方法强制猥亵妇女或者侮辱妇女的,处五年以下有期徒刑或者拘役。该款着重强调了刑法对妇女这一群体的特殊保护。妇女、儿童虽然是猥亵行为的主要受害群体,但实践中猥亵男性的情况也屡有发生,猥亵十四周岁以上男性的行为如何适用刑法并不明确，对此，社会有关方面多次建议和呼吁，要求扩大猥亵罪适用范围，包括猥亵十四岁以上男性的行为，以同等保护男性的人身权利。因此，《刑法修正案（九）》将第一款罪状中的"猥亵妇女"修改为"猥亵他人"，使该条保护的对象由妇女扩大到了年满十四周岁男性。二是增加规定了加重处罚情形，加大了对猥亵犯罪的惩治力度。实践中，仅对"聚众"或者在"公共场所当众"二种情况加重处罚已不能适应当前惩治、遏制猥亵犯罪的实际需要。例如，近来曝光的教师猥亵多名学生以及多次猥亵学生，造成严重后果等情形，仅按第一款规定处以五年以下有期徒刑或者拘役，有的案件中难以做到罪刑相适应。对此，各方面强烈建议加大对情节恶劣的猥亵犯罪的惩治力度。为此，立法机关经广泛听取意见，反复研究论证，在《刑法修正案（九）》中对刑法第二百三十七条作出补充和完善，在原第二款规定的基础上，增加了"有其他恶劣情节的"加重处罚的规定。第三款在《刑法修正案（九）》中并未修改，但由于第二款增加规定了猥亵的"其他恶劣情节"，因此，猥亵儿童具有上述情节的，也应依照第二款的规定从重处罚。这也体现了刑法对儿童人身权利的特殊保护。

2020年《刑法修正案（十一）》对本条第三款作了修改。对猥亵儿童行为从重处罚的情形作了明确列举。这样修改，主要是基于以下几个方面：一是近年来，性侵未成年人犯罪案件（包括强奸罪，猥亵儿童罪以及强制猥亵、侮辱罪案件）引发社会舆论的广泛关注。根据最高人检察院的统计，2017—2019年全国检察机关共起诉上述性侵害未成年人犯罪案件3.88万件4.34万人，其中2017年1.06万人，2018年1.34万人，2019年1.93万人，同比分别上升26.8%、24.9%。其中猥亵儿童1.07万件1.08万人；强制猥亵、侮辱未成年人案件2595件2863人。据全国公安刑侦部门统计的2017年以来强奸罪、猥亵儿童罪、强制猥亵妇女罪等各类性侵犯罪案件情况看，未成年被害人在性侵案件被害人中占较大比重。猥亵儿童案件中，十周岁以下的占59%，六周岁以下的占19%。强制猥亵案件中，十八周岁以下的占32%，十六周岁以下的占18%。二是实践中猥亵犯罪也出现了一些新情况、新问题，案件情形、行为手段与过去有所不同，有的猥亵行为给受害人造成较大身心伤害，但是由于各方面对本条规定的"其他恶劣情节"的理解不够统一，司法实践中按这一加重情节处理的情况较少，导致一些案件中处刑较轻，不能体现罪责刑相适应。针对上述情况，为了进一步加强对未成年人的刑法保护，根据有关方面的意见，《刑法修正案（十一）》对本条第三款作了修改完善，对猥亵儿童的"恶劣情节"作了列举式规定,进一步细化猥亵儿童罪从重处罚的规定,从而加大了对猥亵儿童行为的惩处力度。

本条共分三款。第一款是关于强制猥亵他人或者侮辱妇女的犯罪及处刑规定。本款规定的"暴力",是指行为人直接对他人或被害妇女施以伤害、殴打等危害他人或妇女人身安全和人身自由,使他人或妇女不能抗拒或者不敢反抗的方法。"胁迫",是指行为人对他人或被害妇女虽未直接实施暴力,但施以威胁、恫吓,进行精神上的强制,迫使他人或妇女就范,不敢抗拒的方法。例如,以杀害被害人、加害被害人的亲属相威胁的;以揭发被害人的隐私相威胁的;利用职权、教养关系、从属关系及他人或妇女孤立无援的环境相胁迫的;等等。"其他方法",是指行为人使用暴力、胁迫以外的使他人或被害妇女不能抗拒的方法。例如,利用他人或妇女患病、熟睡之机进行猥亵、侮辱的;用酒将他人或妇女灌醉、用药物将他人或妇女麻醉后进行猥亵、侮辱的;等等。本款规定的"强制猥亵",主要是指违背他人的意愿,以搂抱、抠摸等淫秽下流的手段侵犯他人性权利的行为。"他人",是指年满十四周岁的人。本款的"侮辱妇女",主要是指对妇女实施猥亵行为以外的、损害妇女人格尊严的淫秽下流的、伤风败俗的行为。例如,以多次偷剪妇女的发辫、衣服,向妇女身上泼洒腐蚀物、涂抹污物,故意向妇女显露生殖器,追逐、堵截妇女等手段侮辱妇女的行为。行为人"侮辱妇女"的,既可能出于损害妇女的人格和名誉等目的,也可能出于寻欢作乐的淫秽下流心理。依照本款的规定,以暴力、胁迫或者其他方法强制猥亵他人或者侮辱妇女的,处五年以下有期徒刑或者拘役。

本条第二款是关于对猥亵罪加重处罚情形的规定。强制猥亵他人、侮辱妇女是对被害人的人格、尊严等人身权利的严重侵害,而聚众或者在公共场所实施强制猥亵、侮辱的行为,以及多次实施等"情节恶劣的行为",对被害人造成的伤害更大,社会秩序受到的破坏更大,应当给予更为严厉的惩处。"其他恶劣情节",主要是指对多人实施猥亵或侮辱行为的,多次实施猥亵、侮辱行为的,造成被害人伤亡等严重后果的,以及手段特别恶劣的,等等。本款规定,聚众或者在公共场所当众犯前款罪,或者有其他恶劣情节的,处五年以上有期徒刑。

本条第三款是关于猥亵儿童罪的规定。这里所说的"猥亵",主要是指以抠摸、指奸等淫秽下流的手段猥亵儿童的行为。考虑到儿童的认识能力,尤其是对性的认识能力欠缺，为了保护儿童的身心健康，构成猥亵儿童罪并不要求以暴力、胁迫或者其他方法强制进行。只要对儿童实施了猥亵行为，就构成了本款规定的犯罪。根据本款规定，猥亵儿童的，处五年以下有期徒刑。有"（一）猥亵儿童多人或者多次的；（二）聚众猥亵儿童的，或者在公共场所当众猥亵儿童，情节恶劣的；（三）造成儿童伤害或者其他严重后果的；（四）猥亵手段恶劣或者有其他恶劣情节的"情节之一的，处五年以上有期徒刑。2020年12月26日十三届全国人大常委会第二十四次会议通过的《刑法修正案（十一）》对本款作了较大修改，对猥亵儿童的"恶劣情节"作了列举式规定。第二项中的"聚众"是指聚集多人；"公共场所"包括群众进行公开活动的场所，如商店、影剧院、体育场、街道等；也包括各类单位，如机关、团体、事业单位的办公场所，企业生产经营场所，医院、学校、幼儿园等；还包括公共交通工具，如火车、轮船、长途客运汽车、公共电车、汽车、民用航空器等。第三项中的"造成儿童伤害"是指猥亵行为造成儿童身体或精神伤害后果的；"其他严重后果"包括导致儿童自杀、严重残疾等后果的。第四项中的"猥亵手段恶劣或者有其他恶劣情节的"，主要是指采取侵入身体等猥亵方式，以及猥亵过程中伴随对儿童进行摧残、凌辱等情况。此外，行为人猥亵儿童时，如果造成儿童轻伤以上伤害、死亡等后果，同时符合刑法第二百三十四条或者第二百三十二条的规定，构成故意伤害罪、故意杀人罪的，应当依照处罚较重的规定定罪处罚。

【实践中需要注意的问题】

1. 要注意区分罪与非罪的界限，要将强制猥亵他人、侮辱妇女行为与一般的猥亵他人、侮辱妇女的违法行为加以区分，具有"以暴力、胁迫或者其他方法强制"行为的，才能作为犯罪处理。

2. 要区分本罪与侮辱罪的区别，侮辱罪以败坏他人名誉为目的，必须是公然地针对特定的人实施；而强制猥亵、侮辱罪则是出于满足行为人的淫秽下流的欲望，不要求公然地针对特定的人实施。

3. 实际执行中应当注意区分猥亵儿童与一般的对儿童表示"亲昵"的行为。猥亵儿童的行为是出于行为人的淫秽下流的欲望，往往对儿童的身体或者思想、认识造成伤害或者不良影响，行为一般为当地的风俗、习惯所不容。

> **第二百三十八条 【非法拘禁罪】**
>
> 非法拘禁他人或者以其他方法非法剥夺他人人身自由的，处三年以下有期徒刑、拘役、管制或者剥夺政治权利。具有殴打、侮辱情节的，从重处罚。
>
> 犯前款罪，致人重伤的，处三年以上十年以下有期徒刑；致人死亡的，处十年以上有期徒刑。使用暴力致人伤残、死亡的，依照本法第二百三十四条、第二百三十二条的规定定罪处罚。
>
> 为索取债务非法扣押、拘禁他人的，依照前两款的规定处罚。
>
> 国家机关工作人员利用职权犯前三款罪的，依照前三款的规定从重处罚。

【条文精解】

本条是关于非法拘禁罪及其处刑的规定。

本条共分四款。"非法拘禁"，是指以拘禁或者其他强制方法非法剥夺他人人身自由的行为。非法拘禁是一种持续行为，该行为在一定时间内处于继续状态，使他人在一定时间内失去身体自由。非法拘禁表现在两个方面：首先是实施了拘禁他人的行为，其次是这种拘禁行为是非法的。拘禁行为的方法多种多样，如捆绑、关押、扣留等，其实质就是强制剥夺他人的人身自由。在我国，对逮捕、拘留等限制人身自由的措施有严格的法律规定，必须由专门机关按照法律规定的程序进行。例如，根据宪法和刑事诉讼法等法律规定，公民的人身自由不受侵犯；任何公民非经人民检察院批准或者决定或者人民法院决定，并由公安机关执行，不受逮捕；拘留只能由公安机关、人民检察院决定，并由公安机关执行。监察机关依法可以采取留置措施。因此，任何机关、团体、企业、事业单位和个人不依照法律规定或者不依照法律规定的程序拘禁他人都是非法的。对违法者，应当依法惩处。依照刑事诉讼法及有关法律的规定，公民对正在实行犯罪或者犯罪后被及时发觉的、通缉在案的、越狱逃跑的、正在被追捕的人有权立即扭送到司法机关。这种扭送行为，包括在途中实施的捆绑、扣留等行为，不能认为是非法拘禁行为。但是，如果司法工作人员滥用职权，非法拘禁他人，或者行为人以某种理由为借口私设公堂，非法拘禁他人，则是侵犯他人人身自由权利的行为。此外，构成非法拘禁罪的行为还必须是故意实施的，过失的不构成犯罪。这里所说的"具有殴打、侮辱情节"，是指在非法拘禁的过程中，对被害人实施了殴打、侮辱行为,如打骂、游街示众等。依照本条第一款的规定,非法拘禁他人或者以其他方法非法剥夺他人人身自由的,处三年以下有期徒刑、拘役、管制或者剥夺政治权利。具有殴打、侮辱情节的,从重处罚。

本条第二款是关于非法拘禁致人重伤、死亡和使用暴力致人伤残、死亡的应如何处罚的规定。这里所规定的"致人重伤",是指在非法拘禁过程中,由于捆绑过紧、长期囚禁、进行虐待等致使被害人身体健康受到重大伤害的;被害人在被非法拘禁期间不堪忍受,自伤自残,身体健康受到重大伤害的。"致人死亡",是指在非法拘禁过程中,由于捆绑过紧、用东西堵住嘴导致窒息等,致使被害人死亡的,以及被害人在被非法拘禁期间自杀身亡的。"使用暴力致人伤残、死亡",是指在非法拘禁的同时,故意使用暴力损害被害人的身体健康或者杀害被害人致使被害人伤残、死亡的。这里的"暴力"是指超出非法拘禁目的的暴力,非法拘禁行为本身也可能存在附带的暴力行为,如本条第一款规定的殴打、侮辱等,但只有当使用非法拘禁目的以外的暴力致人伤残、死亡时,才能认定为故意伤害罪或者故意杀人罪。需要注意的是,实践中有的非法拘禁行为中轻微的推搡、拉扯行为不能认为使用了暴力,因为被害人被非法拘禁后会自然产生一种抵抗,行为人为了达到其拘禁的目的,不可避免地会与被害人发生身体上的接触。是否使用了暴力,可根据行为人的主观意志是否存在损害被害人身体的故意及当时案发情况等因素综合分析。依照本款的规定,非法拘禁他人或者以其他方法非法剥夺他人人身自由,致人重伤的,处三年以上十年以下有期徒刑;致人死亡的,处十年以上有期徒刑。使用暴力致人伤残、死亡的,依照本法第二百三十四条关于故意伤害罪、第二百三十二条关于故意杀人罪的规定定罪处罚。

本条第三款是对为索取债务非法扣押、拘禁他人的犯罪及其处罚的规定。这里所说的"为索取债务非法扣押、拘禁他人",是指为了胁迫他人履行合法的债务,而将他人非法扣留,剥夺其人身自由的行为。这种行为在特征上与一般的非法拘禁不同,其目的不在于剥夺他人的人身自由,而是以剥夺他人人身自由为手段,来胁迫他人履行债务。考虑到这类犯罪情况比较复杂,以索取合法的债务为目的,主观恶性与以勒索财物等为目的绑架他人有所不同,对被非法扣押、拘禁的人的人身危险性也要小一些,但不能放任这种非法行为,因此本条规定,这类犯罪也认定为非法拘禁罪,依照前两款的规定处罚,即处三年以下有期徒刑、拘役、管制或者剥夺政治权利。具有殴打、侮辱情节的,从重处罚。为索取债务非法扣押、拘禁他人,致人重伤的,处三年以上十年以下有期徒刑;致人死亡的,处十年以上有期徒刑。使用暴力致人伤残、死亡的，依照本法第二百三十四条关于故意伤害罪、第二百三十二条关于故意杀人罪的规定处罚。

本条第四款是关于国家机关工作人员利用职权犯前三款罪应当从重处罚的规定。依照本款的规定，国家机关工作人员利用职权非法拘禁他人或者以其他方法非法剥夺他人人身自由的，利用职权非法拘禁他人或者以其他方法非法剥夺他人人身自由，致人重伤、死亡或者使用暴力致人伤残、死亡的，以及为索取债务拘禁他人的依照本条前三款的规定从重处罚。

【实践中需要注意的问题】

1. 要准确区分本罪与故意杀人罪的界限。对出于非法剥夺他人生命的故意，以非法拘禁为手段杀人，如故意以拘禁的方法冻死、饿死他人的，不能认定为本条第二款规定的非法拘禁他人"致人死亡"，而应当以故意杀人罪定罪处罚。

2. 要准确区分本罪与错拘错捕行为。司法工作人员依照法定程序拘留或者逮捕了犯罪嫌疑人或者被告人，经查明情况属于错拘错捕，之后予以释放的，不能认为是非法拘禁。但是如果司法机关已经解除强制措施，有关执法人员拒不释放或者拖延释放的，则构成非法拘禁。

3. 要准确适用本条第四款的规定。根据本条第四款的规定，国家机关工作人员只有利用职权犯非法拘禁罪的，才能依照本条前三款的规定从重处罚，对于未利用职权而犯非法拘禁罪，应当分别依照本条第一款、第二款的规定处罚。

第二百三十九条 【绑架罪】

以勒索财物为目的绑架他人的，或者绑架他人作为人质的，处十年以上有期徒刑或者无期徒刑，并处罚金或者没收财产；情节较轻的，处五年以上十年以下有期徒刑，并处罚金。

犯前款罪，杀害被绑架人的，或者故意伤害被绑架人，致人重伤、死亡的，处无期徒刑或者死刑，并处没收财产。

以勒索财物为目的偷盗婴幼儿的，依照前两款的规定处罚。

【条文精解】

本条是关于绑架罪及其处罚的规定。

本条共分三款。第一款是关于绑架罪的构成及其处刑的规定，规定了两种犯罪情形。第一，"以勒索财物为目的绑架他人的"勒索型绑架，即通常说的"绑票"或者"掳人勒赎"。"勒索财物"是指行为人在绑架他人以后，以不答应要求就杀害或伤害人质相威胁，勒令与人质有特殊关系的人于指定时间，以特定方式，在指定地点交付一定数量的金钱或财物。这里的"绑架"指行为人使用暴力、胁迫或者其他方法，完全控制了人质，人质被剥夺了人身自由。绑架的行为方式多样，可以是暴力劫持、强抢，如直接对被害人进行捆绑、堵嘴、蒙眼、装麻袋等人身强制，或者对被害人进行伤害、殴打等人身攻击手段；也可以是暴力威胁，如对被害人实行精神强制，或者对被害人及其家属以实施暴力相威胁从而控制被害人；还可以是用欺骗、诱惑甚至麻醉的方法实施，如利用药物、醉酒等方法使被害人处于昏睡、昏迷状态等。行为人控制人质，常以非法将他人掳走、带离原来常习的处所的方法，使他人丧失行动自由，但也不排除行为人将他人拘禁于原处所作为人质的情形。同时，绑架人质的行为人会向与人质有特殊关系的人或组织提出财物给付的要求。在勒索型绑架犯罪中，犯罪既遂与否的实质标准是看绑架行为是否实施，从而使被害人丧失行动自由并受到行为人的实际支配。至于勒索财物的行为是否来得及实施，以及虽实施了勒索行为，但由于行为人意志以外的原因而未达到勒索财物的目的，都不影响勒索型绑架既遂的成立。勒索财物目的是否实现仅是一个量刑加以考虑的情节，这里的"财物"不局限于现金财物，也包括其他财产性利益。现实生活中，与被害人有特殊关系的他人或组织会收到行为人将要杀死或伤害人质的威胁，但是人质自身可能仍处于平和的被控制状态，甚至都无从察觉其所陷入的危险，比如，孩童被行为人引诱去打游戏机的情形。因此，有的情况下，被害人自身是否认识到被绑架，并不影响绑架罪既遂的认定。第二，绑架他人作为人质的情形。行为人实施绑架行为是为了要求对方作出妥协、让步或满足某种要求，有时还具有政治目的。绑架行为作为一种持续性犯罪，犯罪既遂以后所造成的不法状态在一段时间内仍然延续，会给被害人造成长期的身心折磨和伤害。应当注意的是，以出卖为目的，使用暴力、胁迫或者麻醉方法绑架妇女、儿童的行为不属于本条所规定的绑架罪的范围，而应当依照本法第二百四十条关于拐卖妇女、儿童犯罪的规定处罚。本条第一款对绑架罪规定了两档刑罚。第一档刑为"处五年以上十年以下有期徒刑，并处罚金"，需要符合"情节较轻"的条件，例如，有些行为人没有伤害被绑架人的意图、勒索小额财物，绑架过程中没有使用暴力，绑架他人后善待人质，又主动释放的，控制被绑架人时间较短的，等等。第二档刑为"处十年以上有期徒刑或者无期徒刑，并处罚金或者没收财产"，适用于没有较轻情节的一般绑架犯罪。

第二款是关于对绑架罪加重处罚的规定。本款的"杀害被绑架人"即通常说的"撕票"，是指以剥夺被绑架人生命为目的实施的各种行为。"杀害"只需要行为人有故意杀人的故意及行为，并不要求"杀死"被绑架人的结果。"杀害"既可以是积极作为也可以是消极不作为。积极作为指以杀害为目的，将被绑架人抛入深潭或水库中让其溺毙等情形；消极不作为，指以杀害为目的，将被绑架人抛入人迹罕至的地方等待其冻饿死等情形。实践中，杀害被绑架人未遂的情况时有发生。对于被绑架人基于各种原因最终生还的，并不影响"杀害"行为的认定。本款经《刑法修正案（九）》修改，增加规定了"故意伤害被绑架人，致人重伤、死亡的"加重处罚情形。这里规定的"故意伤害"是指以伤害被绑架人的身体为目的实施各种行为。"致人重伤、死亡"，是指造成被绑架人重伤、死亡的结果。依照本款规定，故意伤害被绑架人，致人重伤、死亡的，处无期徒刑或者死刑，并处没收财产。需要注意的是，这里的故意伤害被绑架人的行为应与被绑架人重伤、死亡的加重结果具有直接因果关系，两者仅具有间接关系的，如行为人实施故意伤害行为，被绑架人自杀而造成重伤或死亡结果的，可依本条第一款的规定处罚。此外，对行为人过失造成被绑架人重伤、死亡后果的，可以依照第一款规定，最高处以无期徒刑。

第三款是对"以勒索财物为目的偷盗婴幼儿的"行为应如何处罚的规定。这里所说的"以勒索财物为目的偷盗婴幼儿"，是指以向婴幼儿的亲属或者其他监护人索取财物为目的，将被害婴幼儿秘密窃取并扣作人质的行为。"偷盗"，主要是指趁被害婴幼儿亲属或者监护人不备，将该婴幼儿抱走、带走的行为，如潜入他人住宅将婴儿抱走，趁家长不备将正在玩耍的幼儿带走，以及采取利诱、拐骗方法将婴幼儿哄骗走等。婴幼儿的具体年龄界限，刑法未作具体规定，实践中一般是指未满六周岁的未成年人。需要特别注意的是，由于婴幼儿缺乏辨别是非的能力，无论是将其抱走、带走，还是哄骗走，都是偷盗婴幼儿的行为，都应当依照绑架罪的规定处罚。依照本款的规定，以勒索财物为目的偷盗婴幼儿的，处十年以上有期徒刑或者无期徒刑，并处罚金或者没收财产；情节较轻的，处五年以上十年以下有期徒刑，并处罚金；杀害被偷盗的婴幼儿或者故意伤害被偷盗的婴幼儿致使其重伤、死亡的，处无期徒刑或者死刑，并处没收财产。

【实践中需要注意的问题】

1.应当注意行为人为索要债务而实施"绑架"行为的问题,涉及绑架罪与非法拘禁罪的区别。"索财型"绑架罪与"索债型"非法拘禁罪都实施了剥夺他人的人身自由并向他人索要财物的行为,但两罪主要有以下三方面区别:一是行为人非法限制他人人身自由的主观目的不同。绑架罪以勒索财物为目的,对财物无因而索;索要债务的非法拘禁行为,索债是事出有因。二是行为人侵犯的客体不同。"索财型"绑架罪侵犯的是复杂客体,即他人的人身权利和财产权利;"索债型"非法拘禁罪侵犯的客体是简单客体,即他人的人身权利。三是危险性不同。绑架罪需以暴力、胁迫等犯罪方法,对被害人的健康、生命有较大的危害;非法拘禁在实施扣押、拘禁他人的过程中也可能出现捆绑、推搡、殴打等行为,但更多的是侵害他人的人身自由,而非他人的生命健康。

2.关于已满十四周岁不满十六周岁的人承担刑事责任范围是否包括绑架撕票行为。2002年全国人民代表大会常务委员会法制工作委员会《关于已满十四周岁不满十六周岁的人承担刑事责任范围问题的答复意见》中指出,刑法第十七条第二款规定的八种犯罪,是指具体犯罪行为而不是具体罪名;对于刑法第十七条中规定的"犯故意杀人、故意伤害致人重伤或者死亡",是指只要故意实施了杀人、伤害行为并且造成了致人重伤、死亡后果的,都应负刑事责任。而不是指只有犯故意杀人罪、故意伤害罪的,才负刑事责任,绑架撕票的,不负刑事责任。对司法实践中出现的已满十四周岁不满十六周岁的人绑架人质后杀害被绑架人、拐卖妇女、儿童而故意造成被拐卖妇女、儿童重伤或死亡的行为,依据刑法是应当追究其刑事责任的。

3.关于绑架罪与抢劫罪的界限。绑架罪是侵害他人人身自由权利的犯罪,其与抢劫罪的区别在于:第一,主观方面不尽相同。抢劫罪中,行为人一般出于非法占有他人财物的故意实施抢劫行为;绑架罪中,行为人既可能为勒索他人财物而实施绑架行为,也可能出于其他非经济目的实施绑架行为;第二,行为手段不尽相同。抢劫罪表现为行为人劫取财物一般应在同一时间、同一地点,具有"当场性";绑架罪表现为行为人以杀害、伤害等方式向被绑架人的亲属或其他人或单位发出威胁,索取赎金或提出其他非法要求,劫取财物一般不具有"当场性"。

第二百四十条 【拐卖妇女、儿童罪】

拐卖妇女、儿童的，处五年以上十年以下有期徒刑，并处罚金；有下列情形之一的，处十年以上有期徒刑或者无期徒刑，并处罚金或者没收财产；情节特别严重的，处死刑，并处没收财产：

（一）拐卖妇女、儿童集团的首要分子；

（二）拐卖妇女、儿童三人以上的；

（三）奸淫被拐卖的妇女的；

（四）诱骗、强迫被拐卖的妇女卖淫或者将被拐卖的妇女卖给他人迫使其卖淫的；

（五）以出卖为目的，使用暴力、胁迫或者麻醉方法绑架妇女、儿童的；

（六）以出卖为目的，偷盗婴幼儿的；

（七）造成被拐卖的妇女、儿童或者其亲属重伤、死亡或者其他严重后果的；

（八）将妇女、儿童卖往境外的。

拐卖妇女、儿童是指以出卖为目的，有拐骗、绑架、收买、贩卖、接送、中转妇女、儿童的行为之一的。

【条文精解】

本条是关于拐卖妇女、儿童罪及其处罚的规定。

拐卖妇女儿童犯罪严重侵犯妇女儿童人身权利，对被拐卖妇女儿童身心健康造成巨大伤害，并由此引发一系列社会问题，严重影响社会和谐稳定。拐卖妇女、儿童的犯罪活动由来已久，原因主要有以下几点：一是一些地区受养儿防老传统观念的影响较深，造成拐卖、收买男童的现象屡禁不绝；二是我国男女人口比例失调，拐卖妇女作为婚配对象在个别地方成为一种陋习，近年来从周边国家拐入妇女的情形也有所增多。2007年以来，我国政府加大了打击拐卖妇女、儿童犯罪活动的力度，公安部成立打拐办，由专人负责这项工作。2008年1月1日，国务院办公厅出台了《中国反对拐卖妇女儿童行动计划（2008—2012年）》，并建立了国务院反拐部际联席会议制度，反拐综合治理局面初步形成。为严厉打击拐卖妇女、儿童的犯罪活动，2009年以来公安机关开展了多次专项打拐行动，并采取了以下措施：（1）建立了全国失踪儿童DNA信息库，通过信息对比，查找解救被拐卖儿童；（2）建立儿童失踪快速查找机制，全国联网，只要发现案件线索，公安机关立即行动，争取在最短的时间内侦破案件；（3）成立以地方公安局长、副局长负责的打拐专案组;(4)对来历不明的孩子进行重点摸底排查;(5)对在逃的拐卖人口的犯罪分子实行A级通缉令进行通缉。通过上述措施,有力惩治了拐卖妇女、儿童的犯罪分子,近几年拐卖妇女、儿童的犯罪活动有所收敛。

本条共分两款。第一款是关于对犯拐卖妇女、儿童罪的应如何处罚的规定。根据拐卖妇女、儿童罪的实际情况,本款具体规定了三个量刑档次:一是拐卖妇女、儿童的,处五年以上十年以下有期徒刑,并处罚金。二是拐卖妇女、儿童情节严重的,处十年以上有期徒刑或者无期徒刑,并处罚金或者没收财产。本款具体列举了八项适用上述刑罚的严重情形,即:(1)拐卖妇女、儿童集团的首要分子。集团作案是拐卖妇女、儿童犯罪的主要特点之一。在大量拐卖妇女、儿童的案件中,妇女、儿童拐出地和拐入地的犯罪分子相互勾结起来,结成团伙,拐骗、接送、中转、出卖,都有预谋并且分工明确,形成所谓的"一条龙",有的已形成职业性的犯罪集团。这种拐卖妇女、儿童的犯罪集团,社会危害性极大。因此,这种犯罪集团,特别是这种犯罪集团的首要分子属于重点打击的对象,应规定十分严厉的刑罚。这里所说的"拐卖妇女、儿童集团",是指有计划、有组织地进行拐卖妇女、儿童犯罪活动的犯罪集团;"首要分子",是指在犯罪集团中起组织、领导、指挥作用的犯罪分子,可能是一人,也可能是多人。(2)拐卖妇女、儿童三人以上的。这里所说的"三人以上",是指犯罪分子直接参与拐卖的人数(包括本数在内)。"拐卖妇女、儿童三人以上"既包括以出卖为目的拐骗妇女、儿童三人以上,也包括在拐卖妇女、儿童犯罪活动中中转、接送、收买、贩卖妇女、儿童三人以上;既包括在一次犯罪活动中拐卖妇女、儿童三人以上,也包括多次进行拐卖活动,累计拐卖妇女、儿童三人以上。需要特别注意的是,对于拐卖妇女、儿童集团的首要分子应依照本款第一项的规定处理,对于拐卖集团中的其他成员,则不应以整个犯罪集团拐卖的人数当作该犯罪分子拐卖的人数,而应以其直接参与拐卖的妇女、儿童的人数作为处罚的根据。(3)奸淫被拐卖的妇女的。这里所说的"奸淫被拐卖的妇女",是指犯罪分子在拐卖过程中与被害妇女发生性关系的行为,这种行为既包括犯罪分子利用被害妇女处于孤立无援的境地和不敢反抗的心理与其发生性关系的行为,也包括以暴力、胁迫或者其他手段强奸被害妇女的行为。只要犯罪分子在拐卖过程中与被害妇女发生了性关系,无论其是否使用了暴力或者胁迫手段,也无论被害人是否有反抗的表示或行为,都应按照本项规定追究刑事责任。根据这一规定,拐卖人强奸被拐卖妇女的行为已作为处重刑的情节之一,所以对于犯罪分子不再适用数罪并罚。(4)诱骗、强迫被拐卖的妇女卖淫或者将被拐卖的妇女卖给他人迫使其卖淫的。这里所说的"诱骗"被拐卖的妇女卖淫，是指犯罪分子以金钱、物质或者某种许愿等方法引诱、欺骗被拐卖的妇女进行卖淫活动。"强迫"被拐卖的妇女卖淫，是指犯罪分子以暴力、威胁手段迫使被拐卖的妇女卖淫。"将被拐卖的妇女卖给他人迫使其卖淫"，是指犯罪分子明知收买人收买被拐卖的妇女后将迫使其卖淫，但出于营利等目的，仍将该妇女出卖的行为。（5）以出卖为目的，使用暴力、胁迫或者麻醉方法绑架妇女、儿童的。这里所规定的"绑架妇女、儿童"，只要求以出卖为目的，不论犯罪分子是否将被绑架的妇女、儿童卖掉，都构成本项规定的情形。（6）以出卖为目的，偷盗婴幼儿的。这里规定的"偷盗婴幼儿"，是以出卖为目的，如果偷盗婴幼儿是为了勒索婴幼儿的父母或者亲属的财物，则不能按照本罪定罪处罚，而应当根据刑法第二百三十九条第三款的规定，以绑架罪定罪处罚。根据有关司法解释的规定，对婴幼儿采取欺骗、利诱等手段使其脱离监护人或者看护人的，视为"偷盗婴幼儿"。（7）造成被拐卖的妇女、儿童或者其亲属重伤、死亡或者其他严重后果的，即在拐卖过程中，犯罪分子采用捆绑、殴打、虐待、侮辱等手段，造成被害人重伤、死亡等严重后果的，以及被害人及其亲属因犯罪分子的拐卖行为而自杀、精神失常或者造成其他严重后果的。需要特别注意的是，如果上述后果是因收买人对所收买的妇女、儿童在收买后实施虐待等行为所致，则不属于本项所列的情况，应依法追究收买人的相应责任。如果犯罪分子对被拐卖的妇女、儿童故意伤害、杀害的，则应以故意伤害罪、故意杀人罪与拐卖妇女、儿童罪实行数罪并罚。（8）将妇女、儿童卖往境外的，即犯罪分子为了谋取暴利，与境外的人贩子相勾结，将妇女、儿童卖往境外的行为。这里所说的"境外"，是指国境外和边境外，既包括中华人民共和国领土以外的其他国家、地区，也包括边境外的我国香港、澳门和台湾地区。三是情节特别严重的，处死刑，并处没收财产。这里所规定的"情节特别严重"，是指拐卖妇女、儿童，具有本款所规定的八种严重情形之一，而且情节特别严重的。

本条第二款是关于拐卖妇女、儿童罪的定义的规定。依照本款规定，拐卖妇女、儿童，是指以出卖为目的，有拐骗、绑架、收买、贩卖、接送、中转妇女、儿童的行为之一的行为。规定"以出卖为目的"，主要是为了区别于以收养或者其他非营利的目的拐骗不满十四周岁的儿童脱离家庭或者监护人的行为，和以结婚、收养为目的收买被拐卖妇女、儿童的行为。后两种行为应当依照本法第二百六十二条关于拐骗儿童罪或第二百四十一条关于收买被拐卖的妇女、儿童罪的规定定罪处罚。也就是说，这里所规定的"拐骗、绑架、收买、贩卖、接送、中转妇女、儿童行为"，都是为了将被害人出卖。根据 2000 年最高人民法院《关于审理拐卖妇女案件适用法律有关问题的解释》规定，拐卖妇女罪中的"妇女"，既包括具有中国国籍的妇女，也包括具有外国国籍和无国籍的妇女。被拐卖的外国妇女没有身份证明的，不影响对犯罪分子的定罪处罚。对于外国人或者无国籍人拐卖外国妇女到我国境内被查获的，应当根据刑法第六条的规定，适用我国刑法定罪处罚。对于外国籍被告人身份无法查明或者其国籍国拒绝提供有关身份证明，人民检察院根据 2018 年刑事诉讼法第一百六十条[①]第二款的规定起诉的案件，人民法院应当依法受理。本罪规定的拐卖儿童罪中的"儿童"，是指不满十四周岁的人。其中，不满一周岁的为婴儿，一周岁以上不满六周岁的为幼儿。既包括中国儿童，也包括外国儿童。本款所规定的"拐骗"，是指犯罪分子以欺骗、引诱的方法带走妇女、儿童的行为；"绑架"，是指犯罪分子以暴力、胁迫或者麻醉等方法绑架妇女、儿童的行为；"收买"，是指犯罪分子为了以更高的价格出卖而以一定的钱物收买被拐卖、绑架的妇女、儿童的行为；"贩卖"，是指收买妇女、儿童后转手出卖的行为；"接送""中转"，则主要是指在拐卖妇女、儿童的共同犯罪活动中，分工接送被害人或者将被害人转手交给其他人贩子的行为，也包括为人贩子找买主、为人贩子在拐卖途中窝藏被拐卖的妇女、儿童的行为。上述几种行为均是以出卖为目的，只要有上述行为之一，即构成拐卖妇女、儿童罪。

【实践中需要注意的问题】

1. 要准确区分罪与非罪的界限。要把借介绍婚姻索取钱财的违法行为与以营利为目的拐卖妇女的犯罪行为区别开来，把妇女被拐骗与自愿外流区别开来。有的人受妇女本人或者他人请托，把妇女带到外地为其介绍婚姻，借以索取财物的，属于违法行为，一般不构成犯罪。这种行为与拐卖妇女的犯罪行为，虽然都具有牟利的目的，但牟利的内容、方法、手段及其产生的后果都是不相同的。前者"介绍婚姻"，妇女是自愿的，没有违背妇女的意志，行为人也没有采取欺骗或者胁迫手段；后者是行为人以欺骗、利诱或者胁迫手段实施拐骗、贩卖行为，违背了妇女意志。但是，如果行为人以介绍婚姻为名，采取非法扣押身份证件、限制人身自由等方式，或者利用妇女人地生疏、语言不通、孤立无援等境况，违背妇女意志，将其出卖给他人的，应当

[①] 最高人民法院《关于审理拐卖妇女案件适用法律有关问题的解释》原文中使用的是 1996 年刑事诉讼法的第一百二十八条。——编者注

以拐卖妇女罪追究刑事责任。以介绍婚姻为名，与被介绍妇女串通骗取他人钱财，数额较大的，应当以诈骗罪追究刑事责任。

2. 划清借送养之名出卖亲生子女与民间送养行为的界限。实践中，有的行为人将生育作为非法获利手段，生育后即出卖儿女，对这种情况应当如何处理，能否认定为拐卖儿童罪？对此，2010年3月15日最高人民法院、最高人民检察院、公安部、司法部联合发布《关于依法惩治拐卖妇女儿童犯罪的意见》，其中第十六条规定，以非法获利为目的，出卖亲生子女的，应当以拐卖妇女、儿童罪论处。第十七条规定，要严格区分借送养之名出卖亲生子女与民间送养行为的界限。区分的关键在于行为人是否具有非法获利的目的。应当通过审查将子女"送"人的背景和原因、有无收取钱财及收取钱财的多少、对方是否具有抚养目的及有无抚养能力等事实，综合判断行为人是否具有非法获利的目的。具有下列情形之一的，可以认定属于出卖亲生子女，应当以拐卖妇女、儿童罪论处：（1）将生育作为非法获利手段，生育后即出卖子女的；（2）明知对方不具有抚养目的，或者根本不考虑对方是否具有抚养目的，为收取钱财将子女"送"给他人的；（3）为收取明显不属于"营养费""感谢费"的巨额钱财将子女"送"给他人的；（4）其他足以反映行为人具有非法获利目的的"送养"行为的。不是出于非法获利目的，而是迫于生活困难，或者受重男轻女思想影响，私自将没有独立生活能力的子女送给他人抚养，包括收取少量"营养费""感谢费"的，属于民间送养行为，不能以拐卖妇女、儿童罪论处。对私自送养导致子女身心健康受到严重损害，或者具有其他恶劣情节，符合遗弃罪特征的，可以遗弃罪论处；情节显著轻微危害不大的，可由公安机关依法予以行政处罚。

3. 要正确贯彻刑事政策。拐卖妇女、儿童犯罪往往涉及多人、多个环节，要根据宽严相济刑事政策和罪责刑相适应的刑法基本原则，综合考虑犯罪分子在共同犯罪中的地位、作用及人身危险性的大小，依法准确量刑。对于犯罪集团的首要分子、组织策划者、多次参与者、拐卖多人者或者具有累犯等从严、从重处罚情节的，必须重点打击，坚决依法严惩。对于罪行严重，依法应当判处重刑乃至死刑的，坚决依法判处。要注重铲除"买方市场"，从源头上遏制拐卖妇女、儿童犯罪。对于收买被拐卖的妇女、儿童的，应当依法追究刑事责任。同时，对于具有从宽处罚情节的，要在综合考虑犯罪事实、性质、情节和危害程度的基础上，依法从宽，鼓励犯罪人悔过自新。

第二百四十一条 【收买被拐卖的妇女、儿童罪】

收买被拐卖的妇女、儿童的,处三年以下有期徒刑、拘役或者管制。

收买被拐卖的妇女,强行与其发生性关系的,依照本法第二百三十六条的规定定罪处罚。

收买被拐卖的妇女、儿童,非法剥夺、限制其人身自由或者有伤害、侮辱等犯罪行为的,依照本法的有关规定定罪处罚。

收买被拐卖的妇女、儿童,并有第二款、第三款规定的犯罪行为的,依照数罪并罚的规定处罚。

收买被拐卖的妇女、儿童又出卖的,依照本法第二百四十条的规定定罪处罚。

收买被拐卖的妇女、儿童,对被买儿童没有虐待行为,不阻碍对其进行解救的,可以从轻处罚;按照被买妇女的意愿,不阻碍其返回原居住地的,可以从轻或者减轻处罚。

【条文精解】

本条是关于收买被拐卖的妇女、儿童罪及其处罚的规定。

本条共分六款。本条第一款是关于收买被拐卖的妇女、儿童犯罪的处刑规定。这里所说的"收买被拐卖的妇女、儿童",是指不是以出卖为目的,而用金钱财物收买被拐卖的妇女、儿童的行为。本罪的侵害对象只限于被拐卖的妇女、儿童。这里的"妇女"指年满十四周岁的女性;"儿童"指不满十四周岁的男女儿童。妇女和儿童包括具有中国国籍的妇女、儿童,也包括具有外国国籍和无国籍的妇女、儿童。被拐卖妇女、儿童没有身份证明的,不影响对行为人的定罪处罚。行为人收买是为了达到"结婚""收养"等目的。依照本款的规定,收买被拐卖的妇女、儿童的,处三年以下有期徒刑、拘役或者管制。

本条第二款是对收买人强行与被买妇女发生性关系的,依照刑法关于强奸罪的规定处罚。"强行发生性关系"是指违背妇女意志,以暴力、胁迫或者其他手段与其发生性关系的行为。依照本款的规定,收买被拐卖的妇女,强行与其发生性关系的,定罪量刑均适用刑法第二百三十六条关于强奸罪的规定。

本条第三款是关于收买人对被买的妇女、儿童非法剥夺、限制其人身自由或者有故意伤害、侮辱等犯罪行为的,依照刑法有关规定定罪处罚的规定。这里所说的"非法剥夺、限制其人身自由",是指收买人对被收买的妇女、儿童有本法第二百三十八条非法拘禁罪规定的行为。"伤害",是指收买人对被买的妇女、儿童有本法第二百三十四条故意伤害罪规定的行为。"侮辱",是指收买人对被买的妇女、儿童有本法第二百四十六条侮辱罪规定的行为。

本条第四款是关于收买被拐卖的妇女、儿童,并有本条第二款、第三款规定的犯罪行为的,实行数罪并罚的规定。依照本法总则第四章第四节的有关规定,数罪并罚是指对犯有两种以上罪行的人,就其所犯各罪分别定罪量刑后,按一定的原则合并执行刑罚。根据本款规定,如果收买人收买被拐卖的妇女、儿童后,强行与被买妇女发生性关系,非法剥夺、限制被收买妇女的人身自由,强制猥亵,强迫劳动,或者有伤害、侮辱等犯罪行为的,除按收买被拐卖的妇女、儿童罪定罪量刑外,还应根据其所犯其他各罪分别定罪量刑,实行数罪并罚。

本条第五款是收买被拐卖的妇女、儿童又出卖的,依照刑法第二百四十条关于拐卖妇女、儿童罪的规定定罪处罚的规定。这里所说的"收买被拐卖的妇女、儿童又出卖",是指行为人同时具有收买和出卖两种行为,收买人收买被拐卖的妇女、儿童后,无论其收买时出于什么目的,只要又出卖被害妇女、儿童,即属于本款所规定的情况,依照本款规定,构成拐卖妇女、儿童罪,并依照刑法第二百四十条的规定定罪处罚。

本条第六款是关于对收买人在特定条件下予以从宽处罚的规定。本款是刑事政策性的规定,目的是促使收买人善待被拐卖的妇女、儿童,以更好地维护被害人的权益。本款对收买人所收买的是妇女还是儿童,在量刑适用上作出了区分。对于收买儿童犯罪分子,还需要具有"没有虐待行为"以及"不阻碍对其进行解救"的条件,才能按本款规定从轻处罚。这里所说的"没有虐待行为",是指收买人对被买儿童没有进行打骂、冻饿、禁闭等在精神和肉体上对被害儿童进行摧残的行为。"不阻碍对其进行解救",是指当国家机关工作人员、被害人家属对被买儿童进行解救时,收买人未采取任何方法阻止、妨碍国家机关工作人员、被害儿童家属的解救工作。本款规定对于收买被拐卖儿童,同时善待儿童,不阻碍解救的收买者,可以从轻处罚。对于收买妇女的犯罪分子,需要具有"按照被买妇女的意愿,不阻碍其返回原居住地"的条件,才能按照本款规定从轻或减轻处罚。这里所说的"被买妇女的意愿",是指被买妇女以各种方式向收买人提出的愿望或者要求。"不阻碍其返回原居住地",是指收买人提供路费或者交通工具,也包括不提任何要求,而让被买妇女返回其原居住地。"原居住地",一般是指被买妇女被拐卖前的居住地。这里需要特别注意的是,有的妇女是在外出时遭到拐卖的,即"拐出地"和原居住地不一致。在这种情况下，如果收买人按照被买妇女的意愿，将其送到被"拐出地"的，也应视为被买妇女返回原居住地。还有的妇女要求到自己的亲友家，这种情况也应视为被买妇女返回了原居住地。除此之外，业已形成稳定的婚姻家庭关系，解救时被买妇女自愿继续留在当地共同生活的，可以视为"按照被买妇女的意愿，不阻碍其返回原居住地"。有关部门在解救工作中也应注意尊重被买妇女的意愿。根据最高人民法院、最高人民检察院、公安部、民政部、司法部、全国妇联会于 2000 年 3 月 20 日发布的《关于打击拐卖妇女儿童犯罪有关问题的通知》规定，对于自愿留在现住地生活的成年女性应尊重其本人意愿，愿在现住地结婚且符合法定结婚条件的应当依法办理结婚登记手续。依照本款规定，对于收买被拐卖的妇女，不阻碍其返回原居住地的，可以从轻或者减轻处罚。

第二百四十二条 【聚众阻碍解救被收买的妇女、儿童罪】

以暴力、威胁方法阻碍国家机关工作人员解救被收买的妇女、儿童的，依照本法第二百七十七条的规定定罪处罚。

聚众阻碍国家机关工作人员解救被收买的妇女、儿童的首要分子，处五年以下有期徒刑或者拘役；其他参与者使用暴力、威胁方法的，依照前款的规定处罚。

【条文精解】

本条是关于聚众阻碍解救被收买的妇女、儿童罪及其处罚的规定。

收买被拐卖的妇女、儿童是严重侵犯公民人身自由权利的行为，任何个人或者组织不得阻碍对被拐卖的妇女、儿童进行解救，并不得向被收买的、拐卖的妇女、儿童及其家属索要费用。实践中，解救被收买的妇女、儿童的行动往往遇到来自各方面的阻力，一些收买妇女、儿童的人及其亲属以暴力、威胁方法阻碍国家机关工作人员解救被收买的妇女、儿童，还有的纠集多人，聚众阻碍解救被收买的妇女、儿童，有的甚至围攻、殴打从事解救工作的国家机关工作人员。对于上述行为，必须依法追究刑事责任。

本条共分两款。本条第一款是以暴力、威胁方法阻碍国家机关工作人员解救被收买的妇女、儿童的犯罪及其处刑规定。这里所规定的"暴力"，是指对解救被收买的妇女、儿童的国家机关工作人员的人身进行打击或者实行强制,如殴打、捆绑等。"威胁",是指以杀害、伤害、毁坏财产、破坏名誉等手段进行要挟,迫使国家机关工作人员放弃执行解救被收买的妇女、儿童的职责。本款规定的犯罪必须具备以下两个条件:(1)犯罪人必须采用暴力、威胁方法实施了阻碍国家机关工作人员解救被收买的妇女、儿童的行为,如果行为人没有实施暴力、威胁的阻碍行为,只是吵闹、谩骂、不服管理等,不构成犯罪,可以依法进行治安管理处罚。(2)犯罪分子阻碍的对象必须是依法执行解救职责的国家机关工作人员。依照本款的规定,以暴力、威胁方法阻碍国家机关工作人员解救被收买的妇女、儿童的,依照本法第二百七十七条关于妨害公务罪的规定定罪处罚,即处三年以下有期徒刑、拘役、管制或者罚金。

本条第二款是关于聚众阻碍解救被收买的妇女、儿童罪及其处刑规定。聚众阻碍解救被收买的妇女、儿童,是指有预谋、有组织、有领导地纠集多人阻碍国家机关工作人员解救被收买的妇女、儿童的行为。实践中,组织聚众阻碍解救被收买的妇女、儿童的首要分子,有的并不直接采用暴力、威胁的方法,而是在幕后策划、指挥、煽动,因此难以适用刑法第二百七十七条妨害公务罪。为了有力惩治聚众阻碍解救被收买的妇女、儿童的犯罪行为,刑法设专条作了规定。这里所说的"聚众",是指聚集多人。"首要分子",是指在聚众阻碍国家机关工作人员解救被收买的妇女、儿童的犯罪活动中起组织、策划、指挥、煽动等作用的犯罪分子,可能是一人,也可能是多人。"其他参与者",是指首要分子以外的其他参与聚众阻碍国家机关工作人员解救被拐卖、绑架的妇女、儿童的人。依照本款规定,聚众阻碍国家机关工作人员解救被收买的妇女、儿童的首要分子,处五年以下有期徒刑或者拘役;其他参与者中使用暴力、威胁方法的,依照前款的规定处罚,即处三年以下有期徒刑、拘役、管制或者罚金。

【实践中需要注意的问题】

根据本条第二款的规定,对于聚众阻碍解救被收买的妇女、儿童的首要分子,不论其是否使用暴力、威胁方法,都按聚众阻碍解救被收买的妇女、儿童罪处罚。对于其他参与者,则只有使用暴力、威胁方法的,才能按照本条第一款的规定,以妨害公务罪定罪处罚。未使用暴力、威胁方法的,不构成犯罪。

第二百四十三条 【诬告陷害罪】

捏造事实诬告陷害他人，意图使他人受刑事追究，情节严重的，处三年以下有期徒刑、拘役或者管制；造成严重后果的，处三年以上十年以下有期徒刑。

国家机关工作人员犯前款罪的，从重处罚。

不是有意诬陷，而是错告，或者检举失实的，不适用前两款的规定。

【条文精解】

本条是关于诬告陷害罪及其处刑的规定。

我国宪法第三十八条规定"中华人民共和国公民的人格尊严不受侵犯。禁止用任何方法对公民进行侮辱、诽谤和诬告陷害"。检举揭发违法犯罪行为是每个公民的权利，但实践中有些人往往利用该项权利滥用检举揭发权，无中生有，诬告陷害他人，严重影响社会和谐发展，破坏社会风气，应当予以惩处。由于行为人企图假手司法机关实现其诬陷无辜的目的，不仅侵犯了公民的人身权利，使无辜者的名誉受到损害，而且可能导致冤假错案，造成错捕、错判甚至错杀的严重后果，干扰司法机关的正常活动，破坏司法机关的威信，因此必须依法予以严惩。

本条共分三款。本条第一款是关于诬告陷害罪的处刑规定。依照本款规定，诬告陷害罪，是指捏造事实，作虚假告发，意图陷害他人，使他人受刑事追究，情节严重的行为。这里所说的"他人"，既包括一般的干部、群众，也包括正在服刑的罪犯和其他在押的被告人与犯罪嫌疑人。本罪侵犯的客体是复杂客体，既侵犯了他人的人身权利，也侵犯了司法机关的正常活动。根据本款的规定，构成本罪必须具备以下条件：（1）诬告陷害他人，必须以使他人受刑事追究为目的。行为人诬陷他人可能出于不同的动机，有的是发泄私愤，有的是嫉贤妒能，有的是排除异己，但必须以使他人受刑事追究为目的，才能构成诬告陷害罪。如果不以使他人受刑事追究为目的而捏造事实诬告的，如以败坏他人名誉、阻止他人得到某种奖励或者提升等为目的而诬告他人有违法或不道德行为的，则不构成本罪。（2）捏造的事实必须是他人的犯罪事实，如果捏造的事实不足使他人受到刑事追究的，则不构成本罪。捏造事实，既包括无中生有，捏造犯罪事实陷害他人；也包括栽赃陷害，在确实发生了具体犯罪事实的情况下，捏造证据栽赃、嫁祸他人；还包括借题发挥，将不构成犯罪的事实夸大为犯罪事实，进而陷害他人等。（3）不仅捏造了他人的犯罪事实，而且将捏造的犯罪事实向有关机关进行了告发。行为人虽有捏造他人犯罪事实的行为,但如果没有进行告发,其诬陷的目的就无法实现,因而也不构成诬陷罪。告发的形式可以是书面告发,也可以是口头告发,可以是实名告发,也可以是匿名告发。(4)诬告陷害的行为必须有明确的对象,如果行为人只是捏造了某种犯罪事实,向有关机关告发,并没有具体的告发对象,这种行为虽然也侵犯了司法机关的正常活动,但并未直接侵犯他人的人身权利,也不构成本罪。有明确的对象并非要求行为人必须指名道姓告发,如果通过告发的事实可以明显地判断出告发对象,即使没有提出具体姓名,也属于有明确的对象。(5)诬告陷害情节严重的,这里所规定的"情节严重",主要是指捏造的犯罪事实情节严重、诬陷手段恶劣、严重影响了司法机关的正常工作、社会影响恶劣等。只要诬告陷害的行为符合以上条件,本罪就成立。本款所规定的"造成严重后果",主要是指被害人被错误地追究了刑事责任,或者使被诬陷人的人身权利、民主权利、财产权利等受到重大损害,或者使司法机关的正常工作遭受特别重大的损害。依照本款的规定,犯诬告陷害罪的,处三年以下有期徒刑、拘役或者管制;造成严重后果的,处三年以上十年以下有期徒刑。

本条第二款是关于国家机关工作人员犯诬告陷害罪从重处罚的规定。这里所规定的"国家机关工作人员",根据本法第九十三条的规定,是指在国家权力机关、行政机关、监察机关、人民法院、人民检察院、军事机关等国家机关中从事公务的人员。国家机关工作人员由于其所处的地位和掌握的权力,如果捏造事实诬告陷害他人,往往会对被害人的合法权益和国家机关的声誉造成更大的损害,同时考虑到对国家机关工作人员的要求应当更加严格,因此,本款规定,国家机关工作人员犯诬告陷害罪的,从重处罚。

本条第三款是关于错告或者检举失实,不适用前款规定的规定。这样规定是为了正确区分诬告陷害与错告、检举失实的界限,以有利于打击犯罪,保护公民与违法犯罪作斗争的积极性。我国宪法第四十一条规定:"中华人民共和国公民对于任何国家机关和国家工作人员,有提出批评和建议的权利;对于任何国家机关和国家工作人员的违法失职行为,有向有关国家机关提出申诉、控告或者检举的权利,但是不得捏造或者歪曲事实进行诬告陷害。"诬告与错告,二者在客观上都表现为向国家机关或有关单位告发的犯罪事实与客观事实不相符合。但在主观方面,二者有着质的不同:前者是故意捏造或者歪曲事实告发他人,具有陷害他人的故意;后者则是行为人认为自己告发的是真实犯罪事实,只是由于情况不明,或者认识片面而在控告、检举中发生差错,没有陷害他人的故意。由此可见,是否具有诬告陷害的故意,是区分诬告与错告的根本标志。实践中要准确区分诬告与错告，就必须根据行为人告发的背景、原因、告发的事实来源、告发人与被告人之间的关系等综合判定。

【实践中需要注意的问题】

1. 本条在实践中应当注意本罪与诽谤罪的区别：（1）诽谤罪的目的是损害他人的人格和名誉，而诬告陷害罪的目的是使被诬陷人受刑事追究；（2）诽谤罪捏造的事实不一定是他人犯罪的事实，而诬告陷害罪捏造的必须是他人犯罪的事实；（3）诽谤罪行为人的手段是散布其捏造的事实，诬告陷害罪行为人的手段是向有关机关告发其捏造的他人的犯罪事实；（4）诽谤罪属于亲告罪，即告诉的才处理，但是严重危害社会秩序和国家利益的除外。而诬告陷害罪不是亲告罪，属于国家公诉案件。

2. 诬告陷害罪与报复陷害罪的界限。（1）犯罪对象不同，诬告陷害罪的对象是非特定公民，报复陷害罪的对象是控告人、申诉人、批评人与举报人。（2）主体不同，诬告陷害罪是一般主体，只是规定国家机关工作人员犯罪要从重处罚；而报复陷害罪是特殊主体，限于国家机关工作人员。（3）行为表现不同，诬告陷害罪表现为捏造犯罪事实，作虚假告发；报复陷害罪表现为滥用职权、假公济私，进行报复陷害。（4）目的不同，诬告陷害罪的目的是意图使他人受刑事追究；报复陷害罪是一般报复的目的。

第二百四十四条　【强迫劳动罪】

以暴力、威胁或者限制人身自由的方法强迫他人劳动的，处三年以下有期徒刑或者拘役，并处罚金；情节严重的，处三年以上十年以下有期徒刑，并处罚金。

明知他人实施前款行为，为其招募、运送人员或者有其他协助强迫他人劳动行为的，依照前款的规定处罚。

单位犯前两款罪的，对单位判处罚金，并对其直接负责的主管人员和其他直接责任人员，依照第一款的规定处罚。

【条文精解】

本条是关于强迫劳动罪及其处罚的规定。

本条共分三款。第一款是关于强迫劳动犯罪行为及其处刑的规定。根据本款规定，强迫劳动犯罪，是指以暴力、威胁或者限制人身自由的方法强迫他人劳动的行为。我国宪法第三十七条第一款规定"中华人民共和国公民的人身自由不受侵犯";第四十二条第一款规定"中华人民共和国公民有劳动的权利和义务",第四十三条第一款规定"中华人民共和国劳动者有休息的权利"。任何人都不能强迫他人劳动。所谓"暴力"是指犯罪分子直接对被害人实施殴打、伤害等危及其人身安全的行为,使其不能反抗、逃跑。"威胁"是指犯罪分子对被害人施以恫吓,进行精神强制,使其不敢反抗、逃跑。"限制人身自由的方法"则是指以限制离厂、不让回家,甚至雇用打手看管等方法非法限制被害人的人身自由,强迫其参加劳动。"他人"既包括与用人单位订有劳动合同的职工,也包括犯罪分子非法招募的工人、智障人等。本罪是故意犯罪。根据本条规定,实施强迫劳动犯罪的,处三年以下有期徒刑或者拘役,并处罚金;情节严重的,处三年以上十年以下有期徒刑,并处罚金。与1997年刑法对强迫职工劳动罪的处刑相比,本款规定取消了第一档刑中单处罚金的规定,增加了第二档刑,体现了对强迫劳动犯罪严厉打击的精神。所谓"情节严重"通常是指强迫多人劳动,长时间强迫他人劳动,以不人道手段对待被强迫劳动者等,具体标准应由司法机关根据实际情况通过司法解释确定。

本条第二款是关于协助强迫他人劳动行为处罚的规定。本款规定的协助强迫他人劳动行为,包括招募、运送人员和其他协助强迫他人劳动的行为。所谓"招募",是指通过所谓"合法"或非法途径,面向特定或者不特定的群体募集人员的行为。实践中犯罪分子往往利用被害人求职心切,以合法就业岗位、优厚待遇等手段诱骗被害人。"运送"是指用各种交通工具运输人员。"其他协助强迫他人劳动行为"是指除招募、运送人员外,为强迫劳动的人转移、窝藏或接收人员等行为。上述协助强迫他人劳动的行为,助长了强迫劳动犯罪,严重侵犯公民的人身权利和社会秩序,应当予以刑事处罚。我国加入的国际公约也要求将这种行为规定为犯罪。根据本款规定,明知他人实施本条第一款规定的强迫劳动行为,为其招募、运送人员的或者有其他协助强迫他人劳动行为的,依照本条第一款的规定处罚,即处三年以下有期徒刑或者拘役,并处罚金;情节严重的,处三年以上十年以下有期徒刑,并处罚金。

本条第三款是关于单位犯强迫劳动罪的处罚规定。根据本款规定,单位犯本条第一款、第二款规定的以暴力、威胁或者限制人身自由的方法强迫他人劳动,或者明知他人实施强迫劳动行为,为其招募、运送人员或者有其他协助强迫他人劳动行为的犯罪的,对单位判处罚金,并对其直接负责的主管人员和其他直接责任人员,依照本条第一款的规定处罚,即处三年以下有期徒刑或者拘役,并处罚金;情节严重的,处三年以上十年以下有期徒刑,并处罚金。

【实践中需要注意的问题】

实践中，对于犯罪分子在强迫劳动的过程中使用暴力，致使被害人伤残、死亡的，应当根据本法的有关规定，以强迫劳动、故意伤害或故意杀人罪数罪并罚。

第二百四十四条之一　【雇用童工从事危重劳动罪】

违反劳动管理法规，雇用未满十六周岁的未成年人从事超强度体力劳动的，或者从事高空、井下作业的，或者在爆炸性、易燃性、放射性、毒害性等危险环境下从事劳动，情节严重的，对直接责任人员，处三年以下有期徒刑或者拘役，并处罚金；情节特别严重的，处三年以上七年以下有期徒刑，并处罚金。

有前款行为，造成事故，又构成其他犯罪的，依照数罪并罚的规定处罚。

【条文精解】

本条是关于雇用童工从事危重劳动罪及其处罚的规定。

本条共分两款。第一款是关于非法雇用童工罪的构成要件以及处罚的规定。根据本款规定，认定雇用童工从事危重劳动罪要注意以下几个问题：第一，违反劳动管理法规，雇用未满十六周岁的未成年人从事劳动。这里所说的"劳动管理法规"，是指劳动法等法律和国务院颁布的与劳动保护有关的行政法规，以及其他法律、法规中关于劳动关系、劳动保护等的规定。我国劳动法明确规定，国家对未成年工实行特殊劳动保护的原则，在就业年龄、工种、工作时间、劳动强度等方面给予了特殊保护，如规定就业最低年龄为16周岁；"不得安排未成年工从事矿山井下、有毒有害、国家规定的第四级体力劳动强度的劳动和其他禁忌从事的劳动"等。同时，根据劳动管理法规的规定，任何用人单位和个人，招用未满十六周岁的未成年人从事劳动的，属于使用童工的违法行为。但是，文艺、体育单位经未成年人的监护人同意，可以招用未满十六周岁的专业文艺工作者、运动员，学校、其他教育机构以及职业培训机构按照国家规定组织未满十六周岁的未成年人进行不影响其人身安全的身心健康的教育实践劳动、职业技能培训劳动的，不属于非法使用童工。一些单位和个人打着从事文艺、体育活动的招牌，非法雇用童工进行低俗、危险表演的，不属于招收文艺、体育工作者的情况，应当按照本条的规定定罪处罚。所谓"雇用",一般是指在行为人和童工之间形成一定的劳动关系。雇用是通过支付工资使他人为自己提供劳动的行为。雇佣关系的形成并不要求双方有明确的时间约定,也不以签有书面合同为条件,只要雇用人与被雇用的童工之间形成事实上的劳动关系即可。但是父母让未成年子女到自己的工厂、作坊等从事劳动的,不宜认定为雇佣关系。

第二,雇用未满十六周岁的未成年人从事超强度体力劳动、高空、井下作业,或者在爆炸性、易燃性、放射性、毒害性等危险环境下从事劳动。违反劳动管理法规的规定,雇用未满十六周岁的未成年人从事劳动的,都属于违法行为,但并非都属于犯罪行为。构成非法雇用童工罪的行为,仅限于非法雇用童工从事刑法明确规定的对未成年人身心健康危害较大的特定劳动的行为。"超强度体力劳动",是指劳动强度超过劳动者正常体能承受程度的体力劳动。关于劳动强度,国家劳动保护部门有专门的规定和测算依据。根据规定,体力劳动强度的测定是通过测量某劳动工种平均劳动时间率和能量代谢率,计算出其劳动强度指数,然后根据指数将体力劳动按照强度由低到高分为四级。其中第四级强度的体力劳动属于强度最大的劳动。根据计算,八小时工作日平均耗能值为113044千焦耳/人,劳动时间率为77%,劳动强度显然很大。根据国家保护未成年工(指十六周岁以上不满十八周岁)的规定,对于未成年工,不得要求其从事第四级劳动强度的作业。需要特别说明的是,这里的劳动强度是国家劳动保护部门为了进行科学的劳动保护管理,针对正常的生产劳动作业所做的区分,并与相应的劳动保护措施和福利待遇相联系。因此,在具体认定童工所从事的体力劳动是否属于超强度体力劳动时,可以参考上述劳动保护部门用于测算正常生产劳动作业的分级标准,对童工所具体从事的劳动强度进行测算,但不能简单地认定某级以上强度的劳动就属于超强度体力劳动。因为对于童工而言,并没有所谓适合其身体发育状况的体力劳动的分级。雇用未满十六周岁的未成年人,无论从事何种强度体力劳动,都属于非法使用童工。当然,虽然雇用童工从事体力劳动行为本身就属于非法行为,但是其违法的程度与童工具体从事的劳动的强度大小是密切联系的。比如,雇用童工从事的体力劳动在劳动时间率、平均耗能值等方面相当于一级体力劳动强度的,其危害性显然要小于雇用童工从事劳动强度相当于二级或三级体力劳动强度的劳动。所谓超强度是指超过劳动者正常体能所能合理承受的强度,所以在认定是否构成雇用童工从事超强度体力劳动时,还应结合被雇用童工的年龄、身体发育状况等因素。比如,根据国家劳动管理法规,用人单位可以安排未成年工(已满十六周岁不满十八周岁)从事四级强度体力劳动以下的劳动，那么用人单位安排未满十六周岁的未成年人从事四级体力劳动强度的劳动的，应当属于超强度体力劳动。但是安排即将年满十六周岁的未成年人从事一级体力劳动强度劳动的，是否属于超强度体力劳动，就不能一概而论了。由于童工的年龄跨度很大，雇用童工从事劳动的情况也很复杂，因此法律无法具体规定雇用童工从事何种劳动就属于超强度体力劳动。具体认定需要由司法机关根据案件的具体情况，结合童工的年龄、身体发育状况、承受能力，童工所从事的劳动的性质等因素，综合考虑。除了超强度体力劳动外，本条还规定了高空作业和井下作业。高空作业具有一定的危险性，需要作业者具有专门的技术知识、自我保护意识和技能。井下作业不仅本身劳动强度较大，而且环境相对比较恶劣，在井下作业会严重损害未成年人的身体健康。而且，井下作业也需要一定的自我保护意识和技能。未成年人身心发育尚不成熟，自我保护意识和能力比较差。从事高空和井下作业，存在较大的危险性，因此刑法专门作了规定。对童工身心健康危害较大的几种危险劳动环境，本条也作了规定。这些危险环境主要包括爆炸性、易燃性、放射性、毒害性环境。这些环境本身对人身健康就具有危害性，未成年人身体发育尚不健全，更容易受到伤害。同时，这些环境由于具有高度危险，作业者必须具有专门的操作技能和安全知识，还需要作业者随时保持高度的警惕，由于未成年人的身心特点，在从事这些危险作业时，更容易发生危险，造成事故。需要特别说明的是，刑法虽然只是规定了爆炸性、易燃性、放射性、毒害性等危险环境，但是，除上述危险环境外，非法雇用童工在与上述具有相当危险性的环境下劳动的，也可以构成本罪。比如，雇用童工在严重的粉尘环境、极端低温或者高温环境下从事劳动。

第三，实施上述行为，情节严重。应当说雇用未满十六周岁的未成年人从事超强度体力劳动，或者从事高空、井下作业，或者在爆炸性、易燃性、放射性、毒害性等危险环境下从事劳动，其危害性比一般的非法雇用童工行为要严重。但是，根据刑法规定，并非实施上述行为就一律以犯罪追究。由于现实情况非常复杂，非法雇用童工从事上述劳动的，具体危害性可能存在很大的差异。这就需要司法机关根据案件的具体情节加以区别。具体情节是否严重，可以结合非法雇用童工的数量、童工所从事的劳动的种类和强度、童工的年龄及身体发育状况、劳动安全设施和劳动保护措施的状况、劳动环境危险性的高低等因素，综合衡量。

本条第一款规定了对非法雇用童工罪的处罚。根据该规定，非法雇用童工罪的刑罚幅度有两个，非法雇用童工情节严重的，对直接责任人员处三年以下有期徒刑或者拘役，并处罚金；情节特别严重的，处三年以上七年以下有期徒刑，并处罚金。这里的"直接责任人员"，是指对非法雇用童工负有直接责任的人员。既包括企事业单位或者其他组织中直接负责的主管人员和其他负有直接责任的人员，也包括个体户、农户、城镇居民等。无论该企事业单位或者其他组织是否依法成立，也无论其具体经营活动是否合法，只要实施非法雇用童工的行为并构成犯罪的，都应当按照上述规定予以处罚。

本条第二款是犯非法雇用童工罪，造成事故，同时构成其他犯罪，予以数罪并罚的规定。从实践情况看，非法雇用童工行为主要发生在一些个体、私营企业。这些企业在安全生产和劳动保护方面往往投入不足，劳动保护设施较差，安全生产制度不健全，工人和生产指挥人员缺乏安全生产意识，事故隐患较多。因此，非法雇用童工，又发生事故的情况时有发生。针对这种情况，为了保证依法追究非法雇用童工并造成事故者的刑事责任，本条第二款明确规定了予以数罪并罚的处罚原则。这是因为，非法雇用童工，造成事故并构成其他犯罪的，行为人实际上存在数个行为，分别触犯了刑法的数个条文的规定，在性质上属于数罪。如果按照非法雇用童工罪或者重大安全事故罪等一罪追究的话，便放纵了犯罪分子。根据本款的规定，对被告人实行数罪并罚的条件有三个：第一，有非法雇用童工的犯罪行为。数罪并罚的前提条件是行为人的数个行为都构成犯罪，因此行为人必须实施了本法第一款规定的非法雇用童工的行为，情节严重，构成犯罪。第二，造成了事故。造成事故是指过失造成被雇用的童工人身伤害、死亡等后果。因采用暴力手段强迫被雇用的童工劳动，体罚、虐待被雇用的童工，造成童工伤害或者死亡后果的，应当按照刑法有关规定处理，不属于这里所说的事故。需要说明的是，本条第二款是对非法雇用童工和造成事故这两种情况同时发生如何处理作出的规定，并不要求两者之间具有直接因果关系。事故的直接原因与非法雇用童工行为没有直接联系，但是发生重大责任事故或者重大安全事故，造成童工人身伤亡，符合本条第二款规定的，应当按照数罪进行并罚。第三，造成事故的行为构成了犯罪。这里的其他犯罪主要是指刑法第一百三十四条、第一百三十五条等有关安全生产事故的犯罪。

【实践中需要注意的问题】

实际执行中还应当注意准确区分罪与非罪的界限。根据法律规定，情节是否严重，是区分违法与犯罪的关键。实践中，使用童工的情况比较复杂，要根据案件具体情况，严格区分罪与非罪、违法与犯罪的界限。2008年最高人民检察院、公安部关于发布的《关于公安机关管辖的刑事案件立案追诉标准的规定（一）》第三十二条规定："违反劳动管理法规，雇用未满十六周岁的未成年人从事国家规定的第四级体力劳动强度的劳动，或者从事高空、井下劳动，或者在爆炸性、易燃性、放射性、毒害性等危险环境下从事劳动，涉嫌下列情形之一的，应予立案追诉：（一）造成未满十六周岁的未成年人伤亡或者对其身体健康造成严重危害的；（二）雇用未满十六周岁的未成年人三人以上的；（三）以强迫、欺骗等手段雇用未满十六周岁的未成年人从事危重劳动的；（四）其他情节严重的情形。"对情节不严重，不构成犯罪的违法行为，可由劳动行政部门给予行政处理或者行政处罚。

第二百四十五条　【非法搜查罪】【非法侵入住宅罪】

非法搜查他人身体、住宅，或者非法侵入他人住宅的，处三年以下有期徒刑或者拘役。

司法工作人员滥用职权，犯前款罪的，从重处罚。

【条文精解】

本条是关于非法搜查罪、非法侵入住宅罪及其处罚的规定。

根据本条规定，非法搜查罪，是指非法对他人的身体、住宅进行搜查的行为。我国宪法第三十七条中规定，中华人民共和国公民的人身自由不受侵犯，禁止非法搜查公民的身体。第三十九条规定，中华人民共和国公民的住宅不受侵犯。禁止非法搜查或者非法侵入公民的住宅。我国刑事诉讼法、监察法及其他有关法律规定，搜查只能由人民检察院、公安机关、国家安全机关、监察机关依照法律规定的程序进行。如我国刑事诉讼法第二编第二章第五节对"搜查"作了专门规定，为了收集犯罪证据、查获犯罪嫌疑人，侦查人员可以对犯罪嫌疑人以及可能隐藏罪犯或者犯罪证据的人的身体、物品、住处和其他有关的地方进行搜查，但必须严格依照法律规定的程序进行，如必须向被搜查人出示搜查证，搜查时应当有被搜查人或者他的家属、邻居或者其他见证人在场，搜查妇女身体，应当由女工作人员进行等。只有符合上述要求，搜查行为才是合法的。这里的"非法搜查"包括两层意思：一是指无权进行搜查的机关、团体、单位的工作人员或者个人，非法对他人人身、住宅进行搜查;二是指有搜查权的国家机关工作人员,滥用职权,非法对他人的人身、住宅进行搜查或者搜查的程序和手续不符合法律规定。具有其中之一的,即为非法搜查。本罪是故意犯罪,过失的不构成本罪。

非法侵入住宅罪,是指未经住宅主人同意,非法强行闯入他人住宅,或者经住宅主人要求其退出仍拒不退出的行为。这里的"非法",主要是指无权或者无理进入他人住宅而强行闯入或者拒不退出。如果是事先征得住宅主人的同意的,或者是司法工作人员为依法执行搜查、逮捕、拘留等任务而进入他人住宅的,都不是非法侵入他人住宅。这里的"住宅"是指他人生活的与外界相对隔离的住所,包括封闭的院落、牧民的帐篷、渔民作为家庭生活场所的渔船、为生活租用的房屋等。非法侵入他人住宅行为是故意的,过失的不构成本罪。依照本条第一款的规定,非法搜查他人身体、住宅,或者非法侵入他人住宅的,处三年以下有期徒刑或者拘役。

本条第二款是关于司法工作人员滥用职权犯非法搜查、非法侵入住宅罪从重处罚的规定。这里所规定的"司法工作人员",根据本法第九十四条的规定,是指有侦查、检察、审判、监管职责的工作人员。这里所说的"滥用职权",是指司法工作人员超越职权或者违背职责行使职权,非法搜查他人身体、住宅,或者非法侵入他人住宅的行为。依照本款的规定,司法工作人员滥用职权犯非法搜查罪、非法侵入住宅罪的,依照前款规定从重处罚。

【实践中需要注意的问题】

1.参考2006年最高人民检察院《关于渎职侵权犯罪案件立案标准的规定》,国家机关工作人员利用职权非法搜查,涉嫌下列情形之一的,应予立案:(1)非法搜查他人身体、住宅,并实施殴打、侮辱等行为的;(2)非法搜查,情节严重,导致被搜查人或者其近亲属自杀、自残造成重伤、死亡,或者精神失常的;(3)非法搜查,造成财物严重损坏的;(4)非法搜查3人(户)次以上的;(5)其他非法搜查应予追究刑事责任的情形。

2.我国治安管理处罚法第四十条规定,"非法侵入他人住宅或者非法搜查他人身体的",处十日以上十五日以下拘留,并处五百元以上一千元以下罚款;情节较轻的,处五日以上十日以下拘留,并处二百元以上五百元以下罚款。对于非法侵入他人住宅或者非法搜查他人身体,尚不构成犯罪的,可以给予治安管理处罚。

第二百四十六条 【侮辱罪】【诽谤罪】
以暴力或者其他方法公然侮辱他人或者捏造事实诽谤他人，情节严重的，处三年以下有期徒刑、拘役、管制或者剥夺政治权利。
前款罪，告诉的才处理，但是严重危害社会秩序和国家利益的除外。
通过信息网络实施第一款规定的行为，被害人向人民法院告诉，但提供证据确有困难的，人民法院可以要求公安机关提供协助。

【条文精解】

本条是关于侮辱罪、诽谤罪及其处罚的规定。

我国宪法第三十八条规定："中华人民共和国公民的人格尊严不受侵犯。禁止用任何方法对公民进行侮辱、诽谤和诬告陷害。"尊重他人的人格和名誉，是每一个公民应有的道德品质和必须遵循的共同生活准则。

本条共分三款。第一款是对侮辱罪、诽谤罪及其处罚的规定。依照本款的规定，侮辱罪，是指以暴力或者其他方法公然侮辱他人，情节严重的行为；诽谤罪，是指故意捏造事实，公然损害他人人格和名誉，情节严重的行为。

侮辱罪、诽谤罪侵犯的客体是他人的人格尊严和名誉权，人格尊严和名誉权是公民基本的人身权利。所谓人格尊严，是指公民基于自己所处的社会环境、地位、声望等客观条件而对自己或他人的人格价值和社会价值的认识和尊重。所谓名誉，是指公民在社会生活中所获得的名望声誉，是一个人的品德、才干、信誉等在社会生活中所获得社会评价。所谓名誉权，是指以名誉的维护和安全为内容的人格权。侮辱罪、诽谤罪的犯罪对象只能是自然人，侮辱、诽谤法人以及其他团体、组织等单位，不构成侮辱罪和诽谤罪。需要注意的是，根据刑法第二百九十九条的规定，在公众场合故意以焚烧、毁损、涂划、玷污、践踏等方式侮辱中华人民共和国国旗、国徽的；在公共场合，故意篡改中华人民共和国国歌歌词、曲谱，以歪曲、贬损方式奏唱国歌，或者以其他方式侮辱国歌，情节严重的，应以侮辱国旗、国徽、国歌罪依法追究刑事责任。

在客观表现方面，侮辱罪和诽谤罪有所不同。侮辱罪客观方面主要表现为以暴力或其他方法公然贬损他人人格、破坏他人声誉，情节严重的行为。这里所说的侮辱行为，可以是暴力，也可以是暴力以外的其他方法。所谓"暴力"，是指以强制方法来损害他人人格和名誉，如强迫他人"戴高帽"游行、当众剥光他人衣服、以粪便泼人、强迫他人做出有辱人格的动作等。这里的暴力，其目的不是损害他人的身体健康，如果在实施暴力侮辱的过程中造成他人死亡或者伤害后果的，可能同时构成故意杀人罪或者故意伤害罪。所谓"其他方法"，是指以语言、文字等暴力以外的方法侮辱他人，语言侮辱如当众用恶毒刻薄的语言对被害人进行嘲笑、辱骂，使其当众出丑，散布被害人的生活隐私、生理缺陷等，文字侮辱如贴传单、漫画、书刊或者其他公开的文字等方式诋毁他人人格、侮辱他人。值得注意的是，随着信息网络的普及和发展，利用互联网侮辱、诽谤他人的行为也不断增多，如通过网络对他人进行辱骂攻击、发布涉及他人隐私信息或图片、捏造损害他人人格、名誉的事实等，这类行为借助互联网传播快、范围广，往往给被害人造成更大伤害。侮辱他人的行为，必须是公然进行，如果不是公然，不构成本罪。所谓"公然"侮辱他人，是指当众或者利用能够使多人听到或看到的方式，对他人进行侮辱，公然侮辱并不一定要求被害人在场。如果行为人仅仅针对被害人进行侮辱，没有第三人在场，也不可能被第三者知悉，则不构成本罪，因为只有他人在场，被害人的名誉才会受到伤害。所谓"他人"，在这里是指特定的人，即侮辱他人的行为必须是明确地针对某特定的人实施，如果不是针对特定的人，而是一般的"骂街"、谩骂等，不构成侮辱罪。

诽谤罪在客观方面表现为行为人实施捏造并散布某种虚构的事实，足以贬损他人人格、名誉的行为。"诽谤"，是指故意捏造事实，并且进行散播，所谓"捏造事实"，就是无中生有，凭空制造虚假的事实，而且这些内容已经或足以给被害人的人格、名誉造成损害。诽谤除捏造事实外还要将该捏造的事实进行散播，散播包括使用口头方法和书面方法，口头方法是通过言论捏造事实并散布，书面方法包括用图画、报刊、书信或者通过互联网等方法，故意捏造事实并散布的行为。捏造事实的行为与散播行为必须同时具备才构成本罪。如果只是捏造事实与个别亲友私下议论，没有散播的，或者散播的是客观事实而不是捏造的虚假事实的，即使有损于他人的人格、名誉，也不构成本罪。与侮辱罪类似，诽谤罪也必须是针对特定的人实施，这种行为不一定公开地指明对方姓名，但是只要从内容上知道被害人是谁，就可以构成诽谤罪，如果行为人捏造并散布的内容不针对特定的对象，也不能构成本罪。

依照第一款规定，构成侮辱罪、诽谤罪的行为，都必须是情节严重的行为，虽有侮辱、诽谤他人的行为，但情节不严重的，只属于一般的民事侵权行为。这里所说的"情节严重"，主要是指侮辱、诽谤他人手段恶劣、后果严重或者影响很坏等情况，如当众扯光被害人的衣服；强令被害人当众爬过自己胯下；当众向被害人身上泼粪便；给被害人脸上摸黑灰、挂破鞋并游街示众；捏造事实诽谤他人，致使被害人受到严重精神刺激而自伤、自残或者自杀；侮辱、诽谤执行公务的人员，造成恶劣影响等。

侮辱罪、诽谤罪都是故意犯罪，并有侮辱、诽谤他人的目的，过失的行为不构成犯罪。侮辱罪、诽谤罪属于一般主体犯罪，任何年满十六周岁，且具有刑事责任能力的人，均可成为侮辱罪、诽谤罪的主体。关于侮辱罪、诽谤罪的刑罚，依照本款的规定，以暴力或者其他方法公然侮辱他人或者捏造事实诽谤他人，情节严重的，处三年以下有期徒刑、拘役、管制或者剥夺政治权利。

本条第二款是关于侮辱罪、诽谤罪属于告诉才处理的犯罪及例外情形的规定。依照本款的规定，对于侮辱罪、诽谤罪，只有被侮辱人、被诽谤人亲自向人民法院控告的，人民法院才能受理，对于被侮辱人、被诽谤人不控告的，司法机关不能主动追究侮辱、诽谤行为人的刑事责任。法律之所以将这类案件规定为告诉才处理的犯罪，主要是为了更好地保护当事人的隐私，维护其合法权益。同时，侮辱罪、诽谤罪作为告诉才处理的犯罪也存在例外情形：一是根据刑法第九十八条的规定，如果被害人受强制或者威吓而无法告诉的，人民检察院和被害人的近亲属也可以告诉；二是依照本款的规定，严重危害社会秩序和国家利益的除外。需要指出的是，上述两种例外情形性质并不相同，对于被害人受强制或者威吓而无法告诉的，人民检察院和被害人近亲属的告诉，没有改变侮辱罪、诽谤罪告诉才处理的性质，只是由他人或者机关代被害人自己告诉，这里需要被害人有告诉的意愿，如果他人代为告诉后，被害人可以在人民法院宣判以前撤回告诉。但是对于严重危害社会秩序和国家利益的案件，根据本款规定不再适用告诉才处理的规定，而应作为公诉案件处理，由人民检察院提起公诉。这里所说的"严重危害社会秩序和国家利益"，主要是指侮辱、诽谤行为严重扰乱社会秩序的；侮辱、诽谤外交使节造成恶劣国际影响的；侮辱、诽谤行为给国家形象造成恶劣影响的等。

本条第三款是关于对通过信息网络实施侮辱、诽谤行为，人民法院可以要求公安机关提供协助的规定。随着网络的普及和发展，通过信息网络实施侮辱、诽谤犯罪的案件开始增多，对此2009年修改的全国人民代表大会常务委员会《关于维护互联网安全的决定》第四条中规定，为了保护个人、法人和其他组织的人身、财产等合法权利，对利用互联网侮辱他人或者捏造事实诽谤他人，构成犯罪的，依照刑法有关规定追究刑事责任。由于法律将一般的侮辱、诽谤罪规定为告诉才处理的犯罪，根据刑事诉讼法第二百一十条、第二百一十一条规定，告诉才处理的犯罪属于自诉案件，人民法院对于自诉案件进行审查后，按照下列情形分别处理：（1）犯罪事实清楚，有足够证据的案件，应当开庭审判；（2）缺乏罪证的自诉案件，如果自诉人提不出补充证据，应当说服自诉人撤回自诉，或者裁定驳回。实践中，由于网络本身的虚拟性，被害人遭受网络侮辱、诽谤行为后，很难确认行为人身份，往往无法达到自诉案件法院开庭审理的要求。为了打击网络侮辱、诽谤行为，维护被害人权益，《刑法修正案（九）》根据实际需要和有关方面的建议，增加了本款规定。对于被害人向人民法院告诉的通过网络实施的侮辱、诽谤行为，被害人提供证据确有困难，受理被害人告诉的人民法院可以根据具体情况，要求公安机关提供协助。"被害人提供证据确有困难"，是指被害人通过正常的途径难以查明犯罪嫌疑人身份，难以收集、固定相应的犯罪证据。由于实践中的情况复杂，对此法律规定的较为原则，需要司法机关在处理具体案件过程中根据情况确定。这里的"提供协助"，主要是指由公安机关查明犯罪嫌疑人的身份信息，向互联网企业调取有关犯罪证据，协助人民法院查明有关案情等。根据人民警察法的规定，公安机关负有预防、制止和侦查违法犯罪活动的职责，在人民法院要求公安机关提供协助的情况下，公安机关可以行使法律赋予的职权，开展相应调查工作。

【实践中需要注意的问题】

1. 关于侮辱罪与诽谤罪的区别，两罪的不同之处主要在于：侮辱罪不是用捏造的方式进行，而诽谤罪必须是捏造事实的方式；侮辱包含暴力侮辱行为，而诽谤罪一般不使用暴力手段。实践中侮辱罪往往是当着被害人的面进行的，而诽谤罪则是当众或者向第三者散布的，被害人不一定在场。

2. 关于侮辱罪与强制猥亵他人、侮辱妇女的犯罪的界限。当行为人采用强扒妇女衣服、对女性身体进行某些猥亵、侮辱动作时，对行为人是定侮辱罪还是强制猥亵、侮辱罪，容易发生混淆。二者的区别在于，行为人的主观目的和动机不同，侮辱罪中的侮辱妇女，行为人的目的在于败坏妇女的名誉，贬低其人格，动机多出于私愤报复、发泄不满等，与侮辱男性没有什么区别；而强制猥亵、侮辱罪，行为人的目的在于寻求畸形的性刺激，满足其下流的心理需求。此外，侮辱罪的对象一般是针对特定的人，而强制猥亵、侮辱罪的对象具有不特定性。

3. 对于实施侮辱、诽谤行为，尚不构成犯罪的，可以依法给予治安管理处罚。治安管理处罚法第四十二条规定，"公然侮辱他人或者捏造事实诽谤他人的"，处五日以下拘留或者五百元以下罚款；情节较重的，处五日以上十日以下拘留，可以并处五百元以下罚款。

第二百四十七条 【刑讯逼供罪】【暴力取证罪】
司法工作人员对犯罪嫌疑人、被告人实行刑讯逼供或者使用暴力逼取证人证言的,处三年以下有期徒刑或者拘役。致人伤残、死亡的,依照本法第二百三十四条、第二百三十二条的规定定罪从重处罚。

【条文精解】

本条是关于刑讯逼供罪、暴力取证罪及其处刑的规定。

刑讯逼供、暴力取证在长期的封建专制历史中大量存在。在我国长达数千年的封建社会里,刑讯逼供曾经是公开、合法的审讯方式。受到这种消极司法文化传统的影响,刑讯逼供、暴力取证在当今个别司法人员身上也时有发生。刑讯逼供不仅使被审讯的人在肉体上、精神上遭受摧残和折磨,也是造成许多冤、假、错案的重要原因。早在抗日战争时期,毛泽东同志在《论政策》一文中就明确指出:"对任何犯人,应坚决废止肉刑,重据而不轻信口供。"新中国成立后,我国旗帜鲜明地反对刑讯逼供、暴力取证等违反民主、法治的办案作风。但受封建残余思想以及不尊重犯罪嫌疑人、被告人基本权利的落后意识的影响,刑讯逼供、暴力取证的行为屡禁不止。2005年、2010年先后发生在湖北和河南的轰动全国的佘祥林案件和赵作海案件,就是因刑讯逼供导致的典型的冤错案件,佘祥林、赵作海险遭错杀,这些案件的教训值得深刻吸取。2010年最高人民法院、最高人民检察院、公安部、国家安全部、司法部联合印发《关于办理死刑案件审查判断证据若干问题的规定》和《关于办理刑事案件排除非法证据若干问题的规定》,2017年最高人民法院、最高人民检察院、公安部、国家安全部、司法部又联合印发《关于办理刑事案件严格排除非法证据若干问题的规定》,上述规范性文件明确了非法证据的内涵和外延,对审查和排除通过刑讯逼供、暴力取证等获取的非法证据的程序、证明责任等问题进行了具体规定。2012年修改刑事诉讼法,首次将"不得强迫任何人证实自己有罪"的原则写进刑事诉讼法,现行刑事诉讼法第五十六条中规定"采用刑讯逼供等非法方法收集的犯罪嫌疑人、被告人供述和采用暴力、威胁等非法方法收集的证人证言、被害人陈述,应当予以排除。收集物证、书证不符合法定程序,可能严重影响司法公正的,应当予以补正或者作出合理解释;不能补正或者作出合理解释的,对该证据应当予以排除"。上述规定为制度上进一步遏制刑讯逼供、暴力取证行为提供了法律规范依据。实践中,刑讯逼供、暴力取证行为的产生和存在与执法理念、历史文化、司法伦理、职业道德等因素密切相关,有其深刻的社会历史根源和思想根源,消除刑讯逼供、暴力取证,仍然任重道远。

依照本条规定,刑讯逼供罪,是指司法工作人员对犯罪嫌疑人、被告人使用肉刑或者变相肉刑逼取口供的行为。暴力取证罪,是指司法工作人员对证人使用暴力,逼取证言的行为。刑讯逼供罪和暴力取证罪的犯罪主体都必须是司法工作人员。根据刑法第九十四条的规定,司法工作人员是指有侦查、检察、审判、监管职责的工作人员。这两种犯罪都是故意犯罪,并且具有逼取犯罪嫌疑人、被告人口供或者逼取证人证言的目的。至于行为人的动机如何,逼取的口供、证人证言事后是否被证实符合事实,不影响本罪的构成。本条所规定的"犯罪嫌疑人、被告人",根据我国刑事诉讼法的有关规定,是指在刑事诉讼中,被指控有犯罪行为而被司法机关依法追究刑事责任的人,公诉案件中在向人民法院提起公诉前称为犯罪嫌疑人,在向人民法院提起公诉后人民法院判决前称为被告人,自诉案件中,在人民法院判决前称为被告人。"使用暴力",是指司法工作人员对证人施以肉刑、伤害、殴打等危害证人人身的行为,暴力的范围包括对犯罪嫌疑人、被告人采取捆绑、吊打、非法使用刑具等直接暴力手段,也包括对犯罪嫌疑人、被告人采取长时间的晒、冻、饿以及"车轮战"审讯方法等非直接暴力手段,使之遭受肉体痛苦和精神折磨的行为。"证人",是指在刑事诉讼中,知道案件情况而向司法机关作证的人。应当特别注意的是,对于不知道案件情况或者知道案件情况但拒绝作证的人,司法工作人员使用暴力逼迫提供证言的人,也属于本条规定的"证人"。"致人伤残、死亡",是指司法工作人员在刑讯逼供和逼取证人证言过程中,故意使用肉刑、变相肉刑或者使用暴力致使犯罪嫌疑人、被告人、证人身体健康受到严重伤害、残疾或者死亡。刑讯逼供和使用暴力逼取证人证言,不仅严重侵犯了公民的人身权利,也妨害了司法机关的正常司法活动,必须依法予以严惩。依照本条的规定,司法工作人员对犯罪嫌疑人、被告人实行刑讯逼供或者使用暴力逼取证人证言的,处三年以下有期徒刑或者拘役。致人伤残、死亡的,依照刑法第二百三十四条关于故意伤害罪、第二百三十二条关于故意杀人罪的规定定罪,并从重处罚。

【实践中需要注意的问题】

实践中应当注意区分刑讯逼供罪、暴力取证罪与非法拘禁罪的区别:一是二者的主体不同,刑讯逼供罪、暴力取证罪的犯罪主体必须是司法工作人员;非法拘禁罪的主体是一般主体,非司法工作人员也可成为犯罪主体。二是刑讯逼供罪、暴力取证罪所侵害的对象只限于被指控有犯罪行为的犯罪嫌疑人、被告人和刑事诉讼中的证人；而非法拘禁罪侵害的对象则是依法享有人身自由权利的任何公民。三是刑讯逼供罪、暴力取证罪在客观上表现为对犯罪嫌疑人、被告人使用肉刑、变相肉刑或者使用暴力逼取口供或者证人证言的行为；非法拘禁罪在客观上表现为以拘禁或者其他强制方法非法剥夺他人人身自由的行为。四是刑讯逼供罪、暴力取证罪要求行为人具有逼取口供、证人证言的目的；而非法拘禁罪的构成则没有这一要求。

第二百四十八条【虐待被监管人罪】

监狱、拘留所、看守所等监管机构的监管人员对被监管人进行殴打或者体罚虐待，情节严重的，处三年以下有期徒刑或者拘役；情节特别严重的，处三年以上十年以下有期徒刑。致人伤残、死亡的，依照本法第二百三十四条、第二百三十二条的规定定罪从重处罚。

监管人员指使被监管人殴打或者体罚虐待其他被监管人的，依照前款的规定处罚。

【条文精解】

本条是关于虐待被监管人罪及其处罚的规定。

2012年修订后的监狱法第七条中规定"罪犯的人格不受侮辱，其人身安全、合法财产和辩护、申诉、控告、检举以及其他未被依法剥夺或者限制的权利不受侵犯"；《看守所条例》第四条规定："看守所监管人犯，必须坚持严密警戒看管与教育相结合的方针，坚持依法管理、严格管理、科学管理和文明管理，保障人犯的合法权益。严禁打骂、体罚、虐待人犯。"监狱、拘留所、看守所等监管机构是国家法律的执行机关，是国家强制力的具体体现。监管机构代表国家依法执行法定职责，如羁押人犯、改造罪犯等。同时，它们也有义务维护国家机关的形象和法律的严肃性。被监管人员，具有双重身份，既是被监管的对象，也享有公民权利，并受到法律的保护，任何非法侵犯其权利的行为都是违法的。

本条共分两款。本条第一款是关于虐待被监管人罪及其处刑规定。根据本款的规定，虐待被监管人罪，是指监狱、拘留所、看守所等监管机构的监管人员对被监管人进行殴打或者体罚虐待，情节严重的行为。这里所规定的"监管人员"，是指在监狱、拘留所、看守所等监管机构中行使监管职责的工作人员。"体罚虐待"，是指监管人员违反监管法规规定，对被监管人实施任意殴打、捆绑、冻饿、强迫从事过度劳动、侮辱人格、滥施械具等行为，如我国监狱法第十四条规定，监狱的人民警察不得刑讯逼供或者体罚、虐待罪犯，不得侮辱罪犯的人格，不得殴打或者纵容他人殴打罪犯。但是，依照有关监管法规的规定，对被监管人采取的必要的监管措施，则不能认定为体罚虐待，不构成犯罪。如监狱法第四十五条中规定"监狱遇有下列情形之一的，可以使用戒具：（一）罪犯有脱逃行为的；（二）罪犯有使用暴力行为的；（三）罪犯正在押解途中的；（四）罪犯有其他危险行为需要采取防范措施的"；监狱法第五十八条规定，罪犯有聚众哄闹监狱，扰乱正常秩序；辱骂或者殴打人民警察；欺压其他罪犯；偷盗、赌博、打架斗殴、寻衅滋事；有劳动能力拒不参加劳动或者消极怠工，经教育不改；以自伤、自残手段逃避劳动；在生产劳动中故意违反操作规程，或者有意损坏生产工具；有违反监规纪律的其他行为等破坏监管秩序的，可以予警告、记过或者禁闭。对于监管人员依照上述规定采取的必要的禁闭、使用手铐或者其他戒具等措施，属于依法执行职务的行为，不能认为是犯罪。"被监管人"，是指在监狱等刑罚执行场所服刑的罪犯、在看守所中被监管的犯罪嫌疑人和被告人、在拘留所中被执行行政拘留处罚的人以及其他依法被监管的人。如果体罚虐待的不是被监管的人，则不能构成本罪，对构成其他犯罪的，应依照刑法有关规定追究刑事责任。"情节严重"，主要是指经常殴打或者体罚虐待被监管人屡教不改；殴打或者体罚虐待被监管人手段恶劣；殴打或者体罚虐待被监管人造成恶劣影响；殴打或者体罚虐待被监管人造成严重后果等。"情节特别严重"，是指手段特别残忍、影响特别恶劣或者造成特别的严重后果等。"致人伤残、死亡"，是指监狱、拘留所、看守所等监管机构的监管人员殴打或者体罚虐待被监管人致使被监管人身体健康受到严重伤害、残疾或者死亡。本罪是故意犯罪，行为人明知自己的行为会造成侵犯被监管人人身权利的结果，并且希望或者放任这种结果发生，行为人一般是出于某种动机对被监管人进行肉体摧残与精神折磨。依照本款的规定，监狱、拘留所、看守所等监管机构的监管人员对被监管人进行殴打或者体罚虐待，情节严重的，处三年以下有期徒刑或者拘役；情节特别严重的，处三年以上十年以下有期徒刑。致人伤残、死亡的，依照本法第二百三十四条关于故意伤害罪、第二百三十二条关于故意杀人罪的规定定罪，并从重处罚。

  本条第二款是关于监管人员指使被监管人殴打或者体罚虐待其他被监管人的犯罪的处刑规定。这里所说的"指使"，是指监管人员指挥、唆使、命令被监管人殴打或者体罚虐待其他被监管人。这种情况时有发生，实际是监管人员殴打或者体罚虐待被监管人的一种规避法律的做法，不仅影响恶劣，而且会因此使一些经常殴打、体罚虐待他人的被监管人成为牢头狱霸，妨害正常的监管秩序。依照本款规定，监管人员指使被监管人殴打或者体罚虐待其他被监管人，情节严重的，处三年以下有期徒刑或者拘役；情节特别严重的，处三年以上十年以下有期徒刑；致人伤残、死亡的，依照本法第二百三十四条关于故意伤害罪、第二百三十二条关于故意杀人罪的规定定罪，并从重处罚。

【实践中需要注意的问题】

实际执行中应当注意划清本罪与刑讯逼供罪的界限。两种犯罪在客观方面基本相同。它们之间的区别表现为：一是故意的内容不同。本罪一般是出于某种动机而体罚虐待被监管人，刑讯逼供罪是为了取得罪嫌疑人或者被告人的有罪供述，查明故意的具体内容，是区分两罪的关键。二是犯罪主体范围不完全相同。本罪的主体范围较小，一般限于监狱、拘留所、看守所等监管机构的监管人员，而刑讯逼供罪的犯罪主体较大，包括所有的司法工作人员。

第二百四十九条 【煽动民族仇恨、民族歧视罪】

煽动民族仇恨、民族歧视，情节严重的，处三年以下有期徒刑、拘役、管制或者剥夺政治权利；情节特别严重的，处三年以上十年以下有期徒刑。

【条文精解】

本条是关于煽动民族仇恨、民族歧视罪及其处罚的规定。

根据本条规定，煽动民族仇恨、民族歧视，情节严重的行为，构成犯罪。这里所说的"煽动"，是指以激起民族之间的仇恨、歧视为目的，公然以语言、文字等方式诱惑、鼓动群众的行为，如书写、张贴、散发含有民族仇恨、民族歧视内容的标语、传单，印刷、出版、散发含有民族仇恨、民族歧视内容的非法刊物，通过音频、视频方式播放、传播含有民族仇恨、民族歧视内容的音像制品，发表含有民族仇恨、民族歧视内容的演讲、呼喊口号等。"煽动民族仇恨"，是指以激起不同民族间的仇恨为目的，利用各民族的来源、历史、风俗习惯等的不同，煽动民族间的相互敌对、仇视的行为。"煽动民族歧视"，是指以激起民族之间的歧视为目的，利用各民族的来源、历史、风俗习惯等的不同，煽动民族间的相互排斥、限制、损害民族平等地位的行为。"情节严重的"，是指煽动手段恶劣的，如使用侮辱、造谣等手段；多次进行煽动的；造成严重后果或者影响恶劣的等。"情节特别严重的"，是指煽动手段特别恶劣；长期进行煽动的；引起民族纠纷、冲突或者民族地区骚乱后果特别严重的或者影响特别恶劣的等。关于煽动民族仇恨、民族歧视罪的刑罚，依照本条规定，情节严重的，处三年以下有期徒刑、拘役、管制或者剥夺政治权利；情节特别严重的，处三年以上十年以下有期徒刑。

【实践中需要注意的问题】

1. 正确掌握本罪的入罪标准。行为人实施了煽动民族仇恨、民族歧视的行为，情节严重的，就可以构成本罪，至于被煽动者是否进行了破坏民族团结的行为，不影响本罪的成立。此外，现行治安管理处罚法第四十七条规定："煽动民族仇恨、民族歧视，或者在出版物、计算机信息网络中刊载民族歧视、侮辱内容的，处十日以上十五日以下拘留，可以并处一千元以下罚款。"实践中，对于煽动民族仇恨、民族歧视，尚不构成犯罪的，可以给予治安管理处罚。

2. 划清本罪与煽动分裂国家罪、煽动颠覆国家政权罪的界限。根据刑法第一百零三条第二款的规定，煽动分裂国家罪，是指进行宣传煽动分裂国家、破坏国家统一的行为。根据刑法第一百零五条第二款的规定，煽动颠国家政权罪，是指以造谣、诽谤或者其他方式煽动颠覆国家政权，推翻社会主义制度的行为。本罪与煽动分裂国家罪、煽动颠覆国家政权罪的主要区别体现在：一是侵犯的客体不同。本罪侵犯的是各民族的平等、团结，煽动分裂国家罪、煽动颠覆国家政权罪侵犯的是国家安全。二是主观方面的内容不同。本罪以破坏民族平等、民族团结为目的，煽动分裂国家罪、煽动颠覆国家政权罪则以分裂国家或者颠覆国家政权为目的。

第二百五十条 【出版歧视、侮辱少数民族作品罪】

在出版物中刊载歧视、侮辱少数民族的内容，情节恶劣，造成严重后果的，对直接责任人员，处三年以下有期徒刑、拘役或者管制。

【条文精解】

本条是关于出版歧视、侮辱少数民族作品罪及其处罚的规定。

根据本条规定，出版歧视、侮辱少数民族作品罪，是指在出版物中刊载歧视、侮辱少数民族的内容，情节恶劣，造成严重后果的行为。构成本罪必须具备以下几个条件：（1）必须是在出版物中刊载歧视、侮辱少数民族的内容。这里所说的"出版物"，包括报纸、期刊、图书、音像制品和电子出版物等。"刊载"，包括发表、制作、转载等。如果不是在出版物上刊载，而只是口头表达的，不构成本罪。（2）刊载的必须是歧视、侮辱少数民族的内容。这里所说的"歧视、侮辱少数民族的内容"，是指针对少数民族的来源、历史、风俗习惯等，对少数民族进行贬低、诬蔑、嘲讽、辱骂以及其他歧视、侮辱的行为。（3）必须是情节恶劣的行为。这里所说的"情节恶劣"，主要是指刊载的内容歪曲历史或者制造谣言，内容污秽、恶毒以及多次刊载等。（4）必须是造成严重后果的。这里所说的"造成严重后果"，主要是造成恶劣的政治影响，引起民族骚乱、纠纷等。（5）本罪的犯罪主体是在出版物中刊载歧视、侮辱少数民族的内容的直接责任人员。这里所说的"直接责任人员"，主要包括作者、责任编辑以及其他对刊载上述内容负有直接责任的人员。根据本条规定，在出版物中刊载歧视、侮辱少数民族的内容，情节恶劣，造成严重后果的，对直接责任人员，处三年以下有期徒刑、拘役或者管制。

【实践中需要注意的问题】

1. 划清本罪与煽动民族仇恨、民族歧视罪的界限，构成本罪的行为，一般出于民族偏见、取笑、猎奇等目的，如果是为激起民族仇恨、民族歧视的目的而进行煽动的，应当依照本法第二百四十九条关于煽动民族仇恨、民族歧视罪的规定定罪处罚。

2. 出版歧视、侮辱少数民族作品，尚不构成犯罪的，可以依照治安管理处罚法给予治安管理处罚。治安管理处罚法第四十七条规定："煽动民族仇恨、民族歧视，或者在出版物、计算机信息网络中刊载民族歧视、侮辱内容的，处十日以上十五日以下拘留，可以并处一千元以下罚款。"

第二百五十一条 【非法剥夺公民宗教信仰自由罪】【侵犯少数民族风俗习惯罪】

国家机关工作人员非法剥夺公民的宗教信仰自由和侵犯少数民族风俗习惯，情节严重的，处二年以下有期徒刑或者拘役。

【条文精解】

本条是关于非法剥夺公民宗教信仰自由罪、侵犯少数民族风俗习惯罪及其处罚的规定。

宗教信仰自由是我国公民一项重要的宪法权利,并涉及历史、民族、文化等社会问题。国家倡导宗教信仰自由,并由国家强制力保证这项权利的实施。我国是个多民族的国家,各民族都有自己独特的风俗习惯,国家尊重和保护这些风俗习惯的延续和发展。我国宪法第四条规定,国家保障各少数民族的合法的权利和利益,维护和发展各民族的平等团结互助和谐关系;各民族都有使用和发展自己的语言文字的自由,都有保持或者改革自己的风俗习惯的自由。宪法第三十六条明确规定,中华人民共和国公民有宗教信仰自由。任何国家机关、社会团体和个人不得强制公民信仰宗教或者不信仰宗教,不得歧视信仰宗教的公民和不信仰宗教的公民;国家保护正常的宗教活动。非法剥夺公民宗教信仰自由罪,是指国家机关工作人员非法剥夺公民的宗教信仰自由,情节严重的行为;侵犯少数民族风俗习惯罪,是指国家机关工作人员以强制手段非法干涉、破坏少数民族的风俗习惯,情节严重的行为。本条规定的非法剥夺公民宗教信仰自由罪和侵犯少数民族风俗习惯罪的犯罪主体都只能是国家机关工作人员。国家机关工作人员在执行国家宗教政策和少数民族政策中处于很重要的地位,有的则专门从事宗教、民族事务工作,一旦对宗教信仰自由或者少数民族风俗习惯进行干涉、破坏,危害后果往往非常严重,造成的影响也更坏,因此本条将犯罪主体限定为国家机关工作人员。非国家机关工作人员实施非法剥夺公民宗教信仰自由或者侵犯少数民族风俗习惯的行为的,不构成上述犯罪;如果其行为触犯了刑法其他条文的,可按刑法的有关规定定罪处罚。本条规定的"非法剥夺"公民宗教信仰自由,是指采用强制等方法剥夺他人的宗教信仰自由,如非法干涉他人的合法宗教活动,强迫教徒退教或者改变信仰,强迫公民信教或者信某一教派,以及非法封闭或者捣毁合法宗教场所、设施等。关于"宗教信仰自由",包括公民既有信仰宗教的自由,也有不信仰宗教的自由,既有信仰这种宗教的自由,也有信仰那种宗教的自由,有过去不信教、现在信教的自由,也有过去信教、现在不信教的自由。本条所规定的"少数民族风俗习惯",是指我国各少数民族在长期的历史过程中形成的有本民族特色的风俗民情、伦理道德等。除了那些与社会主义公共道德相违背和与我国法律相抵触的陈规陋俗要摒弃外,根据宪法等法律规定,各少数民族有保持或者改革自己的风俗习惯的自由。因此,对于少数民族的风俗习惯应当尊重,对于侵犯少数民族风俗习惯,情节严重的行为,应当依法予以惩处。根据本条的规定,构成非法剥夺公民宗教信仰自由罪、侵犯少数民族风俗习惯罪的都必须是情节严重的行为。这里所说的"情节严重",主要是指非法剥夺公民宗教信仰自由和侵犯少数民族风俗习惯的行为手段恶劣，后果严重，或者政治影响很坏等。依照本条的规定，国家机关工作人员犯非法剥夺公民宗教信仰自由罪、侵犯少数民族风俗习惯罪的，处二年以下有期徒刑或者拘役。

【实践中需要注意的问题】

实际执行中，应当注意划清正常的宗教活动与利用宗教从事非法活动的界限。我国宪法第三十六条第三款和第四款规定："国家保护正常的宗教活动。任何人不得利用宗教进行破坏社会秩序、损害公民身体健康、妨碍国家教育制度的活动。宗教团体和宗教事务不受外国势力的支配。"宗教信仰自由，必须在不违反国家的法律，不危害国家利益和各民族团结的前提下进行宗教信仰活动。利用宗教信仰从事违法犯罪活动的行为，不属于宗教信仰自由的范围。

第二百五十二条 【侵犯通信自由罪】
隐匿、毁弃或者非法开拆他人信件，侵犯公民通信自由权利，情节严重的，处一年以下有期徒刑或者拘役。

【条文精解】

本条是关于侵犯通信自由罪及其处罚的规定。

通信自由是宪法保护的公民基本权利之一，除依照法律规定由专门机关享有通信检查权外，其他任何单位和个人都无权检查公民的通信。根据本条的规定，侵犯通信自由罪，是指隐匿、毁弃或者非法开拆他人信件，侵犯公民通信自由权利，情节严重的行为。这里所规定的"隐匿"他人信件，是指将他人投寄的信件秘密隐藏起来，使收件人无法查收的行为；"毁弃"他人信件，是指将他人投寄的信件予以撕毁、烧毁、扔弃等，致使他人无法查收的行为；"非法开拆"，是指违反国家有关规定，未经投寄人或者收件人同意，私自开拆他人信件的行为。这里所说的"公民通信自由权利"，是指我国宪法和法律所赋予公民的通信自由不受侵犯的权利。我国宪法第四十条明确规定："中华人民共和国公民的通信自由和通信秘密受法律的保护。除因国家安全或者追查刑事犯罪的需要，由公安机关或者检察机关依照法律规定的程序对通信进行检查外，任何组织或者个人不得以任何理由侵犯公民的通信自由和通信秘密。"现行刑事诉讼法第一百四十三条、第一百四十五条规定了检交扣押邮件的程序，即侦查人员认为需要扣押犯罪嫌疑人的邮件、电报的时候，经公安机关或者人民检察院批准，即可通知邮电机关将有关的邮件、电报检交扣押，不需要继续扣押的时候，应即通知邮电机关；对查封、扣押的财物、文件、邮件、电报等，经查明确实与案件无关的，应当在三日以内解除查封、扣押、冻结，予以退还。除依据法定事由、法定程序扣押、检查之外，任何机关、团体、单位和个人都不得侵犯公民的通信自由和通信秘密。对于侵犯公民通信自由权利情节严重的行为，应当依法予以惩处。根据本条的规定，构成侵犯通信自由罪的行为必须是情节严重的行为。这里所说的"情节严重"，主要是指多次、经常隐匿、毁弃、非法开拆他人信件或者隐匿、毁弃、非法开拆他人信件数量较多或者造成严重后果等。本罪是故意犯罪，如因过失而遗失、损毁、误拆他人信件的，不构成犯罪。关于侵犯公民通信自由的犯罪的刑罚，依照本条的规定，隐匿、毁弃或者非法开拆他人信件，侵犯公民通信自由权利，情节严重的，处一年以下有期徒刑或者拘役。

【实践中需要注意的问题】

实际执行中应当注意划清罪与非罪的界限。侵犯通信自由的行为，如果情节不严重，则不构成犯罪，不能追究行为人的刑事责任，但可以依照治安管理处罚法第四十八条的规定给以治安处罚。我国治安管理处罚法第四十八条规定："冒领、隐匿、毁弃、私自开拆或者非法检查他人邮件的，处五日以下拘留或者五百元以下罚款。"

第二百五十三条 【私自开拆、隐匿、毁弃邮件、电报罪】

邮政工作人员私自开拆或者隐匿、毁弃邮件、电报的，处二年以下有期徒刑或者拘役。

犯前款罪而窃取财物的，依照本法第二百六十四条的规定定罪从重处罚。

【条文精解】

本条是关于私自开拆、隐匿、毁弃邮件、电报罪及其处刑的规定。

我国公民享有通信自由的权利，国家对这一权利的行使予以保障。实践中有时发生有的邮政工作人员利用能够接触到邮件、电报的职务便利，私自开拆或者隐匿、毁弃邮件、电报的情形，为了保障公民的通信自由不受侵犯，刑法规定了本条犯罪。我国宪法第四十条明确规定："中华人民共和国公民的通信自由和通信秘密受法律的保护。除因国家安全或者追查刑事犯罪的需要，由公安机关或者检察机关依照法律规定的程序对通信进行检查外，任何组织或者个人不得以任何理由侵犯公民的通信自由和通信秘密。"我国邮政法第三十五条规定，任何单位和个人不得私自开拆、隐匿、毁弃他人邮件。刑事诉讼法第一百四十三条、第一百四十五条规定了检交扣押邮件的程序，即侦查人员认为需要扣押犯罪嫌疑人的邮件、电报的时候，经公安机关或者人民检察院批准，即可通知邮电机关将有关的邮件、电报检交扣押，不需要继续扣押的时候，应即通知邮电机关；对查封、扣押的财物、文件、邮件、电报等，经查明确实与案件无关的，应当在三日以内解除查封、扣押、冻结，予以退还。除依据法定事由、法定程序扣押、检查之外，任何机关、团体、单位和个人都不得侵犯公民的通信自由和通信秘密。

本条共分两款。本条第一款是关于私自开拆、隐匿、毁弃邮件、电报罪及其处刑规定。依照本款规定，私自开拆、隐匿、毁弃邮件、电报罪，是指邮政工作人员利用职务上的便利，私自开拆或者隐匿、毁弃邮件、电报的行为。本条所规定的"邮政工作人员"，是指邮政部门的营业员、分拣员、投递员、押运员以及其他从事邮政工作的人员。本罪的主体只能是邮政工作人员，而且私自开拆、隐匿、毁弃邮件、电报的行为必须是利用职务之便实施的。如果隐匿、毁弃或者非法开拆他人信件、电报的行为人不是邮政工作人员或者邮政工作人员不是利用职务之便而实施上述行为的，不构成本罪，情节严重的，构成本法第二百五十二条规定的侵犯通信自由罪。本条规定了三种妨害邮政通讯的行为，其中"私自开拆"，是指违反国家规定，未经投寄人或者收件人同意，在邮途中非法开拆他人邮件、电报的行为。"隐匿"，是指将他人投寄的邮件、电报予以截留藏匿而不递交给收件人的行为。"毁弃"，是指将他人投寄的邮件、电报予以撕毁、烧毁、抛弃等，致使他人无法查收的行为。私自开拆、隐匿、毁弃邮件、电报是妨害邮政通讯的三种具体行为，只要邮政工作人员故意施行上述三种行为之一，就可构成本罪。邮政工作人员依法检查邮件的行为，属于正当的职务行为，不构成犯罪。这里所说的"邮件"，是指通过邮政部门递寄的信件、印刷品、包裹、汇票、报刊等；"电报"，包括明码、密码电报等。本款规定在执行中需要注意的是，私自开拆、隐匿、毁弃邮件、电报罪只能是故意犯罪，可能出于各种各样的动机，如报复、图财、逃避工作等。因过失而遗失、毁坏邮件、电报的，不构成本罪。依照本款规定，邮政工作人员犯私自开拆、隐匿、毁弃邮件、电报罪的，处二年以下有期徒刑或者拘役。

本条第二款是对邮政工作人员私自开拆或者隐匿、毁弃邮件、电报而窃取财物的依照本法关于盗窃罪的规定定罪从重处罚的规定。这里所规定的"窃取财物",是指邮政工作人员在私自开拆或者隐匿、毁弃邮件的同时,从邮件中窃取财物的行为。这种行为既妨害了邮政通讯,又侵犯了他人的合法财产。依照本款规定,邮政工作人员私自开拆或者隐匿、毁弃邮件、电报同时窃取财物的,构成盗窃罪,应依照本法第二百六十四条关于盗窃罪的规定从重处罚。

【实践中需要注意的问题】

实际执行中应当注意区分本罪与本法第二百五十二条规定的侵犯通信自由罪的区别:一是犯罪对象不完全相同,本罪的犯罪对象为邮件、电报,侵犯通信自由罪的犯罪对象为信件,本罪的犯罪对象比侵犯通信自由罪范围更大。二是犯罪主体不同。本罪的犯罪主体为特殊主体,即限于邮政工作人员;侵犯通信自由罪为一般主体,任何人都可以构成。三是构成犯罪的要求不同。本罪不以情节严重为构成要件;侵犯通信自由罪则必须是情节严重的才构成犯罪。

第二百五十三条之一 【侵犯公民个人信息罪】

违反国家有关规定,向他人出售或者提供公民个人信息,情节严重的,处三年以下有期徒刑或者拘役,并处或者单处罚金;情节特别严重的,处三年以上七年以下有期徒刑,并处罚金。

违反国家有关规定,将在履行职责或者提供服务过程中获得的公民个人信息,出售或者提供给他人的,依照前款的规定从重处罚。

窃取或者以其他方法非法获取公民个人信息的,依照第一款的规定处罚。

单位犯前三款罪的,对单位判处罚金,并对其直接负责的主管人员和其他直接责任人员,依照各该款的规定处罚。

【条文精解】

本条是关于侵犯公民个人信息罪及其处刑的规定。

本条共分四款。第一款是关于违规向他人出售或者非法提供公民个人信息的犯罪和处罚的规定。这是《刑法修正案(九)》新增加的规定,主要是为了惩治违背公民个人意愿，出售、非法提供其个人信息和倒卖公民个人信息行为。在《刑法修正案（九）》之前，刑法第二百五十三条之一第一款规定了国家机关、金融等单位的工作人员违规出售、提供公民个人信息犯罪，属于特殊主体的犯罪，本款将犯罪主体扩大至一般主体，即任何年满十六周岁的人，违反国家有关规定，向他人出售或者非法提供公民个人信息的行为，不论来源如何，只要符合本款规定的，都可以定罪处罚予以惩治。本款规定犯罪的客体是公民对个人信息享有的权利，这里规定的"公民个人信息"，是指以电子或者其他方式记录的能够单独或者与其他信息结合识别特定自然人身份或者反映特定自然人活动情况的各种信息，包括姓名、身份证件号码、通信通讯联系方式、住址、帐号密码、财产状况、行踪轨迹等。本款规定犯罪的主观方面是故意，即违反国家有关规定，故意出售和非法提供公民个人信息。这里的"违反国家有关规定"是指违反了有关法律、行政法规、部门规章等国家层面涉及公民个人信息管理方面的规定，如反洗钱法第五条规定："对依法履行反洗钱职责或者义务获得的客户身份资料和交易信息，应当予以保密；非依法律规定，不得向任何单位和个人提供。反洗钱行政主管部门和其他依法负有反洗钱监督管理职责的部门、机构履行反洗钱职责获得的客户身份资料和交易信息，只能用于反洗钱行政调查。司法机关依照本法获得的客户身份资料和交易信息，只能用于反洗钱刑事诉讼。"此外，商业银行法、居民身份证法、护照法、消费者权益保护法、旅游法、社会保险法、统计法等法律也都有关于公民个人信息保护的规定。本款规定犯罪的客观方面表现为，向他人出售和非法提供公民个人信息，情节严重的行为。这里的"出售"，是指将自己掌握的公民信息卖给他人，自己从中牟利的行为。违反国家有关规定向他人"提供"，是指违反国家有关规定，将自己掌握的公民信息提供给他人的行为，如现实生活中公民安装网络宽带，需将个人的身份证号提供给电信部门，电信部门只能以安装网络宽带的目的使用公民个人身份号码，如果电信部门的工作人员违反国家有关规定，将公民的身份证号提供给他人的，则属于非法提供。这里的"他人"，包括单位和个人。根据本款规定，向他人出售和非法提供公民个人信息达到情节严重的程度，是构成本罪的条件，尚未达到情节严重的，可依据法律、法规有关规定予以行政处罚。"情节严重"，一般是指大量出售公民个人信息的，多次出售公民个人信息的，出售公民个人信息获利数额较大的，以及公民个人信息被他人使用后，给公民造成了经济上的重大损失或者严重影响到公民个人的正常生活等情况，具体情节的认定，应当由司法机关依法根据案件的具体情况认定。最高人民法院、最高人民检察院《关于办理侵犯公民个人信息刑事案件适用法律若干问题的解释》作了具体的规定。根据本款规定，对于情节严重构成犯罪的，处三年以下有期徒刑或者拘役，并处或者单处罚金；情节特别严重的，处三年以上七年以下有期徒刑，并处罚金。

本条第二款是关于对在履行职责或者提供服务过程中获得的公民个人信息，出售或者提供给他人，情节严重的从重处罚的规定。本款是2011年刑法第二百五十三条之一第一款的规定，《刑法修正案（九）》对本款作了修改：一是删去"国家机关或者金融、电信、交通、教育、医疗等单位的工作人员"和"将本单位在履行职责或者提供服务过程中获得的"中的"本单位"，扩大了犯罪主体的范围，即所有在履行职责或者提供服务过程中可以收集、获得公民个人信息的单位和个人，如果违反规定将公民个人信息出售或提供给他人，都可以适用本条规定追究刑事责任。二是将"违反国家规定"修改为"违反国家有关规定"，扩大了构成犯罪的范围，与"国家规定"相比，"国家有关规定"的范围更宽，包括法律、行政法规、部门规章等国家层面的涉及公民个人信息保护的规定，有利于根据不同行业、领域的特点有针对性地保护公民个人信息。三是加重了对本款犯罪的处罚，由于本款犯罪"依照前款的规定从重处罚"，实施本款犯罪行为，情节严重的，处三年以下有期徒刑或者拘役，并处或者单处罚金，情节特别严重的，处三年以上七年以下有期徒刑，并处罚金。与2011年刑法条文规定的刑罚相比，法定刑由最高可以判处三年有期徒刑，提高至最高可以判处七年有期徒刑。

实践中，在政府行政管理以及金融、电信、交通、医疗、物业管理、宾馆住宿服务、快递等社会公共服务领域，收集和储存了大量的公民个人信息。这些信息为提高行政管理和各项公共服务的质量与效率提供了便利。同时，一些组织或个人，违反职业道德和保密义务，将公民个人的信息资料出售或泄露给他人，获取非法利益。这些侵害公民合法权益的现象时有发生，甚至个人信息被一些犯罪分子用于诈骗犯罪活动，对公民的人身、财产安全、个人隐私以及正常的工作、生活构成严重威胁。与普通向他人出售或者提供公民个人信息犯罪行为相比，出售或提供履职、提供服务过程中获得的公民个人信息的行为容易引发大范围的信息泄露，具有更大的社会危害性，而且违反了职业的操守，应当从严打击，从重惩处，因此，《刑法修正案（九）》规定对这种行为依照第一款的规定从重处罚。应当注意的是，本款中的信息必须是单位在履行职责或者提供服务过程中获得的信息，也就是说利用公权力或者在提供公共服务过程中依法获得的信息，如购买飞机票必须提供本人的身份证号码，在银行等金融机构办理金融业务时，必须提供个人的身份证号码等情况。

第三款是关于非法获取公民个人信息的犯罪和处罚的规定。本款是2011年刑法第二百五十三条第二款的规定，《刑法修正案（九）》将本款移作第三款，同时将"上述信息"修改为"公民个人信息"，明确范围，避免产生歧义。根据本款规定，窃取或者以其他方法非法获取公民个人信息，情节严重的，构成非法获取公民个人信息罪，应当依照第一款的规定，情节严重的，处三年以下有期徒刑或者拘役，并处或者单处罚金；情节特别严重的，处三年以上七年以下有期徒刑，并处罚金。这里的"窃取"，是指采用秘密的方法或不为人知的方法取得公民个人信息的行为，如在ATM机旁用望远镜偷看或用摄像机偷拍他人银行卡密码、卡号或身份证号或通过网络技术手段获得他人的个人信息等情况。"以其他方法非法获取"，是指通过购买、欺骗等方式非法获取公民个人信息的行为。应当注意的是，本款规定的非法获取公民个人信息的行为，需达到情节严重的程度，才能构成非法获取公民个人信息的犯罪。情节严重是构成本罪的必要条件。这里的"情节严重"，一般是指非法获取公民个人信息的手段恶劣、获取了公民个人大量的信息、多次窃取或非法获取公民个人信息后又出售给他人牟利等情节。

第四款是关于单位犯罪的处罚规定。本款规定的犯罪主体，是公司、企业、事业单位、机关、团体等单位。根据本款规定，单位有出售或者非法提供公民个人信息和非法获取公民个人信息的行为，构成犯罪的，对单位判处罚金，并对单位直接负责的主管人员和其他直接责任人员，分别依照前三款的规定处罚。本款对单位犯罪规定了双重处罚原则，即对单位判处罚金，罚金的具体数额法律未作规定，可由司法机关根据犯罪情节决定。在对单位判处罚金的同时，对单位直接负责的主管人员和其他直接责任人员，分别按照前三款关于自然人的犯罪处罚。需要指出的是，由于第二款规定，依照第一款的规定从重处罚，所以对直接负责的主管人员和其他直接责任人员犯本条第二款罪的，也应依照第一款的规定从重处罚。

【实践中需要注意的问题】

除本条规定外，刑法和其他法律法规还有一些规定可能涉及侵犯公民个人信息的行为。如刑法第二百五十二条规定的隐匿、毁弃或者非法开拆他人信件，侵犯公民通信自由权利犯罪；刑法第二百五十三条规定的邮政工作人员私自开拆或者隐匿、毁弃邮件、电报犯罪；刑法第一百七十七条之一规定的窃取、收买或者非法提供他人信用卡信息资料的犯罪；刑法第二百八十四条规定的非法使用窃听、窃照专用器材的犯罪等。如果行为人为非法获取公民个人信息而采用了侵犯公民通信自由权利、通信秘密、非法使用窃听、窃照专用器材的手段或者在实施上述犯罪的过程中同时窃取、获取了公民个人信息的，则可能同时构成本条规定的犯罪和其他罪名，应当根据案件的具体情况从一重罪处罚或者是数罪并罚。

第二百五十四条 【报复陷害罪】

国家机关工作人员滥用职权、假公济私，对控告人、申诉人、批评人、举报人实行报复陷害的，处二年以下有期徒刑或者拘役；情节严重的，处二年以上七年以下有期徒刑。

【条文精解】

本条是关于报复陷害罪及其处刑的规定。

对国家机关及其工作人员控告、申诉、批评、举报的权利，既是我国公民的基本权利，也是公民履行社会责任，行使对国家机关及其工作人员监督权利的重要体现。保障这一公民权利的正常行使，有利于维护社会稳定和维护国家机关的形象，有利于和谐社会的建立。我国宪法第四十一条第一款和第二款规定："中华人民共和国公民对于任何国家机关和国家工作人员，有提出批评和建议的权利；对于任何国家机关和国家工作人员的违法失职行为，有向有关国家机关提出申诉、控告或者检举的权利，但是不得捏造或者歪曲事实进行诬告陷害。对于公民的申诉、控告或者检举，有关国家机关必须查清事实，负责处理。任何人不得压制和打击报复。"因此，对控告人、申诉人、批评人、举报人进行报复陷害，就是对公民民主权利的严重侵害，应当依法予以惩处。

依照本条规定，报复陷害罪，是指国家机关工作人员滥用职权、假公济私，对控告人、申诉人、批评人、举报人实行报复陷害的行为。本罪的犯罪主体是国家机关工作人员，非国家机关工作人员实施报复行为的，不构成本罪，应按其报复陷害的行为及后果等作其他处理。这里所规定的"滥用职权"，是指国家机关工作人员违背职责而行使职权。"假公济私"，是指国家机关工作人员以工作为名，为徇私情或者实现个人目的而利用职务上的便利。"报复陷害"，主要是指利用手中的权力，以种种借口进行政治上或者经济上的迫害，如降职、降级、调离岗位、经济处罚、开除公职、捏造事实诬陷其经济、生活作风上有问题等。报复陷害的行为，必须采取滥用职权或者假公济私的方法。如果行为人进行报复陷害与滥用职权、假公济私没有联系，则不构成本罪。根据本条规定，报复陷害的对象只能是控告人、申诉人、批评人和举报人。这里所规定的"控告人"，是指由于受到侵害而向司法机关或者其他机关、团体、单位告发他人违法犯罪或者违纪违章活动的人。"申诉人"，是指对司法机关已经发生法律效力的判决、裁定或者决定不服，对国家行政机关处罚的决定不服或者对其他纪律处分的决定不服而提出申诉意见的人。"批评人"，是指对他人包括国家机关的错误做法提出批评意见的人。"举报人"，是指向司法机关检举、揭发犯罪嫌疑人的犯罪事实或者犯罪嫌疑人线索的人。这里所说的"情节严重"，主要是指多次或者对多人进行报复陷害的；报复陷害手段恶劣的；报复陷害造成严重后果的；等等。依照本条的规定，国家机关工作人员滥用职权、假公济私，对控告人、申诉人、批评人、举报人实行报复陷害的，处二年以下有期徒刑或者拘役；情节严重的，处二年以上七年以下有期徒刑。

【实践中需要注意的问题】

实际执行中应当注意诬告陷害罪与报复陷害罪的区别：（1）犯罪对象不同，诬告陷害罪的对象是不特定的人，而报复陷害罪的对象是特定的，限于控告人、申诉人、批评人与举报人。（2）主体不同，诬告陷害罪是一般主体，只是规定国家机关工作人员犯罪要从重处罚；而报复陷害罪是特殊主体，限于国家机关工作人员。（3）行为表现不同，诬告陷害罪表现为捏造犯罪事实，作虚假告发意图，使他人受到刑事追究；报复陷害罪表现为滥用职权、假公济私，进行报复陷害。

实践中，如果国家机关工作人员采取捏造犯罪事实的方法诬告陷害他人，意图使他人受刑事追究的，无论其是否滥用职权、假公济私，都应以诬告陷害罪论处，而不以本罪论处。

第二百五十五条 【打击报复会计、统计人员罪】

公司、企业、事业单位、机关、团体的领导人，对依法履行职责、抵制违反会计法、统计法行为的会计、统计人员实行打击报复，情节恶劣的，处三年以下有期徒刑或者拘役。

【条文精解】

本条是关于打击报复会计、统计人员罪及其处刑的规定。

打击报复会计、统计人员罪,是指公司、企业、事业单位、机关、团体的领导人,对依法履行职责、抵制违反会计法、统计法行为的会计、统计人员实行打击报复,情节恶劣的行为。本罪的犯罪主体是特殊主体,即公司、企业、事业单位、机关、团体的领导人,上述人员以外的其他人对会计、统计人员实施报复行为的,不构成本罪,应按其报复的行为及后果等作其他处理。本罪的犯罪对象是依法履行职责、抵制违反会计法、统计法行为的会计、统计人员。根据我国会计法的有关规定,各单位根据会计业务的需要设置会计机构,或者在有关机构中设置会计人员并指定会计主管人员。会计机构、会计人员的主要职责是进行会计核算、会计监督等会计事务。这里所规定的"违反会计法"的行为,主要是指伪造、变造、隐匿、故意毁灭会计凭证、会计帐簿、会计报表和其他会计资料的;利用虚假的会计凭证、会计帐簿、会计报表和其他会计资料偷税或者损害国家利益、社会公众利益的;对不真实、不合法的原始凭证予以受理的;对违法的收支不提出书面意见或者不报告的等。根据我国统计法的有关规定,各级人民政府设立独立的统计机构或者统计员;各级人民政府的各部门、企业、事业组织根据统计任务的需要设立统计机构或者在有关机构中设置统计人员,并指定统计负责人。统计的基本职责是对国民经济和社会发展情况进行统计调查、统计分析,提供统计资料和统计咨询意见,实行统计监督。这里所规定的"违反统计法行为",主要是指虚报、瞒报统计资料;伪造、篡改统计资料;编造虚假数据;等等。为了保障会计人员、统计人员依法行使职权,法律规定,各地方、各部门、各单位的行政领导人领导会计机构、会计人员执行会计法,保障会计人员的职权不受侵犯,任何人不得对会计人员打击报复。统计机构和统计人员依照统计法的规定独立行使统计调查、统计报告、统计监督的职权,不受侵犯。统计人员有权要求有关单位和人员依照国家规定提供资料;检查统计料的准确性,要求改正不确实的统计资料;揭发和检举统计调查工作中违反国家法律和破坏国家计划的行为。对于违反会计法、统计法的行为,会计人员、统计人员有权利也有义务依法进行抵制。对会计人员、统计人员打击报复的行为是违法行为。这里所说的"打击报复",主要是对依法履行职责,抵制违反会计法、统计法行为的会计、统计人员,通过调动其工作、撤换其职务、进行处罚以及其他方法进行打击报复的行为。根据本条规定,打击报复会计、统计人员的行为必须是情节恶劣的,才构成犯罪。根据本条规定,公司、企业、事业单位、机关、团体的领导人,对依法履行职责、抵制违反会计法、统计法行为的会计、统计人员实行打击报复,情节恶劣的,处三年以下有期徒刑或者拘役。

【实践中需要注意的问题】

根据本条规定,打击报复会计、统计人员,必须是"情节恶劣的",才构成犯罪。这里所说的"情节恶劣",主要是指多次或者对多人进行打击报复的;打击报复手段恶劣的;打击报复造成严重后果的;打击报复影响恶劣的;等等。对于打击报复会计、统计人员,尚不构成犯罪的,会计法第四十六条规定:"尚不构成犯罪的,由其所在单位或者有关单位依法给予行政处分。对受打击报复的会计人员,应当恢复其名誉和原有职务、级别。"统计法第三十七条中规定,"由任免机关或者监察机关依法给予处分,并由县级以上人民政府统计机构予以通报"。

第二百五十六条 【破坏选举罪】

在选举各级人民代表大会代表和国家机关领导人员时,以暴力、威胁、欺骗、贿赂、伪造选举文件、虚报选举票数等手段破坏选举或者妨害选民和代表自由行使选举权和被选举权,情节严重的,处三年以下有期徒刑、拘役或者剥夺政治权利。

【条文精解】

本条是关于破坏选举罪及其处刑的规定。

选举权和被选举权是公民的一项基本权利,也是公民发扬民主,参与国家政治生活和民主生活的权利。公民参与选举是人民当家做主和社会主义民主的重要表现形式。实践中,个别人为了达到自己的个人目的,不惜以暴力、威胁、欺骗、贿赂、伪造选举文件、虚报选举票数等手段破坏选举或者妨害选民和代表自由行使选举权和被选举权,为此,刑法规定了本条犯罪。破坏选举罪,是指在选举各级人民代表大会代表和国家机关领导人员时,以暴力、威胁、欺骗、贿赂、伪造选举文件、虚报选举票数等手段破坏选举或者妨害选民和代表自由行使选举权和被选举权,情节严重的行为。选举权与被选举权是我国宪法赋予公民的重要基本权利。宪法规定,全国人民代表大会和地方各级人民代表大会都由民主选举产生,国家行政机关、监察机关、审判机关、检察机关都由人民代表大会产生。选举各级人民代表大会代表和各级国家机关领导人员,是人民家做主、参与管理国家事务的民主权利,受到国家法律的保护。对于破坏选举的行为,必须依法追究刑事责任。依照本条规定,构成破坏选举罪必须具备以下几个条件:

第一,破坏的选举活动必须是选举各级人民代表大会代表和国家机关领导人员的选举活动。这里所说的"选举各级人民代表大会代表和国家机关领导人员",是指依照全国人民代表大会和地方各级人民代表大会选举法、全国人大常委会《关于县级以下人民代表大会代表直接选举的若干规定》、全国人民代表大会组织法、地方各级人民代表大会和地方各级人民政府组织法等有关法律,选举各级人民代表大会代表和国家机关领导人员的选举活动,包括选民登记、提出候选人、投票选举、补选、罢免等整个选举活动。

第二,破坏选举必须是以暴力、威胁、欺骗、贿赂、伪造选举文件、虚报选举票数等手段进行的。这里所说的"暴力",是指对选民、各级人民代表大会代表、候选人、选举工作人员等进行人身打击或者实行强制,如殴打、捆绑等,也包括以暴力故意捣乱选举场所,使选举工作无法进行等情况。"威胁",是指以杀害、伤害、毁坏财产、破坏名誉等手段进行要挟,迫使选民、各级人民代表大会代表、候选人、选举工作人员等不能自由行使选举权和被选举权或者在选举工作中不能正常履行组织和管理的职责。"欺骗",是指捏造事实、颠倒是非,并加以散播、宣传,以虚假的事实扰乱正常的选举活动,影响选民、各级人民代表大会代表、候选人自由地行使选举权和被选举权。应当注意的是,这里所说的"欺骗",必须是编造严重不符合事实的情况,或者捏造对选举有重大影响的情况等。对于在选举活动中介绍候选人或者候选人在介绍自己情况时对一些不是很重要的事实有所夸大或者隐瞒,不致影响正常选举的行为,不能认定为以欺骗手段破坏选举。"贿赂",是指用金钱或者其他物质利益收买选民、各级人民代表大会代表、候选人、选举工作人员,使其违反自己的真实意愿参加选举或者在选举工作中进行舞弊活动。"伪造选举文件",是指采用伪造选民证、选票等选举文件的方法破坏选举。"虚报选举票数",是指选举工作人员对于统计出来的选票数、赞成票数、反对票数等选举票数进行虚报、假报的行为,既包括多报,也包括少报。对于上述列举的破坏选举的手段,行为人具体采用哪种,不影响本罪的构成。只要行为人在选举各级人民代表大会代表和国家机关领导人员时,采用了上述手段之一,破坏了选举或者妨害了选民和代表自由行使选举权和被选举权,情节严重的,就构成了本条所规定的犯罪。

第三,构成破坏选举罪必须是足以造成破坏选举或者妨害选民和代表自由行使选举权和被选举权的后果的行为。这里所说的"破坏选举",是指破坏选举工作的正常进行。妨害选民行使选举权和被选举权,是指非法阻止选民参加登记或者投票,或者迫使、诱骗选民违背自己的意志进行投票,以及使选民放弃自己的被选举权等。破坏选举的正常进行和妨害选民自由行使选举权和被选举权，是破坏选举罪的两个主要的表现形式。造成其中一种后果的，就构成本罪。

第四，构成破坏选举罪必须是情节严重的行为。这里所说的"情节严重"，主要是指破坏选举手段恶劣、后果严重或者造成恶劣影响的等。

依照本条的规定，在选举各级人民代表大会代表和国家机关领导人员时，以暴力、威胁、欺骗、贿赂、伪造选举文件、虚报选举票数等手段破坏选举或者妨害选民和代表自由行使选举权和被选举权，情节严重的，处三年以下有期徒刑、拘役或者剥夺政治权利。

【实践中需要注意的问题】

根据本条规定，破坏选举的行为，情节是否严重，是区分罪与非罪的关键。对于破坏选举或者妨害选民和代表自由行使选举权和被选举权的行为，如果不属于情节严重情形的，则属一般违法行为，应当依照全国人民代表大会和地方各级人民代表大会选举法第五十八条的规定，给予必要的行政处分，或者依照治安管理处罚法第二十三条的规定，给予治安管理处罚。

第二百五十七条 【暴力干涉婚姻自由罪】

以暴力干涉他人婚姻自由的，处二年以下有期徒刑或者拘役。

犯前款罪，致使被害人死亡的，处二年以上七年以下有期徒刑。

第一款罪，告诉的才处理。

【条文精解】

本条是关于暴力干涉婚姻自由罪及其处刑的规定。

本条共分三款。关于婚姻自由，是我国公民享有的一项重要的权利，我国宪法第四十九条第四款规定，禁止破坏婚姻自由。我国民法典第一千零四十一条中规定"婚姻家庭受国家保护。实行婚姻自由、一夫一妻、男女平等的婚姻制度"。第一千零四十二条中规定"禁止包办、买卖婚姻和其他干涉婚姻自由的行为"。根据上述法律规定，我国公民有权按照本人的意愿，在不违背国家法律的前提下，自主地决定自己的婚姻问题，任何人都不得横加干涉和强制。婚姻自由包括结婚自由和离婚自由。结婚自由，就是结婚必须出于男女双方完全自愿，不许一方强迫另一方，也不许任何第三者加以干涉。

离婚自由,就是夫妻因感情破裂等原因不能继续维持夫妻关系,男女双方或者任何一方可以向有权机关提出解除婚姻关系的请求。根据本条的规定,暴力干涉婚姻自由罪,是指以暴力手段干涉他人行使婚姻自由权利的行为。这里所规定的"暴力",是指使用捆绑、吊打、禁闭、强抢等手段,使被干涉者不能行使婚姻自由的权利。"暴力干涉"是构成本罪的主要特征,没有使用暴力的,不构成本罪;如果行为人采取的暴力行为,不足以干涉被害人行使婚姻自由权利的,也不构成本罪。依照本条第一款的规定,以暴力干涉他人婚姻自由,未造成被害人死亡的,处二年以下有期徒刑或者拘役。

关于犯暴力干涉婚姻自由罪致使被害人死亡的应如何处罚,本条第二款作了规定。这里所说的"致使被害人死亡",主要是指行为人使用暴力干涉他人婚姻自由的犯罪行为致使被害人自杀身亡等。对于以暴力干涉他人婚姻自由,致使被害人死亡的,依照本款规定,处二年以上七年以下有期徒刑。

本条第三款是关于暴力干涉他人婚姻自由未致使被害人死亡的,属于告诉才处理的犯罪的规定。依照本款的规定,对于犯暴力干涉婚姻自由罪,在没有致使被害人死亡的情况下,只有被害人向司法机关提出控告的才处理,对于被害人不控告的,司法机关不能主动受理,追究行为人的刑事责任。但如果被害人受强制或者威吓而无法告诉的,人民检察院和被害人的近亲属也可以告诉。

【实践中需要注意的问题】

1.本条第二款规定的致使被害人死亡的干涉婚姻自由的行为,行为人必须使用了暴力,如果干涉人未使用暴力,而是由于被害人自己心胸狭窄而轻生自杀或因为其他原因自杀的,不应追究行为人的刑事责任。

2.对行为人在暴力干涉婚姻自由过程中实施的故意伤害或杀害行为,应当按故意伤害罪或者故意杀人罪追究刑事责任。

第二百五十八条 【重婚罪】

有配偶而重婚的,或者明知他人有配偶而与之结婚的,处二年以下有期徒刑或者拘役。

【条文精解】

本条是关于重婚罪及其处刑的规定。

我国民法典第一千零四十一条第二款中明确规定，我国"实行婚姻自由、一夫一妻、男女平等的婚姻制度"。重婚罪是对一夫一妻婚姻制度的严重破坏，践踏了法律基本制度，破坏了善良的风俗习惯和伦理道德，严重影响了社会主义精神文明建设，必须予以惩治。根据本条的规定，重婚罪是指有配偶而重婚，或者明知他人有配偶而与之结婚的行为。本条规定了两种重婚行为：一种是"有配偶而重婚"，所谓"有配偶"，是指行为人已经结婚，在婚姻关系存续期间又与他人结婚。另一种是"明知他人有配偶而与之结婚"，是指本人明知他人有配偶而仍然与之结婚。这里规定的"明知"是本罪的罪与非罪的重要界限，如果行为人是蒙受欺骗，不知道对方已有配偶而与之结婚的，则不构成本罪。本条所规定的"结婚"，既包括骗取合法手续登记结婚，又包括虽未登记结婚，但以夫妻名义共同生活。只要是有配偶而又结婚，或者是明知他人有配偶而与之结婚的，无论是骗取合法手续登记结婚，还是未登记结婚，但以夫妻名义共同生活的，都构成重婚罪。依照本条规定，对犯重婚罪的，处二年以下有期徒刑或者拘役。

【实践中需要注意的问题】

实际执行中应当注意划清重婚与通奸的界限。所谓通奸，一般指已婚男女与第三者暗中发生不正当两性关系的行为。通奸行为违法道德伦理，但不构成犯罪，对于通奸者可以根据情况给予批评教育，或者党纪、政纪处分。

第二百五十九条 【破坏军婚罪】

明知是现役军人的配偶而与之同居或者结婚的，处三年以下有期徒刑或者拘役。

利用职权、从属关系，以胁迫手段奸淫现役军人的妻子的，依照本法第二百三十六条的规定定罪处罚。

【条文精解】

本条是关于破坏军婚罪及其处刑的规定。

本条共分两款。人民解放军担负着保卫祖国安全和社会主义现代化建设的重任。保护军婚对于保障军人安心服役，维护国防建设，保持和发扬我军的坚强战斗意志，意义重大。根据本条的规定，破坏军婚罪，是指明知是现役军人的配偶而与之同居或者结婚的行为。本条所规定的"明知",是指本罪是直接故意犯罪,行为人在确切知道对方是现役军人的配偶的情况下,仍然与之同居或者结婚,才构成犯罪。如果行为人不知道对方是现役军人的配偶甚至受欺骗而与现役军人的配偶同居或者结婚的,不构成犯罪。"现役军人",是指中国人民解放军或者人民武装警察部队的现役军官、文职干部、士兵及具有军籍的学员等。在军事部门或者人民武装警察部队中工作,但没有取得军籍的人员,以及复员退伍军人、转业军人、残废军人等,都不属于现役军人。"现役军人的配偶",是指依法与现役军人存续婚姻关系的妻子或者丈夫。依据本条规定,破坏军人婚姻的行为有两种方式:一种是与现役军人的配偶同居,这里所说的"同居",是指虽没有办理结婚登记手续,但以夫妻名义共同生活,或者在较长时间内共同生活。另一种是与现役军人的配偶结婚。这里所说的"结婚",是指骗取合法手续登记结婚。对于破坏军人婚姻的犯罪,依照本条规定,明知是现役军人的配偶而与之同居或者结婚的,处三年以下有期徒刑或者拘役。

本条第二款是关于利用职权、从属关系,以胁迫手段奸淫现役军人的妻子的,依照本法关于强奸罪的规定定罪处罚的规定。构成本款规定的犯罪必须具备以下三个条件:(1)必须利用职权、从属关系,如司法工作人员利用其掌握的国家权力,企业领导利用其负责人事调动、工资分配的权力等。(2)必须使用胁迫手段。这里所说的"胁迫",是指犯罪分子对现役军人的妻子施以威胁、恫吓,迫使现役军人的妻子就范,不敢抗拒的手段。例如,以辞退、开除、经济处罚相威胁;以揭发现役军人的妻子的隐私相威胁;利用现役军人的妻子孤立无援的环境相胁迫;等等,使其同意与自己发生性关系的行为。(3)奸淫的对象只能是现役军人的妻子。依照本款的规定,利用职权、从属关系,以胁迫手段奸淫现役军人的妻子的,构成强奸罪,依照刑法第二百三十六条关于强奸罪的规定定罪处罚。

【实践中需要注意的问题】

1.要注意划清破坏军婚罪与重婚罪的界限。二者的区别主要表现在:一是破坏军婚罪中与行为人相对的另一方必须是现役军人的配偶,重婚罪则无这一要求;二是破坏军婚罪的行为包括与现役军人的配偶结婚或者同居的行为,重婚罪的行为是有配偶而重婚或者明知他人有配偶而与之结婚。

2.破坏军婚罪中的现役军人的配偶一般不构成本罪,但如果现役军人的配偶隐瞒情况与他人结婚的,其有可能构成重婚罪。

第二百六十条 【虐待罪】

虐待家庭成员，情节恶劣的，处二年以下有期徒刑、拘役或者管制。

犯前款罪，致使被害人重伤、死亡的，处二年以上七年以下有期徒刑。

第一款罪，告诉的才处理，但被害人没有能力告诉，或者因受到强制、威吓无法告诉的除外。

【条文精解】

本条是关于虐待罪及其处罚的规定。

家庭是社会的细胞，平等、友爱、和睦的家庭关系是构建和谐社会的基础。家庭成员之间尊老爱幼、相互扶助是中华民族的传统美德。新中国成立后，注意扫除封建残余思想，一直倡导人人平等的家庭关系。对此，我国宪法、民法典等一系列法律从公民权利、婚姻、财产权等方面在制度上加以规定和保障。如我国民法典第一千零四十二条第三款明确规定，禁止家庭暴力，禁止家庭成员间的虐待和遗弃。但在实际生活中，存在虐待家庭成员的行为，有的手段恶劣，造成严重后果，受害人也多为妇女、儿童、老人等弱势群体。为惩治这类行为，保护公民权利，维护家庭关系，刑法规定了虐待罪。

本条共分三款，第一款是关于虐待罪及其处刑的规定。根据本款的规定，虐待罪是指虐待家庭成员，情节恶劣的行为。本条规定的"虐待"，是指折磨、摧残家庭成员身心健康的行为。虐待具有经常性和连续性的特点，行为人对共同生活的家庭成员在相当长的时间里，进行持续或连续的肉体摧残、精神折磨，致使被害人的身心遭受严重创伤，通常表现为打骂、冻饿、捆绑、强迫超体力劳动、限制自由、凌辱人格等行为。偶尔发生的打骂、冻饿等行为，不构成虐待罪。这里所说的"家庭成员"，是指在同一家庭中共同生活的成员，如夫妻、父母、子女、兄弟、姐妹等。根据我国有关法律的规定，家庭成员关系主要由以下四种情形：一是由婚姻关系形成的家庭成员关系，如丈夫和妻子，夫妻关系是父母、子女关系产生的前提和基础；二是有血缘关系形成的家庭成员关系，包括直系血亲关系而联系起来的父母、子女、孙子女、曾孙子女以及祖父母、曾祖父母、外祖父母等，也包括由旁系血亲而联系起来的兄、弟、姐、妹、叔、伯、姑、姨、舅等；三是由收养关系而形成的家庭成员关系，即养父母和养子女之间的关系；四是由其他关系所产生的家庭成员，现实生活中还存在区别于前三种情形而形成的非法定义务的扶养关系，如同居关系、对孤寡老人的自愿赡养关系等。非家庭成员间的虐待行为,不构成本罪。

虐待罪通常是在家庭中处于强势的一方虐待弱势的一方,如家长虐待未成年的子女、丈夫虐待妻子、成年子女虐待没有独立生活能力的老人等,被虐待的家庭成员是否有独立生活能力不影响本罪的成立。家长出于管教动机而偶有一些打骂或者体罚行为的,不属于虐待行为。虐待家庭成员必须是情节恶劣的才能构成犯罪,这里所说的"情节恶劣",具体是指虐待的动机卑鄙、手段凶残的;虐待年老、年幼、病残的家庭成员的;或者长期虐待家庭成员屡教不改的;等等。依照本款的规定,虐待家庭成员,情节恶劣的,处二年以下有期徒刑、拘役或者管制。对于虐待家庭成员,尚未达到情节恶劣程度的,根据治安管理处罚法第四十五条规定,被虐待人要求处理的,处五日以下拘留或者警告。

本条第二款对犯虐待罪致使被害人重伤、死亡的应如何处罚作了规定。本款规定是关于虐待罪加重处罚的情形,这里所说的"致使被害人重伤、死亡",是指由于被害人经常受到虐待,身体和精神受到严重的损害而导致死亡,或者不堪忍受而自杀造成死亡或重伤等情形。依照本款规定,对于犯虐待罪,致使被害人重伤、死亡的,处二年以上七年以下有期徒刑。虐待致使被害人重伤、死亡的案件不属于告诉才处理案件的范围,对这类案件,即使被害人不提出控告,检察机关也应提起公诉。

本条第三款是关于虐待家庭成员未致使被害人重伤、死亡的,属于告诉才处理的犯罪及例外情形的规定,即一般情况下适用告诉才处理的规定,但在特殊情况下不适用。本款包含两层意思:一是一般而言对于犯虐待罪,在没有致使被害人重伤、死亡的情况下,只有被害人向司法机关提出控告的才处理,对于被害人不控告的,司法机关不能主动受理,追究行为人的刑事责任。这样规定主要是因为本条规定的虐待行为发生在家庭成员之间,法律将是否告诉的选择权赋予被害人,这样有利于保护家庭关系,切实维护被害人权益。二是如果被害人没有能力告诉,或者因受到强制、威吓无法告诉的,不适用告诉才处理的规定,而应作为公诉案件处理。被虐待人的亲属、朋友、邻居等任何人发现被害人被虐待,没有能力告诉或者因受到强制、威吓无法告诉的,都可以向公安机关报案。公安机关应当立案进行侦查,由检察机关依法向人民法院提起公诉。作为公诉案件处理的情形是《刑法修正案(九)》新增加的规定,在《刑法修正案(九)》起草过程中,有关方面提出,对于没有能力告诉或者因受到强制、威吓不敢告诉的被害人而言,即使其有告诉的愿望，但因个人的困境而无法行使权利，为了保护这部分社会弱势群体的权益，建议将这些情形规定为公诉案件。经认真研究和征求各方面的意见，在达成共识的基础上，《刑法修正案（九）》对原条文作了修改。这里需要说明的是本款和刑法第九十八条规定的"告诉才处理"的关系，刑法第九十八条规定"本法所称告诉才处理，是指被害人告诉才处理。如果被害人因受强制、威吓无法告诉的，人民检察院和被害人的近亲属也可以告诉"，这是对告诉才处理犯罪规定的代为告诉的情形，与本款规定的告诉才处理的例外情形不同。根据本款规定，对于属于被害人没有能力告诉，或者因受到强制、威吓无法告诉的情形，应按照公诉案件处理，由人民检察院提起公诉，而不属于刑法第九十八条规定的代为告诉的情形。本款规定的"被害人没有能力告诉"是指被害人因病重、年幼、智力缺陷、精神障碍等没有能力向人民法院告诉。

【实践中需要注意的问题】

1. 关于虐待罪与故意伤害罪、故意杀人罪的异同。首先，犯罪的主观故意不同。虐待罪的行为人主观上不具有伤害或者杀害被害人的故意，而是出于追求被害人肉体和精神上的痛苦的目的；而故意伤害罪、故意杀人罪具有伤害、杀害的故意。在实践办理案件过程中，不能仅听信被告人的供述，还要结合行为人实施的暴力手段与方式、是否立即或者直接造成被害人伤亡后果等进行综合判断。其次，实施虐待过失导致被害人重伤或者死亡的，或者因虐待致使被害人自残、自杀导致重伤或者死亡的，是虐待罪的结果加重犯，属于本条第二款规定的虐待"致使被害人重伤、死亡"的情形。但是，如果在虐待的过程中，行为超过了虐待的限度，明显具有伤害、杀人的恶意且实施了严重的暴力行为，直接将被害人殴打成重伤，甚至直接杀害被害人的，应该认定为故意伤害罪或者故意杀人罪。

2. 实践中需要注意，办理虐待犯罪案件，应当首先保护被害人的安全，通过对被害人进行紧急救治、临时安置，对施暴者采取刑事强制措施等，制止家庭暴力并防止再次发生，消除家庭暴力的现实侵害和潜在危险，同时对与案件有关的个人隐私，应当保密。其次是要注意尊重被害人的意愿，应当充分听取被害人意见。对法律规定可以调解、和解的案件，促使当事人在双方自愿的基础上进行调解、和解。

> **第二百六十条之一** 【虐待被监护、看护人罪】
> 对未成年人、老年人、患病的人、残疾人等负有监护、看护职责的人虐待被监护、看护的人，情节恶劣的，处三年以下有期徒刑或者拘役。
> 单位犯前款罪的，对单位判处罚金，并对其直接负责的主管人员和其他直接责任人员，依照前款的规定处罚。
> 有第一款行为，同时构成其他犯罪的，依照处罚较重的规定定罪处罚。

【条文精解】

本条是关于虐待被监护、看护人罪及其处罚的规定。

本条共分三款，第一款是关于虐待被监护、看护人犯罪及处刑的规定。根据本款规定，对未成年人、老年人、患病的人、残疾人等负有监护、看护职责的人虐待被监护、看护的人，如幼儿园、中小学校、养老机构、医院等机构的工作人员，对被监护、看护的人实施虐待行为，情节恶劣的，构成本罪。本罪的犯罪主体是负有监护、看护职责的人，如幼儿园的教师对在园幼儿、养老院的工作人员对在院老人、医生和护士对病人等负有监护、看护职责。这种监护、看护职责通常是基于合同、雇用、服务等关系确定，也可以通过口头约定、志愿性的服务等形式确定，如邻居受托或自愿代人照顾老人、儿童。本罪的主观方面表现为故意，即行为人故意对被害人进行肉体或精神上的折磨和摧残，故意实施虐待行为，不论出于何种动机，均不影响本罪的成立。本罪侵犯的客体是被监护、看护的人的人身权利和监护、看护职责，未成年人、老年人、患病的人、残疾人等均是社会的弱势群体，行为人负有监护、看护职责，应尽职履责，做好照顾、服务工作，如果行为人对这些弱势群体实施虐待，会对他们的身心造成严重伤害。这里的"未成年人"，根据未成年人保护法的规定，是指不满十八周岁的少年、儿童和婴幼儿。根据老年人权益保障法第二条的规定，"老年人"是指六十周岁以上的公民。"患病的人"是指因病而处于被监护、看护状态的人。残疾人保障法第二条规定，"残疾人"是指在心理、生理、人体结构上，某种组织、功能丧失或者不正常，全部或者部分丧失以正常方式从事某种活动能力的人，包括视力残疾、听力残疾、言语残疾、肢体残疾、智力残疾、精神残疾、多重残疾和其他残疾的人。本罪的客观方面主要表现为"虐待"，即折磨、摧残被监护、看护人身心健康的行为。与本法第二百六十条规定的虐待罪的客观表现相似，本条的虐待行为同样具有经常性和连续性的特点，行为人对被监护、看护的人在相当长的时间里，进行持续或连续的肉体摧残、精神折磨，致使被害人的身心遭受严重创伤，通常表现为打骂、冻饿、捆绑、强迫超体力劳动、限制自由、凌辱人格行为等。偶尔发生的打骂、冻饿等行为，不构成犯罪。

根据本款规定，"情节恶劣"是构成本罪的必要条件，也是区分罪与非罪的界限，这里所说的"情节恶劣"，具体是指虐待的动机卑鄙、手段凶残，或者长期虐待被监护、看护人等。行为人虽有虐待被监护、看护的人的行为，尚不够恶劣，对被监护、看护的人的身心健康也没有造成严重损害的，不构成本罪。依照本款的规定，虐待被监护、看护的人，情节恶劣的，处三年以下有期徒刑或者拘役。

本条第二款是关于单位犯罪的规定。对未成年人、老年人、患病的人、残疾人等负有监护、看护职责的单位虐待被监护、看护的人，也应当承担刑事责任。当前随着社会服务业的迅速发展，产生了众多的提供包括住宿、饮食在内的照顾、陪护业务的社会服务机构，如寄宿制幼儿园、养老院、社会福利机构等，实践中也存在单位虐待被监护、看护人的情况。与个人虐待被监护、看护的人的情况有所不同，单位实施虐待行为主要是出于经济利益，或者是疏于管理导致，如养老院盘剥在院老人的生活费用，降低伙食标准，致使老年人长期处于营养不良状态，或者是对员工疏于管理，放任员工对未成年人、老年人、患病的人、残疾人等实施虐待行为。根据本款规定，单位犯本罪的，对单位判处罚金，并对其直接负责的主管人员和其他直接责任人员，依照第一款的规定处罚。需要指出的是，单位犯罪也要求"情节恶劣"的条件，单位犯罪的"情节恶劣"，是指虐待的动机卑鄙、手段凶残，遭受虐待的人数众多，或者长期虐待被监护、看护的人等，对此可以由司法机关根据案件具体情况掌握或者由司法解释进一步明确标准。

本条第三款是关于犯本罪，同时构成其他犯罪，从一重定罪处罚的规定。行为人实施虐待行为，往往导致被害人重伤、死亡的后果，可能同时构成伤害、杀人等其他犯罪。在这种情形下，应当依照本款规定，按照处罚较重的罪名定罪处罚。

【实践中需要注意的问题】

本条第三款规定的"同时构成其他犯罪"中的其他犯罪，应是与虐待行为直接相关的罪名，如过失致人重伤罪、过失致人死亡罪等。如果行为人明显具有伤害、杀人的恶意且实施了严重的暴力行为，直接将被害人殴打成重伤，甚至直接将被害人杀害的，应当根据情况适用故意伤害罪、故意杀人罪定罪处罚或者与本罪实行数罪并罚。如果行为人在实施虐待行为的同时实施了盗窃、抢劫等其他与虐待行为性质不同的犯罪，应当与本罪数罪并罚。

第二百六十一条【遗弃罪】
对于年老、年幼、患病或者其他没有独立生活能力的人，负有扶养义务而拒绝扶养，情节恶劣的，处五年以下有期徒刑、拘役或者管制。

【条文精解】

本条是关于遗弃罪及其处刑的规定。

对于年老、年幼、患病或者其他没有独立生活能力的人，应当在经济、生活等方面予以供给、照顾、帮助，以维护其正常的生活，这是具有法定扶养义务的人的责任，也是中华民族的优良传统。对于有能力扶养而拒绝扶养的人，情节恶劣的，必须给予相应的法律惩处。根据本条规定，遗弃罪是指对于年老、年幼、患病或者其他没有独立生活能力的人，负有扶养义务而拒绝扶养，情节恶劣的行为。遗弃罪的犯罪对象，是年老、年幼、患病或者其他没有独立生活能力的人。这里所说的"没有独立生活能力"，是指不具备或者丧失劳动能力，无生活来源而需要他人在经济上予以供给扶养，或者虽有经济收入，但生活不能自理而需要他人照顾等情况。遗弃罪的犯罪主体，是对上述对象负有扶养义务的人。这里所规定的"负有扶养义务"，是指行为人对于年老、年幼、患病或者其他没有独立生活能力的人，依法负有的对上述被扶养人在经济、生活等方面予以供给、照顾、帮助，以维护其正常的生活的义务。扶养关系主要包括以下几个方面：夫妻间有相互扶养的义务；父母对子女有抚养教育的义务；子女对父母有赡养扶助的义务；养父母与养子女、继父母与继子女之间有相互扶养的义务；有负担能力的祖父母、外祖父母对父母已经死亡的未成年的孙子女、外孙子女有抚养义务；有负担能力的孙子女、外孙子女，对于子女已经死亡的祖父母、外祖父母有赡养义务；有负担能力的兄姐对父母已经死亡或者父母无力扶养的未成年弟妹有抚养的义务；等等。遗弃罪的犯罪主体是具有扶养义务的人，如果对没有独立生活能力的人不负有扶养义务，就不存在拒绝扶养的问题，也就不能构成本罪。本罪在客观方面表现为具有扶养义务而拒绝扶养。由于行为人不履行自己的法定义务，致使被扶养人得不到经济上的保障或者生活上的必要照顾和帮助，生命和健康受到较为严重的威胁和损害。根据本条规定，遗弃行为必须情节恶劣才能构成犯罪。这是划清本罪罪与非罪的重要界限之一。关于这里所规定的"情节恶劣"如何理解的问题，最高人民法院、最高人民检察院、公安部、司法部《关于依法办理家庭暴力犯罪案件的意见》中列举了一些常见的情形：对被害人长期不予照顾、不提供生活来源；驱赶、逼迫被害人离家，致使被害人流离失所或者生存困难；遗弃患严重疾病或者生活不能自理的被害人；遗弃致使被害人身体严重损害或者造成其他严重后果等情形。依照本条规定，对犯遗弃罪的，处五年以下有期徒刑、拘役或者管制。

【实践中需要注意的问题】

有遗弃行为，但未达到"情节恶劣"程度的一般遗弃行为也是违法的。我国治安管理处罚法第四十五条规定："遗弃没有独立生活能力的被扶养人的"，处五日以下拘留或者警告。对此，可以依照治安管理处罚法第四十五条的规定，给予治安处罚。

第二百六十二条 【拐骗儿童罪】

拐骗不满十四周岁的未成年人，脱离家庭或者监护人的，处五年以下有期徒刑或者拘役。

【条文精解】

本条是关于拐骗儿童罪及其处刑的规定。

儿童的身心发育未成熟，对周围事物缺乏判断能力和自我保护能力，因此应当加以特殊保护。拐骗儿童的行为，不仅给受害儿童的父母等监护人造成精神上的极大痛苦，而且使儿童失去父母等监护人的爱护和家庭温暖，严重损害儿童的身心健康，对此必须依法予以严惩。

根据本条的规定，拐骗儿童罪，是指拐骗不满十四周岁的未成年人，脱离家庭或者监护人的行为。这里所规定的"拐骗"，是指用欺骗、利诱或者其他手段，将不满十四周岁的未成年人带走。"脱离家庭或者监护人"，是指使不满十四周岁的未成年人脱离家庭或者离开父母或其他监护人，致使不满十四周岁的未成年人的父母或者监护人不能继续对该未成年人行使监护权。这里所规定的"监护人"，是指未成年人的父母以及其他依法履行监护职责，保护被监护人的人身、财产以及其他合法权益的人。民法典第二十七条规定："父母是未成年子女的监护人。未成年人的父母已经死亡或者没有监护能力的，由下列有监护能力的人按顺序担任监护人：（一）祖父母、外祖父母；（二）兄、姐；（三）其他愿意担任监护人的个人或者组织，但是须经未成年人住所地的居民委员会、村民委员会或者民政部门同意。"拐骗不满十四周岁的未成年人脱离家庭或者监护人的行为多种多样，既可以直接对不满十四周岁的未成年人本人进行，如利用物质好处进行引诱，骗得其好感后将其拐骗；也可以对其家长或者监护人进行，如假装为保姆，骗得家长信任后，寻机将不满十四周岁的未成年人带走。依照本条规定，拐骗不满十四周岁的未成年人，脱离家庭或者监护人的，处五年以下有期徒刑或者拘役。

【实践中需要注意的问题】

本条在实际执行中应当注意与拐卖妇女、儿童罪、绑架罪的区别。拐骗不满十四周岁的未成年人脱离家庭或者监护人的行为的目的，往往是出于收养，也可以是出于奴役等目的，如果是以出卖或勒索财物为目的而拐骗未成年人或者偷盗婴幼儿的，应依照刑法第二百四十条、第二百三十九条关于拐卖妇女、儿童罪或者绑架罪的规定定罪处罚。

第二百六十二条之一 【组织残疾人、儿童乞讨罪】
以暴力、胁迫手段组织残疾人或者不满十四周岁的未成年人乞讨的，处三年以下有期徒刑或者拘役，并处罚金；情节严重的，处三年以上七年以下有期徒刑，并处罚金。

【条文精解】

本条是关于组织残疾人、儿童乞讨罪及其处罚的规定。

在实际生活中，有相当一部分乞讨者是残疾人和未成年人。残疾人由于生理缺陷或残障，谋生能力和自我保护能力较弱；未成年人由于尚不具备独立谋生的能力，心智发育尚不健全，认识社会事物和辨别善恶的能力有限，较容易成为犯罪分子侵害的对象，而且在被侵害时往往不敢反抗。在实际发生的案件中，一些道德败坏的不法分子，在牟利心理的驱使下，通过暴力、胁迫等手段组织残疾人和未成年人乞讨，强占他人乞讨所得。这些行为除侵犯被害人的人格尊严、人身自由及财产权，扰乱社会秩序外，还会给残疾人和未成年人造成更严重的伤害，如使残疾人的疾病拖延无法得到治疗，使未成年人丧失受教育的机会，使其在恶劣环境下成长，形成畸形世界观等。甚至有些犯罪人用残暴的手段强迫乞讨，造成被害人人身伤亡等严重后果，对此必须予以严惩。

根据本条规定认定组织残疾人、儿童乞讨罪时，应当注意以下几个方面的问题：

第一，本罪的犯罪主体是一般主体。凡达到刑法规定的刑事责任年龄的自然人均可以构成本罪的犯罪主体。在司法实践中，对于父母、监护人或者近亲属因为生计所迫，带领残疾亲属或者未成年子女乞讨满足基本生活需要的，甚至为了筹集子女、亲属的医药费、学费等乞讨的，不应按照犯罪处理。但是，对于有的监护人，并非生活所迫而是因贪图钱财，不顾未成年人健康成长的利益，利用未成年人乞讨牟利的，应当根据未成年人保护法等的规定，考虑其是否适宜继续作为监护人，必要时，可依法撤销其监护人资格。对此问题，最高人民法院、最高人民检察院、公安部、民政部《关于依法处理监护人侵害未成年人权益行为若干问题的意见》中也有明确规定，父母或者其他监护人胁迫、诱骗、利用未成年人乞讨，经公安机关和未成年人救助保护机构等部门三次以上批评教育拒不改正，严重影响未成年人正常生活和学习的，人民法院可以判决撤销其监护资格。

第二，本罪客观上表现为以暴力、胁迫等手段组织残疾人或者不满十四周岁的未成年人乞讨的行为。所谓"暴力"，是指可以给被害人直接带来生理上的痛苦、伤害或者行为限制的侵袭及其他强制力。比如，对被害人实施伤害、殴打、体罚等身体打击、折磨，使其产生生理上的痛苦、伤害而丧失反抗能力，或者因此造成心理恐惧不敢反抗，以身体强制等方法剥夺被害人行为自由使其不敢反抗、不能反抗的情形等。所谓"胁迫"，是指行为人以当场实施暴力或其他有损身心健康的行为，以及其他对被害人心理造成强迫的行为相要挟，实施精神强制，使其产生恐惧，不敢反抗的情况。这种胁迫，既可以针对被强迫人自身的生理伤害，如不顺从就冻饿、体罚、殴打等，也可以是心理上的，如揭露隐私、公开侮辱使其丧失尊严等。胁迫的内容既可以针对被害人本人，也可以针对其亲属或者他人，只要足以对被害人造成心理上的强制，就可以构成胁迫。实践中，如果没有实施暴力、胁迫等强迫行为，不宜认定为组织残疾人、儿童乞讨罪。所谓组织，是指纠集或者控制一定数量的残疾人或者不满十四周岁的未成年人，指令或者要求他们乞讨的行为。

根据本条的规定，以暴力、胁迫手段组织残疾人或者不满十四周岁的未成年人乞讨的，处三年以下有期徒刑或者拘役，并处罚金；情节严重的，处三年以上七年以下有期徒刑，并处罚金。这里所说的"情节严重"，是指以暴力或者胁迫手段组织残疾人、未成年人乞讨，严重扰乱社会秩序或者造成其他恶劣影响的情形。比如，长期强迫他人乞讨，获利较大的；强迫乞讨导致残疾人、未成年人身体衰弱，得不到治疗，健康状况严重恶化的；被害人无法忍受折磨自杀、自残的；强迫残疾人、未成年人制造生理痛苦博取他人同情进行乞讨的；强迫被害人采用死缠硬要等方式野蛮乞讨的；强迫被害人采用可能造成伤亡（如在马路上拦车乞讨等）或有伤风化的方式乞讨的；组织乞讨人数较多，造成恶劣社会影响的；其他严重扰乱社会秩序或者影响恶劣的情形等。

【实践中需要注意的问题】

在适用本条的时候，应当注意掌握此罪与彼罪、一罪与数罪的界限，防止放纵或者量刑畸重的情况。比如，为了强迫而实施的暴力行为导致被害人伤亡的，应当根据刑法的规定，按照故意伤害罪或者故意杀人罪定罪处罚。为了达到长期强迫残疾人、未成年人乞讨的目的而限制被害人人身自由的，应当根据刑法的规定，在组织残疾人、儿童乞讨罪和非法拘禁罪中择一重罪处罚。对于那些为了组织他人乞讨而绑架、拐骗残疾人或者未成年人，或者收买被拐骗儿童的，为了博取人们同情达到乞取更多钱财目的而故意造成被害人伤残的，奸淫被强迫的残疾人、未成年人的，应当根据刑法的相关规定定罪，与组织残疾人、儿童乞讨罪数罪并罚。

第二百六十二条之二 【组织未成年人进行违反治安管理活动罪】

组织未成年人进行盗窃、诈骗、抢夺、敲诈勒索等违反治安管理活动的，处三年以下有期徒刑或者拘役，并处罚金；情节严重的，处三年以上七年以下有期徒刑，并处罚金。

【条文精解】

本条是关于组织未成年人进行违反治安管理活动罪及其处罚的规定。

近年来，社会上一些不法分子利欲熏心，利用未成年人获取不法利益。他们往往利用未成年人生理、心理的不成熟或因某种原因造成的精神上的空虚、物质上的缺乏等弱点，组织其从事一些牟利性的违法活动，如扒窃、诈骗、抢夺、敲诈勒索他人财物等违反治安管理的活动。这种组织他人进行违法活动的情况，在一些地方甚至学校比较突出，性质恶劣，影响很坏，严重危害社会治安秩序和学校的正常教学秩序。同时，对未成年人的身心健康造成极大的伤害，有的很可能因为一个小小的偷摸行为，慢慢发展成为犯罪行为，从而使一个健康向上的未成年人堕落为一个罪犯，不仅影响了个人的前途，而且对国家、对家庭都会造成不良的影响。为了打击这类行为，更好地维护社会治安秩序，保护公民的合法财产不受侵犯，保护未成年人，2009年2月28日第十一届全国人民代表大会常务委员会第七次会议通过的《刑法修正案（七）》增加了本条规定。

根据本条规定，构成本罪必须具备以下两个条件：第一，本罪的犯罪主体是一般主体。凡达到刑法规定的刑事责任年龄的自然人均可构成本罪的主体。组织未成年人进行违法活动的人，是本罪的主体。这里的"组织"，一般是指采取引诱、欺骗、威胁或者说服等办法，以包吃包住或发给一定的报酬等名义，纠集未成年人或将未成年人笼络、控制在自己手下，指令或要求未成年人实施盗窃、诈骗、抢夺、敲诈勒索等违法行为。根据未成年人保护法的规定，本条所说的"未成年人"，是指未满十八周岁的公民。既包括普通的未成年人，也包括身心残疾的未成年人。第二，组织者必须实施了组织未成年人实施盗窃、诈骗、抢夺、敲诈勒索等违反治安管理的行为。这里的"盗窃"，是指以非法占有为目的，秘密窃取公私财物的行为。"诈骗"，是指以非法占有为目的，用虚构事实或者隐瞒真相的方法，骗取公私财物的行为。"抢夺"，是指以非法占有为目的，公然夺取公私财物的行为。"敲诈勒索"，是指以非法占有为目的，对公私财物的所有人、保管人使用威胁或要挟的方法，索取公私财物的行为。上述所说的盗窃、诈骗、抢夺、敲诈勒索行为，是未成年人实施的，违反治安管理，不构成犯罪的行为。法律将组织未成年人实施上述四种违法行为，规定为行为犯，即实施了组织未成年人进行盗窃、诈骗、抢夺、敲诈勒索等违反治安管理活动的行为，就构成犯罪，不需要其他情节和要件。未成年人是否实施了盗窃、诈骗、抢夺、敲诈勒索等违反治安管理活动的行为，并不影响本罪的成立。

根据本条规定，组织未成年人实施盗窃、诈骗、抢夺、敲诈勒索等违反治安管理行为的，处三年以下有期徒刑或者拘役，并处罚金；情节严重的，处三年以上七年以下有期徒刑，并处罚金。"情节严重"，是指组织多人、残疾未成年人、多次组织未成年人进行违法活动、对未成年人采取暴力、威胁、虐待等手段，或者通过未成年人的违法行为，获利数额较大等情节。如果未成年人在未实施盗窃、诈骗、抢夺、敲诈勒索等违反治安管理活动的行为前，其组织行为被告发，也构成本罪，属于犯罪的预备，对于预备犯，应当按照刑法第二十二条的规定，可以比照既遂犯从轻、减轻处罚或者免除处罚。

对于未成年人实施的盗窃、诈骗、抢夺、敲诈勒索等违反治安管理的行为，应根据治安管理处罚法第四十九条的规定予以处罚，即处五日以上十日以下拘留，可以并处五百元以下罚款；情节较重的，处十日以上十五日以下拘留，可以并处一千元以下罚款。但是，根据治安管理处罚法第十二条规定，已满十四周岁不满十八周岁的人违反治安管理的，应当从轻或者减轻处罚；不满十四周岁的人违反治安管理的，不予处罚，但是应当责令其监护人严加管教。治安管理处罚法第二十一条还规定，已满十四周岁不满十六周岁或者已满十六周岁不满十八周岁，初次违反治安管理的，依照治安管理处罚法的规定，应当给予拘留处罚的，不执行行政拘留处罚。上述这些规定，都是从保护未成年人的角度，从宽处理，给予未成年人知错改错和悔过自新的机会。

【实践中需要注意的问题】

实践中应当注意区分盗窃、诈骗、抢夺、敲诈勒索罪与违反治安管理的盗窃、诈骗、抢夺、敲诈勒索行为。根据刑法第二百六十四条关于盗窃犯罪的规定、第二百六十六条关于诈骗犯罪的规定、第二百六十七条关于抢夺犯罪的规定和第二百七十四条关于敲诈勒索犯罪的规定，构成上述四种犯罪的必备条件是数额较大。由于这四种犯罪都属于财产型犯罪，所以法律规定以数额大小来区别罪与非罪的界限。盗窃罪是一种比较常见的犯罪，所以，法律同时规定"多次盗窃"的，也是构成犯罪的一个条件，也就是说，数额较大或多次盗窃，只要符合其中一个条件就可以构成盗窃罪，多次盗窃并不要求达到一定的数额，因为这种情况属于刑法理论中所说的惯犯或屡犯，从犯罪的恶性程度上讲是比较严重的。实践中不应将多次盗窃行为，作为违反治安管理的行为予以治安处罚，这样既放纵了罪犯，也不利于维护社会治安秩序。对于未成年人实施的盗窃、诈骗、抢夺、敲诈勒索等行为，构成犯罪的，对已满十六周岁的未成年人，应当分别依照刑法关于盗窃、诈骗、抢夺、敲诈勒索罪的有关规定从轻或者减轻处罚；对组织者应当分别以盗窃、诈骗、抢夺、敲诈勒索罪的共犯追究其刑事责任。

第五章 侵犯财产罪

> **第二百六十三条 【抢劫罪】**
> 以暴力、胁迫或者其他方法抢劫公私财物的，处三年以上十年以下有期徒刑，并处罚金；有下列情形之一的，处十年以上有期徒刑、无期徒刑或者死刑，并处罚金或者没收财产：
> （一）入户抢劫的；
> （二）在公共交通工具上抢劫的；
> （三）抢劫银行或者其他金融机构的；
> （四）多次抢劫或者抢劫数额巨大的；
> （五）抢劫致人重伤、死亡的；
> （六）冒充军警人员抢劫的；
> （七）持枪抢劫的；
> （八）抢劫军用物资或者抢险、救灾、救济物资的。

【条文精解】

本条是关于抢劫罪及其处罚的规定。

抢劫罪，是指以非法占有为目的，当场使用暴力、胁迫或者其他方法强行劫取公私财物的行为。根据本条规定，构成抢劫罪的显著特征是"以暴力、胁迫或者其他方法抢劫公私财物"。所谓"暴力"，是指犯罪人对财物的所有者、管理人员实施暴力侵袭或者其他强制力，包括捆绑、殴打、伤害直至杀害等使他人处于不能或者不敢反抗状态当即抢走财物的方法。所谓"胁迫"，是指当场使用暴力相威胁，对被害人实行精神强制，使其产生恐惧，不敢反抗，被迫当场交出财物或者不敢阻止而由行为人强行劫走财物。如果不是以暴力相威胁，而是对被害人以将要揭露隐私、毁坏财产等相威胁，则构成敲诈勒索罪，而不是抢劫罪。所谓"其他方法"，是指对被害人采取暴力、胁迫以外的使被害人处于不知反抗或者不能反抗的状态的方法。例如，用酒灌醉、用药物麻醉等方法使被害人处于暂时丧失知觉而不能反抗的状态，将财物当场掠走。在这里，必须是由于犯罪分子故意造成被害人处于不能反抗的状态，如果犯罪分子利用被害人睡熟或者醉酒不醒，趁机秘密取走数额较大的财物，则不构成本罪。行为人实施抢劫后，为灭口而故意杀人的，以抢劫罪和故意杀人罪定罪，实行数罪并罚。

构成本罪，必须具备以下几个条件：（1）行为人具有非法占有公私财物的目的，并且实施了非法占有或者意图非法占有的行为。（2）行为人对被害人当场使用暴力、胁迫或者其他方法。

暴力、胁迫或者其他方法，必须是犯罪分子当场使用，才能构成抢劫罪。如果犯罪分子没有使用暴力或者胁迫的方法就取得了财物，除刑法第二百六十七条规定的携带凶器抢夺的情形外，不能以抢劫罪论处。反之，如果犯罪分子事先只是准备盗窃或者抢夺，但在实施盗窃或者抢夺的过程中遭到反抗或者阻拦，于是当场使用暴力或者以暴力相威胁强取财物，其行为就由盗窃或者抢夺转化为抢劫了，应以抢劫罪定罪处罚。

为了有利于执法的统一、减少随意性、增加可操作性，本条具体列举了犯抢劫罪，应当判处十年以上有期徒刑、无期徒刑或者死刑的八种情形：（1）入户抢劫的。这里所说的"户"，是指公民私人住宅。入户抢劫，不仅严重侵犯公民的财产所有权，更为严重的是危及公民的人身安全。"入户抢劫"，是指为实施抢劫行为而进入他人生活的与外界相对隔离的住所，包括封闭的院落、牧民的帐篷、渔民作为家庭生活场所的渔船、为生活租用的房屋等进行抢劫的行为。对于入户盗窃，因被发现而当场使用暴力或者以暴力相威胁的行为，应当认定为入户抢劫。认定"入户抢劫"，要注重审查行为人"入户"的目的，将"入户抢劫"与"在户内抢劫"区别开来。以侵害户内人员的人身、财产为目的，入户后实施抢劫，包括入户实施盗窃、诈骗等犯罪而转化为抢劫的，应当认定为"入户抢劫"。因访友办事等原因经户内人员允许入户后，临时起意实施抢劫，或者临时起意实施盗窃、诈骗等犯罪而转化为抢劫的，不应认定为"入户抢劫"。（2）在公共交通工具上抢劫的。"在公共交通工具上抢劫"，既包括在处于运营状态的公共交通工具上对旅客及司机、售票员、乘务人员实施抢劫，也包括拦截运营途中的公共交通工具对旅客及司机、售票员、乘务人员实施抢劫，但不包括在未运营的公共交通工具上针对司机、售票员、乘务人员实施抢。以暴力、胁迫或者麻醉等手段对公共交通工具上的特定人员实施抢劫的，一般应认定为"在公共交通工具上抢劫"。（3）抢劫银行或者其他金融机构的，是指抢劫银行或者其他金融机构的经营资金、有价证券和客户的资金等。抢劫正在使用中的银行或者其他金融机构的运钞车的,视为"抢劫银行或者其他金融机构"。(4)多次抢劫或者抢劫数额巨大的。"多次抢劫",是指抢劫三次以上。对于抢劫数额巨大的认定标准,根据最高人民法院《关于审理抢劫刑事案件适用法律若干问题的指导意见》规定,参照各地确定的盗窃罪数额巨大的认定标准执行。抢劫数额以实际抢劫到的财物数额为依据。抢劫信用卡后使用、消费的,以行为人实际使用、消费的数额为抢劫数额。(5)抢劫致人重伤、死亡的。这里所说的"抢劫致人重伤、死亡",是指为抢劫公私财物而实施的暴力行为或其他方法,导致被害人重伤或者死亡的情形。如行为人为劫取财物而故意杀人,或者在劫取财物过程中,为制服被害人反抗而故意杀人的,一般以抢劫罪定罪处罚。但是行为人已经完成抢劫后,又为灭口或其他原因而故意杀人的,则应以抢劫罪和故意杀人罪定罪,实行数罪并罚。(6)冒充军警人员抢劫的。"军警",是指军人和警察。军人,是指中国人民解放军、中国人民武装警察部队的现役军官(警官)、文职人员、士兵及具有军籍的学员。警察,是指我国武装性质的国家治安行政力量,包括公安机关、国家安全机关、监狱的人民警察和人民法院、人民检察院的司法警察。根据最高人民法院《关于审理抢劫刑事案件适用法律若干问题的指导意见》规定,在判断是否足以使他人误以为是军警人员时,要注重对行为人是否穿着军警制服、携带枪支、是否出示军警证件等情节进行综合审查,判断是否足以使他人误以为是军警人员。对于行为人仅穿着类似军警的服装或仅以言语宣称系军警人员但未携带枪支、也未出示军警证件而实施抢劫的,要结合抢劫地点、时间、暴力或威胁的具体情形,依照常人判断标准,确定是否认定为"冒充军警人员抢劫"。军警人员利用自身的真实身份实施抢劫的,不认定为"冒充军警人员抢劫",应依法从重处罚。(7)持枪抢劫的。"持枪抢劫",是指行为人使用枪支或者向被害人显示持有、佩带的枪支进行抢劫的行为。"枪支"的概念和范围,适用枪支管理法的规定。(8)抢劫军用物资或者抢险、救灾、救济物资的。"军用物资",是指除枪支、弹药、爆炸物以外的其他军事用品。抢劫枪支、弹药、爆炸物,构成刑法第一百二十七条第二款规定的抢劫枪支、弹药、爆炸物罪。"抢险、救灾、救济物资",是指抢险、救灾、救济用途已经明确的物资,包括正处于保管、运输或者使用当中的。

根据本条规定,犯抢劫罪的,处三年以上十年以下有期徒刑,并处罚金;入户抢劫的,在公共交通工具上抢劫的,抢劫银行或者其他金融机构的,多次抢劫或者抢劫数额巨大的,抢劫致人重伤、死亡的,冒充军警人员抢劫的,持枪抢劫的,抢劫军用物资或者抢险、救灾、救济物资的,处十年以上有期徒刑、无期徒刑或者死刑，并处罚金或者没收财产。对于本条规定的八种法定加重情节的刑罚适用，应当根据抢劫情节严重程度、抢劫次数、数额、致人伤害后果等因素，结合行为人主观恶性及社会危害性，确定应当适用的刑罚。根据最高人民法院《关于审理抢劫刑事案件适用法律若干问题的指导意见》规定，具有下列情形之一的，可以判处无期徒刑以上刑罚：（1）抢劫致三人以上重伤，或者致人重伤造成严重残疾的；（2）在抢劫过程中故意杀害他人，或者故意伤害他人，致人死亡的；（3）具有除"抢劫致人重伤、死亡"外的两种以上加重处罚情节，或者抢劫次数特别多、抢劫数额特别巨大的。判处无期徒刑以上刑罚的，一般应并处没收财产。

【实践中需要注意的问题】

1. 在公共交通工具上抢劫的认定。随着科技进步和社会发展，共享出行方式越来越受欢迎，近几年"网约车抢劫案"较为频发，引起了公众对"网约车是否属于公共交通工具、是否适用抢劫罪加重情节"的探讨。

抢劫罪区别于其他侵犯财产罪的最大不同就是行为的暴力性，即对他人人身安全的危害较大。之所以将"在公共交通工具上抢劫"规定为抢劫罪的加重情节，适用更严重的刑罚，就是考虑到公共交通工具的"公共性"，更确切地说，是行为人在公共交通工具上实施抢劫，无论是针对特定人还是针对不特定多数人，其行为都为全部不特定多数人的人身、财产带来了现实危险，社会危险性大，且极易危害到公共安全。

司法实践中，司法机关对"公共交通工具"的认定一直较为明确。根据2000年11月28日实施的最高人民法院《关于审理抢劫案件具体应用法律若干问题的解释》第二条和2005年6月8日实施的最高人民法院《关于审理抢劫、抢夺刑事案件适用法律若干问题的意见》第二条关于"在公共交通工具上抢劫"的认定的规定，在小型出租车上抢劫的，不属于在公共交通工具上抢劫。2016年1月6日发布实施最高人民法院《关于审理抢劫刑事案件适用法律若干问题的指导意见》，进一步明确"公共交通工具"不含小型出租车。而接送职工的单位班车、接送师生的校车等大、中型交通工具，可视为公共交通工具。

因此，无论是立法本意还是司法实践中，小型出租车或者以小轿车为载体的网约车都不适用本条规定的"在公共交通工具上抢劫的"加重情节，这是符合刑法罪责刑相适应的原则和司法实践需要的。

2. 抢劫罪的死刑适用。作为侵犯财产罪一章中唯一保留死刑的罪名（条文适用则体现在本条和第二百六十九条规定的转化型抢劫罪），正确适用死刑是十分重要的。根据我国目前"保留死刑，严格控制和慎重适用死刑"的刑事政策，应当以最严格的标准和最审慎的态度，确保抢劫罪的死刑只适用于极少数罪行极其严重的犯罪分子。

虽然根据本法规定，抢劫罪的八种加重情节均可以适用死刑，但是在司法实践中一般还是应当造成重伤或者死亡等严重人身伤亡的，才有判处死刑的可能。即使因抢劫致人重伤或者死亡的，也要从行为人犯罪的动机、预谋、实行行为等方面分析其主观恶性的大小，从有无前科、认罪悔罪情况等方面判断其人身危险程度，要审查行为人是否有法定从宽情节，并且综合犯罪情节和造成的严重后果后，才能判处死刑。不能不加区别，仅以出现一名或数名被害人死亡的后果，一律判处死刑立即执行。

第二百六十四条 【盗窃罪】

> 盗窃公私财物，数额较大的，或者多次盗窃、入户盗窃、携带凶器盗窃、扒窃的，处三年以下有期徒刑、拘役或者管制，并处或者单处罚金；数额巨大或者有其他严重情节的，处三年以上十年以下有期徒刑，并处罚金；数额特别巨大或者有其他特别严重情节的，处十年以上有期徒刑或者无期徒刑，并处罚金或者没收财产。

【条文精解】

本条是关于盗窃罪及其处罚的规定。

本条规定的"盗窃"，是指以非法占有为目的，秘密窃取公私财物的行为。本罪的主体是一般犯罪主体。构成盗窃罪必须具备以下条件：一是行为人具有非法占有公私财物的目的。二是行为人实施了秘密窃取公私财物的行为。秘密窃取，是指采用不易被财物所有人、保管人或者其他人发现的方法，将公私财物占为己有的行为。如溜门撬锁、挖洞跳墙、潜入他人室内、掏兜割包、利用网络技术窃取等。秘密窃取是盗窃罪的重要特征，也是区别其他侵犯财产罪的主要标志。盗窃的公私财物，既包括有形的货币、金银首饰等财物，也包括电力、煤气、天然气等无形的财产。盗窃毒品等违禁品的，也应当按照盗窃罪处理，根据情节轻重量刑。三是盗窃的公私财物数额较大的，或者多次盗窃、入户盗窃、携带凶器盗窃、扒窃的。"数额较大"，是盗窃行为构成犯罪的基本要件。如果盗窃的财物数额较小，一般应当依照治安管理处罚法的规定予以处罚，不需要动用刑罚。但对于一些特定的盗窃行为，只要实施了该盗窃行为，即使达不到数额较大的条件，因该行为本身的社会危害性，本条也规定其构成犯罪。这些行为包括：(1) 多次盗窃。盗窃犯罪具有常习性，且犯罪分子又具有一定的反侦查能力，一经抓获，往往只能认定现场查获的数额，而对其以往数额的交待也难以查证。将多次盗窃规定为犯罪正是针对盗窃犯罪的这一特点。根据2013年最高人民法院、最高人民检察院《关于办理盗窃刑事案件适用法律若干问题的解释》第三条规定，对于二年内盗窃三次以上的，应当认定为"多次盗窃"，以盗窃罪定罪处罚。(2) 入户盗窃。入户盗窃不仅侵犯了公民的财产，还侵犯了公民的住宅，并对公民的人身安全形成严重威胁，应当予以严厉打击。这里所说的"户"，是指公民日常生活的住所，包括用于生活的与外界相对隔离的封闭的院落、牧民的帐篷、渔民生活的渔船等，不包括办公场所。根据上述关于办理盗窃案件的解释，非法进入供他人家庭生活，与外界相对隔离的住所盗窃的，应当认定为"入户盗窃"。(3) 携带凶器盗窃。行为人携带凶器盗窃，往往有恃无恐，一旦被发现或者被抓捕时，则使用凶器进行反抗。这种行为以暴力为后盾，不仅侵犯他人的财产，而且对他人的人身形成严重威胁，应当予以刑事处罚。"凶器"是指枪支、爆炸物、管制刀具等可用于实施暴力的器具。根据上述关于办理盗窃案件的解释，携带枪支、爆炸物、管制刀具等国家禁止个人携带的器械盗窃，或者为了实施违法犯罪携带其他足以危害他人人身安全的器械盗窃的，应当认定为"携带凶器盗窃"。需要明确的是，本条规定的构成盗窃罪的"携带凶器盗窃"，是指行为人携带凶器进行盗窃而未使用的情况，如果行为人在携带凶器盗窃时，为窝藏赃物、抗拒抓捕或者毁灭罪证而当场使用凶器施暴或者威胁的，根据本法第二百六十九条的规定，应当以抢劫罪定罪处罚。(4) 扒窃。"扒窃"是指在公共场所或者公共交通工具上窃取他人随身携带的财物。扒窃行为往往采取掏兜、割包等手法，严重侵犯公民财产和人身安全，扰乱公共场所秩序。且技术性强，多为屡抓屡放的惯犯，应当予以严厉打击。《刑法修正案（八）》将入户盗窃、携带凶器盗窃和扒窃增加规定为犯罪，体现了刑法对人民群众人身财产安全的切实关注和严格保护，为打击盗窃犯罪提供了更有力的法律武器。

本条对盗窃罪量刑档次的划分采取了数额加情节的标准。根据本条规定，对盗窃公私财物，数额较大的，或者多次盗窃、入户盗窃、携带凶器盗窃、扒窃的，处三年以下有期徒刑、拘役或者管制，并处或者单处罚金；数额巨大或者有其他严重情节的，处三年以上十年以下有期徒刑，并处罚金；

数额特别巨大或者有其他特别严重情节的，处十年以上有期徒刑或者无期徒刑，并处罚金或者没收财产。关于盗窃数额的具体认定，最高人民法院、最高人民检察院《关于办理盗窃刑事案件适用法律若干问题的解释》第一条第一款规定："盗窃公私财物价值一千元至三千元以上、三万元至十万元以上、三十万元至五十万元以上的，应当分别认定为刑法第二百六十四条规定的'数额较大'、'数额巨大'、'数额特别巨大'。"上述司法解释第一条第二、第三款、第四款同时规定："各省、自治区、直辖市高级人民法院、人民检察院可以根据本地区经济发展状况，并考虑社会治安状况，在前款规定的数额幅度内，确定本地区执行的具体数额标准，报最高人民法院、最高人民检察院批准。在跨地区运行的公共交通工具上盗窃，盗窃地点无法查证的，盗窃数额是否达到'数额较大'、'数额巨大'、'数额特别巨大'，应当根据受理案件所在地省、自治区、直辖市高级人民法院、人民检察院确定的有关数额标准认定。盗窃毒品等违禁品，应当按照盗窃罪处理的，根据情节轻重量刑。"关于盗窃文物的具体认定，最高人民法院、最高人民检察院《关于办理妨害文物管理等刑事案件适用法律若干问题的解释》第二条规定："盗窃一般文物、三级文物、二级以上文物的，应当分别认定为刑法第二百六十四条规定的'数额较大''数额巨大''数额特别巨大'。盗窃文物，无法确定文物等级，或者按照文物等级定罪量刑明显过轻或者过重的，按照盗窃的文物价值定罪量刑。"

关于"其他严重情节"和"其他特别严重情节"的具体认定，最高人民法院、最高人民检察院《关于办理盗窃刑事案件适用法律若干问题的解释》规定，盗窃公私财物，具有下列情形之一，或者入户盗窃、携带凶器盗窃，数额达到"数额巨大""数额特别巨大"百分之五十的，可以分别认定为刑法第二百六十四条规定的"其他严重情节"或者"其他特别严重情节"：（1）组织、控制未成年人盗窃的；（2）自然灾害、事故灾害、社会安全事件等突发事件期间，在事件发生地盗窃的；（3）盗窃残疾人、孤寡老人、丧失劳动能力人的财物的；（4）在医院盗窃病人或者其亲友财物的；（5）盗窃救灾、抢险、防汛、优抚、扶贫、移民、救济款物的；（6）因盗窃造成严重后果的。

【实践中需要注意的问题】

1. 正确处理罪与非罪的问题。盗窃行为作为传统型违法犯罪活动，发生原因多样，不同行为之间的社会危险性差异较大。从社会治理的角度来讲，一般的小偷小摸或者情节轻微的偶犯、初犯，可不作犯罪处罚。治安管理处罚法第四十九条关于行为人盗窃最高可处十五日行政拘留、可以并处罚款的规定，为惩治盗窃行为提供了行政处罚路径。根据最高人民法院、最高人民检察院《关于办理盗窃刑事案件适用法律若干问题的解释》第七条规定，盗窃公私财物数额较大，行为人认罪、悔罪，退赃、退赔，且具有下列情形之一，情节轻微的，可以不起诉或者免予刑事处罚；必要时，由有关部门予以行政处罚：（1）具有法定从宽处罚情节的；（2）没有参与分赃或者获赃较少且不是主犯的；（3）被害人谅解的；（4）其他情节轻微、危害不大的。此外，第八条规定，对于偷拿家庭成员或者近亲属的财物，获得谅解的，一般可以不认为是犯罪；需要追究刑事责任的，应当酌情从宽。

2. 本罪与其他关联行为的定罪处罚。偷开他人机动车的，按照下列规定处理：（1）偷开机动车，导致车辆丢失的，以盗窃罪定罪处罚；（2）为盗窃其他财物，偷开机动车作为犯罪工具使用后非法占有车辆，或者将车辆遗弃导致丢失的，被盗车辆的价值计入盗窃数额；（3）为实施其他犯罪，偷开机动车作为犯罪工具使用后非法占有车辆，或者将车辆遗弃导致丢失的，以盗窃罪和其他犯罪数罪并罚；将车辆送回未造成丢失的，按照其所实施的其他犯罪从重处罚。盗窃公私财物并造成财物损毁的，按照下列规定处理：（1）采用破坏性手段盗窃公私财物，造成其他财物损毁的，以盗窃罪从重处罚；同时构成盗窃罪和其他犯罪的，择一重罪从重处罚；（2）实施盗窃犯罪后，为掩盖罪行或者报复等，故意毁坏其他财物构成犯罪的，以盗窃罪和构成的其他犯罪数罪并罚；（3）盗窃行为未构成犯罪，但损毁财物构成其他犯罪的，以其他犯罪定罪处罚。

第二百六十五条 【盗接通信线路、复制电信号码的处罚】

以牟利为目的，盗接他人通信线路、复制他人电信码号或者明知是盗接、复制的电信设备、设施而使用的，依照本法第二百六十四条的规定定罪处罚。

【条文精解】

本条是关于盗接他人通信线路、复制他人电信码号以及明知而使用行为的定罪处罚规定。

本条对盗用电信码号、非法并机的犯罪行为作了专门规定。这里所说的"盗接"，是指以牟利为目的，未经权利人的许可，采取秘密的方法连接他人的通信线路，无偿使用或者转给他人使用，从而给权利人造成较大损失的行为。"复制他人电信码号",主要是指以牟利为目的,取得他人的电信码号后,非法加以复制,无偿使用或者非法出租、出借、转让的行为。这里所说的"电信码号"是广义的,包括电话磁卡、长途电话帐号和移动通信码号,如移动电话的出厂号码、电话号码、用户密码。"电信设备、设施"主要是指交换机、电话机、通信线路等。盗窃罪的对象为公私财物,本条犯罪行为针对的对象实质上是一种财产性权益,将这种财产性利益规定为盗窃罪的犯罪对象,是立法上的一种突破。

构成本罪,必须符合以下三个条件:(1)行为人主观上必须以牟利为目的,这种牟利是广义的,包括出租、出卖获取利润等行为,也包括无偿使用节省支出等谋取非法经济利益的行为。对于不具有牟利目的的行为,不适用本条。例如,为获取他人通信秘密而盗接他人通信线路、复制他人电信码号;违反规定,个人自行复制并使用移动电话等。(2)行为人必须具有盗接他人通信线路、复制他人电信码号或者明知是盗接、盗窃复制的电信设备、设施而使用的行为之一,才可能构成本罪,如果行为人不知道自己使用的通信设备是盗接或者盗窃复制的,不构成犯罪。(3)盗用他人长途电话帐号、移动电话码号造成的经济损失,必须达到数额较大,才能构成本罪。根据2013年最高人民法院、最高人民检察院《关于办理盗窃刑事案件适用法律若干问题的解释》第四条第一款第五项和第四项规定,盗接他人通信线路、复制他人电信码号出售的,按照销赃数额认定盗窃数额;明知是盗接他人通信线路、复制他人电信码号的电信设备、设施而使用的,按照合法用户为其支付的费用认定盗窃数额;无法直接确认的,以合法用户的电信设备、设施被盗接、复制后的月缴费额减去被盗接、复制前六个月的月均电话费推算盗窃数额;合法用户使用电信设备、设施不足六个月的,按照实际使用的月均电话费推算盗窃数额。

根据本条规定,以牟利为目的盗接他人通信线路、复制他人电信码号或者明知是盗接、复制的电信设备、设施而使用的,处三年以下有期徒刑、拘役或者管制,并处或者单处罚金;数额巨大或者有其他严重情节的,处三年以上十年以下有期徒刑,并处罚金;数额特别巨大或者有其他特别严重情节的,处十年以上有期徒刑或者无期徒刑,并处罚金或者没收财产。

第二百六十六条 【诈骗罪】

诈骗公私财物，数额较大的，处三年以下有期徒刑、拘役或者管制，并处或者单处罚金；数额巨大或者有其他严重情节的，处三年以上十年以下有期徒刑，并处罚金；数额特别巨大或者有其他特别严重情节的，处十年以上有期徒刑或者无期徒刑，并处罚金或者没收财产。本法另有规定的，依照规定。

【条文精解】

本条是关于诈骗罪及其处罚的规定。

诈骗，主要是指以非法占有为目的，用虚构事实或者隐瞒真相的方法，骗取公私财物的行为。

诈骗罪具有以下特征：（1）行为人主观上是出于故意，并且具有非法占有公私财物的目的。（2）行为人实施了欺诈行为，包括虚构事实或者隐瞒真相，并且这种欺诈行为使得被害人陷入错误认识，从而作出财产处置。至于诈骗的财物是归自己挥霍享用，还是转归第三人，不影响本罪的成立。（3）诈骗公私财物数额较大才能构成犯罪。诈骗罪并不限于骗取实体财物，还包括骗取无形物与财产性利益。

根据本条规定，诈骗公私财物，数额较大的，处三年以下有期徒刑、拘役或者管制，并处或者单处罚金；数额巨大或者有其他严重情节的，处三年以上十年以下有期徒刑，并处罚金；数额特别巨大或者有其他特别严重情节的，处十年以上有期徒刑或者无期徒刑，并处罚金或者没收财产。在司法实践中，根据2011年4月8日起施行的最高人民法院、最高人民检察院《关于办理诈骗刑事案件具体应用法律若干问题的解释》第一条规定，诈骗公私财物价值三千元至一万元以上、三万元至十万元以上、五十万元以上的，应当分别认定为刑法第二百六十六条规定的"数额较大""数额巨大""数额特别巨大"。但是各省、自治区、直辖市高级人民法院、人民检察院可以结合本地区经济社会发展状况，在前款规定的数额幅度内，共同研究确定本地区执行的具体数额标准，报最高人民法院、最高人民检察院备案。同时，该司法解释还规定了诈骗罪的从重情节，规定达到数额标准且具有下列情形之一的，可以酌情从严惩处：（1）通过发送短信、拨打电话或者利用互联网、广播电视、报刊杂志等发布虚假信息，对不特定多数人实施诈骗的；（2）诈骗救灾、抢险、防汛、优抚、扶贫、移民、救济、医疗款物的；（3）以赈灾募捐名义实施诈骗的;(4)诈骗残疾人、老年人或者丧失劳动能力人的财物的;(5)造成被害人自杀、精神失常或者其他严重后果的。

近年来,利用通讯工具、互联网等技术手段实施的电信网络诈骗犯罪活动持续高发,侵犯公民个人信息,扰乱无线电通讯管理秩序,掩饰、隐瞒犯罪所得、犯罪所得收益等上下游关联犯罪不断蔓延。此类犯罪严重侵害人民群众财产安全和其他合法权益,严重干扰电信网络秩序,严重破坏社会诚信,严重影响人民群众安全感和社会和谐稳定,社会危害性大,人民群众反映强烈。2016年12月20日实施的最高人民法院、最高人民检察院、公安部《关于办理电信网络诈骗等刑事案件适用法律若干问题的意见》对电信网络诈骗的认定、处罚标准以及关联犯罪的适用问题作了详细规定。根据该解释,实施电信网络诈骗犯罪,达到相应数额标准,具有下列情形之一的,酌情从重处罚:(1)造成被害人或其近亲属自杀、死亡或者精神失常等严重后果的;(2)冒充司法机关等国家机关工作人员实施诈骗的;(3)组织、指挥电信网络诈骗犯罪团伙的;(4)在境外实施电信网络诈骗的;(5)曾因电信网络诈骗犯罪受过刑事处罚或者二年内曾因电信网络诈骗受过行政处罚的;(6)诈骗残疾人、老年人、未成年人、在校学生、丧失劳动能力人的财物,或者诈骗重病患者及其亲属财物的;(7)诈骗救灾、抢险、防汛、优抚、扶贫、移民、救济、医疗等款物的;(8)以赈灾、募捐等社会公益、慈善名义实施诈骗的;(9)利用电话追呼系统等技术手段严重干扰公安机关等部门工作的;(10)利用"钓鱼网站"链接、"木马"程序链接、网络渗透等隐蔽技术手段实施诈骗的。该解释还规定,对实施电信网络诈骗犯罪的被告人,应当严格控制适用缓刑的范围和条件,并更加注重依法适用财产刑,加大经济上的惩罚力度,最大限度剥夺被告人再犯的能力。

本条所说的"本法另有规定的",是指本法对某些特定的诈骗犯罪专门作了具体规定,如第三章第五节规定的金融诈骗犯罪、骗取出口退税罪、合同诈骗罪等,对这些诈骗犯罪一般应当适用这些专门的规定,不适用本条。

需要特别说明的是,全国人大常委会于2014年4月24日通过的《关于〈中华人民共和国刑法〉第二百六十六条的解释》,对以欺诈、伪造证明材料或者其他手段骗取养老、医疗、工伤、失业、生育等社会保险金或者其他社会保障待遇的,明确适用本条规定。全国人大常委会作出这一立法解释的背景是:近年来,骗取养老、医疗、工伤、失业、生育等社会保险金或者其他社会保险待遇的情况时有发生,有的地方甚至出现有组织地骗取社会保险金或者其他社会保险待遇的行为。司法实践中对于这类违法犯罪行为如何适用法律认识不一致,有的按诈骗罪追究刑事责任,有的给予行政处分,有的在追回社会保险金或者待遇后不予处理。社会保险资金的安全,关系到全体人民福祉和社会的和谐稳定。社会保险法在法律责任一章中对以欺诈、伪造证明材料或者其他手段骗取社会保险金或其他社会保险待遇的行为规定了行政处罚的同时,规定构成犯罪的,依法追究刑事责任。全国人大常委会经研究认为,上述行为,从性质上讲,与刑法规定的诈骗公私财物的行为是相同的,具有较大的社会危害性,对于构成犯罪的,应当依法追究刑事责任。

【实践中需要注意的问题】

1. 实践中,要注意区分本罪与普通债务纠纷,尤其是民间借贷纠纷的界限。二者的根本区别在于后者不具有非法占有他人财物的目的,只是由于客观原因或者情况的变化,一时无法偿还;诈骗罪是以非法占有他人财物为目的,不是因为不能归还,而是根本不打算偿还。如果行为人并无非法占有公私财物目的的,即使借款时使用了一些欺骗方法,后期又一时无力偿还的,也不宜以诈骗罪处理。

2. 本罪与招摇撞骗罪的区别。虽然两者都使用了欺骗方法,后者也可能获得财产利益,但是招摇撞骗罪是以骗取各种非法利益为目的,冒充国家工作人员,进行招摇撞骗活动,是损害国家机关的威信、公共利益或者公民合法权益的行为,它所骗取的不仅包括财物,还包括工作、职务、地位、荣誉等,属于妨害社会管理秩序罪。当犯罪分子冒充国家工作人员骗取公私财物时,它就侵犯了财产权利,又损害了国家机关的威信和正常活动,一般应当从一重处罚。如果骗取财物数额不大,却严重损害了国家机关的威信,应按招摇撞骗罪论处;反之,则定为诈骗罪。

3. 本罪与盗窃罪的区别。诈骗罪与盗窃罪都属于侵犯财产犯罪,但二者区别巨大,因而一般情况下区分其两者之间的界限也较为容易。但是,随着互联网技术的发展和网络支付技术使用范围的日益扩大,传统侵财犯罪行为随之有了新的表现形式,网络支付方式下财产案件的定性标准也愈发模糊,比如实践中出现的网络支付方式下"偷换商家二维码"案件,诈骗行为与盗窃行为有所交叉,容易对案件定性有所争议,需要对诈骗罪与盗窃罪的区别予以进一步辨析。就盗窃罪而言,秘密窃取是盗窃罪的本质特征,偷拿、暗取是其典型的手段特征,行为人和被害人之间缺乏信息沟通、交流。与此相对,诈骗罪的基本特征是被害人在行为人的欺骗之下陷入错误认识,进而行使对财物或财产性利益的支配或控制的变更权,导致财产损失。行为人欺骗行为（包括作为和不作为）和被害人之间的信息交互是诈骗罪的核心要素。基于此，对上文提到的"偷换商家二维码"案中，行为人采取秘密手段偷换了商家的收款码，导致顾客所付钱款在商家和顾客都不知情的状况下直接进入行为人帐户的情形，缺乏诈骗罪所必需的有主观意识的财产处分行为，从构成要件上更符合盗窃罪的犯罪构成。

第二百六十七条 【抢夺罪】

抢夺公私财物，数额较大的，或者多次抢夺的，处三年以下有期徒刑、拘役或者管制，并处或者单处罚金；数额巨大或者有其他严重情节的，处三年以上十年以下有期徒刑，并处罚金；数额特别巨大或者有其他特别严重情节的，处十年以上有期徒刑或者无期徒刑，并处罚金或者没收财产。

携带凶器抢夺的，依照本法第二百六十三条的规定定罪处罚。

【条文精解】

本条是关于抢夺罪及其处罚和携带凶器抢夺如何定罪处罚的规定。

本条共分两款。第一款是关于抢夺罪的规定。抢夺，是指以非法占有为目的，公然夺取公私财物的行为。抢夺罪的主体是一般主体，具有以下特征：（1）行为人主观上具有非法占有公私财物的目的。（2）行为人客观上实施了夺取他人财物的行为，如趁本人不备夺取其财物等。抢夺罪以没有针对被害人人身使用暴力或者胁迫为前提，如果以针对人身使用暴力或者胁迫的方法夺取他人财物，应当以抢劫罪定罪处罚。（3）抢夺公私财物数额较大的，多次抢夺的，才构成犯罪，抢夺"数额巨大""数额特别巨大"或者有"其他严重情节""其他特别严重情节"的，要加重处罚。具体"数额较大""数额巨大""数额特别巨大"以及"有其他严重情节""有其他特别严重情节"的标准，有关司法解释进行了明确。根据 2013 年最高人民法院、最高人民检察院《关于办理抢夺刑事案件适用法律若干问题的解释》第一条规定，抢夺公私财物价值一千元至三千元以上、三万元至八万元以上、二十万元至四十万元以上的，应当分别认定为刑法第二百六十七条规定的"数额较大""数额巨大""数额特别巨大"。各省、自治区、直辖市高级人民法院、人民检察院可以根据本地区经济发展状况，并考虑社会治安状况，在前款规定的数额幅度内，确定本地区执行的具体数额标准，报最高人民法院、最高人民检察院批准。该解释同时对本条"其他严重情节"和"其他特别严重情节"作出了认定。抢夺公私财物,具有下列情形之一的,应当认定为刑法第二百六十七条规定的"其他严重情节":(1)导致他人重伤的;(2)导致他人自杀的;(3)具有本解释第二条第三项至第十项规定的情形之一,数额达到本解释第一条规定的"数额巨大"百分之五十的。抢夺公私财物,具有下列情形之一的,应当认定为刑法第二百六十七条规定的"其他特别严重情节":(1)导致他人死亡的;(2)具有本解释第二条第三项至第十项规定的情形之一,数额达到本解释第一条规定的"数额特别巨大"百分之五十的。而该解释第二条规定了特殊情形下降低入罪门槛的规定,即抢夺公私财物,具有下列情形之一的,"数额较大"的标准按照前条规定标准的百分之五十确定:(1)曾因抢劫、抢夺或者聚众哄抢受过刑事处罚的;(2)一年内曾因抢夺或者哄抢受过行政处罚的;(3)一年内抢夺三次以上的;(4)驾驶机动车、非机动车抢夺的;(5)组织、控制未成年人抢夺的;(6)抢夺老年人、未成年人、孕妇、携带婴幼儿的人、残疾人、丧失劳动能力人的财物的;(7)在医院抢夺病人或者其亲友财物的;(8)抢夺救灾、抢险、防汛、优抚、扶贫、移民、救济款物的;(9)自然灾害、事故灾害、社会安全事件等突发事件期间,在事件发生地抢夺的;(10)导致他人轻伤或者精神失常等严重后果的。

"多次抢夺"构成抢夺罪是《刑法修正案(九)》新增加的内容,具体如何认定可由司法机关根据案件具体情况掌握或者通过司法解释予以明确。

第一款对抢夺公私财物构成抢夺罪的规定了三档法定刑:第一档为数额较大的,或者多次抢夺的,处三年以下有期徒刑、拘役或者管制,并处或者单处罚金;第二档为数额巨大或者有其他严重情节的,处三年以上十年以下有期徒刑,并处罚金;第三档为数额特别巨大或者有其他特别严重情节的,处十年以上有期徒刑或者无期徒刑,并处罚金或者没收财产。其中"并处或者单处罚金"包括只判处罚金和既判处主刑又判处罚金两种情况,实践中由人民法院根据案件具体情况决定如何适用。

第二款是关于携带凶器进行抢夺按抢劫罪定罪处罚的规定。行为人携带凶器进行抢夺的,意图在于抢夺不成时加以使用,具有抢劫的心理准备。这种行为以暴力做后盾,不仅侵犯了他人的财产,而且对他人的人身也构成了严重威胁,危害程度较普通的抢夺行为大得多,具有抢劫罪的特征。为了更好地保护公民的人身权利、财产权利,本款规定,对携带凶器抢夺的,依照刑法第二百六十三条关于抢劫罪的规定定罪处罚。2005年6月8日发布的最高人民法院《关于审理抢劫、抢夺刑事案件适用法律若干问题的意见》对本条的"携带凶器抢夺"进行了具体界定,是指行为人随身携带枪支、爆炸物、管制刀具等国家禁止个人携带的器械进行抢夺或者为了实施犯罪而携带其他器械进行抢夺的行为。行为人随身携带国家禁止个人携带的器械以外的其他器械抢夺,但有证据证明该器械确实不是为了实施犯罪准备的,不以抢劫罪定罪。

【实践中需要注意的问题】

在司法实践中,要注意划清抢夺罪与抢劫罪的界限,二者的区别在于行为人在夺取财物的过程中是否对被害人采取暴力、胁迫或者其他强制方法。需要注意的是,如果行为人随身携带凶器并在"抢夺"时将凶器有意加以显示、能为被害人察觉,会使被害人产生恐惧感或者精神强制,不敢进行反抗,实质上是一种胁迫行为,应当直接适用刑法关于抢劫罪的规定定罪处罚。此外,根据最高人民法院、最高人民检察院《关于办理抢夺刑事案件适用法律若干问题的解释》第六条的规定,驾驶机动车、非机动车夺取他人财物,具有下列情形之一的,应当以抢劫罪定罪处罚:(1)夺取他人财物时因被害人不放手而强行夺取的;(2)驾驶车辆逼挤、撞击或者强行逼倒他人夺取财物的;(3)明知会致人伤亡仍然强行夺取并放任造成财物持有人轻伤以上后果的。

第二百六十八条 【聚众哄抢罪】

> 聚众哄抢公私财物,数额较大或者有其他严重情节的,对首要分子和积极参加的,处三年以下有期徒刑、拘役或者管制,并处罚金;数额巨大或者有其他特别严重情节的,处三年以上十年以下有期徒刑,并处罚金。

【条文精解】

本条是关于聚众哄抢罪及其处罚的规定。

聚众哄抢,主要是指聚集多人,公然夺取数额较大的公私财物的行为。聚众哄抢的行为不仅侵犯了国家、集体、公民个人的财产所有权,而且侵犯了社会正常的管理秩序。构成此罪,必须符合以下几个条件:(1)犯罪主体是聚众哄抢的首要分子和其他积极参加的人。这里的"首要分子",是指在聚众哄抢中起组织、策划、指挥作用的人。"积极参加的",是指主动参与哄抢,在哄抢中起主要作用以及哄抢财物多的人。考虑到这类犯罪带有聚众性、盲目性,其中多数的参与者是在不明真相的情况下参加的,或者是由于某种原因追随他人进行的,对这些参与者可以通过行政处罚和思想教育解决,一般不作为犯罪对待。(2)行为人客观方面表现为纠集多人,采取哄闹、滋扰或者其他手段,公然夺取数额较大的公私财物。纠集多人是行为的主要特征。(3)行为人主观方面是出于故意,具有非法占有公私财物的目的。

根据本条规定,聚众哄抢公私财物,数额较大或者有其他严重情节的,对首要分子和积极参加的,处三年以下有期徒刑、拘役或者管制,并处罚金;数额巨大或者有其他特别严重情节的,处三年以上十年以下有期徒刑,并处罚金。本条没有对"数额较大""数额巨大"以及"严重情节""特别严重情节"作出具体规定,实践中,可以由司法机关依据各地的具体情况作出具体的规定。一般情况下,参与人数众多、哄抢重要物资、社会影响大、哄抢次数多、造成公私财产损失较大、造成人员重伤或死亡的,均属于本条规定的"其他严重情节""其他特别严重情节"需要考虑的因素。

第二百六十九条 【转化型抢劫罪】

犯盗窃、诈骗、抢夺罪,为窝藏赃物、抗拒抓捕或者毁灭罪证而当场使用暴力或者以暴力相威胁的,依照本法第二百六十三条的规定定罪处罚。

【条文精解】

本条是关于转化型抢劫罪及其处罚的规定。

根据本条规定,犯盗窃、诈骗、抢夺罪后,因使用暴力或者以暴力相威胁转化为抢劫罪必须符合以下三个条件:

第一,转化为抢劫罪的前提条件是行为人构成"盗窃、诈骗、抢夺罪"。2005年最高人民法院《关于审理抢劫、抢夺刑事案件适用法律若干问题的意见》对实践中转化抢劫的认定规定,行为人实施盗窃、诈骗、抢夺行为未达到"数额较大",为窝藏赃物、抗拒抓捕或者毁灭罪证当场使用暴力或者以暴力相威胁,情节较轻、危害不大的,一般不以犯罪论处,但具有下列情节之一的,可以抢劫罪定罪处罚:(1)盗窃、诈骗、抢夺接近"数额较大"标准的;(2)入户或在公共交通工具上盗窃、诈骗、抢夺后在户外或交通工具外实施上述行为的;(3)使用暴力致人轻微伤以上后果的;(4)使用凶器或以凶器相威胁的;(5)具有其他严重情节的。

第二，必须具有"窝藏赃物、抗拒抓捕或者毁灭罪证"的目的。所谓"窝藏赃物"，是指转移、隐匿盗窃、诈骗、抢夺所得到的公私财物的行为。所谓"抗拒抓捕"，是指犯罪分子抗拒司法机关依法对其采取的拘留、逮捕等强制措施，以及在犯罪时或者犯罪后被及时发现，抗拒群众将其扭送到司法机关的行为。所谓"毁灭罪证"，是指犯罪分子为逃避罪责，湮灭作案现场遗留的痕迹、物品以及销毁可以证明其罪行的各种证据。

第三，必须具有"当场使用暴力或者以暴力相威胁"的行为。这里所谓的"当场"，一般是指实施盗窃、诈骗、抢夺犯罪行为的作案现场。如果犯罪分子在逃离现场时被人发现，在受到追捕或者围堵的情况下使用暴力的，也应视为当场使用暴力。如果犯罪分子作案时没有被及时发现，而是在其他时间、地点被发现，在抓捕过程中行凶拒捕或者在事后为掩盖罪行杀人灭口的，不适用本条规定，应依其行为所触犯的罪名定罪。所谓"使用暴力或者以暴力相威胁"，是指犯罪分子对他人故意实施撞击、殴打、伤害等危及人体健康和生命安全的行为或者以立即实施这些行为相威胁。对于以摆脱的方式逃脱抓捕，暴力强度较小，未造成轻伤以上后果的，可不认定为"使用暴力"，不以抢劫罪论处。

此外，关于两人以上共同实施盗窃、诈骗、抢夺犯罪，其中部分行为人为窝藏赃物、抗拒抓捕或者毁灭罪证而当场使用暴力或者以暴力相威胁的，对于其余行为人是否以抢劫罪共犯论处，2016年最高人民法院《关于审理抢劫刑事案件适用法律若干问题的指导意见》第三条提出，主要看其对实施暴力或者以暴力相威胁的行为人是否形成共同犯意、提供帮助。基于一定意思联络，对实施暴力或者以暴力相威胁的行为人提供帮助或实际成为帮凶的，可以抢劫共犯论处。根据本条规定，构成转化型抢劫罪的，处三年以上十年以下有期徒刑，并处罚金；入户抢劫的，在公共交通工具上抢劫的，抢劫银行或者其他金融机构的，多次抢劫或者抢劫数额巨大的，抢劫致人重伤、死亡的，冒充军警人员抢劫的，持枪抢劫的，抢劫军用物资或者抢险、救灾、救济物资的，处十年以上有期徒刑、无期徒刑或者死刑，并处罚金或者没收财产。需要说明的是，行为人"入户"或者"在公共交通工具上"盗窃、诈骗、抢夺后，为了窝藏赃物、抗拒抓捕或者毁灭罪证，在户内或者公共交通工具上当场使用暴力或者以暴力相威胁的，构成"入户抢劫"或者"在公共交通工具上抢劫"。按照抢劫罪的加重情节处罚。

第二百七十条 【侵占罪】

将代为保管的他人财物非法占为己有,数额较大,拒不退还的,处二年以下有期徒刑、拘役或者罚金;数额巨大或者有其他严重情节的,处二年以上五年以下有期徒刑,并处罚金。

将他人的遗忘物或者埋藏物非法占为己有,数额较大,拒不交出的,依照前款的规定处罚。

本条罪,告诉的才处理。

【条文精解】

本条是关于侵占罪及其处罚的规定。

本条共分三款。本条第一款是关于将代为保管的他人财物非法占为己有的犯罪的规定。构成本罪必须符合三个条件:(1)行为人因代为保管他人财物而将他人财物合法占有。这里所说的"保管",主要是指基于委托合同关系,或者是根据事实上的管理,以及因习惯或信任关系而拥有对他人财物的持有、管理的权利。这种保管必须是合法的,如果不是合法的保管,而是使用盗窃、抢夺、诈骗、敲诈勒索等手段占有他人财物,则构成别的犯罪。行为人合法占有他人的财物,是构成本罪的前提条件。(2)行为人主观上以非法占为己有为目的。如果行为人不是意图非法占为己有,而是由于对合同或者事实认识上的错误等而将其保管的他人财物占为己有,不能构成本罪。(3)行为人实施了将他人财物非法占为己有,拒不退还的行为,且非法占有的财物数额达到较大以上。构成本罪必须同时具备以上三个条件。

本条第二款是将他人的遗忘物或者埋藏物非法占为己有的犯罪的规定。构成本罪也必须符合三个条件:(1)行为人主观上必须是故意,且以非法占为己有为目的。(2)行为人实施了将他人的遗忘物或者埋藏物非法占为己有,数额较大,且拒不交出的行为。这里所说的"遗忘物",是指由于财产的所有人、占有人的疏忽,遗忘在某处的物品。在实践中,遗忘物和遗失物是有区别的,遗忘物一般是指被害人明确知道自己遗忘在某处的物品,而遗失物则是失主丢失的物品,对于拾得遗失物未交还失主的不得按本罪处理。"埋藏物",是指所有权不明的埋藏于地下的财物、物品。遗忘物的所有权属于遗忘该财物的公民个人或者单位。埋藏物的所有权,依法属于国家所有。(3)行为人所侵占的埋藏物或者他人的遗忘物必须达到数额较大,否则不能构成犯罪。至于具体数额多少才是"数额较大",由司法机关根据案件具体情况确定。

根据本条第一款规定，将代为保管的他人财物非法占为己有，数额较大，拒不退还的，以及将他人的遗忘物或者埋藏物非法占为己有，数额较大，拒不交出的，处二年以下有期徒刑、拘役或者罚金；数额巨大或者有其他严重情节的，处二年以上五年以下有期徒刑，并处罚金。

本条第三款规定，构成本罪，必须经过告诉才能处理。考虑到在这种犯罪行为中，有些行为人往往是基于一时的贪欲，临时产生犯意；代为保管他人财物，当事人之间往往是邻居、同事，甚至是朋友关系；拾得他人遗忘物、埋藏物，与故意占有他人财物性质也大不相同，如果事后能够协商解决，没有必要定罪处罚。因此，本条对侵占罪的构成条件予以严格的限制，并规定犯侵占罪属于告诉才处理。如果当事人本身没有告诉，不予以处理，即不告不理。根据这一规定，本罪属自诉案件。如果被害人不向人民法院起诉，就不会对行为人追究刑事责任。在被害人向人民法院起诉后，根据刑事诉讼法二百一十二条的规定，人民法院审理自诉案件，可以进行调解。自诉人在宣告判决前，也可以同被告人自行和解或者撤回自诉。根据这一规定，只要在判决宣告前，被告人与自诉人达成了调解协议或者和解协议，将占有的财物返还给自诉人，则可结束诉讼程序，不追究被告人的刑事责任。对于自诉案件，通过调解结案，或者双方当事人和解，既有利于减少当事人的讼累，提高诉讼效率，节约诉讼资源，又能防止矛盾激化，解决实际问题。但不论调解或和解，都应遵循双方当事人自愿原则，不得强制。

第二百七十一条 【职务侵占罪】

公司、企业或者其他单位的工作人员，利用职务上的便利，将本单位财物非法占为己有，数额较大的，处三年以下有期徒刑或者拘役，并处罚金；数额巨大的，处三年以上十年以下有期徒刑，并处罚金；数额特别巨大的，处十年以上有期徒刑或者无期徒刑，并处罚金。

国有公司、企业或者其他国有单位中从事公务的人员和国有公司、企业或者其他国有单位委派到非国有公司、企业以及其他单位从事公务的人员有前款行为的，依照本法第三百八十二条、第三百八十三条的规定定罪处罚。

【条文精解】

本条是关于职务侵占罪及其处罚的规定。

本条规定经历了以下几个阶段：

第一，1979年之后至1997年刑法修订前的立法情况。1979年刑法只规定了贪污罪，未规定职务侵占罪。1988年全国人民代表大会常务委员会《关于惩治贪污罪贿赂罪的补充规定》将贪污罪的犯罪主体规定为"国家工作人员、集体经济组织工作人员或者其他经手、管理公共财物的人员"。1993年12月第八届全国人民代表大会常务委员会第五次会议通过了公司法。在公司法执行过程中，有的公司董事、监事或者职工利用职务或者工作上的便利，侵占本公司财物，侵犯了公司的财产权利和公司股东的合法权益，破坏了社会主义市场经济的健康发展。为此，1995年2月28日第八届全国人民代表大会常务委员会第十二次会议通过的《关于惩治违反公司法的犯罪的决定》，对公司董事、监事或者职工侵占公司财物的行为作了规定，对刑法予以补充。该决定第十条规定："公司董事、监事或者职工利用职务或者工作上的便利，侵占本公司财物，数额较大的，处五年以下有期徒刑或者拘役；数额巨大的，处五年以上有期徒刑，可以并处没收财产。"第十四条规定："有限责任公司、股份有限公司以外的企业职工有本决定第九条、第十条、第十一条规定的犯罪行为的，适用本决定。"第十二条规定："国家工作人员犯本决定第九条、第十条、第十一条规定之罪的，依照《关于惩治贪污罪贿赂罪的补充规定》的规定处罚。"

第二，1997年修订刑法的情况。1997修订刑法时，一方面，随着社会主义市场经济的进一步发展和现代企业制度的逐步建立，对于企业工作人员利用职务便利侵占、挪用企业财产等损害企业利益的危害行为，愈发有必要作为犯罪加以规定，以加大对企业财产权益的刑事保护力度。另一方面，一些国有公司、企业的管理人员利用经手管理着国家财产的便利，侵吞企业财产的情况也比较突出，1997年刑法第九十三条对"以国家工作人员论"作出了规定。按此原则，国有公司、企业人员有贪污受贿、侵害公私财产行为的，应当依照刑法关于贪污贿赂、挪用公款罪追究。因此，1997年刑法第九十三条将1995年全国人民代表大会常务委员会《关于惩治违反公司法的犯罪的决定》第十条、第十二条、第十四条规定调整合并至本条，并作了进一步修改：一是完善第一款职务侵占罪的主体范围，规定为公司、企业或者其他单位的人员；二是将原决定第十二条的"国家工作人员"明确为"国有公司、企业、事业单位、人民团体中从事公务的人员和国家机关、国有公司、企业、事业单位委派到非国有公司、企业、事业单位、社会团体从事公务的人员，以及其他依照法律从事公务的人员"，作为本条第二款，明确该类人员适用刑法关于贪污罪的规定。职务侵占罪的确立，将非国家工作人员的公司、企业或者其他单位的人员侵占本单位财物的行为规定为犯罪，使我国的刑事立法更加趋于完善。

第三，2020年《刑法修正案（十一）》对本条作了修改。党的十八届四中全会提出，"健全以公平为核心原则的产权保护制度，加强对各种所有制经济组织和自然人财产权的保护，清理有违公平的法律法规条款"。加大非公有制经济刑法保护力度，是贯彻落实中央要求、完善产权保护法律制度的重要内容。随着我国社会主义市场经济的发展，近年来，围绕非公有制经济平等保护，一些全国人大代表、专家学者和有关方面提出对于国家工作人员与非国家工作人员的贪污贿赂、侵占挪用等腐败行为，应当统一罪名和入罪条件，实行同罪同罚。立法机关经研究认为，在市场经济中，法律应当平等保护公有制经济、非公有制经济等所有市场主体，按照中央要求不断完善法律规定。同时也要注意，落实平等保护的具体措施要有利于真正体现中央提出的"以公平为核心原则"的要求，不能简单将"平等保护"等同为"一模一样惩治"，而不考虑实际情况的差异。

一是根据现有法律规定，国家工作人员（包括以国家工作人员论的人员）实施某个行为，非国家工作人员实施相应行为的，有的情况下后罪的最高法定刑确实较前者轻。这是因为在刑法中，身份往往是影响定罪量刑的一个重要情节，因行为主体或者行为对象的身份不同，其承担的责任往往也有差异，与此相应，实际造成的危害后果会有轻重之别，因此，在定不定罪、定什么罪、量什么刑上可能会需要有所不同，关键看不同的身份是否影响到行为社会危害性的轻重，这样也符合权责一致和罪刑相适应的原则。

二是根据我国当前经济发展不平衡的实际情况，非公有制经济主体，在规模、组织形式、管理水平等方面差异较大。我国有大量的非公有制经济仍是个人企业、家族企业，企业产权不清晰、经营不规范、资产处置较为随意等问题较为普遍。刑法是国家公器，刑罚手段是把双刃剑，如作"一刀切"规定，公权力特别是刑事司法力量深度介入民营经济经营管理活动，是否符合当前我国非公有制经济发展的实际情况和特点，是否真正有利于保护民营经济，能否划清罪与非罪的界限等，都还需要慎重深入研究。

三是从当前我国非公有制经济保护的情况来看，在实践中确实还存在对国有企业与民营企业腐败案件不一视同仁，随意扩大查封、扣押、冻结财产范围，动辄抓人、封帐，忽视民营企业可持续发展等不良现象。这些执法司法方面的不平等对待，并不能够通过一味地提高法定刑来解决。

同时，随着近年来非公有制经济的快速发展，职务侵占的涉案数额也由几万元到上亿元不等，个别案件造成的社会影响较为恶劣，也确实存在加大打击侵害非公有制经济犯罪行为的需求。立法机关经研究认为，出于加大对非公有制经济刑法保护力度的考虑，可以适当调整法定刑尤其是最高法定刑的范围，同时增加罚金刑，作为经济犯罪的财产惩罚措施。

综上，《刑法修正案（十一）》对本条作了两处修改：一是调整了法定刑。将原条文的两档法定刑调整为"数额较大的，处三年以下有期徒刑或者拘役"；"数额巨大的，处三年以上十年以下有期徒刑"；"数额特别巨大的，处十年以上有期徒刑或者无期徒刑"三档法定刑。二是相应调整了罚金刑，对三档法定刑的财产刑均修改为"并处罚金"的规定。保留了原条文第二款以国家工作人员论的主体依法适用贪污罪的规定。

本条共分两款。第一款是关于公司、企业或者其他单位的工作人员利用职务便利侵占单位财物的规定。"侵占"，是指公司、企业或者其他单位的工作人员利用职务上的便利，侵吞、窃取、骗取或者以其他手段非法占有本单位的财物的行为。这里所规定的"公司"，是指依照公司法在中国境内设立的有限责任公司和股份有限公司。"企业"，是指进行企业登记从事经营活动的非以公司形式组成的经济实体，如厂矿、商店、宾馆饭店以及其他服务性企业等。"单位财物"，包括动产和不动产，不仅仅指单位所有的，还包括单位依法或者依约定而占有、管理、使用、运输中的财物。

构成本罪必须符合以下四个条件：（1）主体是公司、企业或者其他单位的工作人员。（2）行为人必须利用职务上的便利。"利用职务上的便利"，主要是指利用自己在职务上所具有的主管、管理或者经手本单位财物的便利条件，如公司的经理在一定范围内调配、处置单位财产的权力，企业的会计有管理财务的职责，出纳有经手、管理钱财的职责等。应当注意的是，利用职务上的便利，不是指利用与其职责无关，只因工作关系而熟悉作案环境、条件，或者凭工作人员身份便于出入某单位，较易接近作案目标或者对象等便利条件。例如，公司会计利用管帐机会，做假帐骗取公司财物；出纳利用管钱机会侵吞公司钱款，均属于职务侵占行为。而如果公司会计利用与出纳一起工作的机会，乘出纳不在将其所保管的钱柜中的现金取走占为己有的，则因为没有利用其会计职务的便利而不能构成职务侵占罪。（3）以非法占有为目的，实施了侵占行为。一般是指采用侵吞、窃取、骗取等各种手段将本单位财物占为己有，既包括将合法已持有的单位财物视为己物而加以处分、使用、变持有为所有等行为，又包括不占有单位财物但利用职务之便骗取、窃取、侵吞、私分单位财物的行为。（4）达到数额较大的标准。

本条第二款是关于国有公司、企业或者其他国有单位中从事公务的人员和国有公司、企业或者其他国有单位委派到非国有公司、企业以及其他单位从事公务的人员利用职务便利侵占单位财物的，应当如何处理的规定。刑法第九十三条第二款规定，国有公司、企业、事业单位、人民团体中从事公务的人员和国家机关、国有公司、企业、事业单位委派到非国有公司、企业、事业单位、社会团体从事公务的人员，以及其他依照法律从事公务的人员，以国家工作人员论。本款规定的人员，属于第九十三条第二款规定的以国家工作人员论的范围。根据本款规定，应当按照刑法第三百八十二条认定为贪污罪。根据第三百八十三条的规定："（一）贪污数额较大或者有其他较重情节的，处三年以下有期徒刑或者拘役，并处罚金；（二）贪污数额巨大或者有其他严重情节的，处三年以上十年以下有期徒刑，并处罚金或者没收财产；（三）贪污数额特别巨大或者有其他特别严重情节的，处十年以上有期徒刑或者无期徒刑，并处罚金或者没收财产；数额特别巨大，并使国家和人民利益遭受特别重大损失的，处无期徒刑或者死刑，并处没收财产。对多次贪污未经处理的，按照累计贪污数额处罚。犯第一款罪，在提起公诉前如实供述自己罪行、真诚悔罪、积极退赃，避免、减少损害结果的发生，有第一项规定情形的，可以从轻、减轻或者免除处罚；有第二项、第三项规定情形的，可以从轻处罚。犯第一款罪，有第三项规定情形被判处死刑缓期执行的，人民法院根据犯罪情节等情况可以同时决定在其死刑缓期执行二年期满依法减为无期徒刑后，终身监禁，不得减刑、假释。"

　　需要注意的是，只有符合刑法第九十三条第二款规定的人员才能以贪污罪论处。对于其他身份的人员，根据最高人民法院《关于在国有资本控股、参股的股份有限公司中从事管理工作的人员利用职务便利非法占有本公司财物如何定罪问题的批复》规定，在国有资本控股、参股的股份有限公司中从事管理工作的人员，除受国家机关、国有公司、企业、事业单位委派从事公务的以外，不属于国家工作人员。对其利用职务上的便利，将本单位财物非法占为己有，数额较大的，应当依照刑法第二百七十一条第一款的规定，以职务侵占罪定罪处罚。根据最高人民法院《关于村民小组组长利用职务便利非法占有公共财物行为如何定性问题的批复》规定，对村民小组组长利用职务上的便利，将村民小组集体财产非法占为己有，数额较大的，应当依照刑法第二百七十一条第一款的规定，以职务侵占罪定罪处罚。

【实践中需要注意的问题】

1.关于贪污罪和职务侵占罪案件中的共同犯罪问题。根据2000年最高人民法院《关于审理贪污、职务侵占案件如何认定共同犯罪几个问题的解释》规定:(1)行为人与国家工作人员勾结,利用国家工作人员的职务便利,共同侵吞、窃取、骗取或者以其他手段非法占有公共财物的,以贪污罪共犯论处。(2)行为人与公司、企业或者其他单位的人员勾结,利用公司、企业或者其他单位人员的职务便利,共同将该单位财物非法占为己有,数额较大的,以职务侵占罪共犯论处。(3)公司、企业或者其他单位中,不具有国家工作人员身份的人与国家工作人员勾结,分别利用各自的职务便利,共同将本单位财物非法占为己有的,按照主犯的犯罪性质定罪。

2.关于职务侵占罪与侵占罪的区别。职务侵占罪与侵占罪都以非法占有为目的,都侵犯了他人的财物所有权,二者最大的区别在于是否利用了职务之便。具体而言,二者存在以下几个方面的不同:(1)犯罪对象不同。职务侵占罪的犯罪对象是公司、企业或其他单位的财物。侵占罪的犯罪对象是"代为保管的他人财物"或"他人的遗忘物或埋藏物"。(2)客观行为表现不同。职务侵占罪在客观方面表现为行为人利用职务上的便利将本单位财物加以侵占,数额较大的行为。侵占罪在客观方面表现为行为人将代为保管的他人财物非法占为己有,数额较大,拒不退还或者将他人的遗忘物、埋藏物非法占为己有,数额较大,拒不交出的行为。进一步分析,职务侵占罪要求行为人必须利用了职务上的便利这一条件,而侵占罪的行为人则不要求这一点。另外,侵占罪的行为人只有在将代为保管的他人财物拒不退还或者将他人的遗忘物、埋藏物非法占为己有,拒不交出的情况下,才构成本罪。如果行为人在财物的所有人即他人告诉之前,已经退还或交出他人的财物,则不构成犯罪。而职务侵占罪,只要行为人实施了侵占本单位财物的行为,并达到数额较大,就构成了犯罪,对于退赃退赔,只能作为量刑情节予以考虑。(3)犯罪主体不同。职务侵占罪的犯罪主体是公司、企业或者其他单位的工作人员(但不包括公司、企业或其他单位中从事公务的国家工作人员);而侵占罪的犯罪主体则是一般主体。(4)侵占罪属于告诉才处理的犯罪,而职务侵占罪则无此规定。

第二百七十二条 【挪用资金罪】

公司、企业或者其他单位的工作人员，利用职务上的便利，挪用本单位资金归个人使用或者借贷给他人，数额较大、超过三个月未还的，或者虽未超过三个月，但数额较大、进行营利活动的，或者进行非法活动的，处三年以下有期徒刑或者拘役；挪用本单位资金数额巨大的，处三年以上七年以下有期徒刑；数额特别巨大的，处七年以上有期徒刑。

国有公司、企业或者其他国有单位中从事公务的人员和国有公司、企业或者其他国有单位委派到非国有公司、企业以及其他单位从事公务的人员有前款行为的，依照本法第三百八十四条的规定定罪处罚。

有第一款行为，在提起公诉前将挪用的资金退还的，可以从轻或者减轻处罚。其中，犯罪较轻的，可以减轻或者免除处罚。

【条文精解】

本条是关于挪用资金罪及其处罚的规定。

本条规定经历了以下几个阶段：第一，1997年刑法修订前的立法情况。1979年刑法未规定挪用资金罪。随着改革开放和社会主义市场经济体制的建立和发展，实践中也出现了一些公司、企业或者单位的工作人员非法挪用本单位资金的案件，我国对非国有财产的保护也日益重视。1993年12月第八届全国人大常委会第五次会议通过了公司法。在公司法执行过程中，有的公司董事、监事或者职工利用职务或者工作上的便利，侵占本公司财物，侵犯了公司的财产权利和公司股东的合法权益，破坏了社会主义市场经济的健康发展。为此，1995年2月28日第八届全国人民代表大会常务委员会第十二次会议通过的《关于惩治违反公司法的犯罪的决定》，对公司董事、监事或者职工侵占公司财物的行为作了规定，对刑法予以补充。该决定第十一条规定："公司董事、监事或者职工利用职务上的便利，挪用本单位资金归个人使用或者借贷给他人，数额较大、超过三个月未还的，或者虽未超过三个月，但数额较大、进行营利活动的，或者进行非法活动的，处三年以下有期徒刑或者拘役。挪用本单位资金数额较大不退还的，依照本决定第十条规定的侵占罪论处。"第十四条规定："有限责任公司、股份有限公司以外的企业职工有本决定第九条、第十条、第十一条规定的犯罪行为的，适用本决定。"第十二条规定："国家工作人员犯本决定第九条、第十条、第十一条规定之罪的，依照《关于惩治贪污罪贿赂罪的补充规定》的规定处罚。"

第二，1997年修订刑法的情况。一方面，随着社会主义市场经济的进一步发展和现代企业制度的逐步建立，对于实践中侵占、挪用企业财产等损害企业利益的危害行为，也愈发需要依法予以惩处。另一方面，国有公司、企业的管理人员，利用经手管理着国家财产的便利条件，非法挪用的情况也比较突出。因而，1997年刑法第九十三条对"以国家工作人员论"作出了规定，按此原则，国有公司、企业人员有挪用企业款项行为的，应当依照刑法关于挪用公款罪追究。因此，1997年刑法将1995年《关于惩治违反公司法的犯罪的决定》第十一条、第十二条、第十四条规定调整合并至本条，并作了进一步修改：一是完善了挪用资金罪的主体范围，修改为公司、企业或者其他单位的人员；二是在第二档法定刑中增加"挪用本单位资金数额巨大的"情形，并将第二档法定刑明确为"处三年以上十年以下有期徒刑"；三是将1995年《关于惩治违反公司法的犯罪的决定》第十二条的"国家工作人员"明确为"国有公司、企业或者其他国有单位中从事公务的人员和国有公司、企业或者其他国有单位委派到非国有公司、企业以及其他单位从事公务的人员"，作为第二款，明确该类人员适用刑法关于挪用公款罪的规定。

第三，2020年《刑法修正案（十一）》对本条作了第二次修改。党的十八届四中全会提出，"健全以公平为核心原则的产权保护制度，加强对各种所有制经济组织和自然人财产权的保护，清理有违公平的法律法规条款"。加大非公有制经济刑法保护力度，是贯彻落实中央要求、完善产权保护法律制度的重要内容。同时，随着近年来非公有制经济的快速发展，实践中挪用资金的涉案数额也由几万元到上亿元不等，一些案件涉案金额甚至影响到公司的正常运转，给企业造成特别严重的损失。为此，有必要加大打击对这类侵害非公有制经济犯罪的惩处力度。立法机关经研究认为，出于加大对非公有制经济刑法保护力度的考虑，可以适当调整法定刑，提高刑罚。同时，考虑到挪用行为的具体情况，为更有利于保护非公有制经济主体权益，保证资金追回，增加了退还从宽的规定。

综上，《刑法修正案（十一）》对本条作了三处修改：一是删除了第一款第二档法定刑中"或者数额较大不退还的"情形；二是调整了第一款法定刑，将第二档法定刑调整为"处三年以上七年以下有期徒刑"，增加一档法定刑为"数额特别巨大的，处七年以上有期徒刑"；三是增加一款作为第三款，"有第一款行为，在提起公诉前将挪用的资金退还的，可以从轻或者减轻处罚。其中，犯罪较轻的，可以减轻或者免除处罚"。

本条共分三款。第一款是关于公司、企业或者其他单位的工作人员，利用职务上的便利，挪用本单位资金的规定。根据本款规定，构成挪用资金罪，必须符合以下几个条件：第一，行为人必须是公司、企业或者其他单位的工作人员。国有公司、企业或者其他国有单位中从事公务的人员和国有公司、企业或者其他国有单位委派到非国有公司、企业以及其他单位的从事公务的人员不能构成本款规定的犯罪。对于上述人员挪用本单位资金的，应该按照第二款规定，即按照挪用公款罪定罪处罚。对于受国家机关、国有公司、企业、事业单位、人民团体委托，管理、经营国有财产的非国家工作人员，利用职务上的便利，挪用国有资金归个人使用的，根据2000年最高人民法院《关于对受委托管理、经营国有财产人员挪用国有资金行为如何定罪问题的批复》规定，应当依照本条第一款的规定定罪处罚。第二，行为人必须利用职务上的便利。"利用职务上的便利"，主要是指利用自己在职务上所具有的主管、管理或者经手本单位财物的便利条件。应当注意的是，利用与其职责无关，只因工作关系而熟悉作案环境、条件，或者凭工作人员身份便于出入某单位，较易接近作案目标或者对象等便利条件的，不属于利用职务上的便利。第三，行为人实施了挪用本单位资金的行为。"挪用"，是指利用职务上的便利，非法擅自动用单位资金归本人或他人使用，但准备日后退还。"本单位资金"，包括本单位所有的资金，也包括因为经营管理的需要，在本单位实际控制使用中的资金。如对于本单位在经济往来中暂收、预收、暂存其他单位或个人的款项、物品，或者对方支付的货款、交付的货物等，如接收人以单位名义履行接收手续的，所接收的财、物应视为该单位资产。

第一款对挪用本单位资金行为规定了以下几种情况：一是挪用本单位资金归个人使用或者借贷给他人，数额较大、超过三个月未还的。适用此种情况的前提是挪用本单位资金既不是进行非法活动，也不是进行营利活动，而是进行其他活动，如用于个人消费、家庭支出等。这里所说的"归个人使用"，根据2010年最高人民检察院、公安部《关于公安机关管辖的刑事案件立案追诉标准的规定（二）》第八十五条第二款规定，包括以下几种情形：（1）将本单位资金供本人、亲友或者其他自然人使用的；（2）以个人名义将本单位资金供其他单位使用的；（3）个人决定以单位名义将本单位资金供其他单位使用，谋取个人利益的。这里所说的"借贷给他人"，是指挪用人以个人名义将所挪用的资金借给其他自然人和单位。"超过三个月未还的"，是指挪用资金的时间自挪用行为发生之日已经超过三个月并且未归还。这里包括案发时尚未归还挪用款项并且时间已经超过三个月，还包括发案时已经归还、但归还时已经超过挪用时三个月两种情况。至于挪用公款超过三个月但在案发时已经归还的,可以作为一种犯罪情节加以考量。二是挪用本单位资金归个人使用或者借贷给他人,数额较大、进行营利活动的。"进行营利活动",是指用所挪用的资金进行经营或者其他获取利润的行为,至于其是否实际获得利益不影响本罪的成立。三是挪用本单位资金归个人使用或者借贷给他人,进行非法活动的。这里的"非法活动"是广义的,既包括一般的违法行为,如赌博、嫖娼,也包括犯罪行为,如走私、贩毒等。根据本款规定,挪用资金进行非法活动的,由于该行为本身就具有严重的社会危害性,所以刑法未对其在数额及挪用时间上明确加以限制。但这并不等于说只要挪用资金进行非法活动即构成犯罪,并可以完全不考虑数额。

根据第一款规定,公司、企业或者其他单位的工作人员,利用职务上的便利,挪用本单位资金归个人使用或者借贷给他人,数额较大、超过三个月未还的,或者虽未超过三个月,但数额较大、进行营利活动的,或者进行非法活动的,处三年以下有期徒刑或者拘役;挪用本单位资金数额巨大的,处三年以上七年以下有期徒刑;数额特别巨大的,处七年以上有期徒刑。

本条第二款规定的是国有公司、企业或者其他国有单位中从事公务的人员和国有公司、企业或者其他国有单位委派到非国有公司、企业以及其他单位从事公务的人员挪用本单位资金的,依照本法第三百八十四条的规定处罚,即依照关于挪用公款罪的规定定罪处罚。刑法第三百八十四条规定,国家工作人员利用职务上的便利,挪用公款归个人使用,进行非法活动的,或者挪用公款数额较大、进行营利活动的,或者挪用公款数额较大、超过三个月未还的,是挪用公款罪,处五年以下有期徒刑或者拘役;情节严重的,处五年以上有期徒刑。挪用公款数额巨大不退还的,处十年以上有期徒刑或者无期徒刑。挪用用于救灾、抢险、防汛、优抚、扶贫、移民、救济款物归个人使用的,从重处罚。

本条第三款是关于对挪用资金犯罪可以从宽处理的规定。对挪用资金犯罪从宽处理必须同时符合以下两个条件:一是在提起公诉前。"提起公诉"是人民检察院经全面审查,对事实清楚,证据确实充分,依法应当判处刑罚的,提交人民法院审判的诉讼活动。二是行为人必须将挪用的资金退还。这里的退还挪用资金,应当是退还全部的挪用资金。在同时具备以上前提的条件下,根据本款的规定,可以从轻或者减轻处罚。其中,犯罪较轻的,可以减轻或者免除处罚。当然,实践中也存在行为人因为经济状况等原因,积极退赔部分赃款,确实无力退还全部赃款的情况,对于这种退还部分挪用资金的,也可以根据上述规定的精神,结合案件的具体情况,行为人退赔金额对于减少损害结果的实际效果等，依法予以从宽处理，以体现罪责刑相适应。本款关于退还挪用资金的，予以从宽处理的规定，是针对挪用资金犯罪所作的特别规定，是考虑到实践中追赃工作的实际情况和更有利于保护涉案企业财产权益的需要，也与实践中司法机关对量刑情节的考虑和刑法总则中的从宽精神是一致的。

【实践中需要注意的问题】

1. 罪与非罪的界限。挪用本单位的资金，并非一经挪用即构成犯罪，只有情节严重、危害较大的挪用行为才构成犯罪，并依法追究刑事责任。对情节轻微危害不大的挪用行为，可以作为一般违法和违反公司财经纪律的行为，通过民事途径解决。如公司法第一百四十八条规定，董事、高级管理人员不得挪用公司资金，违反前款规定的，所得收入应当归公司所有。第一百四十九条、第一百五十二条规定，董事、监事、高级管理人员执行公司职务时违反法律、行政法规或者公司章程的规定，给公司造成损失的，应当承担赔偿责任；损害股东利益的，股东可以向人民法院提起诉讼。挪用本单位资金是否构成犯罪，主要应考虑以下两个方面：第一，挪用资金的数额。挪用资金的数额大小是衡量挪用资金行为社会危害程度的关键因素。按照本条规定，除行为人进行非法活动外，挪用本单位资金达到较大数额，是继续判断挪用行为是否构成犯罪的前提条件。至于挪用资金进行非法活动的情形，由于该行为本身就具有社会危害性，所以刑法未对其在数额及挪用时间上明确加以限制。但这并不等于说只要挪用资金进行非法活动即构成犯罪，而根本不考虑数额。如果行为人挪用资金数额较小或者只进行危害性小的非法活动，则显然不宜以犯罪论处。第二，挪用资金的时间。挪用本单位资金行为的社会危害性的重要体现之一，即是挪用时间的长短。根据本条规定，挪用数额较大的资金从事非法活动、营利活动以外的其他活动的，挪用时间须超过三个月才构成犯罪。如果未满三个月就主动归还的，不构成犯罪。关于挪用资金进行非法活动或者营利活动的案件，刑法没有挪用时间的具体规定和限制，但挪用时间的长短对定罪也存在一定的影响。如果挪用时间较短，综合全案的情况，确属情节显著轻微危害不大的，也可以不认为是犯罪。

2. 挪用资金罪与职务侵占罪的区别。首先，侵犯的对象不同。挪用资金罪侵犯的是公司、企业或者其他单位对资金的使用权，在实践中要判断该挪用行为是否使得单位对资金暂时失去了控制；职务侵占罪侵犯的是公司、企业或者其他单位对包含资金在内的全部财物的所有权。其次，犯罪行为不同。

挪用资金罪表现为公司、企业或者其他单位的工作人员，利用职务上的便利，挪用本单位资金归个人使用或者借贷给他人，数额较大、超过三个月未还的，或者虽未超过三个月，但数额较大、进行营利活动的，或者进行非法活动的行为；职位侵占罪表现为公司、企业或者其他单位的人员，利用职务上的便利，将本单位财物非法占为己有，数额较大的行为。虽然都是利用职务之便，但挪用资金罪的行为方式是挪用，即未经合法批准或许可而擅自挪归自己使用或者借贷给他人；职务侵占罪的行为方式是侵占，即行为人利用职务上的便利，侵吞、窃取、骗取或者以其他手段非法占有本单位财物。且职务侵占罪必须要求侵占本单位财物数额较大的，才能构成犯罪。最后，二者最关键的区别在于主观目的不同。挪用资金罪行为人的目的在于非法取得本单位资金的使用权，但不并不企图永久占有，而是准备用后归还；职务侵占罪的行为人的目的在于非法取得本单位财物的所有权，而非暂时使用。

第二百七十三条【挪用特定款物罪】

挪用用于救灾、抢险、防汛、优抚、扶贫、移民、救济款物，情节严重，致使国家和人民群众利益遭受重大损害的，对直接责任人员，处三年以下有期徒刑或者拘役；情节特别严重的，处三年以上七年以下有期徒刑。

【条文精解】

本条是关于挪用特定款物罪及其处罚的规定。

挪用特定款物罪，是指违反国家财经管理制度和民政事业制度，挪用国家和社会救灾、抢险、防汛、优抚、扶贫、移民、救济款物，情节严重，致使国家和人民群众利益遭受重大损害的行为。根据国家的有关规定，救灾款应重点用于灾情严重地区自力无法克服生活困难的灾民的分配和发放。抢险、防汛款用于购买抢险、防汛的物资，通讯器材、设备和其他有关开支。优抚款主要用于烈属、军属、残废军人等的抚恤、生活补助，以及疗养、安置等。救济款主要用于农村中由集体供给、补助后生活仍有困难的五保户、贫困户的生活救济；城镇居民中无依无靠、无生活来源的孤老、残、幼和无固定职业、无固定收入的贫困户的生活救济；无依无靠、无生活来源的散居归侨、外侨以及其他人员的生活困难救济等。为了救灾、抢险、防汛、优抚、扶贫、移民、救济等方面的需要,国家临时调拨、募捐或者用上述专款购置的食品、被服、药品、器材设备以及其他物资,也属于作为本罪对象的特定专用物资。特定款物不得挪作他用,也不得混用。

根据本条规定,构成挪用特定款物罪必须符合以下几个条件:第一,犯罪主体只能是对挪用行为负有责任的主管人员、直接实施挪用行为的人员,一般是经手、掌管国家救灾、抢险、防汛、优抚、扶贫、移民、救济款物的人员,包括国家工作人员、集体经济组织工作人员、事业单位工作人员、社会团体工作人员,以及受上述单位委托经手、管理特定款物的人员。第二,客观表现为挪用救灾、抢险、防汛、优抚、扶贫、移民、救济款物,情节严重,致使国家和人民群众的利益遭受重大损害的行为。这里所说的"挪用",是指不经合法批准,擅自将自己经手、管理的救灾、抢险、防汛、优抚、扶贫、移民、救济款物调拨、使用到其他方面,如将用于救灾、抢险、防汛、优抚、扶贫、移民、救济等事项的款物挪作修建楼堂馆所、从事商业经营、投资的行为等。"情节严重",主要是指挪用上述款物数额较大的;挪用行为给人民群众的生产和生活造成严重危害的;挪用特别重要紧急款物的;挪用手段特别恶劣,造成极坏影响等。第三,行为人主观上必须是故意,过失不构成本罪。第四,挪用款物的目的是用于单位的其他项目,如果挪用上述特定款物归个人使用,构成犯罪的,应按挪用公款罪从重处罚。

根据本条规定,挪用上述专用款物,情节严重,致使国家和人民群众利益遭受重大损害的,对直接责任人员,处三年以下有期徒刑或者拘役;情节特别严重的,处三年以上七年以下有期徒刑。构成本条规定的犯罪,需要同时满足"情节严重"和"重大损失"两个条件。根据最高人民检察院、公安部《关于公安机关管辖的刑事案件立案追诉标准的规定(二)》第八十六条规定,挪用用于救灾、抢险、防汛、优抚、扶贫、移民、救济款物,涉嫌下列情形之一的,应予立案追诉:(1)挪用特定款物数额在五千元以上的;(2)造成国家和人民群众直接经济损失数额在五万元以上的;(3)虽未达到上述数额标准,但多次挪用特定款物的,或者造成人民群众的生产、生活严重困难的;(4)严重损害国家声誉,或者造成恶劣社会影响的;(5)其他致使国家和人民群众利益遭受重大损害的情形。

> 第二百七十四条 【敲诈勒索罪】
> 敲诈勒索公私财物,数额较大或者多次敲诈勒索的,处三年以下有期徒刑、拘役或者管制,并处或者单处罚金;数额巨大或者有其他严重情节的,处三年以上十年以下有期徒刑,并处罚金;数额特别巨大或者有其他特别严重情节的,处十年以上有期徒刑,并处罚金。

【条文精解】

本条是关于敲诈勒索罪及其处罚的规定。

本条规定的"敲诈勒索",是指以非法占有为目的,对公私财物的所有人、保管人使用威胁或者要挟的方法,勒索公私财物的行为。本罪的主体是一般犯罪主体。构成敲诈勒索罪必须具备以下条件:(1)行为人具有非法占有他人财物的目的。(2)行为人实施了以威胁或者要挟的方法勒索财物的行为,这是敲诈勒索罪的最主要的特点。威胁和要挟,是指通过对被害人及其关系密切的人精神上的强制,对其在心理上造成恐惧,产生压力。威胁或者要挟的方法多种多样,如以将要实施暴力;揭发隐私、违法犯罪活动;毁坏名誉相威胁等。其形式可以是口头的,也可以是书面的,还可以通过第三者转达;可以是明示,也可以是暗示。在取得他人财物的时间上,既可以迫使对方当场交出,也可以限期交出。总之,是通过对公私财物的所有人、保管人实施精神上的强制,使其产生恐惧、畏惧心理,不得已而交出财物。(3)敲诈勒索的财物数额较大或者多次敲诈勒索的。数额较大,是敲诈勒索行为构成犯罪的基本要件。如果敲诈勒索的财物数额较小,一般应当依照治安管理处罚法的规定予以处罚,不需要动用刑罚。多次敲诈勒索,是《刑法修正案(八)》增加规定的构成犯罪的条件。有的犯罪分子,特别是黑社会性质组织和恶势力团伙成员,凭借其组织或团伙的非法控制或影响,频繁实施敲诈勒索行为,欺压群众,扰乱社会治安,具有严重的社会危害性。对多次敲诈勒索的行为,即使敲诈勒索的财物数额没有达到较大的标准,也应当依法定罪处罚。

本条对敲诈勒索罪量刑档次的划分采取了数额加情节的标准。《刑法修正案(八)》对敲诈勒索罪的量刑作了两处修改。一是为适应打击实际中一些敲诈勒索财物数额特别巨大或者情节特别严重的犯罪的需要,增设了"十年以上有期徒刑,并处罚金"这一量刑档次。二是为在经济上打击敲诈勒索这一财产性犯罪,在每一量刑档次都增加规定了财产刑。根据最高人民法院、最高人民检察院《关于办理敲诈勒索刑事案件适用法律若干问题的解释》第一条的规定,敲诈勒索公私财物"数额较大",以二千元至五千元为起点;"数额巨大",以三万元至十万元为起点;"数额特别巨大",以三十万元至五十万元为起点。各省、自治区、直辖市高级人民法院、人民检察院可以根据本地区经济发展状况和社会治安状况,在上述数额幅度内,共同研究确定本地区执行的具体数额标准,并报最高人民法院、最高人民检察院批准。根据该司法解释,敲诈勒索的犯罪分子是否"有其他严重情节""有其他特别严重情节",应当考虑犯罪分子是否是累犯或者惯犯,是否是共同犯罪的首要分子或者黑社会性质组织、恶势力团伙的组织领导者,敲诈勒索手段是否恶劣,敲诈勒索对象是否系未成年人等弱势群体的,是否有冒充国家工作人员进行敲诈勒索等情节,是否造成严重后果等。二年内敲诈勒索三次以上的,应当认定为本条规定的"多次敲诈勒索"。

根据本条规定,敲诈勒索公私财物,数额较大或者多次敲诈勒索的,处三年以下有期徒刑、拘役或者管制,并处或者单处罚金;数额巨大或者有其他严重情节的,处三年以上十年以下有期徒刑,并处罚金;数额特别巨大或者有其他特别严重情节的,处十年以上有期徒刑,并处罚金。

【实践中需要注意的问题】

1.区分敲诈勒索罪和抢劫罪的界限。抢劫罪与敲诈勒索罪均属侵犯财产罪,从犯罪客体来看,不仅都侵犯了他人财物的所有权关系,有时还同时侵犯到公民的人身权利。从主观方面来看,两者都具有非法占有公私财物的目的。客观方面也存在相似之处,例如,可能都当场使用威胁方式,恐吓被害人,迫使其立即交付财物。但是二者也存在许多重要的区别:(1)威胁的实施方式不同。抢劫罪的威胁,是当场直接向被害人发出的,具有直接的公开性;而敲诈勒索罪的威胁可以是面对被害人公开实行,也可以是利用书信、通讯设备或者通过第三人的转告通知被害人的间接实施。(2)威胁的紧迫性不同。这是两者之间的重要区别。抢劫罪的威胁,都是直接侵犯人的生命健康的暴力威胁,如以杀害、伤害相威胁,对被害人产生了现实威胁,达到使被害人不能反抗的地步;敲诈勒索罪威胁的内容较广泛,可以是针对人身实施暴力、伤害相威胁,也可以是以毁人名誉、毁其前途、设置困境等相威胁,如采用揭发隐私、举报犯罪行为等相威胁,虽然使被害人产生恐惧感和压迫感,但是并没有达到使被害人不能反抗的地步,被害人在决定是否交付财物上尚有考虑、选择的余地。(3)威胁索取的利益性质不同。抢劫罪索取的利益之性质,一般只是财物;而敲诈勒索罪索取利益之性质,可以是财物,包括动产和不动产,也可以是其他财产性利益。(4)非法取得利益的时间不同。抢劫罪非法取得利益的时间只能是当场取得;敲诈勒索罪非法取得利益的时间,有时是当场,有时是特定时间以后。

2.区分敲诈勒索罪与绑架罪的界限。敲诈勒索罪与绑架罪均以非法占有为目的,均有勒索财物的行为,均既侵犯公私财产所有权,又侵犯公民的人身权利,因此两罪存在着相似之处。但敲诈勒索罪与绑架罪仍存在较大的区别,主要表现在:(1)犯罪客体不同。两者的犯罪客体均是复杂客体,但是敲诈勒索罪侵犯的主要客体是公私财产的所有权,因而该罪在刑法分则体系上被归属于侵犯财产罪的一种;而绑架罪侵犯的主要客体则是公民的人身权利,虽然其也在某种程度上侵犯公私财产所有权,但其属于次要客体,因而在刑法分则体系上被归属于侵犯公民人身权利罪的一种。(2)犯罪行为特征不同。敲诈勒索罪是以将要实施的侵害相威胁,勒索数额较大的公私财物或者财产性利益,而没有实施绑架行为;绑架罪则主要是通过绑架人质,以交换人质为条件,逼人质亲友交出财物。(3)行为暴力程度不同。敲诈勒索罪的威胁既可以是暴力侵害,也可以是非暴力侵害;绑架罪则是以杀害、伤害人质相威胁,而且因发出勒索口令时人质已在其绑架掌握之中,这种威胁内容随时都可能付诸实施,具有加害的现实性和紧迫性。

第二百七十五条 【故意毁坏财物罪】

故意毁坏公私财物,数额较大或者有其他严重情节的,处三年以下有期徒刑、拘役或者罚金;数额巨大或者有其他特别严重情节的,处三年以上七年以下有期徒刑。

【条文精解】

本条是关于故意毁坏财物罪及其处罚的规定。

故意毁坏财物罪,是指故意毁灭或者损坏公私财物,数额较大或者有其他严重情节的行为。根据我国刑法规定,故意毁坏财物罪属于侵犯财产罪的一种,此类犯罪与其他侵犯财产犯罪不同的主要特点在于,行为人一方面使公私财物受到损失,另一方面行为人没有将财物占为己有或转归第三者所有的目的,即其本人或第三者并未得到任何物质上的利益,而是使某项财物价值或者使用价值完全丧失或部分丧失的行为。

根据本条规定，构成故意毁坏财物罪，必须符合下列条件：第一，故意毁坏财物罪主观上必须是故意，犯罪目的只是毁坏公私财物，不具有非法占有的目的，这是本罪与其他侵犯财产罪的本质区别。过失毁坏公私财物的，不构成本罪。第二，行为人客观上实施故意毁坏公私财物数额较大或者有其他严重情节的行为。所采用的方式主要是毁灭和损坏。其中毁灭，是指使用各种方法故意使公私财物的价值和使用价值全部丧失。损坏，是指将某项公私财物部分毁坏，使其部分丧失价值和使用价值。如果用放火、爆炸等危险方法毁坏公私财物，而且足以危及公共安全的，则应以放火、爆炸罪等危害公共安全罪论处。同时，故意毁坏公私财物必须达到数额较大或者有其他严重情节的程度。如果情节轻微或者数额较小，不构成犯罪。"其他严重情节"，一般是指以下几种情况：毁灭重要财物或者物品，损失严重的；造成严重后果的；动机和手段特别恶劣的等。第三，本罪侵犯的客体是公私财物所有权，侵犯对象是各种公私财物。但是破坏某些特定的公私财物，侵犯了其他客体，则不能以故意毁坏财物罪论处，例如，故意毁坏使用中的交通设备、交通工具、电力煤气易燃易爆设备，危害公共安全的，以危害公共安全罪中的有关犯罪论处；故意毁坏机器设备、残害耕畜，破坏生产经营的，以破坏生产经营罪论处。根据最高人民法院《关于审理破坏公用电信设施刑事案件具体应用法律若干问题的解释》第三条第一款规定，故意破坏正在使用中的公用电信设施尚未危害公共安全，或者故意毁坏尚未投入使用的公用电信设施，造成财产损失，构成犯罪的，以故意毁坏财物罪定罪处罚。

根据本条规定，故意毁坏公私财物，数额较大或者有其他严重情节的，处三年以下有期徒刑、拘役或者罚金；数额巨大或者有其他特别严重情节的，处三年以上七年以下有期徒刑。最高人民检察院、公安部《关于公安机关管辖的刑事案件立案追诉标准的规定（一）》第三十三条规定，故意毁坏公私财物，涉嫌下列情形之一的，应予立案追诉：（1）造成公私财物损失五千元以上的；（2）毁坏公私财物三次以上的；（3）纠集三人以上公然毁坏公私财物的；（4）其他情节严重的情形。

【实践中需要注意的问题】

1. 本罪与破坏生产经营罪的区别。根据我国刑法第二百七十六条的规定，破坏生产经营罪是指由于泄愤报复或者其他个人目的，毁坏机器设备、残害耕畜或者以其他方法破坏生产经营的行为。二者的主要区别在于：（1）侵犯的客体不同。破坏生产经营罪的犯罪客体是生产经营的正常进行，而故意毁坏财物罪所侵犯的客体是公私财产所有权。客体的不同使二罪的犯罪对象也有所不同。破坏生产经营罪所侵犯的对象是与生产经营有直接联系的，而故意毁坏公私财物罪所侵犯的对象一般与生产经营无直接关系。具体来说，破坏已经或正要投入生产的机器设备，必然使生产停顿；残害使役期间的耕畜，势必影响耕作，可以以破坏生产经营罪论处；而破坏了未使用的或保存中的生产工具或设备，不影响生产经营活动正常进行的，则一般构成故意毁坏财物罪。另外，一般来说，破坏生产经营罪所毁坏的主要是公共财物，而故意毁坏财物罪所毁坏的财物既有公共财物，也有公民个人所有的财物。（2）犯罪行为的具体表现不同。破坏生产经营罪既可以由积极的作为构成，也可以由消极的不作为构成，而且破坏行为只要足以使生产无法正常进行或者使已经进行的生产归于失败即可，并不要求达到数额较大或者有其他严重情节的程度。而故意毁坏财物罪则只能由积极的作为构成，消极的不作为不能构成此罪，并且，故意毁坏公私财物的行为必须是数额较大或者有其他严重情节的才构成犯罪。如未达到数额较大或者情节较轻的，就不以犯罪论处。另外，从危害结果上看，破坏生产经营罪对生产经营所造成的实际损失往往大于被毁坏的机器设备或残害的耕畜等财物本身的价值，而故意毁坏公私财物罪所造成的损失只有被毁坏的财物本身的价值。

2.本罪与寻衅滋事罪中的故意毁损公私财物行为的界限。刑法第二百九十三条规定的寻衅滋事罪，主要表现形式为随意殴打他人，追逐、拦截、辱骂他人，强拿硬要或者任意损毁、占用公私财物，在公共场所起哄闹事，情节严重的行为。在寻衅滋事罪中毁坏公私财物是常见后果之一的，但寻衅滋事罪是一种性质恶劣、危害广泛、严重破坏公共秩序的犯罪，它与故意毁坏财物罪有着本质的不同。具体而言，二者的主要区别是：（1）侵害的客体不同。故意毁坏财物罪侵害的客体只限于公私财物的所有权；而寻衅滋事罪侵害的客体是公共秩序。（2）犯罪行为的具体表现不同。任意毁坏公私财物是寻衅滋事的行为表现之一，它不是对特定的个人或财产实施危害，而是对不特定的公民的人身权利和公私财产进行危害，即其所毁损的公私财物是不特定的、任意的。而故意毁坏财物罪在客观方面则表现为故意毁坏特定对象（单位或者个人）的财物，而不是不分对象任意毁坏。（3）虽然故意毁坏财物罪和寻衅滋事罪都是故意犯罪，但二者的犯罪目的不同。前者是以毁坏公私财物为目的，而后者则只是把毁坏公私财物作为手段之一，以达到寻求精神刺激、填补精神空虚、藐视国家法纪和社会公德、破坏公共秩序的目的。因此，故意毁坏公私财物的犯罪，通常要以被毁坏的公私财物达到一定的数额或具备一定的情节才构成犯罪；而寻衅滋事罪由于目的不同，不需要达到一定的数额，而只要具备情节恶劣，就构成犯罪。

第二百七十六条 【破坏生产经营罪】
由于泄愤报复或者其他个人目的，毁坏机器设备、残害耕畜或者以其他方法破坏生产经营的，处三年以下有期徒刑、拘役或者管制；情节严重的，处三年以上七年以下有期徒刑。

【条文精解】
本条是关于破坏生产经营罪及其处罚的规定。

破坏生产经营罪，是指由于泄愤报复或者其他个人目的，毁坏机器设备、残害耕畜或者以其他方法破坏生产经营的行为。本罪侵害的是生产经营的正常活动秩序。根据本条规定，构成破坏生产经营罪，必须符合下列条件：一是行为人为一般主体，即达到刑事责任年龄具有刑事责任能力的自然人。二是行为人必须具有毁坏机器设备、残害耕畜或者以其他方法破坏生产经营的行为。这里所说的"其他方法"，是指除本条所列举的方法以外的其他任何方法。例如，切断水源、颠倒生产程序、破坏生产机械及设备、破坏运输或储存工具等破坏生产经营的方法。至于其方式，则既可以表现为积极的作为，如砸碎、烧毁；又可以表现为消极的不作为，如明知有故障而不加排除。但不论方式如何，采用的手段怎样，破坏的对象都必须与生产经营活动直接相联系，破坏用于生产经营的生产工具、生产工艺、生产对象等。如果是毁坏闲置不用或在仓库备用的机器设备、已经收获并未用于加工生产的粮食、水果，残害已经丧失畜役力的待售肉食牲畜的行为，则由于它们与生产经营活动没有直接联系，因此不能构成本罪。三是行为人主观上是故意犯罪，并且具有泄愤报复或者其他个人目的。这里所说的"其他个人目的"，主要是指为了打击竞争对手或者谋取其他不正当的利益等目的。

根据本条规定，破坏生产经营的，处三年以下有期徒刑、拘役或者管制；情节严重的，处三年以上七年以下有期徒刑。根据最高人民检察院、公安部《关于公安机关管辖的刑事案件立案追诉标准的规定（一）》第三十四条规定，由于泄愤报复或者其他个人目的，毁坏机器设备、残害耕畜或者以其他方法破坏生产经营，涉嫌下列情形之一的，应予立案追诉：(1)造成公私财物损失五千元以上的；(2)破坏生产经营三次以上的；(3)纠集三人以上公然破坏生产经营的;(4)其他破坏生产经营应予追究刑事责任的情形。本条所说的"情节严重",一般是指手段特别恶劣,引起生产停顿、间接造成巨大经济损失的,直接造成较大的经济损失、后果严重等情节。

【实践中需要注意的问题】

实际执行中应当注意区分本罪与破坏交通工具罪、破坏交通设施罪、破坏电力设备罪及破坏易燃易爆设备罪的界限。由于破坏上述特定对象,往往会直接或者间接地使生产经营遭到破坏,因此对这种破坏行为的定性,需要从犯罪对象和犯罪行为上进行区分:凡破坏生产过程中的上述工具、设备,危害的主要是生产经营的,一般以破坏生产经营罪定罪处罚;凡破坏的是用于公共生活的上述工具、设备,危害的主要是公共安全的,分别按破坏交通工具罪、破坏交通设施罪、破坏电力设备罪和破坏易燃易爆设备罪定罪处罚。

第二百七十六条之一【拒不支付劳动报酬罪】

以转移财产、逃匿等方法逃避支付劳动者的劳动报酬或者有能力支付而不支付劳动者的劳动报酬,数额较大,经政府有关部门责令支付仍不支付的,处三年以下有期徒刑或者拘役,并处或者单处罚金;造成严重后果的,处三年以上七年以下有期徒刑,并处罚金。

单位犯前款罪的,对单位判处罚金,并对其直接负责的主管人员和其他直接责任人员,依照前款的规定处罚。

有前两款行为,尚未造成严重后果,在提起公诉前支付劳动者的劳动报酬,并依法承担相应赔偿责任的,可以减轻或者免除处罚。

【条文精解】

本条是关于拒不支付劳动报酬罪及其处罚的规定。

本条共分三款。第一款是关于以转移财产、逃匿等手段,逃避支付或不支付劳动者的劳动报酬的犯罪及其处罚的规定。本款规定的逃避支付或者不支付劳动者报酬的犯罪是故意犯罪,主体是自然人。主观方面必须有逃避支付或者不支付劳动者的劳动报酬的故意。其侵犯的客体为双重客体,既侵犯了劳动者的财产权,又扰乱了市场经济秩序。客观方面,行为人实施了以转移财产或逃匿等手段,逃避支付劳动者的劳动报酬或者虽没有转移财产和逃匿等行为,但有能力支付而故意不支付劳动者的劳动报酬的行为。

第一款所说的"转移财产",是指行为人为逃避欠薪将所经营的收益转移到他处,以使行政机关、司法机关或被欠薪者无法查找到。"逃匿",是指行为人为逃避行政机关或司法机关的追究而逃离当地或躲藏起来。"劳动报酬",是指劳动者按照劳动法和劳动合同法的规定,通过自己的劳动而应得的报酬,其范围不限于工资。根据原劳动部《关于贯彻执行〈中华人民共和国劳动法〉若干问题的意见》的规定,工资是劳动者劳动收入的主要组成部分。但劳动者的以下劳动收入不属于工资的范围:(1)单位支付给劳动者个人的社会保险福利费用,如丧葬抚恤救济费、生活困难补助费、计划生育补贴等;(2)劳动保护方面的费用,如用人单位支付给劳动者的工作服、解毒剂、清凉饮料费用等;(3)按规定未列入工资总额的各种劳动报酬及其他劳动收入,如根据国家规定发放的创造发明奖、国家星火奖、自然科学奖、科学技术进步奖、合理化建议和技术改进奖、中华技能大奖等,以及稿费、讲课费、翻译费等。"有能力支付",是指经调查有事实证明企业或单位确有资金支付劳动者工资的情况。"经政府有关部门责令支付仍不支付的",这里的"政府有关部门",一般是指县级以上政府劳动行政部门,即劳动和社会保障部门。劳动法明确了劳动行政部门在劳动工作中的地位和职责。即国务院劳动行政部门主管全国的劳动工作。县级以上地方人民政府劳动行政部门主管本行政区域内的劳动工作。这里的"责令支付仍不支付",是指经政府劳动行政部门责令支付一次仍没有支付的情况。根据劳动法第九十一条的规定,用人单位违反劳动法的规定,政府劳动行政部门有对其的责令权。即用人单位具有克扣或者无故拖欠劳动者工资、拒不支付劳动者延长工作时间工资报酬、低于当地最低工资标准支付劳动者工资、解除劳动合同后未依照本法规定给予劳动者经济补偿等侵害劳动者合法权益情形之一的,由劳动行政部门责令支付劳动者的工资报酬、经济补偿,并可以责令支付赔偿金。根据本款规定,"数额较大,经政府有关部门责令支付仍不支付"是构成本罪的必备条件,缺一不可。也就是说,行为人采取转移财产、逃匿等方法逃避支付劳动者的劳动报酬,或者有能力支付而不支付劳动者的劳动报酬都必须达到数额较大且经政府有关部门责令支付仍不支付的,才能构成本罪。仅符合数额较大的条件或者经政府有关部门责令支付仍不支付的条件之一的都不构成本罪。本条所称"造成严重后果的",一般是指以下几种情况:(1)由于不支付或没有及时支付劳动者报酬,以至于影响到劳动者家庭的生活或生存;(2)导致劳动者自伤、精神失常或实施犯罪行为,如偷盗、伤人等;(3)引发群体性事件等严重后果。

第二款是关于单位犯罪的处罚规定。本款所说的"单位",是指劳动合同法中规定的用人单位,包括具备合法经营资格的用人单位和不具备合法经营资格的用人单位以及劳务派遣单位。对于个人承包经营者犯罪的,应当以个人犯罪追究其刑事责任。

第三款是关于减轻或者免除处罚的规定。本款中的"有前两款行为",是指有第一款关于个人犯罪和第二款关于单位犯罪的规定。也就是说,本款规定的犯罪主体是个人或单位。"尚未造成严重后果",一般是指:(1)虽然没有支付或没有及时支付劳动者报酬,但没有影响到劳动者家庭的生活或生存;(2)没有造成劳动者自伤、精神失常或者实施犯罪行为;(3)没有引发群体性事件等严重后果。"在提起公诉前支付劳动者的劳动报酬",是指在人民检察院提起公诉前,欠薪的单位或个人全额支付了劳动者报酬的情况。"依法承担相应赔偿责任"中的"赔偿责任",主要是指依据劳动合同法第八十五条规定的赔偿金和经济补偿责任。具体规定如下:"用人单位有下列情形之一的,由劳动行政部门责令限期支付劳动报酬、加班费或者经济补偿;劳动报酬低于当地最低工资标准的,应当支付其差额部分;逾期不支付的,责令用人单位按应付金额百分之五十以上百分之一百以下的标准向劳动者加付赔偿金:(一)未按照劳动合同的约定或者国家规定及时足额支付劳动者劳动报酬的;(二)低于当地最低工资标准支付劳动者工资的;(三)安排加班不支付加班费的;(四)解除或者终止劳动合同,未依照本法规定向劳动者支付经济补偿的。"关于经济补偿的标准,应当按照劳动合同法第四十七条的规定,即按劳动者在本单位工作的年限,每满一年支付一个月工资的标准向劳动者支付。六个月以上不满一年的,按一年计算;不满六个月的,向劳动者支付半个月工资的经济补偿。劳动者月工资高于用人单位所在的直辖市、设区的市级人民政府公布的本地区上年度职工月平均工资三倍的,向其支付经济补偿的标准按职工月平均工资三倍的数额支付,向其支付经济补偿的年限最高不超过十二年。这里的月工资是指劳动者在劳动合同解除或者终止前十二个月的平均工资。劳动合同法第八十七条规定对于用人单位违反劳动合同法规定,解除或者终止劳动合同的,应当按照劳动合同法第四十七条规定的经济补偿标准的二倍向劳动者支付赔偿金。

根据第三款规定,对逃避支付或不支付劳动者的劳动报酬的个人或单位,可以减轻或者免除处罚必须同时具备以下三个条件,缺一不可:(1)在人民检察院提起公诉前全部支付了劳动者劳动报酬;(2)在人民检察院提起公诉前依法承担了相应的赔偿责任;(3)欠薪行为尚未造成严重后果。本款作这样的规定，其出发点是保护民生，促进社会和谐，最终目的是让欠薪者能够全额支付劳动者应得到的报酬，从真正意义上保障劳动者合法权益的实现。这里的"减轻或者免除处罚"，是指个人或单位逃避支付或不支付劳动者的劳动报酬构成犯罪，但同时又具备上述三个条件的，可以依法予以减轻或者免除处罚。如果只具备以上三个条件中的一个或两个，仍应分别以前两款的规定，追究个人或单位的刑事责任。但法院可以作为犯罪的从轻情节予以考虑。

根据本条规定，拒不支付劳动报酬，数额较大，经政府有关部门责令支付仍不支付的，处三年以下有期徒刑或者拘役，并处或者单处罚金；造成严重后果的，处三年以上七年以下有期徒刑，并处罚金。单位犯第一款罪的，对单位判处罚金，并对其直接负责的主管人员和其他直接责任人员，依照第一款的规定处罚。根据最高人民检察院、公安部《关于公安机关管辖的刑事案件立案追诉标准的规定（一）的补充规定》第七条，以转移财产、逃匿等方法逃避支付劳动者的劳动报酬或者有能力支付而不支付劳动者的劳动报酬，经政府有关部门责令支付仍不支付，涉嫌下列情形之一的，应予立案追诉：（1）拒不支付一名劳动者三个月以上的劳动报酬且数额在五千元至二万元以上的；（2）拒不支付十名以上劳动者的劳动报酬且数额累计在三万元至十万元以上的。不支付劳动者的劳动报酬，尚未造成严重后果，在刑事立案前支付劳动者的劳动报酬，并依法承担相应赔偿责任的，可以不予立案追诉。

【实践中需要注意的问题】

1. 正确区分刑事犯罪与民事纠纷的界限。既不能都以犯罪处理，造成打击面过宽，也不能都以民事纠纷处理，使犯罪分子得不到应有的惩罚。

2. 严格把握以下三个问题：一是正确区分恶意欠薪行为和一般欠薪行为。对于因用人单位在经营中遇到困难、资金周转不开或经营不善等原因而暂时无法支付劳动者劳动报酬，主观上并不具有故意或恶意的，不宜将其纳入刑法调整的范围。劳动者可以通过现行法律规定的救济途径去维护其合法权益。二是对有能力支付而不支付复杂情况的判定和把握。三是对本条第三款规定的三个条件应严肃执法，当严则严，该宽则宽。

3. 刑法虽然规定了恶意欠薪罪，但并不影响劳动者按照劳动管理等法律，通过民事途径维护自己的合法权益。

第六章　妨害社会管理秩序罪

第一节　扰乱公共秩序罪

> **第二百七十七条**【妨害公务罪】【袭警罪】
>
> 　　以暴力、威胁方法阻碍国家机关工作人员依法执行职务的，处三年以下有期徒刑、拘役、管制或者罚金。
>
> 　　以暴力、威胁方法阻碍全国人民代表大会和地方各级人民代表大会代表依法执行代表职务的，依照前款的规定处罚。
>
> 　　在自然灾害和突发事件中，以暴力、威胁方法阻碍红十字会工作人员依法履行职责的，依照第一款的规定处罚。
>
> 　　故意阻碍国家安全机关、公安机关依法执行国家安全工作任务，未使用暴力、威胁方法，造成严重后果的，依照第一款的规定处罚。
>
> 　　暴力袭击正在依法执行职务的人民警察的，处三年以下有期徒刑、拘役或者管制；使用枪支、管制刀具，或者以驾驶机动车撞击等手段，严重危及其人身安全的，处三年以上七年以下有期徒刑。

【条文精解】

本条是关于妨害公务罪、袭警罪及其处罚的规定。

社会正常有序发展的一个重要前提就是国家的正常管理活动能够得以顺利开展，这在很大程度上需要依赖国家机关工作人员依法执行职务来实现。为此，在要求国家工作人员忠于职守，积极履行职责的同时，也需要采取有效措施，保障国家工作人员依法执行职务，惩治干扰、妨碍国家工作人员依法执行职务的行为。为此，1979年刑法第一百五十七条规定："以暴力、威胁方法阻碍国家工作人员依法执行职务的，或者拒不执行人民法院已经发生法律效力的判决、裁定的，处三年以下有期徒刑、拘役、罚金或者剥夺政治权利。"

随着改革开放的深入，我国政治、经济、文化等方面也发生了深刻的变化，妨害公务的犯罪也出现了新情况和新特点。立法机关通过决定和有关法律对妨害公务罪进行了修改和补充。一是 1982 年 3 月 8 日通过的全国人民代表大会常务委员会《关于严惩严重破坏经济的罪犯的决定》第一条第三项规定，对执法人员和揭发检举作证人员进行阻挠、威胁的，按刑法第一百五十七条的规定处罚。二是 1992 年 4 月 3 日通过的全国人民代表大会和地方各级人民代表大会代表法第三十九条规定，以暴力、威胁方法阻碍代表依法执行代表职务的，依照刑法第一百五十七条的规定追究刑事责任。三是 1993 年 2 月 22 日通过的国家安全法第二十七条规定，以暴力、威胁方法阻碍国家安全机关依法执行国家安全工作任务的，依照刑法第一百五十七条的规定处罚。故意阻碍国家安全机关依法执行国家安全工作任务，未使用暴力、威胁方法，造成严重后果的，比照刑法第一百五十七条的规定处罚。四是 1993 年 10 月 31 日通过的红十字会法第十五条规定，在自然灾害和突发事件中，以暴力、威胁方法阻碍红十字会工作人员依法履行职责的，比照刑法第一百五十七条的规定追究刑事责任。此外，还有一些法律对刑法第一百五十七条的适用作了规定，如 1988 年 4 月 13 日通过的全民所有制工业企业法第六十四条、1993 年 2 月 22 日通过的产品质量法第四十九条等。

1997 年修订刑法的情况。1979 年刑法将妨害公务罪与拒不执行判决、裁定罪两个罪是规定在同一条文中。1997 修订刑法时，在总结以往立法与司法实践经验以及法学理论研究的基础上，对本条作了进一步的修改：一是将"拒不执行人民法院已经发生法律效力的判决、裁定"的犯罪移至第二节妨害司法罪第三百一十三条中；二是将"国家工作人员"修改为"国家机关工作人员"，这样规定主要是与渎职罪的主体相衔接；三是增加了管制刑；四是取消了可以单处剥夺政治权利的规定。同时，考虑到实践中，有时发生以暴力、威胁方法阻碍全国人民代表大会和地方各级人民代表大会代表依法执行代表职务、阻碍红十字会工作人员依法履行职责，以及非暴力故意阻碍国家安全机关、公安机关依法执行国家安全工作任务的案件，这些案件，按照相关法律的规定比照妨害公务罪定罪处罚，有必要将相关规定统一纳入妨害公务罪。因此，将代表法第三十九条的有关规定纳入本条作为第二款；将红十字会法第十五条的有关规定纳入本条作为第三款；将国家安全法第二十七条的有关规定纳入本条作为第四款。

2015 年《刑法修正案（九）》对本条作了第一次修改，增加一款作为第五款："暴力袭击正在依法执行职务的人民警察的，依照第一款的规定从重处罚。"

在《刑法修正案（九）》草案研究起草过程中，一些全国人大代表、全国人大常委会委员、公安部等有关部门提出，针对当前暴力袭警犯罪多发的实际情况，在刑法中单独规定袭警罪。是否单独规定袭警罪，是一个在刑法修改过程中多次提出并反复研究的问题，有意见认为应当慎重，主要理由是：一是我国刑法规定了妨害公务罪，这一罪名的外延比袭警罪宽，涵盖了袭警行为。目前，在司法实践中对袭警行为是区别其行为的不同方式、后果、危害等，依照刑法等法律的规定从严惩处的。如对于从事犯罪活动，抗拒警察依法处置袭警的，依其所犯罪行与刑法第二百七十七条规定的妨害公务罪数罪并罚；对在警察正常执行职务时袭警造成警察伤亡的，以故意伤害罪、故意杀人罪从重处罚；未造成伤亡的，依照妨害公务罪定罪处罚；情节轻微不构成犯罪的，依照治安管理处罚法予以治安处罚。总的看，现行法律规定基本可以适应保护人民警察依法执行职务的需要。二是除人民警察外，还有一些执法人员如法官、检察官以及工商管理、税收征管、城管等工作人员由于其在履行职责时直接面对群众甚至违法犯罪人员，在执法过程中遭到暴力抗拒甚至被袭击的情况时有发生，比较而言，警察的自我防护手段、执法装备保障、对暴力抗法或袭警人的追究能力等相比其他执法主体更强。三是当前突出的问题是遇到实际发生的袭警行为，有的警察果断处置能力不强，有的机关严格依法追究袭警人员法律责任的意识不足，对人民警察严格执法的支持力度不够，致使在个别案件中出现警察"流血又流泪"的情况。为此，需要进一步完善警察警械配置、使用的有关规定，明确赋予其果断处置的权力。同时，有关机关在对这类案件的追究上也要予以支持配合。四是单独规定袭警罪的国家与其警察执法环境有关，这些国家往往对枪支、弹药、管制刀具等管控宽松，其警察在执法活动中面临着较大的人身危险，并且这些国家一般是将较轻的袭警行为单独规定为犯罪，对造成严重后果的袭警行为以其他重罪定罪处罚。五是当前我国社会矛盾多发、凸显，在有的地方警察执法能力和文明执法、严格执法水平尚有待提高。最后，经充分调查研究，听取各方面意见，《刑法修正案（九）》在妨害公务罪中将"暴力袭警"行为明确加以列举，作为从重处罚的情形，这样有利于对执法机关依法执行职务的行为给予一体保护；同时也针对当前社会矛盾多发、暴力袭警案件时有发生的情况，对暴力袭警行为明确作出规定，更好地震慑和预防这类犯罪，积极回应各方面关切。

2020年《刑法修正案（十一）》对本条作了第二次修改。《刑法修正案（九）》通过后，为进一步明确法律适用，2020年1月10日最高人民法院、最高人民检察院、公安部联合颁布《关于依法惩治袭警违法犯罪行为的指导意见》，这一规定对于依法惩治袭警的违法犯罪行为，保障警察依法执行职务具有积极意义。从实践情况来看，当前公安工作面临的工作任务日益繁重，执法环境日益复杂，公安警察遭受暴力袭击等不法侵害时有发生，暴力袭击警察事件呈现不断递增趋势，特别是派出所和交通警察等身处执勤执法第一线的警种，在执法执勤、处置群体性事件、盘查嫌疑人过程中，最容易遭受侵害；实践中妨害公安警察执行职务的行为，有的行为人从口头挑衅、谩骂、侮辱演变为直接使用棍棒、凶器或者驾驶机动车撞击等手段袭击警察，对警察的身心造成严重伤害，严重影响公安机关依法履行保障社会治安稳定的职责。

在《刑法修正案（十一）》征求意见过程中，对于是否单独增设袭警罪仍然存在较大争议，有的建议单独增设袭警罪并提高刑罚。有的提出，增设袭警罪应当慎重，通盘考虑，进一步加强论证。主要理由：一是惩治袭警行为法律依据充分，实践中没有问题。根据刑法第二百七十七条的规定，袭警行为依照妨害公务罪从重处罚，其中对于严重暴力袭警行为，造成人员伤亡或者抢夺、抢劫枪支等，依照故意杀人、伤害、抢夺枪支等犯罪处理，刑法第一百五十七条还规定，对以暴力、威胁方法抗拒缉私的，以走私罪和本条规定的犯罪，依照数罪并罚的规定处罚。而且立法上已经考虑到警察职责和执法工作的特殊性，较其他执行公务人员作了特别规定，《刑法修正案（九）》规定暴力袭警从重处罚，已回应了有关方面的关切。二是单设袭警罪的主要作用是突出对警察的保护，提高对犯罪分子的威慑，但是刑法威慑作用主要是通过刑罚体现的，依靠增加罪名的威慑，这种看法未经证实，片面理解和强调威慑反而可能增加社会对抗，增加社会治理成本。解决袭警问题需要标本兼治、综合施策，包括完善警察权利保护相关制度，进一步完善警察警械配置、使用的有关规定，明确赋予其果断处置的权力等。三是我国人民警察的职责、使命与外国的警察不同。根据人民警察法的规定，人民警察的职责和权限不但涉及公民的人身自由，而且涉及公民社会生活的许多方面，如管理交通、户籍等相当领域的直接面对人民群众的社会事务，与公民的合法权利和利益密切相关。这些权利行使得好，可以有效地惩治违法犯罪和管理社会，行使得不好甚至滥用职权，就会侵犯公民的合法权益，违背人民警察的根本宗旨。很多袭警因琐事引发，有的群众法治观念淡薄，不能正确理解有关执法要求、方式，有的也与当前一些地方警察执法规范化、队伍建设还需进一步提高、用警过度等有关，更多的属于人民内部矛盾，有的予以拘留即可，增加袭警罪并进一步加重刑罚，是否会激化警民矛盾，是否有利于警民关系和谐等，需要进一步评估。四是借鉴英美法系袭警罪规定，应当立足我国国情。多数国家对袭警行为都是作为妨害公务罪处理的，只有部分英美法系国家单独规定了袭警罪，而且英美法系国家犯罪概念与我国也不一样，他们没有治安处罚这层法律责任，我国违法和犯罪严格区分的二元法律责任制度下，对于轻微的袭警予以治安管理处罚，袭警实质处罚范围与英美国家相当。经与各方面反复研究，考虑到暴力袭击警察的行为不仅对警察的身心造成严重侵害，严重影响公安机关依法履行维护人民群众合法权益，保障社会治安稳定的职责，还破坏了社会正常管理秩序，损害国家法律的尊严，应当依法严惩。2020年12月26日第十三届全国人民代表大会常务委员会第二十四次会议通过的《刑法修正案（十一）》再次对本条作了修改，单独规定了袭警罪。

　　本条共分五款。第一款是关于以暴力、威胁方法阻碍国家机关工作人员依法执行职务的，构成妨害公务罪及其处刑的规定。构成本款规定的犯罪应当具备以下两个条件：一是以暴力、威胁方法实施的行为。这里的"暴力"，是指对国家机关工作人员的身体实行打击或者强制，如捆绑、殴打、伤害；"威胁"，是指以杀害、伤害、毁坏财产、损坏名誉等相威胁。构成本罪，行为人必须是采取暴力、威胁的方法，如果行为人没有实施暴力、威胁的阻碍行为，只是吵闹、谩骂、不服管理等，不构成犯罪，可以依法予以治安处罚。二是实施了阻碍国家机关工作人员依法执行职务的行为。"阻碍国家机关工作人员依法执行职务"，是指阻挠、妨碍国家机关工作人员依照法律规定执行自己的职务，致使依法执行职务的活动无法正常进行。其中"国家机关工作人员"，是指中央及地方各级权力机关、党政机关、司法机关和军事机关的工作人员；"依法执行职务"，是指国家机关工作人员依照法律、法规规定所进行的职务活动。如果阻碍的不是国家机关工作人员的活动，或者不是职务活动，或者不是依法进行的职务活动，都不构成本罪。根据本款规定，犯本罪的，处三年以下有期徒刑、拘役、管制或者罚金。

　　第二款是关于以暴力、威胁方法阻碍全国人大代表和地方各级人大代表依法执行代表职务的，构成妨害公务罪及其处刑的规定。这里规定的"阻碍"，必须是以暴力、威胁方法进行。其中规定的"代表"，是指依照法律规定选举产生的全国人大代表和地方各级人大代表；"代表职务"，是指宪法和法律赋予人大代表行使国家权力的职责和任务；"依照前款的规定处罚"，是指犯本款规定之罪的，处三年以下有期徒刑、拘役、管制或者罚金。

　　第三款是关于在自然灾害和突发事件中，以暴力、威胁方法阻碍红十字会工作人员依法履行职责的，构成妨害公务罪及其处刑的规定。这里的阻碍方法，必须是暴力、威胁方法。其中规定的"红十字会"，根据红十字会法，是指中华人民共和国统一的红十字组织，是从事人道主义工作的社会救助团体；"依法履行职责"，根据红十字会法的规定，红十字会有九项职责，这里主要是指在战争、武装冲突和自然灾害和突发事件中，履行对伤病人员和其他受害者进行紧急救援和人道救助等职责；"依照第一款的规定处罚"，是指犯本款之罪的，处三年以下有期徒刑、拘役、管制或者罚金。

第四款是关于故意阻碍国家安全机关、公安机关依法执行国家安全工作任务的，构成妨害公务罪及其处刑的规定。根据本款规定，构成本罪应当具备以下条件：第一，实施了故意阻碍的行为。"故意阻碍"，是指明知国家安全机关、公安机关正在依法执行国家安全工作任务，而进行阻挠、妨害。第二，行为人阻碍的是国家安全机关、公安机关依法执行国家安全工作任务。如果阻碍的不是上述两个机关或者上述两个机关执行的不是国家安全工作任务，都不构成本款犯罪。第三，本罪不要求以使用暴力、威胁方法为条件。考虑到国家安全工作的重要性，对造成严重后果的，只要是实施故意阻碍行为，即使未使用暴力、威胁方法，也要追究刑事责任。第四，必须造成严重后果。这里所说的"严重后果"，主要是指致使国家安全机关、公安机关执行国家安全工作任务受到严重妨害，如严重妨害对危害国家安全犯罪案件的侦破，或者造成严重的政治影响。犯本款之罪的，"依照第一款的规定处罚"，即处三年以下有期徒刑、拘役、管制或者罚金。需要指出的是，只要以暴力、威胁方法阻碍国家安全机关、公安机关依法执行国家安全工作任务的，即构成妨害公务罪；对于以非暴力、威胁方式故意阻碍国家安全机关、公安机关依法执行国家安全工作任务，必须是造成严重后果的，才能构成妨害公务罪。

第五款是袭警罪及其处刑的规定。根据本款规定，构成本款规定的犯罪应当具备以下条件：第一，必须是实施了暴力袭击的行为。这里所说的"暴力袭击"人民警察，根据最高人民法院、最高人民检察院、公安部《关于依法惩治袭警违法犯罪行为的指导意见》第一条规定，对正在依法执行职务的民警实施下列行为的，属于"暴力袭击正在依法执行职务的人民警察"：（1）实施撕咬、踢打、抱摔、投掷等，对民警人身进行攻击的行为；（2）实施打砸、毁坏、抢夺民警正在使用的警用车辆、警械等警用装备，对民警进行人身攻击的行为。第二，暴力袭击的对象必须是正在依法执行职务的人民警察，如果行为人袭击的对象不是人民警察而是其他国家机关工作人员，或者袭击的人民警察不是正在依法执行职务，都不构成本款规定的犯罪，对于袭击其他依法执行职务的国家机关工作人员，构成妨害公务罪的，依照第一款规定处罚。根据本款规定，对袭警罪规定了两档刑，第一档刑，处三年以下有期徒刑、拘役或者管制。第二档刑，对于使用枪支、管制刀具或者以驾驶机动车撞击等手段，严重危及其人身安全的，处三年以上七年以下有期徒刑。这里所说的"使用枪支、管制刀具，或者以驾驶机动车撞击等手段"，是指行为人袭击警察时使用了枪支、管制刀具，或者采用驾驶机动车撞击等手段进行。所谓"严重危及人身安全"，是指行为人使用枪支、管制刀具或者以驾驶机动车撞击等手段，必须要达到严重危及警察人身安全的程度，如果只是使用玩具枪甚至一些伤害能力很低的仿真枪等，不可能危及警察的人身安全，则不能适用第二档刑。

【实践中需要注意的问题】

1. 本条规定的是阻碍国家机关工作人员依法执行职务的犯罪行为，对于阻碍非国家机关工作人员执行职务的行为不构成本罪，对于阻碍依照法律、法规规定行使国家行政管理职权的组织从事公务的人员，或者阻碍在受国家机关委托代表国家机关行使职权的组织中从事公务的人员，或者虽未列入国家机关人员编制但在国家机关中从事公务的人员，在代表国家机关行使职权时的行为，是否构成本罪，不能一概而论，一般情况下不能适用妨害公务罪，妨害公务罪是针对特定对象所作的规定，如阻碍国家机关工作人员、代表、红十字会工作人员、执行国家安全工作任务、警察等人员依法履行职务的行为。对于特殊情况下需要适用本条，也应当从严把握。

2. 行为人以暴力方法阻碍国家机关工作人员、人大代表、红十字会工作人员等依法执行职务，如果实施了故意伤害、故意杀人等行为的，依照处罚较重的规定定罪处罚。行为人阻碍非国家机关工作人员依法执行职务，如果实施了故意伤害、故意杀人等行为的，应当依照故意伤害罪、故意杀人罪等定罪处罚。

3. 行为人实施的阻碍国家机关工作人员依法执行职务的行为，有的情节较轻，尚不构成犯罪的，应当根据情况予以治安处罚，我国治安管理处罚法第五十条中规定："有下列行为之一的，处警告或者二百元以下罚款；情节严重的，处五日以上十日以下拘留，可以并处五百元以下罚款：……（二）阻碍国家机关工作人员依法执行职务的……阻碍人民警察依法执行职务的，从重处罚。"

4. 在适用本条第五款规定的袭警罪时需要注意以下几点：一是本款规定

的警察既包括执行刑事追诉相关的侦查职责的警察，也包括根据其他法律执行治安管理等职责的警察；既包括公安机关、国家安全机关、监狱的人民警察，也包括人民法院、人民检察院的司法警察。二是实践中对正在依法执行职务的民警虽未实施暴力袭击，但以实施暴力相威胁，或者采用其他方法阻碍人民警察执行职务的，则不构成袭警罪，符合刑法第二百七十七条第一款规定的，应当以妨害公务罪定罪处罚。三是行为人只是辱骂民警，或者实施袭警情节轻微，如抓挠、一般的肢体冲突等，尚不构成犯罪，但构成违反治安管理行为的，应当依法给予治安管理处罚。四是行为人暴力袭击正在执行职务的人民警察，造成人民警察重伤、死亡或者其他严重后果，构成故意伤害罪、故意杀人罪等犯罪的，依照处罚较重的规定定罪处罚。五是行为人如果以暴力方法抗拒缉私的，根据刑法第一百五十七条规定，以走私罪和本条规定的阻碍国家机关依法执行职务罪，依照数罪并罚的规定处罚。也就是说，如果行为人以暴力方法抗拒人民警察缉私的，应当依照走私罪和本条第五款规定的袭警罪数罪并罚；如果行为人以暴力方法抗拒其他国家机关工作人员缉私的，应当依照走私罪和妨害公务罪数罪并罚。六是本款规定的核心在于通过维护警察执法权威进而维护法律的权威，这里的法律既包括作为执法依据的法律，也包括规范管理对象的实体与程序权利的法律，因此，在执行中要统筹考虑合理用警，规范执法与渎职追责，避免暴力执法、情绪执法，要注意公权力违法对法治权威的损害甚至更大。执法要有力度，也要有温度，要充分重视发挥包括警察在内的执法主体对于维护和促进社会和谐、化解社会矛盾方面的重要作用。

第二百七十八条 【煽动暴力抗拒法律实施罪】

煽动群众暴力抗拒国家法律、行政法规实施的，处三年以下有期徒刑、拘役、管制或者剥夺政治权利；造成严重后果的，处三年以上七年以下有期徒刑。

【条文精解】

本条是关于煽动暴力抗拒法律实施罪的规定。

构成本罪应当同时具备以下条件：一是行为人实施了具体煽动行为。这里所说的"煽动"，是指故意以语言、文字、图形、音频、视频等方式公然诱惑、鼓动群众的行为。煽动的方式多种多样，既可以采用张贴标语、分发传单、发送书信等书面形式,也可以采取劝说、发表演讲等口头形式,还可以通过广播、电视、录像、报刊、计算机网络、移动通讯等媒体传播的方式。二是煽动的对象是群众。这里所说的"群众",是指不特定的人群,对于群众的认定,应当具体情况具体分析,不能简单以人数多少进行衡量,需要从被煽动的对象和范围、煽动的方式和煽动的内容等方面综合判断。三是煽动的内容应当是暴力抗拒法律、行政法规的实施。所谓"暴力抗拒国家法律、行政法规实施",是指以伤害、杀害执法人员等暴力方式,抗拒国家法律、行政法规的执行。这里的"抗拒",是指抵抗、公然对抗等;"国家法律",是指全国人民代表大会及其常务委员会通过的法律和法律性文件;"行政法规",是指国务院制定的行政法规。本条规定的犯罪,煽动的内容必须是试图使群众使用暴力手段来抗拒国家法律、行政法规的实施,如果不是鼓动群众使用暴力抗拒,不构成本罪。

在处刑上,本条根据犯罪情节轻重,规定了两档刑罚:(1)构成犯罪的,处三年以下有期徒刑、拘役、管制或者剥夺政治权利。(2)造成严重后果的,处三年以上七年以下有期徒刑。所谓"造成严重后果",主要是指由于煽动行为,严重妨碍了法律、行政法规的实施;或者导致被煽动的群众在使用暴力抗拒国家法律实施过程中,造成人身伤亡或者财产损失;造成工作、生产、教学、科研活动不能正常进行;导致部分地区社会秩序混乱、社会动荡不安;以及由于煽动行为,造成了十分恶劣的社会影响;等等。

【实践中需要注意的问题】

1.根据本条规定,行为人必须实施了煽动群众暴力抗拒法律、行政法规实施的行为才构成犯罪,如果行为人虽有煽动行为,但煽动的内容不是暴力抗拒法律、行政法规实施,而是以正当合法的方式表达对法律、行政法规的不同见解和看法,不构成本条规定的犯罪。随着我国经济社会的发展,在社会转型过程中难免会出现社会矛盾,实践中要把群众对法律、行政法规有意见或者对执法机关的某些行为一时不满,在群众中讲一些不满或者过激的言语,以及鼓动群众提出正当诉求,与煽动群众暴力抗拒国家法律、行政法规实施的行为区分开,认定煽动暴力抗拒法律实施罪,需要根据行为人煽动的方式、内容等,可能导致被煽动者实施暴力抗拒法律、行政法规的结果来确定,严格划分罪与非罪的界限。

2.实践中要注意区分煽动暴力抗拒法律实施罪与教唆他人犯罪的界限,两种犯罪行为的手段方式相同,但也存在不同。煽动暴力抗拒法律实施罪,具有广泛的蛊惑性，其目的是通过怂恿、鼓动群众起来暴力抗拒法律、行政法规的实施，其犯罪的指向是对抗国家法律、行政法规的实施；而教唆他人犯罪一般就具体的犯罪行为进行唆使、怂恿、威胁、利诱，或者通过各种方式向他人灌输犯罪思想，促使他人实施犯罪行为，其犯罪的指向不是对抗国家法律、行政法规的实施。

第二百七十九条 【招摇撞骗罪】

冒充国家机关工作人员招摇撞骗的，处三年以下有期徒刑、拘役、管制或者剥夺政治权利；情节严重的，处三年以上十年以下有期徒刑。

冒充人民警察招摇撞骗的，依照前款的规定从重处罚。

【条文精解】

本条是关于招摇撞骗罪的规定。

本条共分两款。本条第一款是关于冒充国家机关工作人员招摇撞骗的犯罪及其处刑的规定。根据本款规定，招摇撞骗罪，是指为谋取非法利益，假冒国家机关工作人员进行招摇撞骗活动，损害国家机关形象、威信和正常活动，扰乱社会公共秩序的行为。构成本罪应当具备以下条件：一是行为人实施了冒充国家机关工作人员的行为。这里规定的"冒充国家机关工作人员"，是指非国家机关工作人员假冒国家机关工作人员的身份、职位，或者某一国家机关工作人员冒用其他国家机关工作人员的身份、职位的行为。冒充的国家工作人员既可以是确有其人也可以是行为人杜撰、虚构的职务和人员。这里的"国家机关工作人员"，是指在国家机关中从事公务的人员。其中国家机关包括国家权力机关、行政机关、司法机关、军事机关，根据我国的政治生活实际情况，中国共产党的各级机关、政治协商会议各级机关也属于国家机关的范围。国家机关是依据宪法和法律设立的，依法承担一定的国家和社会公共事务的管理职责和权力的组织，国家机关工作人员也相应依据宪法和法律享有一定职权。本款规定的犯罪，行为人冒充的对象必须是国家机关工作人员，如果冒充的是非国家机关工作人员，如冒充高干子弟、企业家、教师等，不构成本罪。二是行为人实施了招摇撞骗的行为。这里的"招摇撞骗"，是指行为人为谋取非法利益，以假冒的国家机关工作人员的身份到处炫耀，利用人们对国家机关工作人员的信任，骗取地位、荣誉、待遇以及玩弄女性等非法利益。如果行为人冒充国家机关工作人员不是为了获取非法利益；或者行为人只是出于满足虚荣心，仅仅实施了冒充国家机关工作人员的行为，但并未借此实施骗取非法利益的行为，则不构成本罪。在刑罚设置上，根据情节轻重，本款对冒充国家机关工作人员招摇撞骗罪规定了两档处刑：（1）构成犯罪的，处三年以下有期徒刑、拘役、管制或者剥夺政治权利。（2）情节严重的，处三年以上十年以下有期徒刑。所谓"情节严重的"，主要是指多次冒充国家机关工作人员进行招摇撞骗的；或者造成恶劣影响，严重损害国家机关形象和威信的；或者造成被骗人精神失常、自杀等严重后果的；等等。

第二款是关于冒充人民警察招摇撞骗从重处罚的规定。本款所说的"人民警察"，是指公安机关、国家安全机关、监狱、戒毒场所的人民警察和人民法院、人民检察院的司法警察。根据人民警察法第六条规定，公安机关人民警察担负着预防、制止和侦查违法犯罪活动；维护社会治安秩序，制止危害社会治安秩序的行为；维护交通安全和交通秩序，处理交通事故；组织、实施消防工作，实施消防监督；管理枪支弹药、管制刀具和易燃易爆、剧毒、放射性等危险物品；对法律、法规规定的特种行业进行管理；警卫国家规定的特定人员，守卫重要的场所和设施；管理集会、游行、示威活动；管理户政、国籍、入境出境事务和外国人在中国境内居留、旅行的有关事务；维护国（边）境地区的治安秩序；对被判处拘役、剥夺政治权利的罪犯执行刑罚；监督管理计算机信息系统的安全保护工作；指导和监督国家机关、社会团体、企业事业组织和重点建设工程的治安保卫工作，指导治安保卫委员会等群众性组织的治安防范工作的职责以及法律、法规规定的其他职责。监狱法第五条规定，监狱的人民警察依法管理监狱、执行刑罚、对罪犯进行教育改造等活动。人民法院组织法第五十条规定，人民法院的司法警察负责法庭警戒、人员押解和看管等警务事项。人民检察院组织法第四十五条规定，人民检察院的司法警察负责办案场所警戒、人员押解和看管等警务事项。为了便于人民警察依法履行职责，人民警察配备专用的警用标志、制式服装和警械，同时，刑事诉讼法、治安管理处罚法、人民警察法、反恐怖主义法、监狱法、枪支管理法等有关法律还赋予了人民警察一定的职权，如有权盘问、检查、搜查，查封、扣押、冻结财物，采取监控等技术侦查措施、采取拘留、逮捕等措施，有权使用警械、枪支等。因此，冒充人民警察进行招摇撞骗的，既损害人民警察的尊严，破坏人民警察在群众中的形象，又损害国家司法机关的权威，严重危害社会管理秩序，应当从重惩处。根据本款规定，冒充人民警察招摇撞骗的，依照前款的规定从重处罚，也就是说冒充人民警察招摇撞骗的，在"三年以下有期徒刑、拘役、管制或者剥夺政治权利"这一档刑幅度内适用相对较重的刑种或者处以相对较长的刑期；对符合情节严重的，在"三年以上十年以下有期徒刑"这一档刑幅度内处以相对较长的刑期，体现从重处罚的立法精神。

【实践中需要注意的问题】

1. 应当注意区分招摇撞骗罪与诈骗罪的界限。两罪主要有以下不同：一是侵犯的客体不同，诈骗罪侵犯的客体是公私合法财产利益；而招摇撞骗罪侵犯的客体是国家机关的威信和形象。二是行为手段不同，招摇撞骗罪的行为人使用的手段只限于冒充国家机关工作人员的身份和职权；而诈骗罪的手段并无此限制，可以是以任何虚构事实、隐瞒真相的方式、手段，骗取被害人的信任，获取财物。三是骗取的对象不同，诈骗罪骗取的对象只限于公私财物，并且要求骗取财物达到一定的数额；招摇撞骗罪骗取的对象主要不是财产，而是财产以外的其他利益，如地位、待遇、荣誉等，即使骗取一定数量的财产，也没有数额的限制，如果行为人冒充国家机关工作人员的目的是骗取财物，应当以诈骗罪处罚。此外，根据最高人民法院、最高人民检察院《关于办理诈骗刑事案件具体应用法律若干问题的解释》第八条规定，冒充国家机关工作人员进行诈骗，同时构成诈骗罪和招摇撞骗罪的，依照处罚较重的规定定罪处罚。

2. 对于已经离休、退休、离职、辞职、被辞退、被开除等曾在国家机关从事公务活动的人员，如果不再享有依法履行公务的职权，这类人员冒充现职的国家机关工作人员进行招摇撞骗的，也应以招摇撞骗罪论处。

3. 实践中，有的地方根据社会治安形势发展和公安工作实际需要，由地方人民政府或者公安机关通过向社会力量购买服务的方式，招聘相关人员，为公安机关日常运转和警务活动提供辅助支持的警务辅助人员，也称为"辅警"。辅警虽然根据有关规定，承担协助警察开展工作的部分职责，但他们不属于人民警察，如果行为人冒充辅警实施招摇撞骗，不属于冒充人民警察的犯罪，不能适用本条第二款关于冒充人民警察招摇撞骗从重处罚的规定。

中华人民共和国刑法立法精解（下）

> **第二百八十条** 【伪造、变造、买卖国家机关公文、证件、印章罪】【盗窃、抢夺、毁灭国家机关公文、证件、印章罪】【伪造公司、企业、事业单位、人民团体印章罪】【伪造、变造、买卖身份证件罪】
>
> 伪造、变造、买卖或者盗窃、抢夺、毁灭国家机关的公文、证件、印章的，处三年以下有期徒刑、拘役、管制或者剥夺政治权利，并处罚金；情节严重的，处三年以上十年以下有期徒刑，并处罚金。
>
> 伪造公司、企业、事业单位、人民团体的印章的，处三年以下有期徒刑、拘役、管制或者剥夺政治权利，并处罚金。
>
> 伪造、变造、买卖居民身份证、护照、社会保障卡、驾驶证等依法可以用于证明身份的证件的，处三年以下有期徒刑、拘役、管制或者剥夺政治权利，并处罚金；情节严重的，处三年以上七年以下有期徒刑，并处罚金。

【条文精解】

本条是关于伪造、变造、买卖国家机关公文、证件、印章罪，盗窃、抢夺、毁灭国家机关公文、证件、印章罪，伪造公司、企业、事业单位、人民团体印章罪，伪造、变造、买卖身份证件罪及其处刑的规定。

本条共分三款。第一款是关于伪造、变造、买卖国家机关公文、证件、印章罪，盗窃、抢夺、毁灭国家机关公文、证件、印章罪及其处刑的规定。

构成第一款规定的犯罪需具备以下条件：一是行为人在主观上是出于故意，至于行为人出于何种动机不影响本罪成立。二是行为人在客观上实施了伪造、变造、买卖或者盗窃、抢夺、毁灭国家机关公文、证件、印章的行为。本款规定的"伪造"，是指没有制作权的人，冒用名义，非法制作国家机关的公文、证件、印章的行为；"变造"，是指用涂改、擦消、拼接等方法，对真实的公文、证件、印章进行改制，变更其原来真实内容的行为；"买卖"，是指非法购买或者出售国家机关公文、证件、印章的行为；"盗窃"，是指秘密窃取国家机关公文、证件、印章的行为；"抢夺"，是指趁保管或者经手人员不备，公然非法夺取国家机关公文、证件、印章的行为；"毁灭"，是指以烧毁、撕烂、砸碎或者其他方法，故意损毁国家机关公文、证件、印章，使其完全毁灭或者失去效用的行为。本款规定的以上几种妨害国家机关公文、证件、印章管理的犯罪行为，行为人可能只实施其中一种，也可能实施几种，行为人只要实施了上述行为之一就构成犯罪。本款规定的"国家机关",是指各级国家权力机关、党政机关、司法机关、军事机关。三是本款规定的犯罪行为侵害的对象,是国家机关公文、证件、印章。这里的"公文",是指国家机关在其职权范围内,以其名义制作的用以指示工作、处理问题或者联系事务的各种书面文件,如决定、命令、议案、决议、指示、公告、通告、通知、通报、报告、请示、批复、信函、电文、会议纪要等;"证件",是指国家机关制作颁发的用以证明身份、权利义务关系或者有关事实的凭证,主要包括工作证、结婚证、户口簿、营业执照等证件、证书;"印章",是指刻有国家机关组织名称的公章或者某种特殊用途的专用章。

根据犯罪情节轻重,第一款对妨害国家机关公文、证件、印章管理的犯罪规定了两档刑:(1)对实施该款行为的,处三年以下有期徒刑、拘役、管制或者剥夺政治权利,并处罚金。(2)情节严重的,处三年以上十年以下有期徒刑,并处罚金。这里的"情节严重",主要是指多次或者大量伪造、变造、买卖、盗窃、抢夺、毁灭国家机关公文、证件、印章的;妨害国家机关重要的公文、证件、印章的管理的;造成恶劣的政治影响、重大的经济损失等严重危害后果的;动机、目的恶劣的,如出于打击报复或者诬陷他人的目的的;等等。

本条第二款是关于伪造公司、企业、事业单位、人民团体印章犯罪的规定。

公司、企业、事业单位、人民团体在经济活动、社会事务中需要通过某种文书确定一定的权利义务关系,并加盖单位的印章确认这些文书的法律效力,伪造上述单位的印章具有一定的社会危害性,影响他们在社会活动中的信誉,本款将这类行为规定为犯罪。构成第二款规定的犯罪应当具备以下条件:一是行为人在主观上是出于故意,至于行为人出于何种动机不影响本罪成立。二是行为人实施了伪造公司、企业、事业单位、人民团体印章。这里所说的"公司",是指根据公司法第二条规定,依照公司法在中国境内设立的有限责任公司和股份有限公司;"企业",是指以盈利为目的,从事生产、流通、科技、服务等活动的社会经济组织;"事业单位",是指依照法律、行政法规或有关规定成立,从事教育、科技、文化、卫生等社会服务的组织,事业单位一般不以营利为目的;"人民团体",是指人民群众团体,包括工会、共青团、妇联、科协、侨联、台联、青联、工商联等单位。三是本款规定的犯罪行为侵害的对象,是公司、企业、事业单位、人民团体印章。这里所说的"印章",是指刻有公司、企业、事业单位、人民团体组织名称的图章或者某种特殊用途的专用章。1997年修订刑法时，考虑到公司、企业、事业单位、人民团体的公文、证件较为复杂，对于伪造、变造、盗窃、抢夺、毁灭公司、企业、事业单位、人民团体的公文、证件以及变造、盗窃、抢夺、毁灭公司、企业、事业单位、人民团体的印章等行为不再作为犯罪处理。

根据第二款规定，对犯伪造公司、企业、事业单位、人民团体印章罪的，处三年以下有期徒刑、拘役、管制或者剥夺政治权利，并处罚金。

本条第三款是关于伪造、变造、买卖居民身份证、护照、社会保障卡、驾驶证等依法可以用于证明身份的证件犯罪的规定。

构成第三款规定的犯罪须具备以下条件：一是行为人在主观上是出于故意，至于行为人出于何种动机不影响本罪成立。二是行为人客观上实施了"伪造、变造、买卖"居民身份证、护照、社会保障卡、驾驶证等依法可以用于证明身份的证件的行为。其中，"伪造"是指制作虚假的居民身份证等依法可以用于证明身份的证件；"变造"，是对真的身份证件进行改制，变更其原有真实内容的行为；"买卖"，是指为了某种目的，非法购买或者销售这些身份证件的行为。三是本款规定的犯罪行为侵害的对象，是居民身份证、护照、社会保障卡、驾驶证等依法可以用于证明身份的证件。

其中，"居民身份证"是具有中华人民共和国国籍并定居在中国境内的居民的有效证件，由公安机关依照居民身份证法制作、发放，因其信息直接来源于全国人口基本信息库，信息真实可靠，携带方便，运用最为广泛，是专门供公民在参与各项社会事务和社会活动时用于证明身份的证件。居民身份证法第十三条规定，公民从事有关活动，需要证明身份的，有权使用居民身份证证明身份，有关单位及其工作人员不得拒绝。

"护照"，是由公民国籍所在国发给公民的一种能在国外证明自己身份的证件，是公民出入本国国境口岸和到国外旅行、居留时的必备证件。这里的护照，既包括中国公民依法申领的由中国有关主管部门发放的护照，也包括外国人持有的相关国家主管部门发放的护照。我国护照法对护照作为身份证明文件有明确规定，护照法第二条规定，中华人民共和国护照是中华人民共和国公民出入国境和在国外证明国籍和身份的证件。出境入境管理法第十四条规定，定居国外的中国公民在中国境内办理金融、教育、医疗、交通、电信、社会保险、财产登记等事务需要提供身份证明的，可以凭本人的护照证明其身份。

"社会保障卡"，是社会保障主管部门依照规定向社会保障对象发放的拥有多种功能的证件。根据我国居民身份证法第十四条的规定，除以居民身证证明身份外，在特定情况下，可以使用符合国家规定的其他证明方式证明身份。社会保险法第五十八条规定，国家建立全国统一的个人社会保障号码，个人社会保障号码为公民身份证号码。社会保障卡以公民身份证号码为统一的信息标识，公民持卡可以进行医疗保险个人帐户结算，领取社会保险金，享受其他社会保险待遇等。有关社会保障部门开展相关管理工作时，医院、养老金发放机构等组织为持卡公民办理结算、支付等业务时，都需要以社会保障卡作为对权利人进行身份识别的凭证；采用计算机技术管理的社会保障相关信息系统，往往也需要以社会保障卡作为身份识别的工具。如按照人力资源和社会保障部、国家卫生与计划生育委员会制定的工伤职工劳动能力鉴定管理办法第八条规定，申请劳动能力鉴定应当提交工伤职工的居民身份证或者社会保障卡等其他有效身份证明原件和复印件。因此，社会保障卡既是公民享受社会保障待遇的权利凭证，同时也具有社会保障权利人身份证明的属性。

"驾驶证"，是指机动车驾驶证。我国机动车驾驶证是道路交通管理部门依照道路交通安全法发放的，用于证明持证人具有相应驾驶资格的凭证。驾驶证也是采用全国统一的公民身份证号码作为身份识别标识。在社会生活中，驾驶证除了作为驾驶资格的证明外，在与交通管理有关的很多场合也被作为身份证明加以使用。比如，一些地方以摇号方式发放机动车号牌的，规定申请人要同时登记驾驶证和居民身份证号。又如，在有交通违章时，车辆驾驶人凭行驶证和驾驶证去交通管理部门接受处理，这时的驾驶证也起证明车辆驾驶人身份的作用。因此，与社会保障卡类似，驾驶证也属于依法可以用于证明身份的证件。

第三款根据犯罪情节轻重，对伪造、变造、买卖居民身份证、护照、社会保障卡、驾驶证等依法可以用于证明身份的证件的犯罪规定了两档刑：（1）对实施该款行为的，处三年以下有期徒刑、拘役、管制或者剥夺政治权利，并处罚金。（2）情节严重的，处三年以上七年以下有期徒刑，并处罚金。这里的"情节严重"，司法实践中可以主要根据行为人伪造、变造、买卖的证件的数量、非法牟利的数额、给他人造成的经济损失等情节确定。

【实践中需要注意的问题】

1. 在实际生活中，除居民身份证、护照、社会保障卡、驾驶证这四类证件外，还有一些被单位或者个人在一定范围、领域内使用，实际起到证明身份作用的证件，如各种会员卡、会员证、上岗证等，这些证件能否认定为本款规定的"依法可以用于证明身份的证件",对此需要慎重研究。本款明确规定的依法可以用于证明身份的证件包括居民身份证、护照、社会保障卡、驾驶证这四类证件,其中护照、社会保障卡、驾驶证是《刑法修正案(九)》增加的。关于证件的范围,在《刑法修正案(九)》研究、审议过程中,是经广泛听取意见,在各方面共识的基础上确定的。居民身份证、护照可以说是专门用于证明身份的证件,社会保障卡、驾驶证则属于兼具证明身份功能,在社会生活和相关管理活动中被广泛使用,且其证明效力也为法律所认可的证件。这四类证件之所以被社会广泛认可,是因为他们有一些共同的属性:一是具有权威性,由国家有关主管部门依法统一制作发放。二是具有统一性,采用全国统一标准,以具有唯一性的居民身份证号码作为识别信息,并附有照片等重要身份识别信息,可识别性强。三是持证人的广泛性,发放数量大,具有较好的应用基础。目前居民身份证的实有持证人口已经超过10亿,社会保障卡的持有人数已经超过7亿,驾驶证的持有人数已经超过3亿。因此,对"依法可以用于证明身份的证件"的范围,实践中应当严格按照法律规定的范围掌握。如果在实践中,在上述权威性、统一性、广泛性等方面与法律明确列举的四类证件具有相当性,确属应当作为"依法可以用于证明身份的证件",可通过法律解释等方式予以明确。需要强调的是,对证件的范围严格按照法律规定掌握,并非对伪造、变造、买卖这四类证件之外的其他证件的行为不能够依法处理。实际上其中多数行为可以根据本条第一款、第二款的规定,以伪造、变造、买卖国家机关证件、印章罪,伪造公司、企业、事业单位、人民团体印章罪追究。还有一些,可以根据治安管理处罚法的规定处理。

2. 根据本条第三款规定,买卖居民身份证、护照、社会保障卡、驾驶证,既包括买卖真证,也包括买卖伪造、变造的证件。实际上本条第一款关于买卖国家机关公文、证件、印章犯罪的规定也存在这一问题,为明确该问题,1998年12月29日全国人大常委会《关于惩治骗购外汇、逃汇和非法买卖外汇犯罪的决定》第二条明确规定,买卖伪造、变造的海关签发的报关单、进口证明、外汇管理部门核准件等凭证和单据或者国家机关的其他公文、证件、印章的,依照刑法第二百八十条的规定定罪处罚。即无论买卖真实的国家机关公文、证件、印章,还是买卖伪造、变造的国家机关公文、证件、印章,都属于刑法规定的买卖国家机关公文、证件、印章犯罪。这一规定的精神也是同样适用于本条第三款的。对于买卖伪造的国家机关证件的行为,应当如何适用刑法,最高人民检察院法律政策研究室在《关于买卖伪造的国家机关证件行为是否构成犯罪问题的答复》中明确规定，对于买卖伪造的国家机关证件的行为，依法应当追究刑事责任的，可适用刑法第二百八十条第一款的规定以买卖国家机关证件罪追究刑事责任。

> 第二百八十条之一 【使用虚假身份证件、盗用身份证件罪】
> 在依照国家规定应当提供身份证明的活动中，使用伪造、变造的或者盗用他人的居民身份证、护照、社会保障卡、驾驶证等依法可以用于证明身份的证件，情节严重的，处拘役或者管制，并处或者单处罚金。
> 有前款行为，同时构成其他犯罪的，依照处罚较重的规定定罪处罚。

【条文精解】

本条是关于使用虚假身份证件、盗用身份证件罪及其处刑的规定。

本条共分两款。第一款是关于使用伪造、变造的或者盗用他人的居民身份证、护照、社会保障卡、驾驶证等依法可以用于证明身份的证件的处刑规定。

构成第一款规定的犯罪须具备以下条件：

第一，行为人在主观上是故意，至于行为人出于何种动机不影响本罪成立。包括两种情形：一种是行为人明知这些身份证件是伪造、变造的或者可能是变造、伪造的，仍然予以使用。另一种是行为人明知是他人的身份证件，仍然盗用他人名义予以使用。

第二，行为人客观上在依照国家规定应当提供身份证明的活动中，实施了使用伪造、变造的或者盗用他人的居民身份证、护照、社会保障卡、驾驶证等依法可以用于证明身份的证件的行为。这里"依照国家规定应当提供身份证明"中的"国家规定"，是指全国人民代表大会及其常务委员会制定的法律和决定，国务院制定的行政法规、规定的行政措施、发布的决定和命令。这里的"使用"，是指出示、提供等，也就是行为人为了某种特定的目的而向查验的单位和人员出示、提供伪造、变造的身份证件的行为。实际生活中需要出示身份证件以证明身份的情况很多，相应的在这些活动中使用假身份的情形也很多，刑法之所以规定在"依照国家规定应当提供身份证明"的活动中使用伪造、变造、盗用他人身份证件构成犯罪，主要是因为国家规定应当提供身份证明的活动都是比较重要的经济社会活动或者管理事项，在这些活动中使用虚假身份，会严重扰乱相关管理秩序，具有较为严重的社会危害性。

如居民身份证法第十四条规定,公民在常住户口登记项目变更、兵役、婚姻、收养登记、申请办理出境手续等事项中,应当出示居民身份证证明身份。依法未取得居民身份证的公民可以使用国家规定的其他证明方式证明身份。出境入境管理法第十一条规定,中国公民出境入境,应当向出入境边防检查机关交验本人的护照或者其他旅行证件等出境入境证件。反洗钱法第十六条规定,金融机构在与客户建立业务关系或者为客户提供规定金额以上的现金汇款、现钞兑换、票据兑付等一次性金融服务时,应当要求客户出示真实有效的身份证件或者其他身份证明文件。《危险化学品安全管理条例》第三十九条规定,申请取得剧毒化学品购买许可证,申请人应当提交经办人的身份证明。《易制毒化学品管理条例》第十八条规定,经营单位销售第一类易制毒化学品时,应当查验购买许可证和经办人的身份证明。在上述这些活动中,如果使用伪造、变造的或者盗用他人的身份证件,情节严重,构成犯罪的,就应当依照本条规定追究刑事责任。需要补充说明的是,在正常经济社会活动中需要证明自己身份时,使用虚假身份证件或者盗用他人名义以冒充他人身份的行为,都是违法行为。对这些行为,即使按照本款上述规定不属于"依照国家规定应当提供身份证明"的活动,因而不构成本款规定的犯罪,也并不意味着对这些行为不依法作相应处理。从实际情况看,其中很多行为属于违反治安管理处罚法和相关证件管理或者行政管理事项的法律法规的行为,对这些行为应当区别不同情况,依照治安管理处罚法和居民身份证法、护照法等相关法律法规规定予以治安管理处罚或者其他行政处罚。

这里的"伪造、变造",在本书对刑法第二百八十条的解释中已作说明,这里不再赘述。这里的"盗用",是指盗用他人名义,使用他人的居民身份证、护照、社会保障卡、驾驶证等依法可以用于证明身份的证件的行为。盗用的一般是他人真实的身份证件,包括捡到他人的身份证件后冒用,购买他人的身份证件后冒用,也包括盗窃他人的身份证件后冒用等。实际生活中,还有一些是经过身份证件持有人本人同意或者与其串通,冒用证件所有人名义从事相关经济社会活动的情况。这种行为因为不存在盗用本人名义的情况,因而不属于本款规定的"盗用",但对这些行为并非一律不作处理,具体要视冒用的情况而定。有的可以根据相关法律规定予以行政处罚,如居民身份证法第十七条规定,冒用他人居民身份证的,由公安机关罚款或者拘留,并没收违法所得;治安管理处罚法第五十一条规定,冒充国家机关工作人员或者以其他虚假身份招摇撞骗的,处五日以上十日以下拘留,可以并处五百元以下罚款;情节较轻的,处五日以下拘留或者五百元以下罚款。此外,为实施违法犯罪行为而冒用他人名义的，还可能构成其他犯罪。这种情况下，对其冒用身份证件的行为虽然不能依照本款处理，但其所实施的具体犯罪行为应当依照刑法相关规定处理。如与上游犯罪行为人串通，冒用其名义实施洗钱行为的，应当依照刑法第一百九十九条的规定追究其洗钱罪刑事责任。

关于第一款规定的犯罪行为的对象，即居民身份证、护照、社会保障卡、驾驶证等依法可以用于证明身份的证件，在本书对刑法第二百八十条的解释中已作说明，这里不再赘述。需要注意的是，关于依法可以用于证明身份的证件的范围，为防止出现打击面过大的情况，目前列明的是居民身份证、护照、社会保障卡、驾驶证这四类证件，实践中应当从严掌握。

第三，必须达到情节严重。这是给该罪名设定了入罪门槛，只有情节严重的才能构成本罪，情节一般，危害不大的，不作为犯罪。具体可视情况依照相关法律法规的规定处理。这里的"情节严重"，主要是指使用伪造、变造的或者盗用的次数多、数量大；非法牟利数额大；严重扰乱相关事项的管理秩序；严重损害第三人的人身或者财产权益；使用伪造、变造身份证件从事违法犯罪活动等。

根据第一款规定，构成本罪的，处拘役或者管制，并处或者单处罚金。

第二款是关于有使用伪造、变造的或者盗用他人的依法可以用于证明身份的证件的行为，同时又构成其他犯罪，如何适用法律的规定。

这里主要涉及本条规定的犯罪与诈骗、非法经营、洗钱等犯罪的竞合问题。从实践中的情况看，使用伪造、变造的或者盗用他人身份证件的行为，往往与诈骗、洗钱、非法经营等违法犯罪行为相联系，很多情况下，本款规定的行为往往是行为人实施相关犯罪的手段，行为人的行为同时符合本款规定的犯罪和相关犯罪。这种情况下，根据本款规定，对行为人应当依照处罚较重的规定定罪处罚。例如，根据2014年4月24日全国人民代表大会常务委员会《关于〈中华人民共和国刑法〉第二百六十六条的解释》，行为人以欺诈、伪造证明材料或者其他手段骗取养老、医疗、工伤、失业、生育等社会保险金或者其他社会保障待遇的行为，属于第二百六十六条规定的诈骗公私财物的行为。该解释中所明确列举的诈骗手段就包括使用伪造、变造的或者盗用他人的社会保障卡、居民身份证的行为。在这种情况下，如果行为人的行为构成本款规定的犯罪，又构成诈骗罪的，应当择一重罪定罪处罚。

【实践中需要注意的问题】

借用他人身份证件是否构成盗用身份证件的犯罪，实践中有不同认识，肯定的观点认为本罪保护的客体是身份证件的公共信用，借用尽管取得持件人同意，但本质上仍然属于侵害身份证件的违法行为；否定的观点认为，身份证件是用于证明个人身份的证件类型，身份信息往往与持件人的声誉、财产等权益息息相关，借用行为由于事先取得持件人同意，并未侵害持件人的个人身份信息安全，借用不属于盗用。我们认为，借用是否属于盗用不能一概而论，需要具体情况具体分析，行为人向持件人借用身份证件，如果明确说明借用的目的，且按照该目的使用的，考虑到该借用行为经持件人同意，且没有违背持件人的意愿，一般不宜认定为"盗用"，虽然该行为违反有关证件管理的规定，可以按照其他有关法律规定予以处理。如果行为人借用持件人身份证件，没有按照借用的目的进行使用，或者超越了借用目的使用的，或者使用该身份证件从事违法犯罪活动的，则属于本条规定的"盗用"行为，构成犯罪的，应当依照本条的规定予以处理。

第二百八十条之二 【冒名顶替罪】

盗用、冒用他人身份，顶替他人取得的高等学历教育入学资格、公务员录用资格、就业安置待遇的，处三年以下有期徒刑、拘役或者管制，并处罚金。

组织、指使他人实施前款行为的，依照前款的规定从重处罚。

国家工作人员有前两款行为，又构成其他犯罪的，依照数罪并罚的规定处罚。

【条文精解】

本条是关于冒名顶替罪及其处罚的规定。

2020年《刑法修正案（十一）》增加了本条规定。2020年6月，山东等地陆续曝光陈春秀等多起被冒名顶替上大学事件，性质十分恶劣，严重损害教育公平的公信力，引起舆论高度关注。对此，山东等地开展高等教育学历清查工作，发现数百人存在冒名顶替的情况。河南、湖北等地也陆续曝光多起冒名顶替上大学事件。结合此前曾出现过的2001年山东滕州齐玉苓案、2009年湖南邵东罗彩霞案，冒名顶替上大学等违法行为在一段时期内呈现多发态势，引起各方高度重视。

随着相关案件持续曝光，该类案件的基本情况和后续处置结果也进一步引发舆论关注。从曝光的冒名顶替上大学案件看，涉及多个环节和多方主体。

在环节上，主要包括截取冒领录取通知书、伪造或者违规办理学籍档案、伪造变造户籍和居民身份证等。在主体上，涉及冒名顶替者和被冒名顶替者本人及其近亲属，相关中学、高校的教师和管理人员，生源地教育行政部门、招生考试机构、户籍管理机关、邮局及其工作人员等。相关事件暴露出当时考试招生制度存在的漏洞，为一些公职人员权力寻租、涉考部门违规违纪操作、相关责任人员不积极履职等提供了可乘之机。

2020年6月，十三届全国人大常委会第二十次会议对《刑法修正案（十一）》草案进行了初次审议。在此次会议的审议过程中，有些常委会组成人员提出，冒名顶替上大学行为严重损害他人利益，破坏教育公平和社会公正底线，建议在《刑法修正案（十一）》中增加专门罪名，从严惩处冒名顶替行为，以守护人民群众的"前途安全"。同时，《刑法修正案（十一）》草案在征求意见过程中，中央有关部门、地方和社会公众也建议就冒名顶替行为入刑问题做进一步研究。2020年8月，全国人大常委会法制工作委员会新闻发言人就立法工作有关问题举行记者会回应，全国人大常委会法工委将根据全国人大常委会的审议意见和社会公众意见，积极研究冒名顶替行为入刑问题，进一步做好《刑法修正案（十一）》草案的修改完善工作。2020年10月，十三届全国人大常委会第二十二次会议对《刑法修正案（十一）》草案进行了二次审议。此次会议的全国人民代表大会宪法和法律委员会《关于〈中华人民共和国刑法修正案（十一）草案〉修改情况的汇报》指出，社会上发生的冒名顶替上大学等事件，严重损害他人利益，破坏教育公平和社会公平正义底线，应当专门规定为犯罪。草案二次审议稿在刑法第二百八十条之一后增加一条，将盗用、冒用他人身份，顶替他人取得的高等学历教育入学资格、公务员录用资格、就业安置待遇的行为规定为犯罪，同时规定组织、指使他人实施的，从重处罚。在此次会议的审议过程中，有的常委会组成人员提出，要对"冒名顶替"犯罪背后的"公权力"滥用，加大处罚力度。建议对国家机关工作人员组织、指使或者帮助实施冒名顶替的行为进一步明确法律适用和从严惩处。2020年12月，十三届全国人大常委会第二十四次会议对《刑法修正案（十一）》草案进行了三次审议。此次会议的全国人民代表大会宪法和法律委员会《关于〈中华人民共和国刑法修正案（十一）草案〉审议结果的报告》指出，三次审议稿对该条增加一款规定，国家机关工作人员有前两款行为，又构成其他犯罪的，依照数罪并罚的规定处罚。在此次会议的审议过程中，有的部门和专家反映，实践中"冒名顶替"也有高校管理人员等共同参与，考虑到这些负责招录、安置的人员不是国家机关工作人员，而是接受公务委托承担招录、安置工作的相关人员。对于该类从事公务的人员也应加大惩处力度，予以数罪并罚。因此，将草案中本条第三款规定的"国家机关工作人员"修改为"国家工作人员"，以涵盖因从事公务以国家工作人员论的人员。

本条共分为三款。第一款是关于个人实施冒名顶替行为构成犯罪及其处罚的规定。根据本款规定，盗用、冒用他人身份，顶替他人取得的高等学历教育入学资格、公务员录用资格、就业安置待遇的，追究刑事责任。本款含有以下三层意思：

一是"盗用、冒用他人身份"。这里规定的"盗用、冒用他人身份"，是指盗用、冒用能够证明他人身份的证件、证明文件、身份档案、材料信息以达到自己替代他人的社会或法律地位，行使他人相关权利的目的。这里的"盗用、冒用"包括采用非法手段获取用于证明他人身份的证件、证明文件、身份档案、材料信息后使用，如以伪造、变造、盗窃、骗取、收买或者通过胁迫他人的方式以获取用于证明他人身份的证件、证明文件、身份档案、材料信息后使用；也包括以其他方式获取用于证明他人身份的证件、证明文件、身份档案、材料信息后使用，如捡到他人的能够证明身份的身份证件、证明文件、身份档案、材料信息后以他人名义活动；受他人委托代为保管或因职责保管用于证明他人身份的证件、证明文件、身份档案、信息材料而未经同意使用；他人授权或者同意使用，但是超出授权及同意使用的范围使用他人的能够证明他人身份的证件、证明文件、身份档案、信息材料；以及经与他人交易或者串通，使用他人的能够证明他人身份的证件、证明文件、身份档案、信息材料；取得用于证明他人身份的特定数据信息后以他人身份登录数据信息系统；等等。这里的"他人身份"，是指通过证件、证明文件、身份档案、信息材料等方式予以核实和证实的他人的法律地位。根据实践中的情况，这些证件、证明文件、身份档案、信息材料等包括出生证明、身份证、户口簿、护照、军官证、学籍档案、录取通知书、数字证件等。盗用、冒用的一般是他人真实的身份。

二是"顶替他人取得的高等学历教育入学资格、公务员录用资格、就业安置待遇"。关于"高等学历教育入学资格"，高等教育法第十五条第一款规定，高等教育包括学历教育和非学历教育。第十六条规定，高等学历教育分为专科教育、本科教育和研究生教育。第十九条规定，高级中等教育毕业或者具有同等学力的，经考试合格，由实施相应学历教育的高等学校录取，取得专科生或者本科生入学资格。本科毕业或者具有同等学力的，经考试合格，由实施相应学历教育的高等学校或者经批准承担研究生教育任务的科学研究机构录取，取得硕士研究生入学资格。硕士研究生毕业或者具有同等学力的，经考试合格，由实施相应学历教育的高等学校或者经批准承担研究生教育任务的科学研究机构录取，取得博士研究生入学资格。允许特定学科和专业的本科毕业生直接取得博士研究生入学资格，具体办法由国务院教育行政部门规定。因此，这里的"高等学历教育入学资格"，是指经过考试合格等程序依法获取的高等学历教育（专科教育、本科教育和研究生教育）的入学资格。这里的"公务员录用资格"主要是根据公务员法规定的公务员录用程序取得的公务员录用资格。公务员法第一百零九条规定，在公务员录用、聘任等工作中，有隐瞒真实信息、弄虚作假、考试作弊、扰乱考试秩序等行为的，由公务员主管部门根据情节作出考试成绩无效、取消资格、限制报考等处理；情节严重的，依法追究法律责任。因此，"公务员录用资格"是受法律保护的。这里的"就业安置待遇"是根据法律法规和相关政策规定由各级人民政府对特殊主体予以安排就业、照顾就业等优待。如退役军人保障法第二十二条第四款规定的对退役军士以安排工作方式的安置；英雄烈士保护法第二十一条规定的对英雄烈士遗属按照国家规定享受的就业方面的优待，可能涉及的就业安置；以及国家或地方的相关政策规定的对饮用水水源地迁出原住民的就业安置待遇、受地震等自然灾害袭击地区的受灾群众的就业安置待遇；等等。特殊主体往往要经过严格的程序审核，才能实现落实工作的福利待遇。安置前必须核实身份，如果身份不符合，不能够获得就业安置待遇。此外，实践中，广泛存在提供就业信息、争取上岗机会、帮助岗前培训等一般性的就业服务。这些就业服务面向不特定主体，起到提供就业机会，提高就业成功率的辅助性作用，不能够确保落实工作，与就业安置待遇有性质上的差异。因此，不能将一般性的就业服务等同于这里的"就业安置待遇"。还需要注意，本条规定的"高等学历教育入学资格、公务员录用资格、就业安置待遇"是"他人取得的"，即相关资格和待遇与他人的身份一一对应。行为人要实施"顶替"他人取得的资格和待遇，才能构成本罪。

　　三是行为人实施冒名顶替行为的处罚。行为人触犯本罪的，处三年以下有期徒刑、拘役或者管制，并处罚金。

　　第二款是关于组织、指使实施冒名顶替行为，予以从重处罚的规定。从相关案例反映出，冒名顶替犯罪往往具有较长的犯罪链条，涉及多个环节和多个主体。不少环节上的行为人客观上帮助和推动了冒名顶替行为，主要是受他人的组织和指使。特别是冒名顶替上大学等案件反映出，冒名顶替者本人在实施顶替行为时多数还是学生，有的还是未成年人，实施冒名顶替行为是受家长、学校等其他行为人的安排和指使。因此，有必要对冒名顶替的"幕后"行为人加大处罚力度。本款规定，对组织、指使实施冒名顶替行为的，从重处罚。这里的"组织、指使他人实施前款行为"，实践中主要是组织、指使他人帮助实现冒名顶替，即构成冒名顶替行为的共同犯罪，如伪造、变造、买卖国家机关公文、证件、印章、身份证件等行为。本款规定，组织、指使他人实施冒名顶替行为的，依照第一款的规定从重处罚。

第三款是关于国家工作人员实施冒名顶替相关行为如何处罚的规定。这里的"国家工作人员"根据刑法第九十三条的规定，是指国家机关中从事公务的人员。国有公司、企业、事业单位、人民团体中从事公务的人员和国家机关、国有公司、企业、事业单位委派到非国有公司、企业、事业单位、社会团体从事公务的人员，以及其他依照法律从事公务的人员，以国家工作人员论。实践中，国家工作人员可能使用其公职、公务带来的影响力实施冒名顶替犯罪，或者组织、指使他人实施冒名顶替犯罪。在公职、公务的影响力下，冒名顶替犯罪更容易实施，也更难被发现，具有更加严重的社会危害性，需要予以严惩。根据本款规定，国家工作人员实施冒名顶替犯罪或者组织、指使他人实施冒名顶替犯罪，同时构成其他犯罪的，依照数罪并罚的规定处罚。从相关案件可见，冒名顶替行为涉及的环节和行为较多，可能涉嫌多个罪名。如国家机关工作人员在招收公务员、学生工作中徇私舞弊的，可能构成刑法第四百一十八条"招收公务员、学生徇私舞弊罪"；存在行贿、受贿等腐败行为的，可能涉嫌刑法第一百六十三条"非国家工作人员受贿罪"、第一百六十四条"对非国家工作人员行贿罪"、第三百八十五条"受贿罪"、第三百八十九条"行贿罪"等；存在伪造学籍档案、公文、证件、印章等行为的，可能涉嫌刑法第二百八十条"伪造、变造、买卖国家机关公文、证件、印章罪""伪造、变造、买卖身份证罪"；存在截留、隐匿他人录取通知书的，可能涉嫌刑法第二百五十二条"侵犯通信自由罪"、第二百五十三条"私自开拆、隐匿、毁弃邮件、电报罪"；泄露考生相关信息、篡改考生电子数据信息等行为的，可能涉嫌刑法第二百五十三条之一"侵犯公民个人信息罪"、第二百八十五条"非法侵入计算机信息系统罪""非法获取计算机信息系统数据罪"、第二百八十六条"破坏计算机信息系统罪"等。对此，本款明确，国家工作人员实施本条前两款行为，又构成其他犯罪的，依照数罪并罚的规定处罚。

【实践中需要注意的问题】

从曝光的冒名顶替上大学案件看，情况较为复杂。实践中，需要根据案件的具体情况，分类处理。大体分为以下几种情况：

一是顶替他人入学资格的。主要表现为受害人获得入学资格，但是被其他人通过截留录取通知、篡改学籍档案等方法，冒名顶替入学。受害人一方完全不知情。这些案件数量少，但性质极其恶劣。冒名顶替行为严重损害了受害人的受教育权，严重损害了教育公平的公信力，具有严重的社会危害性，各方对于该种行为应予以刑事处罚，均不持异议。二是顶替他人放弃的入学资格的。因当事人主动放弃入学资格或者将该入学资格交易、赠送的，当事人的受教育权未受到直接侵害。有的观点认为，该种情形情况复杂，当事人自己知悉其入学资格被他人占用，不构成受害人，有时还因交易获利，对于该类无受害者的冒名顶替行为不宜入刑。也有观点认为，虽然获取入学资格的当事人未受侵害，但是顶替行为让没有参加考试或者考试成绩较低的人可以直接入学，损害了考试招录制度的公平和公信力，同时让因他人弃权而按照规则能够递补录取的人员丧失了机会，又侵害了特定对象的利益。这种顶替他人放弃的入学资格的行为，也具有一定的社会危害性，也应予以惩处。三是冒名但未顶替的。据媒体报道，我国有些地方因教育政策原因，一度只允许高中应届生参加高考，因此出现一些冒用他人学籍，使用他人学籍身份参加高考，冒名者自己通过正常考试入学、升学，没有顶替他人的入学资格的情况。对于该类行为，冒用他人身份虽然违反了学籍管理制度，但是没有顶替他人的录取资格，也没有考试作弊、招录舞弊等情况，并未对特定或不特定对象的考试公平和招录公平产生影响。该类行为的社会危害性较低，通过行政处罚可以达到较好的社会效果，没有必要入刑。对此，各方面也不持异议。总体上，本罪的处罚重点应集中在冒用他人身份而顶替入学资格的行为，以切实维护考试招录制度的公平和公信力。

第二百八十一条【非法生产、买卖警用装备罪】

非法生产、买卖人民警察制式服装、车辆号牌等专用标志、警械，情节严重的，处三年以下有期徒刑、拘役或者管制，并处或者单处罚金。

单位犯前款罪的，对单位判处罚金，并对其直接负责的主管人员和其他直接责任人员，依照前款的规定处罚。

【条文精解】

本条是关于非法生产、买卖警用装备罪的规定。

本条共分两款。第一款是关于非法生产、买卖人民警察制式服装、车辆号牌等专用标志、警械的犯罪及处刑规定。

根据第一款规定，构成本罪应当具备以下条件：一是行为侵犯的对象是人民警察制式服装、车辆号牌等专用标志、警械。根据人民警察法等有关规定，人民警察制式服装、专用标志、警械由国务院公安部门统一监制；最高人民法院、最高人民检察院、国家安全部、司法部各自负责本系统警服生产计划，报公安部备案，在公安部指定生产厂的范围内，进行办理；人民警察的警服和专用标志，包括警服纽扣、专用色布以及帽徽、符号、领带、领带卡等，由公安部颁发生产许可证定点生产；警服和专用标志一律不得在市场上买卖；定点生产的工厂要严格按照公安部下达的指标生产，不准计划外私自加工生产、销售。这里规定的"人民警察制式服装"，是指国家专门为人民警察制作的服装。人民警察制式服装是人民警察的重要标志，人民警察穿着警服是依法执行警务的需要，非人民警察一律不准穿着警服；人民警察的"专用标志"，是指为便于社会外界识别，而用来表明人民警察身份或用于表明警察机关的场所、车辆等的外形标记，主要包括车辆号牌、臂章、警徽、警衔标志等；"警械"，是指人民警察在从事执行逮捕、拘留、押解人犯以及值勤、巡逻、处理治安案件等警务时，依法使用的警用器具，根据《人民警察使用警械和武器条例》第三条规定，警械包括警棍、催泪弹、高压水枪、特种防暴枪、手铐、脚镣、警绳等。

二是行为人实施了非法生产、买卖人民警察制式服装、车辆号牌等专用标志、警械的行为。这里规定的"非法生产、买卖"，是指无生产、经营、使用权的单位或个人擅自生产、销售、购买人民警察制式服装、专用标志、警械；或者虽有生产、经营权，但违反有关规定擅自进行生产、销售的行为。

三是必须达到情节严重才构成本罪。这里规定的"情节严重"，主要是指多次非法生产、买卖人民警察制式服装、专用标志、警械或者非法生产、买卖的数量较大或者持续时间较长的；经有关部门责令停止生产、销售、购买，拒不听从的；影响恶劣的；造成其他严重后果的；等等。情节严重是构成本罪的条件，不具有严重情节的不构成本罪。根据最高人民检察院、公安部《关于公安机关管辖的刑事案件立案追诉标准的规定（一）》第三十五条规定："非法生产、买卖人民警察制式服装、车辆号牌等专用标志、警械，涉嫌下列情形之一的，应予立案追诉：（一）成套制式服装三十套以上，或者非成套制式服装一百件以上的；（二）手铐、脚镣、警用抓捕网、警用催泪喷射器、警灯、警报器单种或者合计十件以上的；（三）警棍五十根以上的；（四）警衔、警号、胸章、臂章、帽徽等警用标志单种或者合计一百件以上的;(五)警用号牌、省级以上公安机关专段民用车辆号牌一副以上,或者其他公安机关专段民用车辆号牌三副以上的;(六)非法经营数额五千元以上,或者非法获利一千元以上的;(七)被他人利用进行违法犯罪活动的;(八)其他情节严重的情形。"

根据第一款规定,犯本规定之罪的,处三年以下有期徒刑、拘役或者管制,并处或者单处罚金。

本条第二款是关于单位进行非法生产、买卖人民警察制式服装、专用标志、警械的犯罪及其处刑的规定。根据本款规定,单位犯本条罪的,对单位判处罚金,并对其直接负责的主管人员和其他直接责任人员,依照前款的规定处罚。对于单位犯罪的实行双罚制,即对单位判处罚金;同时对单位的直接负责的主管人员和其他直接责任人员,"依照前款的规定处罚",即处三年以下有期徒刑、拘役或者管制,并处或者单处罚金。

第二百八十二条 【非法获取国家秘密罪】【非法持有国家绝密、机密文件、资料、物品罪】

以窃取、刺探、收买方法,非法获取国家秘密的,处三年以下有期徒刑、拘役、管制或者剥夺政治权利;情节严重的,处三年以上七年以下有期徒刑。

非法持有属于国家绝密、机密的文件、资料或者其他物品,拒不说明来源与用途的,处三年以下有期徒刑、拘役或者管制。

【条文精解】

本条是关于非法获取国家秘密罪,非法持有国家绝密、机密文件、资料、物品罪的规定。

本条共分两款。第一款是关于非法获取国家秘密罪及处刑的规定。根据本款规定,非法获取国家秘密犯罪,是指以窃取、刺探、收买方法,非法获取国家秘密的行为。构成本款规定的犯罪应当具备以下条件:一是行为人实施了非法获取国家秘密的行为。这里的"国家秘密",在保守国家秘密法中已有明确规定,是指关系国家的安全和利益,依照法定程序确定,在一定时间内只限一定范围的人员知悉的事项。该法第九条还规定,下列涉及国家安全和利益的事项,泄露后可能损害国家在政治、经济、国防、外交等领域的安全和利益的,应当确定为国家秘密:(1)国家事务重大决策中的秘密事项;(2)国防建设和武装力量活动中的秘密事项;(3)外交和外事活动中的秘密事项以及对外承担保密义务的秘密事项;(4)国民经济和社会发展中的秘密事项;(5)科学技术中的秘密事项;(6)维护国家安全活动和追查刑事犯罪中的秘密事项;(7)经国家保密行政管理部门确定的其他秘密事项。政党的秘密事项中符合前款规定的,属于国家秘密。第十条规定,国家秘密的密级分为绝密、机密、秘密三级。绝密级国家秘密是最重要的国家秘密,泄露会使国家安全和利益遭受特别严重的损害;机密级国家秘密是重要的国家秘密,泄露会使国家安全和利益遭受严重的损害;秘密级国家秘密是一般的国家秘密,泄露会使国家安全和利益遭受损害。第十一条规定,国家秘密及其密级的具体范围,由国家保密行政管理部门分别会同外交、公安、国家安全和其他中央有关机关规定。军事方面的国家秘密及其密级的具体范围,由中央军事委员会规定。国家秘密及其密级的具体范围的规定,应当在有关范围内公布,并根据情况变化及时调整。根据本款规定,本罪的犯罪对象仅限于国家秘密,未列入国家秘密的情报,以及商业秘密、个人隐私等均不属于本罪的犯罪对象。

二是行为人获取国家秘密的手段是采用窃取、刺探、收买等非法方法。本款规定的"窃取",是指行为人采取非法手段秘密取得国家秘密的行为,如盗窃国家秘密的文件、资料、物品原件,偷拍、偷照、窃听、窃录、电子侦听或者非法侵入网络系统窃取国家秘密文件、资料等;"刺探",是指行为人通过各种途径和手段非法探知国家秘密的行为,如通过交友、闲聊等方式打听、套取国家秘密,以采访、参观、学习、考察等名目,搜集国家秘密,在军事禁区、国家保密单位附近观察、搜集信息等;"收买",是指行为人以给予金钱或者其他物质利益的方法非法得到国家秘密的行为,如用金钱、股票、文物、房产等拉拢保密人员获取国家秘密,或者用美色、帮助安排工作等勾引相关人员获取国家秘密。

根据第一款规定,对非法获取国家秘密的犯罪,处三年以下有期徒刑、拘役、管制或者剥夺政治权利;情节严重的,处三年以上七年以下有期徒刑。是否情节严重,可以从行为人非法获取国家秘密的重要程度、犯罪手段、危害后果等方面衡量。这里所说的"情节严重的",主要是指非法获取绝密级、机密级国家秘密;国家秘密的内容涉及非常重大的事项;非法获取国家秘密已经造成或者有可能造成严重后果的;多次非法获取国家秘密或者非法获取大量国家秘密;其他严重损害国家安全和利益等情形。

本条第二款是关于非法持有属于国家绝密、机密的文件、资料、物品罪及处刑的规定。根据本款规定，构成本罪需要具备以下条件：一是行为人非法持有属于国家绝密、机密的文件、资料或者其他物品。反间谍法第二十四条规定，任何个人和组织都不得非法持有属于国家秘密的文件、资料和其他物品。《反间谍法实施细则》第十七条规定，所称"非法持有属于国家秘密的文件、资料和其他物品"是指：（1）不应知悉某项国家秘密的人员携带、存放属于该项国家秘密的文件、资料和其他物品的；（2）可以知悉某项国家秘密的人员，未经办理手续，私自携带、留存属于该项国家秘密的文件、资料和其他物品的。根据上述规定，本款所说的"非法持有属于国家绝密、机密的文件、资料或者其他物品"，是指根据保守国家秘密法以及国家其他有关规定，不应知悉某项国家绝密、机密的人员持有属于该项国家绝密、机密的文件、资料和其他物品的，或者可以知悉某项国家绝密、机密的人员，未经办理手续，私自持有属于该项国家秘密的文件、资料和其他物品的。具体表现为传递、携带、保存这些文件、资料和物品。"属于国家绝密、机密的文件、资料"，是指依照法定程序确定并且标明为绝密、机密两个密级的文件、资料，不包括秘密一级的文件、资料；属于国家绝密、机密的"其他物品"，是指依照有关法律被确定为国家绝密、机密的物品，如被确定为国家绝密或者机密的先进设备、高科技产品、军工产品等。二是行为人拒不说明来源与用途。所谓"拒不说明来源与用途"，是指在有关机关责令说明其非法持有的属于国家绝密、机密的文件、资料和其他物品的来源和用途时，行为人拒不回答或者作虚假回答。

根据第二款规定，对非法持有国家绝密、机密文件、资料或者其他物品拒不说明来源与用途的犯罪，处三年以下有期徒刑、拘役或者管制。

【实践中需要注意的问题】

1.非法获取国家秘密罪与为境外窃取、刺探、收买、非法提供国家秘密、情报罪的区别。一是两罪的犯罪手段不同。非法获取国家秘密罪的犯罪手段仅限于窃取、刺探、收买；而为境外窃取、刺探、收买、非法提供国家秘密、情报罪的犯罪手段不限于窃取、刺探、收买。二是两罪的犯罪对象不同。非法获取国家秘密罪的犯罪对象仅限于国家秘密；而为境外窃取、刺探、收买、非法提供国家秘密、情报罪的犯罪对象不限于国家秘密，还包括情报。三是两罪的犯罪动机和目的不同。行为人非法获取国家秘密的动机和目的可能是各种各样，有的出于贪财，有的出于好奇，有的出于对国家、社会的不满等，一般来说，只要行为人实施了窃取、刺探、收买国家秘密的行为，即可构成本条第一款规定的非法获取国家秘密罪，而不管其动机、目的如何。但司法实践中应当查明行为人非法获取国家秘密的动机和目的，如果行为人窃取、刺探、收买国家秘密是为了提供给境外的机构、组织、人员的，则应当以为境外机构、组织、人员窃取、刺探国家秘密罪定罪处罚。

2. 非法获取国家秘密罪与故意泄露国家秘密罪的区别。一是两罪的犯罪主体不同。非法获取国家秘密罪的主体是一般主体；而故意泄露国家秘密罪的主体是因工作或职务之便掌握、保管国家秘密的国家机关工作人员或者其他人员，这些人员利用职务之便，窃取国家秘密，非法提供给他人的，构成故意泄露国家秘密罪。二是两罪的犯罪手段不同。非法获取国家秘密罪的犯罪手段仅限于窃取、刺探、收买；而故意泄露国家秘密罪对犯罪手段没有限制。三是故意泄露国家秘密罪必须到情节严重才构成犯罪；而构成非法获取国家秘密罪没有情节严重的要求。

3. 实践中，在认定本条第二款规定的非法持有属于国家绝密、机密的文件、资料或者其他物品犯罪，行为人拒不说明国家绝密、机密的文件、资料或者其他物品来源时，司法机关应当认真调查其来源与用途，行为人如果具有间谍身份，或者为境外机构、组织、人员非法提供国家秘密，或者以窃取、刺探、收买方法非法获取国家秘密等犯罪行为的，应当依各该罪定罪处罚，从而防止由于行为人拒不说明来源与用途而放纵罪犯。同时，司法机关在处理此类犯罪时也应当慎重，需要认真听取行为人的说明和辩解，对于确实不知情的，不能以本罪论处。

第二百八十三条【非法生产、销售专用间谍器材、窃听、窃照专用器材罪】

非法生产、销售专用间谍器材或者窃听、窃照专用器材的，处三年以下有期徒刑、拘役或者管制，并处或者单处罚金；情节严重的，处三年以上七年以下有期徒刑，并处罚金。

单位犯前款罪的，对单位判处罚金，并对其直接负责的主管人员和其他直接责任人员，依照前款的规定处罚。

【条文精解】

本条是关于非法生产、销售专用间谍器材、窃听、窃照专用器材罪及其处刑的规定。

本条共分两款。第一款是关于个人非法生产、销售专用间谍器材或者窃听、窃照专用器材犯罪及处刑的规定。构成本款规定的犯罪需具备以下条件：一是行为人在主观上是故意，即明知自己无权生产、销售专用器材而生产、销售专用器材的，或者违反规定生产、销售专用器材的。至于行为人出于何种动机不影响本罪成立。

二是行为人实施了非法生产、销售专用间谍器材或者窃听、窃照专用器材的行为。这里的规定的"非法生产、销售"，是指未经有关主管部门批准、许可，擅自生产、销售专用间谍器材或者窃听、窃照专用器材，或者虽经有关主管部门批准、许可生产、销售，但在实际生产、销售过程中违反有关主管部门关于数量、规格、范围等的要求，非法生产、销售。反间谍法第二十五条规定，任何个人和组织都不得非法持有、使用间谍活动特殊需要的专用间谍器材。根据有关规定，专用间谍器材或者窃听、窃照专用器材的生产、销售都应当由有关主管部门批准。因此，非法生产、销售的行为违反了国家有关规定，扰乱了国家对专用器材的管理，专用器材流入社会，可能严重侵犯公民个人隐私，公司、企业的商业秘密，严重的可能危及国家安全和利益。

三是本罪的犯罪对象是专用间谍器材或者窃听、窃照专用器材。由于专用间谍器材或者窃听、窃照专用器材的特殊性，国家对这类专用专业器材的生产、销售、管理和使用都有严格的规定。专业器材的种类很多，这里规定的"专用间谍器材"，是指专门用于实施间谍活动的工具。对于专用间谍器材的范围，1994年国务院颁布的《国家安全法实施细则》中已有明确规定。虽然1993年国家安全法已于2014年修改为反间谍法，但反间谍法的有关规定与1993年国家安全法的规定是一致的。2017年国务院颁布的《反间谍法实施细则》对专用间谍器材的定义也基本延续了1994年国家安全法实施细则的规定。根据《反间谍法实施细则》第十八条规定，"专用间谍器材"是指进行间谍活动特殊需要的下列器材：（1）暗藏式窃听、窃照器材；（2）突发式收发报机、一次性密码本、密写工具；（3）用于获取情报的电子监听、截收器材；（4）其他专用间谍器材。此外，该条还规定，专用间谍器材的确认，由国务院国家安全主管部门负责。这里规定的"窃听、窃照专用器材"，是指具有窃听、窃照功能，并专门用于窃听、窃照的器材，如专用于窃听、窃照的窃听器、微型录音机、微型照相机等。所谓"窃听"，是指使用专用器材、设备，在当事人未察觉、不知晓或无法防范的情况下，偷听其谈话或者通话以及其他活动的行为；所谓"窃照"，是指使用专用器材、设备，对窃照对象的形象或者活动进行的秘密拍照摄录的活动。

根据犯罪情节轻重，第一款对生产、销售专用间谍器材或者窃听、窃照专用器材犯罪规定了两档刑期：（1）对实施本款行为的，处三年以下有期徒刑、拘役、管制，并处或者单处罚金。（2）情节严重的，处三年以上七年以下有期徒刑，并处罚金。这里的"情节严重"，主要是指非法生产、销售的间谍专用器材以及窃听、窃照专用器材的数量较多；谋取的非法利益的数额较大；生产、销售的间谍专用器材以及窃听窃照专用器材流入社会的数量较多；因他人非法使用而对国家安全利益、社会公共利益、公民合法权益造成的实际损害较大等情节综合考量。

第二款是关于单位非法生产、销售专用间谍器材或者窃听、窃照专用器材的处刑规定。对单位犯本罪的，采取了双罚制原则，即对单位判处罚金，并对单位的直接负责的主管人员和其他直接责任人员，按照第一款对个人犯本罪的处刑规定处罚，即处三年以下有期徒刑、拘役或者管制，并处或者单处罚金；情节严重的，处三年以上七年以下有期徒刑，并处罚金。对于单位判处罚金的数额，法律未作具体规定，司法实践中可由司法机关根据案件的具体情况，本着罪责刑相适应的原则依法确定。

【实践中需要注意的问题】

有些专用间谍器材或者窃听、窃照专用器材本身就属于国家秘密，行为人非法生产、销售可能构成泄露国家秘密的犯罪，认定本罪与泄露国家秘密的犯罪需要根据行为人主观方面、客观方面的不同表现予以判断。对于明知买方是境外的机构、组织、人员而故意为其生产、销售涉及国家秘密的专用器材，导致国家秘密的泄露，应以为境外机构、组织、人员非法提供国家秘密或情报罪论处；对于其他非法生产、销售专用器材而导致故意或过失泄露国家秘密的，应作为非法生产、销售专用间谍器材罪、窃听、窃照专用器材罪与泄露国家秘密罪的牵连犯，从一重罪处罚。

第二百八十四条【非法使用窃听、窃照专用器材罪】

非法使用窃听、窃照专用器材，造成严重后果的，处二年以下有期徒刑、拘役或者管制。

【条文精解】

本条是关于非法使用窃听、窃照专用器材罪的规定。

根据本条的规定，非法使用窃听、窃照专用器材的犯罪，是指非法使用窃听、窃照专用器材，造成严重后果的行为。构成本罪需要具备以下条件：一是行为人必须实施了非法使用窃听、窃照专用器材的行为。本条规定的"非法使用"，是指违反国家规定使用窃听、窃照专用器材，包括无权使用的人使用以及有权使用的人违反规定使用。"窃听"，是指使用专用器材、设备，在当事人未察觉，不知晓或者无法防范的情况下，偷听其谈话、通话以及其他活动的行为；"窃照"，是指使用专用器材、设备，对窃照对象的形象或者活动进行秘密拍照摄录的活动。二是本罪的犯罪对象是窃听、窃照专用器材。这里的"窃听、窃照专用器材"，是指具有窃听、窃照功能，并专门用于窃听、窃照活动的器材，如专门用于窃听、窃照的窃听器、微型录音机、微型照相机等。三是非法使用窃听、窃照专用器材，造成严重后果的才构成犯罪。这里所说的"造成严重后果"，是指由于非法使用窃听、窃照专用器材，导致窃听、窃照内容被广泛传播；造成他人自杀、精神失常；引起杀人、伤害等犯罪发生；造成被窃听、窃照单位商业秘密泄露；造成重大经济损失；严重损害国家利益等严重后果。

根据本条规定，构成本罪的，处二年以下有期徒刑、拘役或者管制。

【实践中需要注意的问题】

1. 非法使用窃听、窃照专用器材罪与为境外窃取、刺探、收买、非法提供国家秘密、情报罪的界限。一是两罪的目的和手段不同。非法使用窃听、窃照专用器材罪，行为人的目的是偷听、偷录、偷拍、偷摄个人或单位的谈话、电话、日常生活、经营活动等个人隐私、商业秘密，采用的是非法使用的手段；为境外窃取、刺探、收买、非法提供国家秘密、情报罪，行为人的目的是为境外机构、组织、个人提供国家秘密、情报，采用的是窃取、刺探、收买、非法提供的手段。二是两罪对后果的要求不同。非法使用窃听、窃照专用器材罪必须造成严重后果才构成犯罪；为境外窃取、刺探、收买、非法提供国家秘密、情报罪，构成该罪并不要求造成严重后果，只要行为人实施了为境外机构、组织、个人窃取、刺探、收买、非法提供国家秘密、情报的行为就构成犯罪。

2. 行为人既实施了非法使用窃听、窃照专用器材的行为，又实施了非法获取国家秘密，或者为境外窃取、刺探、收买、非法提供国家秘密、情报的行为，或者组织考试作弊、非法出售、提供考试试题、答复的行为应当如何处理。实践中，需要具体情况具体分析，行为人虽然实施非法使用窃听、窃照专用器材，其目的是非法获取国家秘密，或者为境外机构、组织、个人提供国家秘密、情报的，这时的行为人都只有一个犯罪行为，非法使用窃听、窃照专用器材只是手段，一般应当按照非法获取国家秘密罪、为境外窃取、刺探、收买、非法提供国家秘密、情报定罪处罚；如果行为人以窃取、刺探、收买方法非法获取法律规定的国家考试的试题、答案，又组织考试作弊或者非法出售、提供试题、答案，根据最高人民法院、最高人民检察院《关于办理组织考试作弊等刑事案件适用法律若干问题的解释》第九条规定，符合刑法第二百八十二条和刑法第二百八十四条之一规定的，以非法获取国家秘密罪和组织考试作弊罪或者非法出售、提供试题、答案罪数罪并罚。

第二百八十四条之一 【组织考试作弊罪】【非法出售、提供试题、答案罪】【代替考试罪】

在法律规定的国家考试中，组织作弊的，处三年以下有期徒刑或者拘役，并处或者单处罚金；情节严重的，处三年以上七年以下有期徒刑，并处罚金。

为他人实施前款犯罪提供作弊器材或者其他帮助的，依照前款的规定处罚。

为实施考试作弊行为，向他人非法出售或者提供第一款规定的考试的试题、答案的，依照第一款的规定处罚。

代替他人或者让他人代替自己参加第一款规定的考试的，处拘役或者管制，并处或者单处罚金。

【条文精解】

本条是关于组织考试作弊罪，非法出售、提供试题、答案罪，代替考试罪及其处罚的规定。

本条共分四款。第一款是关于组织考试作弊罪及其处刑的规定。组织考试作弊罪是本条规定的重点内容。本款规定有以下几个方面问题需要注意：

第一，关于"组织作弊"的行为。根据本款规定，构成组织作弊的犯罪要求行为人客观上实施了"组织作弊"的行为。这里所说的"组织"作弊，即组织、指挥、策划进行考试作弊的行为，既包括构成犯罪集团的情况，也包括比较松散的犯罪团伙，还可以是个人组织他人进行作弊的情况；组织者可以是一个人，也可以是多人；可以有比较严密的组织结构，也可以是为了进行一次考试作弊行为临时纠结在一起；既包括组织一个考场内的考生作弊的简单形态，也包括组织大范围的集体作弊的复杂情形。"作弊"，是指在考试中弄虚作假的行为，具体作弊方式花样很多，需要结合考试的具体情况确定。对于考试作弊，在相关考试的规定中一般都有明确的认定规定，如《国家教育考试违规处理办法》第六条规定，国家教育考试中作弊包括：（1）携带与考试内容相关的材料或者存储有与考试内容相关资料的电子设备参加考试的；（2）抄袭或者协助他人抄袭试题答案或者与考试内容相关的资料的；（3）抢夺、窃取他人试卷、答卷或者胁迫他人为自己抄袭提供方便的；（4）携带具有发送或者接收信息功能的设备的；（5）由他人冒名代替参加考试的；（6）故意销毁试卷、答卷或者考试材料的；（7）在答卷上填写与本人身份不符的姓名、考号等信息的；（8）传、接物品或者交换试卷、答卷、草稿纸的；（9）其他以不正当手段获得或者试图获得试题答案、考试成绩的行为。《公务员考试录用违纪违规行为处理办法》对公务员考试中的作弊及处理也有明确规定。

第一款之所以对"组织作弊"作出明确规定，主要是体现对有组织的团伙作弊行为从严惩处。从司法实践中的情况看，一些案件中，考试作弊团伙化、产业化特征明显，"助考"团伙分工明确，有专门制售作弊器材的，有专门偷题的，有专门做题的，有专门负责广告的，有专门负责销售试题及答案的，涉及考试作弊的各个环节，形成制售作弊器材、考试前或考试中窃取试题内容、雇用枪手做答、传播答案等"一条龙"产业链。在作弊的手段上，也日益高科技化，有的犯罪团伙使用秘拍设备窃取考题，使用远程通讯设备将答案传入考场，采用可以植入牙齿的耳机接收答案等。传统的有组织作弊主要是在考场内组织实施，而近年来高科技化的组织作弊，往往通过包括互联网、无线电技术手段在内的多种技术手段，将考场内外，考生、家长、枪手等各主体、试题、答案各要素紧密联系在一起，使得考试组织者防不胜防。此类行为严重扰乱考试活动的正常进行，社会危害严重，应当作为打击的重点予以从严惩处。

第二，关于考试的范围。根据第一款规定，考试范围限定在"法律规定的国家考试"，即在法律中明确规定的国家考试。2019年最高人民法院、最高人民检察院《关于办理组织考试作弊等刑事案件适用法律若干问题的解释》第一条规定，"法律规定的国家考试"，仅限于全国人民代表大会及其常务委员会制定的法律所规定的考试。根据有关法律规定，下列考试属于"法律规定的国家考试"：（1）普通高等学校招生考试、研究生招生考试、高等教育自学考试、成人高等学校招生考试等国家教育考试；（2）中央和地方公务员录用考试；（3）国家统一法律职业资格考试、国家教师资格考试、注册会计师全国统一考试、会计专业技术资格考试、资产评估师资格考试、医师资格考试、执业药师职业资格考试、注册建筑师考试、建造师执业资格考试等专业技术资格考试；（4）其他依照法律由中央或者地方主管部门以及行业组织的国家考试。前款规定的考试涉及的特殊类型招生、特殊技能测试、面试等考试，属于"法律规定的国家考试"。

从现有规定看，近20部法律对"法律规定的国家考试"作了规定。如2018年公务员法第三十条规定，公务员录用考试采取笔试和面试等方式进行，考试内容根据公务员应当具备的基本能力和不同职位类别、不同层级机关分别设置。2019年法官法第十二条规定，初任法官应当通过国家统一法律职业资格考试取得法律职业资格。上述规定就是通常所说的公务员考试和司法考试，都属于本条规定的"法律规定的国家考试"。检察官法、律师法也分别对担任检察官、申请律师执业规定了要通过国家统一法律职业资格考试。此外，警察法、教师法、执业医师法、注册会计师法、道路交通安全法、海关法、动物防疫法、旅游法、证券投资基金法、统计法、公证法等也都对相应行业、部门的从业人员应当通过考试取得相应资格或入职条件作了规定。需要注意的是，对于教育类考试，目前社会上关注度高、影响大、涉及面广的高考、研究生入学考试等都是有相应法律依据的。2015年教育法第二十一条规定，国家实行国家教育考试制度。国家教育考试由国务院教育行政部门确定种类，并由国家批准的实施教育考试的机构承办。2018年高等教育法第十九条规定，高级中等教育毕业或者具有同等学力的，经考试合格，由实施相应学历教育的高等学校录取，取得专科生或者本科生入学资格。本科毕业或者具有同等学力的，经考试合格，由实施相应学历教育的高等学校或者经批准承担研究生教育任务的科学研究机构录取，取得硕士研究生入学资格。硕士研究生毕业或者具有同等学力的，经考试合格，由实施相应学历教育的高等学校或者经批准承担研究生教育任务的科学研究机构录取，取得博士研究生入学资格。允许特定学科和专业的本科毕业生直接取得博士研究生入学资格，具体办法由国务院教育行政部门规定。第二十一条规定，国家实行高等教育自学考试制度，经考试合格的，发给相应的学历证书或者其他学业证书。

对于"法律规定的国家考试"还需要注意的是，这里的国家考试并不要求是"统一由国家一级组织的考试"。有些法律规定的考试，依照规定不是由国家一级统一组织，而是由地方根据法律规定组织实施，这些考试也属于"法律规定的国家考试"。如根据公务员法的规定，公务员录用考试属于国家考试，但关于公务员录用考试的具体组织，该法第二十四条中规定，中央机关及其直属机构公务员的录用，由中央公务员主管部门负责组织。地方各级机关公务员的录用，由省级公务员主管部门负责组织，必要时省级公务员主管部门可以授权设区的市级公务员主管部门组织。根据该规定，公务员录用考试，既包括国家统一组织的招录中央机关及其直属机构公务员的考试，也包括各省市等地方组织的录用地方各级机关公务员的考试。再如，高考既有全国统一考试，也有各省依照法律规定组织的考试。

根据第一款规定，对组织考试作弊的，处三年以下有期徒刑或者拘役，并处或者单处罚金；情节严重的，处三年以上七年以下有期徒刑，并处罚金。这里所说的"情节严重的"，根据最高人民法院、最高人民检察院《关于办理组织考试作弊等刑事案件适用法律若干问题的解释》第二条规定，在法律规定的国家考试中，组织作弊，具有下列情形之一的，应当认定"情节严重"：（1）在普通高等学校招生考试、研究生招生考试、公务员录用考试中组织考试作弊的；（2）导致考试推迟、取消或者启用备用试题的；（3）考试工作人员组织考试作弊的；（4）组织考生跨省、自治区、直辖市作弊的；（5）多次组织考试作弊的；（6）组织三十人次以上作弊的；（7）提供作弊器材五十件以上的；（8）违法所得三十万元以上的；（9）其他情节严重的情形。

本条第二款是关于为他人实施组织考试作弊提供作弊器材或者其他帮助如何处理的规定。根据本款规定，为他人实施组织作弊提供作弊器材或者其他帮助的，依照第一款的规定处罚，即处三年以下有期徒刑或者拘役，并处或者单处罚金；情节严重的，处三年以上七年以下有期徒刑，并处罚金。通常情况下，本款规定的犯罪行为，实际上也是第一款规定的组织考试作弊犯罪的帮助行为。因此，对这些行为一般可以按照刑法总则关于共同犯罪的规定，以组织作弊罪的共犯处理，按其在共同犯罪中的地位、作用追究刑事责任。本款之所以对这种行为专门作出规定，主要是考虑到实践中提供作弊器材等帮助的行为，越来越具有独立性，已经成为有组织作弊中的重要环节，社会危害严重；同时，司法实践中组织作弊犯罪各环节分工越来越细、独立性越来越强，有的案件中已经查明行为人明知他人组织作弊而且为其提供作弊器材，但要进一步证明双方为共同组织作弊而实施犯意联络存在一定困难。因此，对这种组织作弊犯罪活动中具有典型性的行为，在法律中作出明确规定、严密刑事法网，有利于准确适用法律。

第二款规定的帮助行为主要分为两大类：一是提供作弊器材。互联网和无线考试作弊器材是高科技作弊的关键环节，通过互联网，试题和答案得以大面积传播；有了无线考试作弊器材，试题和答案才得以在考场内外顺利传递。从功能上看,作弊器材的作用就是将考场内的试题传出去或将答案发送给考生,相应地,相关器材包括密拍、发送和接收设备三大类。密拍设备日益小型化、伪装也更加先进,如纽扣式数码相机、眼镜式和手表式密拍设备,其发射天线通常采用背心、腰带、发卡等形式;发送设备包括各种大功率发射机,负责将答案传送到考场中,实践中有的发射距离可达数公里;接收设备包括语音和数据接收器,语音接收机包括米粒耳机、牙齿接收机、颅骨接收机等;数据接收机则出现了尺子、橡皮、眼镜、签字笔等多种伪装。这里规定的"提供"作弊器材包括为其生产,向其销售、出租、出借等多种方式。关于"作弊器材"如何认定,最高人民法院、最高人民检察院《关于办理组织考试作弊等刑事案件适用法律若干问题的解释》第三条规定,具有避开或者突破考场防范作弊的安全管理措施,获取、记录、传递、接收、存储考试试题、答案等功能的程序、工具,以及专门设计用于作弊的程序、工具,应当认定为"作弊器材"。对于是否属于"作弊器材"难以确定的,依据省级以上公安机关或者考试主管部门出具的报告,结合其他证据作出认定;涉及专用间谍器材、窃听、窃照专用器材、"伪基站"等器材的,依照相关规定作出认定。二是提供其他帮助。包括进行无线作弊器材使用培训,窃取、出售考生信息,以及作弊网站的设立与维护等。

本条第三款是关于非法出售、提供试题、答案罪的规定。根据本款规定,为实施考试作弊行为,向他人非法出售或者提供法律规定的国家考试的试题、答案的,依照第一款的规定处罚,即处三年以下有期徒刑或者拘役,并处或者单处罚金;情节严重的,处三年以上七年以下有期徒刑,并处罚金。关于"情节严重",根据最高人民法院、最高人民检察院《关于办理组织考试作弊等刑事案件适用法律若干问题的解释》第五条规定,为实施考试作弊行为,非法出售或者提供法律规定的国家考试的试题、答案,具有下列情形之一的,应当认定为"情节严重":(1)非法出售或者提供普通高等学校招生考试、研究生招生考试、公务员录用考试的试题、答案的;(2)导致考试推迟、取消或者启用备用试题的;(3)考试工作人员非法出售或者提供试题、答案的;(4)多次非法出售或者提供试题、答案的;(5)向三十人次以上非法出售或者提供试题、答案的;(6)违法所得三十万元以上的;(7)其他情节严重的情形。第六条规定,为实施考试作弊行为,向他人非法出售或者提供法律规定的国家考试的试题、答案,试题不完整或者答案与标准答案不完全一致的,不影响非法出售、提供试题、答案罪的认定。本款规定需要注意的是,行为人提供试题、答案的对象不限于组织作弊的团伙或个人,也包括参加考试的人员及其亲友,这一点不同于第二款规定的为组织考试作弊提供器材的犯罪。

本条第四款是关于代替考试罪及其处刑的规定。构成本罪应当具备以下条件:一是犯罪的主体,既包括应考者;也包括替考者,俗称"枪手"。二是行为人实施了代替他人或者让他人代替自己参加法律规定的国家考试的行为。本款规定了两种行为:(1)行为人代替他人参加考试。这里的"代替他人"参加考试,是指冒名顶替应当参加考试的人去参加考试,包括携带应考者的真实证件参加考试;携带伪造、变造的应考者的证件参加考试;替考者与应考者一同入场考试,但互填对方的考试信息等。(2)行为人让他人代替自己参加考试。这里所说的"让他人代替自己"参加考试,是指指使他人冒名顶替自己参加考试。让他人代替自己参加考试的方式多种多样,如发布广告寻找替考者、委托他人寻找替考者、向替考者支付定金,等等。三是行为人代替他人或者让他人代替自己参加的考试必须是法律规定的国家考试。所谓"法律规定的国家考试"在本条第一款中已经详细论述,不再赘述。根据本款规定,代替他人或者让他人代替自己参加法律规定的国家考试的,处拘役或者管制,并处或者单处罚金。

【实践中需要注意的问题】

1. 本条第一款将组织考试作弊犯罪限于"法律规定的国家考试",并非意味着对这些考试范围之外的其他考试中作弊的行为都不予追究。司法实践中,对其他作弊行为还需要根据案件的具体情况,依照相关法律规定处理。对其中有的行为,可以依照刑法第二百五十三条之一侵犯公民个人信息罪,第二百八十条伪造、变造、买卖国家机关、公文、证件、印章罪,第二百八十二条非法获取国家秘密罪,第二百八十四条非法使用窃听、窃照专用器材罪,第二百八十八条扰乱无线电通讯管理秩序罪等规定追究刑事责任。对其中尚不构成犯罪的,可以依照治安管理处罚法的规定处理。

2. 对于代替考试,首先是要根据《国家教育考试违规处理办法》《公务员考试录用违纪违规行为处理办法》等相关规定予以取消考试资格、禁考等处理。同时,考虑到实践中代替考试的情形较为复杂,所涉考试的类型有所不同,不区分情形一律定罪处罚过于严苛,根据宽严相济刑事政策的要求,最高人民法院、最高人民检察院《关于办理组织考试作弊等刑事案件适用法律若干问题的解释》第七条规定,对于行为人犯罪情节较轻,确有悔罪表现,综合考虑行为人替考情况以及考试类型等因素,认为符合缓刑适用条件的,可以宣告缓刑;犯罪情节轻微的,可以不起诉或者免予刑事处罚;情节显著轻微危害不大的，不以犯罪论处。

第二百八十五条 【非法侵入计算机信息系统罪】【非法获取计算机信息系统数据、非法控制计算机信息系统罪】【提供侵入、非法控制计算机信息系统程序、工具罪】

违反国家规定，侵入国家事务、国防建设、尖端科学技术领域的计算机信息系统的，处三年以下有期徒刑或者拘役。

违反国家规定，侵入前款规定以外的计算机信息系统或者采用其他技术手段，获取该计算机信息系统中存储、处理或者传输的数据，或者对该计算机信息系统实施非法控制，情节严重的，处三年以下有期徒刑或者拘役，并处或者单处罚金；情节特别严重的，处三年以上七年以下有期徒刑，并处罚金。

提供专门用于侵入、非法控制计算机信息系统的程序、工具，或者明知他人实施侵入、非法控制计算机信息系统的违法犯罪行为而为其提供程序、工具，情节严重的，依照前款的规定处罚。

单位犯前三款罪的，对单位判处罚金，并对其直接负责的主管人员和其他直接责任人员，依照各该款的规定处罚。

【条文精解】

本条是关于非法侵入计算机信息系统罪，非法获取计算机信息系统数据、非法控制计算机信息系统罪，提供侵入、非法控制计算机信息系统程序、工具罪及其处罚的规定。

本条共分四款。第一款是关于非法侵入计算机信息系统罪及其处罚作了规定。构成本罪应当符合以下条件：第一，必须是违反国家规定。这里所说的"违反国家规定"，是指违反国家关于保护计算机安全的法律和行政法规。如《计算机信息系统安全保护条例》第四条规定："计算机信息系统的安全保护工作，重点维护国家事务、经济建设、国防建设、尖端科学技术等重要领域的计算机信息系统的安全。"第二，行为人实施了侵入国家事务、国防建设、尖端科学技术领域的计算机信息系统的行为。所谓"侵入"，是指未取得国家有关主管部门合法授权或批准，通过计算机终端访问国家重要计算机信息系统或者进行数据截收的行为。实践中，主要表现为行为人利用自己所掌握的计算机知识、技术，通过非法手段获取指令或者许可证明，冒充合法使用者进入国家重要计算机信息系统；采用计算机技术进行攻击，闯过或者避开安全防卫进入计算机信息系统；有的甚至将自己的计算机与国家重要计算机信息系统联网。这里的"侵入"是故意行为，即行为人明知自己的行为违反国家规定会产生非法侵入的危害结果，而希望这种结果发生；如果行为人过失进入国家重要的计算机信息系统的，不构成本罪。第三，本罪的犯罪对象仅限于国家事务、国防建设、尖端科学技术领域的计算机信息系统。这里所说的"计算机信息系统"，是指具备自动处理数据功能的系统，包括计算机、网络设备、通信设备、自动化控制设备等。国家事务、国防建设、尖端科学技术领域的计算机信息系统，涉及国家秘密等事关国家安全等重要事项的信息的处理，应当予以特殊保护。因此，行为人不论其侵入的动机和目的如何，也不需要在侵入后又实施窃取信息、进行攻击等侵害行为，只要侵入国家事务、国防建设、尖端科学技术领域的计算机信息系统即构成犯罪。对于侵入国家事务、国防建设、尖端科学技术领域以外的其他计算机信息系统，不构成本罪。根据本款规定，构成本罪的，处三年以下有期徒刑或者拘役。

第二款是关于非法获取计算机信息系统数据、非法控制计算机信息系统罪及其处罚的规定。根据本款的规定，行为人构成本罪须同时具备以下条件：

第一，行为人实施了非法获取他人计算机信息系统中存储、处理或者传输的数据的行为，或者实施了对他人计算机信息系统进行非法控制的行为。（1）非法获取他人计算机信息系统中存储、处理或者传输的数据的行为。"获取"包括从他人计算机信息系统中窃取，如直接侵入他人计算机信息系统，秘密复制他人存储的信息；也包括骗取，如设立假冒网站，在受骗用户登录时，要求用户输入帐号、密码等信息。计算机信息系统中"存储"的数据，是指在用户计算机信息系统的硬盘或其他存储介质中保存的信息，如用户计算机中存储的文件。计算机信息系统中"处理"的数据，是指他人计算机信息系统正在运算中的信息。计算机信息系统中"传输"的数据，是指他人计算机信息系统各设备、设施之间，或者与其他计算机信息系统之间正在交换、输送中的信息，如敲击键盘、移动鼠标向主机发出操作指令，就会在键盘、鼠标与计算机主机之间产生数据的传输。"存储""处理"和"传输"这三种形态，涵括了计算机信息系统中所有的数据形态，不论行为人非法获取处于哪种形态的数据，均符合法律的规定。（2）对他人计算机信息系统实施非法控制。"非法控制"，是指通过各种技术手段，使得他人计算机信息系统处于其掌控之中，能够接受其发出的指令，完成相应的操作活动。例如，通过给他人计算机信息系统中植入"木马程序"对他人计算机信息系统加以控制,可以"指挥"被控制的计算机实施网络攻击等活动。"非法控制"包括对他人计算机实现完全控制,也包括只实现对他人计算机信息系统的部分控制,不论实际控制的程度如何,只要能够使他人计算机信息系统执行其发出的指令即可。非法控制他人计算机信息系统,只要求行为人采用侵入等技术手段对他人计算机进行了实际控制,行为人在对他人计算机信息系统加以控制的,即可构成犯罪,并不要求一定要实施进一步的侵害行为。这样规定是考虑到非法控制他人计算机信息系统,往往是为进一步实施其他违法犯罪行为做准备,具有很大的潜在危险性。有的案件中行为人非法控制数十万甚至上百万台联网计算机,组建"僵尸网络"。如果行为人操纵这些被控制的计算机实施拒绝服务攻击等网络破坏活动,后果将非常严重。因此,对非法控制他人计算机信息系统的行为,情节严重的,有必要在其尚未实施进一步的侵害活动时,即予以打击。

需要说明的是,本款是针对非法控制计算机信息系统行为作出的规定,如果行为人实施非法控制后,进一步实施其他危害行为,可能构成刑法规定的其他犯罪。例如,非法获取他人网上银行账号、密码用于盗窃财物的,对电力、电信等计算机信息系统实施非法控制并从事危害公共安全的破坏活动的,这就需要司法机关根据案件的具体情况,选择适用相应的法律规定。

第二,行为人非法获取他人计算机信息系统中的数据或者对他人计算机信息系统加以非法控制,是基于"侵入或者其他技术手段"。这里所说的"侵入"是指未经授权或者他人同意,通过技术手段进入计算机信息系统。例如,通过技术手段突破他人计算机信息系统安全防护设置,进入他人计算机信息系统;入侵他人网站并植入"木马程序",在用户访问该网站时,伺机侵入用户计算机信息系统;建立色情、免费软件下载等网站,吸引用户访问并在用户计算机信息系统中植入事先"挂"好的"木马"程序。不论行为人采用何种手法,其实质是违背他人意愿,进入他人计算机信息系统。违背他人意愿,包括行为人采用技术手段强行进入,如破坏他人计算机安全防护系统进入,也包括未征得他人同意或者授权擅自进入。"其他技术手段"是关于行为人可能采用的手段的兜底性规定,是针对实践中随着计算机技术的发展可能出现的各种手段作出的规定。刑法之所以将行为人非法获取他人计算机信息系统中的数据或者对他人计算机信息系统实施非法控制的手段限定在"侵入"或"其他技术手段",是因为本罪是针对互联网上各种危害计算机网络安全的犯罪作出的规定。至于采用网络技术手段以外的其他手段,如进入他人办公室直接实施秘密复制行为的,不属于本款规定的行为。

第三，行为人的行为达到"情节严重"的，才构成犯罪。根据最高人民法院、最高人民检察院《关于办理危害计算机信息系统安全刑事案件应用法律若干问题的解释》第一条规定：非法获取计算机信息系统数据或者非法控制计算机信息系统，具有下列情形之一的，应当认定为"情节严重"：（1）获取支付结算、证券交易、期货交易等网络金融服务的身份认证信息十组以上的；（2）获取第一项以外的身份认证信息五百组以上的；（3）非法控制计算机信息系统二十台以上的；（4）违法所得五千元以上或者造成经济损失一万元以上的；（5）其他情节严重的情形。

构成第二款规定的犯罪，处三年以下有期徒刑或者拘役，并处或者单处罚金；情节特别严重的，处三年以上七年以下有期徒刑，并处罚金。这里所说的是"情节特别严重"，根据《关于办理危害计算机信息系统安全刑事案件应用法律若干问题的解释》第一条规定，具有下列情形之一的，应当认定为"情节特别严重"：（1）数量或者数额达到"情节严重"第一项至第四项规定标准五倍以上的；（2）其他情节特别严重的情形。

第三款是关于提供侵入、非法控制计算机信息系统程序、工具罪及其处罚的规定。本款的"提供"包括出售等有偿提供，也包括提供免费下载等行为；包括直接提供给他人，也包括在网上供他人下载等。根据本款规定，为他人提供实施侵入、非法控制计算机信息系统的程序、工具的行为包括两种情形：一是提供专用程序、工具。这是指行为人所提供的程序、工具只能用于实施非法侵入、非法控制计算机信息系统的用途。例如，为他人提供专门用于窃取网上银行帐号的"网银木马"程序。由于所提供程序、工具的用途本身足以表明该程序、工具的违法性，进而表明行为人主观上对其所提供程序将被用于非法侵入、控制他人计算机信息系统的情况是明知的，因此法律规定提供实施侵入、非法控制计算机信息系统专用程序、工具的，即可构成犯罪。根据最高人民法院、最高人民检察院《关于办理危害计算机信息系统安全刑事案件应用法律若干问题的解释》第二条规定：具有下列情形之一的程序、工具，应当认定为"专门用于侵入、非法控制计算机信息系统的程序、工具"：（1）具有避开或者突破计算机信息系统安全保护措施，未经授权或者超越授权获取计算机信息系统数据的功能的；（2）具有避开或者突破计算机信息系统安全保护措施，未经授权或者超越授权对计算机信息系统实施控制的功能的；（3）其他专门设计用于侵入、非法控制计算机信息系统、非法获取计算机信息系统数据的程序、工具。

二是行为人明知他人实施侵入、非法控制计算机信息系统的违法犯罪行为而为其提供程序、工具。这是指从行为人所提供的程序、工具本身的属性看，可以用于非法用途，也可以用于合法用途，即仅凭程序、工具本身的性质尚不能够完全确定行为人所实施行为的违法性。这种情况下，行为人是否构成犯罪，就需要考虑其主观方面对其行为的性质是否有明确的认识。明知而故犯的，应当依照本款的规定予以追究。对确实不知他人将其所提供的程序、工具用于实施非法侵入、非法控制计算机信息系统的违法犯罪行为的，不构成犯罪。根据本款规定，行为人的行为"情节严重"的，才构成犯罪。根据最高人民法院、最高人民检察院《关于办理危害计算机信息系统安全刑事案件应用法律若干问题的解释》第三条规定：提供侵入、非法控制计算机信息系统的程序、工具，具有下列情形之一的，应当认定为"情节严重"：（1）提供能够用于非法获取支付结算、证券交易、期货交易等网络金融服务身份认证信息的专门性程序、工具五人次以上的；（2）提供第一项以外的专门用于侵入、非法控制计算机信息系统的程序、工具二十人次以上的；（3）明知他人实施非法获取支付结算、证券交易、期货交易等网络金融服务身份认证信息的违法犯罪行为而为其提供程序、工具五人次以上的；（4）明知他人实施第三项以外的侵入、非法控制计算机信息系统的违法犯罪行为而为其提供程序、工具二十人次以上的；（5）违法所得五千元以上或者造成经济损失一万元以上的；（6）其他情节严重的情形。

根据第三款规定，构成犯罪的，依照前款的规定处罚，即处三年以下有期徒刑或者拘役，并处或者单处罚金；情节特别严重的，处三年以上七年以下有期徒刑，并处罚金。这里所说的"情节特别严重"，根据《关于办理危害计算机信息系统安全刑事案件应用法律若干问题的解释》第三条规定，具有下列情形之一的，应当认定为提供侵入、非法控制计算机信息系统的程序、工具"情节特别严重"：（1）数量或者数额达到"情节严重"第一项至第五项规定标准五倍以上的；（2）其他情节特别严重的情形。

第四款关于单位犯罪的规定。单位实施前三款规定的行为，根据本款规定构成相应的单位犯罪，采取"双罚制"，既要对单位判处罚金，又要追究单位直接负责的主管人员和其他直接责任人员的刑事责任。根据最高人民法院2001年印发供法院参照执行的《全国法院审理金融犯罪案件工作座谈会纪要》规定，直接负责的主管人员，是在单位实施的犯罪中起决定、批准、授意、纵容、指挥等作用的人员，一般是单位的主管负责人，包括法定代表人。

其他直接责任人员，是在单位犯罪中具体实施犯罪并起较大作用的人员，既可以是单位的经营管理人员，也可以是单位的职工，包括聘任、雇佣的人员……对单位犯罪中的直接负责的主管人员和其他直接责任人员，应根据其在单位犯罪中的地位、作用和犯罪情节，分别处以相应的刑罚，主管人员与直接责任人员，在个案中，不是当然的主、从犯关系，有的案件，主管人员与直接责任人员在实施犯罪行为的主从关系不明显的，可不分主、从犯。但具体案件可以分清主、从犯，且不分清主、从犯，在同一法定刑档次、幅度内量刑无法做到罪刑相适应的，应当分清主、从犯，依法处罚。

【实践中需要注意的问题】

本条第一款的规定，体现了对国家事务、国防建设、尖端科学技术领域的计算机信息系统安全的特殊保护。需要说明的一点是，从法定刑的设置看，有本条第一款行为的，最高判处三年有期徒刑，有本条第二款行为的，即侵入国家事务、国防建设、尖端科学技术领域的计算机信息系统以外的其他普通计算机信息系统的，最高判处七年有期徒刑，似乎侵入需要加以特殊保护的国家事务、国防建设、尖端科学技术领域的计算机信息系统，其法定刑还不如侵入这些重要信息系统之外的其他普通计算机信息系统的法定刑高。实际上本条第一款规定的犯罪与第二款规定的犯罪在构成犯罪的条件上具有较大差别。侵入国家事务、国防建设、尖端科学技术领域的计算机信息系统犯罪，只要行为人实施了侵入行为，即可构成。而本条第二款规定的犯罪，不仅要有侵入行为，还要有侵入计算机信息系统后从事非法获取计算机信息系统中的信息，或者对计算机信息系统实施非法控制的行为，仅实施侵入行为不构成本罪。因此，从构成犯罪的条件看，侵入国家事务、国防建设、尖端科学技术领域的计算机信息系统犯罪的入罪门槛更低。另外，如果行为人侵入国家事务、国防建设、尖端科学技术领域的计算机信息系统后，从事非法获取这些计算机信息系统中存储、处理、传输的信息的，还可能构成窃取、刺探国家秘密罪、间谍罪等严重犯罪，应当依照处罚较重的相关犯罪追究刑事责任，而不再按照本条第一款的规定处罚，因此，其实际适用的刑罚远重于本条第二款规定的刑罚。

第二百八十六条 【破坏计算机信息系统罪】

违反国家规定，对计算机信息系统功能进行删除、修改、增加、干扰，造成计算机信息系统不能正常运行，后果严重的，处五年以下有期徒刑或者拘役；后果特别严重的，处五年以上有期徒刑。

违反国家规定，对计算机信息系统中存储、处理或者传输的数据和应用程序进行删除、修改、增加的操作，后果严重的，依照前款的规定处罚。

故意制作、传播计算机病毒等破坏性程序，影响计算机系统正常运行，后果严重的，依照第一款的规定处罚。

单位犯前三款罪的，对单位判处罚金，并对其直接负责的主管人员和其他直接责任人员，依照第一款的规定处罚。

【条文精解】

本条是关于破坏计算机信息系统罪及其处罚的规定。

本条共分四款。第一款是关于破坏计算机信息系统功能的犯罪及其处罚的规定。根据本款规定，破坏计算机信息系统功能犯罪，是指违反国家规定，对计算机信息系统功能进行删除、修改、增加、干扰，造成计算机信息系统不能正常运行，后果严重的行为。构成本罪应当具备以下条件：一是必须是违反国家规定。这里的"违反国家规定"，是指违反国家关于保护计算机安全的有关规定，主要是指违反《计算机信息系统安全保护条例》的规定。二是行为人实施了对计算机信息系统功能进行删除、修改、增加、干扰的行为。"计算机信息系统功能"，是指在计算机中，按照一定的应用目标和规则对信息进行采集、加工、存储、传输、检索的功用和能力。"删除"，是指将原有的计算机信息系统功能除去，使之不能正常运转。"修改"，是指对原有的计算机信息功能进行改动，使之不能正常运转。"增加"，是指在计算机系统里增加某种功能，致使原有的功能受到影响或者破坏，无法正常运转。"干扰"，是指用删除、修改、增加以外的其他方法，破坏计算机信息系统功能，使其不能正常运行。三是必须造成计算机信息系统不能正常运行。所谓"不能正常运行"，是指计算机信息系统失去功能，不能运行或者计算机信息系统功能不能按原来设计的要求运行。四是必须达到后果严重的程度。所谓"后果严重"是构成本罪的要件，没有造成严重后果的，不构成本罪。根据最高人民法院、最高人民检察院《关于办理危害计算机信息系统安全刑事案件应用法律若干问题的解释》第四条规定，破坏计算机信息系统功能、数据或者应用程序，具有下列情形之一的，应当认定为刑法第二百八十六条第一款和第二款规定的"后果严重":(1)造成十台以上计算机信息系统的主要软件或者硬件不能正常运行的;(2)对二十台以上计算机信息系统中存储、处理或者传输的数据进行删除、修改、增加操作的;(3)违法所得五千元以上或者造成经济损失一万元以上的;(4)造成为一百台以上计算机信息系统提供域名解析、身份认证、计费等基础服务或者为一万以上用户提供服务的计算机信息系统不能正常运行累计一小时以上的;(5)造成其他严重后果的。本款根据犯罪后果轻重,规定了两档处刑:一是"后果严重"的,处五年以下有期徒刑或者拘役;二是"后果特别严重"的,处五年以上有期徒刑。根据《关于办理危害计算机信息系统安全刑事案件应用法律若干问题的解释》第四条规定,具有下列情形之一的,应当认定为破坏计算机信息系统"后果特别严重":(1)数量或者数额达到前款第一项至第三项规定标准五倍以上的;(2)造成为五百台以上计算机信息系统提供域名解析、身份认证、计费等基础服务或者为五万以上用户提供服务的计算机信息系统不能正常运行累计一小时以上的;(3)破坏国家机关或者金融、电信、交通、教育、医疗、能源等领域提供公共服务的计算机信息系统的功能、数据或者应用程序,致使生产、生活受到严重影响或者造成恶劣社会影响的;(4)造成其他特别严重后果的。

第二款是关于故意破坏计算机信息系统的数据和应用程序的犯罪及其处刑的规定。根据本款规定,这一犯罪是指违反国家规定,对计算机信息系统中存储、处理或者传输的数据和应用程序进行删除、修改、增加的操作,后果严重的行为。这里的"违反国家规定",是指违反国家对计算机管理的有关规定,主要是指违反《计算机信息系统安全保护条例》的规定;"计算机信息系统中存储、处理或者传输的数据",是指在计算机信息系统中实际处理的一切文字、符号、声音、图像等内容的有意义的组合;所谓"计算机程序",是指为了得到某种结果而可以由计算机等具有信息处理能力的装置执行的代码化指令序列,或者可被自动转换成代码化指令序列的符号化指令序列或者符号化语句序列;"计算机应用程序",是指用户使用数据库的一种方式,是用户按数据库授予的子模式的逻辑结构,书写对数据进行操作和运算的程序;"删除操作",是指将计算机信息系统中存储、处理或者传输的数据和应用程序的全部或者一部分删去;"修改操作",是指对上述数据和应用程序进行改动;"增加操作",是指在计算机信息系统中增加新的数据和应用程序。根据本款规定,行为人的行为"后果严重"的才构成犯罪,没有造成严重后果的不构成本罪。"依照前款的规定处罚",是指对本款规定的犯罪,处五年以下有期徒刑或者拘役;后果特别严重的,处五年以上有期徒刑。

第三款是关于故意制作、传播破坏性程序的犯罪及其处刑的规定。根据本款规定，这一犯罪是指故意制作、传播计算机病毒等破坏性程序，影响计算机系统正常运行，后果严重的行为。"计算机系统"，是指具备自动处理数据功能的系统，包括计算机、网络设备、通信设备、自动化控制设备等。"故意制作"，是指通过计算机，编制、设计针对计算机信息系统的破坏性程序的行为；"故意传播"，是指通过计算机信息系统（含网络），直接输入、输出破坏性程序，或者将已输入破坏性程序的软件加以派送、散发、销售的行为。"计算机破坏性程序"，是指隐藏在可执行程序中或数据文件中，在计算机内部运行的一种干扰程序，破坏性程序的典型是计算机病毒。"计算机病毒"，是指在计算机中编制的或者在计算机程序中插入的破坏计算机功能或者毁坏数据，影响计算机使用，并能自我复制的一组计算机指令或者程序代码。计算机病毒具有可传播性、可激发性和潜伏性，对于大、中、小、微型计算机和计算机网络都具有巨大的危害和破坏性，是计算机犯罪者对计算机进行攻击的最严重的方法，可能夺走大量的资金、人力和计算机资源，破坏各种文件及数据，造成机器瘫痪，造成难以挽回的损失。计算机病毒同一般生物病毒一样，具有多样性和感染性，可以"繁殖"和传播，有些病毒传播很快，并且一旦侵入系统就马上摧毁系统；有些病毒则有较长的潜伏期，在潜伏一段时间后才发作。根据最高人民法院、最高人民检察院《关于办理危害计算机信息系统安全刑事案件应用法律若干问题的解释》第五条规定，具有下列情形之一的程序，应当认定为刑法第二百八十六条第三款规定的"计算机病毒等破坏性程序"：（1）能够通过网络、存储介质、文件等媒介，将自身的部分、全部或者变种进行复制、传播，并破坏计算机系统功能、数据或者应用程序的；（2）能够在预先设定条件下自动触发，并破坏计算机系统功能、数据或者应用程序的；（3）其他专门设计用于破坏计算机系统功能、数据或者应用程序的程序。所谓"影响计算机系统正常运行"，是指计算机病毒等破坏性程序发作后，导致原有的计算机信息系统和应用程序不能正常运行。"后果严重"是构成本罪的要件。根据最高人民法院、最高人民检察院《关于办理危害计算机信息系统安全刑事案件应用法律若干问题的解释》第六条规定：故意制作、传播计算机病毒等破坏性程序，影响计算机系统正常运行，具有下列情形之一的，应当认定为"后果严重"：（1）制作、提供、传输第五条第一项规定的程序，导致该程序通过网络、存储介质、文件等媒介传播的；（2）造成二十台以上计算机系统被植入第五条第二、三项规定的程序的；（3）提供计算机病毒等破坏性程序十人次以上的；（4）违法所得五千元以上或者造成经济损失一万元以上的；（5）造成其他严重后果的。根据本款规定，构成本条规定的犯罪，"依照第一款的规定处罚"，即处五年以下有期徒刑或者拘役；后果特别严重的，处五年以上有期徒刑。这里的"后果特别严重",根据《关于办理危害计算机信息系统安全刑事案件应用法律若干问题的解释》第六条规定,具有下列情形之一的,应当认定为破坏计算机信息系统"后果特别严重":(1)制作、提供、传输第五条第一项规定的程序,导致该程序通过网络、存储介质、文件等媒介传播,致使生产、生活受到严重影响或者造成恶劣社会影响的;(2)数量或者数额达到前款第二项至第四项规定标准五倍以上的;(3)造成其他特别严重后果的。

第四款关于单位犯罪的规定。单位实施前三款规定的行为,根据本款规定构成单位犯罪,采取"双罚制",既要对单位判处罚金,又要对单位直接负责的主管人员和其他直接责任人员追究刑事责任,即后果严重的,处五年以下有期徒刑或者拘役;后果特别严重的,处五年以上有期徒刑。

【实践中需要注意的问题】

对于本条第三款规定的制作、传播计算机病毒等破坏性程序的犯罪,由于计算机病毒等破坏性程序是一种特殊的具有相当难度的计算机程序,一般来说必须是人为故意制作的,因此,制作计算机病毒等破坏性程序只能是故意的,即使行为人设计的病毒是自动触发,也属于故意行为,而不可能是出于过失或者意外事件的情况;而传播计算机病毒等破坏性程序,本条规定的主观方面是故意,也可能存在过失或者意外事件的情况,对于过失或意外导致计算机病毒等破坏性程序的传播则不构成本罪。

第二百八十六条之一 【拒不履行信息网络安全管理义务罪】

网络服务提供者不履行法律、行政法规规定的信息网络安全管理义务,经监管部门责令采取改正措施而拒不改正,有下列情形之一的,处三年以下有期徒刑、拘役或者管制,并处或者单处罚金:

(一)致使违法信息大量传播的;

(二)致使用户信息泄露,造成严重后果的;

(三)致使刑事案件证据灭失,情节严重的;

(四)有其他严重情节的。

单位犯前款罪的,对单位判处罚金,并对其直接负责的主管人员和其他直接责任人员,依照前款的规定处罚。

有前两款行为,同时构成其他犯罪的,依照处罚较重的规定定罪处罚。

【条文精解】

本条是关于网络服务提供者不履行法律、行政法规规定的信息网络安全管理义务的犯罪及其处罚的规定。

本条共分三款。第一款是关于对网络服务提供者不履行法律、行政法规规定的安全管理义务如何定罪处罚的规定。根据本款规定,不履行网络安全管理义务犯罪具有以下特征:

第一,犯罪的主体是网络服务提供者,包括通过计算机互联网、广播电视网、固定通信网、移动通信网等信息网络,向公众提供网络服务的机构和个人。根据其提供的服务内容,可以分为互联网接入服务提供者和互联网内容服务提供者。其中,互联网接入服务提供者为终端用户提供专线、拨号上网或者其他接入互联网的服务,包括物理网络提供商和网络接口提供商;互联网内容服务提供者向用户提供新闻、信息、资料、音视频等内容服务,如新浪、搜狐、网易等国内知名互联网企业就是典型的互联网内容提供商。此外,按照服务对象和提供的信息的不同,还可以进一步分为网上媒体运营商、数据库运营商、信息咨询商和信息发布代理商等。最高人民法院、最高人民检察院《关于办理非法利用信息网络、帮助信息网络犯罪活动等刑事案件适用法律若干问题的解释》对如何认定网络服务提供者作了明确规定,即第一条规定,提供下列服务的单位和个人,应当认定为"网络服务提供者":(1)网络接入、域名注册解析等信息网络接入、计算、存储、传输服务;(2)信息发布、搜索引擎、即时通讯、网络支付、网络预约、网络购物、网络游戏、网络直播、网站建设、安全防护、广告推广、应用商店等信息网络应用服务;(3)利用信息网络提供的电子政务、通信、能源、交通、水利、金融、教育、医疗等公共服务。

第二,犯罪客观方面,须具备下列条件:一是行为人不履行法律、行政法规规定的信息网络安全管理义务;二是行为人经监管部门责令采取改正措施而拒不改正;三是行为人拒不改正的行为导致特定危害后果的发生。

其一,行为人不履行法律、行政法规规定的信息网络安全管理义务。根据第一款规定,网络服务提供者不履行网络安全管理义务,是指不履行法律和行政法规规定的义务。司法实践中在认定行为人是否有不履行相关安全管理义务的行为时,需要结合相关法律、行政法规关于安全管理义务的具体规定和要求认定。这方面的法律、行政法规主要有网络安全法、全国人大常委会《关于加强网络信息保护的决定》、国务院《互联网信息服务管理办法》《计算机信息网络国际联网安全保护管理办法》《电信条例》等。根据这些法律、行政法规的规定,网络服务提供者应当按照网络安全等级保护制度的要求,履行安全保护义务,主要有:(1)制定内部安全管理制度和操作规程,确定网络安全负责人，落实网络安全保护责任。网络服务提供者应当建立相应的管理制度，包括网站安全保障制度、信息安全保密管理制度、用户信息安全管理制度等。如关于加强网络信息保护的决定要求网络服务提供者为用户办理网站接入服务，办理固定电话、移动电话等入网手续，或者为用户提供信息发布服务，应当在与用户签订协议或者确认提供服务时，要求用户提供真实身份信息；应当采取技术措施和其他必要措施，确保信息安全，防止在业务活动中收集的公民个人电子信息泄露、毁损、丢失；在发生或者可能发生信息泄露、毁损、丢失的情况时，应当立即采取补救措施。（2）采取防范计算机病毒和网络攻击、网络侵入等危害网络安全行为的技术措施。2016年网络安全法第二十五条规定，网络运营者应当制定网络安全事件应急预案，及时处置系统漏洞、计算机病毒、网络攻击、网络侵入等安全风险；在发生危害网络安全的事件时，立即启动应急预案，采取相应的补救措施，并按照规定向有关主管部门报告。《电信条例》《互联网信息服务管理办法》等规定，互联网信息服务提供者应当向上网用户提供良好的服务，并保证所提供的信息内容合法。任何单位和个人不得利用互联网制作、复制、查阅和传播违法信息，网络服务提供者发现上述信息，应当立即停止传输该信息，采取删除网络中含有上述内容的地址、目录或者关闭服务器等处置措施，同时保留有关原始记录，并向主管部门报告。（3）采取监测、记录网络运行状态、网络安全事件的技术措施，并按照规定留存相关的网络日志不少于六个月。如《互联网信息服务管理办法》要求从事新闻、出版以及电子公告等服务项目的互联网信息服务提供者，应当记录提供的信息内容及其发布时间、互联网地址或者域名；互联网接入服务提供者应当记录上网用户的上网时间、用户帐号、互联网地址或者域名、主叫电话号码等信息。互联网信息服务提供者和互联网接入服务提供者的记录备份应当保存六十日，并在国家有关机关依法查询时，予以提供。（4）采取数据分类、重要数据备份和加密等措施。（5）法律、行政法规规定的其他义务。

其二，必须"经监管部门责令采取改正措施而拒不改正"。这里的监管部门，是指依据法律、行政法规的规定对网络服务提供者负有监督管理职责的各个部门。由于信息网络安全涉及面较广，相关监管部门也涉及各个领域。如《互联网信息服务管理办法》规定，国务院信息产业主管部门和省、自治区、直辖市电信管理机构，依法对互联网信息服务实施监督管理。新闻、出版、教育、卫生、药品监督管理、工商行政管理和公安、国家安全等有关主管部门，在各自职责范围内依法对互联网信息内容实施监督管理。国务院

《关于授权国家互联网信息办公室负责互联网信息内容管理工作的通知》授权国家互联网信息办公室负责全国互联网信息内容管理工作,并负责监督管理执法。《计算机信息网络国际联网安全保护管理办法》规定,公安部计算机管理监察机构负责计算机信息网络国际联网的安全保护管理工作。这里的"责令采取改正措施"应当是上述负有监督管理职责的部门,根据相关网络服务提供者在安全管理方面存在的问题,依法提出的改正错误,堵塞漏洞,加强防范等要求。即责令的主体,责令的方式和程序,都要有法律行政法规的依据,符合依法行政的要求。至于监管部门"责令采取改正措施"的形式和内容,往往要视具体情况而定。有的是监管部门发现网络服务提供者安全防范措施不符合要求,要求其采取加强措施;有的是发现网络服务提供者没有严格执行相关安全管理制度,如对网上信息内容和网络日志信息记录备份不全或留存时间过短等;有的是在日常安全检查时发现网络上出现违法信息,要求网络服务提供者采取临时性补救措施,如监管部门发现传播违法信息的网址、目录或者服务器,通知网络服务提供者删除信息、关闭服务,防止信息进一步扩散;还有的是依法采取相关处罚措施,如责令停业整顿或者暂时关闭网站;等等。"拒不改正",是指明知而故意加以拒绝。实践中,认定网络服务提供者是否"拒不改正",应当考虑以下因素:(1)网络服务提供者是否收到监管部门提出的责令采取改正措施的要求;相关责令整改要求是否明确、具体。(2)网络服务提供者对监管部门提出的采取改正措施的要求,在主观上是否具有拖延或者拒绝执行的故意。(3)网络服务提供者是否具有依照监管部门提出的要求,采取相应改正措施的能力。对于确实因为资源、技术等条件限制,没有或者一时难以达到监管部门要求的,不能认定为是本款规定的"拒不改正"。根据《关于办理非法利用信息网络、帮助信息网络犯罪活动等刑事案件适用法律若干问题的解释》第二条规定,"监管部门责令采取改正措施",是指网信、电信、公安等依照法律、行政法规的规定承担信息网络安全监管职责的部门,以责令整改通知书或者其他文书形式,责令网络服务提供者采取改正措施。认定"经监管部门责令采取改正措施而拒不改正",应当综合考虑监管部门责令改正是否具有法律、行政法规依据,改正措施及期限要求是否明确、合理,网络服务提供者是否具有按照要求采取改正措施的能力等因素进行判断。

其三,必须导致特定危害后果的发生。根据第一款的规定,网络服务提供者拒不采取改正措施,导致了下列危害后果的发生的,才能追究其刑事责任:首先,致使违法信息大量传播。违法信息,是指其内容违反相关法律法规规定的信息。如《电信条例》规定,"违法信息"是指含有反对宪法所确定的基本原则;危害国家安全,泄露国家秘密,颠覆国家政权,破坏国家统一;损害国家荣誉和利益;煽动民族仇恨、民族歧视,破坏民族团结;破坏国家宗教政策,宣扬邪教和封建迷信;散布谣言,扰乱社会秩序,破坏社会稳定;散布淫秽、色情、赌博、暴力、凶杀、恐怖或者教唆犯罪;侮辱或者诽谤他人,侵害他人合法权益;含有法律、行政法规禁止的其他内容等的信息。违法信息大量传播,会对公民的人身权利、财产权利以及国家安全、社会稳定等造成严重损害,因此,网络服务提供者拒不采取改正措施,致使发生违法信息大量传播的危害后果的,应当依照第一款规定追究刑事责任。需要注意的是,造成违法信息大量传播本身就是其行为造成的危害后果,只要事实上造成了违法信息大量传播,即可构成本罪,而不是一定要发生具体的实害性的犯罪结果。认定违法信息大量传播,主要可根据违法信息的数量、被转载的次数、受众的人数以及传播的具体渠道等因素综合考量。根据《关于办理非法利用信息网络、帮助信息网络犯罪活动等刑事案件适用法律若干问题的解释》第三条规定,拒不履行信息网络安全管理义务,具有下列情形之一的,应当认定为"致使违法信息大量传播":(1)致使传播违法视频文件二百个以上的;(2)致使传播违法视频文件以外的其他违法信息二千个以上的;(3)致使传播违法信息,数量虽未达到第一项、第二项规定标准,但是按相应比例折算合计达到有关数量标准的;(4)致使向二千个以上用户账号传播违法信息的;(5)致使利用群组成员帐号数累计三千以上的通讯群组或者关注人员帐号数累计三万以上的社交网络传播违法信息的;(6)致使违法信息实际被点击数达到五万以上的;(7)其他致使违法信息大量传播的情形。

其次,致使用户信息泄露,造成严重后果的。这里的"用户信息"主要包括三类:一是关于用户基本情况信息,如网络服务提供者在服务的过程中收集的个人用户的姓名、出生日期、身份证件号码、住址、电话号码等,以及企业用户商业信息等。这类信息通常涉及用户个人隐私,也是法律保护的重点。二是用户的行为类信息,如用户购买服务或者产品的记录;与企业的联络记录;用户的消费行为、偏好、生活方式等相关信息。例如,电子商务网站记录的用户购买的商品、交易的时间、频率等;移动通讯公司记录的用户的通话时间、时长、呼叫号码、状态、通话频率等。三是与用户行为相关的,反映和影响用户行为和心理的相关信息,包括用户的满意度、忠诚度、对产品或服务的偏好、竞争对手行为等。上述用户信息有的涉及公民个人隐私,有的属于企业商业秘密,根据相关法律、行政法规的规定,网络服务提供者应当对其收集或者保存的用户信息采取保护措施,防止信息的泄露。"造成严重后果"包括:导致用户遭到人身伤害、名誉受到严重损害、受到较大经济损失、正常生活或者生产经营受到严重影响等。根据《关于办理非法利用信息网络、帮助信息网络犯罪活动等刑事案件适用法律若干问题的解释》第四条规定,拒不履行信息网络安全管理义务,致使用户信息泄露,具有下列情形之一的,应当认定为"造成严重后果":(1)致使泄露行踪轨迹信息、通信内容、征信信息、财产信息五百条以上的;(2)致使泄露住宿信息、通信记录、健康生理信息、交易信息等其他可能影响人身、财产安全的用户信息五千条以上的;(3)致使泄露第一项、第二项规定以外的用户信息五万条以上的;(4)数量虽未达到第一项至第三项规定标准,但是按相应比例折算合计达到有关数量标准的;(5)造成他人死亡、重伤、精神失常或者被绑架等严重后果的;(6)造成重大经济损失的;(7)严重扰乱社会秩序的;(8)造成其他严重后果的。

再次,致使刑事案件证据灭失,情节严重的。主要是指网络服务提供者未按照要求保存用户信息或者采取其他安全防卫措施,导致相关刑事追诉活动因为重要证据灭失而遭受严重障碍。这里的"情节严重",主要可以根据所涉及的案件的重大程度,灭失的证据的重要性,证据灭失是否可补救,对刑事追诉活动的影响等因素综合考量。根据《关于办理非法利用信息网络、帮助信息网络犯罪活动等刑事案件适用法律若干问题的解释》第五条规定,拒不履行信息网络安全管理义务,致使影响定罪量刑的刑事案件证据灭失,具有下列情形之一的,应当认定为"情节严重":(1)造成危害国家安全犯罪、恐怖活动犯罪、黑社会性质组织犯罪、贪污贿赂犯罪案件的证据灭失的;(2)造成可能判处五年有期徒刑以上刑罚犯罪案件的证据灭失的;(3)多次造成刑事案件证据灭失的;(4)致使刑事诉讼程序受到严重影响的;(5)其他情节严重的情形。

最后,有其他严重情节的。这一规定是为了应对实践中可能出现的各种复杂情况,所作的一项兜底规定。司法实践中在具体适用时,可以参考本款前三项规定的情形中造成的社会危害程度,结合行为人拒不采取改正措施给公民合法权益,给社会公共利益以及国家利益造成的危害后果的具体情况认定。根据《关于办理非法利用信息网络、帮助信息网络犯罪活动等刑事案件适用法律若干问题的解释》第六条规定,拒不履行信息网络安全管理义务,具有下列情形之一的,应当认定为"有其他严重情节":(1)对绝大多数用户日志未留存或者未落实真实身份信息认证义务的;(2)二年内经多次责令改正拒不改正的;(3)致使信息网络服务被主要用于违法犯罪的;(4)致使信息网络服务、网络设施被用于实施网络攻击,严重影响生产、生活的;(5)致使信息网络服务被用于实施危害国家安全犯罪、恐怖活动犯罪、黑社会性质组织犯罪、贪污贿赂犯罪或者其他重大犯罪的;(6)致使国家机关或者通信、能源、交通、水利、金融、教育、医疗等领域提供公共服务的信息网络受到破坏,严重影响生产、生活的;(7)其他严重违反信息网络安全管理义务的情形。

对于本罪的刑罚,根据第一款的规定,网络服务提供者不履行安全管理义务,构成犯罪的,处三年以下有期徒刑、拘役或者管制,并处或者单处罚金。

本条第二款是关于单位不履行网络安全管理义务的处刑规定。实践中,网络服务提供者多数为互联网企业,现行法律、行政法规对互联网企业的安全管理义务都有明确具体的规定,只有互联网企业切实履行法律、行政法规赋予的安全管理义务,网络安全才能够真正落到实处,因此,本款对单位犯罪的处刑作了规定。根据本款规定,单位犯本罪的,实行双罚制,即对不履行网络安全管理义务的单位判处罚金,并对其直接负责的主管人员和其他直接责任人员,依照第一款的规定,处以三年以下有期徒刑、拘役或者管制,并处或者单处罚金。

本条第三款是关于有前两款行为,同时构成其他犯罪的,如何定罪处罚的规定。本条是对网络服务提供者拒不履行安全管理义务犯罪的专门规定,实践中网络服务提供者拒不履行安全管理义务的行为,根据其具体情况还可能构成刑法规定的其他犯罪,如刑法第一百二十条之三规定的宣扬恐怖主义、极端主义的犯罪,第三百六十四条规定的传播淫秽物品罪,第三百九十八条规定的故意泄露国家秘密罪、过失泄露国家秘密罪,第三百零七条规定的帮助毁灭、伪造证据罪,第三百一十一条规定的拒绝提供间谍犯罪、恐怖主义犯罪、极端主义犯罪证据罪等。根据本款的规定,对网络服务提供者不履行网络安全管理义务,构成其他犯罪的,依照处罚较重的规定定罪处罚,即从一重罪定罪处罚。

第二百八十七条 【利用计算机实施金融诈骗、盗窃等犯罪的处理】

利用计算机实施金融诈骗、盗窃、贪污、挪用公款、窃取国家秘密或者其他犯罪的,依照本法有关规定定罪处罚。

【条文精解】

本条是关于利用计算机实施犯罪的规定。

本条规定的"利用计算机实施金融诈骗、盗窃、贪污、挪用公款、窃取国家秘密或者其他犯罪"，是指犯罪分子以计算机为犯罪工具和手段，直接或者通过他人向计算机输入非法指令，进行金融诈骗、盗窃、贪污、挪用公款、窃取国家秘密等犯罪活动。这里规定的"其他犯罪"，是指利用计算机实施的金融诈骗、盗窃、贪污、挪用公款、窃取国家秘密犯罪以外的犯罪，常见的有间谍、侮辱、诽谤、窃取商业秘密、侵占、挪用公司资金、非法吸收公众存款、电信诈骗、敲诈勒索、洗钱、传授犯罪方法、制作、传播淫秽物品、网络淫秽表演、网络赌博，非法出售、提供试题、答案，买卖公文、证件、印章、身份证件以及有关恐怖活动等犯罪。"依照本法有关规定定罪处罚"，对于利用计算机实施金融诈骗、盗窃、贪污、挪用公款、窃取国家秘密或者其他犯罪的，应当依照本法有关金融诈骗犯罪、盗窃犯罪、贪污犯罪、挪用公款犯罪、非法获取国家秘密犯罪的规定以及其他犯罪的规定处罚。具体实施什么犯罪行为，就以该罪定罪处刑，如行为人利用计算机进行盗窃犯罪的，应当依照本法第二百六十四条的规定，以盗窃罪定罪处刑。

> **第二百八十七条之一 【非法利用信息网络罪】**
> 利用信息网络实施下列行为之一，情节严重的，处三年以下有期徒刑或者拘役，并处或者单处罚金：
> （一）设立用于实施诈骗、传授犯罪方法、制作或者销售违禁物品、管制物品等违法犯罪活动的网站、通讯群组的；
> （二）发布有关制作或者销售毒品、枪支、淫秽物品等违禁物品、管制物品或者其他违法犯罪信息的；
> （三）为实施诈骗等违法犯罪活动发布信息的。
> 单位犯前款罪的，对单位判处罚金，并对其直接负责的主管人员和其他直接责任人员，依照第一款的规定处罚。
> 有前两款行为，同时构成其他犯罪的，依照处罚较重的规定定罪处罚。

【条文精解】

本条是关于为实施违法犯罪利用信息网络设立网站、通讯群组、发布信息的犯罪及其处罚的规定。

本条共分三款。第一款是关于非法利用信息网络罪及其处罚的规定。根据本款的规定，利用信息网络实施以下三类行为，且情节严重的，构成本款规定的犯罪：

一是设立用于实施诈骗、传授犯罪方法、制作或者销售违禁物品、管制物品等违法犯罪活动的网站、通讯群组的行为。这里的"网站"是其设立者或者维护者制作的用于展示特定内容的相关网页的集合，便于使用者在其上发布信息或者获取信息；"通讯群组"是网上供具有相同需求的人群集合在一起进行交流的平台和工具，如 QQ、微信等。网站和通讯群组为人们获取资讯、从事经济社会活动、相互通讯提供了极大便利，同时也成为一些违法犯罪人员纠集聚合、实施犯罪的工具和手段。根据最高人民法院、最高人民检察院《关于办理非法利用信息网络、帮助信息网络犯罪活动等刑事案件适用法律若干问题的解释》第八条规定，以实施违法犯罪活动为目的而设立或者设立后主要用于实施违法犯罪活动的网站、通讯群组，应当认定为"用于实施诈骗、传授犯罪方法、制作或者销售违禁物品、管制物品等违法犯罪活动的网站、通讯群组"。第七条规定，"违法犯罪"，包括犯罪行为和属于刑法分则规定的行为类型但尚未构成犯罪的违法行为。

二是发布有关制作或者销售毒品、枪支、淫秽物品等违禁物品、管制物品或者其他违法犯罪信息的行为。第一款第一项对设立网站、通讯群组用于违法犯罪活动作了规定，本项则是对发布相关违法犯罪信息的行为作了规定。这里的违法犯罪信息，主要是指制作、销售毒品、枪支、淫秽物品等违禁物品、管制物品的信息，但不限于这些信息，即还包括"其他违法犯罪信息"。实践中比较常见的发布"其他违法犯罪信息"的行为，有发布招嫖、销售假证、假发票、赌博、传销的信息等。根据最高人民法院、最高人民检察院《关于办理非法利用信息网络、帮助信息网络犯罪活动等刑事案件适用法律若干问题的解释》第九条规定，利用信息网络提供信息的链接、截屏、二维码、访问帐号密码及其他指引访问服务的，应当认定为"发布信息"。最高人民法院、最高人民检察院《关于办理组织、强迫、引诱、容留、介绍卖淫刑事案件适用法律若干问题的解释》第八条第二款规定，利用信息网络发布招嫖违法信息，情节严重的，依照本罪定罪处罚。此外，需要说明的是，与第一项不同，本项规定的发布违法犯罪信息，其发布途径更为广泛，不仅包括在网站、通讯群组中发布违法犯罪信息，还包括通过广播、电视等其他信息网络发布信息。

三是为实施诈骗等违法犯罪活动发布信息。从行为方式上看，本款第二项、第三项都是发布信息，不同之处在于，第二项中行为人发布的信息本身具有明显的违法犯罪性质，如制作、销售毒品、淫秽物品等信息，而本项中行为人发布的信息，从表面上看往往不具有违法性，但行为人发布信息的目的,是吸引他人关注,借以实施诈骗等违法犯罪活动,相关信息只是其从事犯罪的幌子。如通过发布低价机票、旅游产品、保健品等商品信息,吸引他人购买,进而实施诈骗、传销等违法犯罪行为。这样规定,主要是针对网络诈骗犯罪跨地域、受害者众多、取证难等问题,将诈骗等违法犯罪行为人为实施犯罪在网络上发布信息的行为单独作为犯罪加以明确规定,实际上是将刑法惩治犯罪的环节前移,便于司法机关有效打击网络诈骗等违法犯罪活动,及时切断犯罪链条,防止更为严重的危害后果发生。因此,司法实践中,办案部门在查办具体案件时,应当依据掌握的线索,尽力查明行为人线下实际实施的各种犯罪行为。对经过深入细致查证,有足够证据证明行为人实施了诈骗等犯罪的,应当依照刑法诈骗罪等规定定罪处罚。如果经过深入工作,因为证据等原因,确实难以按照诈骗等犯罪追究的,可以根据本条规定,针对其所实际实施的为实施诈骗等犯罪而发布信息的行为,依法追究刑事责任。这样,才能做到罪责刑相适应,避免行为人逃避诈骗等犯罪的追究。

根据第一款规定,实施以上行为"情节严重"的,构成犯罪。关于"情节严重"的具体认定,可以结合行为人所发布信息的具体内容、数量、扩散范围、获取非法利益的数额、受害人的多少、造成的社会影响等因素综合考量。根据最高人民法院、最高人民检察院《关于办理非法利用信息网络、帮助信息网络犯罪活动等刑事案件适用法律若干问题的解释》第十条规定,非法利用信息网络,具有下列情形之一的,应当认定为"情节严重":(1)假冒国家机关、金融机构名义,设立用于实施违法犯罪活动的网站的。(2)设立用于实施违法犯罪活动的网站,数量达到三个以上或者注册帐号数累计达到二千以上的。(3)设立用于实施违法犯罪活动的通讯群组,数量达到五个以上或者群组成员帐号数累计达到一千以上的。(4)发布有关违法犯罪的信息或者为实施违法犯罪活动发布信息,具有下列情形之一的:①在网站上发布有关信息一百条以上的;②向二千个以上用户账号发送有关信息的;③向群组成员数累计达到三千以上的通讯群组发送有关信息的;④利用关注人员帐号数累计达到三万以上的社交网络传播有关信息的。(5)违法所得一万元以上的。(6)二年内曾因非法利用信息网络、帮助信息网络犯罪活动、危害计算机信息系统安全受过行政处罚,又非法利用信息网络的。(7)其他情节严重的情形。

关于本罪的刑罚,根据第一款的规定,行为人构成犯罪的,处三年以下有期徒刑或者拘役,并处或者单处罚金。

本条第二款是关于单位犯罪的处罚。根据本款的规定,对单位犯第一款规定之罪的实行双罚制,对单位判处罚金,并对其直接负责的主管人员和其他直接责任人员，依照第一款的规定，处三年以下有期徒刑或者拘役，并处或者单处罚金。

本条第三款是关于实施本条规定的行为，同时又构成其他犯罪的，如何定罪处罚的规定。本条规定的犯罪，是针对行为人为实施违法犯罪活动而设立网站、发布信息等行为作的规定。只要行为人实施了本条规定的行为，达到情节严重的程度的，即构成犯罪，并不要求行为人实际上已实现了其具体的犯罪目的。如果行为人设立网站、发布信息，并且实际实施了相关的犯罪行为，则还可能构成相关犯罪，如设立销售毒品的网站，发布销售毒品的信息，并且实际销售了毒品，则还构成贩卖毒品罪。这种情况下，其设立销售毒品网站的行为成为其实施贩毒活动的途径或手段，对这种情况，根据本款规定，应当按照择一重罪论处的原则处理，即依照处罚较重的规定定罪处罚。如最高人民法院《关于审理毒品犯罪案件适用法律若干问题的解释》第十四条第二款规定，实施刑法第二百八十七条之一、第二百八十七条之二规定的行为，同时构成贩卖毒品罪、非法买卖制毒物品罪、传授犯罪方法罪等犯罪的，依照处罚较重的规定定罪处罚。

【实践中需要注意的问题】

本条第一款第一项规定了"设立用于实施诈骗、传授犯罪方法、制作或者销售违禁物品、管制物品等违法犯罪活动的网站、通讯群组"的犯罪行为，在实践中认定这类行为有以下几点需要注意：（1）行为人设立网站、通讯群组的目的是用于实施违法犯罪活动。如果行为人是出于发布合法信息，从事正常的社交或者网络经营行为等目的设立网站、通讯群组，事后被他人用于从事违法犯罪行为的，不属于本项规定的设立用于违法犯罪活动的网站、通讯群组。当然，如果行为人事后知道他人利用其设立的网站、通讯群组从事违法犯罪活动，而为其提供技术支持的，可以适用《刑法修正案（九）》增设的第二百八十七条之二关于帮助实施网络犯罪的规定追究刑事责任。此外，也不排除当事人设立网站或者通讯群组的初始目的是正当的，但在以后将这一网站或者通讯群组逐步演化为用以实施违法犯罪的信息平台的情况。这种情况，也属于本条第一款第一项规定的设立用于实施违法犯罪活动的网站、通讯群组。（2）行为人设立违法犯罪网站、通讯群组，主要是从事诈骗、传授犯罪方法、制作或者销售违禁物品、管制物品，但并不限于法律明确列举的这几类违法犯罪活动。司法实践中如果行为人设立网站是为了实施其他违法犯罪行为的,也可以构成本罪,刑法列举的是比较常见多发的几类违法犯罪活动。为实施诈骗而设立网站和通讯群组,是实践中最为常见的一种犯罪情形。典型的如设立"钓鱼网站",通过钓鱼网站窃取、记录用户网上银行帐号、密码等数据,进而用于诈骗、窃取用户网银资金;假冒网上购物、在线支付网站,欺骗用户直接将钱打入专门帐户;通过假冒产品和广告宣传获取用户信任,骗取用户财物;恶意团购网站或购物网站,假借"限时抢购""秒杀""团购"等噱头,骗取个人信息和银行帐号等。设立传授犯罪方法的网站和通讯群组,如利用网站或者网络通讯工具传授杀人技巧、制造毒品技术等犯罪方法,有的甚至建立通讯群组专门买卖人体器官、交流奸淫猥亵幼女的经验等。这些违法犯罪网站使得很多犯罪技巧可以在网上轻易学到,从而降低了犯罪门槛,增加了公安机关侦查办案的难度。设立用于制作或者销售违禁物品、管制物品的网站和通讯群组,也是网络违法犯罪的常见类型。近年来,各地司法机关陆续办理了多起通过互联网论坛、博客、公共通讯群组或者专门建立的网站发布制作贩卖枪支弹药、毒品、迷幻剂、假币、爆炸物、管制刀具、窃听窃照器材等违禁物品或者管制物品的案件。这些行为,严重破坏国家对相关物品的管制秩序,相关物品流入社会,成为不法分子从事违法犯罪活动的工具,对公民的人身财产安全、公共安全以及国家安全造成严重威胁。此外,根据最高人民法院、最高人民检察院《关于办理侵犯公民个人信息刑事案件适用法律若干问题的解释》第八条规定,设立用于实施非法获取、出售或者提供公民个人信息违法犯罪活动的网站、通讯群组,情节严重的,应当依照本罪规定定罪处罚。最高人民法院《关于审理毒品犯罪案件适用法律若干问题的解释》第十四条规定,利用信息网络,设立用于实施传授制造毒品、非法生产制毒物品的方法,贩卖毒品,非法买卖制毒物品或者组织他人吸食、注射毒品等违法犯罪活动的网站、通讯群组,或者发布实施前述违法犯罪活动的信息,情节严重的,应当依照刑法第二百八十七条之一的规定,以非法利用信息网络罪定罪处罚。最高人民法院、最高人民检察院《关于办理组织考试作弊等刑事案件适用法律若干问题的解释》第十一条规定,设立用于实施考试作弊的网站、通讯群组或者发布有关考试作弊的信息,情节严重的,应当依照刑法第二百八十七条之一的规定,以非法利用信息网络罪定罪处罚;同时构成组织考试作弊罪、非法出售、提供试题、答案罪、非法获取国家秘密罪等其他犯罪的,依照处罚较重的规定定罪处罚。

第二百八十七条之二 【帮助信息网络犯罪活动罪】

明知他人利用信息网络实施犯罪，为其犯罪提供互联网接入、服务器托管、网络存储、通讯传输等技术支持，或者提供广告推广、支付结算等帮助，情节严重的，处三年以下有期徒刑或者拘役，并处或者单处罚金。

单位犯前款罪的，对单位判处罚金，并对其直接负责的主管人员和其他直接责任人员，依照第一款的规定处罚。

有前两款行为，同时构成其他犯罪的，依照处罚较重的规定定罪处罚。

【条文精解】

本条是关于帮助信息网络犯罪活动罪及其处罚的规定。

本条共分三款。第一款是关于对为他人实施网络犯罪提供帮助如何定罪处罚的规定。根据第一款的规定，构成犯罪应当具备以下条件：

首先，行为人主观上明知他人利用网络实施犯罪。如果行为人对他人利用自己所提供的产品、服务进行犯罪不知情的，则不能依据本款的规定追究刑事责任。司法实践中，认定行为人主观上是否"明知"，可以结合其对他人所实际从事活动的认知情况，之间往来、联络的情况，收取费用的情况等证据，综合审查判断。如最高人民法院、最高人民检察院、公安部《关于办理网络赌博犯罪案件适用法律若干问题的意见》规定，行为人收到行政主管机关书面等方式的告知后，仍然实施帮助行为的；为赌博网站提供互联网接入、服务器托管、网络存储空间、通讯传输通道、投放广告、软件开发、技术支持、资金支付结算等服务，收取服务费明显异常的；在执法人员调查时，通过销毁、修改数据、帐本等方式故意规避调查或者向犯罪嫌疑人通风报信的，以及有其他证据证明行为人明知的行为的，即可认定行为人符合"明知"的主观条件。对于如何认定行为人"明知"，根据最高人民法院、最高人民检察院《关于办理非法利用信息网络、帮助信息网络犯罪活动等刑事案件适用法律若干问题的解释》第十一条规定，为他人实施犯罪提供技术支持或者帮助，具有下列情形之一的，可以认定行为人明知他人利用信息网络实施犯罪，但是有相反证据的除外：（1）经监管部门告知后仍然实施有关行为的；（2）接到举报后不履行法定管理职责的；（3）交易价格或者方式明显异常的；（4）提供专门用于违法犯罪的程序、工具或者其他技术支持、帮助的；（5）频繁采用隐蔽上网、加密通信、销毁数据等措施或者使用虚假身份，逃避监管或者规避调查的；（6）为他人逃避监管或者规避调查提供技术支持、帮助的；（7）其他足以认定行为人明知的情形。

其次,行为人实施了帮助他人利用信息网络实施犯罪的行为。根据第一款规定,帮助行为主要有以下几种具体形式:(1)为他人实施网络犯罪提供互联网接入、服务器托管、网络存储、通讯传输等技术支持。其中,"互联网接入",是指为他人提供访问互联网或者在互联网发布信息的通路。目前常用的互联网接入服务有电话线拨号接入、ADSL接入、光纤宽带接入、无线网络等方式。用户只有通过这些特定的通信线路连接到互联网服务提供商,享受其提供的互联网入网连接和信息服务,才能连接使用互联网或者建立服务器发布消息。这一规定主要针对互联网接入服务提供商,如果其明知他人利用其接入服务实施犯罪,仍继续让对方使用,情节严重的,构成本款规定的犯罪。"服务器托管",是指将服务器及相关设备托管到具有专门数据中心的机房。托管的服务器一般由客户通过远程方式自行维护,由机房负责提供稳定的电源、带宽、温湿度等物理环境。"网络存储",通常是指通过网络存储、管理数据的载体空间,如常用的百度网盘、QQ中转站等。"通讯传输",是指用户之间传输信息的通路。比如电信诈骗犯罪中犯罪分子常用的VoIP电话,这种技术能将语音信号经技术处理后通过互联网传输出去。还有一种常用的通讯传输通道是VPN(虚拟专用网络),该技术能在公用网络上建立专用网络,进行加密通讯。目前很多网络犯罪嫌疑人使用VPN技术隐藏其真实位置。此外,除上述明确列举的几种技术支持外,常见的为他人实施网络犯罪提供技术支持的行为方式还有销售赌博网站代码,为病毒、木马程序提供免杀服务,为网络盗窃、QQ视频诈骗制作专用木马程序,为设立钓鱼网站等提供技术支持等行为。(2)为他人利用信息网络实施犯罪提供广告推广。这里的广告推广包括两种情况,一种是为利用网络实施犯罪的人做广告,拉客户。另一种情况是为他人设立的犯罪网站拉广告客户,帮助该犯罪网站获得广告收入,以支持犯罪网站的运营。打击此类行为,有利于切断犯罪网站收入来源。(3)为他人利用信息网络实施犯罪提供支付结算帮助。从实践的情况看,网络犯罪大多是为了直接或者间接获取经济利益。由于网络自身的特点,网络犯罪行为人要最终获得犯罪收益,往往需要借助第三方支付等各种网络支付结算服务提供者,以完成收款、转帐、取现等活动。实践中甚至有一些人员,专门为网络诈骗集团提供收付款、转帐、结算、现金提取服务等帮助。《刑法修正案(九)》增加对为他人利用信息网络实施犯罪提供"支付结算帮助",就是针对的这种情况,这一规定有利于切断网络犯罪的资金流动。

最后,明知他人利用信息网络实施犯罪,而为其提供帮助,"情节严重"的,构成犯罪。对情节严重的认定,主要可结合行为人所帮助的具体网络犯罪的性质、危害后果，其帮助行为在相关网络犯罪中起到的实际作用，帮助行为非法获利的数额等情况综合考量。根据最高人民法院、最高人民检察院《关于办理非法利用信息网络、帮助信息网络犯罪活动等刑事案件适用法律若干问题的解释》第十二条规定，明知他人利用信息网络实施犯罪，为其犯罪提供帮助，具有下列情形之一的，应当认定为"情节严重"：（1）为三个以上对象提供帮助的；（2）支付结算金额二十万元以上的；（3）以投放广告等方式提供资金五万元以上的；（4）违法所得一万元以上的；（5）二年内曾因非法利用信息网络、帮助信息网络犯罪活动、危害计算机信息系统安全受过行政处罚，又帮助信息网络犯罪活动的；（6）被帮助对象实施的犯罪造成严重后果的；（7）其他情节严重的情形。实施前款规定的行为，确因客观条件限制无法查证被帮助对象是否达到犯罪的程度，但相关数额总计达到前款第二项至第四项规定标准五倍以上，或者造成特别严重后果的，应当以帮助信息网络犯罪活动罪追究行为人的刑事责任。

根据第一款规定，构成本罪的，处三年以下有期徒刑或者拘役，并处或者单处罚金。

第二款是关于单位犯罪的规定。从实践中的情况看，本罪很多是一些提供互联网服务的公司、企业，为了谋取非法利益而实施的，为此，本条对单位犯罪作了规定。根据本条第二款的规定，单位犯第一款规定之罪的，对单位判处罚金，并对其直接负责的主管人员和其他直接责任人员，依照第一款的规定处罚，即处以三年以下有期徒刑或者拘役，并处或者单处罚金。

第三款是关于实施本条规定的犯罪，同时构成其他犯罪的，如何定罪处罚的规定。根据刑法的相关规定，行为人为他人实施网络犯罪提供帮助的行为，可能构成相关犯罪的共犯；同时，技术支持、广告推广或者支付结算等帮助行为，还可能构成刑法第二百八十五条提供侵入、非法控制计算机信息系统程序、工具罪以及第一百九十一条洗钱罪等其他犯罪。为此，本条第三款对这种情况下如何适用法律作出规定。根据本条第三款的规定，有前两款行为，同时构成其他犯罪的，依照处罚较重的规定定罪处罚，即按照从一重罪论处的原则处理。

【实践中需要注意的问题】

刑法分则规定的为网络犯罪提供技术类支持的罪名主要有三个：一是提供侵入、非法控制计算机信息系统程序、工具罪（第二百八十五条）；二是非法利用信息网络罪（第二百八十七条之一）；三是帮助信息网络犯罪活动罪（第二百八十七条之二）。三个罪都是以行为人主观明知为构成要件，且都是以情节严重作为罪与非罪的界限。不同之处在于，提供侵入、非法控制计算机信息系统程序、工具罪的帮助行为表现为提供专门用于侵入、非法控制计算机信息系统的程序、工具，比如"抢票软件""秒杀软件"等非法的计算机应用程序或者工具。非法利用信息网络罪的帮助行为是开设用于实施违法犯罪活动的网站、通讯群组，或者帮助发布违法犯罪信息。帮助信息网络犯罪活动罪的帮助行为是更为广泛的技术支持和帮助。

第二百八十八条【扰乱无线电通讯管理秩序罪】

违反国家规定，擅自设置、使用无线电台（站），或者擅自使用无线电频率，干扰无线电通讯秩序，情节严重的，处三年以下有期徒刑、拘役或者管制，并处或者单处罚金；情节特别严重的，处三年以上七年以下有期徒刑，并处罚金。

单位犯前款罪的，对单位判处罚金，并对其直接负责的主管人员和其他直接责任人员，依照前款的规定处罚。

【条文精解】

本条是关于扰乱无线电通讯管理秩序罪及其处罚的规定。

本条共分两款。本条第一款是关于扰乱无线电通讯管理秩序罪及其处刑的规定。构成本罪应当具备以下条件：一是必须违反国家规定。这里的"违反国家规定"，是指违反法律、行政法规等有关无线电管理的规定。如军事设施保护法、民用航空法等法律中都有关于无线电管理的规定；有关无线电管理的行政法规比较多，如《电信条例》《无线电管理条例》《无线电管制规定》《民用机场管理条例》等都有关于无线电管理的规定。

二是行为人实施了擅自设置、使用无线电台（站）或者擅自使用无线电频率，干扰无线电通讯秩序的行为。这里规定了两种犯罪行为：（1）擅自设置、使用无线电台（站）的行为。"擅自设置、使用无线电台（站）"，是指行为人违反国家有关无线电台设置方面的管理规定，未经申请、未办理设置无线电台（站）的审批手续或者未领取电台执照而设置、使用无线电台（站）的行为。2016年《无线电管理条例》第二十七条规定，设置、使用无线电台（站）应当向无线电管理机构申请取得无线电台执照，但设置、使用下列无线电台（站）的除外：①地面公众移动通信终端；②单收无线电台（站）；③国家无线电管理机构规定的微功率短距离无线电台（站）。第二十八条规定，除该条例第二十九条规定的业余无线电台外，设置、使用无线电台（站），应当符合下列条件：①有可用的无线电频率；②所使用的无线电发射设备依法取得无线电发射设备型号核准证且符合国家规定的产品质量要求；③有熟悉无线电管理规定、具备相关业务技能的人员；④有明确具体的用途，且技术方案可行；⑤有能够保证无线电台（站）正常使用的电磁环境，拟设置的无线电台（站）对依法使用的其他无线电台（站）不会产生有害干扰。申请设置、使用空间无线电台，除应当符合前款规定的条件外，还应当有可利用的卫星无线电频率和卫星轨道资源。第二十九条规定，申请设置、使用业余无线电台的，应当熟悉无线电管理规定，具有相应的操作技术能力，所使用的无线电发射设备应当符合国家标准和国家无线电管理的有关规定。（2）擅自使用无线电频率的行为。"擅自使用无线电频率"，主要是指违反国家有关无线电使用的管理规定，未经批准获得使用权而使用无线电频率的行为。根据《无线电管理条例》第六条规定，任何单位或者个人不得擅自使用无线电频率，不得对依法开展的无线电业务造成有害干扰，不得利用无线电台（站）进行违法犯罪活动。第十三条第一款规定，国家无线电管理机构负责制定无线电频率划分规定，并向社会公布。第十四条规定，使用无线电频率应当取得许可，但下列频率除外：①业余无线电台、公众对讲机、制式无线电台使用的频率；②国际安全与遇险系统，用于航空、水上移动业务和无线电导航业务的国际固定频率；③国家无线电管理机构规定的微功率短距离无线电发射设备使用的频率。行为人擅自使用无线电频率，包括行为人的无线电台（站）本身属于未经批准而设置的；也包括行为人的无线电台（站）虽经依法批准设立，但在使用过程中，违反国家有关无线电使用的管理规定，擅自改变主管部门为其指配的频率而非法使用其他频率的情形。根据最高人民法院、最高人民检察院《关于办理扰乱无线电通讯管理秩序等刑事案件适用法律若干问题的解释》第一条规定，具有下列情形之一的，应当认定为刑法第二百八十八条第一款规定的"擅自设置、使用无线电台（站），或者擅自使用无线电频率，干扰无线电通讯秩序"：①未经批准设置无线电广播电台（"黑广播"），非法使用广播电视专用频段的频率的；②未经批准设置通信基站（"伪基站"），强行向不特定用户发送信息，非法使用公众移动通信频率的；③未经批准使用卫星无线电频率的；④非法设置、使用无线电干扰器的；⑤其他擅自设置、使用无线电台（站），或者擅自使用无线电频率，干扰无线电通讯秩序的情形。

三是必须达到情节严重的，才构成本罪。这里的"情节严重"，可主要根据行为人擅自设置、使用无线电台（站）、擅自使用无线电频率的行为，对无线电通讯秩序造成干扰的程度、范围、时间，被其干扰的无线电通讯活动的性质、领域、重要程度等因素综合判断。根据最高人民法院、最高人民检察院《关于办理扰乱无线电通讯管理秩序等刑事案件适用法律若干问题的解释》第二条规定，违反国家规定，擅自设置、使用无线电台（站），或者擅自使用无线电频率，干扰无线电通讯秩序，具有下列情形之一的，应当认定为"情节严重"：（1）影响航天器、航空器、铁路机车、船舶专用无线电导航、遇险救助和安全通信等涉及公共安全的无线电频率正常使用的；（2）自然灾害、事故灾难、公共卫生事件、社会安全事件等突发事件期间，在事件发生地使用"黑广播""伪基站"的；（3）举办国家或者省级重大活动期间，在活动场所及周边使用"黑广播""伪基站"的；（4）同时使用三个以上"黑广播""伪基站"的；（5）"黑广播"的实测发射功率五百瓦以上，或者覆盖范围十公里以上的；（6）使用"伪基站"发送诈骗、赌博、招嫖、木马病毒、钓鱼网站链接等违法犯罪信息，数量在五千条以上，或者销毁发送数量等记录的；（7）雇佣、指使未成年人、残疾人等特定人员使用"伪基站"的；（8）违法所得三万元以上的；（9）曾因扰乱无线电通讯管理秩序受过刑事处罚，或者二年内曾因扰乱无线电通讯管理秩序受过行政处罚，又实施刑法第二百八十八条规定的行为的；（10）其他情节严重的情形。

根据第一款规定，构成本罪的，处三年以下有期徒刑、拘役或者管制，并处或者单处罚金；情节特别严重的，处三年以上七年以下有期徒刑，并处罚金。根据《关于办理扰乱无线电通讯管理秩序等刑事案件适用法律若干问题的解释》第三条规定，违反国家规定，擅自设置、使用无线电台（站），或者擅自使用无线电频率，干扰无线电通讯秩序，具有下列情形之一的，应当认定为刑法第二百八十八条第一款规定的"情节特别严重"：（1）影响航天器、航空器、铁路机车、船舶专用无线电导航、遇险救助和安全通信等涉及公共安全的无线电频率正常使用，危及公共安全的；（2）造成公共秩序混乱等严重后果的；（3）自然灾害、事故灾难、公共卫生事件和社会安全事件等突发事件期间，在事件发生地使用"黑广播""伪基站"，造成严重影响的；（4）对国家或者省级重大活动造成严重影响的；（5）同时使用十个以上"黑广播""伪基站"的；（6）"黑广播"的实测发射功率三千瓦以上，或者覆盖范围二十公里以上的；（7）违法所得十五万元以上的；（8）其他情节特别严重的情形。

第二款是关于对单位犯罪的处刑规定。根据本款规定，单位犯扰乱无线电通讯管理秩序犯罪的，对单位判处罚金，并对其直接负责的主管人员和其他直接责任人员，依照前款的规定处罚，即对单位直接负责的主管人员和其他直接责任人员，处三年以下有期徒刑、拘役或者管制，并处或者单处罚金；情节特别严重的，处三年以上七年以下有期徒刑，并处罚金。

【实践中需要注意的问题】

本条规定的是擅自设置、使用无线电通讯设备的犯罪，对于非法生产、销售伪基站等无线电设备，根据最高人民法院、最高人民检察院《关于办理扰乱无线电通讯管理秩序等刑事案件适用法律若干问题的解释》规定，应以非法经营罪追究刑事责任。该解释第四条规定，非法生产、销售"黑广播""伪基站"、无线电干扰器等无线电设备，具有下列情形之一的，应当认定为刑法第二百二十五条规定的"情节严重"：（1）非法生产、销售无线电设备三套以上的；（2）非法经营数额五万元以上的；（3）其他情节严重的情形。实施前款规定的行为，数量或者数额达到前款第一项、第二项规定标准五倍以上，或者具有其他情节特别严重的情形的，应当认定为刑法第二百二十五条规定的"情节特别严重"。在非法生产、销售无线电设备窝点查扣的零件，以组装完成的套数以及能够组装的套数认定；无法组装为成套设备的，每三套广播信号调制器（激励器）认定为一套"黑广播"设备，每三块主板认定为一套"伪基站"设备。

第二百八十九条【聚众"打砸抢"的定罪处罚规定】

聚众"打砸抢"，致人伤残、死亡的，依照本法第二百三十四条、第二百三十二条的规定定罪处罚。毁坏或者抢走公私财物的，除判令退赔外，对首要分子，依照本法第二百六十三条的规定定罪处罚。

【条文精解】

本条是关于聚众"打砸抢"的刑事责任的规定。

"聚众'打砸抢'"，是指聚集多人肆意打人、毁坏或者抢劫公私财物，严重危害社会秩序的行为。这里的"聚众"，是指聚集多人进行"打砸抢"的行为。"致人伤残、死亡的，依照本法第二百三十四条、第二百三十二条的规定定罪处罚"，是指聚众"打砸抢"造成他人轻伤、重伤的，依照本法第二百三十四条关于故意伤害罪的规定定罪处罚；造成他人死亡的，依照本法第二百三十二条关于故意杀人罪的规定定罪处罚。"毁坏或者抢走公私财物的，除判令退赔外，对首要分子依照本法第二百六十三条的规定定罪处罚"，是指毁坏或者抢走公私财物,应当判令退还原物或者按价赔偿,对首要分子依照本法第二百六十三条关于抢劫罪的规定定罪处罚。

【实践中需要注意的问题】

实践中,聚众"打砸抢"的情况一般比较复杂,要具体分析其引起的原因、危害后果及其他情节,对首要分子要予以严厉打击;对其他参加者,罪行严重的,也应依法追究刑事责任;对于虽然参与"打砸抢",但情节较轻的,可以进行批评教育,必要时给予治安处罚;对于聚众"打砸抢",毁坏、抢走公私财物的,只对首要分子依照刑法抢劫罪的规定追究刑事责任。

第二百九十条 【聚众扰乱社会秩序罪】【聚众冲击国家机关罪】【扰乱国家机关工作秩序罪】【组织、资助非法聚集罪】

聚众扰乱社会秩序,情节严重,致使工作、生产、营业和教学、科研、医疗无法进行,造成严重损失的,对首要分子,处三年以上七年以下有期徒刑;对其他积极参加的,处三年以下有期徒刑、拘役、管制或者剥夺政治权利。

聚众冲击国家机关,致使国家机关工作无法进行,造成严重损失的,对首要分子,处五年以上十年以下有期徒刑;对其他积极参加的,处五年以下有期徒刑、拘役、管制或者剥夺政治权利。

多次扰乱国家机关工作秩序,经行政处罚后仍不改正,造成严重后果的,处三年以下有期徒刑、拘役或者管制。

多次组织、资助他人非法聚集,扰乱社会秩序,情节严重的,依照前款的规定处罚。

【条文精解】

本条是关于聚众扰乱社会秩序罪、聚众冲击国家机关罪、扰乱国家机关工作秩序罪以及组织、资助非法聚集罪及其处罚的规定。

本条共分四款。第一款是关于聚众扰乱社会秩序的犯罪及其处刑的规定。根据本款规定,聚众扰乱社会秩序犯罪,是指聚众扰乱社会秩序,情节严重,致使工作、生产、营业和教学、科研、医疗无法进行,造成严重损失的行为。构成本罪应当具备以下条件:一是行为人实施了聚众扰乱社会秩序的行为。这里的"聚众扰乱社会秩序",是指纠集多人扰乱机关、公司、企业、事业单位、人民团体、社会团体等有关社会组织的工作、生产、营业、教学、科研、医疗秩序，如聚众侵入、占领机关、单位、团体的工作场所以及封闭其出入通道，对工作人员进行纠缠、哄闹、辱骂、殴打；毁坏财物、设备；强行切断电源、水源等。《刑法修正案（九）》在本条中增加了有关扰乱医疗场所秩序，致使医疗无法进行的规定。这一规定是根据草案审议中的意见增加的规定，主要是针对实践中频繁发生扰乱医疗场所秩序的情况。需要特别说明的是，《刑法修正案（九）》对本条的修改并不是增加新的犯罪情形，只是对刑法原有规定作进一步明确规定。这样规定，有利于增强法律的针对性，提高对扰乱医疗秩序犯罪的震慑力。单纯从法律适用来说，实践中所谓"医闹"等案件，是一种比较典型的聚众扰乱社会秩序的案件，对其中情节严重的，应当严格按照刑法的规定追究首要分子和积极参加者的刑事责任。对这一问题，司法机关和社会各方面的认识也是一致的，有关司法解释对具体法律适用问题也有明确规定，司法实践中也是这样处理的。如2014年4月22日最高人民法院、最高人民检察院、公安部、司法部、国家卫生和计划生育委员会联合发布的《关于依法惩处涉医违法犯罪维护正常医疗秩序的意见》中明确、细化的规定，即对聚众实施的在医疗机构私设灵堂、摆放花圈、焚烧纸钱、悬挂横幅、堵塞大门或者以其他方式扰乱医疗秩序行为，造成严重损失或者扰乱其他公共秩序情节严重，以及在医疗机构的病房、抢救室、重症监护室等场所及医疗机构的公共开放区域违规停放尸体，情节严重，构成犯罪的，可以根据聚众扰乱社会秩序罪、聚众扰乱公共场所秩序、交通秩序罪、寻衅滋事罪等追究刑事责任。

二是行为必须达到情节严重，致使工作、生产和教学、科研、医疗无法进行，造成严重损失，这是构成本罪的必要条件之一。本款规定的"情节严重"，一般表现为扰乱的时间长、次数多、纠集的人数多，扰乱重要的工作、生产、营业和教学、科研、医疗活动，造成的影响比较恶劣，等等。"致使工作、生产和教学、科研、医疗无法进行"，是指聚众扰乱机关、公司、企业、教学科研单位、医院等的行为，导致该单位正常的工作、生产、教学、科研、医疗无法进行。"造成严重损失"，主要是指使经济建设、教学、科研、医疗等受到严重的破坏和损失。需要注意的是，情节严重，致使机关、单位、团体的工作、生产、营业和教学、科研、医疗无法进行，造成严重损失，都是构成本罪的要件，缺一不可。对于一般违法行为，情节较轻，没有造成严重损失，危害不大的，不构成本罪，可以依照治安管理处罚法的规定处理。

三是本罪的犯罪主体包括首要分子和其他积极参加的人。这里所谓的"首要分子"，主要是指在聚众犯罪中起组织、策划、指挥作用的犯罪分子，首要分子既可能只进行幕后策划而不亲自参与实施扰乱社会秩序的行为,也可能不但组织策划,还现场坐镇指挥,积极实施扰乱社会秩序的行为,实践中要注意正确认定,准确打击。"其他积极参加的",是指在共同犯罪中,积极、主动参加的或者在共同犯罪中起重要作用的犯罪分子。

根据第一款规定,犯本款规定之罪的,对首要分子处三年以上七年以下有期徒刑;对其他积极参加的,处三年以下有期徒刑、拘役、管制或者剥夺政治权利。

第二款是关于聚众冲击国家机关罪及其处刑的规定。根据本款规定,聚众冲击国家机关的犯罪,是指聚众冲击国家机关,致使国家机关工作无法进行,造成严重损失的行为。这里规定的"国家机关",是指管理国家某一方面事务的具体工作部门,包括各级国家权力机关、党政机关、司法机关和军事机关。"聚众冲击国家机关",主要是指聚集多人强行包围、堵塞、冲入各级国家机关的行为。"致使国家机关工作无法进行",是指国家机关及其工作人员行使管理职权、执行职务的活动,因受到聚众冲击而被迫中断或者停止。"造成严重损失",是指造成的社会影响很恶劣,严重损害国家机关权威的;致使国家机关长时间无法行使管理职能,严重影响到工作秩序的;给国家、集体和个人造成严重经济损失的;等等。根据本款规定,犯本款规定之罪的,对首要分子处五年以上十年以下有期徒刑;对其他积极参加的,处五年以下有期徒刑、拘役、管制或者剥夺政治权利。

第三款是关于扰乱国家机关工作秩序罪及其处刑的规定。构成本罪应当具备以下条件:一是行为人多次实施扰乱国家机关工作秩序的行为。这里所说的"多次",一般指三次以上。"扰乱国家机关工作秩序",不是以聚众的方式,而是以个人方式扰乱、冲击国家机关,破坏国家机关的正常工作秩序。二是经行政处罚后仍不改正的。所谓"经行政处罚后仍不改正",是指行为人因扰乱国家机关秩序被行政处罚后,又实施扰乱国家机关秩序的行为。根据治安管理处罚法第二十三条规定,扰乱机关、团体、企业、事业单位秩序,致使工作、生产、营业、医疗、教学、科研不能正常进行,尚未造成严重损失的,由公安机关处警告或者二百元以下罚款;情节较重的,处五日以上十日以下拘留,可以并处五百元以下罚款。三是必须造成严重后果的。"造成严重后果",是指扰乱行为导致国家机关正常工作秩序受到严重影响,无法正常开展工作;或者造成国家机关人员、财产损失等。需要注意的是,构成本罪需要同时具备多次扰乱国家机关工作秩序,经行政处罚后仍不改正,造成严重后果三个方面的要件。根据本款规定,构成本罪的,处三年以下有期徒刑、拘役或者管制。

第四款是关于组织、资助非法聚集罪及其处刑的规定。构成本罪必须具备以下要件：一是本罪的犯罪主体是组织、资助他人聚集的人员。"组织"，是指组织、策划、指挥、协调非法聚集活动的行为；"资助"，是指筹集、提供活动经费、物资以及其他物质便利的行为。二是行为人多次实施组织、资助他人非法聚集，扰乱社会秩序的行为。这里的"多次"，一般指三次以上。"非法聚集"，是指未经批准在公共场所集会、集结的行为。"扰乱社会秩序"，是指造成社会秩序混乱，致使工作、生产、营业和教学、科研、医疗等活动受到严重干扰，甚至无法进行的情况。如致使机场、车站、码头、商场、影剧院、运动场馆等人员密集场所秩序混乱，影响航空器、列车、船舶等大型客运交通工具正常运行的，致使国家机关、学校、医院、厂矿企业等单位的工作、生产、经营、教学、科研、医疗等活动中断等。三是必须达到情节严重，这是罪与非罪的界限。所谓"情节严重"，主要是指组织、资助非法聚集的次数多、纠集的人数多、资助的金额多；非法聚集扰乱重要的工作、生产、营业和教学、科研、医疗活动，造成的影响比较恶劣；等等。根据本款规定，对多次组织、资助他人非法聚集，扰乱社会秩序，情节严重的，处三年以下有期徒刑、拘役或者管制。

【实践中需要注意的问题】

1.本条第一款、第二款规定的聚众扰乱社会秩序罪、聚众冲击国家机关罪，这两个罪是聚众实施的犯罪，重点惩治的应当是首要分子，本条对首要分子规定了较重的刑罚，同时考虑到其他积极参加的人员中有一些骨干分子，因此，本条对其他积极参加的人员也规定了刑罚，但实践中其他积极参加的情况较为复杂，应从行为人在扰乱社会秩序中的表现、地位和作用等方面判断。一般来说，包括聚众扰乱活动表现积极、主动；参与了大多数扰乱活动；在扰乱活动中直接造成严重损失的人。对于一般围观起哄的人，如果没有其他违法行为；或者有的虽然参与扰乱行为，但没有直接造成严重损失的人等都不宜以犯罪论处。

2.本条第三款规定的扰乱国家机关工作秩序罪是针对实践中一些个人，以各种极端方式冲击、扰乱国家机关工作秩序，且屡教不改，严重扰乱国家机关工作秩序的情况增加规定的犯罪。实践中要严格掌握对信访行为适用本罪的条件。申诉权是公民的基本权利，上访是公民行使申诉权利，表达利益诉求，寻求救济的一种方式，而回应和解决公民诉求本身就是国家机关工作的一部分，有的行为人由于合法权益受到侵害，通过正常程序无法得到解决，也有可能走上缠访、闹访之路，因此，司法机关在认定本罪时，需要严格把握罪与非罪的界限，缠访、闹访并非一个法律概念，对于在国家机关门口缠访、闹访的，不能不加区分一概入罪，要考虑到行为人是否属于正当维权，是否扰乱了国家机关工作秩序，是否给国家机关造成严重后果，在适用本罪时需要慎重，避免使具有正当诉求的上访者、申诉者受到刑罚处罚。对于相关国家工作人员失职、渎职行为引起的此类行为，也应依法追究相关人员的行政及刑事责任。要防止实践中有的人员为了达到对信访人适用本条规定的目的，违反法律规定精神，放宽行政处罚条件，对信访人予以行政处罚的情况。也要注意对于在信访场所的缠访等行为与扰乱国家机关工作秩序的界限，予以严格掌握，避免申诉不畅甚至客观上纵容违法作为、不作为情况的发生。

第二百九十一条　【聚众扰乱公共场所秩序、交通秩序罪】

聚众扰乱车站、码头、民用航空站、商场、公园、影剧院、展览会、运动场或者其他公共场所秩序，聚众堵塞交通或者破坏交通秩序，抗拒、阻碍国家治安管理工作人员依法执行职务，情节严重的，对首要分子，处五年以下有期徒刑、拘役或者管制。

【条文精解】

本条是关于聚众扰乱公共场所秩序、交通秩序罪及其处罚的规定。

根据本条规定，聚众扰乱公共场所秩序、交通秩序罪，是指聚众扰乱车站码头、民用航空站、商场、公园、影剧院、展览会、运动场或者其他公共场所秩序，聚众堵塞交通或者破坏交通秩序，抗拒、阻碍国家治安管理工作人员依法执行职务，情节严重的行为。构成本罪必须具备以下条件：一是犯罪主体是首要分子。本罪是聚众性犯罪，处罚的对象仅限于首要分子。"首要分子"，主要是指在聚众犯罪中起组织、策划、指挥作用的犯罪分子，对其他参加的，主要是进行批评教育，必要时给予治安处罚。根据治安管理处罚法第二十三条规定，扰乱车站、港口、码头、机场、商场、公园、展览馆或者其他公共场所秩序的，由公安机关处警告或者二百元以下罚款；情节较重的，处五日以上十日以下拘留，可以并处五百元以下罚款。二是行为人实施了聚众扰乱公共场所秩序、聚众堵塞或者破坏交通秩序的行为。这里规定了两种犯罪行为：（1）聚众扰乱公共场所秩序的行为。这里规定的"聚众扰乱"公共场所秩序，是指纠集多人以各种方法对公共场所秩序进行干扰和捣乱，主要是故意在公共场所聚众起哄闹事。所谓"公共场所",是指具有公共性特点,对公众开放,供不特定的多数人随时出入、停留、使用的场所,包括车站、码头、民用航空站、商场、公园、影剧院、展览会、运动场所等;"其他公共场所",主要是指礼堂、公共食堂、游泳池、浴池、农村集市等;"公共场所秩序",是指为保证公众顺利地出入、使用公共场所以及在公共场所停留而规定的公共行为规则。(2)聚众堵塞交通或者破坏交通秩序的行为。所谓"聚众堵塞交通或者破坏交通秩序",是指纠集多人堵塞交通,使车辆、行人不能通过,或者故意违反交通规则,破坏正常的交通秩序,影响顺利通行和通行安全的行为。其中"交通秩序",是指交通工具与行人依照交通规则在交通线路上安全顺利通行的正常状态。三是行为人实施聚众行为,同时必须抗拒、阻碍国家治安管理工作人员依法执行职务。本条规定的"阻止、抗拒国家治安管理工作人员依法执行职务",是指抗拒、阻碍治安民警、交通民警等执行治安管理职务的工作人员依法维护公共场所秩序或者交通秩序的行为。四是必须达到情节严重,才构成本罪。这里规定的"情节严重",主要是指聚众扰乱公共场所秩序或者聚众破坏交通秩序,人数多或者时间长的;造成人员伤亡、建筑物损坏、公私财物受到重大损失等严重后果的;影响或者行为手段恶劣的;等等。

根据本条规定,犯本条规定之罪的,对首要分子处五年以下有期徒刑、拘役或者管制。

第二百九十一条之一 【投放虚假危险物质罪】【编造、故意传播虚假恐怖信息罪】【编造、故意传播虚假信息罪】

投放虚假的爆炸性、毒害性、放射性、传染病病原体等物质,或者编造爆炸威胁、生化威胁、放射威胁等恐怖信息,或者明知是编造的恐怖信息而故意传播,严重扰乱社会秩序的,处五年以下有期徒刑、拘役或者管制;造成严重后果的,处五年以上有期徒刑。

编造虚假的险情、疫情、灾情、警情,在信息网络或者其他媒体上传播,或者明知是上述虚假信息,故意在信息网络或者其他媒体上传播,严重扰乱社会秩序的,处三年以下有期徒刑、拘役或者管制;造成严重后果的,处三年以上七年以下有期徒刑。

【条文精解】

本条是关于投放虚假危险物质罪,编造、故意传播虚假恐怖信息罪,编造、故意传播虚假信息罪及其处刑的规定。

本条共分两款。第一款是关于投放虚假危险物质罪,编造、故意传播虚假恐怖信息罪的规定。根据本条第一款规定,构成上述罪行应当同时具备以下两个方面的条件:

其一,行为人实施了投放虚假的爆炸性、毒害性、放射性、传染病病原体等物质,或者编造爆炸威胁、生化威胁、放射威胁等恐怖信息,或者明知是编造的恐怖信息而故意传播的行为。本款列举了三种犯罪行为:(1)投放虚假的爆炸性、毒害性、放射性、传染病病原体等物质的行为。所谓"投放虚假的爆炸性、毒害性、放射性、传染病病原体等物质",是指以邮寄、放置、丢弃等方式将假的类似于爆炸性、毒害性、放射性、传染病病原体等物质的物品置于他人或者公众面前或者周围。(2)编造爆炸威胁、生化威胁、放射威胁等恐怖信息的行为。所谓"编造爆炸威胁、生化威胁、放射威胁等恐怖信息",是指行为人编造假的要发生爆炸、生物化学物品泄漏、放射性物品泄漏以及使用生化、放射性武器等信息。(3)明知是编造的恐怖信息而故意传播的行为。所谓"明知是编造的恐怖信息而故意传播",是指明知该恐怖信息出于他人编造,是假的信息,而故意向他人传播的行为。关于"恐怖信息"的范围,2013年最高人民法院《关于审理编造、故意传播虚假恐怖信息刑事案件适用法律若干问题的解释》作了进一步的细化。根据该解释第六条规定,虚假恐怖信息包括以发生爆炸威胁、生化威胁、放射威胁、劫持航空器威胁、重大灾情、重大疫情等严重威胁公共安全的事件为内容,可能引起社会恐慌或者公共安全危机的不真实信息。上述三种犯罪行为,只要实施其中一种即构成本罪的构成要件。

其二,行为人的行为严重扰乱社会秩序。"严重扰乱社会秩序",主要是指该行为造成社会恐慌,严重影响生产、工作和社会生活的正常进行。2013年最高人民法院《关于审理编造、故意传播虚假恐怖信息刑事案件适用法律若干问题的解释》第二条规定,编造、故意传播虚假恐怖信息,具有下列情形之一的,应当认定为"严重扰乱社会秩序":(1)致使机场、车站、码头、商场、影剧院、运动场馆等人员密集场所秩序混乱,或者采取紧急疏散措施的;(2)影响航空器、列车、船舶等大型客运交通工具正常运行的;(3)致使国家机关、学校、医院、厂矿企业等单位的工作、生产、经营、教学、科研等活动中断的;(4)造成行政村或者社区居民生活秩序严重混乱的;(5)致使公安、武警、消防、卫生检疫等职能部门采取紧急应对措施的;(6)其他严重扰乱社会秩序的。

第一款规定的犯罪为故意犯罪，行为人只要故意实施本款规定的行为，且严重扰乱社会秩序的，即构成本罪。在实践中，行为人实施本款规定行为的动机和目的是多方面的，有的是为了报复某个人，有的是对社会不满，有的甚至是搞恶作剧，无论动机如何，都不影响本罪的成立。

根据情节的轻重，第一款规定了两档刑罚：构成犯罪的，判处五年以下有期徒刑、拘役或者管制；造成严重后果的，处五年以上有期徒刑。其中"造成严重后果"，主要是指该行为给公民、集体、国家造成重大经济损失、造成重大社会影响或由于恐慌而造成人员伤亡等情况。根据2013年最高人民法院《关于审理编造、故意传播虚假恐怖信息刑事案件适用法律若干问题的解释》第四条规定，编造、故意传播虚假恐怖信息，严重扰乱社会秩序，具有下列情形之一的，应当认定为"造成严重后果"，处五年以上有期徒刑：（1）造成3人以上轻伤或者1人以上重伤的；（2）造成直接经济损失50万元以上的；（3）造成县级以上区域范围居民生活秩序严重混乱的；（4）妨碍国家重大活动进行的；（5）造成其他严重后果的。

本条第二款是关于编造、故意传播虚假信息罪及其处刑的规定。对本款规定需要注意以下几个方面的内容：一是虚假信息的范围包括险情、疫情、灾情、警情。"险情"包括突发可能造成重大人员伤亡或者财产损失的情况以及其他危险情况，"疫情"包括疫病尤其是传染病的发生、发展等情况，"灾情"包括火灾、水灾、地质灾害等灾害情况，"警情"包括有违法犯罪行为发生需要出警等情况。二是行为方式上包括编造虚假信息后传播和明知是虚假信息故意传播两种情况。所谓"编造"，是指出于各种目的故意虚构并不存在的险情、疫情、灾情、警情的情况。"传播"虚假信息，是对编造的虚假信息在信息网络上发布、转发、转帖，在其他媒体上登载、刊发等情况。三是传播方式为在信息网络或者其他媒体发布或者传播。关于信息网络，2013年最高人民法院、最高人民检察院《关于办理利用信息网络实施诽谤等刑事案件适用法律若干问题的解释》第十条有具体界定，包括以计算机、电视机、固定电话机、移动电话机等电子设备为终端的计算机互联网、广播电视网、固定通信网、移动通信网等信息网络，以及向公众开放的局域网络。其他媒体，是指除了信息网络之外的报纸等传统媒体。四是本款规定的为故意犯罪。对行为人确实无法辨别信息真伪，主观上认为是真实的信息而误传播的，不是本罪的适用范围。实践中，有的是出于吸引他人关注的动机而编造虚假信息，有的是为了恶意中伤、诽谤他人或者单位，还有的是出于经济目的而编造虚假信息，上述何种动机通常并不影响本罪的定性。五是构成本罪需要达到

"严重扰乱社会秩序"的程度。"严重扰乱社会秩序",是指造成社会秩序严重混乱,致使工作、生产、营业和教学、科研、医疗等活动受到严重干扰甚至无法进行的情况,如致使车站、码头等人员密集场所秩序严重混乱或采取紧急疏散措施,影响航空器、列车、船舶等大型客运交通工具正常运行,致使厂矿企业等单位的生产、经营活动中断,造成人民群众生活秩序严重混乱等。

【实践中需要注意的问题】

对第二款规定的传播虚假的险情、疫情、灾情、警情的犯罪,应注意区分明知是虚构或者编造的信息而传播和因为误听、误信而传播的界限。有的情况下,信息真伪确实难以辨别,行为人主观上认为是真实的信息而传播;有的时候还存在被传播的信息开始被辟谣,事后被证实为真的情况。根据本款规定,只有故意编造并且将自己编造的相关信息在网络或其他媒体上传播的行为,以及明知道是他人编造的信息而故意在网络或其他媒体上传播的,才构成犯罪。确实不知相关信息为谣言而误传播的,不构成犯罪。

第二百九十一条之二 【高空抛物罪】

从建筑物或者其他高空抛掷物品,情节严重的,处一年以下有期徒刑、拘役或者管制,并处或者单处罚金。

有前款行为,同时构成其他犯罪的,依照处罚较重的规定定罪处罚。

【条文精解】

本条是关于高空抛物罪及其处罚的规定。

2020年12月26日第十三届全国人民代表大会常务委员会第二十四次会议通过的《刑法修正案(十一)》增加了本条规定。改革开放以后,经济不断发展,城市日趋繁荣,高楼大厦日益增多,高楼抛物、坠物现象也不断发生,一些人安全意识淡薄,有的因为家庭矛盾吵架向楼下随意抛物,有的酒后发泄不满情绪向外抛物,有的将垃圾从家里直接抛出,严重影响行人、楼下居民住户的生命财产安全,极易造成人身伤亡和财产损失,引发社会矛盾纠纷,影响社会和谐稳定。2009年通过的侵权责任法规定了高空抛掷物品的民事责任,第八十七条规定,从建筑物中抛掷物品或者从建筑物上坠落的物品造成他人损害,难以确定具体侵权人的,除能够证明自己不是侵权人的外,由可能加害的建筑物使用人给予补偿。实践中,高空抛掷物品行为一般都是通过民事途径解决。但有的高空抛掷物品行为也造成了严重的危害后果，如造成人员伤亡、严重的财产损失，对于此类行为，有的地方以危险方法危害公共安全罪、故意伤害罪、故意杀人罪、过失致人重伤罪、过失致人死亡罪、故意毁坏财物罪等追究刑事责任。为依法妥善审理高空抛物、坠物案件，保障人民安居乐业，2019年10月，最高人民法院发布了《关于依法妥善审理高空抛物、坠物案件的意见》，进一步明确了惩治高空抛物犯罪的法律适用。该意见规定，故意从高空抛弃物品，尚未造成严重后果，但足以危害公共安全的，依照刑法第一百一十四条规定的以危险方法危害公共安全罪定罪处罚；致人重伤、死亡或者使公私财产遭受重大损失的，依照刑法第一百一十五条第一款的规定处罚。为伤害、杀害特定人员实施上述行为的，依照故意伤害罪、故意杀人罪定罪处罚。2020年5月十三届全国人大三次会议通过的民法典第一千二百五十四条进一步完善了高空抛掷物品相关各方面的民事责任。

《刑法修正案（十一）》在起草过程中，有的提出，实践中将高空抛掷物品行为以危险方法危害公共安全罪定罪处罚并不妥当。主要理由：一是高空抛掷物品与放火、决水、爆炸、投放危险物质等刑法明确列举的危害公共安全的行为不具有相当性。刑法第一百一十四条规定以其他危险方法应当是与放火、决水、爆炸、投放危险物质相同性质的危害公共安全行为，而高空抛掷物品虽然存在危害公共安全的可能性，即危害不特定多数人的生命、健康或重大公私财产安全，但不具有现实的、紧迫的高度危险性，现实中绝大多数高空抛掷物品并未造成危害后果，高空抛掷物品实际的危险性与放火、决水、爆炸、投放危险物质存在较大差距。二是司法解释将刑法第一百一十四条要求的"危害公共安全"确定为"足以危害公共安全"，实际是将具体危险犯降低为抽象危险犯，从而导致以危险方法危害公共安全罪的不适当扩大。三是行为人实施高空抛掷物品行为，既可能是故意也可能是过失，甚至可能是意外，且行为人主观上没有故意危害公共安全的故意；而行为人实施放火、决水、爆炸、投放危险物质，则主观上是故意的。四是适用以危险方法危害公共安全罪，法定刑过高。刑法第一百一十四条规定的以危险方法危害公共安全罪起刑点为三年有期徒刑，对于高空抛掷物品尚未造成严重后果的，处刑过重。考虑到高空抛掷物品行为严重危害人民群众生命财产安全，社会反映突出，为确保人民群众"头顶上的安全"，有效防范、坚决遏制此类行为发生，2020年6月提请全国人大常委会审议的《刑法修正案（十一）》（草案）将高空抛掷物品行为规定为犯罪，明确规定："从高空抛掷物品，危及公共安全的，处拘役或管制，并处或者单处罚金。""有前款行为，致人伤亡或者造成其他严重后果，同时构成其他犯罪的，依照处罚较重的规定定罪处罚。"

在《刑法修正案（十一）》（草案）征求意见过程中，对于高空抛掷物品有两个问题存在较大争议：第一，高空抛掷物品是否有必要单独规定为犯罪。有的提出，单独设立高空抛掷物品罪必要性不够。主要理由：一是随着城市高层建筑的增加，各种高空抛掷物品行为危险性增加，对于没有造成后果的高空抛掷物品行为是否达到刑法上的社会危害性，是否危及公共安全不能一概而论，即使高空抛掷物品可能危及公共安全，但在性质上也不属于危害公共安全的行为，现代社会风险源本来就多，是否都值得刑法规制，增加这类犯罪是否会造成刑法规制范围过于扩大。二是高空抛掷物品行为与行为人的文明习惯有关，在日常生活中并不经常发生，对于没有出现严重后果的高空抛掷物品行为，完全可以用民法、行政法等调整，如果造成了严重后果，可以按照刑法规定的故意杀人罪、故意伤害罪、以危险方法危害公共安全罪等定罪处罚，没有必要单独设立罪名。三是民法典对高空抛掷物品的规定，体现了私权利与公权力救济相结合的模式，包括明文禁止，行为规则；侵权人承担责任，行为人责任；由可能造成损害的行为人分担承担；引入物业管理人员的管理义务；公安机关及时调查的责任。在宽严相济、建立和谐社会的大背景下，刑事立法应当坚持刑法的谦抑性原则，高空抛掷物品通过民事责任可以解决，刑法就不应当介入。四是此罪最高刑仅为拘役六个月，不仅挤压了行政处罚的空间，而且适用面非常窄，况且，日常生活中除了高空抛掷物品以外，还有地上挖坑、路上拉线使车辆或行人遭受损失的情况，保护"头顶上的安全"固然重要，但"脚底下的安全"同样重要，单纯将高空抛掷物品列出，也难免顾此失彼。五是高空抛掷物品问题，要从根本上解决，还需要综合施策，有效预防此类行为的发生。从刑法角度看，高空抛掷物品涉及一系列相关犯罪，根据其目的、动机等主观方面情况和造成的对他人人身、财产的威胁或实际损害，分别适用刑法中相应的惩处规定；对尚不构成犯罪的，可以依照治安管理处罚法的规定给予拘留、罚款的处罚。也有的专家认为，应当科学评估高空抛掷物品独立设立罪名的刑罚功能，及与其他罪名的关系和有效衔接，建议保留高空抛掷物品的犯罪，并应适当提高法定刑幅度，与以危险方法危害公共安全罪的法定刑幅度有效衔接，形成合理的刑罚梯度。

第二，草案将高空抛掷物品规定在第二章危害公共安全罪中，有的建议将这一规定作为第六章妨害社会管理秩序罪。主要理由：一是从行为特征上，高空抛掷物品往往是人们违反城市居民生活守则或规范，违反社会公德所实施的行为，一般不具有毁坏财物、致人死伤的主观故意，即使致人死伤、毁损财物往往也是违背其意愿的，不具有自然犯故意致人死伤、毁损财物的恶性。二是高空抛掷物品如果危及公共安全的话，本罪的法定刑又显得过轻，法定刑与秩序犯的危害性相称。三是高空抛掷物品犯罪应当与以危险方法危害公共安全罪切割开来，从而避免两罪的界限难以划分，导致适用困难。四是设立高空抛掷物品罪，目的是让人们意识到单纯的高空抛掷物品行为，就是扰乱社会生活秩序的行为，不得实施，如果有危及人身、财产安全的话，则构成侵犯人身权利、财产犯罪。

立法机关经与有关方面反复研究，考虑到高空抛掷物品行为具有一定的社会危害性，损害人民群众人身、财产安全，为保障人民群众安居乐业，不断增强人民群众幸福感、安全感，促进社会和谐稳定，积极回应社会关切，有必要将高空抛掷物品行为单独规定为犯罪，同时对草案作了以下修改：一是将高空抛物罪由第二章危害公共安全罪移至第六章妨害社会管理秩序罪中作出规定，并将"危及公共安全"修改为"情节严重"；二是将"从高空抛掷物品"修改为"从建筑物或者其他高空抛掷物品"，表述更准确，便于实际操作；三是将"处拘役或者管制"修改为"处一年以下有期徒刑、拘役或者管制"，提高了法定最高刑；四是删去了"致人伤亡或者造成其他严重后果"。

本条共分两款。第一款是关于高空抛物罪及其处刑的规定。构成本罪应当具备以下特征：第一，行为人实施了从建筑物或者其他高空抛掷物品的行为。这里包含两层意思：一是物品必须是从建筑物或者其他高空抛掷，如果不是从建筑物或者其他高空抛掷的，不构成本罪。这里所说的"建筑物"，是指人工建筑而成的东西，既包括居住建筑、公共建筑，也包括构筑物。其中居住建筑，是指供人们居住使用的建筑；公共建筑，是指供人们购物、办公、学习、医疗、娱乐、体育活动等使用的建筑，如商店、办公楼、影剧院、体育馆、医院等；构筑物，是指不具备、不包含或不提供人类居住功能的人工建筑，如桥梁、堤坝、隧道、水塔、电塔、纪念碑、围墙、水泥杆等。"其他高空"，是指距离地面有一定高度的空间，如飞机、热气球、脚手架、井架、施工电梯、吊装机械等。二是行为人必须是实施了抛掷物品的行为。这里所说的"抛掷物品"，是指向外投、扔、丢弃物品的行为。如果行为人没有实施抛掷物品的行为，物品是由于刮风、下雨等原因，从建筑物或高空中坠落的，即使该物品是行为人的，也不构成本罪，如果给受害人造成损害的，可以依照民法典的有关规定处理。民法典第一千二百五十四条规定：禁止从建筑物中抛掷物品。从建筑物中抛掷物品或从建筑物上坠落的物品造成他人损害的，由侵权人依法承担侵权责任；经调查难以确定具体侵权人的，除能够证明自己不是侵权人的外，由可能加害的建筑物使用人给予补偿。可能加害的建筑物使用人补偿后，有权向侵权人追偿。物业服务企业等建筑物管理人应当采取必要的安全保障措施防止前款规定的情形的发生；未采取必要的安全保障措施的，应当依法承担未履行安全保障义务的侵权责任。发生本条第一款规定的情形的，公安等机关应当依法及时调查，查清责任人。

第二，必须是情节严重的，这是给该罪设定的入罪门槛，只有情节严重的才能构成本罪，情节一般，危害不大的，不宜作为犯罪，符合违反治安管理处罚法规定的，应当依法予以治安处罚；需要承担民事责任的，应当依照民法典的有关规定处理。这里所说的"情节严重"，主要是指多次实施高空抛掷物品行为；高空抛掷物品数量较大的；在人员密集场所实施的；造成一定损害等，具体可以视情节依照相关规定处理。

根据第一款规定，构成犯罪的，处一年以下有期徒刑、拘役或者管制，并处或者单处罚金。

第二款是关于实施本条规定的犯罪同时构成其他犯罪如何处理的规定。行为人实施本条第一款规定的犯罪行为，也可能同时触犯刑法的其他规定，构成刑法规定的其他犯罪，如果与本条规定的犯罪行为出现了竞合的情形，应当依照处罚较重的规定定罪处罚。这里主要涉及如何处理好本条规定的犯罪与故意伤害罪、故意杀人罪、以危险方法危害公共安全罪等其他罪名的关系。如果行为人有第一款规定的高空抛掷物品的犯罪行为，造成人员伤亡、公私财产重大损失等，符合本法第二百三十五条过失致人重伤罪、第二百三十三条过失致人死亡罪、第二百三十四条故意伤害罪、第二百三十二条故意杀人罪、第一百一十五条以危险方法危害公共安全罪、第二百七十五条故意毁坏财物罪构成要件或者构成其他犯罪的，根据本款的规定，采取从一重罪处罚的原则，即依照处罚较重的规定定罪处罚，对依照刑法有关规定定罪处罚的，对于行为人高空抛掷物品的情形，可以作为处罚的量刑情节予以考虑。

【实践中需要注意的问题】

1.把握好高空抛物罪与以危险方法危害公共安全罪的界限。两罪存在较大不同：一是高空抛掷物品与以危险方法危害公共安全的行为性质不同。刑法第一百一十四条规定以其他危险方法应当是与放火、决水、爆炸、投放危险物质性质相当的危害公共安全行为，而高空抛掷物品虽然存在危害公共安全的可能性，但一般情况下不具有现实的危险性，实践中大多数高空抛掷物品并未造成危害后果，有的虽然造成一定危害后果，但后果也不严重。二是两罪侵害的客体不同。高空抛掷物品行为侵害的是社会管理秩序，而以危险方法危害公共安全罪危害的是公共安全。三是两罪构成条件不同。高空抛掷物品一般不具有现实危险性，要求达到情节严重才构成犯罪；而以危险方法危害公共安全是具有一定的现实危险性，不需要以情节严重或者造成严重后果作为构成要件。《刑法修正案（十一）》增加了高空抛物罪，实践中对于高空抛掷物品的行为一般不宜再适用刑法第一百一十四条规定的以危险方法危害公共安全罪。对于个别情况下，行为人高空抛掷物品危及公共安全的行为，判处一年有期徒刑明显偏轻，符合刑法第一百一十四条规定的，可以按照以危险方法危害公共安全罪追究高空抛掷物品的行为。

2.根据最高人民法院《关于依法妥善审理高空抛物、坠物案件的意见》的要求，准确认定高空抛物罪，对于高空抛物行为，应当根据行为人的动机、抛物场所、抛掷物的情况以及造成的后果等因素，全面考量行为的社会危害程度，准确判断行为性质，正确适用罪名，准确裁量刑罚。

第二百九十二条 【聚众斗殴罪】

聚众斗殴的，对首要分子和其他积极参加的，处三年以下有期徒刑、拘役或者管制；有下列情形之一的，对首要分子和其他积极参加的，处三年以上十年以下有期徒刑：

（一）多次聚众斗殴的；

（二）聚众斗殴人数多，规模大，社会影响恶劣的；

（三）在公共场所或者交通要道聚众斗殴，造成社会秩序严重混乱的；

（四）持械聚众斗殴的。

聚众斗殴，致人重伤、死亡的，依照本法第二百三十四条、第二百三十二条的规定定罪处罚。

【条文精解】

本条是关于聚众斗殴罪及其处刑的规定。

本条共分两款。第一款是关于聚众斗殴罪及处刑的规定。根据本款规定，构成本罪应当具备以下条件：第一，本罪的犯罪主体是聚众斗殴的首要分子和其他积极参加的人员。这里所说的"首要分子"，是指在聚众斗殴的犯罪活动中起组织、策划、指挥作用的人员;"其他积极参加的"人员,是指除首要分子外,其他积极参加斗殴活动的人员。实践中对于一些旁观者,或者一般参与者,且在斗殴中作用不大的从犯,或者被胁迫参加的人员等,则不构成本罪的犯罪主体。第二,行为人实施了聚众斗殴的行为。这里的"聚众斗殴",是指纠集多人成帮结伙地打架斗殴。这里所说的"聚众",一般是指人数众多;"斗殴",主要是指采用暴力相互打斗,这种斗殴通常是不法团伙之间大规模地打群架,往往带有匕首、棍棒等凶器,极易造成一方或者双方人身伤亡,甚至造成周围无辜群众的伤亡或者财产损失。

根据犯罪情节轻重,第一款规定了两档处刑:第一档刑,构成犯罪的,对首要分子和其他积极参加的,处三年以下有期徒刑、拘役或者管制。第二档刑,有本款规定的四种情形之一的,对首要分子和其他积极参加的,处三年以上十年以下有期徒刑。第二档刑规定了四种情形:(1)多次聚众斗殴的行为。所谓"多次聚众斗殴",一般是指聚众斗殴三次或者三次以上的。(2)聚众斗殴人数多,规模大,社会影响恶劣的行为。所谓"聚众斗殴人数多,规模大,社会影响恶劣",主要是指流氓团伙大规模打群架,在群众中造成很坏的影响。(3)在公共场所或者交通要道聚众斗殴,造成社会秩序严重混乱的行为。所谓"在公共场所或者交通要道聚众斗殴,造成社会秩序严重混乱",是指在人群聚集的场所中或者车辆、行人频繁通行的道路上聚众斗殴,造成公共场所秩序和交通秩序严重混乱,如在车站、码头、影剧院、学校、厂矿企业、居民小区等公共场所,或者在地铁、公共交通车辆上进行斗殴的等。(4)持械聚众斗殴的行为。所谓"持械聚众斗殴",主要是指参加聚众斗殴的人员使用棍棒、刀具以及各种枪支武器进行斗殴,这种斗殴不仅对受害人和周围群众的心理造成一种恐怖感,而且对社会公共秩序造成严重威胁。同时,对人身体可能造成的伤害和对社会公共安全造成的破坏,都会更加严重。这里所说的"持械",是指非法携带器械,器械既包括枪支等武器,也包括匕首、三棱刮刀、弹簧刀等足以致人伤亡的刀具,还包括斧头、锄头、棍棒等足以致人伤亡的器具。

第二款是关于聚众斗殴致人重伤、死亡应当如何处理的规定。根据本款规定,聚众斗殴,致人重伤、死亡的,依照本法第二百三十四条、第二百三十二条的规定定罪处罚。本款规定的"致人重伤、死亡",是指聚众斗殴,将参加聚众斗殴的人员或者周围群众打成重伤或者打死。"依照本法第二百三十四条、第二百三十二条的规定定罪处罚",是指聚众斗殴致人重伤的,依照本法第二百三十四条关于故意伤害罪的规定定罪处刑;致人死亡的,依照本法第二百三十二条关于故意杀人罪的规定定罪处刑。

【实践中需要注意的问题】

1. 聚众斗殴罪与故意杀人罪、故意伤害罪的区别。两者的主要区别在于犯罪的动机。聚众斗殴罪中的杀人、伤害行为，虽然与故意杀人、故意伤害行为一样，侵犯了他人的身体健康，但聚众斗殴罪的行为人通常表现为流氓特性，其目的是称王称霸，争抢势力范围，充英雄好汉，与对方一争高低等，其行凶杀人发生在聚众斗殴过程中。而故意杀人罪、故意伤害罪的杀人、伤害行为，其事先具有明确的杀人、伤害故意，即使是临时起意伤害对方，也往往因为双方发生纠纷或者由于宿仇旧恨等原因。

2. 行为人在聚众斗殴过程中即使没有杀人的故意，但客观上致人重伤、死亡的，也应认定为故意伤害罪、故意杀人罪。考虑到聚众斗殴的特殊性，有时在斗殴过程中无法查明造成被害人重伤、死亡的原因以及何人所为，在这种情况下，不宜将所有参与斗殴的人员都认定为故意杀人罪、故意伤害罪，应当具体分析聚众斗殴的社会影响以及造成的伤害后果等，通常情况下，对首要分子应当以故意杀人罪、故意伤害罪定罪处罚。

第二百九十三条 【寻衅滋事罪】

有下列寻衅滋事行为之一，破坏社会秩序的，处五年以下有期徒刑、拘役或者管制：

（一）随意殴打他人，情节恶劣的；

（二）追逐、拦截、辱骂、恐吓他人，情节恶劣的；

（三）强拿硬要或者任意损毁、占用公私财物，情节严重的；

（四）在公共场所起哄闹事，造成公共场所秩序严重混乱的。

纠集他人多次实施前款行为，严重破坏社会秩序的，处五年以上十年以下有期徒刑，可以并处罚金。

【条文精解】

本条是关于寻衅滋事罪及其处刑的规定。

本条共分两款。第一款是关于寻衅滋事罪及其处罚的规定。本款规定的"寻衅滋事"，是指在公共场所无事生非，起哄捣乱，无理取闹，殴打伤害无辜，肆意挑衅，横行霸道，破坏社会秩序的行为。根据本款规定，寻衅滋事包括以下四种具体破坏社会秩序的行为：第一，随意殴打他人，情节恶劣的。所谓"随意殴打他人"，是指出于耍威风、取乐等目的，无故、无理殴打相识或者素不相识的人。这里的"情节恶劣的"，是指随意殴打他人手段残忍的；多次随意殴打他人的；等等。根据2013年最高人民法院、最高人民检察院《关于办理寻衅滋事刑事案件适用法律若干问题的解释》第二条规定，随意殴打他人，破坏社会秩序，具有下列情形之一的，应当认定为"情节恶劣"：（1）致一人以上轻伤或者二人以上轻微伤的；（2）引起他人精神失常、自杀等严重后果的；（3）多次随意殴打他人的；（4）持凶器随意殴打他人的；（5）随意殴打精神病人、残疾人、流浪乞讨人员、老年人、孕妇、未成年人，造成恶劣社会影响的；（6）在公共场所随意殴打他人，造成公共场所秩序严重混乱的；（7）其他情节恶劣的情形。

第二，追逐、拦截、辱骂、恐吓他人，情节恶劣的。所谓"追逐、拦截、辱骂、恐吓他人"，是指出于取乐、耍威风寻求精神刺激等目的，无故、无理追赶、拦挡、侮辱、谩骂他人。"恐吓"，是指以威胁的语言、行为吓唬他人，如使用统一标记、身着统一服装、摆阵势等方式威震他人，使他人恐慌或屈从。这里的"情节恶劣的"，主要是指经常追逐、拦截、辱骂、恐吓他人的；造成恶劣影响或者激起民愤的；造成其他后果的；等等。根据《关于办理寻衅滋事刑事案件适用法律若干问题的解释》第三条规定，追逐、拦截、辱骂、恐吓他人，破坏社会秩序，具有下列情形之一的，应当认定为"情节恶劣"：（1）多次追逐、拦截、辱骂、恐吓他人，造成恶劣社会影响的；（2）持凶器追逐、拦截、辱骂、恐吓他人的；（3）追逐、拦截、辱骂、恐吓精神病人、残疾人、流浪乞讨人员、老年人、孕妇、未成年人，造成恶劣社会影响的；（4）引起他人精神失常、自杀等严重后果的；（5）严重影响他人的工作、生活、生产、经营的；（6）其他情节恶劣的情形。

第三，强拿硬要或者任意损毁、占用公私财物，情节严重的。所谓"强拿硬要或者任意损毁、占用公私财物"，是指以蛮不讲理的手段，强行拿走、强行索要市场、商店的商品以及他人的财物，或者随心所欲损坏、毁灭、占用公私财物。这里的"情节严重的"，是指强拿硬要或者任意损毁、占用的公私财物数量大的；造成恶劣影响的；多次强拿硬要或者任意损毁、占用公私财物的；公私财物受到严重损失的；等等。根据《关于办理寻衅滋事刑事案件适用法律若干问题的解释》第四条规定，强拿硬要或者任意损毁、占用公私财物，破坏社会秩序，具有下列情形之一的，应当认定为"情节严重"：（1）强拿硬要公私财物价值一千元以上，或者任意损毁、占用公私财物价值二千元以上的；（2）多次强拿硬要或者任意损毁、占用公私财物，造成恶劣社会影响的；（3）强拿硬要或者任意损毁、占用精神病人、残疾人、流浪乞讨人员、老年人、孕妇、未成年人的财物，造成恶劣社会影响的；（4）引起他人精神失常、自杀等严重后果的；（5）严重影响他人的工作、生活、生产、经营的；（6）其他情节严重的情形。

第四，在公共场所起哄闹事，造成公共场所秩序严重混乱的。所谓"在公共场所起哄闹事"，是指出于取乐、寻求精神刺激等目的，在公共场所无事生非，制造事端，扰乱公共场所秩序的。这里所说的"公共场所"，是指具有公共性特点，对公众开放，供不特定的多数人随时出入、停留、使用的场所，包括车站、码头、民用航空站、商场、公园、影剧院、展览会、运动场所等；所谓"场所"应当是有具体的处所，不宜将网络公共空间解释为公共场所。对于一些公共场所中的私密空间也不宜视为公共场所等。"造成场所秩序严重混乱的"，是指公共场所正常的秩序受到破坏，引起群众惊慌、逃离等混乱局面的。根据《关于办理寻衅滋事刑事案件适用法律若干问题的解释》第五条规定，在车站、码头、机场、医院、商场、公园、影剧院、展览会、运动场或者其他公共场所起哄闹事，应当根据公共场所的性质、公共活动的重要程度、公共场所的人数、起哄闹事的时间、公共场所受影响的范围与程度等因素，综合判断是否"造成公共场所秩序严重混乱"。

根据第一款规定，行为人只要实施上述行为之一，即构成本罪。构成本罪的，处五年以下有期徒刑、拘役或者管制。

第二款是关于纠集他人多次实施寻衅滋事的犯罪及其处罚的规定。本款规定主要是惩治以团伙或集团形式犯寻衅滋事罪的首要分子或主犯，也就是纠集者。这里的"纠集"是一个贬义词，是指共同犯罪中的首要分子或主犯，有目的地将他人联合、召集在一起。"多次"一般是指三次以上。"严重破坏社会秩序"，不仅指造成公共场所秩序的混乱，而且也造成所在地区的治安秩序紧张，搞得鸡犬不宁，人心惶惶，影响到人民群众的正常生活和工作秩序。为惩治以团伙或集团形式进行寻衅滋事犯罪，本款规定了严厉的刑罚，即纠集他人多次实施寻衅滋事行为，严重破坏社会秩序的，对团伙或集团犯罪的首要分子，处五年以上十年以下有期徒刑，可以并处罚金。

【实践中需要注意的问题】

1. 注意区分罪与非罪的界限。对于寻衅滋事犯罪，其行为具有流氓特性，且必须具有情节恶劣、情节严重或者造成公共场所秩序严重混乱的情形，才构成本罪。对于情节轻微、危害不大的寻衅滋事行为，不能按照犯罪处理，如行为人因婚恋、家庭、邻里、债务等纠纷，发生一般性的殴打、辱骂、恐吓他人或者损毁、占用他人财物等，情节并不严重也不恶劣，也没有造成公共场所秩序严重混乱的，不能按照犯罪处理。

2. 本罪与抢劫罪的界限。寻衅滋事罪是严重扰乱社会秩序的犯罪，行为人实施寻衅滋事的行为时，客观上也可能表现为强拿硬要公私财物的特征。这种强拿硬要的行为与抢劫罪的区别在于，前者行为人主观上具有逞强好胜、寻求刺激、发泄情绪等目的，后者行为人一般只具有非法占有他人财物的目的；前者行为人客观上一般不以严重侵犯他人人身权利的方法强拿硬要财物，属于流氓性质的强拿硬要，而后者行为人则以暴力、胁迫等方式作为强抢他人财物的手段。司法实践中，对于未成年人使用或者威胁使用轻微暴力强抢他人少量财物的行为，一般不宜以抢劫罪定罪处罚，其行为如果符合寻衅滋事罪特征的，可以寻衅滋事罪定罪处罚。

3. 本罪与聚众扰乱社会秩序罪、聚众扰乱公共场所秩序、交通秩序罪的界限。主要区别在于目的和动机不同，寻衅滋事是为了满足耍威风、取乐等不正常的精神刺激或不健康的心理需要；而后两个罪是行为人用聚众闹事的方式，给有关机关、企事业单位、团体施压，以达到实现个人不合理要求的。

第二百九十三条之一 【催收非法债务罪】

有下列情形之一，催收高利放贷等产生的非法债务，情节严重的，处三年以下有期徒刑、拘役或者管制，并处或者单处罚金：

（一）使用暴力、胁迫方法的；

（二）限制他人人身自由或者侵入他人住宅的；

（三）恐吓、跟踪、骚扰他人的。

【条文精解】

本条是关于催收非法债务罪及其处罚的规定。

2020年《刑法修正案（十一）》增加了本条规定。主要考虑是，实践中一些案件反映，有的行为人通过暴力、软暴力等方式对违法犯罪行为形成的非法债务进行催收。催收行为是为了将违法犯罪行为的非法利益落实、固定下来，特别是高利放贷、赌博等违法犯罪行为，常伴随着后续的催收行为。催收行为具有严重的社会危害性，其使违法犯罪行为产生的非法获利得以实现或者放大，并进一步对实施高利放贷、赌博等违法犯罪的行为人形成经济性刺激和鼓励。催收非法债务的行为本身不仅严重损害了被害人的财产权，而且还对被害人及他人的人身权益构成严重威胁，如制造心理强制，产生心理恐惧等。此外，催收非法债务的行为常演变、发展成组织性、职业性的团伙行为。一些已经被依法查处的黑社会性质组织、赌博犯罪集团的案件中披露，有组织犯罪集团也大量从事催收非法债务的行为。有的地方还形成了专门催收非法债务的"一条龙服务"或者"职业"。为规避法律惩治，催收非法债务的行为也在不断转型和升级，通过各种伪装、掩饰、包装以规避法律惩处，混淆合法行为与非法行为的界限。例如，有的通过虚假诉讼、虚假公证为催收提供所谓的法律依据，制造合法讨债的假象，在实施非法拘禁、非法侵入他人住宅以及对他人实施威胁、恐吓、跟踪、骚扰等行为时，公然误导群众，对抗行政司法机关执法，严重扰乱了社会秩序。

随着互联网金融的发展，以网络借贷为名的各种"套路贷"一度盛行，线下催收行为也愈演愈烈，配合大量的非法网络借贷侵占被害人的合法财产，成为"金融乱象"的重要特征之一。为惩治此类违法犯罪行为，司法机关根据现行法律规定，颁布《关于办理黑恶势力犯罪案件若干问题的指导意见》《关于办理"套路贷"刑事案件若干问题的意见》《关于办理实施"软暴力"的刑事案件若干问题的意见》等，对因高利放贷等产生的非法债务予以催收的行为进一步明确法律适用，要求根据案件的具体情况以强迫交易罪、敲诈勒索罪、寻衅滋事罪等惩治。根据一段时间以来司法实践的情况，有的全国人大代表、有关部门、地方进一步提出，行政司法机关对于催收行为的罪与非罪、此罪与彼罪常存在认识不一致，特别是对于能否适用寻衅滋事罪，在实践中常存有疑虑，有的地方也存在一律以寻衅滋事罪定罪处罚的适用泛化问题，因此建议在刑法上对以暴力、软暴力等方式催收非法债务的行为作统一性规定。为进一步惩治金融乱象行为，切断违法金融活动等非法行为的获利途径，切实维护人民群众的人身权益和财产权益，明确催收非法债务行为的法律性质和社会危害性，统一司法认识和适用，《刑法修正案（十一）》将催收高利放贷等产生的非法债务，情节严重的行为增加规定为犯罪。

关于本罪的条文位置曾经有以下考虑：一是放在刑法第二百二十六条"强迫交易罪"后，作为第二百二十六条之一；二是放在刑法第二百九十三条"寻衅滋事罪"后，作为第二百九十三条之一。强迫交易罪位于刑法分则第三章"破坏社会主义市场经济秩序罪"第八节"扰乱市场秩序罪"，而寻衅滋事罪位于刑法分则第六章"妨害社会管理秩序罪"第一节"扰乱公共秩序罪"。

经研究，催收非法债务主要是为了将非法利益固定、落实，同时在行为上表现为使用暴力、胁迫、限制人身自由、恐吓、跟踪、骚扰等，不仅侵害公民人身权利、民主权利，还会造成社会秩序混乱，所在地区治安秩序紧张，人心惶惶，影响到人民群众正常生活和工作秩序。从这个意义上说，将催收非法债务的行为归类为严重妨害社会管理秩序的犯罪与人民群众的感受更为接近，刑法保护的法益也更为全面，故将本条设置在刑法第二百九十三条"寻衅滋事罪"后，作为第二百九十三条之一。

本条规定"催收高利放贷等产生的非法债务"有以下含义：一是行为人实施了"催收"行为，"催"是方式，"收"是目的。本条对催收高利放贷等产生的非法债务，情节严重的行为作了具体列举。行为人实施这些行为的目的就是将高利放贷等产生的非法债务明确化、固定化、收讫化。二是行为人催收的是"高利放贷等产生的非法债务"。民法典第六百八十条第一款规定，禁止高利放贷，借款的利率不得违反国家有关规定。对于违反国家规定的借款利率，实施高利放贷产生的债务，就属于本条规定的非法债务。这里的"产生"，既包括因高利放贷等非法行为直接产生，也包括由非法债务产生、延伸的所谓孳息、利息等。这里的"等"，根据实践中的情况，包括赌债、毒债等违法行为产生的债务，以及其他违法犯罪行为产生的债务。本条规定，催收高利放贷等产生的非法债务要"情节严重"才能构成本罪，对于具有一定的社会危害性，但情节不算严重的，违反治安管理处罚法的，可根据治安管理处罚法的有关规定予以行政处罚。"情节严重"的具体情况，可由司法机关通过司法解释的方式作进一步细化。

本条具体规定了三种情形。一是使用暴力、胁迫方法。"暴力"，是指以殴打、伤害他人身体的方法，使被害人不能抗拒。"胁迫"，是指对被害人施以威胁、压迫，进行精神上的强制，迫使被害人就范，不敢抗拒，如威胁伤害被害人及其亲属；威胁要对被害人及其亲属施以暴力；威胁要对被害人及其亲属予以奸淫、猥亵；以披露被害人及其亲属的隐私相威胁；利用被害人危难或者孤立无援的境地迫使其服从等。行为人使用暴力、胁迫方法是为了催收高利放贷等产生的非法债务。如果是为了其他目的，则可能涉嫌刑法里的其他犯罪，如行为人当场使用暴力、胁迫抢劫公私财物，与催收非法债务没有关系的，则可以刑法第二百六十三条抢劫罪定罪处罚；行为人对公私财物的所有人、保管人使用威胁或者要挟的方法，勒索公私财物，与催收非法债务没有关系的，则可以刑法第二百七十四条敲诈勒索罪定罪处罚；等等。

二是限制他人人身自由或者侵入他人住宅。这里规定了两种行为，"限制他人人身自由"和"侵入他人住宅"。(1) 限制他人人身自由。在我国，对逮捕、拘留、拘传等限制他人人身自由的强制措施有严格的法律规定，必须由专门机关按照法律规定的程序进行。宪法第三十七条规定，中华人民共和国公民的人身自由不受侵犯。任何公民，非经人民检察院批准或者决定或者人民法院决定，并由公安机关执行，不受逮捕。禁止非法拘禁和以其他方法非法剥夺或者限制公民的人身自由，禁止非法搜查公民的身体。非法限制他人人身自由是一种严重剥夺公民身体自由的行为。任何单位和个人不依照法律规定或者不依照法律规定的程序限制他人人身自由都是非法的，应当予以惩处。限制他人人身自由的方式多样，如捆绑、关押、扣留身份证件不让随意外出或者与外界联系等。根据本条的规定，为催收高利放贷等产生的非法债务而限制他人人身自由，还需要情节严重，才能构成本罪，如采取拘禁方式或者多次、以恶劣手段进行限制人身自由等。如果实施非法限制他人人身自由的行为，只造成一般危害的，可以根据治安管理处罚法第四十条的规定，给予治安处罚；如果不是以催收非法债务为目的，实施拘禁他人或者以其他方法非法剥夺他人人身自由的，可以依法按照刑法第二百三十八条非法拘禁罪定罪处罚。需要注意的是，根据刑法第二百三十八条第三款规定，为索取债务非法扣押、拘禁他人的，依照非法拘禁罪的规定处罚。扣押、拘禁属于严重限制他人人身自由的行为，行为人为胁迫他人履行合法债务，而严重限制他人人身自由的，依照刑法第二百三十八条非法拘禁罪定罪处罚。(2) 侵入他人住宅。宪法第三十九条规定，中华人民共和国公民的住宅不受侵犯，禁止非法侵入公民的住宅。住宅是公民生活的处所，非法侵入他人住宅，必然会使公民的正常生活受到干扰，严重侵犯公民的合法权益。侵入他人住宅表现为未经住宅内用户同意，非法强行闯入他人住宅，或者无正当理由进入他人住宅，经住宅用户要求其退出仍拒不退出的行为。如果实施侵入他人住宅的行为，只造成一般危害的，可以根据治安管理处罚法第四十条的规定，给予治安处罚。需要注意的是，刑法第二百四十五条规定了非法侵入住宅罪。如果行为人侵入他人住宅，具有严重危害性的，则可依法按照刑法第二百四十五条非法侵入住宅罪定罪处罚。如果行为人侵入他人住宅的目的是催收非法债务，且具有多次、恶劣手段等严重情节的，则可依法按照本罪规定处罚。

三是恐吓、跟踪、骚扰他人。这里的"恐吓"有多种形式，如以邮寄恐吓物、子弹等威胁他人人身安全；故意携带、展示管制刀具、枪械；使用凶猛动物；宣扬传播疾病；利用信息网络发送恐吓信息；以统一标记、服装、阵势等方式威吓他人，使他人恐慌、屈服等。总体上，行为手段或者行为方式使他人产生心理恐惧或者形成心理强制，就属于这里的"恐吓"。这里的"跟踪"为对他人及其亲属实施尾随、守候、贴靠、盯梢等行为，使被害人在内心产生恐惧不安。这里的"骚扰"有多种形式，如以破坏生活设施、设置生活障碍、贴报喷字、拉挂横幅、燃放鞭炮、播放哀乐、摆放花圈、泼洒污物、断水断电、堵门阻工，以及通过摆场架势示威、聚众哄闹滋扰、拦路闹事、驱赶从业人员、派驻人员据守等方式直接或间接地控制厂房、办公区、经营场所等扰乱他人正常生活、工作、生产、经营秩序等。总体上，"骚扰"会对他人造成巨大的心理负担，形成心理强制，影响并限制他人的人身自由、危及人身财产安全，影响正常的生产生活。根据本条规定，恐吓、跟踪、骚扰他人的方式催收高利放贷等产生的非法债务，且具有多次、恶劣手段等严重情节的，可以根据本罪定罪处罚。如果实施恐吓、跟踪、骚扰他人的行为，只造成一般危害的，可以根据治安管理处罚法第四十二条的规定，给予治安处罚。需要注意的是，最高人民法院、最高人民检察院《关于办理寻衅滋事刑事案件适用法律若干问题的解释》第三条对属于追逐、拦截、辱骂、恐吓他人，破坏社会秩序，构成寻衅滋事罪，情节严重的情形作了进一步细化，如持凶器追逐、拦截、辱骂、恐吓他人的，追逐、拦截、辱骂、恐吓精神病人、残疾人、流浪乞讨人员、老年人、孕妇、未成年人，造成恶劣社会影响等。如果行为人实施恐吓、跟踪、骚扰行为构成寻衅滋事罪，同时其行为目的是催收非法债务，且具有多次、手段恶劣等严重情节的，则应按照处罚较重的规定定罪处罚。

关于本罪的处罚。根据本条规定，催收非法债务情节严重的行为，处三年以下有期徒刑、拘役或者管制，并处或者单处罚金。

【实践中需要注意的问题】

关于"非法债务"的认定。实践中，有的债务是受害人通过签订虚假的借款协议"自愿"对财产性利益予以让与、抵押、交付、承兑的，在形式上构成意思自治的合法行为；有的借助诉讼、仲裁、公证等手段确认"债务"，伪装成有法律背书、认可的"债务"；有的通过"保证金""中介费""服务费""违约金"等名目扣除或者收取额外费用，作为被害人自愿或者协议交付等。这些行为基本上是以所谓的合法形式掩盖非法目的，其实质仍源于"高利放贷等"非法行为，在性质上应认定为由高利放贷等产生的"非法债务"。司法机关在办理案件时，需要结合相关证据，准确区分合法债务和非法债务。

第二百九十四条 【组织、领导、参加黑社会性质组织罪】【入境发展黑社会组织罪】【包庇、纵容黑社会性质组织罪】

组织、领导黑社会性质的组织的，处七年以上有期徒刑，并处没收财产；积极参加的，处三年以上七年以下有期徒刑，可以并处罚金或者没收财产；其他参加的，处三年以下有期徒刑、拘役、管制或者剥夺政治权利，可以并处罚金。

境外的黑社会组织的人员到中华人民共和国境内发展组织成员的，处三年以上十年以下有期徒刑。

国家机关工作人员包庇黑社会性质的组织，或者纵容黑社会性质的组织进行违法犯罪活动的，处五年以下有期徒刑；情节严重的，处五年以上有期徒刑。

犯前三款罪又有其他犯罪行为的，依照数罪并罚的规定处罚。

黑社会性质的组织应当同时具备以下特征：

（一）形成较稳定的犯罪组织，人数较多，有明确的组织者、领导者，骨干成员基本固定；

（二）有组织地通过违法犯罪活动或者其他手段获取经济利益，具有一定的经济实力，以支持该组织的活动；

（三）以暴力、威胁或者其他手段，有组织地多次进行违法犯罪活动，为非作恶，欺压、残害群众；

（四）通过实施违法犯罪活动，或者利用国家工作人员的包庇或者纵容，称霸一方，在一定区域或者行业内，形成非法控制或者重大影响，严重破坏经济、社会生活秩序。

【条文精解】

本条是关于组织、领导、参加黑社会性质组织罪，入境发展黑社会组织罪，包庇、纵容黑社会性质的组织罪及其处刑的规定。

本条共分五款。第一款是关于组织、领导、参加黑社会性质组织罪及其处刑的规定。根据本款规定，组织、领导和参加黑社会性质的组织的犯罪，只要有组织、领导或者参加黑社会性质的组织的行为，就可以构成犯罪，不要求本人有其他犯罪行为。所谓"组织"黑社会性质的组织，是指倡导、发起、策划、建立黑社会性质的组织的行为。"领导"黑社会性质的组织，是指在黑社会性质的组织中处于领导地位，对该组织的发展、运行、活动进行策划、决策、指挥、协调、管理的行为。组织者、领导者既包括通过一定形式产生的有明确职务、称谓的组织者、领导者,也包括在该组织中被公认的事实上的组织者、领导者。"积极参加"黑社会性质的组织,是指积极、主动加入黑社会性质的组织的行为,包括多次积极参与该组织的违法犯罪活动,或者在违法犯罪活动中作用突出,或者在组织中起重要作用等。"其他参加的",即指一般参加者,是指在黑社会性质的组织中,除组织、领导和积极参加者外,其他参加该组织的成员。实践中,对于一些只参加黑社会性质的组织,没有实施其他违法犯罪活动的,或者受蒙蔽、胁迫参加黑社会性质的组织,情节轻微的,一般不应作为犯罪处理。本款根据组织者、领导者、积极参加者和一般参加者在黑社会性质组织中所处的地位、所起的作用,分别规定了刑罚:对"组织、领导黑社会性质的组织的",处七年以上有期徒刑,并处没收财产;对"积极参加的",处三年以上七年以下有期徒刑,可以并处罚金或者没收财产;对"其他参加的",处三年以下有期徒刑、拘役、管制或者剥夺政治权利,可以并处罚金。

第二款是关于入境发展黑社会组织罪及其处刑的规定。构成本罪应当具备以下条件:一是本罪的犯罪主体是特殊主体,必须是境外的黑社会组织的人员。这里所谓的"境外的黑社会组织",是指被境外国家和地区确定为黑社会的组织,既包括外国的黑社会组织,也包括我国台湾、香港、澳门地区的黑社会组织。二是实施了到中华人民共和国境内发展组织成员的行为。所谓"到中华人民共和国境内发展组织成员",是指境外黑社会组织通过引诱、拉拢、腐蚀、强迫、威胁、暴力、贿赂等手段,在我国境内将境内或者境外人员吸收为该黑社会组织成员的行为。根据本款规定,构成本罪的,处三年以上十年以下有期徒刑。

第三款是关于包庇、纵容黑社会性质组织罪及其处刑的规定。构成本罪应当具备以下条件:一是本罪的犯罪主体是特殊主体,即国家机关工作人员。这里规定的"国家机关工作人员",是指在国家各级党政机关、权力机关、司法机关和军事机关中执行一定职权的工作人员。二是行为人实施了包庇黑社会性质的组织,或者纵容黑社会性质的组织进行违法犯罪活动的行为。所谓"包庇",是指国家机关工作人员为使黑社会性质组织及其成员逃避查禁,而通风报信,隐匿、毁灭、伪造证据,阻止他人作证、检举揭发,指使他人作伪证,帮助逃匿,或者阻挠其他国家机关工作人员依法查禁等行为。"纵容",是指国家机关工作人员不依法履行职责,对黑社会性质的组织的违法犯罪活动不依法制止,反而予以放纵的行为。根据最高人民法院《关于审理黑社会性质组织犯罪的案件具体应用法律若干问题的解释》第六条规定,"情节严重",是指有下列情形之一的行为:(1)包庇、纵容黑社会性质的组织跨境实施违法犯罪活动;(2)包庇、纵容境外黑社会组织在境内实施违法犯罪活动;(3)多次实施包庇、纵容行为;(4)致使某一区域或者行业的经济、社会生活秩序遭受黑社会性质的组织特别严重破坏的;(5)致使黑社会性质组织的组织者、领导者逃匿,或者致使对黑社会性质组织的查禁工作严重受阻的;(6)具有其他严重情节的。根据本款规定,构成本罪的,处五年以下有期徒刑;情节严重的,处五年以上有期徒刑。

第四款是关于犯组织、领导、参加黑社会性质组织罪、入境发展黑社会组织罪、包庇、纵容黑社会性质组织罪,又有其他犯罪行为的,应当如何处罚的规定。根据本款的规定,犯前三款罪又有其他犯罪行为的,依照数罪并罚的规定处罚。实践中,黑社会性质的组织往往实施多种违法犯罪行为,常常进行寻衅滋事、敲诈勒索、强迫交易、故意毁坏公私财物、故意杀人、故意伤害等犯罪。考虑到黑社会性质的组织犯罪组织化程度较高,又与各种社会治安问题相互交织,破坏力成倍增加,严重威胁人民群众的生命、财产安全,而且还具有极强的向经济领域、政治领域渗透的能力,严重侵蚀维系社会和谐稳定的根基,对这类犯罪必须严厉予以惩处。本款规定,犯组织、领导、参加黑社会性质组织罪、入境发展黑社会组织罪、包庇、纵容黑社会性质组织罪,又有其他犯罪行为的,即依照本法第六十九条有关数罪并罚的规定处罚。

第五款是关于黑社会性质的组织的特征的规定。黑社会性质的组织实施违法犯罪活动一般是有计划,有安排,有分工,并通过一定的组织方式策划,因为它的社会危害性远远大于一般的犯罪集团,在惩治这类犯罪过程中,最关键的是要严格按照法律规定,准确把握黑社会性质的组织特征,正确适用法律认定这种犯罪。因此,本款规定了黑社会性质的组织必须同时具备以下特征:

一是组织特征,即形成较稳定的犯罪组织,人数较多,有明确的组织者、领导者,骨干成员基本固定。这里所说的"形成较稳定的犯罪组织",主要是指组织形成后,在一定时期内持续存在。对于存在、发展时间明显过短、犯罪活动尚不突出的,或者一般的恶势力团伙,或者为了某一目的而形成的犯罪集团等都不属于黑社会性质的组织。

二是经济特征,即有组织地通过违法犯罪活动或者其他手段获取经济利益,具有一定的经济实力,以支持该组织的活动。这里所说的"有组织地通过违法犯罪活动或者其他手段获取经济利益",主要是指有组织地通过违法犯罪活动或者其他不正当手段获取经济利益；由组织成员提供或者通过其他单位、组织、个人的资助获取经济利益等。"具有一定的经济实力"，既包括通过上述方式获取一定数量的经济利益，也包括可以调动一定规模的经济资源用以支持该组织活动的能力。

　　三是行为特征，即以暴力、威胁或者其他手段，有组织地多次进行违法犯罪活动，为非作恶，欺压、残害群众。使用暴力、威胁手段是黑社会性质的组织实施违法犯罪活动的基本手段。对于一些暴力、威胁色彩虽不明显，但实际是以组织的势力、影响和能力为依托，以暴力威胁的现实可能性为基础，足以使他人产生恐惧、恐慌进而形成心理强制或者足以影响、限制人身自由、危及人身财产安全或者影响正常生产、工作、生活的手段，则属于"其他手段"，具体包括谈判、协调、滋扰、纠缠、哄闹、聚众造势等。"有组织地多次进行违法犯罪活动，为非作恶，欺压、残害群众"，主要是指为确立、维持、扩大组织的势力、影响、利益或者按照组织要求多次实施违法犯罪活动，侵犯不特定多数人的人身权利、民主权利、财产权利，破坏经济秩序、社会秩序。

　　四是危害性特征，即通过实施违法犯罪活动，或者利用国家工作人员的包庇或者纵容，称霸一方，在一定区域或者行业内，形成非法控制或者重大影响，严重破坏经济、社会生活秩序。这里所说的"实施违法犯罪活动"，主要是指组织者、领导者直接组织、策划、指挥、参与实施的违法犯罪活动；为该组织争夺势力范围打击竞争对手、形成强势地位、谋取经济利益、树立非法权威、扩大非法影响、寻求非法保护、增强犯罪能力等实施的违法犯罪活动；组织成员为逞强争霸、插手纠纷、报复他人、替人行凶、非法敛财而共同实施的违法犯罪活动等。"在一定区域或者行业内，形成非法控制或者重大影响，严重破坏经济、社会生活秩序"，包括对一定行业的生产、经营形成垄断，或者对涉及一定行业的准入、经营、竞争等经济活动形成重要影响的；插手民间纠纷、经济纠纷，在相关区域或者行业内造成严重影响的；干扰、破坏他人正常生产、经营、生活，并在相关区域或者行业内造成严重影响的；利用组织的势力、影响，帮助组织成员或他人获取政治地位，或者在党政机关、基层组织中担任一定职务的等。根据本款规定，必须同时具备上述四个特征的才属于黑社会性质的组织，对于不具备黑社会性质的组织特征的犯罪集团和恶势力犯罪团伙的犯罪，应当依照刑法的有关规定予以处罚，对主犯应当按其所参与的或者组织、指挥的全部犯罪处罚；对首要分子，按照集团所犯的全部罪行处罚。

【实践中需要注意的问题】

1. 目前司法实践中争议最大的问题之一就是黑社会性质组织的组织领导者是否应对其本人未参与而由其组织成员所实施的犯罪承担刑事责任。由于在黑社会性质的组织所实施的多种犯罪中，涉及可以判处死刑的罪名只有故意杀人罪、故意伤害罪等少数几种，而在实施上述犯罪时黑社会性质组织的领导者大多并不在场或并不出面，司法机关常在认定其是否应对黑社会性质组织成员所犯故意杀人罪、故意伤害罪承担刑事责任时出现分歧，甚至出现了对于首要分子判处无期徒刑以下刑罚，而对其他实施故意杀人罪的骨干成员判处死刑的现象。在执行本条时应当特别注意，关于其他犯罪行为，对黑社会性质的组织的组织者、领导者，应当按其所组织、领导的黑社会性质的组织所犯的全部罪行处罚；对于黑社会性质的组织的参加者，应当按照其所参与的犯罪处罚。凡是黑社会性质的组织成员是为了实现该组织称霸一方、威慑公众的目的，为了组织利益而实施的犯罪，即使首要分子对具体的犯罪行为事先并不明知，也要对其组织成员的全部罪行承担全部罪责。

2. 在认定黑社会性质的组织时，需要注意：第一，目前，黑社会性质的犯罪组织出现了一个明显的变化，即组织者、领导者、骨干成员可能并不多，但他们控制着一批社会上的闲散人员，这些人员形成了一个市场，需要实施违法犯罪时，即通过这个市场雇用打手，形成"一呼即来，一哄而散"的活动方式。对以这种方式存在的组织，只要其基本的组织者、领导者、骨干成员较为固定，就应认定其形成了"较稳定的犯罪组织"。第二，实践中，有些黑社会性质的组织的头目，在其具备了一定的实力后，往往通过各种手段将财产洗白，合法地进行一些经营活动，以此支撑该组织的活动，这部分资产也应当算作该组织的"经济实力"。第三，应正确把握"在一定区域或者行业内，形成非法控制或者重大影响"，无论是合法行业还是非法行业，只要对其实行垄断或控制，严重影响了当地该行业的正常经营，扰乱了当地百姓的正常生活秩序就应当予以认定。鉴于黑社会性质组织非法控制和影响的"一定区域"的大小具有相对性，不能一刀切划定。"一定区域"是某一特定的空间范围，而应当根据具体案情，并结合黑社会性质的组织对经济社会生活秩序的危害程度加以综合分析判断。第四，在认定黑社会性质的组织时，应当严格按照本条第五款规定的四个特征，认真审查，分析黑社会性质的组织的四个特征的内在联系，准确评价涉案犯罪造成的社会危害，不能随意扩大。对于主观上没有加入黑社会性质的组织的意愿，受雇到黑社会性质的组织开办的公司、企业、社团工作，未参与或者仅参与少量黑社会性质的组织的违法犯罪活动的人员，或者因临时被纠集、雇用或受蒙蔽为黑社会性质组织实施违法犯罪活动或者提供帮助、支持、服务的人员等，则不宜认定为黑社会性质的组织人员。

第二百九十五条 【传授犯罪方法罪】

传授犯罪方法的，处五年以下有期徒刑、拘役或者管制；情节严重的，处五年以上十年以下有期徒刑；情节特别严重的，处十年以上有期徒刑或者无期徒刑。

【条文精解】

本条是关于传授犯罪方法罪及其处刑的规定。

构成本罪必须符合以下条件：一是行为人传授的是犯罪方法。本条所说的"犯罪方法"，主要是指犯罪的经验与技能，包括手段、步骤、反侦查方法等。本条规定的"传授犯罪方法"，是指以语言、文字、动作、图像、视频或者其他方法，故意将实施某种犯罪的具体方法、技能、经验传授给他人的行为。实践中，行为人传授犯罪方法的形式是多种多样的，既有口头传授的，也有书面传授的；既有公开传授的，也有秘密传授的；既有当面直接传授的，也有间接转达传授的；既有用语言、动作、网络视频传授的，也有通过实际实施犯罪而传授的；既可以是传授一种犯罪方法，也可以是传授多种犯罪方法；等等。其中公开传授的，既可以是通过第三人转达或者通讯工具传授，也可以通过广播、电视、报刊、网络等公共媒体或者自媒体进行传授；不论采取何种方式传授，均不影响本罪的成立。

二是传授的对象既可以是特定的人，也可以是不特定的多数人。一般来说，传授犯罪方法，也就是将犯罪方法教授给他人，本条对教授的对象没有限制，既可以是特定对象，也可以是不特定的社会公众。

三是在客观上只要求行为人实施了传授犯罪方法的行为，只要行为人故意向他人传授犯罪方法，即可构成本罪。无论行为人是否教唆被传授人实施犯罪，也无论被传授人是否实施了传授人所传授的犯罪方法，以及是否已经造成实际的危害结果，都不影响本罪的成立。

鉴于传授犯罪方法罪的情况比较复杂，可能造成的社会危害也不一样，本条规定了三个不同的处刑档次。第一档根据本条规定，传授犯罪方法罪是行为犯，只要实施了传授犯罪方法的行为，就构成犯罪。依照本条规定，应处五年以下有期徒刑、拘役或者管制。根据刑法总则第三十七条"对于犯罪情节轻微不需要判处刑罚的"除外。第二档"情节严重的",一般是指传授的内容是一些较为严重犯罪的方法的;可能对国家和公共安全、社会治安、公共财产和公民合法财产的安全,以及他人的人身权利、民主权利和其他合法权利等造成严重威胁的;传授的对象人数较多的;向未成年人传授犯罪方法的;被传授人实施了其所传授的犯罪方法,对社会造成危害的;以及其他严重情节。依照本条规定,情节严重的,处五年以上十年以下有期徒刑。第三档"情节特别严重的",主要是指所传授的方法已实际造成严重后果;传授的对象人数众多;向未成年人传授且人数较多;以及其他特别严重情节。依照本条规定,情节特别严重的,处十年以上有期徒刑或者无期徒刑。

【实践中需要注意的问题】

1. 传授犯罪方法罪和教唆犯罪的区别。传授犯罪方法罪是一个独立的罪名,且单独规定了较重的刑罚。而教唆犯不是一个独立的罪名,是以被教唆人具体实施的犯罪行为来确定,其刑罚也是根据教唆犯在共同犯罪中所起的作用来决定。最主要的区别在于传授犯罪方法是教给他人犯罪时应采取的具体方法、技术或经验,如教授他人用什么方法、什么工具、在什么时间、什么地点实施盗窃他人财物的行为。传授犯罪方法虽然会助长犯罪的发生,但他人是否实施犯罪,并不影响传授犯罪方法罪的成立,行为人对他人是否实施犯罪一般持放任态度。而教唆他人犯罪则是用语言、示意或旁敲侧击等笼统的方法,促使他人产生犯意。教唆犯罪一般是使无犯意者产生犯意,或者使犯意不坚定者决定犯罪。根据本法第二十九条规定,教唆他人犯罪的,应当按照他在共同犯罪中所起的作用处罚;如果被教唆的人没有犯被教唆的罪,对于教唆犯,可以从轻或者减轻处罚。

2. 实践中,有些技能、方法只能是违法犯罪,如教授扒窃技术;而有些技能、方法是中性的,既可以用于违法犯罪,也可以用于合法行为,如教授配钥匙、化学合成制剂、解剖等,一般情况下,对于教授这类技能、方法不能按照传授犯罪方法罪论处。但是,如果行为人为了某种犯罪的目的,而教授、讲解这类技能、方法的,则构成传授犯罪方法罪。

3. 关于网络传授犯罪方法的认定。随着信息网络的飞速发展,行为人利用信息网络传授犯罪方法更为便利,如通过QQ、微信等即时通讯工具,或者在BBS、论坛、微博等公共交流平台上发帖,或者开设专门网站等方式传授犯罪方法,特别是利用信息网络向不特定多数人传授犯罪方法,其危害性更大。处理利用信息网络实施的犯罪,需要结合该犯罪的具体情况予以认定。如果有证据证明行为人在信息网络上实施了传授犯罪方法的行为,无论是针对特定的对象还是社会公众进行传授的，也无论观看网络视频的人员是否实施了具体的犯罪行为，都应当依照本条规定的传授犯罪方法罪定罪处罚；对于无法证明行为人实施了传授犯罪方法的犯罪，但行为人如果以实施违法犯罪活动为目的而设立或者设立后主要用于实施违法犯罪活动的网站、通讯群组，则可以依照刑法第二百八十七条之一规定的非法利用信息网络罪定罪处罚；如果行为人既实施了传授犯罪方法的犯罪，又实施了非法利用信息网络的犯罪，应当按照处罚较重的规定定罪处罚。

第二百九十六条 【非法集会、游行、示威罪】

举行集会、游行、示威，未依照法律规定申请或者申请未获许可，或者未按照主管机关许可的起止时间、地点、路线进行，又拒不服从解散命令，严重破坏社会秩序的，对集会、游行、示威的负责人和直接责任人员，处五年以下有期徒刑、拘役、管制或者剥夺政治权利。

【条文精解】

本条是关于非法集会、游行、示威罪及其处罚的规定。

根据本条规定，非法举行集会、游行、示威的犯罪，是指举行集会、游行、示威，未依照法律规定申请或者申请未获许可，或者未按照主管机关许可的起止时间、地点、路线进行，又拒不服从解散命令，严重破坏社会秩序的行为。构成本罪应当符合以下条件：第一，本罪的犯罪主体是特殊主体，即集会、游行、示威的负责人和直接责任人员。这里规定的"负责人"，是指组织、领导非法集会、游行、示威并明确代表全体参加人利益的人。"直接责任人员"，是指在非法的集会、游行、示威过程中具体实施了严重破坏社会秩序的行为的人。对一般参加非法举行的集会、游行、示威的人员，不宜追究刑事责任，可以进行批评教育或者给予必要的行政处分。

第二，行为人实施了非法集会、游行、示威的行为。本条规定了三种非法集会、游行、示威的行为：（1）未依照法律规定申请而举行集会、游行、示威的行为。这里规定的"集会"，是指聚众于公共场所，发表意见、表达意愿的活动；"游行"，是指在公共道路、露天公共场所列队行进、表达共同意愿的活动；"示威"，是指在公共场所或者公共道路上以集会、游行、静坐等方式，表达要求、抗议或者支持、声援等共同意愿的活动。本条所说的"未依照法律规定申请"，是指行为人未依照集会游行示威法的规定进行申请的。2009年集会游行示威法第七条规定，举行集会、游行、示威，必须依照该法规定向主管机关提出申请并获得许可。(2)申请未获许可而举行集会、游行、示威的行为。本条所说的"申请未获许可"，是指行为人申请集会、游行、示威没有得到许可。集会游行示威法第十二条规定，申请举行的集会、游行、示威，有下列情形之一的，不予许可：反对宪法所确定的基本原则的；危害国家统一、主权和领土完整的；煽动民族分裂的；有充分根据认定申请举行的集会、游行、示威将直接危害公共安全或者严重破坏社会秩序的。(3)未按照主管机关许可的起止时间、地点、路线进行集会、游行、示威的行为。本条所说的"未按照主管机关许可的起止时间、地点、路线进行"，是指没有按照主管机关许可的起止时间、地点、路线进行的。集会游行示威法第二十五条规定，集会、游行、示威应当按照许可的目的、方式、标语、口号、起止时间、地点、路线及其他事项进行。需要注意的是，这里只限于未按照主管机关许可的起止时间、地点、路线，如果违反其他事项，如方式、标语、口号等，则不构成本罪。这里规定的"主管机关"，根据集会游行示威法第六条规定，是指集会、游行、示威举行地的市、县公安局、城市公安分局；游行、示威路线经过两个以上区、县的，主管机关为所经过区、县的公安机关的共同上一级公安机关。

第三，行为人非法集会、游行、示威，又拒不服从解散命令的。所谓"拒不服从解散命令"，是指违反规定进行集会、游行、示威，主管机关依法发出解散命令，拒不服从命令。集会游行示威法第二十七条规定，举行集会、游行、示威，有下列情形之一的，人民警察应当予以制止：(1)未依照该法规定申请或者申请未获许可的；(2)未按照主管机关许可的目的、方式、标语、口号、起止时间、地点、路线进行的；(3)在进行中出现危害公共安全或者严重破坏社会秩序情况的。有前款所列情形之一，不听制止的，人民警察现场负责人有权命令解散。

第四，必须造成严重破坏社会秩序的后果。这里所说的"严重破坏社会秩序"，是指造成社会秩序、交通秩序混乱，致使生产、工作、生活和教学、科研无法正常进行的，如致使国家机关、企业事业单位和社会团体的工作无法正常进行；造成交通瘫痪；造成恶劣的社会影响等。这是罪与非罪的界限，构成本罪，不仅是行为人违反规定举行集会、游行、示威，还要拒不服从解散命令，且行为还必须造成社会秩序严重破坏的结果，如果未发生严重破坏社会秩序的危害后果，则不构成本罪。

根据本条规定，对非法举行集会、游行、示威的犯罪，对集会、游行、示威的负责人和直接责任人员，处五年以下有期徒刑、拘役、管制或者剥夺政治权利。

第二百九十七条 【非法携带武器、管制刀具、爆炸物参加集会、游行、示威罪】

违反法律规定，携带武器、管制刀具或者爆炸物参加集会、游行、示威的，处三年以下有期徒刑、拘役、管制或者剥夺政治权利。

【条文精解】

本条是关于非法携带武器、管制刀具、爆炸物参加集会、游行、示威罪及其处罚的规定。

根据本条规定，非法携带武器、管制刀具或者爆炸物参加集会、游行、示威犯罪，是指违反法律规定，携带武器、管制刀具或者爆炸物参加集会、游行、示威的行为。构成本罪必须符合以下条件：第一，行为人违反法律规定。这里所说的"违反法律规定"，主要是指违反集会游行示威法等有关法律法规的规定。第二，行为人携带武器、管制刀具或者爆炸物参加集会、游行、示威。所谓"武器"，是指直接可用于杀伤人体的发火器械及弹药，主要是各种枪支、弹药等；"管制刀具"，是指国家规定限定特定人员配置，用于特定范围和特定用途，禁止民间私自生产、运输、贩卖、购买、持有的刀具，主要包括匕首、三棱刀、带有自锁装置的弹簧刀以及其他相类似的单刃、双刃刀和三棱尖刀等；"爆炸物"，是指具有爆发力和破坏性，可以瞬间造成人畜伤亡、物品毁坏的危险物品。这里的"携带"，既包括随身藏带，也包括利用他人的身体、容器、运输工具夹带武器、管制刀具或者爆炸物。只要违反法律规定，带着这些禁止携带的武器、管制刀具或者爆炸物品参加集会、游行、示威，无论行为人对这些物品是非法持有还是合法持有，均构成本罪。这里所说的"集会、游行、示威"，既可以是合法举行的集会、游行、示威，也可以是不合法举行的集会、游行、示威。

根据本条规定，对非法携带武器、管制刀具或者爆炸物品参加集会、游行、示威的犯罪，处三年以下有期徒刑、拘役、管制或者剥夺政治权利。

【实践中需要注意的问题】

执行中，应当注意区分非法携带武器参加集会、游行、示威罪与非法持有、私藏枪支弹药罪的界限。非法持有、私藏枪支弹药罪在客观上表现为没有合法依据,持有、私自藏匿枪支弹药的行为;非法携带武器参加集会、游行、示威罪仅限于在集会、游行、示威活动中携带。对非法持有、私藏枪支弹药同时又携带参加集会、游行、示威的,应当依照本法关于数罪并罚的规定处罚。

第二百九十八条 【破坏集会、游行、示威罪】

扰乱、冲击或者以其他方法破坏依法举行的集会、游行、示威,造成公共秩序混乱的,处五年以下有期徒刑、拘役、管制或者剥夺政治权利。

【条文精解】

本条是关于破坏集会、游行、示威罪及其处罚的规定。

根据本条规定,破坏依法举行的集会、游行、示威犯罪,是指扰乱、冲击或者以其他方法破坏依法举行的集会、游行、示威,造成公共秩序混乱的行为。根据本条规定,构成本罪应当符合以下条件:第一,行为人采用扰乱、冲击或者以其他方法破坏集会、游行、示威活动。这里规定的"扰乱",主要是指针对集会、游行、示威队伍起哄、闹事,破坏其正常秩序;"冲击",主要是指冲入、冲散依法举行的集会、游行、示威队伍,使集会、游行、示威不能正常进行;"其他方法",是指扰乱、冲击方法以外的破坏依法举行的集会、游行、示威的方法,如堵塞集会、游行、示威队伍行进、停留的通道、场所等。

第二,行为人实施了破坏依法举行的集会、游行、示威的行为。所谓"破坏",是指进行捣乱,致使依法举行的集会、游行、示威不能正常进行;"依法举行的集会、游行、示威",是指依照集会游行示威法规定提出申请并获得许可、按照主管机关许可的起止时间、地点、路线进行的集会、游行、示威。本罪破坏的必须是依法举行的集会、游行、示威,如果针对的不是依法举行的集会、游行、示威,不构成本罪。

第三,必须造成公共秩序混乱的后果。本条规定的"造成公共秩序混乱的",主要是指造成集会、游行、示威行经地或举行地的场所秩序或交通秩序混乱。造成公共秩序混乱是构成本罪的要件,没有造成这一后果的,不构成本罪。

根据本条规定,对破坏依法举行的集会、游行、示威犯罪,处五年以下有期徒刑、拘役、管制或者剥夺政治权利。

第二百九十九条 【侮辱国旗、国徽、国歌罪】

在公共场合，故意以焚烧、毁损、涂划、玷污、践踏等方式侮辱中华人民共和国国旗、国徽的，处三年以下有期徒刑、拘役、管制或者剥夺政治权利。

在公共场合，故意篡改中华人民共和国国歌歌词、曲谱，以歪曲、贬损方式奏唱国歌，或者以其他方式侮辱国歌，情节严重的，依照前款的规定处罚。

【条文精解】

本条是关于侮辱国旗、国徽、国歌罪及其处罚的规定。

本条共分两款。第一款是关于侮辱国旗、国徽罪及其处刑的规定。根据本款规定，侮辱国旗、国徽罪是指在公共场合，故意以焚烧、毁损、涂划、玷污、践踏等方式侮辱中华人民共和国国旗、国徽的行为。构成本罪应当符合以下条件：第一，行为人是在公共场合实施侮辱国旗、国徽的行为。这里所说的"公共场合"，包括悬挂国旗、国徽的公共场所或者国家机关所在地，以及其他人员聚集的场所。本罪行为必须发生在公共场合，如果发生在非公共场合，不构成本罪。第二，行为人故意实施侮辱国旗、国徽的行为。所谓"故意"，是指犯罪行为人在主观上必须有侮辱国旗、国徽的故意，如果行为人由于过失造成国旗、国徽被焚烧等结果的，不构成犯罪。第三，行为人采用的是焚烧、毁损、涂划、玷污、践踏等方式。所谓"焚烧"，是指放火燃烧国旗、国徽的行为；"毁损"，是指撕毁、砸毁或者以其他破坏方法使国旗、国徽遭到毁坏、损坏的行为；"涂划"，是指用笔墨、颜料等在国旗、国徽上涂抹刻画的行为；"玷污"，是指用粪便等污物玷污国旗、国徽的行为；"践踏"，是指将国旗、国徽放在脚下、车轮下等处进行踩踏、碾压的行为。侮辱国旗、国徽的具体行为不止上述五种，所以本条还规定了"等方式"，以包括复杂的实际情况，如实践中发生的将国旗倒插、倒放等。只要实施了任何一种侮辱行为即可构成本罪。第四，行为人侮辱的对象是中华人民共和国国旗、国徽。行为人如果侮辱外国国旗、国徽或者国际组织、社团、企业的标志等，不构成本罪，视案件具体情况，构成其他犯罪的，可依照刑法其他有关规定追究刑事责任。作为本罪犯罪对象的国旗、国徽既可以是正在悬挂、使用中的，也可以是尚未使用，处于保存、贮藏、运输中的。根据本款规定，构成本罪的，处三年以下有期徒刑、拘役、管制或者剥夺政治权利。

第二款是关于侮辱国歌罪及其处罚的规定。构成本罪应当符合以下条件：第一，行为人必须是在公共场合实施侮辱国歌的行为。根据本款规定，侮辱国歌犯罪行为要求发生"在公共场合"。这里使用"公共场合"，是与国歌法第十五条的规定相衔接。"在公共场合"，指当众、公开的情境。需要注意的是，不论是在现实的公共场合还是在互联网公共空间，通过公开传播的方式，当众公然侮辱国歌的行为，都构成了对国家尊严、公共秩序的损害，均可构成本罪。第二，行为人故意实施侮辱国歌的行为。主观上要求故意为之，没有泄愤、侮辱等恶意只是唱错歌词、跑调走音的，不能认定为犯罪。第三，在具体行为方式上，与国歌法第十五条的规定相一致，分为三种情况：（1）故意篡改中华人民共和国国歌歌词、曲谱的。国歌的歌词、曲谱法律都有明确规定。国歌法第六条中规定，"奏唱国歌，应当按照本法附件所载国歌的歌词和曲谱"，因此国歌的歌词和曲调都不得篡改。具体行为可表现为：故意篡改义勇军进行曲的国歌名称，将国歌名称修改成其他侮辱性名称的，也属于篡改国歌；将国歌歌词全部篡改或者部分篡改的，特别是将歌词篡改成一些讽刺性、侮辱性的语言；篡改国歌曲谱，改变部分曲调或者以其他曲调奏唱国歌歌词，如使用哀乐演唱国歌等。（2）以歪曲、贬损方式奏唱国歌。除篡改国歌歌词、曲谱外，在奏唱方式上歪曲、贬损国歌的，也是侮辱国歌罪的一种表现形式，如以轻佻、"恶搞"的方式奏唱国歌，在奏唱国歌时配以侮辱性的肢体语言、着装等。奏唱包括演奏和歌唱。（3）以其他方式侮辱国歌。除以上两种情形之外，其他各种侮辱国歌的行为，这是兜底性的规定。如在互联网上故意传播配以贬损国家形象、侮辱性的图片、影像、文字的国歌奏唱音视频的；公共场合奏唱国歌时，在场人员嘘国歌、做出不雅手势的行为等，都属于侮辱国歌的其他方式。第四，根据本款规定，构成本罪，需要达到"情节严重"的条件。是否属于"情节严重"，需要结合行为人的主观恶性、侮辱行为的具体方式、什么样的场合、在场人数、传播范围、造成的社会后果、是否曾因侮辱国歌、国旗、国徽犯罪受过处罚等综合判断。根据本款规定，犯侮辱国歌罪的，处三年以下有期徒刑、拘役、管制或者剥夺政治权利。

【实践中需要注意的问题】

1.本条第一款对侮辱国旗、国徽罪没有规定"情节严重"的犯罪门槛，与第二款的规定在构成要件的表述方式上有差异。这主要是考虑到：一方面，国旗法第二十三条、国徽法第十八条关于侮辱国旗、国徽的法律责任表述是，有侮辱行为的，追究刑事责任，对情节较轻的，予以行政处罚。即对情节一般的侮辱国旗、国徽行为就可追究刑事责任。国歌法第十五条对侮辱国歌行为的法律责任表述是，有侮辱行为的，予以行政处罚，构成犯罪的追究刑事责任。两者在法律责任的规定形式上有所不同。因此，第一款规定与国旗法、国徽法的相关规定是相衔接的。另一方面，也是考虑到侮辱国旗、国徽罪的行为方式及其危害性与侮辱国歌不完全一样。采用焚烧、毁损、涂划、玷污、践踏等方式侮辱国旗、国徽的行为，已是性质严重的侮辱方式。而国歌的载体、奏唱和使用的方式、场合，以及与公众的联系紧密程度等，都与国旗、国徽有很大不同。侮辱国歌行为的情况也更为复杂，有些需要区别情况处理，对情节轻微的可不作为犯罪处理，而予以行政处罚。但也需要注意的是，虽然刑法对侮辱国旗、国徽罪没有规定"情节严重"的犯罪门槛，也不是说对所有侮辱国旗、国徽的行为，不分情节轻重都要追究刑事责任。实践中还是要根据案件的具体情况确定社会危害性是否达到犯罪的程度。对于符合刑法第十三条的规定，情节显著轻微的，不作为犯罪处理。

2. 侮辱国歌罪在适用中还应当注意：一是侮辱国歌是指侮辱中华人民共和国国歌。本条第二款在"故意篡改中华人民共和国国歌歌词、曲谱"这一行为方式的表述中使用了"中华人民共和国"这一限定语。这一限定同样适用于后两种行为方式，这属于语言文字学中的"承前省略"。也就是说，侮辱外国国歌的，不构成本罪，视案件具体情况，构成其他犯罪的，可依照刑法其他有关规定追究刑事责任。二是侮辱国歌犯罪行为的主体，既可以是中国人，也可以是外国人。三是在公共场合侮辱国歌，同时构成寻衅滋事罪，聚众扰乱社会秩序罪，聚众扰乱公共场所秩序、交通秩序罪等犯罪的，应当依照处罚较重的规定定罪处罚。

第二百九十九条之一　【侵害英雄烈士名誉、荣誉罪】
侮辱、诽谤或者以其他方式侵害英雄烈士的名誉、荣誉，损害社会公共利益，情节严重的，处三年以下有期徒刑、拘役、管制或者剥夺政治权利。

【条文精解】

本条是关于侵害英雄烈士名誉、荣誉罪及其处罚的规定。

中华民族是英雄辈出的民族。近代以来，为了争取民族独立和人民解放，实现国家富强和人民幸福，促进世界和平和人类进步，中华民族涌现出了无数毕生奋斗、英勇献身的英雄烈士。英雄烈士是中华民族最优秀群体的代表，英雄烈士和他们所体现的爱国主义、英雄主义精神，是我们国魂、民族魂、党魂、军魂的不竭源泉和重要支撑，是中华民族精神的集体体现。英雄烈士的事迹和精神是中华民族共同记忆，是社会主义核心价值观的重要体现。

近年来，社会上有些人出于各种目的侮辱、诽谤英雄烈士，还有的以"学术自由""还原历史""探究细节"等为名，通过互联网、书刊等公开对党和国家长期宣传、人民群众高度尊崇的英雄烈士进行诋毁、丑化、贬损、质疑和否定，歪曲历史特别是近现代历史，造成了恶劣社会影响。比较典型的有侮辱、诽谤狼牙山五壮士、邱少云等英雄烈士群体、个人事件。如2013年某杂志刊发洪某撰写的《"狼牙山五壮士"的细节分歧》一文，该文以历史细节考据、学术研究为幌子，以细节否定英雄，企图达到抹黑"狼牙山五壮士"英雄形象和名誉的目的，引发"狼牙山五壮士"亲属及社会各界的反对、谴责。又如，2013年5月孙某在某微博上以名为"作业本"的帐号发文对邱少云烈士在烈火中英勇献身的行为进行恶意调侃，2015年4月，某饮品公司在其网络营销活动中，借助"作业本"相关言论进行营销，并与孙某进行网上互动，该言论及互动在网络平台上迅速传播，产生了较大负面影响，遭到广大网友的谴责。

侮辱、诽谤英雄烈士的实质目的是动摇中国共产党的执政根基和否定中国特色社会主义制度。抹黑这些代表性的英烈群体、人物，否定中国近现代历史，既是对社会主义核心价值观与革命英雄主义精神的否定和瓦解，也容易对群众尤其是年轻人的价值取向造成恶劣影响、冲击。这些行为不仅构成对英雄烈士人格利益的侵害和对英雄烈士近亲属合法利益的侵害，同时由于英雄烈士的事迹和精神已经成为社会公共利益的重要组成部分，也给社会公共利益造成损害。

对此，我国相关法律先后对侮辱、诽谤英雄烈士以及其他侵害英烈名誉、荣誉等的行为作了明确规定。2018年4月27日十三届全国人大常委第二次会议通过了英雄烈士保护法，该法明确规定，国家保护英雄烈士，对英雄烈士予以褒扬、纪念，加强对英雄烈士事迹和精神的宣传、教育，维护英雄烈士的尊严和合法权益。全社会都应当崇尚、学习、捍卫英雄烈士。禁止歪曲、丑化、亵渎、否定英雄烈士事迹和精神。英雄烈士的姓名、肖像、名誉、荣誉受法律保护。任何组织和个人不得在公共场所、互联网或者利用广播电视、电影、出版物等，以侮辱、诽谤或者其他方式侵害英雄烈士的姓名、肖像、名誉、荣誉。任何组织和个人不得将英雄烈士的姓名、肖像用于或者变相用于商标、商业广告,损害英雄烈士的名誉、荣誉等。对于侵害英雄烈士姓名、肖像、名誉、荣誉的,英雄烈士保护法第二十六条规定,以侮辱、诽谤或者其他方式侵害英雄烈士的姓名、肖像、名誉、荣誉,损害社会公共利益的,依法承担民事责任;构成违反治安管理行为的,由公安机关依法给予治安管理处罚;构成犯罪的,依法追究刑事责任。民法典将英雄烈士的姓名、肖像、名誉、荣誉作为社会公共利益予以保护,民法典第一百八十五条规定"侵害英雄烈士等的姓名、肖像、名誉、荣誉,损害社会公共利益的,应当承担民事责任"。

上述法律规定为依法追究侮辱、诽谤英雄烈士以及其他侵害英烈名誉、荣誉的行为提供了民事、行政法律依据。为了进一步保护英雄烈士名誉、荣誉,维护社会主义核心价值观,与英雄烈士保护法等相关法律相衔接,立法机关广泛听取意见,经反复研究,在各方面取得共识的基础上,将侮辱、诽谤英雄烈士的行为明确规定为犯罪。《刑法修正案(十一)》将侮辱、诽谤英雄烈士的行为入刑,是以法治思维和法治方式反对历史虚无主义,对于惩治侮辱、诽谤英雄烈士行为,保护英雄烈士的人格利益和社会公共利益,弘扬社会主义核心价值观,具有重要意义。通过增加本条规定,刑法与英雄烈士保护法、民法典等一起,构建起完整的英雄烈士保护法律体系。

侮辱、诽谤或者以其他方式侵害英雄烈士的名誉、荣誉,损害社会公共利益,情节严重的,构成本罪。这里的"英雄烈士",包括近代以来,为国家、为民族、为人民做出牺牲和贡献的英烈先驱和革命先行者,重点是中国共产党、人民军队和中华人民共和国历史上涌现出的无数英雄烈士。英雄烈士既包括个人也包括群体,既包括有名英烈也包括无名英烈。本条保护的英雄烈士与英雄烈士保护法的保护范围是一致的,都是已经牺牲、逝世的英雄烈士。据统计,从中国民主革命到现在,约有2000万英烈,但是经评定确认的只有约196万人。由于战争、历史条件等原因,大多数英烈都未能留下姓名,现在也无从考证,但他们同样受法律保护,也应被尊崇和铭记。实际发生的侵害英雄烈士名誉、荣誉案件中涉及的英雄烈士,一般都是知名的英雄烈士,其身份是清楚的,如果确需对英雄烈士的身份进行认定,可以通过相关工作机制予以解决。关于烈士的具体评定标准,《烈士褒扬条例》第八条第一款规定,公民牺牲符合下列情形之一的,评定为烈士:(1)在依法查处违法犯罪行为、执行国家安全工作任务、执行反恐怖任务和处置突发事件中牺牲的;(2)抢险救灾或者其他为了抢救、保护国家财产、集体财产、公民生命财产牺牲的;(3)在执行外交任务或者国家派遣的对外援助、维持国际和平任务中牺牲的;(4)在执行武器装备科研试验任务中牺牲的;(5)其他牺牲情节特别突出,堪为楷模的。《军人抚恤优待条例》第八条第一款、第二款规定,现役军人死亡,符合下列情形之一的,批准为烈士:(1)对敌作战死亡,或者对敌作战负伤在医疗终结前因伤死亡的;(2)因执行任务遭敌人或者犯罪分子杀害,或者被俘、被捕后不屈遭敌人杀害或者被折磨致死的;(3)为抢救和保护国家财产、人民生命财产或者执行反恐怖任务和处置突发事件死亡的;(4)因执行军事演习、战备航行飞行、空降和导弹发射训练、试航试飞任务以及参加武器装备科研试验死亡的;(5)在执行外交任务或者国家派遣的对外援助、维持国际和平任务中牺牲的;(6)其他死难情节特别突出,堪为楷模的。现役军人在执行对敌作战、边海防执勤或者抢险救灾任务中失踪,经法定程序宣告死亡的,按照烈士对待。

这里的"侮辱",主要是指通过语言、文字或者其他方式辱骂、贬低、嘲讽英雄烈士的行为。"诽谤",是指针对英雄烈士,捏造事实并进行散播,公然丑化、贬损英雄烈士,损害英雄烈士名誉、荣誉的行为。实践中比较常见的是通过网络、文学作品等形式侮辱、诽谤英雄烈士的情况。"以其他方式侵害英雄烈士的名誉、荣誉",是指采用侮辱、诽谤以外的其他方式侵害英雄烈士的名誉、荣誉的行为,如虽未采用侮辱、诽谤方式,但以"还原历史""探究细节"等名义否定、贬损、丑化英雄烈士;非法披露涉及英雄烈士隐私的信息或者图片,侵害英雄烈士隐私等。

"损害社会公共利益"是构成本罪的要件之一,也是侮辱、诽谤或者以其他方式侵害英雄烈士的名誉、荣誉可能导致的后果。近代以来的无数英雄烈士和他们所获得的荣誉称号,在中华大地广泛传播,在全党、全军和全国各族人民中已经赢得了普遍的公众认同,既是国家及公众对他们作为中华民族的优秀儿女在反抗侵略、保家卫国中作出巨大牺牲的褒奖,也是他们应当获得的个人荣誉。在抗日战争时期,广大英雄烈士的光辉事迹成为激励中华儿女反抗侵略、英勇抗敌的精神动力之一,成为人民军队誓死捍卫国家利益、保障国家安全的军魂来源之一;在和平年代,英雄烈士的精神,仍然为广大人民群众树立了不畏艰辛、不怕困难,为国为民奋斗终生的精神指引。英雄烈士及其精神,是中华民族共同记忆的一部分,是中华民族精神的内核之一,也是社会主义核心价值观的重要内容。而民族的共同记忆、民族精神乃至社会主义核心价值观,无论是从我国的历史来看,还是从现行法律规定来看,都已经是社会公共利益的一部分。侮辱、诽谤或者以其他方式侵害英雄烈士的名誉、荣誉,会损害社会公共利益。

"情节严重的",是指侮辱、诽谤或者以其他方式侵害英雄烈士的名誉、荣誉,损害社会公共利益,造成严重的不良影响或者侵害行为持续时间长、范围广等情形。

关于本罪的刑罚,根据本条规定,侮辱、诽谤或者以其他方式侵害英雄烈士的名誉、荣誉,损害社会公共利益,情节严重的,处三年以下有期徒刑、拘役、管制或者剥夺政治权利。

【实践中需要注意的问题】

本条规定的"英雄烈士"都是已经牺牲、去世的,如果行为人侮辱、诽谤或者以其他方式侵害健在的英雄模范人物的名誉、荣誉,应当依照本法关于侮辱、诽谤罪的规定追究行为的刑事责任,不适用本条。对健在的英雄模范人物的褒奖、保护,适用国家勋章和国家荣誉称号法等相关法律法规。

第三百条 【组织、利用会道门、邪教组织、利用迷信破坏法律实施罪】【组织、利用会道门、邪教组织、利用迷信致人重伤、死亡罪】

组织、利用会道门、邪教组织或者利用迷信破坏国家法律、行政法规实施的,处三年以上七年以下有期徒刑,并处罚金;情节特别严重的,处七年以上有期徒刑或者无期徒刑,并处罚金或者没收财产;情节较轻的,处三年以下有期徒刑、拘役、管制或者剥夺政治权利,并处或者单处罚金。

组织、利用会道门、邪教组织或者利用迷信蒙骗他人,致人重伤、死亡的,依照前款的规定处罚。

犯第一款罪又有奸淫妇女、诈骗财物等犯罪行为的,依照数罪并罚的规定处罚。

【条文精解】

本条是关于组织、利用会道门、邪教组织、利用迷信破坏法律实施罪,组织、利用会道门、邪教组织、利用迷信致人重伤、死亡罪及其处罚的规定。

本条共分三款。第一款是关于组织、利用会道门、邪教组织、利用迷信破坏法律实施罪及其处刑的规定。构成本罪应当具备以下条件:第一,行为人采用组织、利用会道门、邪教组织或者利用迷信的手段。所谓"组织、利用会道门、邪教组织"，是指建立或者借助会道门、邪教组织进行违法犯罪活动的行为。其中"会道门"，是封建迷信活动组织的总称，如我国历史上曾经出现的一贯道、九宫道、哥老会、先天道、后天道等组织。"邪教组织"，是指冒用宗教、气功或者以其他名义建立，神化、鼓吹首要分子，利用制造、散布迷信邪说等手段蛊惑、蒙骗他人，发展、控制成员，危害社会的非法组织。与正常宗教组织相比较，因其无固定活动场所、经典和信仰，往往只是以一些异端邪说作为发展控制组织成员的工具、手段，实则进行破坏法律、违反道德的行为，故称之为邪教组织。1999年10月，全国人大常委会通过了《关于取缔邪教组织、防范和惩治邪教活动的决定》，对于冒用宗教、气功等名义严重扰乱社会秩序的邪教组织和邪教活动，规定"必须依法取缔，坚决惩治"，"对组织和利用邪教组织破坏国家法律、行政法规的实施，聚众闹事，扰乱社会秩序，以迷信邪说蒙骗他人，致人死亡，或者奸淫妇女、诈骗财物等犯罪活动，依法予以严惩"。同时，考虑到邪教组织的蒙骗性较大，为了争取教育广大群众，集中惩治一小撮犯罪分子，《关于取缔邪教组织、防范和惩治邪教活动的决定》第二条规定："坚持教育与惩罚相结合，团结、教育绝大多数被蒙骗的群众，依法严惩极少数犯罪分子。在依法处理邪教组织的工作中，要把不明真相参与邪教活动的人同组织和利用邪教组织进行非法活动、蓄意破坏社会稳定的犯罪分子区别开来。对受蒙骗的群众不予追究。对构成犯罪的组织者、策划者、指挥者和骨干分子，坚决依法追究刑事责任；对于自首或者有立功表现的，可以依法从轻、减轻或者免除处罚。"所谓"迷信"，是在生产力低下、文化落后、群众缺乏知识的情况下，作为科学的对立物出现的一种信奉鬼神的唯心主义的宿命论，其信仰、崇拜和活动形式带有浓厚的封建色彩。这里应注意的是，组织、利用会道门、邪教组织的活动，往往也带有迷信色彩的内容，但其更主要的特征是建立会道门或邪教组织或利用会道门和邪教组织进行活动。而本条规定的"利用迷信"是指通过会道门、邪教组织以外的其他利用迷信的活动。

第二，行为人实施了破坏国家法律、行政法规实施的行为。这里的"破坏国家法律、行政法规实施"的行为有两种方式：一种是组织、利用会道门、邪教组织，蛊惑、煽动、欺骗群众破坏国家法律、行政法规的实施。另一种是利用迷信破坏国家法律、行政法规实施，主要是利用占卜、算命、看星象等形式，散布迷信谣言，制造混乱，煽动群众抗拒、破坏国家法律、行政法规的实施。根据2017年最高人民法院、最高人民检察院《关于办理组织、利用邪教组织破坏法律实施等刑事案件适用法律若干问题的解释》第二条规定，组织、利用邪教组织，破坏国家法律、行政法规实施，具体包括以下情形：（1）建立邪教组织，或者邪教组织被取缔后又恢复、另行建立邪教组织的；（2）聚众包围、冲击、强占、哄闹国家机关、企业事业单位或者公共场所、宗教活动场所，扰乱社会秩序的；（3）非法举行集会、游行、示威，扰乱社会秩序的；（4）使用暴力、胁迫或者以其他方法强迫他人加入或者阻止他人退出邪教组织的；（5）组织、煽动、蒙骗成员或者他人不履行法定义务的；（6）使用"伪基站""黑广播"等无线电台（站）或者无线电频率宣扬邪教的；（7）曾因从事邪教活动被追究刑事责任或者二年内受过行政处罚，又从事邪教活动的；（8）发展邪教组织成员五十人以上的；（9）敛取钱财或者造成经济损失一百万元以上的；（10）以货币为载体宣扬邪教，数量在五百张（枚）以上的；（11）制作、传播邪教宣传品，包括传单、喷图、图片、标语、报纸、书籍、刊物、录音带、录像带等音像制品，标识、标志物，光盘、U盘、储存卡、移动硬盘等移动存储介质，横幅、条幅等达到一定数量；（12）利用通讯信息网络宣扬邪教，包括制作、传播宣扬邪教的电子图片、文章、电子书籍、刊物、音视频、电子文档、电子音视频，编发信息、拨打电话，利用通讯群组、微信、微博等社交网络宣扬邪教，邪教信息实际被点击、浏览数等达到一定数量；（13）其他情节严重的情形。

  第一款根据情节轻重，规定了三档处刑：第一档刑，犯本款规定之罪的，处三年以上七年以下有期徒刑，并处罚金。第二档刑，情节特别严重的，处七年以上有期徒刑或者无期徒刑，并处罚金或者没收财产。这里的"情节特别严重"，根据2017年最高人民法院、最高人民检察院《关于办理组织、利用邪教组织破坏法律实施等刑事案件适用法律若干问题的解释》第三条规定，组织、利用邪教组织，破坏国家法律、行政法规实施，具有下列情形之一的，应当认定为"情节特别严重"：（1）"实施本解释第二条第一项至第七项规定的行为，社会危害特别严重的"；（2）"实施本解释第二条第八项至第十二项规定的行为，数量或者数额达到第二条规定相应标准五倍以上的"；（3）"其他情节特别严重的情形"。第三档刑，情节较轻的，处三年以下有期徒刑、拘役、管制或者剥夺政治权利，并处或者单处罚金。这里所说的"情节较轻的"，根据《关于办理组织、利用邪教组织破坏法律实施等刑事案件适用法律若干问题的解释》第四条规定，组织、利用邪教组织，破坏国家法律、行政法规实施，具有下列情形之一的，应当认定为"情节较轻"：（1）"实施本解释第二条第一项至第七项规定的行为，社会危害较轻的"；（2）"实施本解释第二条第八项至第十二项规定的行为，数量或者数额达到相应标准五分之一以上的";(3)"其他情节较轻的情形"。

本条第二款是关于组织、利用会道门、邪教组织、利用迷信致人重伤、死亡罪及其处刑的规定。根据本款规定,对组织、利用会道门、邪教组织或者利用迷信蒙骗他人,致人重伤、死亡的,应当依照前款即本条第一款的规定处罚。这里所说的"组织、利用会道门、邪教组织或者利用迷信蒙骗他人",是指组织、利用会道门、邪教组织或者利用迷信,愚弄、欺骗他人,如散布"世界末日来临""死后可以升天"等。"致人重伤、死亡",这里主要是指他人因受到会道门、邪教组织或者迷信的蒙骗,进行拒绝接受医疗救治、绝食、自杀、自焚等行为,造成重伤、死亡后果的。"依照前款的规定处罚",是指对组织、利用会道门、邪教组织或者利用迷信蒙骗他人,致人重伤、死亡的犯罪,根据案件的具体情况,适用本条第一款的刑罚幅度处罚。本条第一款规定的刑罚幅度有三档,即构成犯罪的,处三年以上七年以下有期徒刑,并处罚金;情节特别严重的,处七年以上有期徒刑或者无期徒刑,并处罚金或者没收财产;情节较轻的,处三年以下有期徒刑、拘役、管制或者剥夺政治权利,并处或者单处罚金。根据《关于办理组织、利用邪教组织破坏法律实施等刑事案件适用法律若干问题的解释》第七条规定,组织、利用邪教组织蒙骗他人,致一人以上死亡或者三人以上重伤的,处三年以上七年以下有期徒刑,并处罚金。组织、利用邪教组织蒙骗他人,具有下列情形之一的,处七年以上有期徒刑或者无期徒刑,并处罚金或者没收财产:(1)造成三人以上死亡的;(2)造成九人以上重伤的;(3)其他情节特别严重的情形。组织、利用邪教组织蒙骗他人,致人重伤的,处三年以下有期徒刑、拘役、管制或者剥夺政治权利,并处或者单处罚金。

本条第三款是关于犯组织、利用会道门、邪教组织或者利用迷信破坏国家法律实施罪,又有奸淫妇女、诈骗财物等犯罪行为的,如何适用法律的规定。从实践中的情况看,组织、利用会道门、邪教组织或者利用迷信破坏国家法律实施犯罪中,往往又伴随各种骗财、骗色、强制猥亵他人、非法拘禁、聚众扰乱社会秩序等违法犯罪活动。根据本款规定,犯第一款罪又有奸淫妇女、诈骗财物等犯罪行为的,依照数罪并罚的规定处罚,即按照组织、利用会道门、邪教组织、利用迷信破坏法律实施罪和刑法第二百三十六条强奸罪、第二百六十六条诈骗罪以及其他相关犯罪的规定数罪并罚。

【实践中需要注意的问题】

1.本条第一款规定的是组织、利用会道门、邪教组织或者利用迷信破坏国家法律、行政法规实施的,如果行为人是组织和利用邪教组织,组织、策划、实施、煽动分裂国家、破坏国家统一或者颠覆国家政权、推翻社会主义制度的,则应当分别按照刑法第一百零三条、第一百零五条、第一百一十三条的规定定罪处罚。

2.实践中,有些人利用邪教组织成员对邪教的深信不疑,直接组织、策划、煽动、教唆、帮助邪教组织人员自杀、自残的,其性质就与本条第二款规定的有些人因愚昧无知、受蒙骗而自己进行绝食等自杀行为不同。对上述行为不应适用本条第二款,而应当依照刑法第二百三十二条、第二百三十四条规定的故意杀人罪、故意伤害罪定罪处罚。

第三百零一条 【聚众淫乱罪】【引诱未成年人聚众淫乱罪】

聚众进行淫乱活动的,对首要分子或者多次参加的,处五年以下有期徒刑、拘役或者管制。

引诱未成年人参加聚众淫乱活动的,依照前款的规定从重处罚。

【条文精解】

本条是关于聚众淫乱罪、引诱未成年人聚众淫乱罪及其处刑的规定。

本条共分两款。第一款是关于聚众淫乱犯罪及处刑的规定。根据本款规定,构成本罪应当具备以下特征:第一,聚众淫乱犯罪,在客观方面表现为聚众进行淫乱活动的行为。这里所说的"聚众",是指在首要分子的组织、纠集下,多人聚集在一起进行淫乱活动。在男女性别上,既可以是男性多人,也可以是女性多人,还可以是男女混杂多人。所谓"淫乱活动",主要是指违反道德规范的性交行为,即群宿群奸,但不限于男女性交行为,也包括手淫、口淫、鸡奸等刺激、兴奋、满足性欲的淫乱下流行为。第二,本条的犯罪主体仅限于首要分子和多次参加者。这里的"首要分子",是指在聚众淫乱犯罪中起策划、组织、指挥、纠集作用的首要分子;"多次参加的",一般是指三次或者三次以上参加聚众淫乱的。对偶尔参加者,应当进行批评教育或者给予必要的治安处罚,不宜定罪处刑。根据最高人民检察院、公安部《关于公安机关管辖的刑事案件立案追诉标准的规定(一)》第四十一条的规定,组织、策划、指挥三人以上进行淫乱活动或者参加聚众淫乱活动三次以上的,应予立案追诉。根据本款规定,构成本罪的,处五年以下有期徒刑、拘役或者管制。

第二款是关于引诱未成年人参加聚众淫乱活动的犯罪及处刑的规定。构成本罪应当具备以下特征：第一，行为人引诱的对象是未成年人。这里所说的"未成年人"，是指不满十八周岁的未成年男女。第二，行为人实施了引诱未成年人参加聚众淫乱活动。这里所说的"引诱"，是指通过语言、观看录像、表演及作示范等手段，诱惑未成年的男女参加淫乱活动的行为。实践中，往往是通过传播淫秽物品、宣讲性体验、性感受甚至直接进行性表演等方法进行拉拢、腐蚀，引诱未成年男女参与淫乱活动。根据最高人民检察院、公安部《关于公安机关管辖的刑事案件立案追诉标准的规定（一）》第四十二条的规定，引诱未成年人参加聚众淫乱活动的，应予立案追诉。即不需具备"多次"的条件即可构成本罪。根据本款规定，对引诱未成年人参加聚众淫乱活动的犯罪，依照前款的规定从重处罚，即在五年以下有期徒刑、拘役或者管制的量刑幅度内，判处较重的刑种或刑期。

【实践中需要注意的问题】

一是聚众淫乱往往是多人在一起进行乱交、滥交的行为，如果行为人只是单个地并非聚众地与多人发生性行为的，则不构成本罪。二是聚众淫乱的参与者都是出于自愿，并不存在受害者，如果行为人以暴力、胁迫或者其他方法强迫他人参加聚众淫乱活动的，则不构成本罪，应当根据其行为性质认定为强奸罪、强制猥亵罪等，或者实行数罪并罚。

第三百零二条 【盗窃、侮辱、故意毁坏尸体、尸骨、骨灰罪】

盗窃、侮辱、故意毁坏尸体、尸骨、骨灰的，处三年以下有期徒刑、拘役或者管制。

【条文精解】

本条是关于盗窃、侮辱、故意毁坏尸体、尸骨、骨灰的犯罪及其刑罚的规定。

本条规定的内容包含以下几层意思：第一，犯罪对象是尸体、尸骨、骨灰。"尸体"，是指人死亡后遗留的躯体，尚未死亡的被害人的身体，不是尸体。"尸骨"，是指人死后留下的遗骨。"骨灰"，是指人的尸体焚烧后化成的灰。由于受传统观念的影响，各种传统的丧葬习俗依然延续至今，人们对死者的遗留物，特别是对人死后的尸体、尸骨、骨灰最大限度地予以保护。人死后的尸体、尸骨、骨灰虽然只是人们保存能够代表死者人体遗留物方式的不同选择,这其中也蕴含着对死者的尊重及死者的亲属作为寄托哀思和祭拜的对象,因此,无论是完整的尸身、还是尸骨或者尸身的局部,抑或是骨灰,这三者在人们心中的地位是一样的,需要予以同等保护。

第二,行为人实施了盗窃、侮辱、故意毁坏尸体、尸骨、骨灰的行为。这里的"盗窃",是指行为人秘密窃取尸体、尸骨、骨灰的行为,也就是采取他人所不知晓的方法将尸体、尸骨、骨灰置于行为人自己实际控制支配之下,如从墓地、停尸房或其他场所秘密窃取尸体、尸骨、骨灰等。"侮辱",主要是指直接对死者尸体、尸骨、骨灰进行奸淫、猥亵、鞭打、遗弃等凌辱行为。这里的侮辱行为应当是直接针对尸体、尸骨、骨灰实施的,如果只是以书面、文字或言词等侮辱贬损死者名誉的,不应适用本罪。"故意毁坏",主要是指对尸体、尸骨、骨灰予以物理上或者化学性的损伤或破坏,既包括对整个尸体、尸骨、骨灰的毁损或破坏,也包括对尸体、尸骨、骨灰一部分的损坏,如砸毁、肢解、割裂或非法解剖尸体,毁损死者的面容,抛撒骨灰等。

第三,行为人主观上应当是故意的。即行为人不仅认识到其行为侵害的对象是到尸体、尸骨、骨灰,而且具有窃取、侮辱、毁坏之故意,如果行为人由于过失而损坏或玷污尸体、尸骨、骨灰则不构成本罪。盗窃、侮辱、故意毁坏尸体、尸骨、骨灰的行为,其社会危害性的实质在于行为人的行为损害了社会风气和道德良俗,贬损了死者的形象,侵害了死者亲属的情感,扰乱了社会公共秩序。实践中,行为人实施上述行为,动机可能是多种多样的,有的是出于泄愤报复,有的则是为盗窃财物或者出卖尸体,有的盗走尸骨制成标本,有的出于变态心理以泄淫欲等,但这只是量刑的酌定情节,不影响本罪的构成。判断是否侮辱、故意毁坏尸体的犯罪,主要是看行为人主观上是否有侮辱、故意毁坏尸体的故意,如医务人员、司法工作人员因履行职责依法对尸体进行解剖,殡仪馆工作人员按照规定火化尸体等,主观上没有侮辱、故意毁坏尸体的故意,不能认为是侮辱、故意毁坏尸体。

根据本条规定,犯本罪的,处三年以下有期徒刑、拘役或者管制。

【实践中需要注意的问题】

本罪是选择性罪名,只要实施盗窃、侮辱、故意毁坏行为之一的,即构成本罪。同时实施盗窃、侮辱、故意毁坏两种或两种以上行为,比如,行为人窃取尸体之后进行奸尸的,或者盗窃骨灰后抛洒的,也只能定一罪,不能实行数罪并罚。

第三百零三条 【赌博罪】【开设赌场罪】【组织参与国（境）外赌博罪】

以营利为目的，聚众赌博或者以赌博为业的，处三年以下有期徒刑、拘役或者管制，并处罚金。

开设赌场的，处五年以下有期徒刑、拘役或者管制，并处罚金；情节严重的，处五年以上十年以下有期徒刑，并处罚金。

组织中华人民共和国公民参与国（境）外赌博，数额巨大或者有其他严重情节的，依照前款的规定处罚。

【条文精解】

本条是关于赌博罪、开设赌场罪、组织参与国（境）外赌博罪及其处刑的规定。

赌博是封建社会的毒瘤、顽疾。新中国成立后，党和国家宣布彻底消灭"黄赌毒"等旧社会恶习，严厉禁赌，明令取缔赌局、赌场，禁止一切赌博活动，惩办赌头、赌徒、赌棍，在短时期内基本肃清了赌博活动。20世纪80年代，伴随着改革开放，一些社会陋习死灰复燃，赌博活动在我国又进入了反弹期，一些恶习较深的赌徒以及新生的赌头、赌棍以公开或秘密的方式设赌场开赌局，聚众赌博，一些人因此而影响工作、生活，甚至倾家荡产，造成家庭不和等社会问题，而且往往诱发其他犯罪，尤其一些公开或者秘密的赌场，其背后可能隐藏着黑社会性质的犯罪组织，对社会危害很大，应当依法予以惩处。为遏制赌博风气蔓延，惩治赌博犯罪，维护正常的社会秩序，1979年刑法第一百六十八条规定："以营利为目的，聚众赌博或者以赌博为业的，处三年以下有期徒刑、拘役或者管制，可以并处罚金。"

1979年刑法颁布后，开展集中整治赌博活动，1985年8月，最高人民法院、最高人民检察院、公安部联合发布《关于严格查禁赌博活动的通知》，强调"赌博活动发展蔓延，败坏社会风气，直接破坏社会主义精神文明建设"，"必须采取坚决措施查禁赌博活动"。1997年修订刑法时，根据司法实践情况，对本条作了以下修改：一是在犯罪表现形式上明确了"开设赌场"的行为。1979年刑法第一百六十八条规定的以赌博为业实际上包含了"开设赌场"之意，为便于司法实践的操作和执行，严厉惩治社会上越来越猖獗的赌博之风，以维护公民的安居乐业和保持良好的社会风气，保障社会的和谐稳定，将"开设赌场"明确规定在条文中是十分必要的。二是将"可以并处罚金"修改为"并处罚金",将罚金刑由选择性刑罚改为必须判处的刑罚,加大了赌博犯罪的处罚力度。

2006年《刑法修正案(六)》对本条作了修改。1997年刑法第三百零三条的规定对一般的赌博行为和开设赌场的行为的刑罚没有区别。开设赌场行为的社会危害程度,明显要大于一般的赌博行为,有必要加重惩处。2006年6月29日第十届全国人民代表大会常务委员会第二十二次会议通过的《刑法修正案(六)》对本条作了以下修改:一是将开设赌场的犯罪从赌博罪中分离出来,单独规定一条,增设了开设赌场罪;二是提高了开设赌场罪的刑罚,增加了一档法定刑,将法定最高刑由三年有期徒刑提高到十年有期徒刑,进一步加大了对开设赌场的犯罪的惩处力度。

2020年《刑法修正案(十一)》对本条再次作了修改。2020年12月26日第十三届全国人民代表大会常务委员会第二十四次会议通过的《刑法修正案(十一)》对本条作了以下修改:一是将第二款第一档的最高刑和第二档的最低刑"三年有期徒刑"修改为"五年有期徒刑",这样修改主要是考虑到随着经济社会的快速发展和人民生活水平的不断提高,一些人为了追求物质和精神的刺激,不断参与赌博活动,有的为了获取更大利益大肆开设赌场,而且由于互联网和移动通讯的快速发展,在网上开设赌场也呈递增状态,开设赌场一般都是由犯罪团伙或者犯罪集团组织的,其组织结构严密,职责分工明确,资金规模大,且流动性、隐蔽性强,其危害性更大,为严惩开设赌场行为,《刑法修正案(十一)》提高了开设赌场犯罪的刑罚。二是增加了组织参与国(境)外赌博罪。我国一贯坚持禁赌政策,刑法、治安管理处罚法等对赌博违法犯罪作了规定,还通过多次修改刑法对与赌博有关的洗钱、非法经营中非法从事"地下钱庄"资金支付结算业务,以及与网络赌博有关的非法利用信息网络罪、帮助网络犯罪活动罪等作了修改补充。一直以来,司法实践中对组织跨境赌博行为是予以严厉惩治的,2005年5月最高人民法院、最高人民检察院《关于办理赌博刑事案件具体应用法律若干问题的解释》第一条规定:组织中华人民共和国公民10人以上赴境外赌博,从中收取回扣、介绍费的,属于刑法第三百零三条规定的"聚众赌博",以赌博罪处罚。这是考虑到,当时我国公民到境外旅游增多,一些人员或者组织通过在我国大中城市设立办事机构、在公开发行的报刊上刊登广告、向我境内邮寄邀请信或者广告单等各种方式,组织、招引我国公民赴境外赌博,造成了巨额资金流失境外,危害严重。该解释第三条规定:"中华人民共和国公民在我国领域外周边地区聚众赌博、开设赌场,以吸引中华人民共和国公民为主要客源,构成赌博罪的，可以依照刑法规定追究刑事责任。"这是考虑到，当时我国公民在境外犯赌博罪的情况越来越严重，尤其是开设赌场，吸引我国公民赌博，危害极大。近年来，周边国家和地区赌场和赌博集团利用其实体赌场和网络赌博平台对我国公民进行招赌、吸赌情况严重，一些不法分子往往以商务考察为名，组织中国公民出境赌博，出境参加赌博的人员中有的投注数额巨大；有的利用境外赌博设置陷阱，以组织赴境外赌博为名实施敲诈勒索和绑架行为；有的互联网领域黑灰产业助推传统赌博和跨境赌博犯罪向互联网迁移，跨境网络赌博违法犯罪活动呈高发态势；与赌博伴生的放高利贷、诈骗、洗钱、抢劫、非法拘禁等违法犯罪时常发生，此类跨境赌博活动不仅严重威胁人民群众人身财产安全，带来恶劣的社会影响，而且造成我国大量的资金外流，危害国家金融安全，影响经济秩序，还会进一步引发各种违法犯罪现象，严重危害社会公共安全以及社会的和谐稳定。为依法惩治跨境赌博等犯罪活动，2020年10月，最高人民法院、最高人民检察院、公安部联合发布《办理跨境赌博犯罪案件若干问题的意见》，明确跨境赌博犯罪的认定、跨境赌博犯罪赌资数额的认定及处理、跨境赌博犯罪案件的管辖等，这些规定对于准确认定赌博犯罪行为，有效遏制跨境赌博犯罪活动具有积极意义。在《刑法修正案（十一）》制定过程中，有关方面提出，为有利于依法严惩出境豪赌的行为，从源头上遏制中国公民出境参赌问题，切实维护我国经济安全和稳定，有必要将组织、招揽中国公民出境参赌数额巨大情形规定为犯罪，《刑法修正案（十一）》草案二次审议稿根据司法实践的情况，增加规定："境外开设赌场人员、赌场管理人员或者受其指派的人员，组织、招揽中华人民共和国公民出境参与赌博，数额巨大或者有其他严重情节的，依照前款的规定处罚。"在征求意见过程中，有的常委委员、部门提出，建议慎重考虑草案规定对有关地区博彩业可能带来的冲击，根据常委会审议意见和有关方面的意见，对草案二次审议稿作了以下修改完善：一是删去"境外开设赌场人员、赌场管理人员或者受其指派的人员"的规定，对犯罪主体不作限制，包括国内外人员只要组织出境参与巨额赌博的行为构成犯罪，从而减少针对性；二是将"境外"修改为"国（境）外"，进一步明确适用范围，包括有关国家和地区；三是将"组织、招揽"修改为"组织"，主要是考虑到招揽的范围不清楚，与正常出国（境）旅游的组团活动难以区分。

本条共分三款。第一款是关于赌博罪及其处罚的规定。本款规定的赌博罪，是指以一定的赌资为本钱，意图通过赌博取得更多金钱或财物的行为。构成本罪应当符合以下特征：第一，必须以营利为目的。所谓"以营利为目的",是指参与赌博的人或者以赌博为业的人是以获取金钱、财物或者财产性利益为目的。这是构成本罪的主观要件,如果不以营利为目的,只是以娱乐消遣为目的,虽有赌博行为,但不能构成本罪。第二,行为人实施了聚众赌博或者以赌博为业的行为。本款规定的赌博犯罪共列举了两种行为。第一种是"聚众赌博"的行为。聚众赌博属于赌博中危害性严重的情形,所谓"聚众赌博",是指行为人组织、召集较多的人纠集在一起进行赌博的行为,而有的行为人通过聚众赌博,从中抽头渔利,俗称"赌头"。这里所说的"赌博",是指用有价值的东西做注码争输赢的行为。根据2005年最高人民法院、最高人民检察院《关于办理赌博刑事案件具体应用法律若干问题的解释》第一条规定:以营利为目的,有下列情形之一的,属于"聚众赌博":(1)组织三人以上赌博,抽头渔利数额累计达到五千元以上的;(2)组织三人以上赌博,赌资数额累计达到五万元以上的;(3)组织三人以上赌博,参赌人数累计达到二十人以上的;(4)组织中华人民共和国公民十人以上赴境外赌博,从中收取回扣、介绍费的等。本人是否参加赌博并不影响本罪的成立。第二种是"以赌博为业"的行为。所谓"以赌博为业",是指以赌博为常业,即以赌博所得为其生活或者挥霍的主要来源的行为。1985年最高人民法院、最高人民检察院、公安部《关于严格查禁赌博活动的通知》中规定:"对以营利为目的,聚众赌博者,或者以赌博为生活或主要经济来源者,依照《刑法》第一百六十八条的规定处理。"同时,最高人民法院研究室对上述通知的适用作了进一步答复,指出:通知中的"以赌博为生活或主要经济来源者"既包括没有正式职业和其他正当收入而以赌博为生的人,也包括那些虽然有职业或其他收入而其经济收入的主要部分来自于赌博活动的人。对于以营利为目的聚众赌博或者以赌博为生活或主要经济来源的,不论其输赢,均应依法处理。2005年最高人民法院、最高人民检察院、公安部《关于开展集中打击赌博违法犯罪活动专项行动有关工作的通知》规定:"对以营利为目的以赌博为业的,无论其是否实际营利,也应以赌博罪追究刑事责任。"根据2005年最高人民法院、最高人民检察院《关于办理赌博刑事案件具体应用法律若干问题的解释》第四条规定,明知他人实施赌博犯罪活动,而为其提供资金、计算机网络、通讯、费用结算等直接帮助的,以赌博罪的共犯论处。

根据第一款规定,聚众赌博或者以赌博为业的,处三年以下有期徒刑、拘役或者管制,并处罚金。

第二款是关于开设赌场罪及处罚的规定。所谓"开设赌场",是指开设专门用于进行赌博的场所。这种场所既可以由本人直接支配,也可以委托他人间接支配；行为人提供场所既可以是自己的住宅或者他人的住宅，也可以是旅馆、宾馆等提供的房间。实践中，常见的多是不法分子利用一些偏僻的场院、宾馆或地下室等不易被发现的地方，雇用一些看家护院的打手，配有专门用于进行赌博的设备。开设赌场的人是否直接参与赌博，以及开设赌场是否以营利为目的都不影响本罪的成立。随着科技的发展，赌博的形式在发生变化，在网上进行网络赌博的情况也不断增加。实践中，网络赌博的形式多种多样，有的是面向公众的公开性网络赌博，这类赌博通过国外开设的合法赌博网站公开进行赌博，任何人都可自由登录网站进行网上赌博活动，赌资在网上即可在线支付。有的是面向特定群体的隐蔽性网络赌博，这类赌博，有的网站具有固定网址，大都实行会员制，需要专用帐号和密码才能登陆；有的采用动态网址，不断变换域名，参赌人员需要和各地赌博代理人联系才能获得网址，登录网站进行赌博。有的是在网络游戏中衍生出赌博活动，即变相的赌博类网络游戏，涉及网络游戏服务、虚拟货币、第三方交易平台等多个环节，赌资往往不直接与货币挂钩，隐蔽性极强。随着移动通讯的发展，不法分子利用移动通讯设计形式多样的赌博活动，吸引越来越多的人员参与。为依法惩治网络赌博犯罪活动，2005年最高人民法院、最高人民检察院《关于办理赌博刑事案件具体应用法律若干问题的解释》第二条规定，以营利为目的，在计算机网络上建立赌博网站，或者为赌博网站担任代理，接受投注的，属于"开设赌场"。2010年最高人民法院、最高人民检察院、公安部《关于办理网络赌博犯罪案件适用法律若干问题的意见》第一条规定，利用互联网、移动通讯终端等传输赌博视频、数据，组织赌博活动，具有下列情形之一的，属于"开设赌场"行为：（1）建立赌博网站并接受投注的；（2）建立赌博网站并提供给他人组织赌博的；（3）为赌博网站担任代理并接受投注的；（4）参与赌博网站利润分成的。近年来，利用游戏机赌博的也越来越多，实践中，有的是在合法的游戏机娱乐室内设置赌博机；有的对游戏机稍加改造就可进行类似"老虎机"式赌博。由于赌博游戏机在商铺、小卖部等地分散摆放，造成取证困难，赌徒无法一一找到，赌资也无法计算。为依法惩治利用具有赌博功能的电子游戏设施设备开设赌场的犯罪活动，2014年最高人民法院、最高人民检察院、公安部《关于办理利用赌博机开设赌场案件适用法律若干问题的意见》进一步明确了赌博机的认定、利用赌博机组织赌博的性质认定、利用赌博机设赌场的定罪处罚标准以及赌资的认定标准。如该意见第二条规定，设置赌博机组织赌博活动，具有下列情形之一的，应当按照开设赌场罪定罪处罚：（1）设置赌博机十台以上的；（2）设置赌博机二台以上，容留未成年人赌博的;(3)在中小学校附近设置赌博机二台以上的;(4)违法所得累计达到五千元以上的;(5)赌资数额累计达到五万元以上的;(6)参赌人数累计达到二十人以上的等。

第二款对开设赌场罪规定了两档刑,第一档刑,构成犯罪的,处五年以下有期徒刑、拘役或者管制,并处罚金。第二档刑,对情节严重的,处五年以上十年以下有期徒刑,并处罚金"。所谓"情节严重",一般是指曾多次开设赌场或者开设的赌场规模较大、影响恶劣等情况。根据2010年最高人民法院、最高人民检察院、公安部《关于办理网络赌博犯罪案件适用法律若干问题的意见》第一条规定,利用互联网、移动通讯终端等传输赌博视频、数据,组织赌博活动,构成开设赌场犯罪,具有下列情形之一的,应当认定为"情节严重":(1)抽头渔利数额累计达到三万元以上的;(2)赌资数额累计达到三十万元以上的;(3)参赌人数累计达到一百二十人以上的;(4)建立赌博网站后通过提供给他人组织赌博,违法所得数额在三万元以上的;(5)参与赌博网站利润分成,违法所得数额在三万元以上的;(6)为赌博网站招募下级代理,由下级代理接受投注的;(7)招揽未成年人参与网络赌博的;(8)其他情节严重的情形。

第三款是关于组织参与国(境)外赌博罪及其处罚的规定。根据本款规定,构成本罪的应当符合以下条件:第一,本罪的犯罪主体是组织者。这里所说的"组织"者,是指组织、召集中国公民参与国(境)外赌博的人员,既包括犯罪集团的情况,也包括比较松散的犯罪团伙,还可以是个人组织他人参与国(境)外赌博的情况;组织者可以是一个人,也可以是多人;可以有比较严密的组织结构,也可以是为了进行一次赌博行为临时纠结在一起。根据我国刑法总则关于管辖的规定,这里的组织行为可以是我国内地公民实施的组织行为,也可以是国(境)外人员在内地针对我国内地公民实施的组织行为。实践中,常见的组织者主要有国(境)外赌场经营人、实际控制人、投资人;国(境)外赌场管理人;受国(境)外赌场指派、雇用的人;在境外赌场包租赌厅、赌台的人等。第二,组织的对象必须是中华人民共和国公民。这里所说的"中华人民共和国公民"仅限于中国大陆具有中华人民共和国国籍的人。如果组织的是境外人员参与赌博的,则不构成本罪,如果构成其他犯罪的,按照刑法有关规定予以处罚。第三,行为人实施了组织中华人民共和国公民参与国(境)外赌博的行为。这里所说的"组织中华人民共和国公民参与国(境)外赌博",包括直接组织中国公民赴国(境)外赌博,或者以旅游、公务的名义组织中国公民赴国(境)外赌博,或者以提供赌博场所、提供赌资、设定赌博方式等组织中国公民赴国（境）外赌博，或者利用信息网络、通讯终端等传输赌博视频、数据，组织中国公民参与国（境）外赌博等。第四，必须达到数额巨大或者有其他严重情节。这是构成本罪的必要条件。所谓"数额巨大"，主要是指赌资数额巨大，可能造成大量外汇流失的情形，具体数额应当通过相关司法解释予以明确。所谓"赌资"，主要是指赌博犯罪中用作赌注的款物、换取筹码的款物和通过赌博赢取的款物。"有其他严重情节"，是指赌资虽未达到数额巨大，但接近数额巨大的条件，有其他严重情节的情况，如抽头渔利的数额较多，参赌人数较多，组织、胁迫、引诱、教唆、容留未成年人参与赌博，强迫他人赌博或者结算赌资等情形。

根据第三款规定，构成犯罪的，依照前款的规定处罚，也就是按照开设赌场罪规定的刑罚予以处罚，即处五年以下有期徒刑、拘役或者管制，并处罚金；情节严重的，处五年以上十年以下有期徒刑，并处罚金。这里所说的"情节严重的"，并不是一般意义上的情节严重，而是要根据本罪入罪的条件，要比入罪条件更为严重的情节，主要是指组织中国公民前往国（境）外参与赌博，数额特别巨大或者有其他特别严重情节的情况。

【实践中需要注意的问题】

1. 聚众赌博和开设赌场的区别。在实践中，对于聚众赌博行为与开设赌场行为往往难以区分，两者都有组织参赌人员，提供赌博场所等特点，容易混淆。两罪的主要区分：一是聚众赌博必须要以营利为目的，也就是行为人一般都是要抽头渔利，这是构成赌博罪的必要条件；而开设赌场行为，一般也是以营利为目的，但以营利为目的不是开设赌场的必要条件，即使行为人不以营利为目的开设赌场也构成本罪。二是从犯罪场所的稳定和时间的长短来说，聚众赌博的场所随意性较大，一般时间也较短；而开设赌场为了吸引更多的参赌人员，其场所也相对稳定，持续时间也较长。三是从赌博的规模和组织的严密性来说，聚众赌博一般规模较小，也没有很强的组织性；而开设赌场规模一般较大，其内部有严密的组织和明确的分工，有负责兑换筹码、记帐、收费、发牌和洗牌、安保等人员。

2. 要注意区分聚众赌博、开设赌场与娱乐消遣性赌博的界限。实践中，聚众赌博、开设赌场与一般的娱乐消遣性赌博有时难以区别，导致有的地方将群众娱乐消遣性赌博活动也作为聚众赌博或者开设赌场追究刑事责任。聚众赌博必须以营利为目的；开设赌场一般也都是以营利为目的，虽然有的不是以营利为目的，但也具有一定的稳定性，且持续一定时间，参与赌博的人数较多且赌资数额也较大,有一定的组织性,内部成员有分工等特点;娱乐消遣性赌博的组织者则不是以营利为目的,只是为了组织大家在一起娱乐消遣,而提供场所和服务,虽然有的规模较大、人数较多、赌资总额较高,但每个参与人员一般出资较小,每次赌博输赢的数额也较小,大家在一起只是为了娱乐消遣,对于这种情况,不应视为聚众赌博或者开设赌场。2005年最高人民法院、最高人民检察院《关于办理赌博刑事案件具体应用法律若干问题的解释》第九条规定,不以营利为目的,进行带有少量财物输赢的娱乐活动,以及提供棋牌室等娱乐场所只收取正常的场所和服务费用的经营行为等,不以赌博论处。

3. 本条第三款规定了组织参与国(境)外赌博罪,实践中对于招揽中国公民参与国(境)外赌博是否构成本罪,存在不同认识。有的认为,招揽与组织性质相同,招揽也属于组织,招揽也构成本罪。笔者认为,不能一概而论,要注意与正常出国(境)旅游的组团活动的区别,如旅行社或者个人组织人员赴境外旅游,如果只是作为旅游项目招揽人员去赌场进行娱乐性赌博,不能视为组织参与国(境)外赌博罪;如果招揽人员去赌场赌博的数额较大、时间较长,或者旅游的主要目的就是去赌场赌博的等,则应当视为组织参与国(境)外赌博罪。

第三百零四条 【故意延误投递邮件罪】

邮政工作人员严重不负责任,故意延误投递邮件,致使公共财产、国家和人民利益遭受重大损失的,处二年以下有期徒刑或者拘役。

【条文精解】

本条是关于故意延误投递邮件罪及其处罚的规定。

根据本条规定,故意延误投递邮件罪,是指邮政工作人员严重不负责任,故意延误投递邮件,致使公共财产、国家和人民利益遭受重大损失的行为。构成本罪应当具备以下条件:第一,本罪的犯罪主体是邮政工作人员。这里所说的"邮政工作人员",是指邮政企业及其分支机构的营业员、投递员、押运员以及其他从事邮政工作的人员。本罪的主体是邮政工作人员,其他人员,如一般单位收发室人员故意延误邮件收发的,不构成本罪。

第二,行为人表现为严重不负责任。所谓"严重不负责任",是指邮政工作人员违背国家法律赋予的职责和任务,情节严重的行为。根据2015年邮政法第六条规定，邮政企业应当加强服务质量管理，完善安全保障措施，为用户提供迅速、准确、安全、方便的服务；第二十条规定，邮政企业寄递邮件，应当符合国务院邮政管理部门规定的寄递时限和服务规范。

第三，行为人实施了故意延误投递邮件的行为。这里规定的"故意"，包括直接故意和间接故意，如果是过失或者不可抗力原因造成邮件延误投递的，不构成本罪；"延误投递"，是指邮政工作人员故意拖延、耽误邮件的分发、递送，没有按照国务院邮政主管部门规定的时限投交邮件；"邮件"，根据邮政法第八十四条规定，是指邮政企业寄递的信件、包裹、汇款通知、报刊和其他印刷品等。其中"信件"，是指信函、明信片。信函，是指以套封形式按照名址递送给特定个人或者单位的缄封的信息载体，不包括书籍、报纸、期刊等；"包裹"，是指按照封装上的名址递送给特定个人或者单位的独立封装的物品。

第四，行为人的行为致使公共财产、国家和人民利益遭受重大损失。这里所说的"公共财产"，是指刑法第九十一条规定的各项财产，包括（1）国有财产；（2）劳动群众集体所有的财产；（3）用于扶贫和其他公益事业的社会捐助或者专项基金的财产；（4）在国家机关、国有公司、企业、集体企业和人民团体管理、使用或者运输中的私人财产，以公共财产论。这里所说的"国家和人民利益"，是指关系到国家的政治、经济、国防、外交、社会发展等方面的各项事业的利益，以及关系到人民的生命、健康、财产、名誉等的各项权利和利益。本罪是结果犯，致使公共财产、国家和人民利益遭受重大损失的，才构成犯罪。

根据本条规定，对故意延误投递邮件的犯罪，处二年以下有期徒刑或者拘役。

【实践中需要注意的问题】

实际执行中需要注意的是：根据2008年最高人民检察院、公安部《关于公安机关管辖的刑事案件立案追诉标准的规定（一）》第四十五条规定，邮政工作人员严重不负责任，故意延误投递邮件，涉嫌下列情形之一的，应予立案追诉：(1)造成直接经济损失二万元以上的；(2)延误高校录取通知书或者其他重要邮件投递，致使他人失去高校录取资格或者造成其他无法挽回的重大损失的；(3)严重损害国家声誉或者造成其他恶劣社会影响的；(4)其他致使公共财产、国家和人民利益遭受重大损失的情形。

第二节 妨害司法罪

第三百零五条 【伪证罪】
在刑事诉讼中,证人、鉴定人、记录人、翻译人对与案件有重要关系的情节,故意作虚假证明、鉴定、记录、翻译,意图陷害他人或者隐匿罪证的,处三年以下有期徒刑或者拘役;情节严重的,处三年以上七年以下有期徒刑。

【条文精解】

本条是关于伪证罪及其处罚的规定。

"在刑事诉讼中",是指刑事案件从侦查到审判的全过程,主要包括侦查、审查起诉、一审、二审活动,以及审判监督程序等刑事诉讼活动。本罪的主体为特定主体,包括四种人:证人、鉴定人、记录人、翻译人。"证人",是指知道案件全部或者部分真实情况,以自己的证言作为证据的人。刑事诉讼法第六十二条规定:"凡是知道案件情况的人,都有作证的义务。生理上、精神上有缺陷或者年幼,不能辨别是非、不能正确表达的人,不能作证人。""鉴定人",是指在刑事诉讼中应有关部门、人员的指派或聘请对案件中的专门性问题进行科学鉴定和判断的具有专门知识的人员。刑事诉讼法第一百四十六条规定:"为了查明案情,需要解决案件中某些专门性问题的时候,应当指派、聘请有专门知识的人进行鉴定。""记录人",是指在侦查、审查起诉、审判过程中,对案犯的供述、证人证言以及各个环节的诉讼活动进行记录的人。这种记录主要由侦查员、书记员担任。根据刑事诉讼法的规定,侦查、勘验、检查、搜查、法庭审判活动等都应当依照法定程序形成笔录。"翻译人",是指受公安机关、检察机关或者人民法院的委托聘请,在刑事侦查、审查起诉、审判活动中担任外国语言文字、本国民族语言文字或者哑语等翻译工作的人。刑事诉讼法第九条规定,"各民族公民都有用本民族语言文字进行诉讼的权利。人民法院、人民检察院和公安机关对于不通晓当地通用的语言文字的诉讼参与人,应当为他们翻译";第一百二十一条规定,"讯问聋、哑的犯罪嫌疑人,应当有通晓聋、哑手势的人参加,并且将这种情况记明笔录"。上述这四种人在刑事诉讼中负有特定的义务,是否能够如实提供证言、鉴定、记录、翻译,对案件处理得正确与否具有重要的意义。"与案件有重要关系的情节",是指对犯罪嫌疑人、被告人是否有罪、罪轻还是罪重具有重要证明作用的事实，也就是影响定罪量刑的情节。"故意作虚假证明、鉴定、记录、翻译"的规定具有两层含义：一是明确指明本罪是故意犯罪，也就是说，证人、鉴定人、记录人、翻译人所提供的与案件事实不符的情况是故意所为，由于过失行为，如未看清楚，判断错误而提供了不实的证言，因笔误造成记录错误等不构成犯罪。二是所提供的证言、鉴定意见、笔录、翻译与案件事实不符。如将张三的行为说成李四的行为，将不是精神病人的人鉴定为精神病人，在记录、翻译时将被告人、证人所讲的事实改变为虚假的等。"意图陷害他人或者隐匿罪证"，是指行为人的主观动机，也就是行为人故意作虚假证明、鉴定、记录、翻译的目的是陷害他人，从而使无罪的人受到刑事追究，使罪行较轻的人受到较重的处罚，或者将真实的罪证隐匿起来，以使犯罪人逃脱刑事追究。需指出的是，对于证人故意提供假证言包庇罪犯的，应按照本法关于包庇罪的规定处罚。

本条对伪证罪规定了两档处罚，对犯本罪的，处三年以下有期徒刑或者拘役；对于情节严重的，处三年以上七年以下有期徒刑。"情节严重的"，主要是指犯罪手段极为恶劣或者造成严重后果，如在重罪事实上作伪证的，与犯罪人恶意串通翻案作伪证的，在一个案件的侦查、审判中多次作伪证或者对多人作伪证的，打击报复他人的，致使罪行重大的案犯逃脱法律制裁，使无辜的人受到刑事追究等。

第三百零六条 【辩护人、诉讼代理人毁灭证据、伪造证据、妨害作证罪】

在刑事诉讼中，辩护人、诉讼代理人毁灭、伪造证据，帮助当事人毁灭、伪造证据，威胁、引诱证人违背事实改变证言或者作伪证的，处三年以下有期徒刑或者拘役；情节严重的，处三年以上七年以下有期徒刑。

辩护人、诉讼代理人提供、出示、引用的证人证言或者其他证据失实，不是有意伪造的，不属于伪造证据。

【条文精解】

本条是关于辩护人、诉讼代理人毁灭证据、伪造证据、妨害作证罪及其处刑的规定。

本条分为两款，第一款是关于辩护人、诉讼代理人毁灭、伪造证据，帮助当事人毁灭、伪造证据，威胁、引诱证人违背事实改变证言或者作伪证的犯罪及其刑罚的规定。本条所规定的犯罪主体为特殊主体，只限于刑事案件的辩护人和诉讼代理人，行为发生在刑事诉讼活动中。"辩护人"，是指在刑事诉讼中，包括在侦查、审查起诉、审判阶段，犯罪嫌疑人、被告人委托的或者由法律援助机构指派的为犯罪嫌疑人、被告人提供法律帮助维护其合法权益的人。辩护人由以下三种人担任：律师；人民团体或者犯罪嫌疑人、被告人所在单位推荐的人；犯罪嫌疑人、被告人的监护人、亲友。辩护人的责任是根据事实和法律，提出犯罪嫌疑人、被告人无罪、罪轻或者减轻、免除其刑事责任的材料和意见，维护犯罪嫌疑人、被告人的诉讼权利和其他合法权益。2018年修改刑事诉讼法增加了值班律师制度，第三十六条规定："法律援助机构可以在人民法院、看守所等场所派驻值班律师。犯罪嫌疑人、被告人没有委托辩护人，法律援助机构没有指派律师为其提供辩护的，由值班律师为犯罪嫌疑人、被告人提供法律咨询、程序选择建议、申请变更强制措施、对案件处理提出意见等法律帮助。"值班律师在履行上述职责时可以成为本罪的主体。"诉讼代理人"，是指公诉案件的被害人及其法定代理人或者近亲属、自诉案件的自诉人及其法定代理人委托代为参加诉讼的人，以及附带民事诉讼的当事人及其法定代理人委托代为参加诉讼的人。担任诉讼代理人的人员范围与辩护人的范围相同。本条规定了犯罪的三方面行为：（1）毁灭、伪造证据；（2）帮助当事人毁灭、伪造证据；（3）威胁、引诱证人违背事实改变证言或者作伪证。辩护人、诉讼代理人在刑事诉讼中只要有上述三种行为之一即可构成本罪。"毁灭、伪造证据"，是指辩护人、诉讼代理人自己将能够证明案件真实情况的书证、物证以及其他证据予以毁灭，使其不能再起到证明案件真实情况的作用；辩护人、诉讼代理人自己制造假的书证、物证等，以隐瞒案件的真实情况，使犯罪人免予刑事追究或者使无罪的人受到刑事追究。"帮助当事人毁灭、伪造证据"，是指辩护人、诉讼代理人策划、指使当事人毁灭、伪造证据，或者与当事人共谋毁灭、伪造证据，以及为当事人毁灭、伪造证据提供帮助等。"当事人"，是指被害人、自诉人、犯罪嫌疑人、被告人、附带民事诉讼的原告人和被告人。"威胁、引诱证人违背事实改变证言或者作伪证"包括两种行为：一是以暴力、恐吓等手段威胁证人或者以金钱、物质利益等好处诱使证人改变过去按照事实提供的证言；二是以威胁、引诱手段指使他人为案件作虚假证明，充当伪证的证人。

根据犯罪的不同情节，第一款规定了两档刑罚：犯本罪的，处三年以下有期徒刑或者拘役；情节严重的，处三年以上七年以下有期徒刑。"情节严重"，主要是指犯罪手段极其恶劣、严重妨害了刑事诉讼的正常进行，以及造成犯罪人逃避法律制裁或者使无罪的人受到刑事追究等严重后果。

第二款是关于辩护人、诉讼代理人在刑事诉讼中，由于失误而提供、出示、引用了虚假证明，但不属于伪造证据的情况的规定。规定本款主要是为了划清罪与非罪的界限，保护辩护人、诉讼代理人的合法权利，保证辩护人、诉讼代理人依法履行职责，从而保证刑事诉讼的正常进行。根据本款规定，辩护人、诉讼代理人向法庭提供、出示、引用的证人证言或者其他证据失实，不是有意伪造的，不属于伪造证据，即不构成本条规定的犯罪。其中"不是有意伪造"，是指辩护人、诉讼代理人对证据不真实的情况并不知情，未参与伪造证据的，证据虚假的原因是证人或者提供证据的人造成的或者是由于辩护人、诉讼代理人工作上的失误造成的。

【实践中需要注意的问题】

本条规定，在刑事诉讼中，辩护人、诉讼代理人毁灭、伪造证据，帮助当事人毁灭、伪造证据，威胁、引诱证人违背事实改变证言或者作伪证的，追究刑事责任。其中"帮助当事人伪造证据"如何理解，对辩护人在刑事诉讼法中教唆犯罪嫌疑人、被告人向司法机关作虚假供述的行为，是否构成本条规定的辩护人帮助当事人伪造证据罪，实践中有不同意见。这一问题涉及本条规定的证据与刑事诉讼法规定的证据种类的关系，涉及如何理解刑事诉讼法第四十四条将隐匿、毁灭、伪造证据和串供并列规定，涉及律师辩护权行使界限和对刑事诉讼程序公正的影响，涉及刑事诉讼法规定的"辩护律师会见犯罪嫌疑人、被告人时不被监听"的权利保障。应当说，本条规定的辩护人、诉讼代理人帮助当事人毁灭、伪造证据，其中"伪造证据"一般是指帮助犯罪嫌疑人、被告人制作虚假的物证、书证等。将教唆犯罪嫌疑人、被告人向司法机关不如实供述的行为作为帮助当事人毁灭、伪造证据，需要结合行为方式等具体确定，应当慎重。

第三百零七条【妨害作证罪】【帮助毁灭、伪造证据罪】

以暴力、威胁、贿买等方法阻止证人作证或者指使他人作伪证的，处三年以下有期徒刑或者拘役；情节严重的，处三年以上七年以下有期徒刑。

帮助当事人毁灭、伪造证据，情节严重的，处三年以下有期徒刑或者拘役。

司法工作人员犯前两款罪的，从重处罚。

【条文精解】

本条是关于妨害作证罪，帮助毁灭、伪造证据罪及其处刑的规定。

本条共分三款。第一款是关于妨害作证罪及其处罚的规定。民事诉讼法第一百一十一条规定，诉讼参与人或者其他人有下列行为之一的，人民法院可以根据情节轻重予以罚款、拘留；构成犯罪的，依法追究刑事责任，其中包括伪造、毁灭重要证据，妨碍人民法院审理案件的；以暴力、威胁、贿买方法阻止证人作证或者指使、贿买、胁迫他人作伪证的等情形。行政诉讼法第五十九条规定，诉讼参与人或者其他人有下列行为之一的，人民法院可以根据情节轻重，予以训诫、责令具结悔过或者处一万元以下的罚款、十五日以下的拘留；构成犯罪的，依法追究刑事责任，其中包括：伪造、隐藏、毁灭证据或者提供虚假证明材料，妨碍人民法院审理案件的；指使、贿买、胁迫他人作伪证或者威胁、阻止证人作证的规定。因此，本条的规定与民事诉讼法、行政诉讼法的相关规定是衔接的。本款规定的"以暴力、威胁、贿买等方法阻止证人作证"，是指采用暴力伤害，以暴力或者其他手段相威胁，用金钱、物质利益行贿以及其他方法不让证人为案件提供证明。"指使他人作伪证"，是指以暴力、威胁、贿买或者其他方法让他人为案件提供与事实不符的虚假证明。这里的"证人""他人"不限于狭义的证人，还可包括被害人、鉴定人、翻译人。本条的规定未限于刑事诉讼，也就是说本条的规定适用于刑事、民事、行政等一切诉讼当中。犯妨害作证罪的，处三年以下有期徒刑或者拘役；情节严重的，处三年以上七年以下有期徒刑。本款犯罪虽然没有明确规定犯罪门槛，但对于情节轻微的，根据民事诉讼法、行政诉讼法等法律的上述规定，人民法院可以根据情节轻重予以罚款、拘留。需要注意的是，如果是犯罪嫌疑人、被告人自己采取上述非法手段妨害证人依法履行作证义务的，是否应当成立本罪。本条并未将犯罪嫌疑人、被告人所实施的妨害作证行为排除在刑法规制的范围之外。由于证人证言在证据制度中占据着重要作用，在一定程度上对被告人、犯罪嫌疑人的定罪量刑起着决定性的关键作用，被告人、犯罪嫌疑人为逃避法律制裁，往往会实施阻止证人做出对自己不利的证言，因而不宜将犯罪嫌疑人或被告人本人排除在本罪之外。

第二款是帮助毁灭、伪造证据罪及其处罚的规定。本款规定的"帮助当事人毁灭、伪造证据"，是指与当事人共谋，或者受当事人指使为当事人毁灭、伪造证据提供帮助的行为，如为贪污犯罪的嫌疑人销毁单据等。本款罪也不限于刑事诉讼中帮助当事人毁灭、伪造证据，包括在民事诉讼、行政诉讼中帮助当事人毁灭、伪造证据的情况。构成本罪需要情节严重。情节严重需要考虑诉讼活动性质、是否使无罪人的人受到追究或者有罪的人逃避追究，是否在其他诉讼活动中给当事人合法利益造成重大损害等。犯帮助毁灭、伪造证据罪的，处三年以下有期徒刑或者拘役。对于辩护人、诉讼代理人在刑事诉讼中帮助当事人毁灭、伪造证据的，应当适用本法第三百零六条辩护人、诉讼代理人毁灭、伪造证据罪，不适用本款罪。需要说明的是，本罪的犯罪主体不包括犯罪嫌疑人、被告人本人。刑法没有将犯罪嫌疑人、被告人本人毁灭、伪造证据的行为规定为犯罪，规定的是帮助当事人毁灭伪造证据，犯罪主体显然是他人。

第三款是关于司法工作人员犯本条规定之罪从重处罚的规定。"司法工作人员"，是指具有侦查、检察、审判、监管职责的人员。司法工作人员必须公正廉明，如果他们弄虚作假则危害更大，而且造成极其恶劣的影响，所以必须从重处罚。

第三百零七条之一　【虚假诉讼罪】

以捏造的事实提起民事诉讼，妨害司法秩序或者严重侵害他人合法权益的，处三年以下有期徒刑、拘役或者管制，并处或者单处罚金；情节严重的，处三年以上七年以下有期徒刑，并处罚金。

单位犯前款罪的，对单位判处罚金，并对其直接负责的主管人员和其他直接责任人员，依照前款的规定处罚。

有第一款行为，非法占有他人财产或者逃避合法债务，又构成其他犯罪的，依照处罚较重的规定定罪从重处罚。

司法工作人员利用职权，与他人共同实施前三款行为的，从重处罚；同时构成其他犯罪的，依照处罚较重的规定定罪从重处罚。

【条文精解】

本条是关于虚假诉讼罪及其处罚的规定。

本条分为四款。第一款是关于虚假诉讼罪及其处罚的规定。本罪的主体是一般主体，包括个人和单位。本罪侵犯的客体是国家司法秩序和他人的财产权等合法权益。本罪的主观方面是故意犯罪，行为人具有提起虚假的民事诉讼，欺骗国家司法机关，通过获得司法机关的裁判文书实现其非法目的的主观故意。《刑法修正案（九）》草案一审稿在本条中曾规定了"为谋取不正当利益"的主观条件。在草案审议和征求意见过程中，有的常委会组成人员和有关方面提出，增加规定虚假诉讼犯罪的目的是维护司法秩序，不论行为人的具体动机与目的如何，以捏造的事实提起虚假的民事诉讼的行为，就是严重妨害司法秩序的行为。如果再增加规定"为谋取不正当利益"的主观条件，不利于追诉和惩治虚假诉讼犯罪。根据上述意见，草案二审稿删除了"为谋取不正当利益"的规定。根据本款规定，构成虚假诉讼犯罪在客观方面必须具备以下条件：

一是以捏造的事实提起民事诉讼。提起民事诉讼，是指依照民事诉讼法的规定向法院提起诉讼。在刑事自诉、行政诉讼等领域也可能存在行为人以捏造的事实向法院提起虚假诉讼的情况，对此可以依照诬告陷害罪等规定处罚，或者作为妨害诉讼活动处理，不适用本条规定。"捏造的事实"，是指凭空编造的不存在的事实和法律关系。如根本不存在的债权债务关系，从未发生过的商标侵权行为等。如果民事纠纷客观存在，行为人对具体数额、期限等事实作夸大、隐瞒或虚假陈述的，不属于这里的"捏造"。立法过程中反复研究使用了"捏造"一词，目的也是指凭空编造原本完全不存在的法律事实和法律关系，是对虚假诉讼罪范围的限制。"以捏造的事实提起民事诉讼"，是指通过伪造书证、物证、恶意串通、指使证人作假证言等手段，以凭空捏造的根本不存在的事实为基础，向法院提出诉讼请求，要求法院作出裁判。根据2018年最高人民法院、最高人民检察院《关于办理虚假诉讼刑事案件适用法律若干问题的解释》第一条规定，采取伪造证据、虚假陈述等手段，实施下列行为之一，捏造民事法律关系，虚构民事纠纷，向人民法院提起民事诉讼的，应当认定为刑法本款规定的"以捏造的事实提起民事诉讼"：（1）与夫妻一方恶意串通，捏造夫妻共同债务的；（2）与他人恶意串通，捏造债权债务关系和以物抵债协议的；（3）与公司、企业的法定代表人、董事、监事、经理或者其他管理人员恶意串通，捏造公司、企业债务或者担保义务的；（4）捏造知识产权侵权关系或者不正当竞争关系的；（5）在破产案件审理过程中申报捏造的债权的；（6）与被执行人恶意串通，捏造债权或者对查封、扣押、冻结财产的优先权、担保物权的；（7）单方或者与他人恶意串通，捏造身份、合同、侵权、继承等民事法律关系的其他行为。隐瞒债务已经全部清偿的事实，向人民法院提起民事诉讼，要求他人履行债务的，以"以捏造的事实提起民事诉讼"论。对于采取伪造证据等手段篡改部分案件事实，骗取人民法院裁判文书，构成犯罪的，可依照刑法第二百八十条、第三百零七条等规定追究刑事责任。另外，这里的"提起民事诉讼"包括向人民法院申请执行基于捏造的事实作出的仲裁裁决、公证债权文书，或者在民事执行过程中以捏造的事实对执行标的提出异议、申请参与执行财产分配的情况。需要说明的是，立法过程中也有意见提出，将虚假仲裁行为也规定为犯罪。考虑到当时民事虚假诉讼较为突出,通过人民法院虚假诉讼对司法公信力等危害性更大,对仲裁领域暂未规定。

二是妨害司法秩序或者严重侵害他人合法权益。这是构成本罪的结果条件。本罪的客体是双重客体,既是保护司法秩序,也是保护他人合法权益。"妨害司法秩序",是指对国家司法机关进行审判活动、履行法定职责的正常秩序造成妨害,包括导致司法机关作出错误判决造成司法权威和司法公信力的损害,也包括提起虚假诉讼占用了司法资源,影响了司法机关的正常司法活动等。"严重侵害他人合法权益",是指虚假诉讼活动给被害人的财产权等合法权益造成严重损害。如司法机关执行错误判决或者因行为人提起诉讼采取保全措施造成被害人财产的严重损失,被害人一定数额的合法债权得不到及时清偿等。根据最高人民法院、最高人民检察院《关于办理虚假诉讼刑事案件适用法律若干问题的解释》第二条规定,以捏造的事实提起民事诉讼,有下列情形之一的,应当认定为刑法本款规定的"妨害司法秩序或者严重侵害他人合法权益":(1)致使人民法院基于捏造的事实采取财产保全或者行为保全措施的;(2)致使人民法院开庭审理,干扰正常司法活动的;(3)致使人民法院基于捏造的事实作出裁判文书、制作财产分配方案,或者立案执行基于捏造的事实作出的仲裁裁决、公证债权文书的;(4)多次以捏造的事实提起民事诉讼的;(5)曾因以捏造的事实提起民事诉讼被采取民事诉讼强制措施或者受过刑事追究的;(6)其他妨害司法秩序或者严重侵害他人合法权益的情形。只要虚假诉讼行为妨害司法秩序或者严重侵害他人合法权益,就可以构成本条规定的犯罪,并不一定要求诉讼程序已经完结,司法机关已经实际完成了裁判文书制作、送达,裁判文书完全符合行为人的意愿等。

第一款对虚假诉讼罪规定了两档法定刑。第一档法定刑是三年以下有期徒刑、拘役或者管制,并处或者单处罚金。第二档法定刑是对情节严重的,处三年以上七年以下有期徒刑,并处罚金。本款规定的"情节严重",是指虚假诉讼对司法秩序造成严重妨害,或者对他人合法权益造成特别重大损害。如虚假诉讼标的数额巨大,多次提起虚假诉讼,伪造证据的情节恶劣,损害善意当事人合法权益造成严重后果等,具体标准可由司法机关根据实际情况作出司法解释确定。根据最高人民法院、最高人民检察院《关于办理虚假诉讼刑事案件适用法律若干问题的解释》第三条规定,以捏造的事实提起民事诉讼,有下列情形之一的,应当认定为刑法本款规定的"情节严重":(1)有本解释第二条第一项情形,造成他人经济损失一百万元以上的;(2)有本解释第二条第二项至第四项情形之一,严重干扰正常司法活动或者严重损害司法公信力的;(3)致使义务人自动履行生效裁判文书确定的财产给付义务或者人民法院强制执行财产权益,数额达到一百万元以上的;(4)致使他人债权无法实现,数额达到一百万元以上的;(5)非法占有他人财产,数额达到十万元以上的;(6)致使他人因为不执行人民法院基于捏造的事实作出的判决、裁定,被采取刑事拘留、逮捕措施或者受到刑事追究的;(7)其他情节严重的情形。

　　第二款是关于单位犯虚假诉讼犯罪的处罚规定。本款对犯虚假诉讼犯罪的单位采取双罚制。既对单位判处罚金,又对其直接负责的主管人员和其他直接责任人员,依照第一款的规定处罚。

　　第三款是关于犯虚假诉讼犯罪同时构成其他犯罪时如何处理的规定。从实践中的情况看,以骗取财物为目的的虚假诉讼行为,在构成本条规定的犯罪的同时,往往还构成刑法规定的其他侵财类犯罪。针对这种同一行为构成刑法多个条文规定的犯罪的情况,有必要明确如何适用法律。本款对这一问题作了明确规定,即从一重罪从重处罚。本款的规定也有一个修改完善的过程。《刑法修正案(九)》草案曾经规定,有虚假诉讼行为,侵占他人财产或者逃避合法债务的,依照刑法第二百六十六条的规定从重处罚,即认定为诈骗罪并从重处罚。在草案审议中,有的意见提出,这种情况通常会同时构成诈骗罪,但也有可能构成其他犯罪。如国家工作人员利用职务便利,与他人串通通过虚假诉讼侵占公共财产的,可能构成贪污罪。公司、企业或者其他单位的工作人员利用职务便利,与他人串通通过虚假诉讼侵占单位财产的,可能构成职务侵占罪。一律规定按诈骗罪处理不尽合理。为此,草案二审稿对有关规定作了修改,形成了本款规定。以骗取财物为目的的虚假诉讼行为,在构成本条规定的犯罪的同时,往往还构成刑法规定的其他侵财类犯罪。针对这种情况,有必要明确如何适用法律。本款对这一问题作了明确规定,即从一重罪从重处罚。本款规定的适用范围是"有第一款行为,非法占有他人财产或者逃避合法债务,又构成其他犯罪的",如果虚假诉讼的目的不是非法占有他人财产或者逃避合法债务,则不适用本款规定。对于本款规定的同一行为构成数个犯罪的情形,本款规定"依照处罚较重的规定定罪从重处罚"。首先,要比较本条规定的刑罚和刑法其他条文规定的刑罚,适用处刑较重的条文。本条和刑法有关诈骗罪、贪污罪、职务侵占罪等犯罪的条文,规定了多个量刑幅度,对此,在适用时要根据案件事实和各条的规定,确定适用于某一犯罪的具体量刑幅度,再进行比较选择处罚较重的规定定罪。同时,还要根据确定适用的规定和量刑幅度从重处罚。这样规定体现了对虚假诉讼行为从严惩处的立法精神。这也是考虑到如果仅规定从一重罪处罚，如同时构成诈骗罪的，仅依照诈骗罪处罚还不能体现本罪与一般诈骗罪的不同，是通过非法利用人民法院公信力的方式实施诈骗，危害更大，所以比一般诈骗罪应当更为严厉处罚，所以规定了从一重罪，如诈骗罪，在此基础上又予以从重处罚，是一种双从重。

第四款是关于司法工作人员利用职权实施虚假诉讼行为如何处理的规定。从实践中的情况看，在有的虚假诉讼案件中，一些司法工作人员与当事人勾结，通过其职务行为或者影响力，为虚假诉讼目的的达成创造条件，有的甚至直接参与作出裁判。这类行为不仅损害他人的合法权益，而且严重损害了国家司法机关的公信力和司法权威，应当从严惩处。本款规定有两层意思。一是司法工作人员利用职权，与他人共同实施前三款规定的虚假诉讼行为的，从重处罚。二是司法工作人员利用职权，与他人共同实施前三款规定的虚假诉讼行为，同时构成其他犯罪的，依照处罚较重的规定定罪从重处罚。司法工作人员利用职权，与他人共同实施虚假诉讼行为，在构成本条规定的犯罪的同时，可能还构成民事枉法裁判、滥用职权等犯罪。依照本款规定，这种情况下应当依照处罚较重的规定定罪从重处罚。这样规定，同样体现了对司法工作人员执法犯法，参与虚假诉讼行为严厉惩处的精神。诉讼代理人、证人、鉴定人等诉讼参与人与他人通谋，代理提起虚假民事诉讼、故意作虚假证言或者出具虚假鉴定意见，共同实施刑法第三百零七条之一前三款行为的，依照共同犯罪的规定定罪处罚；同时构成妨害作证罪，帮助毁灭、伪造证据罪等犯罪的，依照处罚较重的规定定罪从重处罚。

【实践中需要注意的问题】

1. 在执行本条规定的过程中要注意把握好罪与非罪的界限。本条规定的是以凭空捏造的事实提起民事诉讼，妨害司法秩序或者严重侵害他人合法权益的犯罪。对于提起诉讼的基本事实是真实的，但在一些证据材料上弄虚作假，企图欺骗司法机关，获取有利于自己的裁判的行为，不适用本条规定。

2. 实践中还存在设置诉讼陷阱，滥用诉讼权利，故意拖延诉讼、扰乱审判秩序的恶意诉讼行为，这类行为是与程序权利有关，属于滥用诉权的情形，不属于虚假诉讼犯罪。

3. 关于本条的适用效力。根据最高人民法院《关于〈中华人民共和国刑法修正案（九）〉时间效力问题的解释》第七条的规定，对于2015年10月31日以前以捏造的事实提起民事诉讼，妨害司法秩序或者严重侵害他人合法权益，根据修正前刑法应当以伪造公司、企业、事业单位、人民团体印章罪或者妨害作证罪等追究刑事责任的，适用修正前刑法的有关规定。但是，根据修正后刑法第三百零七条之一的规定处刑较轻的，适用修正后刑法的有关规定。实施第一款行为，非法占有他人财产或者逃避合法债务，根据修正前刑法应当以诈骗罪、职务侵占罪或者贪污罪等追究刑事责任的，适用修正前刑法的有关规定。

第三百零八条 【打击报复证人罪】
对证人进行打击报复的，处三年以下有期徒刑或者拘役；情节严重的，处三年以上七年以下有期徒刑。

【条文精解】

本条是关于打击报复证人罪及其处刑的规定。

本罪的客观方面表现为"对证人进行打击报复"，"证人"不仅包括刑事诉讼中的证人，也包括民事、行政诉讼中的证人。"打击报复"包括多种方式，一是直接加害证人本人的人身，如对证人进行暴力伤害、当众侮辱或捏造事实诽谤，限制自由等；二是间接侵害证人，如通过加害证人亲友，或者毁坏证人财产，或者滋扰证人生活安宁等方式，对证人进行打击报复；三是利用职权迫害证人，如降薪、降职、辞退、解雇、压制晋升、扣发工资或奖金、调离岗位等。

根据犯罪情节的不同，本条规定了两档刑罚：犯本罪的，处三年以下有期徒刑或者拘役；情节严重的，处三年以上七年以下有期徒刑。本条没有规定犯罪门槛，但对报复陷害的也不是一律都作为犯罪处理，也应区分情况，对情节显著轻微危害不大的，可以依照有关法律法规，给予行政处罚或者处分等。"情节严重"，主要是指行为人犯罪手段极其恶劣；多次打击报复证人或者打击报复证人多人的；造成被害人精神失常、自杀等严重后果的。

【实践中需要注意的问题】

需要指出的是，对证人进行打击报复的行为人如果故意伤害、杀害证人或者有其他犯罪行为的，其行为则构成故意伤害罪、故意杀人罪等，应根据从一重罪处罚的原则，按照该行为触犯的刑罚较重的犯罪规定处刑。另外，需要注意的是在适用过程中，本罪与刑法第二百五十四条规定的报复陷害罪、

第三百零七条规定的妨害作证罪等的区别。报复陷害的主体是特定主体，是国家机关工作人员，针对的对象是控告人、申诉人、批评人、举报人，侵害的是公民的人身权利、民主权利，打击报复罪的对象是证人，主体没有限定，从司法实践情况来看，大多为诉讼活动的一方当事人及其亲友，或者与案件的处理结果有利害关系的人，妨害的是证人作证的司法秩序，两罪只在行为手段上具有相似性，利用各种暴力、非暴力的手段损害他人合法利益。本罪与妨害作证罪的对象都是证人，区别主要是，一方面，行为表现形式不一样，打击报复证人罪是行为人采取暴力、威胁等手段对证人实施打击报复，造成证人人身、精神上的伤害行为，而妨害作证罪在客观方面则表现为，行为人以暴力、威胁、贿买等方法阻止证人作证或者指使他人作伪证的行为；另一方面，两罪行为实施的时间阶段不同，打击报复证人罪的行为一般发生在证人依法作证之后，而妨害作证罪则发生在证人作证之前。

第三百零八条之一　【泄露不应公开的案件信息罪】【披露、报道不应公开的案件信息罪】

司法工作人员、辩护人、诉讼代理人或者其他诉讼参与人，泄露依法不公开审理的案件中不应当公开的信息，造成信息公开传播或者其他严重后果的，处三年以下有期徒刑、拘役或者管制，并处或者单处罚金。

有前款行为，泄露国家秘密的，依照本法第三百九十八条的规定定罪处罚。

公开披露、报道第一款规定的案件信息，情节严重的，依照第一款的规定处罚。

单位犯前款罪的，对单位判处罚金，并对其直接负责的主管人员和其他直接责任人员，依照第一款的规定处罚。

【条文精解】

本条是关于泄露不应公开的案件信息罪，披露、报道不应公开的案件信息罪及其处罚的规定。

本条共分四款。第一款是关于泄露不应公开的案件信息罪及其处罚的规定。本罪的主体是司法工作人员、辩护人、诉讼代理人或者其他诉讼参与人，即参与不公开审理的案件诉讼活动，知悉不应当公开的案件信息的人。"司法工作人员"，在刑事诉讼中，包括侦查人员、检察人员、审判人员和有监管职责的人员,在民事诉讼、行政诉讼中主要是审判人员。"辩护人",是指在刑事诉讼中接受犯罪嫌疑人、被告人的委托或者法律援助机构的指派,为犯罪嫌疑人、被告人提供法律帮助的人,包括律师,人民团体或者犯罪嫌疑人、被告人所在单位推荐的人和犯罪嫌疑人、被告人的监护人、亲友。"诉讼代理人",是指接受刑事公诉案件被害人及其法定代理人或者近亲属、自诉案件自诉人及其法定代理人、刑事附带民事诉讼案件当事人及其法定代理人、民事诉讼案件当事人及其法定代理人、行政诉讼案件当事人及其法定代理人的委托,代为参加诉讼和提供法律帮助的人,包括律师、基层法律服务工作者、当事人的近亲属或者工作人员、当事人所在社区、单位以及有关社会团体推荐的公民等。"其他诉讼参与人",是指除司法工作人员、辩护人、诉讼代理人之外其他参加诉讼的人员,包括证人、鉴定人、出庭的有专门知识的人、记录人、翻译人等。

根据本条规定,构成泄露不公开审理的案件信息犯罪在客观方面必须具备以下条件:一是泄露依法不公开审理的案件中不应当公开的信息。依法不公开审理的案件,是指依照刑事诉讼法、民事诉讼法、行政诉讼法、未成年人保护法等法律规定,应当不公开审理或者经当事人提出申请,人民法院决定不公开审理的案件。不应当公开的信息,是指公开以后可能对国家安全和利益、当事人受法律保护的隐私权、商业秘密造成损害,以及对涉案未成年人的身心健康造成不利影响的信息。包括案件涉及的国家秘密、个人隐私、商业秘密本身,也包括其他与案件有关不宜为诉讼参与人以外人员知悉的信息。对于未成年人犯罪案件,未成年犯罪嫌疑人、被告人的姓名、住所、照片、图像、就读学校以及其他可能推断出该未成年人身份信息的资料,都属于不应当公开的信息。造成不应当知悉有关案件信息的人员知悉有关案件信息的,即属于泄露该信息的行为。二是造成信息公开传播或者其他严重后果。这是构成本罪的结果条件。信息公开传播,是指信息在一定数量的公众中广泛传播。信息的公开传播使对不公开审理制度所保护的法益的损害扩大,是严重的危害后果。"其他严重后果",是指信息公开传播以外的其他严重的危害后果,如造成被害人不堪受辱而自杀,造成审判活动被干扰导致无法顺利进行等。

第一款对泄露不公开审理的案件信息犯罪规定了一档法定刑,即处三年以下有期徒刑、拘役或者管制,并处或者单处罚金。

第二款是关于有泄露不公开审理的案件信息的行为,同时泄露国家秘密的,如何处理的规定。刑法第三百九十八条规定了故意或者过失泄露国家秘密犯罪。行为人泄露不公开审理案件中的国家秘密的，同时构成本条和第三百九十八条的犯罪，需要明确如何处理。考虑到第三百九十八条是针对泄露国家秘密犯罪的专门规定，其规定的法定刑也较本条第一款规定更重，对泄露不公开审理的案件中的国家秘密的行为依照第三百九十八条规定定罪处罚，更能够体现对泄露国家秘密犯罪从严惩处的精神，因此没有规定从一重罪处罚，而是直接规定，有本条第一款规定的泄露不公开审理的案件信息的行为，泄露国家秘密的，依照刑法第三百九十八条的规定定罪处罚。本条虽然规定在渎职罪一章中，但其犯罪主体作了特别规定，包括国家机关工作人员和非国家机关工作人员。因此除了司法工作人员，其他诉讼参与人也可适用本条规定定罪处罚。

第三款是关于披露、报道不应公开的案件信息罪及其处罚的规定。有的个人和媒体、网站等单位，虽然不是泄露不公开审理的案件信息的行为人，但通过各种渠道获得不公开审理的案件信息后，公开披露、报道，甚至大肆炒作，有的造成严重后果，对司法秩序和有关当事人的合法权益造成严重损害。这种行为与泄露不公开审理的案件信息具有同样的社会危害性，应当追究刑事责任。"公开披露"，是指通过各种途径向他人和公众发布有关案件信息。"报道"，主要是指报刊、广播、电视、网站等媒体向公众公开传播有关案件信息。本款规定的"情节严重"，是公开披露、报道第一款规定的案件信息行为构成犯罪的条件，其具体含义可以参照第一款的规定，主要是造成信息大量公开传播、为公众所知悉，给司法秩序和当事人合法权益造成严重损害，以及其他与此类似的严重后果。根据本款规定，公开披露、报道第一款规定的案件信息，情节严重的，依照第一款的规定处罚，即处三年以下有期徒刑、拘役或者管制，并处或者单处罚金。

第四款是关于单位犯披露、报道不应公开的案件信息罪的规定。本款对犯披露、报道不应公开的案件信息罪的单位采取双罚制。既对单位判处罚金，又对其直接负责的主管人员和其他直接责任人员，依照第一款的规定处罚。

【实践中需要注意的问题】

在《刑法修正案（九）》草案审议和征求意见过程中，有的意见提出，本条规定可能会对辩护、代理律师正常的执业活动，以及新闻媒体对案件进行正常报道和舆论监督造成负面影响，建议对是否增加本条规定慎重考虑。经对这方面意见认真研究，考虑到本条规定是为了保障人民法院依法独立公正行使审判权，保护当事人的合法权益，本罪的主体是包括司法工作人员在内的所有诉讼参与人，不是专门针对某个特定群体的。律师的正常执业活动不会因本条规定受到不利影响。同时，法律对于不公开审理的案件范围规定是明确的，新闻媒体对于涉及这类案件的新闻线索，应当谨慎处理，避免触及法律红线。新闻媒体对案件的正常报道和舆论监督活动，也不会因为本条规定受到负面影响。

第三百零九条 【扰乱法庭秩序罪】

有下列扰乱法庭秩序情形之一的，处三年以下有期徒刑、拘役、管制或者罚金：
（一）聚众哄闹、冲击法庭的；
（二）殴打司法工作人员或者诉讼参与人的；
（三）侮辱、诽谤、威胁司法工作人员或者诉讼参与人，不听法庭制止，严重扰乱法庭秩序的；
（四）有毁坏法庭设施，抢夺、损毁诉讼文书、证据等扰乱法庭秩序行为，情节严重的。

【条文精解】

本条是关于扰乱法庭秩序罪及其处罚的规定。

本罪的主体主要是参加法庭审判活动的人员，包括当事人、法定代理人、辩护人、诉讼代理人、证人、鉴定人和翻译人员等，也包括法庭上的旁听人员和非法进入法庭的人员。本罪的主观方面是故意犯罪。本罪行为的本质特征是扰乱法庭秩序，即破坏了作为审判活动场所的法庭的正常秩序，对审判活动的正常进行造成妨害。本条分四项规定了四种扰乱法庭秩序的行为。

第一项是聚众哄闹、冲击法庭的行为。"聚众"，一般是指纠集三人以上共同实施。"聚众哄闹法庭"，是指纠集众人在法庭上以喧哗、叫嚷、吹口哨等方式起哄捣乱，干扰诉讼活动正常进行。聚众冲击法庭，是指纠集众人，在未得到法庭许可的情况下进入法庭，甚至冲上审判台，致使法庭秩序混乱。本条未规定对聚众哄闹、冲击法庭的只对首要分子进行处罚，但在司法实践中，应当主要对首要分子和在犯罪中起主要作用的人员进行处罚，对于被裹挟参与了哄闹、冲击法庭行为，情节显著轻微的人员，可以不作为犯罪处理。

第二项是殴打司法工作人员或者诉讼参与人的。本项在1997年刑法"殴打司法工作人员"规定的基础上，增加了殴打诉讼参与人的规定。对审判人员、公诉人、法警等司法工作人员，以及其他当事人、辩护人或者代理律师等诉讼参与人实施殴打行为的，都构成本条规定的犯罪。这一规定，在进一步强化对法庭秩序的维护的同时，也加强了对诉讼参与人人身权利的保护。

第三项是侮辱、诽谤、威胁司法工作人员或者诉讼参与人，不听法庭制止，严重扰乱法庭秩序的。本项是《刑法修正案（九）》增加的规定，也是与2012年刑事诉讼法第一百九十四条、民事诉讼法第一百一十条衔接的规定。"侮辱"，是指公然诋毁他人人格，破坏他人名誉的行为。"诽谤"，是指故意捏造事实，损害他人人格和名誉的行为。"威胁"，是指以作出对他人人身、名誉或者社会公共利益不利的行为进行胁迫的行为。根据本项的规定，实施侮辱、诽谤、威胁司法工作人员或者诉讼参与人的行为，且不听法庭制止，严重扰乱法庭秩序的，才构成本条规定的犯罪。侮辱、诽谤、威胁的对象不仅包括法官等司法工作人员，也包括辩护律师等其他诉讼参与人，因此本项的规定意在维护法庭庄严秩序，并非一些意见提出的专门针对律师扰乱法庭秩序的规定。在构成犯罪的条件上也特意作了限定，要求先有法官制止，不听劝阻、警告的行为，且要求造成严重扰乱法庭秩序的后果。"严重扰乱法庭秩序"，是指对法庭审判活动的正常进行造成严重妨害，致使审判活动难以进行或者无法进行。

第四项是有毁坏法庭设施，抢夺、损毁诉讼文书、证据等扰乱法庭秩序行为，情节严重的。本项也是《刑法修正案（九）》增加的规定。法庭设施是公共财产，也是人民法院审判活动的重要物质保障，诉讼文书、证据则是诉讼活动中重要的文件材料。故意打砸、损坏法庭设施以发泄不满，抢夺、损毁诉讼文书、证据等行为，都是实践中常见的损害司法权威，妨害诉讼活动正常进行的扰乱法庭秩序的行为。为此，本项将有上述行为，情节严重的规定为犯罪。这里规定的"情节严重"，也是指对法庭秩序造成严重破坏。情节轻微的，可以依照刑事诉讼法、民事诉讼法、行政诉讼法等有关规定予以拘留、罚款、警告等处罚。

本条对扰乱法庭秩序的犯罪规定了一档法定刑，即处三年以下有期徒刑、拘役、管制或者罚金。这是1997年刑法的规定，《刑法修正案（九）》未作修改。

【实践中需要注意的问题】

1. 本条规定有一个修改完善的过程。《刑法修正案（九）》草案提请审议和公开征求意见过程中，有意见提出第三项"侮辱、诽谤、威胁司法工作人员或者诉讼参与人"的规定，第四项"有其他严重扰乱法庭秩序行为"的规定，罪与非罪的界限不清楚，在执行中容易导致扩大化而滥用，有的担心该规定可能成为对律师进行打击报复的工具，造成律师执业环境恶化，不利于维护当事人的合法权益和司法公正，建议不作规定。经研究认为，第三项的规定与刑事诉讼法、民事诉讼法的有关规定是一致的，属于衔接性规定。从实践中的情况看，辩护、代理律师被殴打和侮辱、诽谤、威胁的情况也屡见不鲜，第三项的规定有利于维护法庭秩序，是对包括辩护、代理律师在内所有诉讼参与人的保护。第四项规定的"其他严重扰乱法庭秩序行为"，也是维护法庭秩序和司法权威的必要规范，同时，为进一步明确罪与非罪的界限，防止适用扩大化，将第四项修改为"有毁坏法庭设施，抢夺、损毁诉讼文书、证据等扰乱法庭秩序行为，情节严重的"，进一步明确和限制情形，形成了最终的修正案文本。

2. 关于本罪的追诉程序，根据刑事诉讼法关于案件管辖等规定，刑法第三百零九条规定的扰乱法庭秩序罪，由公安机关负责侦查，检察机关向人民法院提起公诉。在研究起草《刑法修正案（九）》的过程中，有意见提出，扰乱法庭秩序的犯罪是"法官眼前的犯罪"，应当参照有些国家追究藐视法庭罪的程序，由人民法院直接审理作出判决，不要和其他普通刑事犯罪案件一样，经过公安机关侦查、检察机关审查起诉的程序。经过认真研究，考虑到人民法院、人民检察院和公安机关办理刑事案件，分工负责，互相配合，互相制约，是宪法和刑事诉讼法规定的基本原则。扰乱法庭秩序的犯罪如果由人民法院直接审理、径行判决，在程序上制约不充分，不利于提高司法公信力。因此，对本罪的追诉程序未作修改。

3. 关于本条规定的适用场所。本条规定的是扰乱法庭秩序的犯罪，这类犯罪发生的地点应该是在进行审判活动的法庭之内。《刑法修正案（九）》研究起草和审议修改过程中，也有的意见提出将本罪修改为"扰乱审判秩序罪"，将扰乱人民法院除开庭审理案件以外的审判工作秩序的行为纳入本条规定的犯罪。经研究认为，法庭是国家进行审判活动的庄严场所，刑法对法庭秩序给予特别严格的保护，对于保障司法机关依法独立公正行使审判权具有重要意义。本条规定还是应当集中惩治在庭审过程中扰乱司法秩序的行为。对于在庭审以外的人民法院履行职责的活动中扰乱秩序的行为，如聚众冲击人民法院，在参加庭审以外的诉讼活动时殴打、侮辱、诽谤、威胁司法工作人员或者诉讼参与人等，可以根据刑法、治安管理处罚法关于聚众冲击国家机关、妨害公务、故意伤害等规定予以处罚。

第三百一十条 【窝藏、包庇罪】
　　明知是犯罪的人而为其提供隐藏处所、财物，帮助其逃匿或者作假证明包庇的，处三年以下有期徒刑、拘役或者管制；情节严重的，处三年以上十年以下有期徒刑。
　　犯前款罪，事前通谋的，以共同犯罪论处。

【条文精解】

　　本条是关于窝藏、包庇罪及其处刑的规定。
　　本条共分两款。第一款是关于窝藏、包庇的犯罪和刑罚的规定。本条规定的犯罪是故意犯罪。"明知是犯罪的人"是本罪构成的主观要件。"明知是犯罪的人"，是指行为人已知道被包庇的人犯有罪行。在实践中，这种明知往往是犯罪的人告知行为人自己犯有罪行，但也有犯罪人并未明讲自己干了什么，可是从其言谈话语和向行为人提出的要求，行为人已可明确断定其犯罪。所以，这里的"明知"包括"应当知道"的含义。在办案中，认定行为人是否明知被窝藏、包庇的是犯罪的人，不能只凭犯罪嫌疑人、被告人的口供，而应根据行为人的行为和案件的情况，结合其口供综合予以认定。对于行为人确实不知对方为犯罪嫌疑人而为其提供财物的，不能认定为犯罪。如犯罪的人谎称丢了钱，借钱买车票等，不能认定行为人有帮助犯罪人隐匿的主观故意。本条规定了帮助犯罪人逃避法律追究的两种行为：（1）为犯罪人提供隐藏处所、财物，帮助其逃匿。这是指将自己的住处、管理的房屋提供给犯罪人或者给予犯罪人钱、物，包括食品、衣被等，帮助犯罪人隐藏或者逃跑，逃避法律追究。（2）作假证明包庇犯罪的人。这是指向司法机关提供假的证明来帮助犯罪分子逃避法律追究。如作假证明表示犯罪人不在犯罪现场等。上述两种犯罪行为，只要实施了行为之一，就构成本条规定的犯罪。本法第三百六十二条规定旅馆业、饮食服务业、文化娱乐业、出租汽车业等单位的人员，在公安机关查处卖淫、嫖娼活动时，为违法犯罪分子通风报信，情节严重的，依照本法第三百一十条的规定定罪处罚。这是法律作出的提示性规定，目的是进一步明确，严厉打击查处卖淫嫖娼活动中通风报信的行为，针对当时一些地方包庇这类违法犯罪情况严重作出的规定。另外，本法第三百四十九条还专门规定了包庇毒品犯罪分子罪，也是考虑到对毒品犯罪的严厉惩治和实践中的突出情况。还有，本法第四百一十七条对国家机关工作人员查案中包庇行为规定了专门犯罪，即帮助犯罪分子逃避处罚罪："有查禁犯罪活动职责的国家机关工作人员，向犯罪分子通风报信、提供便利，帮助犯罪分子逃避处罚的，处三年以下有期徒刑或者拘役；情节严重的，处三年以上十年以下有期徒刑。"

根据第一款规定，犯窝藏、包庇罪，处三年以下有期徒刑、拘役或者管制；情节严重的，处三年以上十年以下有期徒刑。"情节严重"，是指帮助重大案犯逃匿或为其作假证明，使其逃避法律追究，帮助犯罪团伙、集团逃匿或者因其包庇行为造成严重后果等。

第二款是关于事先与犯罪分子通谋，帮助犯罪分子逃匿或者包庇犯罪分子的处刑规定。"事先通谋"，是指行为人与犯罪的人在其犯罪前已共同策划好，实施犯罪后由其帮助逃匿或作假证明帮助其逃避法律追究。根据本款规定，对于事先通谋犯本条规定之罪的，以共犯论处。如某人与他人合谋盗窃，事先商定如案发由其提供隐藏处所，而在犯罪后实施窝藏行为的，应以盗窃罪的共犯处理。

【实践中需要注意的问题】

包庇犯罪是一种传统犯罪罪名，打击的是妨害国家追究犯罪和司法秩序的行为。在中国历史上一直注重对藏匿、包庇犯人的规定和处罚，但同时确有一个例外的现象，也可以说是传统，那就是，对亲属之间相互隐匿包庇罪犯的给予特别的宽容，不处罚或者从宽处罚，即"亲亲得相首匿""同居相隐不为罪""亲亲相隐不为罪"。现代社会，规定亲属之间不能构成窝藏、包庇罪的国家已经没有，也就是说，犯罪的人的亲属可以成为窝藏、包庇罪的主体已经成为包括我国在内的各国法律规定的共识，因此本罪主体未作限定。不过，考虑到亲属之间的窝藏、包庇行为毕竟不同于社会上一般人之间的窝藏、包庇行为，因而在处罚上应当考虑予以从轻处罚。对于亲属不配合司法机关调查、不讲真实情况，但没有实施积极的藏匿、包庇行为的，不应构成本罪。

第三百一十一条【拒绝提供间谍犯罪、恐怖主义犯罪、极端主义犯罪证据罪】

明知他人有间谍犯罪或者恐怖主义、极端主义犯罪行为，在司法机关向其调查有关情况、收集有关证据时，拒绝提供，情节严重的，处三年以下有期徒刑、拘役或者管制。

【条文精解】

本条是关于拒绝提供间谍犯罪、恐怖主义犯罪、极端主义犯罪证据罪及其处罚的规定。

根据本条规定，构成本罪需要符合以下条件：第一，行为人必须明知他人有间谍犯罪或者恐怖主义、极端主义犯罪行为。"明知他人有间谍犯罪或者恐怖主义、极端主义犯罪行为"是构成本罪的主观要件。这里的"明知"，是指行为人主观上知道或者应当知道，既包括知道他人实施间谍犯罪或者恐怖主义、极端主义犯罪行为的全部情况，也包括知道部分情况。行为人的主观动机可能是多种多样的，有的是怕影响自己的名声，有的是怕将来遭到打击报复，有的是怕麻烦等，无论动机是什么，都不影响本罪的成立。这里的"他人"，是指实施间谍犯罪或者恐怖主义、极端主义犯罪行为的人。"间谍犯罪行为"，主要是指反间谍法第三十八条规定的构成犯罪的间谍行为，包括：（1）间谍组织及其代理人实施或者指使、资助他人实施，或者境内外机构、组织、个人与其相勾结实施的危害中华人民共和国国家安全的活动；（2）参加间谍组织或者接受间谍组织及其代理人的任务的；（3）间谍组织及其代理人以外的其他境外机构、组织、个人实施或者指使、资助他人实施，或者境内机构、组织、个人与其相勾结实施的窃取、刺探、收买或者非法提供国家秘密或者情报，或者策动、引诱、收买国家工作人员叛变的活动；（4）为敌人指示攻击目标的；（5）进行其他间谍活动的。从刑法罪名上看不限于刑法第一百一十一条规定的间谍罪罪名，而是包括其他符合间谍行为特征的犯罪，如与境外勾结实施的其他有关危害国家安全的犯罪。"恐怖主义犯罪行为"，主要是指通过暴力、破坏、恐吓等手段，制造社会恐慌、危害公共安全、侵犯人身财产等犯罪行为，包括组织、策划、实施放火、爆炸、杀人、绑架等造成或者意图造成人员伤亡、重大财产损失、公共设施损坏、社会秩序混乱等严重社会危害的活动的；组织、领导、参加恐怖活动组织的；为恐怖活动组织或者人员提供信息、资金、物资设备或者技术、场所等支持、协助、便利的；宣扬恐怖主义或者煽动实施恐怖活动的等。"极端主义犯罪行为"，主要是指以歪曲宗教教义或者其他方法煽动仇恨、煽动歧视、崇尚暴力等极端主义，构成犯罪的行为，包括宣扬极端主义或者利用极端主义煽动、胁迫群众破坏国家法律确立的婚姻、司法、教育、社会管理等制度实施等犯罪行为。

第二，行为人实施了在司法机关向其调查有关情况、收集有关证据时，拒绝提供的行为。根据反间谍法规定，国家安全机关是反间谍的主管机关。刑事诉讼法规定，对刑事案件的侦查、拘留、执行逮捕、预审，由公安机关负责，检察、批准逮捕、提起公诉，由人民检察院负责，审判由人民法院负责。根据上述规定，这里的"司法机关"，主要是指负有侦查、检察、审判职责的机关,即公安机关、人民检察院、人民法院。刑事诉讼法第四条规定,国家安全机关依照法律规定,办理危害国家安全的刑事案件,行使与公安机关相同的职权。因此,这里的司法机关也包括行使间谍犯罪案件侦查的国家安全机关。"调查有关情况",主要是指司法机关调查了解间谍犯罪或者恐怖主义、极端主义犯罪及其有关情况,不仅包括间谍犯罪或者恐怖主义、极端主义犯罪行为本身的情况,还包括参加犯罪活动的人、线索以及方法、手段、时间、地点等情况。这种调查既包括立案前的一般调查,也包括立案后的调查询问。"收集有关证据",主要是指侦查人员根据刑事诉讼法所规定的侦查程序收集有关间谍犯罪或者恐怖主义、极端主义犯罪的证据材料,既包括能够证明间谍犯罪或者恐怖主义、极端主义犯罪真实情况的证人证言,也包括有关书证、物证,如犯罪活动的工具、密写信、活动方案、组织名单等,以及视听资料、电子数据等。"拒绝提供",包括拒绝向司法机关讲述其了解的相关情况,拒绝向司法机关提交有关证据。

第三,构成本罪必须达到"情节严重"的程度,即拒绝提供间谍犯罪或者恐怖主义、极端主义犯罪有关情况、证据的行为,必须是情节严重的才能构成本罪。"情节严重",包括行为人在司法机关要求提供证据时进行暴力抗拒的;或者行为人拒不提供证据手段恶劣的;或者由于行为人的不配合而延误对间谍犯罪、恐怖主义、极端主义犯罪案件的侦破,致使犯罪分子逃避法律追究或致使国家安全、利益遭受损害的;或者妨害了司法机关执行维护国家安全任务等情形。如果行为人虽然实施了拒绝提供证据的行为,但没有影响到司法机关的正常活动,没有造成危害国家安全或恐怖活动,没有使犯罪分子逃避法律制裁等严重后果的,则不构成本罪。

根据本条规定,犯本罪的,处三年以下有期徒刑、拘役或者管制。

【实践中需要注意的问题】

1.本条规定的实际上是一种不作为犯,针对的是在面对司法机关调查时拒不配合,拒绝提供有关和证据的行为,因而在犯罪成立的前提范围上是严格限定情形的,只限定为间谍犯罪和恐怖主义、极端主义犯罪这两类犯罪,这主要是考虑到这些罪严重危害国家安全和社会公共安全,需要严厉惩治。对于其他犯罪拒绝提供证据、有关情况的,本条没有将之规定为犯罪。

2.执行中应注意本条规定与一般意义上的"知情不举"是有区别的。知道他人有间谍行为,为了维护国家安全,应当主动向国家安全机关或其他司法机关报告是公民的义务,不报告应当依法承担有关法律责任,但不构成本罪，不应以单纯的不报告为由适用本条予以刑事处罚。

> **第三百一十二条 【掩饰、隐瞒犯罪所得、犯罪所得收益罪】**
> 　　明知是犯罪所得及其产生的收益而予以窝藏、转移、收购、代为销售或者以其他方法掩饰、隐瞒的，处三年以下有期徒刑、拘役或者管制，并处或者单处罚金；情节严重的，处三年以上七年以下有期徒刑，并处罚金。
> 　　单位犯前款罪的，对单位判处罚金，并对其直接负责的主管人员和其他直接责任人员，依照前款的规定处罚。

【条文精解】

本条是关于掩饰、隐瞒犯罪所得、犯罪所得收益罪及其处刑的规定。

本条共分两款。第一款是关于对犯罪所得及其产生的收益予以掩饰、隐瞒的犯罪及其处罚的规定。构成本款规定的犯罪需要具备以下条件：

一是明知是犯罪所得及其产生的收益。行为人是故意犯罪。即明知是犯罪所得及其产生的收益而故意予以掩饰、隐瞒的。明知不要求明确知道，包括推定为应当知道的情况。根据最高人民法院《关于审理洗钱等刑事案件具体应用法律若干问题的解释》第一条规定，"明知"应当结合被告人的认知能力，接触他人犯罪所得及其收益的情况，犯罪所得及其收益的种类、数额，犯罪所得及其收益的转换、转移方式以及被告人的供述等主、客观因素进行认定。具有下列情形之一的，可以认定被告人明知系犯罪所得及其收益，但有证据证明确实不知道的除外：（1）知道他人从事犯罪活动，协助转换或者转移财物的；（2）没有正当理由，通过非法途径协助转换或者转移财物的；（3）没有正当理由，以明显低于市场的价格收购财物的；（4）没有正当理由，协助转换或者转移财物，收取明显高于市场的"手续费"的；（5）没有正当理由，协助他人将巨额现金散存于多个银行帐户或者在不同银行帐户之间频繁划转的；（6）协助近亲属或者其他关系密切的人转换或者转移与其职业或者财产状况明显不符的财物的；（7）其他可以认定行为人明知的情形。本条规定的"犯罪所得及其产生的收益"与本法第一百九十一条规定的范围和含义是相同的。根据最高人民法院《关于审理掩饰、隐瞒犯罪所得、犯罪所得收益刑事案件适用法律若干问题的解释》的规定，通过犯罪直接得到的赃款、赃物，应当认定为本条规定的"犯罪所得"。上游犯罪的行为人对犯罪所得进行处理后得到的孳息、租金等，应当认定为刑法本条规定的"犯罪所得产生的收益"。

二是行为人实施了窝藏、转移、收购、代为销售或者以其他方法掩饰、隐瞒犯罪所得及其收益的行为。这里规定的"窝藏"是广义的，是指使用各种方法将犯罪所得及其收益隐藏起来，不让他人发现或者替犯罪分子保存而使司法机关无法获取以及违法的持有、使用，等等。"转移"，是指将犯罪所得及其收益转移到他处，使侦查机关不能查获。"收购"，是指以出卖为目的收买犯罪所得及其收益。"代为销售"，是指代替犯罪分子将犯罪所得及其收益卖出的行为。"其他方法掩饰、隐瞒"，是指以窝藏、转移、收购、代为销售以外的各种方法掩饰、隐瞒犯罪所得及其收益，如居间介绍买卖，收受，持有，使用，加工，提供资金帐户，协助将财物转换为现金、金融票据、有价证券，协助将资金转移、汇往境外等。

三是关于犯罪门槛。本条没有明确规定构成犯罪的门槛。根据最高人民法院《关于审理掩饰、隐瞒犯罪所得、犯罪所得收益刑事案件适用法律若干问题的解释》第一条规定，明知是犯罪所得及其产生的收益而予以窝藏、转移、收购、代为销售或者以其他方法掩饰、隐瞒，具有下列情形之一的，应当依照刑法第三百一十二条第一款的规定，以掩饰、隐瞒犯罪所得、犯罪所得收益罪定罪处罚：（1）掩饰、隐瞒犯罪所得及其产生的收益价值三千元至一万元以上的；（2）一年内曾因掩饰、隐瞒犯罪所得及其产生的收益行为受过行政处罚，又实施掩饰、隐瞒犯罪所得及其产生的收益行为的；（3）掩饰、隐瞒的犯罪所得系电力设备、交通设施、广播电视设施、公用电信设施、军事设施或者救灾、抢险、防汛、优抚、扶贫、移民、救济款物的；（4）掩饰、隐瞒行为致使上游犯罪无法及时查处，并造成公私财物损失无法挽回的；（5）实施其他掩饰、隐瞒犯罪所得及其产生的收益行为，妨害司法机关对上游犯罪进行追究的。各省、自治区、直辖市高级人民法院可以根据本地区经济社会发展状况，并考虑社会治安状况，在本条第一款第一项规定的数额幅度内，确定本地执行的具体数额标准，报最高人民法院备案。另外，根据上述司法解释第四条规定，掩饰、隐瞒犯罪所得及其产生的收益的数额，应当以实施掩饰、隐瞒行为时为准。收购或者代为销售财物的价格高于其实际价值的，以收购或者代为销售的价格计算。多次实施掩饰、隐瞒犯罪所得及其产生的收益行为，未经行政处罚，依法应当追诉的，犯罪所得、犯罪所得收益的数额应当累计计算。

第一款规定了两档刑罚：明知是犯罪所得及其产生的收益而予以窝藏、

转移、收购、代为销售或者以其他方法掩饰、隐瞒的,处三年以下有期徒刑、拘役或者管制,并处或者单处罚金;情节严重的,处三年以上七年以下有期徒刑,并处罚金。最高人民法院《关于审理掩饰、隐瞒犯罪所得、犯罪所得收益刑事案件适用法律若干问题的解释》第三条规定,掩饰、隐瞒犯罪所得及其产生的收益,具有下列情形之一的,应当认定为刑法第三百一十二条第一款规定的"情节严重":(1)掩饰、隐瞒犯罪所得及其产生的收益价值总额达到十万元以上的;(2)掩饰、隐瞒犯罪所得及其产生的收益十次以上,或者三次以上且价值总额达到五万元以上的;(3)掩饰、隐瞒的犯罪所得系电力设备、交通设施、广播电视设施、公用电信设施、军事设施或者救灾、抢险、防汛、优抚、扶贫、移民、救济款物,价值总额达到五万元以上的;(4)掩饰、隐瞒行为致使上游犯罪无法及时查处,并造成公私财物重大损失无法挽回或其他严重后果的;(5)实施其他掩饰、隐瞒犯罪所得及其产生的收益行为,严重妨害司法机关对上游犯罪予以追究的。

2014年4月,十二届全国人大常委会第八次会议通过了《关于〈中华人民共和国刑法〉第三百四十一条、第三百一十二条的解释》,根据这一立法解释,知道或者应当知道是刑法第三百四十一条第二款规定的非法狩猎的野生动物而购买的,属于刑法第三百一十二条第一款规定的明知是犯罪所得而收购的行为,应当根据本条的规定定罪处以刑罚。根据最高人民法院《关于审理掩饰、隐瞒犯罪所得、犯罪所得收益刑事案件适用法律若干问题的解释》第一条规定,明知是非法狩猎的野生动物而收购,数量达到五十只以上的,以掩饰、隐瞒犯罪所得罪定罪处罚。

第二款是关于单位犯罪的规定。本款规定,单位犯前款罪的,对单位判处罚金,并对其直接负责的主管人员和其他直接责任人员,依照前款的规定处罚。

【实践中需要注意的问题】

1. 关于本条的犯罪主体。《刑法修正案(十一)》对刑法第一百九十一条规定的洗钱罪的犯罪主体作了修改完善,修改后包括了罪犯本人实施上游犯罪后,为了掩饰、隐瞒犯罪所得及其收益而进一步实施洗钱行为的犯罪,即自洗钱。本条在犯罪主体方面未作修改,表述上没有排除罪犯本人。但理论上一般认为实施上游犯罪后的洗钱行为被上游犯罪吸收,作为上游犯罪处理时的从重情节。即使本条规定的主体没有排除罪犯本人,在认定时也应当区分情况。第一,本条包括了传统的赃物犯罪,对这类赃物犯罪的"自窝赃"不宜作为单独犯罪处理,如实施了盗窃罪后的窝藏、使用、出售等行为,一般应当认定为盗窃罪的延伸行为、后续处理行为。第二，关于本条中的洗钱犯罪，本犯构成犯罪的前提也应当是，在实施了上游犯罪之后，具有掩饰、隐瞒犯罪所得及其收益的目的，并且对财物进行了转换、转移等明显的清洗行为。换句话说，行为人必须实施了进一步的洗钱行为，而不是简单的占有、使用和一般的移动、出售等行为，只有在侵害了新的法益的情况下才可能作为单独犯罪处理。当然，实践中窝赃罪和洗钱犯罪，以及是否具有进一步的清洗目的和行为，有时并不容易区分和判断，但也应当坚持这样的精神，妥当把握好本犯构成自洗钱犯罪的界限。

2. 犯罪团伙、集团在犯罪中分工负责掩饰、隐瞒犯罪所得及其收益的，应以该犯罪的共犯论处。

3. 行为人与犯罪分子事前通谋，事后对犯罪所得予以掩饰、隐瞒的，应按犯罪的共犯追究刑事责任。

4. 认定掩饰、隐瞒犯罪所得、犯罪所得收益罪，以上游犯罪事实成立为前提。上游犯罪尚未依法裁判，但查证属实的，不影响掩饰、隐瞒犯罪所得、犯罪所得收益罪的认定。上游犯罪事实经查证属实，但因行为人未达到刑事责任年龄、死亡等原因依法不予追究刑事责任的，也不影响掩饰、隐瞒犯罪所得、犯罪所得收益罪的认定。

5. 明知是犯罪所得及其产生的收益而予以掩饰、隐瞒，构成本条规定的犯罪，同时又构成刑法第一百九十一条或者第三百四十九条规定的犯罪的，依照处罚较重的规定定罪处罚。

第三百一十三条 【拒不执行判决、裁定罪】

对人民法院的判决、裁定有能力执行而拒不执行，情节严重的，处三年以下有期徒刑、拘役或者罚金；情节特别严重的，处三年以上七年以下有期徒刑，并处罚金。

单位犯前款罪的，对单位判处罚金，并对其直接负责的主管人员和其他直接责任人员，依照前款的规定处罚。

【条文精解】

本条是关于拒不执行判决、裁定罪及其处罚的规定。

本条共分两款。第一款是关于拒不执行判决、裁定罪及其处罚的规定。根据本款规定，拒不执行判决、裁定罪，是指对人民法院的判决、裁定有能力执行而拒不执行，情节严重的行为。实践中认定本罪，要注意从以下几个方面掌握：

一是本罪拒不执行的对象是人民法院的判决、裁定。根据全国人大常委会《关于〈中华人民共和国刑法〉第三百一十三条的解释》的规定，本条规定的"人民法院的判决、裁定"，是指人民法院依法作出的具有执行内容并已经发生法律效力的判决、裁定。人民法院为依法执行支付令、生效的调解书、仲裁裁决、公证债权文书所作的裁定属于本条规定的裁定。人民法院的判决是人民法院经过审理就案件的实体问题作出的决定；裁定是人民法院在诉讼或者判决执行过程中，对诉讼程序和部分实体问题所作的决定。对于人民法院的生效判决、裁定确定的执行内容，有关当事人应当按照要求及时履行。所谓生效判决、裁定，包括已经超过法定上诉、抗诉期限而没有上诉、抗诉的判决、裁定以及人民法院终审的判决、裁定等。没有发生法律效力的判决、裁定，因为不具备依法执行的条件，自然不会出现拒不执行的问题。需要注意的是，虽然实践中作为本罪拒不执行对象的判决和裁定，主要是人民法院审理民事案件所作的判决和裁定，但从法律规定上讲，刑事案件、行政案件的判决和裁定也属于本条规定的"判决、裁定"。《刑法修正案（九）》还在刑法第三十七条之一中专门明确，违反人民法院作出的禁止从事相关职业的决定，情节严重的，依照本法第三百一十三条的规定定罪处罚。

二是要有能力执行。所谓有能力执行，是指根据人民法院查实的证据证明负有执行人民法院判决、裁定义务的人有可供执行的财产或者具有履行特定行为义务的能力。倘若没有能力执行，比如执行义务人没有可供执行的财产而无法履行判决、裁定确定的义务的，不能构成本罪。对于实践中经常发生的，行为人为逃避义务，采取隐瞒、转移、变卖、赠送、毁损自己财产等方式而造成无法执行的，仍属于有能力执行，构成犯罪的，应以本罪处罚。行为人包括被执行人、协助执行义务人、担保人等负有执行义务的人。

三是要有拒不执行的行为。所谓拒不执行，是指对人民法院生效判决、裁定所确定的义务采取各种手段拒绝执行。既可以采取积极的作为，如转移、变卖、损毁执行标的等，也可以是消极的不作为，如对人民法院的判决、裁定置之不理；既可以是公开拒绝执行，也可以是暗地里拒绝执行。不论其方式如何，只要有能力执行而拒不执行，情节严重的，即可构成本罪。

四是必须达到情节严重的程度。情节尚不严重的，不能以犯罪处罚。根据全国人大常委会《关于〈中华人民共和国刑法〉第三百一十三条的解释》的规定，下列情形属于本条规定的"有能力执行而拒不执行，情节严重"的情形:(1)被执行人隐藏、转移、故意毁损财产或者无偿转让财产、以明显不合理的低价转让财产,致使判决、裁定无法执行的;(2)担保人或者被执行人隐藏、转移、故意毁损或者转让已向人民法院提供担保的财产,致使判决、裁定无法执行的;(3)协助执行义务人接到人民法院协助执行通知书后,拒不协助执行,致使判决、裁定无法执行的;(4)被执行人、担保人、协助执行义务人与国家机关工作人员通谋,利用国家机关工作人员的职权妨害执行,致使判决、裁定无法执行的;(5)其他有能力执行而拒不执行,情节严重的情形。2020年修正的最高人民法院《关于审理拒不执行判决、裁定刑事案件适用法律若干问题的解释》第二条对上述立法解释中"其他有能力执行而拒不执行,情节严重的情形"进一步作了明确,规定:负有执行义务的人有能力执行而实施下列行为之一的,应当认定为全国人民代表大会常务委员会关于刑法第三百一十三条的解释中规定的"其他有能力执行而拒不执行,情节严重的情形":(1)具有拒绝报告或者虚假报告财产情况、违反人民法院限制高消费及有关消费令等拒不执行行为,经采取罚款或者拘留等强制措施后仍拒不执行的;(2)伪造、毁灭有关被执行人履行能力的重要证据,以暴力、威胁、贿买方法阻止他人作证或者指使、贿买、胁迫他人作伪证,妨碍人民法院查明被执行人财产情况,致使判决、裁定无法执行的;(3)拒不交付法律文书指定交付的财物、票证或者拒不迁出房屋、退出土地,致使判决、裁定无法执行的;(4)与他人串通,通过虚假诉讼、虚假仲裁、虚假和解等方式妨害执行,致使判决、裁定无法执行的;(5)以暴力、威胁方法阻碍执行人员进入执行现场或者聚众哄闹、冲击执行现场,致使执行工作无法进行的;(6)对执行人员进行侮辱、围攻、扣押、殴打,致使执行工作无法进行的;(7)毁损、抢夺执行案件材料、执行公务车辆和其他执行器械、执行人员服装以及执行公务证件,致使执行工作无法进行的;(8)拒不执行法院判决、裁定,致使债权人遭受重大损失的。

五是本罪是特殊主体,主要是指有义务执行人民法院判决、裁定的当事人。根据民事诉讼法和司法解释的有关规定,对判决、裁定负有协助执行义务的个人和单位、担保人等,也可以成为本罪的主体。

关于国家机关工作人员利用职权妨害执行,致使判决、裁定无法执行的情形,根据全国人大常委会《关于〈中华人民共和国刑法〉第三百一十三条的解释》的规定,国家机关工作人员有利用职权妨害执行,致使判决、裁定无法执行的行为的,以拒不执行判决、裁定罪的共犯追究刑事责任。国家机关工作人员收受贿赂或者滥用职权,有上述行为的,同时又构成刑法第三百八十五条、第三百九十七条规定之罪的，依照处罚较重的规定定罪处罚。

第一款对拒不执行判决、裁定罪规定了两档刑罚，即情节严重的，处三年以下有期徒刑、拘役或者罚金；情节特别严重的，处三年以上七年以下有期徒刑，并处罚金。另外，根据最高人民法院《关于审理拒不执行判决、裁定刑事案件适用法律若干问题的解释》的规定，拒不执行判决、裁定刑事案件，一般由执行法院所在地人民法院管辖。量刑过程中，对拒不执行判决、裁定的被告人在一审宣告判决前，履行全部或部分执行义务的，可以酌情从宽处罚。拒不执行支付赡养费、扶养费、抚育费、抚恤金、医疗费用、劳动报酬等判决、裁定的，可以酌情从重处罚。

第二款是关于单位犯罪的规定。这里规定的"单位"，包括公司、企业、事业单位、机关、团体。根据本款规定，单位对人民法院的判决、裁定有能力执行而拒不执行，情节严重，构成犯罪的，对单位判处罚金，并对单位直接负责的主管人员和其他直接责任人员，依照第一款的规定处罚。

【实践中需要注意的问题】

关于本罪能否自诉。首先可以肯定的是，本条规定不是告诉才处理的案件，但是否属于刑事诉讼法规定的其他情形的自诉案件，存在不同认识。刑事诉讼法第二百一十条规定，"自诉案件包括下列案件：（一）告诉才处理的案件；（二）被害人有证据证明的轻微刑事案件；（三）被害人有证据证明对被告人侵犯自己人身、财产权利的行为应当依法追究刑事责任，而公安机关或者人民检察院不予追究被告人刑事责任的案件"。1998年最高人民法院、最高人民检察院、公安部、国家安全部、司法部、全国人大常委会法制工作委员会《关于刑事诉讼法实施中若干问题的规定》将拒不执行判决、裁定罪案件规定为公诉案件，2012年最高人民法院、最高人民检察院、公安部、国家安全部、司法部、全国人大常委会法制工作委员会《关于实施刑事诉讼法若干问题的规定》，对拒不执行判决、裁定罪是否属于公诉案件未作明确。2020年最高人民法院《关于审理拒不执行判决、裁定刑事案件适用法律若干问题的解释》第三条规定，申请执行人有证据证明同时具有下列情形，人民法院认为符合刑事诉讼法第二百一十条第三项规定的，以自诉案件立案审理：（1）负有执行义务的人拒不执行判决、裁定，侵犯了申请执行人的人身、财产权利，应当依法追究刑事责任的；（2）申请执行人曾经提出控告，而公安机关或者人民检察院对负有执行义务的人不予追究刑事责任的。也就是说可以提起自诉案件，同时自诉人在宣告判决前，可以同被告人自行和解或者撤回自诉。这也是考虑到解决人民法院判决、裁定执行难的情况所作的有针对性规定。

第三百一十四条 【非法处置查封、扣押、冻结的财产罪】

隐藏、转移、变卖、故意毁损已被司法机关查封、扣押、冻结的财产，情节严重的，处三年以下有期徒刑、拘役或者罚金。

【条文精解】

本条是关于非法处置查封、扣押、冻结的财产罪及其处刑的规定。

本条规定的犯罪对象是已被司法机关查封、扣押、冻结的财产。"查封"，是指被司法机关签封，这种签封应载明查封日期、查封单位并盖章。物品一经司法机关查封，未经查封机关批准不得私自开封、使用，更不得变卖、转移。"扣押"，是指司法机关因办案需要将与案件有关的物品暂时扣留。这种扣押，一般是将物品扣在司法机关，但一些大宗物品也可扣押在仓库等地。"冻结"，主要是指冻结与案件相关的资金帐户，刑事诉讼法第一百四十四条规定，人民检察院、公安机关根据侦查犯罪的需要，可以依照规定查询、冻结犯罪嫌疑人的存款、汇款、债券、股票、基金份额等财产。有关单位和个人应当配合。一旦冻结，不经依法解冻，该项资金不得私自使用，更不得转移。本条共规定了四种行为：(1)隐藏被司法机关查封、扣押的物品。(2)转移已被查封、扣押、冻结的财产。主要是指将已被查封、扣押的物品转移到他处，脱离司法机关的掌握，或者将已被冻结的资金私自取出或转移到其他帐户。(3)变卖已被司法机关查封、扣押的物品，即将已被查封、扣押的物品以各种形式卖给他人。(4)故意毁损已被司法机关查封、扣押的物品。这种"毁损"，是指使用破坏性手段使物品失去原貌，失去原来具有的使用价值和价值。上述四种行为，不论发生在刑事诉讼或民事、行政诉讼中，只要具有其中之一，情节严重的就可构成本罪。"情节严重"，主要是指隐藏、转移、变卖、故意毁损已被司法机关查封、扣押、冻结的财产，严重妨害了诉讼活动的正常进行或者使国家、集体、人民的利益遭受了重大损失。犯本罪的，处三年以下有期徒刑、拘役或者罚金。

【实践中需要注意的问题】

1.本条规定的隐藏、转移、变卖、故意毁损已被司法机关查封、扣押、冻结的财产的行为不仅限于刑事诉讼，也包括在民事、行政诉讼中的行为。

2.查封、扣押、冻结的财产是为保障刑事诉讼顺利进行而采取的措施，是一种程序性的过程中的措施，不是具有结局性的财产处置措施。因此，根据民事诉讼法、行政诉讼法、刑事诉讼法等有关规定，对查封、扣押、冻结的财产应当依法处置，不得损害当事人的合法权益。例如根据刑事诉讼法的相关规定：在侦查活动中，对与案件无关的财物、文件，不得查封、扣押，对查封、扣押的财物、文件，要妥善保管或者封存，不得使用、调换或者损毁，对查封、扣押的财物、文件、邮件、电报或者冻结的存款、汇款、债券、股票、基金份额等财产，经查明确实与案件无关的，应当在三日以内解除查封、扣押、冻结，予以退还；人民检察院决定不起诉的案件，应当同时对侦查中查封、扣押、冻结的财物解除查封、扣押、冻结。人民法院作出的判决，应当对查封、扣押、冻结的财物及其孳息作出处理；人民法院作出的判决生效以后，有关机关应当根据判决对查封、扣押、冻结的财物及其孳息进行处理。对查封、扣押、冻结的赃款赃物及其孳息，除依法返还被害人的以外，一律上缴国库。

第三百一十五条 【破坏监管秩序罪】
依法被关押的罪犯，有下列破坏监管秩序行为之一，情节严重的，处三年以下有期徒刑：
（一）殴打监管人员的；
（二）组织其他被监管人破坏监管秩序的；
（三）聚众闹事，扰乱正常监管秩序的；
（四）殴打、体罚或者指使他人殴打、体罚其他被监管人的。

【条文精解】

本条是关于破坏监管秩序罪及其处刑的规定。

根据本条规定，破坏监管秩序犯罪，是指依法被关押的罪犯，有下列破坏监管秩序行为之一，情节严重的行为：（1）殴打监管人员的；（2）组织其他被监管人破坏监管秩序的；（3）聚众闹事，扰乱正常监管秩序的；（4）殴打、体罚或者指使他人殴打、体罚其他被监管人的。"依法被关押的罪犯"，是指依照法定程序，经人民法院判决有罪并被判处剥夺人身自由的刑罚，送到监狱或者其他执行场所执行刑罚的罪犯。"破坏监管秩序"，是指以各种方式破坏对罪犯进行监管的工作正常进行。"殴打监管人员"，是指用拳脚、棍棒等对刑罚执行场所的人民警察及其他管理人员实施暴力打击、伤害的行为。1997年修订刑法由人民警察扩大到其他监管人员。"组织其他被监管人破坏监管秩序"，是指公开或者暗中授意、策动、指使其他被依法关押的罪犯违反监狱的纪律和管理秩序，不服从管理。"聚众闹事，扰乱正常监管秩序"，是指策动、纠集多名被监管人闹事，扰乱监狱的生产、生活等方面的正常秩序。"殴打、体罚或者指使他人殴打、体罚其他被监管人"，是指对其他被监管人进行殴打及身体上的折磨，或者指使被监管人对其他被监管人进行殴打及身体上的折磨。实施以上破坏监管秩序的行为，可以在监狱等执行场所，也可以在外出劳动作业的场所或者在押解途中。以上破坏监管秩序的行为，情节严重的才构成犯罪。所谓"情节严重"，是指多次实施上述破坏监管秩序行为的；实施上述破坏监管秩序行为造成严重影响的，造成严重后果的；等等。根据本条规定，对破坏监管秩序犯罪，处三年以下有期徒刑。根据刑事诉讼法第三百零八条的规定，对罪犯在监狱内犯罪的案件由监狱进行侦查。本罪由监狱负责侦查办理。

【实践中需要注意的问题】

1. 实施本条第四项殴打、体罚或者指使他人殴打、体罚其他被监管人的行为，同时构成故意伤害、故意杀人等其他犯罪的，应当从一重罪处罚。这一做法也体现在监管人员对被监管人员实施殴打行为的犯罪中，本法第二百四十八条作了明确规定："监狱、拘留所、看守所等监管机构的监管人员对被监管人进行殴打或者体罚虐待，情节严重的，处三年以下有期徒刑或者拘役；情节特别严重的，处三年以上十年以下有期徒刑。致人伤残、死亡的，依照本法第二百三十四条、第二百三十二条的规定定罪从重处罚。监管人员指使被监管人殴打或者体罚虐待其他被监管人的，依照前款的规定处罚。"

2. 需要研究的是，关于本罪的主体，是否包括在看守所羁押的犯罪嫌疑人、被告人。本条规定的主体是"依法被关押的罪犯"，一种观点认为，这里的罪犯就是指依照法定程序，经人民法院判决有罪并被判处剥夺人身自由的刑罚，送到监狱或者其他执行场所执行刑罚的罪犯。另一种观点认为，对这里的罪犯不应当作狭义的理解，对于刑事诉讼程序中依法被关押的犯罪嫌疑人、被告人也应当认定为本条的"罪犯"，否则对于这些人会形成处罚漏洞。首先可以肯定的是，本罪的主体不包括被执行行政拘留的人员。本法第三百一十六条规定的脱逃罪的主体、劫夺被押解人员罪的对象明确规定为罪犯、被告人、犯罪嫌疑人。此外，第四百条规定的私放在押人员罪、失职致使在押人员脱逃罪的对象明确规定包括"私放在押的犯罪嫌疑人、被告人或者罪犯"，"致使在押的犯罪嫌疑人、被告人或者罪犯脱逃"的情形，也明确列举了犯罪嫌疑人、被告人。本条没有列举犯罪嫌疑人、被告人，考虑的主要是惩治监狱等刑罚执行场所中发生的违反监规的严重行为，目的是保障监管工作秩序，更好地教育改造罪犯。

> **第三百一十六条**　【脱逃罪】【劫夺被押解人员罪】
> 　　依法被关押的罪犯、被告人、犯罪嫌疑人脱逃的，处五年以下有期徒刑或者拘役。
> 　　劫夺押解途中的罪犯、被告人、犯罪嫌疑人的，处三年以上七年以下有期徒刑；情节严重的，处七年以上有期徒刑。

【条文精解】

本条是关于脱逃罪、劫夺被押解人员罪及其处刑的规定。

本条共分两款。第一款是关于脱逃犯罪及处罚的规定。根据本条规定，脱逃罪，是指依法被关押的罪犯、被告人、犯罪嫌疑人脱逃的行为。这里所说的"依法被关押的罪犯"，是指经过法定程序，被人民法院定罪处刑并被关押的人；"依法被关押的被告人"，是指依照法定程序，被司法机关逮捕关押，正在接受人民法院审判的人；"依法被关押的犯罪嫌疑人"，是指依照法定程序，被司法机关拘留、逮捕，正在接受侦查、审查起诉的人。本条将依法被关押的被告人、犯罪嫌疑人也规定为本罪的主体，主要是为了维护看守所的秩序以及司法机关依法办案的权威和严肃性。被非法关押的人脱逃的，不构成本罪。对被错判徒刑的在服刑期间的"脱逃"行为，不以脱逃罪论罪判刑。所谓"脱逃"，是指行为人逃离司法机关的监管场所的行为。主要是指从监狱、看守所等监管场所逃跑，也包括在押解途中逃跑。根据本款规定，犯脱逃罪的，处五年以下有期徒刑或者拘役。需要注意的是，对脱逃罪判处的刑罚应当与前罪没有执行的刑罚依照本法第六十九条、第七十一条的规定予以并罚。根据2014年最高人民法院、最高人民检察院、公安部、司法部《关于监狱办理刑事案件有关问题的规定》，在押罪犯脱逃后未实施其他犯罪的，由监狱立案侦查，公安机关抓获后通知原监狱押回，监狱所在地人民检察院审查起诉。罪犯脱逃期间又实施其他犯罪，在捕回监狱前发现的，由新罪犯罪地公安机关侦查新罪，并通知监狱；监狱对脱逃罪侦查终结后移送管辖新罪的公安机关，由公安机关一并移送当地人民检察院审查起诉，人民法院判决后，送当地监狱服刑，罪犯服刑的原监狱应当配合。

第二款是关于劫夺押解途中的罪犯、被告人、犯罪嫌疑人的犯罪及处刑的规定。本罪在客观方面表现为行为人实施了劫夺押解途中的罪犯、被告人、犯罪嫌疑人的行为。这里的"劫夺",是指以暴力、威胁等手段,将罪犯、被告人、犯罪嫌疑人从司法机关工作人员的押解控制中夺走的行为。劫夺行为,有的针对押解人员实施,有的针对押解的车辆、船只等实施。本罪的犯罪对象是正在押解途中的罪犯、被告人、犯罪嫌疑人,劫夺的对象不是正在押解途中的,不构成本罪。根据本款规定,犯劫夺被押解人员罪的,处三年以上七年以下有期徒刑;情节严重的,处七年以上有期徒刑。所谓"情节严重",主要是指劫夺重刑犯或者重大案件的被告人、犯罪嫌疑人;多人进行劫夺或者劫夺多人的;持械劫夺的;社会影响恶劣的;造成严重后果的等。

第三百一十七条【组织越狱罪】【暴动越狱罪】【聚众持械劫狱罪】
组织越狱的首要分子和积极参加的,处五年以上有期徒刑;其他参加的,处五年以下有期徒刑或者拘役。
暴动越狱或者聚众持械劫狱的首要分子和积极参加的,处十年以上有期徒刑或者无期徒刑;情节特别严重的,处死刑;其他参加的,处三年以上十年以下有期徒刑。

【条文精解】

本条是关于组织越狱罪、暴动越狱罪、聚众持械劫狱罪及其处刑的规定。

本条共分两款。第一款是关于组织越狱罪及其处刑的规定。本罪在客观方面表现为有组织、有计划地从狱中逃跑的行为。所谓"组织越狱",是指在首要分子的组织、策划、指挥下,在押人员进行周密准备,选择一定的方法、手段和时机,实施集体从监狱、看守所逃跑,逃避依法继续关押或者执行刑罚的行为。组织越狱的犯罪行为,是聚众实施的犯罪。行为人单独实施越狱犯罪的,依照刑法第三百一十六条第一款脱逃罪的规定定罪处刑。本款所谓"首要分子",是指组织越狱犯罪的组织、策划、指挥者。所谓"积极参加的",是指主动、积极参加有组织的越狱犯罪或者在犯罪中起重要作用的人。所谓"其他参加的",是指在有组织的越狱犯罪中,除了首要分子和积极参加者以外的其他参加犯罪的人员。本款对有组织越狱犯罪,区分行为人在犯罪中的地位和作用大小,规定了不同的处刑:对首要分子和积极参加的,处五年以上有期徒刑;对其他参加的,处五年以下有期徒刑或者拘役。

第二款是关于暴动越狱罪、聚众持械劫狱罪及其处刑的规定。所谓"暴动越狱"，是指监狱、看守所中的被关押人，使用暴力手段，聚众逃跑的行为。这里的暴力手段主要有殴打、杀害监管人员或警卫人员；用暴力捣毁、破坏监狱设施；抢劫、抢夺枪支弹药；暴力冲闯监门等。这种暴动越狱一般都是有组织、有计划的行为，其行为方式除施加暴力外，其他与组织越狱相同，是从组织越狱罪中分离出来的一种更为严重的犯罪。所谓"聚众持械劫狱"，是指在首要分子的组织、策划、指挥下，使用棍棒、刀具、武器等，实施暴力抢走狱中、刑场上的罪犯、被告人、犯罪嫌疑人的行为。本条对暴动越狱犯罪、聚众持械劫狱犯罪的，区分行为人在实施犯罪中的地位、作用以及情节轻重，规定了不同的处刑：对首要分子和积极参加的，处十年以上有期徒刑或者无期徒刑；对情节特别严重的，处死刑；对其他参加的，处三年以上十年以下有期徒刑。"情节特别严重"，是指暴动越狱或者聚众劫狱造成特别严重后果的；行为手段特别残忍的；政治和社会影响特别恶劣的；等等。

第三节 妨害国（边）境管理罪

第三百一十八条 【组织他人偷越国（边）境罪】

组织他人偷越国（边）境的，处二年以上七年以下有期徒刑，并处罚金；有下列情形之一的，处七年以上有期徒刑或者无期徒刑，并处罚金或者没收财产：

（一）组织他人偷越国（边）境集团的首要分子；

（二）多次组织他人偷越国（边）境或者组织他人偷越国（边）境人数众多的；

（三）造成被组织人重伤、死亡的；

（四）剥夺或者限制被组织人人身自由的；

（五）以暴力、威胁方法抗拒检查的；

（六）违法所得数额巨大的；

（七）有其他特别严重情节的。

犯前款罪，对被组织人有杀害、伤害、强奸、拐卖等犯罪行为，或者对检查人员有杀害、伤害等犯罪行为的，依照数罪并罚的规定处罚。

【条文精解】

本条是关于组织他人偷越国（边）境罪及其处刑的规定及同时构成其他

犯罪时定罪处罚的规定。

本条共分两款。第一款是关于组织他人偷越国（边）境罪及其处刑的规定。所谓"组织他人偷越国（边）境"，是指未经办理有关出入国（边）境证件和手续，领导、策划、指挥他人偷越国（边）境或者在首要分子指挥下，实施拉拢、引诱、介绍他人偷越国（边）境等行为。所谓"国境"，是指我国与外国的国界；"边境"，是指我国大陆与港、澳、台地区的交界。本罪是故意犯罪，一般具有营利目的。本款规定的"组织他人偷越国（边）境集团的首要分子"，是指策划、领导、指挥、组织他人偷越国（边）境集团的犯罪分子。"多次组织他人偷越国（边）境或者组织他人偷越国（边）境人数众多的"，一般是指组织他人偷越国（边）境三次以上的；或者组织众多的人偷越国（边）境的，这里的"人数众多"，一般是指组织他人偷越国（边）境人数在十人以上。"造成被组织人重伤、死亡的"，是指在组织偷越国（边）境过程中，由于运输工具出现故障等原因导致伤亡事故或者导致被组织人自杀等，造成被组织人重伤、死亡后果的。"剥夺或者限制被组织人人身自由的"，是指采取强制方法对被组织人人身自由进行剥夺和限制的。在组织他人偷越国（边）境的过程中，行为人为防止被组织人逃跑，而采取种种措施加以防范，如对被组织人施以捆绑、将其关押在特定场所，采用给被组织人服用安眠药、催眠术等使被组织人失去知觉的方法，而加以禁闭，或者不允许被组织人自由活动、外出或上厕所等均需报告，并派人随时随地监视，等等。"以暴力、威胁方法抗拒检查的"，是指在组织他人偷越国（边）境犯罪活动过程中，遇到有关国家工作人员执行检查任务时，行为人采取暴力、威胁的方法，阻碍国家工作人员依法执行公务。行为人对边防、海关等依法执行检查任务的人员实施殴打、阻挠干涉或者以杀害、伤害、损害名誉等相要挟，阻止执法人员依法进行检查的行为。"违法所得数额巨大的"，是指以牟利为目的组织他人偷越国（边）境，获取巨大数额的利益的。"有其他特别严重情节的"，是指除以上六种情节以外，具有其他后果特别严重、手段特别残忍、影响特别恶劣等特别严重的情节。本款根据不同情节，规定了两档处刑：一是对一般的组织他人偷越国（边）境犯罪，处二年以上七年以下有期徒刑，并处罚金；二是对具有本款规定的七种严重情形之一的，处七年以上有期徒刑或者无期徒刑，并处罚金或者没收财产。

第二款是关于犯组织他人偷越国（边）境罪同时又有其他犯罪行为应当如何处罚的规定。根据本条规定，犯前款罪，对被组织人有杀害、伤害、强奸、拐卖等犯罪行为，或者对检查人员有杀害、伤害等犯罪行为的，按照组织他人偷越国（边）境罪、故意杀人罪、故意伤害罪、强奸罪、拐卖妇女、儿童罪等分别定罪量刑，然后再依照刑法第六十九条的规定实行数罪并罚。

【实践中需要注意的问题】

在组织他人偷越国（边）境的犯罪活动过程中，行为人以暴力威胁方法抗拒检查的，触犯组织他人偷越国（边）罪的规定外，还同时触犯了刑法第二百七十七条的规定，即此种情况下，行为人的行为已构成了组织他人偷越国（边）境罪和妨害公务罪两罪。

第三百一十九条【骗取出境证件罪】

以劳务输出、经贸往来或者其他名义，弄虚作假，骗取护照、签证等出境证件，为组织他人偷越国（边）境使用的，处三年以下有期徒刑，并处罚金；情节严重的，处三年以上十年以下有期徒刑，并处罚金。

单位犯前款罪的，对单位判处罚金，并对其直接负责的主管人员和其他直接责任人员，依照前款的规定处罚。

【条文精解】

本条是关于骗取出境证件罪及其处刑的规定。

本条共分两款。第一款是关于骗取出境证件罪及其处刑的规定。根据本款规定，骗取出境证件罪，是指以劳务输出、经贸往来或者其他名义，弄虚作假，骗取护照、签证等出境证件，为组织他人偷越国（边）境使用的行为。这里规定的"以劳务输出、经贸往来或者其他名义，弄虚作假，骗取护照、签证等出境证件"，是指本罪的犯罪对象是护照、签证等出境证件；本罪的行为方式是弄虚作假地以劳务输出、经贸往来或者其他名义向签发、管理机关骗取出境证件。"护照"，是指一个主权国家发给本国公民出入国境、在国外居留、旅行的合法身份证明和国籍证明；"签证"，是指一个主权国家同意外国人进入或经过该国国境而签署的一种许可证明。"为组织他人偷越国（边）境使用"，是指骗取护照、签证等出境证件的目的，必须是准备自己或者提供给别人进行组织他人偷越国（边）境犯罪使用。如果骗取护照、签证等出境证件，是为了本人或者他人出国，不是为组织他人偷越国（边）境使用的，不构成本罪。根据本款规定，犯骗取出境证件罪，处三年以下有期徒刑，并处罚金；情节严重的，处三年以上十年以下有期徒刑，并处罚金。所谓"情节严重"，根据最高人民法院、最高人民检察院《关于办理妨害国（边）境管理刑事案件应用法律若干问题的解释》的规定，主要指：(1)骗取出境证件五份以上的；(2)非法收取费用三十万元以上的；(3)明知是国家规定的不准出境的人员而为其骗取出境证件的；(4)其他情节严重的情形。

第二款是关于单位犯骗取出境证件罪的处罚规定。根据本款规定，单位犯本罪的，对单位判处罚金，并对直接负责的主管人员和其他直接责任人员，依照前款的规定处罚。"依照前款的规定处罚"，是指单位犯骗取出境证件罪，对其直接负责的主管人员和其他直接责任人员，处三年以下有期徒刑，并处罚金；情节严重的，处三年以上十年以下有期徒刑，并处罚金。

【实践中需要注意的问题】

1. 如果行为人仅为单个人骗取了出境证件，没有为组织他人偷越国（边）境使用的目的，或者在组织劳务输出、经贸活动中，由于管理不善，致使出国（边）境人员逃跑不回境的，不能以本罪论处，情节严重的，可以作为一般偷越国（边）境的共犯，或者其他犯罪处理。

2. 注意骗取出境证件罪的量刑幅度。本条对骗取出境证件罪规定了两个量刑幅度，具体为：(1)普通的骗取出境证件罪，处三年以下有期徒刑，并处罚金。(2)严重的骗取出境证件罪，处三年以上十年以下有期徒刑并处罚金。所谓情节严重，一般是指下列情节：骗取出境证件集团的首要分子；多次骗取出境证件的；提供伪造、变造的出入境证件或者出售出入境证件行为引起严重后果的，如引起他人自杀身亡，精神失常，或者使他人得以偷越国（边）境或者组织他人偷越国（边）境的，或者造成极为恶劣的国际影响，严重败坏我国国际形象和对外声誉的；为骗取出境证件拉拢、腐蚀国家机关工作人员的；等等。

第三百二十条 【提供伪造、变造的出入境证件罪】【出售出入境证件罪】

为他人提供伪造、变造的护照、签证等出入境证件，或者出售护照、签证等出入境证件的，处五年以下有期徒刑，并处罚金；情节严重的，处五年以上有期徒刑，并处罚金。

【条文精解】

本条是关于提供伪造、变造的出入境证件罪，出售出入境证件罪及其处刑的规定。

根据本条规定，为他人提供伪造、变造的出入境证件犯罪在客观上表现为实施为他人提供伪造、变造的出入境证件的行为。本条规定的"提供"，包括有偿提供和无偿提供，实践中一般是出于牟利为目的的有偿提供。本罪的行为特征是提供假的出入境证件，只要行为人实施了为他人提供伪造、变造的护照、签证等出入境证件的行为，不论该证件的来源和造成的后果如何，均不影响本罪的成立。如果行为人只有伪造、变造护照等出入境证件行为，没有向他人提供的，应当以刑法第二百八十条规定的伪造、变造国家机关证件罪定罪处罚。"出入境证件"，是指我国国（边）境的出境、入境证件，主要是护照、签证，还有回乡证等。

关于"伪造"的理解，所谓"伪造"是指非法制造虚假的出入境证件。所谓"变造"，是指在真实的出入境证件上采用涂改、擦消、揭换、拼接等方法予以加工、改造。随着全世界范围内非法移民浪潮的日益汹涌，从事组织、运送他人偷越国（边）境等与非法移民活动息息相关的其他犯罪活动，因其非法高额利润的诱惑，而呈加速蔓延之势。伪造、变造护照、签证等出入境证件就是其中之一。目前，有一些制造、伪造护照、签证等出入境证件的集团，他们以此为职业，以牟利为目的，研究各国护照、签证等出入境证件的特点和各国入出境检查制度、规定及方法，不断改进伪造技术手段由涂改证件项目、揭换相片或拆装护照等方法发展到伪造护照证等出入境证件。综合近年来各地口岸所查获的伪造证件案件，其伪造手段主要可分为全部伪造和局部伪造两大类型：（1）全部伪造护照、签证等出入境证件。即护照、签证等出境证件从排版印刷到装订成册完全是伪造的。还有使用将标识、印记、标记条码和签字加在护照和照片等骑缝处等方法。全部伪造的护照、签证等出入境证件在边防检查工作中并不多见。（2）局部伪造护照、签证等出入境证件。即在真护照、签证等出入境证件中造假，这种现象较为常见。其护照来源一是骗取；二是转让；三是盗窃；四是收买。伪造护照的手段，常见的主要有以下几种：（1）拼拆护照；（2）揭换照片；（3）涂改护照、证件项目。

本条规定的"出售"，即出卖，是指以牟利为目的，向他人有偿提供出入境证件。实践中，出售出入境证件的行为主要表现为一些犯罪分子收集、购买后再转卖护照等各种出入境证件，一些人将自己的护照、签证、回乡证等出入境证件非法出卖等。本罪行为人出售的出入境证件必须是国家有权机关制发的真实的出入境证件。至于出售的出入境证件是否在有效期内，不影响本罪的成立。

根据本条规定，提供伪造、变造的出入境证件罪和出售出入境证件罪，处五年以下有期徒刑，并处罚金；情节严重的，处五年以上有期徒刑，并处罚金。关于"情节严重"的理解，根据最高人民法院、最高人民检察院《关于办理妨害国（边）境管理刑事案件应用法律若干问题的解释》的规定，主要指：（1）为他人提供伪造、变造的出入境证件或者出售出入境证件五份以上的；（2）非法收取费用三十万元以上的；（3）明知是国家规定的不准出入境的人员而为其提供伪造、变造的出入境证件或者向其出售出入境证件的；（4）其他情节严重的情形。

第三百二十一条 【运送他人偷越国（边）境罪】

运送他人偷越国（边）境的，处五年以下有期徒刑、拘役或者管制，并处罚金；有下列情形之一的，处五年以上十年以下有期徒刑，并处罚金：

（一）多次实施运送行为或者运送人数众多的；

（二）所使用的船只、车辆等交通工具不具备必要的安全条件，足以造成严重后果的；

（三）违法所得数额巨大的；

（四）有其他特别严重情节的。

在运送他人偷越国（边）境中造成被运送人重伤、死亡，或者以暴力、威胁方法抗拒检查的，处七年以上有期徒刑，并处罚金。

犯前两款罪，对被运送人有杀害、伤害、强奸、拐卖等犯罪行为，或者对检查人员有杀害、伤害等犯罪行为的，依照数罪并罚的规定处罚。

【条文精解】

本条是关于运送他人偷越国（边）境罪及其处刑的规定。

本条共分三款。第一款是关于运送他人偷越国（边）境罪及其处罚的规定。本款规定的"运送"，主要是指用车辆、船只等交通工具将偷越国（边）境的人非法运送出入我国国（边）境的行为。行为人没有利用交通工具，如亲自带领他人通过隐蔽的路线偷越国（边）境的，也应当认定是运送他人偷越国（边）境的行为。本罪是故意犯罪，行为人多具有营利的目的，但是否具有营利目的，不是构成本罪的必要要件。对运送他人偷越国（边）境罪，本款根据情节轻重规定了两档处刑：对运送他人偷越国（边）境犯罪，处五年以下有期徒刑、拘役或者管制，并处罚金；对有本款规定的四种严重情形之一的，处五年以上十年以下有期徒刑，并处罚金。四种严重情形包括：一是多次实施运送行为或者运送人数众多的。所谓"多次实施运送行为"，一般是指三次或者三次以上实施运送行为；"人数众多"，一般是指运送十人以上偷越国（边）境的。二是所使用的船只、车辆等交通工具不具备必要的安全条件，足以造成严重后果的。主要是指所使用的船只、车辆等交通工具不符合基本的安全条件，足以造成船只沉没、车辆倾覆等事故的。三是违法所得数额巨大的。主要是指运送他人偷越国（边）境所得数额在20万元以上的。四是有其他特别严重情况的。主要是指造成的国际影响十分恶劣等特别严重情节的。

第二款是关于在运送他人偷越国（边）境中造成被运送人重伤、死亡，或者以暴力、威胁方法抗拒检查的犯罪及处刑的规定。这里规定的"造成被运送人重伤、死亡"，是指在运送他人偷越国（边）境中，因交通工具不具备必要的安全条件等各种原因，发生重伤、死亡事故，或者导致被运送人自伤、自杀等重伤、死亡后果的。"以暴力、威胁方法抗拒检查的"，是指在运送他人偷越国（边）境犯罪活动过程中，行为人对边防、海关等依法执行检查任务的人员实施殴打、阻挠干涉或者以杀害、伤害、损害名誉等相要挟，阻止执法人员依法进行检查的行为。根据本款规定，有本款犯罪行为的，处七年以上有期徒刑，并处罚金。

第三款是关于犯运送他人偷越国（边）境罪又有其他相关犯罪行为应当如何处罚的规定。根据本款规定，对被运送人有杀害、伤害、强奸、拐卖等犯罪行为，或者对检查人员有杀害、伤害等犯罪行为的，按照运送他人偷越国（边）境罪、故意杀人罪、故意伤害罪、强奸罪、拐卖妇女、儿童罪等分别定罪量刑，然后再依照刑法第六十九条的规定实行数罪并罚。

本条根据运送他人偷越国（边）境罪的不同情节和社会危害程度的不同，将运送他人偷越国（边）境罪的法定刑规定为两个刑罚幅度，即基本构成的运送他人偷越国（边）境罪和加重构成的运送他人偷越国（边）境罪两个量刑幅度。加重构成的运送他人偷越国（边）境罪较为复杂，其中又可以分为结果加重犯和情节加重犯两种情形。本条对基本构成和加重构成的运送他人偷越国（边）境罪的法定刑均规定了"并处罚金刑"。这是因为，运送他人偷越国（边）境罪的行为人主观上大多具有营利的目的，对这种贪利性质的犯罪的行为人在处以自由刑并科处适用罚金刑的同时，加大处罚力度，有效发挥刑罚适用的一般预防功能。

【实践中需要注意的问题】

1.执行中，要注意区分本条运送他人偷越国（边）境罪与组织他人偷越国（边）境罪的界限。主要区别在于行为人是否实施了组织行为。对于组织他人偷越国（边）境的行为人在实施组织他人偷越国（边）境犯罪行为的过程中又实施了运送行为的，应当根据从一重罪处罚的原则，以处罚较重的犯罪定罪处罚。

2.关于运送他人偷越国（边）境犯罪中的数罪并罚问题。如果在运送他人偷越国（边）境的犯罪分子时对被运送人有故意杀害、伤害、强奸、拐卖等犯罪行为，或者对检查人员有故意杀害、故意伤害等犯罪行为的，不能将其作为加重构成的运送他人偷越国（边）境罪进行处罚；而应根据运送他人偷越国（边）境罪的具体犯罪情节和社会危害程度不同，在相应的法定刑幅度即基本构成的法定刑幅度或者加重构成的法定刑幅度内，结合现行刑法第二百三十二条、第二百三十四条、第二百三十六条、第二百四十条的规定，分别与故意杀人罪、故意伤害罪、强奸罪、拐卖妇女、儿童罪实行数罪并罚。

3.关于运送他人偷越国（边）境犯罪中的牵连犯问题。在运送他人偷越国（边）境犯罪中，其犯罪的方法行为或结果行为往往可能又触犯其他罪名的犯罪，甚至在运送他人偷越国（边）境犯罪的预备阶段，行为人实施的预备行为也有可能触犯他罪名的犯罪。

第三百二十二条 【偷越国（边）境罪】

违反国（边）境管理法规，偷越国（边）境，情节严重的，处一年以下有期徒刑、拘役或者管制，并处罚金；为参加恐怖活动组织、接受恐怖活动培训或者实施恐怖活动，偷越国（边）境的，处一年以上三年以下有期徒刑，并处罚金。

【条文精解】

本条是关于偷越国（边）境罪及其处罚的规定。

对于"违反国（边）境管理法规"的理解。"违反国（边）境管理法规"，是指违反我国关于出入境管理的法律、法规规定。为了加强边境和出入境管理，我国制定了出境入境管理法、《中国公民因私事往来香港地区或者澳门地区的暂行管理办法》《出境入境边防检查条例》《外国人入境出境管理条例》等一系列法律、法规。同时，根据出境入境管理法第九十条的规定，同毗邻国家接壤的省、自治区，在经国务院批准后，也会根据中国与有关国家签订的边界管理协定制定地方性法规、地方政府规章，对两国（边）境接壤地区的居民往来作出规定。没有按照这些法律法规规定的条件、程序出入境，就会违反我国出入境管理的法律、法规。实施本罪的动机多种多样，不同的动机可能会影响其行为是否构成"情节严重"，同时也是确定刑罚轻重的一个因素。如果行为人不知道是我国国（边）境，没有偷越国（边）境的意图而误出或者误入国（边）境的，不构成本罪。

"情节严重"的理解。这里的"情节严重"是构成本罪的必要条件。对于偷越国（边）境的行为是否属于情节严重，应当根据行为人的犯罪动机、犯罪目的、客观手段、危害后果、偷越国（边）境的次数等因素予以全面分析，综合认定。对那些边民、渔民为探亲访友、赶集、过境作业等原因偶尔非法出入国（边）境；或者是为贪图省事而非法出入国（边）境，情节不严重的，以及因听信他人唆使，不知道偷越国（边）境是违法行为而偷越国（边）境等情况，一般不以犯罪论处。在国（边）境地区误出误入的，更不应作为偷越国（边）境罪处理。因此，必须严格把握情节一般的偷越国（边）境的违法行为与情节严重的偷越国（边）境犯罪行为间的界限，以便准确、有力地打击此类犯罪。至于偷越国（边）境的一般违法行为，可给予治安行政处罚或者批评教育，使其改正即可。2012年12月12日，最高人民法院、最高人民检察院联合发布了《关于办理妨害国（边）境管理刑事案件应用法律若干问题的解释》，根据该解释第五条的规定，偷越国（边）境，具有下列情形之一的，应当认定为刑法第三百二十二条规定的"情节严重"：（1）在境外实施损害国家利益行为的；（2）偷越国（边）境三次以上或者三人以上结伙偷越国（边）境的；（3）拉拢、引诱他人一起偷越国（边）境的；（4）勾结境外组织、人员偷越国（边）境的；（5）因偷越国（边）境被行政处罚后一年内又偷越国（边）境的；（6）其他情节严重的情形。其他情节严重的情形，可以根据犯罪的具体情况确定，如伪造证件的、在出入境过程中行凶殴打或者威胁边防执勤人员的。如果偷越国（边）境情节不严重的，不按照犯罪处理，应当依照出境入境管理法及其他相关的法律法规予以相应的处罚。根据本条规定，违反国（边）境管理法规，偷越国（边）境，情节严重的，处一年以下有期徒刑、拘役或者管制，并处罚金；为参加恐怖活动组织、接受恐怖活动培训或者实施恐怖活动，偷越国（边）境的，处一年以上三年以下有期徒刑，并处罚金。

反恐怖主义法对"恐怖活动组织"和"恐怖活动"的定义作了规定。根据反恐怖主义法第三条规定,"恐怖活动",是指恐怖主义性质的下列行为:(1)组织、策划、准备实施、实施造成或者意图造成人员伤亡、重大财产损失、公共设施损坏、社会秩序混乱等严重社会危害的活动的;(2)宣扬恐怖主义,煽动实施恐怖活动,或者非法持有宣扬恐怖主义的物品,强制他人在公共场所穿戴宣扬恐怖主义的服饰、标志的;(3)组织、领导、参加恐怖活动组织的;(4)为恐怖活动组织、恐怖活动人员、实施恐怖活动或者恐怖活动培训提供信息、资金、物资、劳务、技术、场所等支持、协助、便利的;(5)其他恐怖活动。"恐怖活动组织",是指三人以上为实施恐怖活动而组成的犯罪组织。这里所说的"接受恐怖活动培训",是指到境外学习恐怖主义思想、主张,接受心理、体能、实战训练或者培训制造工具、武器、炸弹等方面的犯罪技能和方法等。根据本条规定,为参加恐怖活动组织、接受恐怖活动培训或者实施恐怖活动,偷越国(边)境的,本身就是"情节严重"的行为,且应当判处更为严厉的第二档刑。

【实践中需要注意的问题】

在实践中,偷越国(边)境的手段和方法是多种多样的,有的是没有出入境证件在边防检查站蒙混过关的,有的是在陆上、海上没有设立边防检查站的地方靠车马、步行或者用船非法穿越国(边)境线的,有的是藏在进出国(边)境的飞机、船只、汽车或者集装箱、行李箱中穿越国(边)境的,有的是使用伪造、变造、涂改的出入境证件或者冒用他人的出入境证件的,有的是以虚假的出入境事由、隐瞒真实身份、冒用他人身份证件等方式骗取出入境证件或者用其他蒙骗方法和手段蒙混过关的。无论采取什么方法只要是实施了非法出入境行为的,都构成偷越国(边)境罪。

第三百二十三条 【破坏界碑、界桩罪】【破坏永久性测量标志罪】
故意破坏国家边境的界碑、界桩或者永久性测量标志的,处三年以下有期徒刑或者拘役。

【条文精解】

本条是关于破坏界碑、界桩罪,破坏永久性测量标志罪及其处刑的规定。

根据本条规定，破坏国家边境界碑、界桩犯罪和破坏永久性测量标志犯罪都是故意犯罪。如果行为人不知道是界碑、界桩或者永久性测量标志而将其破坏的，不能构成以上两种犯罪。所谓"破坏"，是指将界碑、界桩或者永久性测量标志砸毁、拆除、挖掉、盗走、移动或者改变其原样等，从而使其失去原有的意义和作用的行为。"国家边境的界碑、界桩"，是指我国政府与邻国按照条约规定或者历史上实际形成的管辖范围，在陆地接壤地区埋设的指示边境分界及走向的标志物。界碑和界桩没有实质的区别，只是形状不同。界碑、界桩涉及两国的领土范围问题，非经双方国家的一致同意，任何人不得擅自移动和破坏。"永久性测量标志"，是指国家测绘单位在全国各地进行测绘工作所建设的地上、地下或者水上的各种测量标志物，包括各等级的三角点、基线点、导线点、军用控制点、重力点、天文点、水准点的木质觇标、钢质觇标和标石标志，全球卫星定位控制点以及用于地形测量、工程测量和形变测量的各种固定标志和海底大地点设施，等等。永久性测量标志属于国家所有，是国家经济建设、国防建设和科学研究的基础设施。根据本条规定，对故意破坏界桩、界碑犯罪和故意破坏永久性测量标志犯罪，处三年以下有期徒刑或者拘役。

【实践中需要注意的问题】

1.应当指出的是，破坏界碑、界桩罪，无论行为人破坏的界碑、界桩是永久性的，还是临时性的，是钢筋水泥浇铸的，还是一般的木桩，均不影响本罪的成立；而破坏永久性测量标志罪，行为人破坏的必须是永久性的测量标志，如果破坏的是非永久性测量标志，如开挖河道、修建道路、铺设地下管道、建设房屋等临时设置的测量标志，则不能构成本罪。

2.尽管本条中没有明确需要情节严重才能构成本罪，但不能认为只要实施了破坏界碑、界桩或者永久性的测量标志的行为就必然要以犯罪论处，还要综合行为人的行为方式、动机、后果、社会影响等因素。如果是在依法执行公务活动中，如拆迁、修路、探测等活动过程中非故意破坏了界碑、界桩或者永久性的测量标志原则上不认为构成本罪。

第四节 妨害文物管理罪

> **第三百二十四条** 【故意损毁文物罪】【故意损毁名胜古迹罪】【过失损毁文物罪】
>
> 故意损毁国家保护的珍贵文物或者被确定为全国重点文物保护单位、省级文物保护单位的文物的,处三年以下有期徒刑或者拘役,并处或者单处罚金;情节严重的,处三年以上十年以下有期徒刑,并处罚金。
>
> 故意损毁国家保护的名胜古迹,情节严重的,处五年以下有期徒刑或者拘役,并处或者单处罚金。
>
> 过失损毁国家保护的珍贵文物或者被确定为全国重点文物保护单位、省级文物保护单位的文物,造成严重后果的,处三年以下有期徒刑或者拘役。

【条文精解】

本条是关于故意损毁文物罪、故意损毁名胜古迹罪、过失损毁文物罪及其处刑的规定。

本条共分三款。第一款是关于故意损毁文物的犯罪及其刑事处罚的规定。本条中的"珍贵文物",主要是指历史上各时代重要实物、艺术品、文献、手稿、图书资料、代表性实物等可移动文物。根据文物保护法和《文物藏品定级标准》的规定,文物分为一般文物和珍贵文物,珍贵文物主要包括:历史上各时代珍贵的艺术品、工艺美术品;重要的文献资料以及具有历史、艺术、科学价值的手稿和图书资料;反映历史上各时代、各民族社会制度、社会生产、社会生活的代表性实物。比如,玉石器、瓷器、金银器、雕塑、书法绘画、古砚、钱币、家具、邮品、档案文书、名人遗物等。根据其历史、艺术、科学价值,珍贵文物被分为一级文物、二级文物、三级文物。

根据 2005 年 12 月 29 日全国人大常委会《关于〈中华人民共和国刑法〉有关文物的规定适用于具有科学价值的古脊椎动物化石、古人类化石的解释》的规定,刑法有关文物的规定,适用于具有科学价值的古脊椎动物化石、古人类化石。这主要是因为,当时一些地方出现了走私、盗窃、损毁、倒卖、非法转让具有科学价值的古脊椎动物化石、古人类化石的严重违法行为,司法机关对于这些行为是否应当适用刑法有关文物犯罪的规定,出现了不同认识,建议全国人大常委会作出解释,予以明确。经研究认为:文物保护法第二条中明确规定,"具有科学价值的古脊椎动物化石和古人类化石同文物一样受国家保护"；我国加入的有关国际公约中对于文物的定义，也是包括化石在内的。据此，作出了立法解释，以明确走私、盗窃、损毁、倒卖、非法转让具有科学价值的古脊椎动物化石、古人类化石的行为适用刑法的有关规定。

"文物保护单位"，是指人民政府按照法定程序确定的，具有历史、艺术、科学价值的古文化遗址、古墓葬、古建筑、石窟寺、石刻、壁画、近代现代重要史迹和代表性建筑等不可移动的文物。根据文物保护法，文物保护单位分为全国重点文物保护单位，省级文物保护单位，市、县级文物保护单位，根据其级别分别由国务院、省级人民政府和市、县级人民政府核定公布。

"故意损毁"，指故意将国家保护的珍贵文物毁坏，将全国重点文物保护单位、省级文物保护单位的文物破坏的行为。"损毁"，是指捣毁、打碎、砸烂、涂抹、拆散、烧毁、刻划、污损等，使文物部分破损或者完全毁灭，部分或者完全失去文物价值的破坏行为。

根据第一款规定，对故意损毁国家保护的珍贵文物或被确定为全国重点文物保护单位、省级文物保护单位的文物的，处三年以下有期徒刑或者拘役，并处或者单处罚金；情节严重的，处三年以上十年以下有期徒刑，并处罚金。"情节严重的"，主要是指损毁特别珍贵的文物或者有特别重要价值的文物保护单位的文物；损毁多件或者多次损毁国家保护的珍贵文物，使之无法补救、修复；多次损毁或者损毁多处全国重点文物保护单位、省级文物保护单位的文物，使之灭失，难以恢复原状，给国家文物财产造成不可弥补的损失的情形等。损毁文物的情况比较复杂，主观动机和手段不同，破坏程度不同，造成的后果包括社会影响也不同，在具体案件办理中，应当根据刑法具体规定，按照罪责刑相适应的原则确定适当的刑罚。

第二款是关于故意损毁国家保护的名胜古迹的犯罪及其刑事处罚的规定。本款中的"名胜古迹"，是指可供人游览的著名的风景区以及虽未被人民政府核定公布为文物保护单位但具有一定历史意义的古建筑、雕塑、石刻等历史陈迹。根据2015年最高人民法院、最高人民检察院《关于办理妨害文物管理等刑事案件适用法律若干问题的解释》第四条的规定，风景名胜区的核心景区以及未被确定为全国重点文物保护单位、省级文物保护单位的古文化遗址、古墓葬、古建筑、石窟寺、石刻、壁画、近代现代重要史迹和代表性建筑等不可移动文物的本体，应当认定为"国家保护的名胜古迹"。若风景名胜区同时被确定为全国重点或者省级文物保护单位，或者风景名胜区内的物品、建筑、场所、遗址等被确定为国家保护的珍贵文物或被确定为全国重点文物保护单位、省级文物保护单位的文物的，其破坏风景名胜区或者风景名胜区内的文物的行为，则依照第一款定罪处罚。"情节严重"，一般是指多次损毁名胜古迹；损毁多处名胜古迹；损毁重要名胜古迹；损毁名胜古迹造成严重不良社会影响；致使名胜古迹严重损毁或者灭失等。根据本款规定，对故意损毁国家保护的名胜古迹，情节严重的，处五年以下有期徒刑或者拘役，并处或者单处罚金。

第三款是关于过失损毁文物的犯罪及其刑事处罚的规定。过失损毁国家保护的珍贵文物或者被确定为全国重点文物保护单位、省级文物保护单位的文物，主要是指因疏忽大意或者轻信能够避免，而致使珍贵文物或者全国重点文物保护单位、省级文物保护单位的文物遭到损毁。如在进行基建工程时，没有在施工前进行必要的调查和勘探，在施工中造成古文化遗址或古墓葬及珍贵文物的破坏等。过失损毁全国重点文物保护单位和省级文物保护单位或者国家保护的珍贵文物的，只有造成严重后果的才追究刑事责任。"造成严重后果"，主要是指被损毁的珍贵文物数量较大；造成二级以上珍贵文物损毁；损毁非常重要的文物保护单位的文物，使其无法恢复原状，给国家文物财产造成无法弥补的严重损失等。根据本款规定，对过失损毁文物的行为，造成严重后果的，处三年以下有期徒刑或者拘役。

【实践中需要注意的问题】

1.构成本条规定的犯罪，行为人主观上要存在故意或者过失。如果行为人由于不可抗拒或者不能预见的原因而导致珍贵文物损毁的，不能认定为犯罪。故意或者过失也反映了行为人的主观恶性和犯罪的严重程度。实践中要考虑其主观方面，确定不同的罪名和刑罚。对于故意损毁国家保护的珍贵文物或者被确定为全国重点文物保护单位、省级文物保护单位的文物的，无论是不是情节严重，是不是造成了严重后果，都要依法追究刑事责任，对于情节严重的，刑法也规定了更重的刑罚。对于过失损毁国家保护的珍贵文物或者被确定为全国重点文物保护单位、省级文物保护单位的文物的，考虑到其比故意犯罪的主观恶性更轻，刑罚规定了较故意犯罪更轻的刑罚，对于造成严重后果的，才依法追究相应的法律责任。

2.文物性质的认定，是进行定罪和确定刑罚的关键性因素。在根据本条判处有关犯罪时，应当根据文物的不同等级确定具体适用的罪名和确定刑罚。一般来说，损毁国家保护的珍贵文物或者被确定为全国重点文物保护单位、省级文物保护单位的文物的，比起损毁一般文物的行为要严重得多；损毁不属于国家重点保护的珍贵文物或者被确定为全国重点文物保护单位、省级文物保护单位的文物的，如果该物品、建筑、场所、遗址等属于风景名胜的，则可以依法按照故意损毁名胜古迹的犯罪进行处理。关于判断被损毁的文物是否属于珍贵文物，根据最高人民法院、最高人民检察院《关于办理妨害文物管理等刑事案件适用法律若干问题的解释》第十五条的规定，在行为人实施有关行为前，文物行政部门已对涉案文物及其等级作出认定的，可以直接对有关案件事实作出认定；对于难以确定的，可以由司法鉴定机构出具鉴定意见，或者由国务院文物行政部门指定的机构出具报告。

> **第三百二十五条**【非法向外国人出售、赠送珍贵文物罪】
> 　　违反文物保护法规，将收藏的国家禁止出口的珍贵文物私自出售或者私自赠送给外国人的，处五年以下有期徒刑或者拘役，可以并处罚金。
> 　　单位犯前款罪的，对单位判处罚金，并对其直接负责的主管人员和其他直接责任人员，依照前款的规定处罚。

【条文精解】

本条是关于将收藏的国家禁止出口的珍贵文物私自出售或者私自赠送给外国人的犯罪及处刑的规定。

本条共分两款。第一款是关于非法向外国人出售、赠送珍贵文物的犯罪及其刑事处罚的规定。这里的"违反文物保护法规"，是指关于文物保护的法律法规以及国家有关主管部门制定的各种规定，如文物保护法、《文物保护法实施条例》《文物进出境审核管理办法》等。这里的"禁止出口的珍贵文物"，是指国家有关主管部门规定禁止出口的珍贵文物。为了严格禁止具有重要价值的珍贵文物出口，文物保护法规定，文物出境，应当经国务院文物行政部门指定的文物进出境审核机构审核。经审核允许出境的文物，由国务院文物行政部门发给文物出境许可证，从国务院文物行政部门指定的口岸出境。2007年7月4日，国家文物局颁布的《文物进出境审核管理办法》规定，下列文物出境，应当经过审核：（1）1949年（含）以前的各类艺术品、工艺美术品；（2）1949年（含）以前的手稿、文献资料和图书资料；（3）1949年（含）以前的与各民族社会制度、社会生产、社会生活有关的实物；（4）1949年以后的与重大事件或著名人物有关的代表性实物；（5）1949年以后的反映各民族生产活动、生活习俗、文化艺术和宗教信仰的代表性实物；（6）国家文物局公布限制出境的已故现代著名书画家、工艺美术家作品；（7）古猿化石、古人类化石，以及与人类活动有关的第四纪古脊椎动物化石。文物出境审核标准，由国家文物局定期修订并公布。将国家禁止出口的珍贵文物私自出售、赠送外国人的，即可构成本罪。"私自出售或者私自赠送给外国人"，是指文物收藏者违反国家文物保护的有关规定，将收藏的禁止出口的珍贵文物出售或者赠送给不具有中国国籍的人，包括外国国籍人和无国籍人。这里的外国人，从防止国家禁止出口的珍贵文物流失境外的角度考虑，应当理解为单位或者个人。因为一旦将收藏的国家禁止出口的珍贵文物卖给或赠送给外国的单位或者个人，在很大程度上就会使该种珍贵文物流失到我国境外，这对我国来讲是一项文化财产的重大损失。因此，本条对将收藏的国家禁止出口的珍贵文物私自出售或者私自赠送给外国人的行为，规定了处五年以下有期徒刑或者拘役，可以并处罚金。这里规定了"可以并处罚金"的罚金刑，主要是考虑到犯此罪的行为人往往会因此获取一定的经济利益，这可以使行为人在经济方面受到惩罚。

第二款是关于单位将收藏的国家禁止出口的珍贵文物私自出售或者私自赠送给外国人的刑事处罚的规定。"单位犯前款罪"，是指国有的和非国有的博物馆、图书馆、纪念馆等单位，将收藏的国家禁止出口的珍贵文物，违反国家规定擅自卖给或赠送给外国人的行为。单位犯非法向外国人出售、赠送珍贵文物罪的，对单位判处罚金，并对其直接负责的主管人员和其他直接责任人员，依照第一款的规定处罚，即处五年以下有期徒刑或者拘役，可以并处罚金。这里需要加以说明的是，之所以禁止单位和公民将收藏的珍贵文物私自出售或者私自赠送给外国人，是因为国家从根本上禁止这类珍贵文物出口。现在日益多起来的非国有、个人的博物馆、纪念馆对所收藏的珍贵文物拥有所有权，按照一般财产所有权的理论，文物所有者对自己拥有的文物是有出售和赠予他人的权利的，但是，珍贵文物不是一般性的财产，而是一个民族、一个国家的文化遗产，国家要予以特殊保护。同时，根据联合国教育、科学及文化组织1970年在巴黎通过的《关于禁止和防止非法进出口文化财产和非法转让其所有权的方法的公约》规定（我国已于1989年加入该公约），珍贵文物属于文化财产。公约第六条规定，缔约国应发放适当证件，出口国将在证件中说明有关文化财产的出口已经过批准；除非附有上述出口证件，禁止文化财产从本国领土出口。公约还对缔约国应当通过一切适当手段禁止和防止非法进出口文化财产和非法转让其所有权作了规定。该公约对我国具有约束力。

【实践中需要注意的问题】

1.在司法适用中，应当把握好本罪与走私文物罪的界限。刑法第一百一十五条规定了走私国家禁止出口的文物罪，根据司法解释的有关规定，走私国家禁止出口一级、二级、三级珍贵文物的，走私文物的价值在五万元以上的，都应当依照走私文物罪予以惩罚。而依照本条规定，只有出售、赠送的是国家禁止出口的珍贵文物，才能构成本罪，出售、赠送的是国家禁止出口的一般文物的，不能构成此罪。走私文物罪主要是违反了海关的管理法规，将禁止出口的文物运输、携带出境；而非法向外国人出售、赠送珍贵文物的犯罪则并不要求文物出境。此外，本罪只规定了一个量刑档次，即处五年以下有期徒刑或者拘役，可以并处罚金，而走私文物罪则规定了三个量刑档次，最高可以处十年以上有期徒刑或者无期徒刑，并处没收财产。

2. 在司法适用中，还应当处理好本罪与非法出售、私赠文物藏品罪的关系。刑法第三百二十七条针对国有博物馆、图书馆等单位将国家保护的文物藏品出售或者私自送给非国有单位或者个人的行为规定了刑事责任，这与本条在一定情况下会存在法条竞合。如当国有博物馆、图书馆等单位将收藏的国家禁止出口的珍贵文物非法出售或者私赠给外国人时，就同时触犯了本罪和第三百二十七条规定的非法出售、私赠文物藏品罪两个罪名。此时，应当择一重罪予以处罚。

第三百二十六条【倒卖文物罪】
以牟利为目的，倒卖国家禁止经营的文物，情节严重的，处五年以下有期徒刑或者拘役，并处罚金；情节特别严重的，处五年以上十年以下有期徒刑，并处罚金。

单位犯前款罪的，对单位判处罚金，并对其直接负责的主管人员和其他直接责任人员，依照前款的规定处罚。

【条文精解】

本条是关于非法倒卖国家禁止经营的文物的犯罪及处刑的规定。

本条共分两款。第一款是关于倒卖文物的犯罪及其刑事处罚的规定。本罪侵犯了国家对文物的流通管制制度。"倒卖国家禁止经营的文物"，是指经营国家不允许自由买卖或者拍卖的文物，从中谋取利益的行为。既包括无权从事文物商业经营的单位或者个人倒卖国家禁止经营的文物，也包括具有从事文物商业经营权的文物商店或者拍卖企业，倒卖国家禁止经营的文物。根据现行的文物保护法，经营文物的商店应当经省、自治区、直辖市文物行政部门批准，拍卖企业经营文物拍卖的，也要取得省、自治区、直辖市文物行政部门颁发的文物拍卖许可证，拍卖的文物在拍卖前应当经省、自治区、直辖市文物行政部门审核，并报国务院文物行政部门备案。文物商店购买销售文物，拍卖企业拍卖文物，应当按照国家有关规定作出记录，并报省、自治区、直辖市文物行政部门备案。

我国允许文物收藏单位以外的公民、法人和其他组织依法收藏文物，收藏的文物可以依法流通，民间可以通过接受赠予，从文物商店购买，拍卖购买，交换或者购买他人合法所有的文物等方式获得文物，但这些文物都必须是依法可以流通的。"国家禁止经营的文物"的范围包括哪些呢？文物保护法对可以流通的文物以及不能买卖的文物作了规定。第五十条规定，文物收藏单位以外的公民、法人和其他组织可以收藏通过下列方式取得的文物：（1）依法继承或者接受赠与；（2）从文物商店购买；（3）从经营文物拍卖的拍卖企业购买；（4）公民个人合法所有的文物相互交换或者依法转让；（5）国家规定的其他合法方式。文物收藏单位以外的公民、法人和其他组织收藏的前款文物可以依法流通。第五十一条规定，公民、法人和其他组织不得买卖下列文物：（1）国有文物，但是国家允许的除外；（2）非国有馆藏珍贵文物；（3）国有不可移动文物中的壁画、雕塑、建筑构件等，但是依法拆除的国有不可移动文物中的壁画、雕塑、建筑构件等不属于文物保护法第二十条第四款规定的应由文物收藏单位收藏的除外；（4）来源不符合文物保护法第五十条规定的文物。根据文物保护法第五条规定，国有文物，即国家所有的文物，包括：（1）中华人民共和国境内地下、内水和领海中遗存的一切文物。（2）古文化遗址、古墓葬、石窟寺。（3）国家指定保护的纪念建筑物、古建筑、石刻、壁画、近代现代代表性建筑等不可移动文物，除国家另有规定的以外。（4）下列可移动文物：①中国境内出土的文物，国家另有规定的除外；②国有文物收藏单位以及其他国家机关、部队和国有企业、事业组织等收藏、保管的文物；③国家征集、购买的文物；④公民、法人和其他组织捐赠给国家的文物；⑤法律规定属于国家所有的其他文物。国有不可移动文物的所有权不因其所依附的土地所有权或者使用权的改变而改变，国家所有的可移动文物的所有权不因其保管、收藏单位的终止或者变更而改变。这些文物都是国家禁止经营的文物。

在认定"倒卖国家禁止经营的文物"时，根据2015年最高人民法院、最高人民检察院《关于办理妨害文物管理等刑事案件适用法律若干问题的解释》，出售或者为出售而收购、运输、储存国家禁止经营的文物的，都应当认定为"倒卖"，都应当依法追究刑事责任。

本条对倒卖文物罪规定了两档刑，即情节严重的，处五年以下有期徒刑或者拘役，并处罚金；情节特别严重的，处五年以上十年以下有期徒刑，并处罚金。"情节严重的"，是指以牟利为目的，倒卖国家禁止经营的文物，交易数额大，造成珍贵文物流失或者获取非法利益数额较大等情形。"情节特别严重的"，是指以牟利为目的，倒卖国家禁止经营的文物，造成国家特别珍贵的文物流失，造成大量珍贵文物流失或者获取非法利益数额巨大等情形。

第二款是关于单位以牟利为目的，倒卖国家禁止经营的文物，予以刑事处罚的规定。根据本款规定，单位犯该罪的，对单位判处罚金，同时对单位直接负责的主管人员和其他直接责任人员，依照第一款的规定处罚，即情节严重的，处五年以下有期徒刑或者拘役，并处罚金；情节特别严重的，处五年以上十年以下有期徒刑，并处罚金。

【实践中需要注意的问题】

1. 构成本罪，行为人主观上需要具有牟利的目的，若行为人主观上只是迫于生计而出售自己收藏的文物，或者只是将自己收藏的文物以其实际价值变现，本身并没有倒卖文物牟利的目的，则不构成本罪。这并不是说对其倒卖文物的违法行为不予处理，而是可以按照文物保护法等有关法律法规的规定处理。

2. 根据 2005 年 12 月全国人大常委会《关于〈中华人民共和国刑法〉有关文物的规定适用于具有科学价值的古脊椎动物化石、古人类化石的解释》的规定，刑法有关文物的规定，适用于具有科学价值的古脊椎动物化石、古人类化石。以牟利为目的，非法倒卖具有科学价值的古脊椎动物化石、古人类化石的，无论古脊椎动物化石是否与人类活动相关，情节严重的，都应当依照本条追究刑事责任。

第三百二十七条 【非法出售、私赠文物藏品罪】
违反文物保护法规，国有博物馆、图书馆等单位将国家保护的文物藏品出售或者私自送给非国有单位或者个人的，对单位判处罚金，并对其直接负责的主管人员和其他直接责任人员，处三年以下有期徒刑或者拘役。

【条文精解】

本条是关于国有单位非法将国家保护的文物藏品出售或者私自送给非国有单位或者个人的犯罪和刑罚的规定。

本条规定的主体是国有博物馆、图书馆等单位，个人不是本罪的主体。本条所指"违反文物保护法规"，是指违反文物保护法以及与文物保护有关的行政法规，如《文物保护法实施条例》等，这些规定中确立了收藏单位及其工作人员工作中应当遵守的原则和规范，对馆藏文物的保管、调取、调拨、出借、交换等都作了规定。

"国有博物馆、图书馆等单位",是指国家所有的博物馆、图书馆、纪念馆和文物考古事业机构等单位。我国是个历史悠久的文明古国,地上地下的文物都十分丰富,这是我国人民宝贵的财富,由国有博物馆、图书馆等单位对文物进行收藏管理,是保护文物,防止其毁坏和流失的一项重要措施和途径。这些国有单位收藏的文物,都是国家经过长期工作,逐渐搜集、整理积累起来的,具有非常重要的价值。国有博物馆、图书馆等文物收藏单位责任重大,必须恪尽职守,切实保护好这些文物,否则,将会给国家和人民利益造成严重的危害。我国文物保护法第五条中明确规定,国家机关、部队、国有企业、事业组织收藏、保管的文物,属于国家所有。国有博物馆、图书馆等单位对自己保管的文物藏品,有保管、使用或者因使用获得收益的权利,但没有所有权,没有出售和私自馈赠的权利。对于国有博物馆、图书馆等单位收藏、保管的文物的使用,包括调拨、展览、出借、交换等,文物保护法作了严格规定。根据文物保护法的规定,国有文物收藏单位之间因举办展览、科学研究等需借用馆藏文物的,应当报主管的文物行政部门备案;借用馆藏一级文物的,应当同时报国务院文物行政部门备案。非国有文物收藏单位和其他单位举办展览需借用国有馆藏文物的,应当报主管的文物行政部门批准;借用国有馆藏一级文物,应当经国务院文物行政部门批准。已经建立馆藏文物档案的国有文物收藏单位,经省、自治区、直辖市人民政府文物行政部门批准,并报国务院文物行政部门备案,其馆藏文物可以在国有文物收藏单位之间交换。国有文物收藏单位调拨、交换、出借文物所得的补偿费用,必须用于改善文物的收藏条件和收集新的文物,不得挪作他用;任何单位或者个人不得侵占。调拨、交换、借用的文物必须严格保管,不得丢失、损毁。文物保护法第四十四条还明确规定,禁止国有文物收藏单位将馆藏文物赠与、出租或者出售给其他单位、个人。非法将文物藏品出售或者私自送给非国有单位或者个人,侵犯了国家对文物藏品的管理秩序,同时也侵犯了国家对文物藏品的所有权。

"文物藏品"包括珍贵文物和一般文物。"非国有单位",指集体所有制的单位、私营企业、外商投资企业以及非国有的社会团体、事业组织等。这里的"出售",是指把文物藏品作为商品以一定的价格加以出卖的行为,"私赠",是指擅自将文物藏品无偿给予受赠人的行为。

根据本条规定,对于违反文物保护法律法规,将国有博物馆、图书馆等单位收藏的国家保护的文物藏品出售或者私自送给非国有单位或者个人的行为,对该国有博物馆、图书馆等单位判处罚金,并对该出售或私自馈赠行为负有直接责任的主管人员以及其他直接责任人员,处三年以下有期徒刑或者拘役。可见,本罪是单位犯罪,个人不能构成本罪。本罪实行的是双罚制,对单位和直接负责人员应当分别处罚。此外,根据 2015 年最高人民法院、最高人民检察院《关于办理妨害文物管理等刑事案件适用法律若干问题的解释》第七条的规定,上述单位违反文物保护法规,将其收藏或者管理的国家保护的文物藏品出售或者私自送给非国有单位或者个人的,依照本条追究刑事责任。

【实践中需要注意的问题】

在司法适用中,应当注意处理好本罪与非法向外国人出售、赠送文物藏品罪的关系。刑法第三百二十五条针对单位违反文物保护法规,将收藏的国家禁止出口的珍贵文物私自出售或者私自赠送给外国人的行为的刑事责任,这与本条在一定情况下会存在法条竞合。如当国有博物馆、图书馆等单位将收藏的国家禁止出口的珍贵文物非法出售或者私赠给外国人时,就同时触犯了本罪和第三百二十五条规定的非法向外国人出售、赠送珍贵文物罪两个罪名。此时,应当择一重罪予以处罚。

第三百二十八条【盗掘古文化遗址、古墓葬罪】【盗掘古人类化石、古脊椎动物化石罪】

盗掘具有历史、艺术、科学价值的古文化遗址、古墓葬的,处三年以上十年以下有期徒刑,并处罚金;情节较轻的,处三年以下有期徒刑、拘役或者管制,并处罚金;有下列情形之一的,处十年以上有期徒刑或者无期徒刑,并处罚金或者没收财产:

(一)盗掘确定为全国重点文物保护单位和省级文物保护单位的古文化遗址、古墓葬的;

(二)盗掘古文化遗址、古墓葬集团的首要分子;

(三)多次盗掘古文化遗址、古墓葬的;

(四)盗掘古文化遗址、古墓葬,并盗窃珍贵文物或者造成珍贵文物严重破坏的。

盗掘国家保护的具有科学价值的古人类化石和古脊椎动物化石的,依照前款的规定处罚。

【条文精解】

本条是关于盗掘古文化遗址、古墓葬罪和盗掘古人类化石、古脊椎动物化石罪及其刑事处罚的规定。

本条共分两款。第一款是关于盗掘古文化遗址、古墓葬的犯罪及其刑事处罚的规定。本条中的"盗掘",是指以出卖或者非法占有为目的,私自秘密发掘古文化遗址和古墓葬的行为。"古文化遗址",是指在人类历史发展中由古代人类创造并留下的表明其文化发展水平的地区,如周口店。"古墓葬",是指古代(一般指清代以前,包括清代)人类将逝者及其生前遗物按一定方式放置于特定场所并建造的固定设施。辛亥革命以后,与著名历史事件有关的名人墓葬、遗址和纪念地,也视同古墓葬、古遗址,受国家保护。

本条对盗掘古文化遗址、古墓葬的犯罪行为规定了三档刑罚。其中,对实施了盗掘具有历史、艺术、科学价值的古文化遗址、古墓葬行为的,处三年以上十年以下有期徒刑,并处罚金。对于情节较轻的,处三年以下有期徒刑、拘役或者管制,并处罚金。根据近年来打击盗掘古文化遗址、古墓葬犯罪的实际情况,本条具体规定了适用十年以上有期徒刑或者无期徒刑,并处罚金或者没收财产刑罚的四种情形:(1)盗掘确定为全国重点文物保护单位和省级文物保护单位的古文化遗址、古墓葬的。这里的"全国重点文物保护单位"有两种:一种是国家文物行政部门在各级文物保护单位中,直接指定并报国务院核定公布的单位;另一种是国家文物行政部门在各级文物保护单位中,选择出来的具有重大历史、艺术、科学价值并报国务院核定公布的单位。"省级文物保护单位",是指由省、自治区、直辖市人民政府核定并报国务院备案的文物保护单位。被确定为全国重点文物保护单位和省级文物保护单位的古文化遗址、古墓葬,在科学、历史、艺术等方面的价值是极高的。我国文物保护法规定,一切考古发掘工作,必须履行报批手续;从事考古发掘的单位,应当经国务院文物行政部门批准。地下埋藏的文物,任何单位或者个人都不得私自发掘。从事考古发掘的单位为了科学研究进行考古发掘,应当提出发掘计划,报国务院文物行政部门批准;对全国重点文物保护单位的考古发掘计划,应当经国务院文物行政部门审核后报国务院批准。国务院文物行政部门在批准或者审核前,应当征求社会科学研究机构及其他科研机构和有关专家的意见。上述古文化遗址、古墓葬一旦被盗掘,对国家文化财产造成的损失根本无法弥补,不处以重刑不具有威慑力。(2)盗掘古文化遗址、古墓葬集团的首要分子。"首要分子",是指在盗掘古文化遗址、古墓葬的集团犯罪活动中起组织、策划、指挥作用的犯罪分子。近年来,盗掘古文化遗址、古墓葬犯罪活动越来越集团化、职业化、高智能和高技术化,而且,盗掘往往与倒卖行为联合在一起,形成利益链条和犯罪网络。因此,严厉打击盗掘古文化遗址、古墓葬犯罪的首要分子很有必要。(3)多次盗掘古文化遗址、古墓葬的。"多次",一般是指三次以上。该项规定主要针对的是盗掘古文化遗址、古墓葬的惯犯。(4)盗掘古文化遗址、古墓葬,并盗窃珍贵文物或者造成珍贵文物严重破坏的。"盗窃珍贵文物",是指在盗掘中将珍贵文物据为己有的行为,这里将盗窃的文物限于"珍贵文物"。盗窃一般文物的不属于本项情节。盗掘行为与珍贵文物破坏的情况关系紧密,而且盗掘古文化遗址、古墓葬的目的,往往就是盗窃珍贵文物。所以,本款将上述行为规定为盗掘古文化遗址、古墓葬罪处重刑的情节。

第二款是关于盗掘国家保护的具有科学价值的古人类化石和古脊椎动物化石的犯罪及其刑事处罚的规定。化石是过去生物的遗骸或遗留下来的印迹,是指保存在各地质时期岩层中生物的遗骸和遗迹。"古脊椎动物化石",是指石化的古脊椎动物的遗骸或遗迹(主要指一万年以前埋藏地下的古爬行动物,哺乳动物和鱼类化石等)。"古人类化石",是指石化的古人类的遗骸或遗迹(主要指距今一万年前的直立人,早期、晚期智人的遗骸,如牙齿、头盖骨、骨骼)。这些古人类化石和古脊椎动物化石对研究人类发展史和自然科学具有重要意义。文物保护法规定对其保护适用文物保护的规定。根据《古人类化石和古脊椎动物化石保护管理办法》,古人类化石和古脊椎动物化石分为珍贵化石和一般化石,珍贵化石也分为一级、二级和三级,一、二、三级化石和一般化石的保护和管理,按照国家有关一、二、三级文物和一般文物保护管理的规定实施。"依照前款的规定处罚",是指盗掘国家保护的具有科学价值的古人类化石和古脊椎动物化石的,依照本条第一款规定的三档刑罚进行处罚。

第三百二十九条 【抢夺、窃取国有档案罪】【擅自出卖、转让国有档案罪】

抢夺、窃取国家所有的档案的,处五年以下有期徒刑或者拘役。

违反档案法的规定,擅自出卖、转让国家所有的档案,情节严重的,处三年以下有期徒刑或者拘役。

有前两款行为,同时又构成本法规定的其他犯罪的,依照处罚较重的规定定罪处罚。

【条文精解】

本条是关于抢夺、窃取国家档案以及擅自出卖、转让国家所有档案的犯罪及其处罚的规定。

本条共分三款。第一款是关于抢夺、窃取国家所有的档案的犯罪及其刑事处罚的规定。"档案",是指过去和现在的机关、团体、企业事业单位和其他组织以及个人从事经济、政治、文化、社会、生态文明、军事、外事、科技等方面活动直接形成的对国家和社会具有保存价值的各种文字、图表、声像等不同形式的历史记录。"国家所有的档案",是指具有重要保存价值,由国家具有所有权及处置权的档案。"抢夺"国家所有的档案,是指以非法占有为目的,公然夺取国家所有的档案。"窃取"国家所有的档案,是指以非法占有为目的,秘密取得国家所有的档案。本款规定对抢夺、窃取国家所有的档案的犯罪行为,处五年以下有期徒刑或者拘役。

第二款是关于违反档案法的规定,擅自出卖、转让国家所有的档案犯罪的刑事处罚的规定。我国档案法第二十三条规定,禁止买卖属于国家所有的档案。档案复制件的交换、转让,按照国家规定办理。"擅自出卖、转让国家所有的档案"实际上是改变了档案的所有权,并且这也意味着国家所有的档案随时有可能被公布。国家所有的档案,是涉及国家和社会有重要保存价值的历史记录,不适当的公布会造成不良的后果。本款规定,对擅自出卖、转让国家所有的档案,情节严重的,处三年以下有期徒刑或者拘役。

第三款是关于抢夺、窃取国家所有的档案,或者违反档案法的规定,擅自出卖、转让国家所有的档案的行为,同时又构成本法规定的其他罪行如何处罚的规定。比如,抢夺、盗窃的档案属于文物或者国家秘密的情况。档案法对涉及国家秘密的档案的管理和利用作了规定,当行为人窃取国家所有的档案,以获得国家秘密,向境外提供的,会同时构成为境外窃取国家秘密罪和窃取国有档案罪,在这种情况下,应当依照处罚较重的规定定罪处罚。根据文物保护法的规定,文物包括历史上各时代重要的文献资料以及具有历史、艺术、科学价值的手稿和图书资料等,某些文献资料可能既是国有档案,又是文物。行为人向外国人出卖国有档案的,可能会同时构成非法向外国人出售珍贵文物罪和擅自出卖国有档案罪,在这种情况下,也应当依照处罚较重的规定定罪处罚。

【实践中需要注意的问题】

1.刑法虽然将关于档案的犯罪放在妨害文物管理罪一节,这并不是说档案都属于文物,档案中只有一部分属于文物,即历史上各时代重要的文献资料以及具有历史、艺术、科学价值的手稿和图书资料等才属于文物。具体应当由有关部门或者鉴定机构依据《文物藏品定级标准》予以认定。

2.擅自出售、转让国有档案罪没有规定单位犯罪,根据2014年4月全国人民代表大会常务委员会《关于〈中华人民共和国刑法〉第三十条的解释》的规定,若档案馆等单位实施擅自出售、转让国有档案的行为的,由组织、策划、实施该行为的人依法承担刑事责任。

第五节　危害公共卫生罪

第三百三十条　【妨害传染病防治罪】

违反传染病防治法的规定,有下列情形之一,引起甲类传染病以及依法确定采取甲类传染病预防、控制措施的传染病传播或者有传播严重危险的,处三年以下有期徒刑或者拘役;后果特别严重的,处三年以上七年以下有期徒刑:

（一）供水单位供应的饮用水不符合国家规定的卫生标准的;

（二）拒绝按照疾病预防控制机构提出的卫生要求,对传染病病原体污染的污水、污物、场所和物品进行消毒处理的;

（三）准许或者纵容传染病病人、病原携带者和疑似传染病病人从事国务院卫生行政部门规定禁止从事的易使该传染病扩散的工作的;

（四）出售、运输疫区中被传染病病原体污染或者可能被传染病病原体污染的物品,未进行消毒处理的;

（五）拒绝执行县级以上人民政府、疾病预防控制机构依照传染病防治法提出的预防、控制措施的。

单位犯前款罪的,对单位判处罚金,并对其直接负责的主管人员和其他直接责任人员,依照前款的规定处罚。

甲类传染病的范围,依照《中华人民共和国传染病防治法》和国务院有关规定确定。

【条文精解】

本条是关于妨害传染病防治罪及其刑罚的规定。

甲类传染病以及依法确定采取甲类传染病预防、控制措施的传染病是对人类健康具有极大危害的疾病，具有传播快、防控难、危害大等特点，严重危害人民群众的身体健康。防止甲类传染病以及依法确定采取甲类传染病预防、控制措施的传染病传播，对于保护和改善人民生活环境和生态环境，维护社会管理秩序，具有重大意义。任何单位和个人都要严格按照传染病防治法的有关规定执行。对于违反传染病防治法规定，引起甲类传染病以及依法确定采取甲类传染病预防、控制措施的传染病传播严重危险的应当判处刑罚。1997年修订刑法时，与1989年传染病防治法的规定相衔接，规定了妨害传染病防治罪。

2020年《刑法修正案（十一）》对本条作了修改：一是将本条规定的传染病的种类由"甲类传染病"修改为"甲类传染病以及依法确定采取甲类传染病预防、控制措施的传染病"。二是与传染病防治法相衔接，在"后果特别严重的"情形中增加一项作为第四项"出售、运输疫区中被传染病病原体污染或者可能被传染病病原体污染的物品，未进行消毒处理的"。三是根据有关方面的意见，将"后果特别严重的"情形中原第四项改为第五项，同时将"卫生防疫机构"修改为"县级以上人民政府、疾病预防控制机构"。四是将"后果特别严重的"情形中第二项中"卫生防疫机构"修改为"疾病预防控制机构"，将"粪便"修改为"场所和物品"。这样修改的主要考虑：一是充分总结新冠肺炎疫情暴发后的实践经验。2020年初，新冠肺炎疫情突袭而至，面对前所未知的新型传染疾病，我们秉持科学精神、科学态度，把遵循科学规律贯穿到决策指挥、病患治疗、技术攻关和社会治理的各方面全过程，为顺利控制和战胜疫情奠定了坚实基础。在抗疫实践中，积累了许多有益的经验，也暴露出一定的问题，如个别地方出现一些行为人拒绝执行县级以上人民政府、疾病预防控制机构提出的防控措施，引起新型冠状病毒传播或者有传播严重危险的情况。针对这些情况，需要修改刑法作出回应。二是进一步与传染病防治法的有关规定相衔接。

本条分为三款，第一款是关于妨害传染病防治罪及其刑罚的规定。本条中的"传染病"，是指由于致病性微生物，如细菌、病毒、螺旋体、寄生虫等侵入人体，发生使人体健康受到某种损害以致危及生命的疾病。传染病种类很多，可通过不同方式或直接或间接地传播，造成人群中传染病的扩散、发生或流行。"甲类传染病"依据传染病防治法的第三条规定，是指鼠疫、霍乱。依据《国际卫生条例》的统一规定，世界卫生组织将鼠疫、霍乱和黄热病三种烈性传染病为国际检疫传染病，一经发现，必须及时向世界卫生组织通报。我国境内没有黄热病。因此只将鼠疫、霍乱列为甲类传染病。"依法确定采取甲类传染病预防、控制措施的传染病",根据传染病防治法第四条第一、二款规定,"对乙类传染病中传染性非典型肺炎、炭疽中的肺炭疽和人感染高致病性禽流感,采取本法所称甲类传染病的预防、控制措施。其他乙类传染病和突发原因不明的传染病需要采取本法所称甲类传染病的预防、控制措施的,由国务院卫生行政部门及时报经国务院批准后予以公布、实施。需要解除依照前款规定采取的甲类传染病预防、控制措施的,由国务院卫生行政部门报经国务院批准后予以公布"。2019年底2020年初,新冠肺炎疫情暴发后,经国务院批准,将新型冠状病毒感染的肺炎纳入乙类传染病,并采取甲类传染病的预防、控制措施,对于拒绝执行卫生防疫机构依照传染病防治法提出的防控措施,引起新型冠状病毒传播或者有传播严重危险的,可以妨害传染病防治罪定罪处罚。

根据第一款规定,违反传染病防治法的规定,引起甲类传染病以及依法确定采取甲类传染病预防、控制措施的传染病传播或者有传播严重危险,有下列情形之一的,构成妨害传染病防治罪:

其一,"供水单位供应的饮用水不符合国家规定的卫生标准的"。其中"供水单位"主要指城乡自来水厂和厂矿、企业、学校、部队等有自备水源的集中式供水单位。目前我国城乡的主要饮用水源是集中式。"国家规定的卫生标准"主要指《中华人民共和国传染病防治法实施办法》(以下简称《实施办法》)和《生活饮用水卫生标准(GB5749—2006)》中规定的卫生标准。《实施办法》对集中式供水的卫生标准规定"集中式供水必须符合国家《生活饮用水卫生标准(GB5749—2006)》"。该标准对饮用水的细菌学、化学、毒理学指标和感官性状指标等都作了具体规定,是必须执行的强制性卫生标准。为了防止污染城乡自来水厂的集中式供水,《实施办法》还规定"各单位自备水源,未经城市建设部门和卫生行政部门批准,一般不得与城镇集中式供水系统连接"。

其二,"拒绝按照疾病预防控制机构提出的卫生要求,对传染病病原体污染的污水、污物、场所和物品进行消毒处理的"。本项中的"疾病预防控制机构"是政府举办的实施疾病预防控制与公共卫生技术管理和服务的公益事业单位。根据原卫生部有关规定,国家和省级疾病预防控制机构以宏观管理、业务指导、科研培训和质量控制为主。参与国家和省级疾病预防控制和公共卫生相关法规、规章、标准以及规划、方案和技术规范的制订;实施重大疾病预防策略与措施;提供国家和省级的公共卫生检测与信息服务;确定重大公共卫生问题,组织调查处理重大疫情、群体不明原因疾病和突发公共卫生事件；受国务院和省级卫生行政部门认定，开展健康相关产品检测与评价；开展疾病预防控制研究，解决重大技术问题；负责中高级人员技术培训；承担对下级机构的业务考核。计划单列市、地市级疾病预防控制机构在上级疾病预防控制机构的指导下，承担较大公共卫生突发事件和救灾防病等问题的调查处理和技术支持；承担一定的科研工作；组织指导、考核下级疾病预防控制机构的工作，培训中、初级专业技术和管理人员；协助和配合上级开展相关工作。县级疾病预防控制机构在上级疾病预防控制机构的指导下，负责辖区疾病预防控制具体工作的管理与组织落实。负责疾病预防控制、监测检验、健康教育和健康促进、公共卫生从业人员体检和培训、卫生学评价等工作；承担传染病流行、中毒、污染等公共卫生突发事件和救灾防病等问题的调查处理；组织指导社区卫生服务和医院防保组织开展卫生防病工作，负责培训初级专业技术人员；协助和配合上级业务部门开展应用性科研和其他相关工作。

传染病防治法第二十七条规定，对被传染病病原体污染的污水、污物、场所和物品，有关单位和个人必须在疾病预防控制机构的指导下或者按照其提出的卫生要求，进行严格消毒处理；拒绝消毒处理的，由当地卫生行政部门或者疾病预防控制机构进行强制消毒处理。对被传染病病原体污染的污水、污物、场所和物品按规定要求进行严格消毒处理，目的是切断传播途径以控制或者消灭传染病。"消毒处理"，指对传染病病人的排污所污染的以及因其他原因被传染病病原体所污染的环境、物品、空气、水源和可能被污染的物品、场所等都要同时、全面、彻底地进行消毒，即用化学、物理、生物的方法杀灭或者消除环境中的致病性微生物，达到无害化。例如，对鼠疫疫区进行的雨淋喷雾消毒、灭蚤和杀鼠。甲类传染病中鼠疫耶尔森氏菌侵入人体的途径是多样的，被感染的病人，由于病变的部位不同、病菌向外界排出的途径也不同，其对外界环境的污染范围是广泛而严重的。因此，为消除鼠疫、霍乱病人的排泄物对外界环境的污染，病人家属、单位必须无条件地接受卫生防疫机构提出的卫生要求。这样做有利于保护病人及周围人群的健康，任何个人和单位不得拒绝。

其三，"准许或者纵容传染病病人、病原携带者和疑似传染病病人从事国务院卫生行政部门规定禁止从事的易使该传染病扩散的工作的"。"准许"，指传染病病人、病原携带者和疑似传染病病人的所在单位领导人员或主管人员明知某人为传染病病人、病原携带者和疑似传染病病人，仍批准其从事易使该传染病扩散的工作；或者明知上述传染病病人、病原携带者和疑似传染病病人违反规定从事易使传染病扩散的工作，而未采取调离其工作等措施，默许其继续从事易使传染病扩散的工作。但是，对于不知道该人为患病者或病原携带者和疑似传染病病人而同意其从事易使传染病扩散的工作的，不能视为本条规定的"准许"。"纵容"，指传染病病人、病原携带者和疑似传染病病人所在单位的领导人员和主管人员，明知其违反规定从事易使传染病扩散的工作，不仅不采取措施，而且为其提供方便条件，或听之任之放纵其继续从事这一工作。"传染病病人、疑似传染病病人"，是指根据国务院卫生行政部门发布的《〈中华人民共和国传染病防治法〉规定管理的传染病诊断标准（试行）》中规定的，符合传染病病人和疑似传染病病人诊断标准的人，如乙型肝炎患者。"病原携带者"，指感染原体无临床症状但能排出病原体的人。传染病病人、病原携带者和疑似传染病病人都能随时随地通过多种途径向外界环境排出和扩散该病的致病性微生物，而有可能感染接触过他们的健康人，造成该种传染病的传播。因此，必须根据不同病种限制他们的活动，规定他们患病或携带病原期间，不得从事某些易使该种传染病扩散的工作。根据国务院卫生行政部门的有关规定，上述传染病病人、病原携带者不得从事易使传染病扩散的工作，主要有以下几类：(1)饮用水的生产、管理、供应等工作；(2)饮食服务行业的经营、服务等工作；(3)托幼机构的保育、教育等工作；(4)食品行业的生产、加工、销售、运输及保管等工作；(5)美容、整容等工作；(6)其他与人群接触密切的工作。

其四，"出售、运输疫区中被传染病病原体污染或者可能被传染病病原体污染的物品，未进行消毒处理的"。这样规定，目的是防止传染病的进一步扩散。这里的"物品"必须同时符合以下条件：一是疫区中的物品，这里的"疫区"，是指依照有关法律法规划定和公布的传染病发生区。二是被传染病病原体污染或可能被传染病病原体污染。一般是指传染病病人或疑似传染病病人及病原携带者直接使用过或接触过的旧衣物和生活用品，也可能是染疫动物的皮毛，这些都极易传播传染病。三是没有进行消毒处理，即对于上述被传染病病原体污染或者可能污染的物品，没有采用化学、物理、生物的方法杀灭或者消除了病原微生物。只有出售、运输符合上述条件的物品，才能符合本项规定。对此，传染病防治法也有相关规定，该法第四十七条规定，疫区中被传染病病原体污染或者可能被传染病病原体污染的物品，经消毒可以用的，应当在当地疾病预防控制机构的指导下，进行消毒处理后，方可使用、出售和运输。刑法本项的规定也与传染病防治法的上述规定相衔接。

其五，"拒绝执行县级以上人民政府、疾病预防控制机构依照传染病防治法提出的预防、控制措施的"。这里的"预防、控制措施",是指县级以上人民政府、疾病预防控制机构根据预防传染的需要采取的措施。主要包括:(1)对甲类传染病以及依法确定采取甲类传染病预防、控制措施的传染病病人和病原携带者,予以隔离治疗或对严重发病区采取隔离措施;(2)对疑似甲类传染病以及依法确定采取甲类传染病预防、控制措施的传染病病人,在明确诊断前,在指定场所进行医学观察;(3)对传染病人禁止从事与人群接触密切的工作;(4)对易感染人畜共患传染病的野生动物,未经当地或者接收地的政府畜牧兽医部门检疫,禁止出售或者运输;(5)对从事传染病预防、医疗、科研、教学的人员预先接种有关接触的传染病疫苗;(6)执行职务时穿防护服装;(7)对传染病病人、病原携带者、疑似传染病人污染的场所、物品和密切接触的人员,实施必要的卫生处理和预防措施等。在新冠肺炎疫情期间,如果行为人拒绝执行县级以上人民政府、疾病预防控制机构依法提出的隔离观察等防控措施,即可以认定为符合本项规定。

依照本条规定,违反传染病防治法的规定,实施本条第一款规定的五项行为之一,引起甲类传染病以及依法确定采取甲类传染病预防、控制措施的传染病传播或者有传播严重危险的,处三年以下有期徒刑或者拘役;后果特别严重的,处三年以上七年以下有期徒刑。"后果特别严重的",主要指造成众多的人感染甲类传染病以及依法确定采取甲类传染病预防、控制措施的传染病、多人死亡等特别严重后果的。

第二款是对单位违反传染病防治法的规定引起甲类传染病传播或者有传播严重危险的犯罪及其刑事处罚的规定。"单位犯前款罪的",是指单位违反传染病防治法的有关规定,有本条第一款所列的五项行为之一,引起甲类传染病以及依法确定采取甲类传染病预防、控制措施的传染病传播或者有传播严重危险的犯罪行为。单位犯前款罪的,对单位判处罚金,并对单位直接负责的主管人员和其他直接责任人员,依照第一款规定处刑,即处三年以下有期徒刑或者拘役;后果特别严重的,处三年以上七年以下有期徒刑。

第三款是关于甲类传染病的范围如何确定的规定。依照本款规定,甲类传染病的范围,依照传染病防治法和国务院有关规定确定。

【实践中需要注意的问题】

实际执行中应当注意本罪与其他犯罪的界限问题。传播包括新型冠状病毒感染肺炎病原体在内的突发传染病病原体既有可能构成以危险方法危害公共安全罪,也可能构成妨害传染病防治罪。参照相关司法解释的规定,故意传播包括新型冠状病毒感染肺炎病原体在内的突发传染病病原体，危害公共安全的，应当依照刑法第一百一十四条、第一百一十五条第一款的规定，以危险方法危害公共安全罪定罪处罚。如已经确诊的新型冠状病毒感染肺炎病人、病原携带者，拒绝隔离治疗或者隔离期未满擅自脱离隔离治疗，并进入公共场所或者公共交通工具的；新型冠状病毒感染肺炎疑似病人拒绝隔离治疗或者隔离期未满擅自脱离隔离治疗，并进入公共场所或者公共交通工具，造成新型冠状病毒传播的。对于其他拒绝执行卫生防疫机构依照传染病防治法提出的防控措施，引起新型冠状病毒传播或者有传播严重危险的，依照刑法第三百三十条的规定，以妨害传染病防治罪定罪处罚。

第三百三十一条　【传染病菌种、毒种扩散罪】

从事实验、保藏、携带、运输传染病菌种、毒种的人员，违反国务院卫生行政部门的有关规定，造成传染病菌种、毒种扩散，后果严重的，处三年以下有期徒刑或者拘役；后果特别严重的，处三年以上七年以下有期徒刑。

【条文精解】

本条是关于有关人员违反规定，造成传染病菌种、毒种扩散的犯罪和刑罚的规定。

本条规定的犯罪主体是"从事实验、保藏、携带、运输传染病菌种、毒种的人员"。"从事实验、保藏、携带、运输传染病菌种、毒种的人员"，是指因工作需要而接触传染病菌种、毒种，从而负有特定义务的人员。其中，"传染病菌种、毒种"主要包括三类：一类包括鼠疫耶尔森氏菌、霍乱弧菌、天花病毒、艾滋病病毒；二类包括布氏菌、炭疽菌、麻风杆菌；肝炎病毒、狂犬病毒、出血热病毒、登革热病毒；斑疹伤寒立克次体；三类包括脑膜炎双球菌、链球菌、淋病双球菌、结核杆菌、百日咳嗜血杆菌、白喉棒状杆菌、沙门氏菌、志贺氏菌、破伤风梭状杆菌；钩端螺旋体、梅毒螺旋体；乙型脑炎病毒、脊髓灰质炎病毒、流感病毒、流行性腮腺炎病毒、麻疹病毒、风疹病毒。所谓"违反国务院卫生行政部门的有关规定"，主要是违反国务院卫生行政部门关于传染病菌种、毒种的保藏、携带、运输的具体规定。

国务院卫生行政部门有关规定主要包括以下四方面的内容:(1)菌种、毒种的保藏由国务院卫生行政部门指定的单位负责。(2)一、二类菌种、毒种由国务院卫生行政部门指定的保藏管理单位供应。三类菌种、毒种由设有专业实验室的单位或者国务院卫生行政部门指定的保藏管理单位供应。(3)使用一类菌种、毒种的单位,必须经国务院卫生行政部门批准;使用二类菌种、毒种的单位,必须经省级政府卫生行政部门批准;使用三类菌种、毒种的单位,应当经县级政府卫生行政部门批准。(4)一、二类菌种、毒种,应派专人向供应单位领取,不得邮寄;三类菌种、毒种的邮寄必须持有邮寄单位的证明,并按菌种、毒种邮寄与包装的有关规定办理。此外,对菌种、毒种的引进、使用、供应和审批,必须严格按照国务院卫生行政部门的规定进行。

"造成传染病菌种、毒种扩散",是指行为人由于违反国务院卫生行政部门的有关规定,致使传染病菌种、毒种传播,使他人受到传染。"后果严重",主要是指传染病菌种、毒种传播面积较大,使多人受到传染,或者造成被传染病人因病死亡等。根据本条规定,从事实验、保藏、携带、运输传染病菌种、毒种的人员,违反有关规定,只有在造成传染病菌种、毒种扩散,后果严重的情况下予以刑事处罚,即处三年以下有期徒刑或者拘役。对于后果特别严重的,本条规定了较重的刑罚,即处三年以上七年以下有期徒刑。"后果特别严重",是指引起传染病大面积传播或者长时间传播;造成人员死亡或多人残疾;引起民众极度恐慌造成社会秩序严重混乱;致使国家对于传染病防治的正常活动受到特别严重干扰等。

【实践中需要注意的问题】

1.需要把握好本罪与危险物品肇事罪、以危险方法危害公共安全罪等相关罪名的界限。本罪与危险物品肇事罪针对的客观行为有区别,本罪针对的是造成传染病菌种、毒种扩散的行为,危险物品肇事罪针对的是因违反爆炸性、易燃性、放射性、毒害性、腐蚀性物品的管理规定,发生重大事故,造成严重后果的行为。

2.本罪是过失犯罪,若故意散布传染病菌种、毒种,危害公共安全的,应当根据以危险方法危害公共安全罪的规定,依法追究刑事责任。

3.本罪规定的是特殊主体,构成本罪限于从事实验、保藏、携带、运输传染病菌种、毒种的人员,而危险物品肇事罪、以危险方法危害公共安全罪等相关罪名都没有对主体范围作出特别的限制。

第三百三十二条 【妨害国境卫生检疫罪】

违反国境卫生检疫规定，引起检疫传染病传播或者有传播严重危险的，处三年以下有期徒刑或者拘役，并处或者单处罚金。

单位犯前款罪的，对单位判处罚金，并对其直接负责的主管人员和其他直接责任人员，依照前款的规定处罚。

【条文精解】

本条是关于妨害国境卫生检疫罪及其刑罚的规定。

本条共分两款。第一款是关于妨害国境卫生检疫罪及其刑罚的规定。本条中"国境卫生检疫规定"，是指国境卫生检疫法中关于检疫的规定，主要包括以下几方面：（1）对入境的交通工具和人员，必须在最先到达的国境口岸指定地点接受检疫。出境的交通工具和人员，必须在最后离开的国境口岸接受检疫。（2）对来自疫区的、被检疫传染病污染的或者可能成为检疫传染病传播媒介的行李、货物、邮包等物品，应当进行卫生检查，实施消毒、除鼠、除虫或者其他卫生处理。（3）对入出境的尸体、骸骨，其托运人或者代理人必须向卫生检疫机关申报，经卫生检疫合格后，发给入出境许可证，方准运进或者运出。2018年政府机构改革后，国家出入境检验检疫管理职责和队伍划入海关总署，这里规定的"卫生检疫机关"即各国境口岸海关。根据国境卫生检疫法第三条的规定，"检疫传染病"，是指鼠疫、霍乱、黄热病以及国务院确定和公布的其他传染病。上述传染病一旦传播开来，不但给人民群众带来深重的灾难，还将给社会经济发展造成极大的损失。例如，中断运输、贸易，封锁疫区、隔离和治疗患者都将消耗大量的社会资金并延缓经济发展。因此，对于违反国境卫生检疫规定，引起检疫传染病传播，或者有引起检疫传染病传播严重危险的，本款规定，处三年以下有期徒刑或者拘役，并处或者单处罚金。

根据2020年3月最高人民法院、最高人民检察院、公安部、司法部、海关总署《关于进一步加强国境卫生检疫工作 依法惩治妨害国境卫生检疫违法犯罪的意见》第二条的规定，实施下列行为之一的，属于妨害国境卫生检疫行为：（1）检疫传染病染疫人或者染疫嫌疑人拒绝执行海关依照国境卫生检疫法等法律法规提出的健康申报、体温监测、医学巡查、流行病学调查、医学排查、采样等卫生检疫措施，或者隔离、留验、就地诊验、转诊等卫生处理措施；（2）检疫传染病染疫人或者染疫嫌疑人采取不如实填报健康申明卡等方式隐瞒疫情，或者伪造、涂改检疫单、证等方式伪造情节的；（3）知道或者应当知道实施审批管理的微生物、人体组织、生物制品、血液及其制品等特殊物品可能造成检疫传染病传播,未经审批仍逃避检疫、携运、寄递出入境的;(4)出入境交通工具上发现有检疫传染病染疫人或者染疫嫌疑人,交通工具负责人拒绝接受卫生检疫或者拒不接受卫生处理的;(5)来自检疫传染病流行国家、地区的出入境交通工具上出现非意外伤亡且死因不明的人员,交通工具负责人故意隐瞒情况的;(6)其他拒绝执行海关依照国境卫生检疫法等法律法规提出的检疫措施的。实施上述行为,引起鼠疫、霍乱、黄热病以及新冠肺炎等国务院确定和公布的其他检疫传染病传播或者有传播严重危险的,依照本条规定定罪处罚。

第二款是关于单位犯罪的规定。这里的单位,是指入出境应当接受检疫的单位。"单位犯前款罪的",是指入出境单位,违反国境卫生检疫规定,有逃避检疫等违反国境卫生检疫规定行为,引起检疫传染病传播或者有传播严重危险的情形。本款对单位犯妨害国境卫生检疫罪的,对单位判处罚金,并对单位直接负责的主管人员和其他直接责任人员,处三年以下有期徒刑或者拘役,并处或者单处罚金。

【实践中需要注意的问题】

1. 对于尚不构成本罪的一些妨害国境卫生检疫的一般违法行为,国境卫生检疫法及其实施细则规定了行政处罚。国境卫生检疫法第二十条规定,有下列行为之一的单位或者个人,国境卫生检疫机关可以根据情节轻重,给予警告或者罚款:(1)逃避检疫,向国境卫生检疫机关隐瞒真实情况的;(2)入境的人员未经国境卫生检疫机关许可,擅自上下交通工具,或者装卸行李、货物、邮包等物品,不听劝阻的。《国境卫生检疫法实施细则》第一百零九条明确了应当受到行政处罚的具体十一种行为。对于这些行为,尚不构成犯罪的,应当由海关依法给予警告或者罚款。

2. 经过卫生检疫的入境人员也应当遵守国内各地在疫情期间的防控措施,入境后违反相关规定,构成犯罪的,也要依照刑法的有关规定定罪处罚。根据最高人民法院、最高人民检察院、公安部、司法部《关于依法惩治妨害新型冠状病毒感染肺炎疫情防控违法犯罪的意见》的规定,已经确诊的新型冠状病毒感染肺炎病人、病原携带者,拒绝隔离治疗或者隔离期未满擅自脱离隔离治疗,并进入公共场所或者公共交通工具的,以及新型冠状病毒感染肺炎疑似病人拒绝隔离治疗或者隔离期未满擅自脱离隔离治疗,并进入公共场所或者公共交通工具,造成新型冠状病毒传播的,按照以危险方法危害公安全罪定罪处罚。其他拒绝执行卫生防疫机构依照传染病防治法提出的防控措施，引起新型冠状病毒传播或者有传播严重危险的，依照刑法第三百三十条的规定，以妨害传染病防治罪定罪处罚。

> **第三百三十三条　【非法组织卖血罪】【强迫卖血罪】**
>
> 　　非法组织他人出卖血液的，处五年以下有期徒刑，并处罚金；以暴力、威胁方法强迫他人出卖血液的，处五年以上十年以下有期徒刑，并处罚金。
> 　　有前款行为，对他人造成伤害的，依照本法第二百三十四条的规定定罪处罚。

【条文精解】

　　本条是关于非法组织卖血罪、强迫卖血罪及其处罚的规定。

　　本条共分两款。第一款是关于非法组织卖血罪、强迫卖血罪及其刑罚的规定。"非法组织他人出卖血液"，指的是"血头""血霸"以谋取非法利益，未经卫生行政主管部门批准或者委托，擅自组织他人向血站、红十字会或者其他采集血液的医疗机构提供血液。根据最高人民检察院、公安部《关于公安机关管辖的刑事案件立案追诉标准的规定（一）》第五十二条的规定，具有以下情形的，应当予以立案追诉：（1）组织卖血三人次以上的；（2）组织卖血非法获利两千元以上的；（3）组织未成年人卖血的；（4）被组织卖血的人的血液含有艾滋病病毒、乙型肝炎病毒、丙型肝炎病毒、梅毒螺旋体等病原微生物的；（5）其他非法组织卖血应予追究刑事责任的情形。本款规定对从事非法组织他人出卖血液的"血头""血霸"，处五年以下有期徒刑，并处罚金。"以暴力、威胁方法强迫他人出卖血液"，是指"血头""血霸"以谋取非法利益为目的，用限制人身自由、殴打等暴力方法，强行、迫使不愿提供血液的人，向血站、红十字会或其他采集血液的医疗机构提供血液。由于该种行为除了扰乱国家采供血秩序外，还侵害了他人人身权利，因此在处刑上，比非法组织他人出卖血液的行为要重，即处五年以上十年以下有期徒刑，并处罚金。

　　第二款是关于非法组织他人或者以暴力、威胁方法强迫他人出卖血液，给他人造成伤害如何处罚的规定。"有前款行为，对他人造成伤害的"，是指非法组织他人或者以暴力、威胁方法强迫他人出卖血液，对供血者造成伤害，主要包括三种情况：第一，组织患有疾病或者有其他原因不宜输血的人输血，造成被采血人健康受到严重损害的;第二,由于长期过度供血,使供血者身体健康受到严重损害的;第三,为了抽取他人血液,使用暴力手段致人身体伤害的情况。有上述情况之一的,本款规定,依照本法第二百三十四条关于故意伤害罪的规定定罪处罚。

> **第三百三十四条** 【非法采集、供应血液、制作、供应血液制品罪】【采集、供应血液、制作、供应血液制品事故罪】
>
> 非法采集、供应血液或者制作、供应血液制品,不符合国家规定的标准,足以危害人体健康的,处五年以下有期徒刑或者拘役,并处罚金;对人体健康造成严重危害的,处五年以上十年以下有期徒刑,并处罚金;造成特别严重后果的,处十年以上有期徒刑或者无期徒刑,并处罚金或者没收财产。
>
> 经国家主管部门批准采集、供应血液或者制作、供应血液制品的部门,不依照规定进行检测或者违背其他操作规定,造成危害他人身体健康后果的,对单位判处罚金,并对其直接负责的主管人员和其他直接责任人员,处五年以下有期徒刑或者拘役。

【条文精解】

本条是关于非法采集、供应血液、制作、供应血液制品罪,采集、供应血液、制作、供应血液制品事故罪及其处罚的规定。

本条共分两款。第一款是关于非法采集、供应血液、制作、供应血液制品罪及其刑罚的规定。"非法采集、供应血液、制作、供应血液制品罪",是指未经国家主管部门批准或者超过批准的业务范围,采集、供应血液或者制作、供应血液制品的。为了保证血液纯净,保证安全使用,国家卫生部门规定,只有经卫生部门特别批准的血站等单位才有采集供应血液、制作供应血液制品的资格,未经批准或者超过批准范围的均属非法。一些不法分子为谋取利益,擅自采血、供血,其卫生条件不合格,测验手段不完备,往往造成血液不洁,传染病交叉感染,本款就是针对这种行为而作出的专门规定。

"血液制品",是指人血(胎盘)球蛋白、白蛋白、丙种球蛋白、浓缩Ⅷ因子、纤维蛋白原等各种人血浆蛋白制品。"不符合国家规定的标准",包括两种情形:一是指非法采集、供应的血液不符合《献血者健康检查要求》,如供血者的血液化验结果艾滋病病毒抗体(HIV 抗体)为阳性等。二是指非法制作、供应的血液制品，不符合卫生部《中国生物制品规程》的各项要求。

根据第一款规定，非法采集、供应血液、制作、供应血液制品罪，足以危害人体健康的，处五年以下有期徒刑或者拘役，并处罚金。对人体健康造成严重危害的，处五年以上十年以下有期徒刑，并处罚金。造成特别严重后果的，处十年以上有期徒刑或者无期徒刑，并处罚金或者没收财产。本款区分不同的情形和危害规定了刑罚。一是对于危险犯，对于造成一定的危险的行为，也就是"足以危害人体健康"的，即认定为犯罪并予以刑事处罚。"足以危害人体健康"，是指非法采集、供应的血液或者制作、供应的血液制品不符合国家规定的质量标准，或者在采供血液、制供血液制品的过程中违反国家规定的操作规程，致使血液或者血液制品一旦被使用，就可能让使用者感染疾病。二是对于造成了实际的危害后果的，也就是对人体健康造成严重危害的，规定予以刑事处罚。"对人体健康造成严重危害"，是指不符合国家规定的卫生标准的血液、血液制品，在医疗应用中让使用者感染严重疾病的情形，如因为输血而感染乙型肝炎病毒或感染艾滋病病毒等。"造成特别严重后果"，是指造成他人死亡；致使多人感染严重的血源性传染病；或者由于血源流动大，没有记录等原因，无法查清感染人数和感染区域，但是却存在传播血源性传染病的重大危险等。最高人民法院、最高人民检察院《关于办理非法采供血液等刑事案件具体应用法律若干问题的解释》第二条、第三条、第四条对"足以危害人体健康""对人体健康造成严重危害""造成特别严重后果"的认定问题进行了具体规定。

第二款是采集、供应血液、制作、供应血液制品事故罪及其刑罚的规定。经国家主管部门批准采集、供应血液或者制作、供应血液制品的部门，也要严格按照规定对血液制品进行血源检测，如果不依照规定进行检测或者违背其他操作规定，造成危害他人身体健康后果的，要追究刑事责任。这里的"部门"，主要是指经国家主管部门批准的采供血机构和血液制品生产经营单位，具体包括血液中心、中心血站、中心血库、脐带血造血干细胞库和国家卫生行政主管部门根据医学发展需要批准、设置的其他类型血库、单采血浆站。最高人民法院、最高人民检察院《关于办理非法采供血液等刑事案件具体应用法律若干问题的解释》第五条、第六条对"不依照规定进行检测或者违背其他操作规定""造成危害他人身体健康后果"的认定作了规定。这里需要加以说明的是，本款规定的犯罪主体是单位，处罚规定的是双罚制，构成本罪的，对单位要判处罚金，并对直接负责的主管人员和其他直接责任人员，处五年以下有期徒刑或者拘役。

第三百三十四条之一　【非法采集人类遗传资源、走私人类遗传资源材料罪】

违反国家有关规定，非法采集我国人类遗传资源或者非法运送、邮寄、携带我国人类遗传资源材料出境，危害公众健康或者社会公共利益，情节严重的，处三年以下有期徒刑、拘役或者管制，并处或者单处罚金；情节特别严重的，处三年以上七年以下有期徒刑，并处罚金。

【条文精解】

本条是关于非法采集人类遗传资源、走私人类遗传资源材料犯罪的规定。

我国是多民族的人口大国，具有独特的人类遗传资源优势，拥有丰富的特色健康长寿人群、特殊生态环境人群（如高原地区）、地理隔离人群（如海岛人群）以及疾病核心家系等遗传资源，为发展生命科学和相关产业提供了得天独厚的条件。我国历来高度重视人类遗传资源的保护和利用工作，1988年国务院办公厅转发科技部、卫生部联合制定的人类遗传资源管理暂行办法，对有效保护和合理利用我国人类遗传资源发挥了积极作用。

近些年，随着生物技术领域的飞速发展，我国人类遗传资源管理出现了一些新情况、新问题：人类遗传资源非法外流不断发生；人类遗传资源的利用不够规范、缺乏统筹等，危及我国的生物安全。司法实践出现了一些被刑事立案的此类案件，没有与此对应的适用罪名，对于情节严重的行为只能以非法经营罪打击。2020年3月，我国将生物安全纳入国家安全体系；2020年11月，习近平总书记在中央全面依法治国工作会议上指出，要推进生物安全领域立法。生物安全法由第十三届全国人民代表大会常务委员会第二十二次会议于2020年10月17日通过，其中生物安全法第五十三条规定"国家加强对我国人类遗传资源和生物资源采集、保藏、利用、对外提供等活动的管理和监督，保障人类遗传资源和生物资源安全。国家对我国人类遗传资源和生物资源享有主权"。第五十五条规定"采集、保藏、利用、对外提供我国人类遗传资源，应当符合伦理原则，不得危害公众健康、国家安全和社会公共利益"。现行法律法规对于非法采集人类遗传资源及运送、邮寄、携带人类遗传资源材料出境的均有相应的行政责任和刑事责任条款，构成犯罪的，依法追究刑事责任。考虑到实践中的新情况，做好与生物安全法、《人类遗传资源管理条例》的衔接，刑法增加了本条规定。

根据本条规定，违反国家有关规定，非法采集我国人类遗传资源或者非法运送、邮寄、携带我国人类遗传资源材料出境，危害公众健康或者社会公共利益，情节严重的，追究刑事责任。这里的"违反国家有关规定"除了刑法第九十六条规定的"违反国家规定"的情形外，还包括主管部门制定的部门规章中的实体及程序规定。具体来说，包括全国人民代表大会及其常务委员会制定的法律和决定，国务院制定的行政法规、规定的行政措施、发布的决定和命令外，还包括相关主管部门制定的条例、办法、指导意见等部门规章，与本条相关的国家有关规定主要是生物安全法、《人类遗传资源管理条例》《人类遗传资源管理暂行办法》《重要遗传家系和特定地区人类遗传资源申报登记办法（暂行）》等。这里的人类遗传资源，根据生物安全法第八十五条、《人类遗传资源管理条例》第二条规定，人类遗传资源包括人类遗传资源材料和人类遗传资源信息。人类遗传资源材料是指含有人体基因组、基因等遗传物质的器官、组织、细胞等遗传材料。人类遗传资源信息是指利用人类遗传资源材料产生的数据等信息资料。需要注意的是，1998年科技部、原卫生部联合制定的《人类遗传资源管理暂行办法》曾对"人类遗传资源"作出界定，其第二条规定"本办法所称人类遗传资源是指含有人体基因组、基因及其产物的器官、组织、细胞、血液、制备物、重组脱氧核糖核酸（DNA）构建体等遗传材料相关的信息资料"。由于该办法制定的时间较早，随着科技水平发展，对人类遗传资源的概念也在不断完善，相比《人类遗传资源管理暂行办法》关于人类遗传资源的定义，生物安全法和《人类遗传资源管理条例》对人类遗传资源的定义更概括和全面。

本条包括两个方面的行为：一是对非法采集人类遗传资源的行为。根据本条规定，是指违反国家有关规定，非法采集我国人类遗传资源的行为。对于"采集"程序、目的等需要满足的条件及采集我国人类遗传资源履行告知义务等有相关规定。《人类遗传资源管理条例》第十一条明确"采集我国重要遗传家系、特定地区人类遗传资源或者采集国务院科学技术行政部门规定种类、数量的人类遗传资源的"应经国务院科学技术行政部门批准，同时满足下列条件：(1) 具有法人资格；(2) 采集目的明确、合法；(3) 采集方案合理；(4) 通过伦理审查；(5) 具有负责人类遗传资源管理的部门和管理制度；(6) 具有与采集活动相适应的场所、设施、设备和人员。采集我国人类遗传资源履行告知义务是重要的一个环节，体现了采集程序正当及对被采集人权益的保障。《人类遗传资源管理条例》第十二条规定采集我国人类遗传资源，应当事先告知人类遗传资源提供者采集目的、采集用途、对健康可能产生的影响、个人隐私保护措施及其享有的自愿参与和随时无条件退出的权利，征得人类遗传资源提供者书面同意。在告知人类遗传资源提供者前款规定的信息时，必须全面、完整、真实、准确，不得隐瞒、误导、欺骗。

我国拥有丰富的人类遗传资源，特别是《人类遗传资源管理条例》第十一条对采集"我国重要遗传家系、特定地区人类遗传资源"作出规定，也是进一步加强对我国特有资源的保护。对此，科技部发布的《重要遗传家系和特定地区人类遗传资源申报登记办法（暂行）》对"我国重要遗传家系、特定地区人类遗传资源"的范围、采集上述人类遗传资源的程序和登记方式等作出明确。其中第二条规定"本办法所称重要遗传家系是指患有遗传性疾病或者具有遗传性特殊体质或生理特征的有血缘关系的群体，患病家系或具有遗传性特殊体质或生理特征成员五人以上，涉及三代"。第三条至第五条对采集重要遗传家系和特定地区人类遗传资源的申报登记方式和程序等作出规定。根据《人类遗传资源管理条例》第三条的规定，对于为临床诊疗、采供血服务、查处违法犯罪、兴奋剂检测和殡葬等活动需要，采集、保藏器官、组织、细胞等人体物质及开展相关活动，依照相关法律、行政法规规定执行。

二是对走私人类遗传资源材料出境的行为。根据本条规定，是指违反国家有关规定，非法运送、邮寄、携带我国人类遗传资源材料出境的行为。在行为方式上主要包括运送、邮寄、携带出境。运送和邮寄与携带行为的主要区别在于，携带通常是行为人亲自携带，可以是放置于衣服、背包甚至可以通过藏置体内等方式；运送和邮寄主要是借助交通工具或者其他载体。运送和邮寄的区分在于，邮寄是通过第三方邮局或者快递公司等方式出境。这里不论是运送、邮寄、运输行为都要求出境，在境内实施上述行为如果符合行政处罚的条件，行政处罚即可。

根据本条规定，非法采集我国人类遗传资源和非法运送、邮寄、携带我国人类遗传资源出境的行为要"危害公众健康或者社会公共利益""情节严重"的才构成犯罪，追究刑事责任。需要注意的是，与传统的人身、财产犯罪不同，非法采集人类遗传资源及运送、邮寄、携带人类遗传资源材料出境的行为后果通常短期内很难立即显现，实践中对于"危害公众健康或者社会公共利益"的理解和判断还要结合其具体情形来综合判断，对于本罪而言实施了非法采集人类遗传资源或者运送、邮寄、携带人类遗传资源材料出境的行为如果达到一定的数量即具备危害性。危害公众健康或社会公共利益，主要是指在采集过程中因采集方法、采集的设备或者程序等因素造成被采集人感染疾病、组织器官造成伤害、部分功能丧失或者造成我国特定地区或者种系的遗传资源遭到严重破坏等。

对于"情节严重"及"情节特别严重"的判断。可以从行为方式上判断，也可以从造成危害结果的角度考量，如非法采集人类遗传资源及运送、邮寄、携带人类遗传资源材料的样本数量、采集地区、采集的方式、采集目的和用途、采集的年龄段等，也包括造成被采集人身体伤害、感染疾病或身体功能异常、为境外非法组织或基于非法目的获取我国人类遗传资源信息而研制某些生物制剂等。具体的判断标准，可以在总结司法实践经验的基础上通过相关司法解释予以明确。对于尚不构成犯罪的，应当根据生物安全法，等相关规定予以行政处罚。生物安全法第八十条规定违反本法规定，境外组织、个人及其设立或者实际控制的机构在我国境内采集、保藏我国人类遗传资源，或者向境外提供我国人类遗传资源的，由国务院科学技术主管部门责令停止违法行为，没收违法所得和违法采集、保藏的人类遗传资源，并处一百万元以上一千万元以下的罚款；违法所得在一百万元以上的，并处违法所得十倍以上二十倍以下的罚款。《人类遗传资源管理条例》第三十六条、第三十八条对于本条规定的非法采集人类遗传资源，以及将我国人类遗传资源材料运送、邮寄、携带出境的行为，规定了相应的行政处罚。

关于刑罚，本条根据情节的不同严重程度规定了两档法定刑：情节严重的，处三年以下有期徒刑、拘役或者管制，并处或者单处罚金；情节特别严重的，处三年以上七年以下有期徒刑，并处罚金。

【实践中需要注意的问题】

1.对于境外组织、个人及其设立或者实际控制的机构，获取和利用我国人类遗传资源和生物资源分别作了不同的规定。生物安全法第五十六条第四款规定，境外组织、个人及其设立或者实际控制的机构不得在我国境内采集、保藏我国人类遗传资源，不得向境外提供我国人类遗传资源。其中经依法取得批准，可以获取和利用我国生物资源，但禁止在我国境内采集、保藏我国人类遗传资源，不得向境外提供我国人类遗传资源。

2.本条规定的保护对象是"我国人类遗传资源""我国人类遗传资源材料"，对在我国境内采集非我国种族的遗传资源，刑法对此并没有作出限定，不宜根据本条规定追究刑事责任。如果采集的程序、目的、方式等违反国家有关规定，符合行政处罚条件的，给予行政处罚即可。

第三百三十五条 【医疗事故罪】
医务人员由于严重不负责任，造成就诊人死亡或者严重损害就诊人身体健康的，处三年以下有期徒刑或者拘役。

【条文精解】

本条是关于医疗事故罪及其处罚的规定。

根据本条规定，构成本罪应当符合以下条件：第一，本罪的主体是特殊主体，只能是医务人员。这里的"医务人员"，主要是指在医疗机构中从事对病人救治、护理工作的医生和护士。第二，行为人严重不负责任。所谓"严重不负责任"，是指医务人员在对就诊人员进行医疗、护理或身体健康检查过程中，在履行职责的范围内，对于应当可以防止出现的危害结果由于其严重疏于职守而发生，如对就诊人的生命和健康采取漠不关心的态度，不及时就治；严重违反明确的操作规程；等等。根据最高人民检察院、公安部《关于公安机关管辖的刑事案件立案追诉标准的规定（一）》的规定，具有下列情形之一的，属于本条规定的"严重不负责任"：（1）擅离职守的；（2）无正当理由拒绝对危急就诊人实行必要的医疗救治的；（3）未经批准擅自开展试验性医疗的；（4）严重违反查对、复核制度的；（5）使用未经批准使用的药品、消毒药剂、医疗器械的；（6）严重违反国家法律法规及有明确规定的诊疗技术规范、常规的；（7）其他严重不负责任的情形。"严重不负责任"是构成本罪的必要条件之一，这一必要条件，将本罪限定于责任事故的范畴。对不是由于严重不负责任，而是由于其他原因造成医疗事故的不构成本罪。第三，造成就诊人死亡或者严重损害就诊人身体健康的后果。这里的"就诊人"，是指到医疗机构治疗疾患、进行身体健康检查或者为计划生育而进行医疗的人。"严重损害就诊人身体健康"，主要是指造成就诊人严重残疾、重伤、感染艾滋病、病毒性肝炎等难以治愈的疾病或者其他严重损害就诊人身体健康的后果。构成本罪，必须要有就诊人的死亡或者严重损害就诊人身体健康的后果，医务人员的行为与上述后果之间需存在因果关系，这是罪与非罪的界限。如果行为人严重不负责任，但没有导致就诊人的死亡或者严重损害就诊人身体健康的后果，则不构成本罪。

【实践中需要注意的问题】

1.本条规定的医疗事故罪是过失犯罪，即医务人员应当预见自己的行为，可能导致就诊人死亡或者严重损害就诊人身体健康的严重后果，因疏忽大意而没有预见，或者已经预见但轻信可以避免，以致发生了上述后果。在判断行为人主观方面是否存在过失，过失行为在责任医疗事故损害后果中的责任程度，以及是否属于"严重不负责任"时，需要根据最高人民检察院、公安部《关于公安机关管辖的刑事案件立案追诉标准的规定（一）》规定的情形进行判断。对于没有明确列举的其他情形，需要综合考虑医务人员的级别、职称、岗位、所处的具体工作环境、承担的具体工作任务等因素进行判断，不能仅因为医务人员客观的技术水平问题就追究其刑事责任。

2.对于不构成本罪的医疗事故，应当依照执业医师法和《医疗事故处理条例》的有关规定，追究相关医疗机构和责任人员的行政责任，并依法给予就诊方民事赔偿。此外，根据我国民法典第一百八十七条的规定，民事主体因同一行为应当承担民事责任、行政责任和刑事责任的，承担行政责任或者刑事责任不影响承担民事责任，根据本条规定追究医务人员刑事责任的，不影响相关医疗机构和医务人员民事责任的承担。

第三百三十六条 【非法行医罪】【非法进行节育手术罪】

未取得医生执业资格的人非法行医，情节严重的，处三年以下有期徒刑、拘役或者管制，并处或者单处罚金；严重损害就诊人身体健康的，处三年以上十年以下有期徒刑，并处罚金；造成就诊人死亡的，处十年以上有期徒刑，并处罚金。

未取得医生执业资格的人擅自为他人进行节育复通手术、假节育手术、终止妊娠手术或者摘取宫内节育器，情节严重的，处三年以下有期徒刑、拘役或者管制，并处或者单处罚金；严重损害就诊人身体健康的，处三年以上十年以下有期徒刑，并处罚金；造成就诊人死亡的，处十年以上有期徒刑，并处罚金。

【条文精解】

本条是关于未取得医生执业资格的人非法行医或者擅自为他人进行节育复通手术、假节育手术、终止妊娠手术或者摘取宫内节育器的犯罪及其处罚的规定。

本条共分两款。第一款是关于未取得医生执业资格的人非法行医的犯罪及其刑事处罚的规定。根据我国执业医师法的规定，未经医师注册取得执业证书，不得从事医师执业活动。"未取得医生执业资格的人非法行医"，是指未取得医师从业资格的人从事医疗工作，包括未取得或者以非法手段取得医师资格从事医疗活动的；被依法吊销医师执业证书后仍然从事医疗活动的；未取得乡村医生执业证书，从事乡村医疗活动的等。根据最高人民法院《关于审理非法行医刑事案件具体应用法律若干问题的解释》规定，"情节严重"包括：（1）造成就诊人轻度残疾、器官组织损伤导致一般功能障碍的；（2）造成甲类传染病传播、流行或者有传播、流行危险的；（3）使用假药、劣药或不符合国家规定标准的卫生材料、医疗器械，足以严重危害人体健康的；（4）非法行医被卫生行政部门行政处罚两次以后，再次非法行医的；（5）其他情节严重的情形。根据本款规定，未取得医生执业资格的人非法行医，情节严重的，处三年以下有期徒刑、拘役或者管制，并处或者单处罚金；严重损害就诊人身体健康的，处三年以上十年以下有期徒刑，并处罚金；造成就诊人死亡的，处十年以上有期徒刑，并处罚金。

第二款是关于未取得医生执业资格的人擅自为他人进行节育复通手术、假节育手术、终止妊娠手术或者摘取宫内节育器的犯罪及其刑事处罚的规定。"擅自为他人进行节育复通手术"，是指没有医师资格的人，为他人进行输卵（精）管复通手术的行为。"假节育手术"或者"摘取宫内节育器"，是指为他人进行假结扎输卵（精）管手术或者替育龄妇女摘取为计划生育放置的避孕环等宫内节育器的行为。"终止妊娠手术"，是指私自为孕妇进行手术，使母体内正发育的胚胎停止发育的行为，如进行流产或引产手术。"情节严重的"，主要是指没有医师资格的人，多次私自为他人做节育复通手术、假节育手术、终止妊娠手术或者摘取宫内节育器，破坏计划生育或者损害就诊人身体健康等。"严重损害就诊人身体健康的"，是指没有医师资格的人，进行上述手术时，给就诊人造成身体器官的损害或者严重损害身体健康的其他情况，如使就诊人丧失生育能力、大出血、子宫破裂，等等。本款对于没有医师资格的人私自为他人进行上述手术的犯罪行为，规定了三档刑罚：（1）情节严重的，处三年以下有期徒刑、拘役或者管制，并处或者单处罚金；（2）严重损害就诊人身体健康的，处三年以上十年以下有期徒刑，并处罚金；（3）造成就诊人死亡的，处十年以上有期徒刑，并处罚金。

【实践中需要注意的问题】

1.关于非法行医罪的认定。判断是否构成非法行医，一是要看行为人是否具有医生执业资格，二是要看是否具有非法行医的行为。其中，根据最高人民法院《关于审理非法行医刑事案件具体应用法律若干问题的解释》第一条的规定，"未取得医生执业资格"包括未取得或者以非法手段取得医师资格；被依法吊销医师执业证书；未取得乡村医生执业证书，从事乡村医疗活动；家庭接生员实施家庭接生以外的医疗行为等四种情形。关于"医疗活动""医疗行为"的界定，根据最高人民法院《关于审理非法行医刑事案件具体应用法律若干问题的解释》第六条的规定，参照《医疗机构管理条例实施细则》中的"诊疗活动""医疗美容"认定。诊疗活动，是指通过各种检查，使用药物、器械及手术等方法，对疾病作出判断和消除疾病、缓解病情、减轻痛苦、改善功能、延长生命、帮助患者恢复健康的活动。医疗美容，是指使用药物以及手术、物理和其他损伤性或者侵入性手段进行的美容。

2. 关于对非医学需要的胎儿性别鉴定行为是否需要追究刑事责任。非医学需要的胎儿性别鉴定行为，人口与计划生育法明确规定属于违法行为。近年来，也有意见提出，非医学需要的胎儿性别鉴定和选择性别的人工终止妊娠行为是导致我国出生人口性别比失衡的主要原因之一，这将会严重影响我国的人口结构和社会稳定，建议在刑法中增加相应的犯罪。对于该问题，《刑法修正案（六）》草案曾有将"为他人进行非医学需要的胎儿性别鉴定，导致选择性别、人工终止妊娠后果，情节严重的"的行为规定为犯罪的方案，后来在常委会审议的过程中，各方面意见分歧很大，没有将该内容列入刑法修正案表决稿。考虑到我国人口形势和生育政策等出现了一些新的情况和变化，特别是在"二孩"政策实施后，对该问题还需要综合相关情况作进一步的评估分析。解决出生人口性别失衡问题是一项社会系统工程，既涉及党和国家的政策和法律，也涉及各级政府等部门对政策和法律的执行和贯彻，还涉及公民观念意识的改变和千家万户的切身利益等，情况比较复杂，需要运用各种手段综合治理。

3. 关于乡村医生的非法行医。我国的乡村医生分为两种，一是根据执业医师法取得了执业医师或者执业助理医师资格的，二是不具备条件的地区，根据《乡村医生从业管理条例》的规定，由具有中等医学专业学历的人员，或者经培训达到中等医学专业水平的其他人员申请执业注册后，进入村医疗卫生机构执业，主要从事预防、保健和一般医疗服务。《乡村医生从业管理条例》对其执业范围、基本用药目录等有规定。未经注册在村医疗机构从事医疗活动；或者以不正当手段取得乡村医生执业证书的，在村医疗卫生机构从事医疗活动，情节严重，构成犯罪的，需依法追究刑事责任。

> **第三百三十六条之一　【非法植入基因编辑、克隆胚胎罪】**
> 将基因编辑、克隆的人类胚胎植入人体或者动物体内,或者将基因编辑、克隆的动物胚胎植入人体内,情节严重的,处三年以下有期徒刑或者拘役,并处罚金;情节特别严重的,处三年以上七年以下有期徒刑,并处罚金。

【条文精解】

本条是关于非法植入基因编辑、克隆胚胎罪及其处罚的规定。

生物技术被认为是未来占领世界科技的重要技术。克隆羊多莉的出生,让大家对克隆技术不再陌生,然而生殖性克隆人始终被世界所禁止,近些年其他国家不乏试图突破伦理道德底线、超越法律的人,我国虽然对于克隆人是绝对禁止的,但刑法对此没有作出规定。与克隆技术相比,基因编辑是近十几年迅速发展的一项生物技术,被广泛应用于医学、农业、模型研究等领域,具有极大的应用和开发价值。然而不可回避的是,基因技术特别是作用于人体的基因编辑可能带来的各种风险,脱靶风险仍然是目前基因编辑技术的最大风险。与体细胞基因编辑不同,生殖细胞或者胚胎进行基因编辑所改变的生物性状是可以遗传给下一代,在脱靶率较高的情况下未来可能产生的风险通常是难以预测的。同时,禁止对胚胎进行基因编辑并将其植入母体是国际共识,除了技术风险,还面临伦理道德的质疑。贺建奎基因编辑婴儿事件引发较高的关注度,一定程度上给我国科研环境和科研领域的发展带来一定的负面影响。为保障和促进生物科研领域更好的发展,避免因法律缺失或刚性不足而成为其他国家试验和转嫁风险的土壤,加快基因编辑相关的立法工作十分必要。2019年1月21日,习近平总书记在省部级主要领导干部"坚持底线思维着力防范化解重大风险"专题研讨班开班式上发表重要讲话,其中包括加快推进基因编辑相关的立法工作。随着牵动人心的新冠肺炎的发生,2020年3月,我国将生物安全纳入国家安全体系。广义上而言,以基因编辑开展的科学研究属于生物安全的重要组成部分。2020年11月,习近平总书记在中央全面依法治国工作会议上指出要推进生物安全领域的立法。《刑法修正案(十一)》在此基础上增加了关于非法植入基因编辑和克隆胚胎罪的相关规定。

根据本条规定,将基因编辑、克隆的人类胚胎植入人体或者动物体内,或者将基因编辑、克隆的动物胚胎植入人体内,情节严重的,追究刑事责任。

首先，基因编辑是指改变细胞或生物体的DNA，包括插入、删除或修改基因或基因序列，以实现基因的沉默、增强或其他改变其特征的技术。克隆技术是为了制造一个与某一个体遗传上相同的复制品或后代而使用的技术。将基因编辑、克隆的人类胚胎植入人体或者动物体内，即经过基因编辑和克隆的人类胚胎不管是植入动物体内还是人体体内都是被禁止的。上述的行为方式将目前可以用于科研实验的对经过基因编辑或者克隆的动物胚胎植入动物体内的情况予以排除。

其次，根据本条的规定只有将基因编辑或者克隆的胚胎植入体内才构成犯罪，处于试验或者研究在体外进行的基因编辑或者克隆并不属于刑法的规制范围。"植入"即将体外培养的受精卵或者胚胎移植到子宫内的过程，置于是否着床或植入成功不影响"植入"行为的完成。

最后，关于刑罚。有非法基因编辑和克隆行为情节严重的，处三年以下有期徒刑或者拘役，并处罚金；情节特别严重的，处三年以上七年以下有期徒刑，并处罚金。关于"情节严重"的理解。人体胚胎基因编辑犯罪条款的表述采用的是"行为+情节"的立法模式。"情节严重"是本罪的入罪门槛，同时"情节严重""情节特别严重"也是两档法定刑科处刑罚的条件。本罪加"情节严重"而没有直接规定为行为犯是对人类生殖系基因编辑行为入罪的严格限缩。根据目前我国的相关规定，可以对人体胚胎进行基因编辑进行基础研究，但仍应遵守十四天原则，即在自细胞受精或者核移植开始计算在体外培养的期限最长为十四天，对于虽然超过十四天但能及时（如胚盘的三胚层尚未建立或分化）销毁，未造成严重后果或恶劣影响的，对行为人职业禁止或相关行政处罚即可。对于"情节严重""情节特别严重"的认定标准可以参考《生物技术研究开发安全管理条例（征求意见稿）》《生物技术研究开发安全管理办法》中对于生物技术研究开发活动潜在风险程度，高风险等级、较高风险等级的标准。对于"情节严重""情节特别严重"的考量因素主要有：

一是行为对象的人数。对生殖细胞的基因编辑是可以将被改变的生物性状代代遗传的，受基因编辑高概率脱靶风险的影响，基因编辑中即使是对于正常基因的破坏也将会遗传给后代，这些被改变的基因将会产生怎样的影响短期内可能难以估量，代代相传将会使被改变基因的人数呈几何倍数增长。因此，对于人体胚胎基因编辑犯罪而言，基因编辑操作的人数是行为危害后果的基数，也是衡量行为后果和危害性的很重要因素。

二是被基因编辑的婴儿是否实际出生。人体胚胎基因编辑行为最直接的危害后果即体现于被基因编辑的婴儿的出生，由此带来的是最直接的现实危险。

三是是否严重损害或影响身体健康。这里的身体健康既包括基因编辑的婴儿的身体健康，也包括被植入人体的身体健康情况。同正常胚胎一样，基因编辑的人类胚胎无法脱离母体环境独立发育，基因编辑婴儿植入人体后，可能会对母体造成身体伤害，特别是植入母体为非卵细胞来源的母体时可能产生的影响。而基因编辑婴儿则是最直接的行为对象，受脱靶风险的影响，在敲入或切除的过程中将有表达功能的正常基因破坏，则极可能会让被编辑的胚胎表现出异于正常的性状。这里对于基因编辑婴儿身体健康的影响与传统的人身伤残损害不完全相同，除了肉眼可见的身体损伤外，还可能是某种功能的缺失或异常。

四是违反人类伦理道德。如将基因编辑的人类胚胎植入动物体内，在动物体内发育至分娩出生，或将基因编辑的动物胚胎植入人体并分娩出生。将分别来自动物和人类生殖细胞的杂合体经过基因编辑植入人体内或动物体内并分娩。

五是基因编辑的目的是比对实验、数据分析或会损害或削弱身体机能的试验。生殖系基因编辑目前大多是建立在动物模型基础上，如基因编辑的目的是通过敲除等方式删除某些基因而比对某些基因缺失的影响、通过基因编辑探索基因的表达功能、通过人体生殖系基因编辑获取数据分析等。

六是产生恶劣社会影响、负面国际影响或使用其他手段的。如社会关注度高、影响恶劣，或在国际造成恶劣影响，对我国科研领域造成负面影响的。或采用隐瞒、欺骗、个体暴力等手段，将基因编辑的胚胎植入第三人体内的。

【实践中需要注意的问题】

从罪状表述上，本罪的成立必须要有植入母体的行为，对于没有将基因编辑的胚胎植入母体，超出"十四天原则"但没以生殖为目的的则不应成为刑法的评价对象。若行为人尚未将基因编辑的胚胎植入人体内或动物体内，但有证据证明，是为了最终植入母体，不宜按犯罪处理，一方面，并没有将基因编辑的胚胎植入母体的行为，并未产生实际危害结果，从保护科学研究的出发点而言，给予行政处罚即可；另一方面，该行为尚未达到"情节严重"的入罪门槛。

第三百三十七条 【妨害动植物防疫、检疫罪】
违反有关动植物防疫、检疫的国家规定，引起重大动植物疫情的，或者有引起重大动植物疫情危险，情节严重的，处三年以下有期徒刑或者拘役，并处或者单处罚金。

单位犯前款罪的，对单位判处罚金，并对其直接负责的主管人员和其他直接责任人员，依照前款的规定处罚。

【条文精解】

本条是关于妨害动植物防疫、检疫罪及其刑罚的规定。

本条第一款是关于违反有关动植物防疫、检疫的国家规定，引起重大动植物疫情或者有引起重大动植物疫情危险的犯罪及其刑事处罚的规定。本条中的"违反有关动植物防疫、检疫的国家规定"，是指违反动物防疫法、进出境动植物检疫法、《植物检疫条例》《进出境动植物检疫法实施条例》等规定。在行为方式上包括违反动物防疫、植物检疫的有关规定的情形，比逃避动植物防疫、检疫的行为的范围要宽。违反动物防疫有关国家规定的行为可分为两类：一类是违反有关动物疫情管理规定的行为，如违反规定处置染疫动物、产品、排泄物、污染物；未按照规定采集、保存、使用、运输动物病原微生物，导致动物病原微生物遗失、扩散的等。另一类是违反有关动物检疫管理规定的行为，如违反规定逃避检疫；违反规定藏匿、转移、盗掘被依法隔离、封存、处理的染疫动物及其产品等。违反植物检疫有关国家规定的行为包括违反规定调运、隔离试种、生产应实施检疫的植物、植物产品的，或者擅自改变植物、植物产品的规定用途等情形。原条文中规定的逃避进出境动植物检疫的行为被吸收在本条规定中，其主要是指不按照进出境动植物检疫法的有关规定进行检疫，如采取隐瞒、欺骗等方法逃避动植物的检疫或者避开检疫口岸进出境的情形。

"重大动植物疫情"，指动物传染病在某一地区暴发、流行，在短期内突发众多患同一传染病的动物，造成某一种类动物大量死亡甚至灭绝，或者植物病、虫、有害物种的迅速蔓延，使粮食、瓜果、蔬菜严重减产，或者有害植物大面积入侵，使当地植物种群退化、消失，造成生态环境恶化，进而造成巨大经济损失或者环境资源的破坏。如英国的疯牛病，使政府不得不大量捕杀病牛，经济损失惨重。另外，如松材线虫病，作为一种毁灭性病害，此病在我国以及日本、韩国、美国、加拿大等均有发生。松材线虫侵入树体后会导致树木蒸腾作用降低、失水、木质变轻、树脂分泌急速减少和停止，最终导致病树整株枯死。松材线虫病具有致死速度快，防治难的特点，其传播主要通过媒介昆虫和人为携带患病木材及其制品完成。松树一旦染病，很难治愈，最终会导致林木的大面积毁坏，对森林资源和生态环境造成严重破坏。

本条规定中的"引起重大动植物疫情危险"，是指虽然尚未引起重大动植物疫情的发生，但存在引起此类疫情的紧迫的或者现实的危险的情形，这种情形需要司法机关在办案过程中加以具体判断，不能将违反有关规定的情况一律认定为具有引起重大动植物疫情的危险。2017年4月最高人民检察院、公安部《关于公安机关管辖的刑事案件立案追诉标准的规定（一）的补充规定》第九条对应予立案追诉的"引起重大动植物疫情危险"的具体情形作了规定，包括：（1）非法处置疫区内易感动物或者产品，货值金额五万元以上的；（2）非法处置因动植物防疫、检疫需要被依法处理的动植物或者其产品，货值金额二万元以上的；（3）非法调运、生产、经营感染重大植物检疫性有害生物的林木种子、苗木等繁殖材料或者森林植物产品的；（4）输入进出境动植物检疫法规定的禁止进境动植物逃避检疫，或者对特许进境的禁止进境动植物未有效控制与处置，导致其逃逸、扩散的；（5）进境动植物及其产品检出有引起重大动植物疫情危险的动物疫病或者植物有害生物后，非法处置导致进境动植物及其产品流失的；（6）一年内携带或者寄递《禁止携带、邮寄进境的动植物及其产品目录》所列物品进境逃避检疫二次以上，或者窃取、抢夺、损毁、抛洒动植物检疫机关截留的《禁止携带、邮寄进境的动植物及其产品目录》所列物品的；（7）其他情节严重的情形。此后，2019年12月最高人民检察院、公安部、海关总署《关于办理进境携带物和寄递物动植物检疫监管领域刑事案件适用立案追诉标准若干问题的通知》对上述第六种情形中的"逃避检疫"和"截留"的含义进行了明确，并明确了第七项"其他情节严重的情形"包括以下两种情形：一是在国家行政主管部门公告（通告）采取紧急预防措施期间，携带或寄递公告（通告）所列禁止进境的动植物及其产品进境，逃避检疫的；二是携带《禁止携带、邮寄进境的动植物及其产品目录》所列物品进境，拒绝接受海关关员现场执法，且所携物品检出有引起重大动植物疫情危险的动物疫病或者植物有害生物的。根据规定，本条规定的是危险犯，有引起重大动植物疫情危险的，情节严重的，就构成本罪，犯本罪的，处三年以下有期徒刑或者拘役，并处或者单处罚金。

本条第二款是关于单位犯本条之罪如何处罚的规定。根据本款规定，除对单位判处罚金外，还要对该单位直接负责的主管人员和其他直接责任人员，处三年以下有期徒刑或者拘役，并处或者单处罚金。

第六节　破坏环境资源保护罪

第三百三十八条　【污染环境罪】

违反国家规定，排放、倾倒或者处置有放射性的废物、含传染病病原体的废物、有毒物质或者其他有害物质，严重污染环境的，处三年以下有期徒刑或者拘役，并处或者单处罚金；情节严重的，处三年以上七年以下有期徒刑，并处罚金；有下列情形之一的，处七年以上有期徒刑，并处罚金：

（一）在饮用水水源保护区、自然保护地核心保护区等依法确定的重点保护区域排放、倾倒、处置有放射性的废物、含传染病病原体的废物、有毒物质，情节特别严重的；

（二）向国家确定的重要江河、湖泊水域排放、倾倒、处置有放射性的废物、含传染病病原体的废物、有毒物质，情节特别严重的；

（三）致使大量永久基本农田基本功能丧失或者遭受永久性破坏的；

（四）致使多人重伤、严重疾病，或者致人严重残疾、死亡的。

有前款行为，同时构成其他犯罪的，依照处罚较重的规定定罪处罚。

【条文精解】

本条是关于污染环境罪及其处罚的规定。

1995年固体废物污染环境防治法第七十二条规定："违反本法规定，收集、贮存、处置危险废物，造成重大环境污染事故，导致公私财产重大损失或者人身伤亡的严重后果的，比照刑法第一百一十五条或者第一百八十七条的规定追究刑事责任。单位犯本条罪的，处以罚金，并对直接负责的主管人员和其他直接责任人员依照前款规定追究刑事责任。"为了依法惩治污染环境的行为，1997年修订刑法时吸收了1995年固体废物污染环境防治法的规定精神，规定了重大环境污染事故罪。2011年《刑法修正案（八）》对本条作了修改。一是删除了向"向土地、水体、大气"排放、倾倒的限制；二是将"其他危险废物"修改为"其他有害物质"；三是将"造成重大环境污染事故，致使公私财产遭受重大损失或者人身伤亡的严重后果的"修改为"严重污染环境的"。这样修改，主要原因是随着我国经济社会的快速发展，环境压力不断增大。重点污染物排放总量超过环境承载能力，违法排污现象普遍。许多河流受到污染，不少城市空气污染严重，土壤污染面积扩大，自然生态遭到破坏，生态系统功能退化。环境污染事件特别是水污染事件频发，对人民群众的生命健康构成严重威胁。而1997年刑法规定的重大环境污染事故罪在实际执行中遇到一些问题，不能适应日益严峻的环境保护形势的需要。一是按照重大环境污染事故罪的规定，污染行为仅包括排放、倾倒或者处置有放射性的废物、含传染病病原体的废物、有毒物质或者其他危险废物四类污染特别严重的物质。但从实践中发生的水污染事件看，有些饮用水源的污染都是排放上述四类物质以外的普通污染物造成的，难以按照重大环境污染事故罪追究刑事责任。二是按照重大环境污染事故罪的规定，只有造成重大环境污染事故，致使公私财产遭受重大损失或者人身伤亡的严重后果才构成犯罪。在司法实践中，一般只有发生了突发的重大环境污染事件，才追究刑事责任。对于不是突发的重大环境污染事件，而是长期累积形成的污染损害，即使给人的生命健康、财产安全造成了重大损失也很难被追究刑事责任。这主要有两方面的原因：一是我国当时在重大环境污染事故的认定标准和损失鉴定机制等方面还不够完善，难以准确评估重大污染事故的损失。二是难以确定污染行为特别是那种由于长期违法排污积累而形成的污染与损害结果之间的因果关系。其中有一些是污染企业数十家，难以确认责任主体。上述原因，在很大程度上影响了对环境污染犯罪行为的定罪量刑。为使刑法更好地适应日益严峻的环境保护形势，增加本条规定的可操作性，针对上述司法实践中存在的问题，《刑法修正案（八）》对本罪的犯罪构成作了修改。

2020年《刑法修正案（十一）》对本条作了修改。一是对第二档刑的入罪条件作了修改，将"后果特别严重的，处三年以上七年以下有期徒刑，并处罚金"修改为"情节严重的，处三年以上七年以下有期徒刑，并处罚金"。二是增加一档刑罚，规定："有下列情形之一的，处七年以上有期徒刑，并处罚金：（一）在饮用水水源保护区、自然保护地核心保护区等依法确定的重点保护区域排放、倾倒、处置有放射性的废物、含传染病病原体的废物、有毒物质，情节特别严重的；（二）向国家确定的重要江河、湖泊水域排放、倾倒、处置有放射性的废物、含传染病病原体的废物、有毒物质，情节特别严重的；（三）致使大量永久基本农田基本功能丧失或者遭受永久性破坏的；（四）致使多人重伤、严重疾病，或者致人严重残疾、死亡的。"三是增加第二款，规定"有前款行为，同时构成其他犯罪的，依照处罚较重的规定定罪处罚。"这样修改，主要是贯彻习近平总书记关于"用最严格制度最严密的法治保护生态环境"的指示，进一步提高污染环境犯罪的惩处力度。生态文明建设是关系中华民族永续发展的根本大计，是亿万中国人民的福祉所在。党的十八大以来，以习近平同志为核心的党中央把生态文明建设作为统筹推进"五位一体"总体布局和协调推进"四个全面"战略布局的重要内容，谋划开展了一系列根本性、开创性、长远性工作，推动生态环境保护发生历史性、转折性、全局性变化。《刑法修正案（十一）》根据有关方面的意见，与固体废物污染环境防治法、水污染防治法、水法等的规定相衔接，坚持问题导向，针对实践中反映出的问题，如污染环境行为因果链条复杂，具体危害后果难以准确查实等，《刑法修正案（十一）》将"后果特别严重"修改为"情节严重"，增强了法律的可操作性；同时，考虑到饮用水水源保护区、自然保护地核心保护区等依法确定的重点保护区、国家确定的重要江河、湖泊以及永久基本农田等，有的事关国家和区域生态安全，有的事关粮食安全和食品安全，还有的事关饮用水安全，与其他一般区域相比，这些区域对环境质量要求更高，一旦被污染造成的后果将更严重，需要采取更严格的保护措施。对此，《刑法修正案（十一）》有针对性地提高了部分严重污染环境犯罪的法定刑，明确列举了应当处七年以上有期徒刑的行为类型，划出不得触碰的高压线，体现了刚性约束，同时也有利于司法实践中具体认定。《刑法修正案（十一）》对本条的修改，体现了坚持用最严格的制度、最严密的法治保护生态环境，把生态环境保护法律制度网络织得更加严密。

本条共分两款。第一款是关于污染环境罪的构成条件及其处刑的规定。

一是关于污染环境罪的犯罪构成。根据本条规定，违反国家规定，排放、倾倒或者处置有放射性的废物、含传染病病原体的废物、有毒物质或者其他有害物质，严重污染环境的构成本罪。

首先，行为人实施了违反国家规定，排放、倾倒或者处置有放射性的废物、含传染病病原体的废物、有毒物质或者其他有害物质的行为。本条中"违反国家规定"，主要是指违反国家关于环境保护的法律和行政法规的规定。"排放"，是指将本条所说的危险废物向水体、土地、大气等排入行为，包括泵出、溢出、泄出、喷出和倒出等行为。"倾倒"，是指通过船舶、航空器、平台或者其他运载工具，向水体、土地、滩涂、森林、草原以及大气等处置放射性废物、含传染病病原体的废物、有毒物质或者其他有害物质的行为。"处置"包括以焚烧、填埋等方式处理废物的活动，也包括向江河、湖泊水体等处置危险废物或者其他有害物质的情况，不限于对固体废物的处置。这里需要说明一点,《刑法修正案(八)》虽然删去了原来条文中规定的排放、倾倒、处置行为的对象,即"土地、水体、大气",实际上,排放、倾倒、处置行为的对象,通常情况下仍然是土地、水体、大气。土地包括耕地、林地、草地、荒地、山岭、滩涂、河滩地及其他陆地。水体,是指中华人民共和国领域的江河、湖泊、运河、渠道、水库等地表水体以及地下水体,还包括内海、领海以及中华人民共和国管辖的一切其他海域。大气,是指包围地球的空气层总体。特别需要指出的是,本条所指的排放、倾倒、处置行为本身都是法律允许的行为。因为水体、土地、大气是全人类的财富,是人类赖以生存的物质基础,每一个人都有合理利用的权利。为了保证人类对环境的永续利用,必须对人类的行为有所限制,即向环境中排放、倾倒、处置有害物质要符合国家规定的标准。但如果超过国家规定的标准向环境中排放、倾倒、处置有害物质,就有可能污染环境,进而造成环境污染事故。所以本条用"违反国家规定"限定了排放、倾倒、处置行为。本条中放射性废物、含传染病病原体的废物、有毒物质,都可以称为有害物质。有害物质包括了以废气、废渣、废水、污水等多种形态存在的危险废物。"放射性的废物",是指放射性核素含量超过国家规定限值的固体、液体和气体废弃物。"含传染病病原体的废物",主要是指被传染病病原体污染的污水、污物以及物品等。严格限制违反国家规定,排放、倾倒或者处置对被传染病病原体污染的污水、污物、场所和物品,目的是切断传播途径以控制或者消灭传染病。传染病防治法第二十七条规定,对被传染病病原体污染的污水、污物、场所和物品,有关单位和个人必须在疾病预防控制机构的指导下或者按照其提出的卫生要求,进行严格消毒处理;拒绝消毒处理的,由当地卫生行政部门或者疾病预防控制机构进行强制消毒处理。"有毒物质",主要是指对人体有毒害,可能对人体健康和环境造成严重危害的固体、泥状及液体废物。参考2016年最高人民法院、最高人民检察院《关于办理环境污染刑事案件适用法律若干问题的解释》第十五条的规定,下列物质应当认定为刑法第三百三十八条规定的"有毒物质":(1)危险废物,是指列入国家危险废物名录,或者根据国家规定的危险废物鉴别标准和鉴别方法认定的,具有危险特性的废物;(2)《关于持久性有机污染物的斯德哥尔摩公约》附件所列物质;(3)含重金属的污染物;(4)其他具有毒性,可能污染环境的物质。"其他有害物质"包括其他列入国家危险废物名录或者根据国家规定的危险废物鉴别标准和鉴别方法认定的具有危险特性的废物。目前,我国尚未颁布国家危险废物名录,实践中主要参考《控制危险废物越境转移及其处置巴塞尔公约》所列的危险废物名录。同时,"其他有害物质"也包括了除上述危险废物以外的其他有严重污染环境可能的普通污染物，需要指出的是，这里的有害物质是相对于具体环境而言的，在特定的环境中，通常认为不属于有害物质的物品也有可能会污染环境，成为有害物质，如将大量的牛奶倾倒入养殖等水域，超出环境承载量的，这里的牛奶就属于"其他有害物质"。

其次，排放的废物、有毒、有害物质，严重污染了环境。这里的"环境"，参照2014年环境保护法第二条规定，"是指影响人类生存和发展的各种天然的和经过人工改造的自然因素的总体，包括大气、水、海洋、土地、矿藏、森林、草原、湿地、野生生物、自然遗迹、人文遗迹、自然保护区、风景名胜区、城市和乡村等"。"严重污染环境"既包括发生了造成财产损失或者人身伤亡的环境事故，也包括虽然还未造成环境污染事故，但是已使环境受到严重污染或者破坏的情形。

二是对污染环境罪的处刑。

第一档刑罚。根据本条规定，严重污染环境的，处三年以下有期徒刑或者拘役，并处或者单处罚金。"严重污染环境"，是指非法排放、倾倒、处置有害物质，或者非法排放、倾倒、处置的物质本身具有较大危害性，或者长期、大量非法排放、倾倒、处置有害物质，对于不同的环境保护对象会有不同标准，严重污染环境的具体标准可以由司法解释等具体确定。参照2016年最高人民法院、最高人民检察院《关于办理环境污染刑事案件适用法律若干问题的解释》第一条的规定，实施刑法第三百三十八条规定的行为，具有下列情形之一的，应当认定为"严重污染环境"：（1）在饮用水水源一级保护区、自然保护区核心区排放、倾倒、处置有放射性的废物、含传染病病原体的废物、有毒物质的；（2）非法排放、倾倒、处置危险废物三吨以上的；（3）排放、倾倒、处置含铅、汞、镉、铬、砷、铊、锑的污染物，超过国家或者地方污染物排放标准三倍以上的；（4）排放、倾倒、处置含镍、铜、锌、银、钒、锰、钴的污染物，超过国家或者地方污染物排放标准十倍以上的；（5）通过暗管、渗井、渗坑、裂隙、溶洞、灌注等逃避监管的方式排放、倾倒、处置有放射性的废物、含传染病病原体的废物、有毒物质的；（6）二年内曾因违反国家规定，排放、倾倒、处置有放射性的废物、含传染病病原体的废物、有毒物质受过两次以上行政处罚，又实施前列行为的；（7）重点排污单位篡改、伪造自动监测数据或者干扰自动监测设施，排放化学需氧量、氨氮、二氧化硫、氮氧化物等污染物的；（8）违法减少防治污染设施运行支出一百万元以上的；（9）违法所得或者致使公私财产损失三十万元以上的；（10）造成生态环境严重损害的;(11)致使乡镇以上集中式饮用水水源取水中断十二小时以上的;(12)致使基本农田、防护林地、特种用途林地五亩以上,其他农用地十亩以上,其他土地二十亩以上基本功能丧失或者遭受永久性破坏的;(13)致使森林或者其他林木死亡五十立方米以上,或者幼树死亡二千五百株以上的;(14)致使疏散、转移群众五千人以上的;(15)致使三十人以上中毒的;(16)致使三人以上轻伤、轻度残疾或者器官组织损伤导致一般功能障碍的;(17)致使一人以上重伤、中度残疾或者器官组织损伤导致严重功能障碍的;(18)其他严重污染环境的情形。

第二档刑罚。情节严重的,处三年以上七年以下有期徒刑,并处罚金。2020年《刑法修正案(十一)》将之前规定的"后果特别严重的"修改为"情节严重的",是对本条的重大修改,进一步降低了犯罪构成的门槛,将虽未造成重大环境污染后果,但长期违反国家规定,超标准排放、倾倒、处置有害物质,严重污染环境的行为规定为犯罪。这里的"情节严重",是指在"严重污染环境"的基础上,情节更为严重的污染环境行为,既包括造成严重后果,也包括虽然尚未造成严重后果或者严重后果不易查证,但非法排放、倾倒、处置有害物质时间长、数量大等严重情节。

第三档刑罚。有下列情形之一的,处七年以上有期徒刑,并处罚金:(1)在饮用水水源保护区、自然保护地核心保护区等依法确定的重点保护区域排放、倾倒、处置有放射性的废物、含传染病病原体的废物、有毒物质,情节特别严重的。"饮用水水源保护区",根据我国水法第三十三条规定,国家建立饮用水水源保护区制度,省、自治区、直辖市人民政府应当划定饮用水水源保护区,并采取措施,防止水源枯竭和水体污染,保证城乡居民饮用水安全。"自然保护地",根据土壤污染防治法第三十一条规定,各级人民政府应当加强对国家公园等自然保护地的保护,维护其生态功能。自然保护地核心保护区的范围应当依照国家有关规定具体确定。(2)向国家确定的重要江河、湖泊水域排放、倾倒、处置有放射性的废物、含传染病病原体的废物、有毒物质,情节特别严重的。这里的"国家确定的重要江河、湖泊",是指根据国家有关规定确定的具有重要生态价值、社会经济价值等的重要江河、湖泊。水污染防治法第十三条中规定,国务院环境保护主管部门会同国务院水行政主管部门和有关省、自治区、直辖市人民政府,可以根据国家确定的重要江河、湖泊流域水体的使用功能以及有关地区的经济、技术条件,确定该重要江河、湖泊流域的省界水体适用的水环境质量标准,报国务院批准后施行。(3)致使大量永久基本农田基本功能丧失或者遭受永久性破坏的。永久基本农田事关十八亿亩耕地总量控制目标,事关十四亿人的饭碗问题,必须实行严格保护。2019年土地管理法第三十三条规定,国家实行永久基本农田保护制度。下列耕地应当根据土地利用总体规划划为永久基本农田,实行严格保护:①经国务院农业农村主管部门或者县级以上地方人民政府批准确定的粮、棉、油、糖等重要农产品生产基地内的耕地;②有良好的水利与水土保持设施的耕地,正在实施改造计划以及可以改造的中、低产田和已建成的高标准农田;③蔬菜生产基地;④农业科研、教学试验田;⑤国务院规定应当划为永久基本农田的其他耕地。各省、自治区、直辖市划定的永久基本农田一般应当占本行政区域内耕地的百分之八十以上,具体比例由国务院根据各省、自治区、直辖市耕地实际情况规定。2018年土壤污染防治法第五十条规定,县级以上地方人民政府应当依法将符合条件的优先保护类耕地划为永久基本农田,实行严格保护。在永久基本农田集中区域,不得新建可能造成土壤污染的建设项目;已经建成的,应当限期关闭拆除。(4)致使多人重伤、严重疾病,或者致人严重残疾、死亡的。主要是指因污染环境犯罪行为,导致多人重伤、严重疾病或者致人严重残疾、死亡的后果。这里的"重伤",根据本法第九十五条的规定,是指有下列情形之一的伤害:①使人肢体残废或者毁人容貌的;②使人丧失听觉、视觉或者其他器官机能的;③其他对于人身健康有重大伤害的。此外,关于"重伤"的概念和范围,2013年8月30日最高人民法院、最高人民检察院、公安部、国家安全部、司法部发布《人体损伤程度鉴定标准》,自2014年1月1日起施行。该标准对人体损伤程度鉴定的原则、方法、内容和等级划分作了详细的规定,将重伤分为重伤一级和重伤二级,分别针对不同情况,制定了具体的认定标准。

第二款是关于有污染环境行为,同时又构成其他犯罪,应当依照处罚较重的规定定罪处罚。行为人实施污染环境行为,有可能同时构成以危险方法危害公共安全罪、投放危险物质罪等罪名,对此,应当依照处罚较重的规定定罪处罚。

【实践中需要注意的问题】

实际执行中应当注意污染环境犯罪案件中的司法鉴定与行政认定问题。污染环境犯罪案件多涉及专门性问题,如污染物的种类、数量、造成的损失数额计算等。司法实践中应当将司法鉴定与行政认定统筹运用,单纯依靠司法鉴定,既不可能,也没有必要。根据相关司法解释的规定,环境保护主管部门及其所属监测机构在行政执法过程中收集的监测数据,在刑事诉讼中可以作为证据使用。公安机关单独或者会同环境保护主管部门,提取污染物样品进行检测获取的数据,在刑事诉讼中可以作为证据使用。对国家危险废物名录所列的废物,可以依据涉案物质的来源、产生过程、被告人供述、证人证言以及经批准或者备案的环境影响评价文件等证据,结合环境保护主管部门、公安机关等出具的书面意见作出认定。对于危险废物的数量,可以综合被告人供述,涉案企业的生产工艺、物耗、能耗情况,以及经批准或者备案的环境影响评价文件等证据作出认定。对案件所涉的环境污染专门性问题难以确定的,依据司法鉴定机构出具的鉴定意见,或者国务院环境保护主管部门、公安部门指定的机构出具的报告,结合其他证据作出认定。

第三百三十九条 【非法处置进口的固体废物罪】【擅自进口固体废物罪】

违反国家规定,将境外的固体废物进境倾倒、堆放、处置的,处五年以下有期徒刑或者拘役,并处罚金;造成重大环境污染事故,致使公私财产遭受重大损失或者严重危害人体健康的,处五年以上十年以下有期徒刑,并处罚金;后果特别严重的,处十年以上有期徒刑,并处罚金。

未经国务院有关主管部门许可,擅自进口固体废物用作原料,造成重大环境污染事故,致使公私财产遭受重大损失或者严重危害人体健康的,处五年以下有期徒刑或者拘役,并处罚金;后果特别严重的,处五年以上十年以下有期徒刑,并处罚金。

以原料利用为名,进口不能用作原料的固体废物、液态废物和气态废物的,依照本法第一百五十二条第二款、第三款的规定定罪处罚。

【条文精解】

本条是关于非法处置进口的固体废物罪、擅自进口固体废物罪及其刑罚的规定。

本条共分三款。本条第一款是关于违反国家规定,将中国境外的固体废物进境倾倒、堆放、处置行为及其刑事处罚的规定。"固体废物",是指在生产、生活和其他活动中产生的丧失原有利用价值或者虽未丧失利用价值但被抛弃或者放弃的固态、半固态和置于容器中的气态的物品、物质以及法律、行政法规规定纳入固体废物管理的物品、物质。这类废物的治理,往往需要较高的技术并耗费大量的资金,在一些发达国家处理这些废物的花费会比在落后国家的成本高,因此,有的发达国家将本国的有毒有害废物和垃圾转移到国外处置。为了保护人类健康,限制发达国家转移污染和保护发展中国家免受污染转移之害,1989年《控制危险废物越境转移及其处置巴塞尔公约》(以下简称《公约》)全体代表在瑞士巴塞尔通过了该公约。我国政府于1990年签署了该公约。按照《公约》的规定,任何国家皆享有禁止《公约》所指危险废物自外国进入其领土或者在其领土内处置的主权权利。我国固体废物污染环境防治法第二十四条明确规定,禁止中华人民共和国境外的固体废物进境倾倒、堆放、处置,表达了我国政府在这个问题上的明确态度。

本款中的"倾倒",是指通过船舶、航空器、平台或者其他运载工具,向水体处置废弃物或者其他有害物质的行为。"堆放",是指向土地直接弃置固体废物的行为。"处置",是指以焚烧、填埋等方式处理固体废物的活动。根据2016年最高人民法院、最高人民检察院《关于办理环境污染刑事案件适用法律若干问题的解释》第二条规定,"公私财产遭受重大损失或者严重危害人体健康"是指,实施刑法第三百三十九条规定的行为,致使公私财产损失三十万元以上,或者具有解释第一条第十项至第十七项规定情形之一的,应当认定为"致使公私财产遭受重大损失或者严重危害人体健康"。第十项至第十七项规定情形包括:造成生态环境严重损害的;致使乡镇以上集中式饮用水水源取水中断十二小时以上的;致使基本农田、防护林地、特种用途林地五亩以上,其他农用地十亩以上,其他土地二十亩以上基本功能丧失或者遭受永久性破坏的;致使森林或者其他林木死亡五十立方米以上,或者幼树死亡二千五百株以上的;致使疏散、转移群众五千人以上的;致使三十人以上中毒的;致使三人以上轻伤、轻度残疾或者器官组织损伤导致一般功能障碍的;致使一人以上重伤、中度残疾或者器官组织损伤导致严重功能障碍的。根据上述解释第三条规定,具有下列情形之一的,应当认定为"后果特别严重":(1)致使县级以上城区集中式饮用水水源取水中断十二小时以上的;(2)非法排放、倾倒、处置危险废物一百吨以上的;(3)致使基本农田、防护林地、特种用途林地十五亩以上,其他农用地三十亩以上,其他土地六十亩以上基本功能丧失或者遭受永久性破坏的;(4)致使森林或者其他林木死亡一百五十立方米以上,或者幼树死亡七千五百株以上的;(5)致使公私财产损失一百万元以上的;(6)造成生态环境特别严重损害的;(7)致使疏散、转移群众一万五千人以上的;(8)致使一百人以上中毒的;(9)致使十人以上轻伤、轻度残疾或者器官组织损伤导致一般功能障碍的;(10)致使三人以上重伤、中度残疾或者器官组织损伤导致严重功能障碍的;(11)致使一人以上重伤、中度残疾或者器官组织损伤导致严重功能障碍,并致使五人以上轻伤、轻度残疾或者器官组织损伤导致一般功能障碍的;(12)致使一人以上死亡或者重度残疾的;(13)其他后果特别严重的情形。上述规定也适用于本条第二款。

本条第二款是关于未经国务院有关主管部门许可,擅自进口固体废物用作原料的犯罪行为及其刑事处罚的规定。"未经国务院有关主管部门许可,擅自进口固体废物用作原料",是指没有经过国务院环境保护行政主管部门和国务院对外经济贸易主管部门审查许可,私自进口《国家限制进口的可用作原料的废物目录》上列入的固体废物用作原料。值得注意的是,我国固体废物污染环境防治法第二十四条规定,国家逐步实现固体废物零进口,由国务院生态环境主管部门会同国务院商务、发展改革、海关等主管部门组织实施。

本条第三款是关于以原料利用为名,进口不能用作原料的固体废物、液态废物和气态废物的犯罪行为及其刑事处罚的规定。本款所说的"固体废物",是指国家禁止进口的不能用作原料的固体废物。本款所说的"液态废物",是指区别于固体废物的液体形态的废物,是有一定的体积但没有一定的形状,可以流动的物质。"气态废物",是指放置在容器中的气体形态的废物。根据本款的规定,以原料利用为名,进口不能用作原料的固体废物、液态废物和气态废物的,依照第一百五十二条第二款、第三款走私废物罪的有关规定定罪处罚,即情节严重的,处五年以下有期徒刑,并处或者单处罚金,情节特别严重的,处五年以上有期徒刑,并处罚金。单位有上述行为的,对单位判处罚金,并对直接负责的主管人员和其他责任人员,依照上述规定处罚。2014年最高人民法院、最高人民检察院《关于办理走私刑事案件适用法律若干问题的解释》第十四条对"情节严重""情节特别严重"的认定标准作了规定。

【实践中需要注意的问题】

关于本条第二款规定的擅自进口固体废物罪的入罪门槛问题。根据规定,擅自进口固体废物用作原料的,需造成重大环境污染事故,致使公私财产遭受重大损失或者严重危害人体健康的,才能作为犯罪处理。关于"致使公私财产遭受重大损失或者严重危害人体健康"的标准,依照前述2016年最高人民法院、最高人民检察院《关于办理环境污染刑事案件适用法律若干问题的解释》第二条的规定予以确定。

第三百四十条 【非法捕捞水产品罪】

违反保护水产资源法规,在禁渔区、禁渔期或者使用禁用的工具、方法捕捞水产品,情节严重的,处三年以下有期徒刑、拘役、管制或者罚金。

【条文精解】

本条是关于非法捕捞水产品的犯罪及其处罚的规定。

根据本条规定,违反保护水产资源法规,在禁渔区、禁渔期或者使用禁用的工具、方法捕捞水产品,情节严重的,处三年以下有期徒刑、拘役、管制或者罚金。这里的"违反保护水产资源法规",是指违反渔业法以及其他保护水产资源的法律、法规。"禁渔区",是指对某些重要鱼、虾、贝类产卵场、越冬场,幼体索饵场、洄游通道及生长繁殖场所等,划定禁止全部作业或者限制作业的一定区域。"禁渔期",是指对某些鱼类幼苗出现的不同盛期,规定禁止作业或者限制作业的一定期限。"禁用的工具",是指禁止使用的捕捞工具,即超过国家按照不同的捕捞对象所分别规定的最小网眼尺寸的网具和其他禁止使用的渔具,最小网眼尺寸就是容许捕捞各种鱼、虾类所使用的渔具网眼的最低限制,有利于释放未成熟的鱼、虾的幼体。"禁用的方法",是指禁止使用的捕捞方法,也就是严重损害水产资源正常繁殖和生长的方法,如炸鱼、毒鱼、电鱼等。

这里的"情节严重",主要指非法捕捞水产品数量较大的;非法捕捞水产品,屡教不改的;使用禁用的工具、方法捕捞水产品,造成水产资源重大损失的;等等。2016年最高人民法院《关于审理发生在我国管辖海域相关案件若干问题的规定(二)》第四条对"情节严重"的认定标准作了详细规定,具体包括在海洋水域,在禁渔区、禁渔期或者使用禁用的工具、方法捕捞水产品,具有下列情形之一的:(1)非法捕捞水产品一万公斤以上或者价值十万元以上的;(2)非法捕捞有重要经济价值的水生动物苗种、怀卵亲体二千公斤以上或者价值二万元以上的;(3)在水产种质资源保护区内捕捞水产品二千公斤以上或者价值二万元以上的;(4)在禁渔区内使用禁用的工具或者方法捕捞的;(5)在禁渔期内使用禁用的工具或者方法捕捞的;(6)在公海使用禁用渔具从事捕捞作业,造成严重影响的;(7)其他情节严重的情形。此外,2008

年最高人民检察院、公安部《关于公安机关管辖的刑事案件立案追诉标准的规定（一）》第六十三条对应当立案追诉的六种情形作了规定。根据本条规定，符合这些情节严重情形，构成犯罪的，依法应当判处三年以下有期徒刑、拘役、管制或者罚金。

【实践中需要注意的问题】

1. 这里的"违反保护水产资源法规"，是指违反渔业法、野生动物保护法等法律以及《水产资源繁殖保护条例》等行政法规中关于保护水产资源的规定。如我国渔业法第三十条的规定，禁止使用炸鱼、毒鱼、电鱼等破坏渔业资源的方法进行捕捞。禁止制造、销售、使用禁用的渔具。禁止在禁渔区、禁渔期进行捕捞。禁止使用小于最小网目尺寸的网具进行捕捞。捕捞的渔获物中幼鱼不得超过规定的比例。在禁渔区或者禁渔期内禁止销售非法捕捞的渔获物。第三十一条规定，禁止捕捞有重要经济价值的水生动物苗种。因养殖或者其他特殊需要，捕捞有重要经济价值的苗种或者禁捕的怀卵亲体的，必须经国务院渔业行政主管部门或者省、自治区、直辖市人民政府渔业行政主管部门批准，在指定的区域和时间内，按照限额捕捞。第三十七条规定，因科学研究、驯养繁殖、展览或者其他特殊情况，需要捕捞国家重点保护的水生野生动物的，依照野生动物保护法的规定执行。此外，《水产资源繁殖保护条例》对采捕原则、禁渔区、禁渔期以及渔具、渔法的管理等都有明确的规定。

2. 对于违反保护水产资源法规，在禁渔区、禁渔期或者使用禁用的工具、方法捕捞水产品，尚不构成犯罪的行为，应当依照有关法律法规的规定追究其行政责任。如我国渔业法第三十八条规定，使用炸鱼、毒鱼、电鱼等破坏渔业资源方法进行捕捞的，违反关于禁渔区、禁渔期的规定进行捕捞的，或者使用禁用的渔具、捕捞方法和小于最小网目尺寸的网具进行捕捞或者渔获物中幼鱼超过规定比例的，没收渔获物和违法所得，处五万元以下的罚款；情节严重的，没收渔具，吊销捕捞许可证；情节特别严重的，可以没收渔船。构成犯罪的，依法追究刑事责任。第四十一条规定，未依法取得捕捞许可证擅自进行捕捞的，没收渔获物和违法所得，并处十万元以下的罚款；情节严重的，并可以没收渔具和渔船。

第三百四十一条 【危害珍贵、濒危野生动物罪】【非法狩猎罪】【非法猎捕、收购、运输、出售陆生野生动物罪】

非法猎捕、杀害国家重点保护的珍贵、濒危野生动物的，或者非法收购、运输、出售国家重点保护的珍贵、濒危野生动物及其制品的，处五年以下有期徒刑或者拘役，并处罚金；情节严重的，处五年以上十年以下有期徒刑，并处罚金；情节特别严重的，处十年以上有期徒刑，并处罚金或者没收财产。

违反狩猎法规，在禁猎区、禁猎期或者使用禁用的工具、方法进行狩猎，破坏野生动物资源，情节严重的，处三年以下有期徒刑、拘役、管制或者罚金。

违反野生动物保护管理法规，以食用为目的非法猎捕、收购、运输、出售第一款规定以外的在野外环境自然生长繁殖的陆生野生动物，情节严重的，依照前款的规定处罚。

【条文精解】

本条是关于危害珍贵、濒危野生动物罪，非法狩猎罪以及非法猎捕、收购、运输、出售陆生野生动物犯罪及其处罚的规定。

珍贵、濒危野生动物是全人类的共同财富，具有不可替代性和难以恢复性。为保护、拯救珍贵、濒危野生动物，1979年刑法规定了非法狩猎罪，明确规定违反狩猎法规，在禁猎区、禁猎期或者使用禁用的工具、方法进行狩猎，破坏珍禽、珍兽或者其他野生动物资源，情节严重的，予以刑事处罚。1988年，国家制定了野生动物保护法，对于保护野生动物及其生存环境，维护生态平衡，发挥了重要作用。但是，由于一些不法分子法制观念淡薄或者出于牟利目的，非法捕杀、收购、运输、出售珍贵、濒危野生动物及其制品的活动，实践中还经常发生，必须完善法律，加大对这类犯罪的打击力度。因此，1988年11月8日第七届全国人民代表大会常务委员会第四次会议通过的全国人民代表大会常务委员会《关于惩治捕杀国家重点保护的珍贵、濒危野生动物犯罪的补充规定》规定："为了加强对国家重点保护的珍贵、濒危野生动物的保护，对刑法补充规定：非法捕杀国家重点保护的珍贵、濒危野生动物的，处七年以下有期徒刑或者拘役，可以并处或者单处罚金；非法出售倒卖、走私的，按投机倒把罪、走私罪处刑。"在1979年刑法非法狩猎罪规定的基础上增加了上述专门针对珍贵、濒危野生动物的犯罪。

1997年刑法修订时对1979年刑法及1988年全国人大常委会的《关于惩治捕杀国家重点保护的珍贵、濒危野生动物犯罪的补充规定》的构成犯罪的条件进行了修改，并提高了量刑的幅度，进一步加强对破坏野生动物资源犯罪的惩治力度。一是整合1979年刑法和1988年《关于惩治捕杀国家重点保护的珍贵、濒危野生动物犯罪的补充规定》，将非法捕杀珍贵、濒危野生动物和非法狩猎罪两个犯罪规定为一条，作为两款分别规定，同时将决定中的"捕杀"修改为"猎捕、杀害"，将"出售倒卖珍贵、濒危野生动物按照投机倒把罪处刑"修改为"非法收购、运输、出售国家重点保护的珍贵、濒危野生动物及其制品罪"，删去1979年刑法非法狩猎罪中"珍禽、珍兽"的规定。二是将1988年《关于惩治捕杀国家重点保护的珍贵、濒危野生动物犯罪的补充规定》中"走私珍贵、濒危野生动物按照走私罪处刑"的规定在刑法第一百五十一条作为走私珍贵动物、珍贵动物制品罪予以规定。三是修改了法定刑，将非法狩猎罪法定刑由"处二年以下有期徒刑、拘役或者罚金"修改为"处三年以下有期徒刑、拘役、管制或者罚金"；将非法猎捕、杀害、非法收购、运输、出售珍贵、濒危野生动物犯罪的法定刑由"处七年以下有期徒刑或者拘役，可以并处或者单处罚金"修改为"处五年以下有期徒刑或者拘役，并处罚金；情节严重的，处五年以上十年以下有期徒刑，并处罚金；情节特别严重的，处十年以上有期徒刑，并处罚金或者没收财产"三档刑。

近年来，在野生动物资源保护方面比较突出的问题：一是在一些地方食用珍贵、濒危野生动物等问题突出，形成了非法猎捕、杀害珍贵、濒危野生动物的"买方市场"。对于为食用或者其他非法用途而购买珍贵、濒危野生动物及其制品的，是否属于犯罪行为，是否追究刑事责任，还存在模糊认识，需要予以明确。二是一些不法分子明知是非法狩猎的野生动物而坐地收赃，形成非法狩猎活动的背后推手。对这种行为是否追究刑事责任，如何追究刑事责任不明确。加强对野生动物资源的保护，是建设生态文明的重要方面。目前社会上存在的食用珍贵、濒危野生动物等行为，既是一种社会陋习，也是非法猎捕、杀害珍贵、濒危野生动物活动屡禁不止的原因之一。"没有买卖，就没有杀戮。"明知是珍贵、濒危野生动物及其制品而购买的行为，从性质上讲，与非法收购珍贵、濒危野生动物及其制品的行为是相同的，应当依法追究刑事责任。另外，为保护野生动物，刑法规定了非法狩猎罪。实践中，明知是非法狩猎的野生动物而收购的行为，是造成一些大规模的非法狩猎活动在有的地方屡禁不止的主要推动因素，应当根据刑法的有关规定，对这些人依法追究刑事责任。因此，2014年4月24日第十二届全国人大常委会第八次会议通过《关于〈中华人民共和国刑法〉第三百四十一条、第三百一十二条的解释》，对本条作出以下解释：一是明确以食用或者其他目的而非法购买珍贵、濒危野生动物及其制品的行为，属于非法收购国家重点保护的珍贵、濒危野生动物及其制品的犯罪。二是明确明知是非法狩猎的野生动物而购买的，属于明知是犯罪所得而收购的行为。

2020年发生了前所未有的新冠肺炎疫情大流行，给世界各国造成了巨大挑战。总结我国新冠肺炎疫情防控经验和需要，党中央提出要加强公共卫生安全，从源头上防范公共卫生风险。其中一个重要方面，是从公共卫生安全的角度，防止和切断病毒、疫病从野生动物向人类的传播途径。2020年2月24日，第十三届全国人大常委会第十六次会议通过了《关于全面禁止非法野生动物交易、革除滥食野生动物陋习、切实保障人民群众生命健康安全的决定》，从维护生物安全和生态安全，有效防范重大公共卫生风险的角度，对野生动物保护管理制度作了较大调整。其中第二条规定，全面禁止食用国家保护的'有重要生态、科学、社会价值的陆生野生动物'（以下简称'三有陆生野生动物'）以及其他陆生野生动物，包括人工繁育、人工饲养的陆生野生动物。全面禁止以食用为目的猎捕、交易、运输在野外环境自然生长繁殖的陆生野生动物。对违反前两款规定的行为，参照适用现行法律有关规定处罚，野生动物保护法也将作出修改。1997年刑法规定的野生动物犯罪的对象是珍贵、濒危野生动物，对非法猎捕、交易、运输行为作了规定，非法狩猎罪实践中保护对象是"三有陆生野生动物"，构成犯罪要求"在禁猎区、禁猎期或者使用禁用的工具、方法"，2014年的全国人大常委会《关于〈中华人民共和国刑法〉第三百四十一条、第三百一十二条的解释》，对以食用等目的而购买上述野生动物、制品如何适用法律作了进一步明确，通过立法解释，将购买食用珍贵、濒危野生动物，以及购买食用非法狩猎来源野生动物的行为明确为可依法追究刑事责任。但刑法的上述规定在禁止猎捕、禁止交易、禁止食用野生动物的范围和惩治力度上还存在不足，需要与全国人大常委会关于野生动物的决定进一步衔接，从防范公共卫生风险的角度，进一步加大惩治以食用为目的非法经营、交易、运输非珍贵、濒危的其他野生动物犯罪。因此，《刑法修正案（十一）》在本条中增加一款，规定："违反野生动物保护管理法规，以食用为目的非法猎捕、收购、运输、出售第一款规定以外的在野外环境自然生长繁殖的陆生野生动物，情节严重的，依照前款的规定处罚。"

本条共分三款。本条第一款是关于危害珍贵、濒危野生动物罪及其刑事处罚的规定。本款中"珍贵、濒危野生动物"，包括列入《国家重点保护野生动物名录》的国家一、二级保护野生动物、列入《濒危野生动植物物种国际贸易公约》附录一、附录二的野生动物以及驯养繁殖的上述物种。"珍贵"野生动物，是指具有较高的科学研究、经济利用或观赏价值的野生动物，如隼、秃鹫、猕猴、黄羊、马鹿等。"濒危"野生动物，是指除珍贵和稀有之外，种群数量处于急剧下降的趋势，面临灭绝的危险的野生动物，如白鳍豚等。另外，凡属于中国特产动物的，都可列为珍贵、濒危野生动物，如大熊猫，既是珍贵的，又是濒危的，又属于中国特产动物。珍贵、濒危的野生动物，都是被列为国家重点保护的野生动物。国家重点保护的野生动物范围实行目录管理。野生动物保护法中规定的地方重点保护野生动物不属于本款对象。珍贵、濒危野生动物"制品"，是指珍贵、濒危野生动物的肉、皮、毛、骨制成品。野生动物保护法等规定，除了科学研究、人工繁育、公众展示展演等少数特殊情形外，严厉禁止猎捕、杀害，禁止出售、购买、利用，禁止生产、经营使用国家重点保护的野生动物。与此衔接，刑法对破坏珍贵、濒危野生动物各个环节的犯罪行为都作了相应规定。"非法猎捕、杀害"，是指除因科学研究、驯养繁殖、展览或者其他特殊情况的需要，经过依法批准猎捕以外，对野生动物捕捉或者杀死的行为。"非法收购、运输、出售国家重点保护的珍贵、濒危野生动物及其制品"，是指违反法律规定，对珍贵、濒危野生动物进行收购、运输、出售的行为。同时，《关于〈中华人民共和国刑法〉第三百四十一条、第三百一十二条的解释》还明确规定，知道或者应当知道是国家重点保护的珍贵、濒危野生动物及其制品，为食用或者其他目的而非法购买的，属于刑法第三百四十一条第一款规定的非法收购国家重点保护的珍贵、濒危野生动物及其制品的行为。非法"运输"国家重点保护的珍贵、濒危野生动物及其制品，是指违反野生动物保护法的有关规定，利用飞机、火车、汽车、轮船等交通工具，邮寄、利用他人或者随身携带等方式，将国家重点保护的珍贵、濒危野生动物及其制品，从这一地点运往另一地点的行为。运输犯罪的情形，一般是指对非法猎捕、杀害、购买的野生动物进行运输，或者以非法出售为目的运输等，这类非法运输行为直接破坏了珍贵、濒危野生动物资源，社会危害严重，应当依法严厉惩处。另外，2018年野生动物保护法第三十三条对运输野生动物的条件作了修改，规定"运输、携带、寄递国家重点保护野生动物及其制品、本法第二十八条第二款规定的野生动物及其制品出县境的，应当持有或者附有本法第二十一条、第二十五条、第二十七条或者第二十八条规定的许可证、批准文件的副本或者专用标识，以及检疫证明。运输非国家重点保护野生动物出县境的，应当持有狩猎、进出口等合法来源证明，以及检疫证明"，第四十八条对行政处罚责任作了规定，运输野生动物应当持有有关合法来源的证明文件和检疫证明。因此，实践中不能将马戏团为进行异地表演而未经批准运输珍贵、濒危野生动物的行为认定为本罪。

根据最高人民法院《关于审理破坏野生动物资源刑事案件具体应用法律若干问题的解释》的规定，"情节严重"是指非法猎捕、杀害、收购、运输、出售珍贵、濒危野生动物达到一定的数量标准，或者非法收购、运输、出售珍贵、濒危野生动物制品价值在十万元以上或非法获利五万元以上等情况。"情节特别严重"是指非法猎捕、杀害、收购、运输、出售珍贵、濒危野生动物数量特别大的；犯罪集团的首要分子；严重影响对野生动物的科研、养殖等工作顺利进行的；以武装掩护方法实施犯罪的；使用特种车、军用车等交通工具实施犯罪的；造成其他重大损失的；或者非法收购、运输、出售珍贵、濒危野生动物制品价值在二十万元以上的；非法获利十万元以上的；或者具有其他特别严重情节的。关于价值的计算，依照国家野生动物保护主管部门的规定核定；核定价值低于实际交易价格的，以实际交易价格认定。

本条第二款是关于非法狩猎罪及其处罚的规定。本款中，"违反狩猎法规"，是指违反国家有关狩猎规范的法律、法规。"禁猎区"，是指国家划定一定的范围，禁止在其中进行狩猎活动的地区。这一般是属于某些珍贵动物的主要栖息、繁殖的地区。此外，城镇、工矿区、革命圣地、名胜古迹地区、风景区，也是禁猎区。"禁猎期"，是指国家规定禁止狩猎的期限，主要是为了保护野生动物资源，根据野生动物的繁殖的季节，规定禁止猎捕的期限。"禁用的工具、方法"，是指会破坏野生动物资源，危害人畜安全的工具、方法，如地弓、地枪，以及用毒药、炸药、火攻、烟熏、电击等方法。本款并不是绝对禁止猎捕野生动物，而是将猎捕野生动物的行为，限定在一定范围内。"情节严重"，主要是指非法狩猎野生动物二十只以上的；违反狩猎法规，在禁猎区或者禁猎期使用禁用的工具、方法狩猎的；或者具有其他严重情节的。同时，为打击非法狩猎行为，《关于〈中华人民共和国刑法〉第三百四十一条、第三百一十二条的解释》还明确规定，知道或者应当知道是刑法第三百四十一条第二款规定的非法狩猎的野生动物而购买的，属于刑法第三百一十二条第一款规定的明知是犯罪所得而收购的行为。根据最高人民法院《关于审理掩饰、隐瞒犯罪所得、犯罪所得收益刑事案件适用法律若干问题的解释》第一条规定，依照全国人民代表大会常务委员会《关于〈中华人民共和国刑法〉第三百四十一条、第三百一十二条的解释》，明知是非法狩猎的野生动物而收购，数量达到五十只以上的，以掩饰、隐瞒犯罪所得罪定罪处罚。

本条第三款是关于非法猎捕、收购、运输、出售陆生野生动物罪及其处罚的规定。

首先，关于"以食用为目的"。立法过程中有意见提出删去"以食用为目的"的限定，以其他用途如药用、观赏用等非食用性利用为目的，而非法猎捕、交易等行为也纳入刑事制裁。考虑到与全国人大常委会《关于全面禁止非法野生动物交易、革除滥食野生动物陋习、切实保障人民群众生命健康安全的决定》以及野生动物保护法衔接，本款罪主要是从禁止食用野生动物、防范野生动物疫情传播风险角度作出的规定，以及妥当把握刑事处罚范围，限定为"以食用为目的"。对于出于驯养、观赏、皮毛利用等目的非法猎捕、收购、出售、运输其他陆生野生动物的，可给予行政处罚，或者构成非法狩猎罪等其他犯罪依法追究刑事责任。需要注意的是，实践中构成犯罪不要求查证已经"食用"，对于在集市、餐馆等经营场所查到野生动物，行为人不能说明正当理由和合理用途的，即可认定为具有"以食用为目的"，对于猎捕、出售大雁等主要用作食用目的的野生动物的，可认定具有"以食用为目的"，将来司法实践中也可对如何认定"以食用为目的"作出进一步解释。

其次，"第一款规定以外的在野外环境自然生长繁殖的陆生野生动物"。即珍贵、濒危野生动物以外的其他野生动物。还有两个限定性表述：一是要求"在野外环境自然生长繁殖"的陆生野生动物，即真正的纯陆生野生动物，不包括驯养繁殖的情况；二是陆生野生动物，不包括水生野生动物。另外，从本款规定的重要目的是防范公共卫生风险这点考虑，这里的陆生野生动物主要是指陆生脊椎野生动物，对人类具有动物疫病传播风险的野生动物，对于昆虫等一般不宜认定为本款规定的野生动物。根据《关于全面禁止非法野生动物交易、革除滥食野生动物陋习、切实保障人民群众生命健康安全的决定》第三条规定，"列入畜禽遗传资源目录的动物，属于家畜家禽，适用《中华人民共和国畜牧法》的规定、国务院畜牧兽医行政主管部门依法制定并公布畜禽遗传资源目录"，对可食用野生动物实行"白名单"制度。2020年5月国家畜禽遗传资源委员会办公室公布《国家畜禽遗传资源目录》，对此前目录作了修改，首次明确家禽家畜种类28种，除了传统畜禽12种以外，还包括16种特殊畜禽，如梅花鹿、马鹿、雉鸡、鹧鸪、绿头鸭、鸵鸟等。食用和为食用而猎捕、交易上述白名单目录中的特殊畜禽的，即使属于野外环境自然生长繁殖的，也不构成本款罪。

最后，实施"非法猎捕、收购、运输、出售"行为，且情节严重。"情节严重"包括非法获利数额、涉及野生动物数量，以及是否具有传染动物疫病重要风险等。犯本款罪的，依照前款非法狩猎罪的刑罚处罚，即处三年以下有期徒刑、拘役、管制或者罚金。

【实践中需要注意的问题】

1. 本条第一款规定了有关破坏珍贵、濒危野生动物的犯罪。在办理这类案件时涉案动物系人工繁育的，在认定是否构成犯罪以及如何裁量刑罚时，应当考虑涉案动物的濒危程度、野外存活状况、人工繁育情况、是否列入《人工繁育国家重点保护陆生野生动物名录》《人工繁育国家重点保护水生野生动物名录》、行为手段、对野生动物资源的损害程度等情节，综合评估社会危害性，保证罪责刑相适应，如实践中出售自己繁育的珍贵濒危乌龟或者鹦鹉等的，应当依法作出妥当处理。对于涉案动物是否系人工繁育，应当综合被告人或其辩护人提供的证据材料和其他材料依法审查认定。

2. 本条第三款规定了以食用为目的非法猎捕、收购、运输、出售其他在野外自然环境生长繁殖陆生野生动物犯罪。本条惩治的重点是以食用为目的而进行的规模化、手段恶劣的猎捕行为，以及针对野生动物的市场化、经营化、组织化的运输、交易行为，且定罪门槛上要求情节严重。对公民为自己食用而猎捕、购买一般的野生动物，或者对于个人在日常劳作生活中捕捉到少量野生动物并食用的，比如个人捕捉到的野兔、野猪、麻雀并食用的，不宜以本款罪论处。

3. 关于增加的第三款非法猎捕、收购、运输、出售陆生野生动物的犯罪与本条第二款非法狩猎罪，以及 2014 年全国人大常委会《关于〈中华人民共和国刑法〉第三百四十一条、第三百一十二条的解释》中有关掩饰、隐瞒犯罪所得、犯罪所得收益罪立法解释适用之间的关系。（1）关于非法狩猎罪与第三款罪。非法狩猎罪的对象是"野生动物"，此前实践中把握的一般是"三有陆生野生动物"，行为手段是在禁猎区、禁猎期或者使用禁用的工具、方法进行狩猎，符构成非法狩猎罪要求上述特定的"四禁"，范围和情形是有条件的，同时对主观目的没有限制。第三款非法猎捕、收购、运输、出售陆生野生动物犯罪针对的防范公共卫生风险，从禁止食用野生动物的角度作出的规定，但没有直接将食用规定为犯罪，而是打击以食用为目的的猎捕、交易、运输行为。两罪行为方式都有"猎捕"或者"狩猎"，非法狩猎行为后也继续有运输、出售行为，但如上所述，两罪的行为目的、构成犯罪的条件等是不一样的。构成非法狩猎罪的，如果又以食用为目的，则可能同时构成第三款罪，两罪存在少量情形的交叉，法定刑相同，这种情况按照非法狩猎罪处罚似更为合适。（2）关于第三款罪与立法解释适用的关系。2014年全国人大常委会《关于〈中华人民共和国刑法〉第三百四十一条、第三百一十二条的解释》包括两个方面：一是规定为食用或者其他目的而非法购买本条第一款规定的国家重点保护的珍贵、濒危野生动物的，属于第一款规定的非法收购行为。增加第三款罪的对象为第一款以外的野生动物，因此对立法解释上述规定的适用没有影响。二是全国人大常委会《关于〈中华人民共和国刑法〉第三百四十一条、第三百一十二条的解释》规定，知道或者应当知道是本条第二款非法狩猎的野生动物而购买的，属于第三百一十二条第一款规定的明知是犯罪所得而收购的行为，即构成掩饰、隐瞒犯罪所得、犯罪所得收益罪的情形。与第三款罪可能存在一些情形的重合，对此根据案件具体情况，从一重罪处理。知道或者应当知道是非法狩猎的野生动物而购买的，且属于"以食用为目的"的购买，同时构成掩饰、隐瞒犯罪所得罪和本条第三款非法收购陆生野生动物犯罪，根据案件具体情况，依照第三百一十二条和本条及有关司法解释定罪量刑的规定，确定从一重罪处罚。掩饰、隐瞒犯罪所得罪有两档法定刑，最高为七年有期徒刑，因此以食用为目的购买、经营、运输非法狩猎的野生动物可以判处比本条第三款法定刑更重的刑罚。

第三百四十二条【非法占用农用地罪】
违反土地管理法规，非法占用耕地、林地等农用地，改变被占用土地用途，数量较大，造成耕地、林地等农用地大量毁坏的，处五年以下有期徒刑或者拘役，并处或者单处罚金。

【条文精解】

本条是关于非法占用农用地罪及其处罚的规定。

构成本罪必须具备以下几个条件：一是行为人必须违反土地管理法规。根据2019年修正的《关于〈中华人民共和国刑法〉第二百二十八条、第三百四十二条、第四百一十条的解释》的规定，"违反土地管理法规"，是指违反土地管理法、森林法、草原法等法律以及有关行政法规中关于土地管理的规定。

二是行为人实施了非法占用耕地、林地等农用地，改变被占用土地用途的行为。根据我国土地管理法第四条的规定，土地按用途分为农用地、建设用地和未利用地。"农用地"，是指直接用于农业生产的土地，包括耕地、林地、草地、农田水利用地、养殖水面等。其中，根据《土地利用现状分类（GBT21010—2017）》，"耕地"是指种植农作物的土地，包括熟地，新开发、复垦、整理地，休闲地（含轮歇地、轮作地）；以种植农作物（含蔬菜）为主，间有零星果树、桑树或者其他树木的土地；平均每年能保证收获一季的已垦滩地和海涂。耕地中包括南方宽度＜1.0m，北方宽度＜2.0m固定的沟、渠、路和地坎（埂）；临时种植药材、草皮、花卉、苗木等的耕地；临时种植果树、茶树和林木且耕作层未被破坏的耕地以及其他临时改变用途的耕地。根据我国《森林法实施条例》第二条的规定，"林地"主要包括郁闭度0.2以上的乔木林地以及竹林地、灌木林地、疏林地、采伐迹地、火烧迹地、未成林造林地、苗圃地和县级以上人民政府规划的宜林地。"非法占用耕地、林地等农用地"，是指违反土地利用总体规划或计划，未经批准擅自将耕地改为建设用地或者作其他用途，或者擅自占用林地进行建设或者开垦林地进行种植、养殖以及实施采石、采沙等活动。"改变被占用土地用途"，是指未经依法办理农用地转用批准手续、土地征收、征用、占用审批手续，非法占用耕地、林地、草地等农用地，在被占用的农用地上从事建设、采矿、养殖等活动，改变土地利用总体规划规定的农用地的原用途。如占用耕地建设度假村，开垦林地、草地种植庄稼，占用林地挖塘养虾等。

三是必须达到数量较大，并且造成耕地、林地等农用地大量毁坏的后果，才构成犯罪。有关司法解释分别对非法占用耕地、林地、草原，改变土地用途，造成耕地、林地、草原毁坏，构成犯罪的入刑标准作了明确规定。根据2000年最高人民法院《关于审理破坏土地资源刑事案件具体应用法律若干问题的解释》第三条的规定，非法占用耕地"数量较大"，是指非法占用基本农田五亩以上或者非法占用基本农田以外的耕地十亩以上。非法占用耕地"造成耕地大量毁坏"，是指行为人非法占用耕地建窑、建坟、建房、挖沙、采石、采矿、取土、堆放固体废弃物或者进行其他非农业建设，造成基本农田五亩或者基本农田以外的耕地十亩以上种植条件严重毁坏或者严重污染。根据2005年最高人民法院《关于审理破坏林地资源刑事案件具体应用法律若干问题的解释》第一条的规定，所谓"数量较大，造成林地大量毁坏"，是指下列情形：（1）非法占用并毁坏防护林地、特种用途林地数量分别或者合计达到五亩以上；（2）非法占用并毁坏其他林地数量达到十亩以上；（3）非法占用并毁坏本条第一项、第二项规定的林地，数量分别达到相应规定的数量标准的百分之五十以上；（4）非法占用并毁坏本条第一项、第二项规定的林地，其中一项数量达到相应规定的数量标准的百分之五十以上,且两项数量合计达到该项规定的数量标准。根据2012年最高人民法院《关于审理破坏草原资源刑事案件应用法律若干问题的解释》第二条的规定,非法占用草原,改变被占用草原用途,数量在二十亩以上的,或者曾因非法占用草原受过行政处罚,在三年内又非法占用草原,改变被占用草原用途,数量在十亩以上的,应当认定为刑法第三百四十二条规定的"数量较大"。非法占用草原,改变被占用草原用途,数量较大,具有下列情形之一的,应当认定为刑法第三百四十二条规定的"造成耕地、林地等农用地大量毁坏":(1)开垦草原种植粮食作物、经济作物、林木的;(2)在草原上建窑、建房、修路、挖砂、采石、采矿、取土、剥取草皮的;(3)在草原上堆放或者排放废弃物,造成草原的原有植被严重毁坏或者严重污染的;(4)违反草原保护、建设、利用规划种植牧草和饲料作物,造成草原沙化或者水土严重流失的;(5)其他造成草原严重毁坏的情形。

根据本条规定,违反土地管理法规,非法占用耕地、林地等农用地,改变被占用土地用途,数量较大,造成耕地、林地等农用地大量毁坏的,处五年以下有期徒刑或者拘役,并处或者单处罚金。

【实践中需要注意的问题】

1.关于未经处理的非法占用农用地行为的处理。对于多次实施非法占用农用地行为,依法应当追诉且未经处理的,应当按照累计的数量、数额计算。对此,2000年最高人民法院《关于审理破坏土地资源刑事案件具体应用法律若干问题的解释》第九条、2005年最高人民法院《关于审理破坏林地资源刑事案件具体应用法律若干问题的解释》第七条和2012年最高人民法院《关于审理破坏草原资源刑事案件应用法律若干问题的解释》第六条都作了明确规定。

2.关于单位构成本罪的入刑标准。构成本条规定的非法占用农用地罪的主体包括个人,也包括单位。根据刑法第三百四十六条的规定,单位犯本节规定之罪的,对单位判处罚金,并对其直接负责的主管人员和直接责任人员,依照本节该条的规定处罚。关于单位犯本罪的入罪标准,根据前面提到的三份司法解释的规定,依照个人犯罪的定罪量刑标准执行。

> **第三百四十二条之一** 【破坏自然保护地罪】
> 违反自然保护地管理法规,在国家公园、国家级自然保护区进行开垦、开发活动或者修建建筑物,造成严重后果或者有其他恶劣情节的,处五年以下有期徒刑或者拘役,并处或者单处罚金。
> 有前款行为,同时构成其他犯罪的,依照处罚较重的规定定罪处罚。

【条文精解】

本条是关于破坏自然保护地犯罪及其处罚的规定。

生态文明建设是新时代党和国家确定的重大战略。近年来我国生态环境保护取得了前所未有的重大发展进步,同时实践中也出现了一些问题,特别是对于国家重点生态保护区域、生态脆弱敏感区域的破坏情况仍然存在,有的还非常恶劣和严重。如祁连山生态环境破坏问题,祁连山是我国西部重要生态安全屏障,是生物多样性保护优先区域,国家在1988年就批准设立了甘肃祁连山国家级自然保护区,长期以来祁连山局部生态破坏问题十分突出,包括违法违规开发矿产资源,部分水电设施违法建设、违规运行,周边企业偷排偷放等,甚至在地方立法层面为破坏生态行为"放水"。又如,陕西秦岭北麓西安段违建别墅问题,秦岭作为我国南北地理分界线,我国重要的生态屏障,具有调节气候、保持水土、涵养水源、维护生物多样性等重要生态功能,在党中央三令五申要求禁止违建、保护生态环境的情况下,违建仍屡禁不绝,危害严重。同时,中共中央办公厅、国务院办公厅《建立国家公园体制总体方案》《关于建立以国家公园为主体的自然保护地体系的指导意见》,以及《自然保护区管理条例》等政策、法规对国家公园、自然保护区内进行分类管理管控,依法依规严格禁止非法开发建设等作了规定。针对上述实践中的情况,以及与有关政策法规进一步衔接,《刑法修正案(十一)》增加了本条规定。

本条共分两款。第一款是关于破坏自然保护地犯罪和处刑的规定。(1)"违反自然保护地法规",是指违法有关自然保护地的管理、保护的法律、行政法规等,包括《自然保护区条例》,以及将来拟制定的自然保护地立法等。"自然保护地"现行法律中规定的不多,2018年制定的土壤污染防治法第三十一条规定,"各级人民政府应当加强对国家公园等自然保护地的保护,维护其生态功能",主要是有关中央改革文件对此作了规定,刑法与此作了衔接。根据中共中央办公厅、国务院办公厅《关于建立以国家公园为主体的自然保护地体系的指导意见》规定，自然保护地按照生态价值和保护强度高低分为三类：国家公园，自然保护区和自然公园（包括森林公园、地质公园、海洋公园、湿地公园等各类自然公园），逐步形成以国家公园为主体、自然保护区为基础、各类自然公园为补充的自然保护地分类系统。（2）"国家公园"是我国自然保护地最重要类型之一，属于全国主体功能区规划中的禁止开发区域，纳入全国生态保护红线区域管控范围，实行最严格的保护。改革目标是2020年，建立国家公园体制试点基本完成，整合设立一批国家公园，分级统一的管理体制基本建立，国家公园总体布局初步形成。到2030年，国家公园体制更加健全，分级统一的管理体制更加完善，保护管理效能明显提高。首批10个国家公园体制试点包括三江源国家公园、东北虎豹国家公园、大熊猫国家公园、祁连山国家公园、长城国家公园、湖北神农架国家公园、武夷山国家公园、钱江源百山祖国家公园、湖南南山国家公园、云南普达措国家公园等。（3）关于"国家级自然保护区"。根据《自然保护区条例》的规定，自然保护区是指对有代表性的自然生态系统、珍稀濒危野生动植物物种的天然集中分布区、有特殊意义的自然遗迹等保护对象所在的陆地、陆地水体或者海域，依法划出一定面积予以特殊保护和管理的区域，自然保护区分为国家级自然保护区和地方级自然保护区。在国内外有典型意义、在科学上有重大国际影响或者有特殊科学研究价值的自然保护区，列为国家级自然保护区。截至2018年5月31日国务院公布的5处新建国家级自然保护区，我国目前共计474个国家级自然保护区。需要说明的是，未来国家级自然保护区将重新整合，部分将整合设立国家公园。

本款规定的犯罪行为是"在国家公园、国家级自然保护区进行开垦、开发活动或者修建建筑物"。中共中央办公厅、国务院办公厅《关于建立以国家公园为主体的自然保护地体系的指导意见》第十四条规定："国家公园和自然保护区实行分区管控，原则上核心保护区内禁止人为活动，一般控制区内限制人为活动。自然公园原则上按一般控制区管理，限制人为活动。"《自然保护区条例》第二十六条至第二十八条规定：禁止在自然保护区内进行砍伐、放牧、狩猎、捕捞、采药、开垦、烧荒、开矿、采石、挖沙等活动；但是，法律、行政法规另有规定的除外。禁止任何人进入自然保护区的核心区。因科学研究的需要，必须进入核心区从事科学研究观测、调查活动的，应当事先向自然保护区管理机构提交申请和活动计划，并经自然保护区管理机构批准；其中，进入国家级自然保护区核心区的，应当经省、自治区、直辖市人民政府有关自然保护区行政主管部门批准。禁止在自然保护区的缓冲区开展旅游和生产经营活动。因教学科研的目的，需要进入自然保护区的缓冲区从事非破坏性的科学研究、教学实习和标本采集活动的，应当事先向自然保护区管理机构提交申请和活动计划，经自然保护区管理机构批准。第三十二条规定："在自然保护区的核心区和缓冲区内，不得建设任何生产设施。在自然保护区的实验区内，不得建设污染环境、破坏资源或者景观的生产设施；建设其他项目，其污染物排放不得超过国家和地方规定的污染物排放标准。在自然保护区的实验区内已经建成的设施，其污染物排放超过国家和地方规定的排放标准的，应当限期治理；造成损害的，必须采取补救措施。"因此，对国家公园、国家级自然保护区，特别是核心保护区是严格禁止从事非法开垦、开发或者修建建筑物活动的，因历史遗留问题或者原住民因必要生产、生活需要而进行的活动除外。"开垦"，是指对林地、农地等土地的开荒、种植、砍伐、放牧等活动。"开发"，是指经济工程项目建设，如水电项目、矿山项目、挖沙等。修建建筑物包括开发房产项目等。构成犯罪要求"造成严重后果或者其他恶劣情节"，包括从行为手段、对生态环境的破坏程度、是否在核心保护区、非法开垦、开发的规模等情节进行综合判断。对于出于生产、生活需要，非法开发建设一些设施，未对生态环境造成严重破坏后果的，不作为犯罪处理。犯本罪的，处五年以下有期徒刑或者拘役，并处或者单处罚金。

  第二款是关于从一重处罚的规定："有前款行为，同时构成其他犯罪的，依照处罚较重的规定定罪处罚。"适用本条罪需要处理好与本法第三百四十二条非法占用农用地罪、第三百四十三条非法采矿罪等的关系。在国家公园、国家级自然保护区内非法开垦的，如果同时属于非法占用耕地、林地等农用地，改变被占用土地用途的，还可能构成非法占用农用地罪；在国家公园、国家级自然保护区内非法开发，例如，进行开采矿山活动，还可能构成非法采矿罪。对上述情况应当适用本款从一重罪处罚的规定。

【实践中需要注意的问题】

  构成本罪要求"违反自然保护地管理法规"，并非对国家公园、国家级自然保护区类的一切活动予以禁止和惩治，对于经过批准的合法开发建设活动不能适用本条，如经过批准的修建道路行为。特别是要注意处理好历史遗留问题和原住民为生产生活需要进行的必要活动。根据《关于建立以国家公园为主体的自然保护地体系的指导意见》第十六条规定："分类有序解决历史遗留问题。对自然保护地进行科学评估，将保护价值低的建制城镇、村屯或人口密集区域、社区民生设施等调整出自然保护地范围。结合精准扶贫、生态扶贫，核心保护区内原住居民应实施有序搬迁，对暂时不能搬迁的，可以设立过渡期，允许开展必要的、基本的生产活动，但不能再扩大发展。依法清理整治探矿采矿、水电开发、工业建设等项目，通过分类处置方式有序退出；根据历史沿革与保护需要，依法依规对自然保护地内的耕地实施退田还林还草还湖还湿。"对因历史原因或者因后来被划为国家公园、国家级自然保护区域而仍在国家公园、国家级自然保护区内居住生活的，对其必要的开发建设行为不得作为本罪处理。

第三百四十三条 【非法采矿罪】【破坏性采矿罪】

违反矿产资源法的规定，未取得采矿许可证擅自采矿，擅自进入国家规划矿区、对国民经济具有重要价值的矿区和他人矿区范围采矿，或者擅自开采国家规定实行保护性开采的特定矿种，情节严重的，处三年以下有期徒刑、拘役或者管制，并处或者单处罚金；情节特别严重的，处三年以上七年以下有期徒刑，并处罚金。

违反矿产资源法的规定，采取破坏性的开采方法开采矿产资源，造成矿产资源严重破坏的，处五年以下有期徒刑或者拘役，并处罚金。

【条文精解】

本条是关于非法采矿罪和破坏性采矿罪及其处罚的规定。

本条共分两款。本条第一款是关于非法采矿的犯罪及其刑事处罚的规定。"未取得采矿许可证擅自采矿"，是指未取得国务院、省、自治区、直辖市人民政府、国务院授权的有关主管部门颁发的采矿许可证而开采矿产资源的行为。采矿许可证是法律规定由国家行政机关颁发的一种特许许可证。没有采矿许可证无权开采矿产资源。根据2016年最高人民法院、最高人民检察院《关于办理非法采矿、破坏性采矿刑事案件适用法律若干问题的解释》第二条的规定，具有下列情形之一的，应当认定为刑法第三百四十三条第一款规定的"未取得采矿许可证"：(1) 无许可证的；(2) 许可证被注销、吊销、撤销的；(3) 超越许可证规定的矿区范围或者开采范围的；(4) 超出许可证规定的矿种的（共生、伴生矿种除外）；(5) 其他未取得许可证的情形。"国家规划矿区"，是指在一定时期内，根据国民经济建设长期的需要和资源分布情况，经国务院或者国务院有关主管部门依法定程序审查、批准，确定列入国家矿产资源开发长期或中期规划的矿区以及作为老矿区后备资源基地的矿区。"对国民经济具有重要价值的矿区",是指经济价值重大或者经济效益很高,对国家经济建设的全局性、战略性有重要影响的矿区。"国家规定实行保护性开采的特定矿种",是指黄金、钨、锡、锑、离子型稀土矿产。其中,钨、锡、锑、离子型稀土是我国的优质矿产,在世界上有举足轻重的地位。但是,近年来对这些矿产资源乱采滥挖现象很严重,因此,根据矿产资源法的规定,国务院决定将钨、锡、锑、离子型稀土矿列为国家实行保护性开采的特定矿种,以加强保护。

第一款对违反矿产资源法,构成非法采矿罪的行为规定了五种情况:(1)未取得采矿许可证擅自采矿的;(2)擅自进入国家规划矿区采矿的;(3)擅自对国民经济具有重要价值的矿区采矿的;(4)擅自在他人矿区范围采矿的;(5)擅自开采国家规定实行保护性开采的特定矿种的。有上述任何一种行为,情节严重的,即构成本条规定的非法采矿罪。根据2016年最高人民法院、最高人民检察院《关于办理非法采矿、破坏性采矿刑事案件适用法律若干问题的解释》第三条第一款的规定,实施非法采矿行为,具有下列情形之一的,应当认定为刑法第三百四十三条第一款规定的"情节严重":(1)开采的矿产品价值或者造成矿产资源破坏的价值在十万元至三十万元以上的;(2)在国家规划矿区、对国民经济具有重要价值的矿区采矿,开采国家规定实行保护性开采的特定矿种,或者在禁采区、禁采期内采矿,开采的矿产品价值或者造成矿产资源破坏的价值在五万元至十五万元以上的;(3)二年内曾因非法采矿受过两次以上行政处罚,又实施非法采矿行为的;(4)造成生态环境严重损害的;(5)其他情节严重的情形。

根据第一款的规定,实施非法采矿行为,情节严重,构成犯罪的,处三年以下有期徒刑、拘役或者管制,并处或者单处罚金;情节特别严重的,处三年以上七年以下有期徒刑,并处罚金。这里的"情节特别严重",根据上述司法解释第三条第二款的规定,具有下列情形之一的,应当认定为刑法第三百四十三条第一款规定的"情节特别严重":(1)数额达到前款第一项、第二项规定标准五倍以上的;(2)造成生态环境特别严重损害的;(3)其他情节特别严重的情形。

本条第二款是关于采取破坏性的开采方法开采矿产资源的犯罪及其刑事处罚的规定。"采取破坏性的开采方法开采矿产资源",是指在开采矿产资源过程中,违反矿产资源法及有关规定,采易弃难,采富弃贫,严重违反开采回采率、采矿贫化率和选矿回收率的指标进行采矿的行为。矿产资源是不可再生的资源,一旦被破坏,几乎是难以补救的。有些矿种在世界范围内都是稀有矿种,如铌、钽、铍,一旦被破坏,对人类的财富会造成重大损失;还有些矿种虽然不是稀有的矿种,比如煤、石油,但过度的破坏性的开采也会造成矿产资源的破坏和损耗。"采取破坏性的开采方法开采矿产资源",是行为人违反地质矿产主管部门审查批准的矿产资源开发利用方案开采矿产资源,并造成矿产资源严重破坏的行为。"造成矿产资源严重破坏",根据2016年最高人民法院、最高人民检察院《关于办理非法采矿、破坏性采矿刑事案件适用法律若干问题的解释》第六条规定,造成矿产资源破坏的价值在五十万元至一百万元以上,或者造成国家规划矿区、对国民经济具有重要价值的矿区和国家规定实行保护性开采的特定矿种资源破坏的价值在二十五万元至五十万元以上的,应当认定为刑法第三百四十三条第二款规定的"造成矿产资源严重破坏"。

【实践中需要注意的问题】

1.关于非法采砂行为的处理。根据2016年最高人民法院、最高人民检察院《关于办理非法采矿、破坏性采矿刑事案件适用法律若干问题的解释》第四条的规定,在河道管理范围内采砂,依据相关规定应当办理河道采砂许可证,未取得河道采砂许可证,或者依据相关规定应当办理河道采砂许可证和采矿许可证,既未取得河道采砂许可证,又未取得采矿许可证的,符合司法解释规定的"情节严重"的情形,或者虽不具该解释第三条第一款规定的情形,但严重影响河势稳定,危害防洪安全的,应当认定为刑法第三百四十三条第一款规定的"情节严重",依法追究刑事责任。

根据2016年最高人民法院、最高人民检察院《关于办理非法采矿、破坏性采矿刑事案件适用法律若干问题的解释》第五条的规定,未取得海砂开采海域使用权证,且未取得采矿许可证,采挖海砂,符合司法解释规定的"情节严重"的情形,或者虽不具有这些情形,但造成海岸线严重破坏的,应当认定为刑法第三百四十三条第一款规定的"情节严重",依法追究刑事责任。

2.关于非法开采或者破坏性开采石油、天然气资源行为的处理。根据矿产资源法第十六条的规定,开采石油、天然气、放射性矿产等特定矿种的,可以由国务院授权的有关主管部门审批,并颁发采矿许可证。根据2006年最高人民法院、最高人民检察院《关于办理盗窃油气、破坏油气设备等刑事案件具体应用法律若干问题的解释》第六条的规定,违反矿产资源法的规定,非法开采或者破坏性开采石油、天然气资源的,依照刑法第三百四十三条以及最高人民法院《关于审理非法采矿、破坏性采矿刑事案件具体应用法律若干问题的解释》的规定追究刑事责任。

第三百四十四条 【危害国家重点保护植物罪】
违反国家规定,非法采伐、毁坏珍贵树木或者国家重点保护的其他植物的,或者非法收购、运输、加工、出售珍贵树木或者国家重点保护的其他植物及其制品的,处三年以下有期徒刑、拘役或者管制,并处罚金;情节严重的,处三年以上七年以下有期徒刑,并处罚金。

【条文精解】

本条是关于危害国家重点保护植物罪及其处罚的规定。

本条有两层含义:第一,明确了犯罪行为所侵害的对象是珍贵树木和国家重点保护的其他植物及其制品。本条中的"珍贵树木",是指由省级以上林业主管部门或者其他部门确定的具有重大历史纪念意义、科学研究价值或者年代久远的古树名木,国家禁止、限制出口的珍贵树木以及列入国家重点保护野生植物名录的树种,也就是具有较高的科学研究、经济利用和观赏价值的树木。根据《国家珍贵树种名录》和《国家重点保护野生植物名录》的规定,国家一级珍贵树木,主要有银杉、巨柏、银杏、水松、南方红豆杉、天目铁木、水杉、香果树等。国家二级珍贵树木,主要有岷江柏木、秦岭冷杉、大别山五针松、红松、黄杉、红豆树、山槐、厚朴、水青树、香木莲等。"国家重点保护的其他植物",是指除珍贵树木以外的其他国家重点保护的植物,主要是国务院颁布的《国家重点保护野生植物名录》中所规定的植物。根据名录规定,国家一级保护的其他植物,包括光叶蕨、玉龙蕨、长喙毛茛泽泻、膝柄木、瑶山苣苔、单座苣苔、华山新麦草、莼菜、独叶草、异形玉叶金花等。国家二级保护的其他植物,包括冬虫夏草、松茸、云南肉豆蔻、沙椤、七指蕨、沙芦草、四川狼尾草、驼峰藤、雪白睡莲等。

第二,明确了犯罪的行为特征,即行为人具有非法采伐、毁坏珍贵树木或者国家重点保护的其他植物的,或者非法收购、运输、加工、出售珍贵树木或者国家重点保护的其他植物及其制品的犯罪行为。我国森林法第二条规定,在中华人民共和国领域内从事森林、林木的保护、培育、利用和森林、林木、林地的经营管理活动,适用该法。第三十一条规定,国家在不同自然地带的典型森林生态地区、珍贵动物和植物生长繁殖的林区、天然热带雨林区和具有特殊保护价值的其他天然林区，建立以国家公园为主体的自然保护地体系，加强保护管理。国家支持生态脆弱地区森林资源的保护修复。县级以上人民政府应当采取措施对具有特殊价值的野生植物资源予以保护。第三十二条规定，国家实行天然林全面保护制度，严格限制天然林采伐，加强天然林管护能力建设，保护和修复天然林资源，逐步提高天然林生态功能。具体办法由国务院规定。本条所说的"非法采伐珍贵树木或者国家重点保护的其他植物"，是指违反森林法及有关法规的规定，未经有关主管部门批准而采伐珍贵树木或者国家重点保护的其他植物的行为。"毁坏珍贵树木或者国家重点保护的其他植物"，是指采用剥皮、砍枝、取脂等方式使珍贵树木或者国家重点保护的其他植物死亡或者影响其正常生长，致使珍贵树木的价值或者使用价值部分丧失或者全部丧失的行为。"非法收购、运输、加工、出售珍贵树木或者国家重点保护的其他植物及其制品"，是指违反森林法及其有关法规的规定，对珍贵树木或者国家重点保护的其他植物及其制品进行收购、运输、加工、出售的行为。

本条规定了两档刑罚，违反国家规定，非法采伐、毁坏珍贵树木或者国家重点保护的其他植物，或者非法收购、运输、加工、出售珍贵树木以及国家重点保护的其他植物及其制品的行为，处三年以下有期徒刑、拘役或者管制，并处罚金；情节严重的，处三年以上七年以下有期徒刑，并处罚金。根据2000年最高人民法院《关于审理破坏森林资源刑事案件具体应用法律若干问题的解释》第二条的规定，"情节严重"，主要包括以下几种情形：（1）非法采伐珍贵树木二株以上或者毁坏珍贵树木致使珍贵树木死亡三株以上的；（2）非法采伐珍贵树木二立方米以上的；（3）为首组织、策划、指挥非法采伐或者毁坏珍贵树木的；（4）其他情节严重的情形。

【实践中需要注意的问题】

1.关于人工培育的植物是否属于本条规定的"珍贵树木或者国家重点保护的其他植物"。根据2020年3月最高人民法院、最高人民检察院《关于适用〈中华人民共和国刑法〉第三百四十四条有关问题的批复》规定，古树名木以及列入《国家重点保护野生植物名录》的野生植物，属于本条规定的"珍贵树木或者国家重点保护的其他植物"。其中，"野生植物"限于原生地天然生长的植物。人工培育的植物，除古树名木外，不属于本条规定的"珍贵树木或者国家重点保护的其他植物"。非法采伐、毁坏或者非法收购、运输人工培育的植物（古树名木除外），构成盗伐林木罪、滥伐林木罪、非法收购、运输盗伐、滥伐的林木罪等犯罪的,依照相关规定追究刑事责任。

2.关于非法移栽珍贵树木或者国家重点保护的其他植物行为的处理。非法移栽与采伐行为具有相当的危害性,非法移栽使珍贵树木处于损毁、灭失的危险中,也损害了原生地自然生态和景观,破坏了生长地点的物种多样性,侵害了国家对重点保护植物的管理制度。根据2020年3月最高人民法院、最高人民检察院《关于适用〈中华人民共和国刑法〉第三百四十四条有关问题的批复》规定,对于上述行为,依法应当追究刑事责任的,应当依照本条的规定,以危害国家重点保护植物罪定罪处罚。同时,鉴于移栽在社会危害程度上与砍伐存在一定差异,对非法移栽珍贵树木或者国家重点保护的其他植物的行为,在认定是否构成犯罪以及裁量刑罚时,应当考虑植物的珍贵程度、移栽目的、移栽手段、移栽数量、对生态环境的损害程度等情节,综合评估社会危害性,确保罪责刑相适应。

第三百四十四条之一　【非法引进、释放、丢弃外来入侵物种罪】
　　违反国家规定,非法引进、释放或者丢弃外来入侵物种,情节严重的,处三年以下有期徒刑或者拘役,并处或者单处罚金。

【条文精解】

本条是关于非法引进、释放、丢弃外来入侵物种罪的规定及其处罚的规定。

外来入侵物种对于生物多样性、生态环境的破坏后果十分严重,这一点在人类发展历史和动植物演化历史中被充分证明,需要汲取经验教训。一方面,擅自引进外来入侵物种,对我国生物安全和生态系统平衡将造成难以挽回的严重灾难;另一方面,其中有害外来入侵物种,还会对我国农林牧渔业等行业造成巨大损失。一些单位和个人对外来物种可能导致的生态和环境后果缺乏足够认识,外来物种引进存在一定的盲目性。在外来物种有意引进的管理中,没有制定和执行科学的风险评估制度。另外,外来物种只重引进、疏于管理,也可能导致外来物种从栽培地、驯养地逃逸到自然环境中而演化为具有入侵性的物种,造成生态环境和生物多样性灾难。国家对防范外来入侵物种一直高度重视。我国于1992年加入《生物多样性公约》(即《里约宣言》),公约要求缔约方尽可能"防止引进、控制或消除那些威胁到生态系统、生境或物种的外来物种";国境卫生检疫法、进出境动植物检疫法等对有关外来物种的检疫作了规定；2014年修改的环境保护法第三十条规定，引进外来物种以及研究、开发和利用生物技术，应当采取措施，防止对生物多样性的破坏；2018年修改的野生动物保护法第十二条中规定："禁止或者限制在相关自然保护区域内引入外来物种、营造单一纯林、过量施洒农药等人为干扰、威胁野生动物生息繁衍的行为。"2020年10月17日第十三届全国人大常委会第二十二次会议通过的生物安全法，面对疫情防控和构建公共卫生安全法治保障的新情况，对生物安全风险防控领域的基本制度作了规定。关于防范外来物种入侵是其中的一个重要方面。生物安全法第六十条、第八十一条对防范外来物种入侵及法律责任作了规定。为进一步加强保护我国生物安全，维护我国生物多样性和生态系统平衡，依法惩治涉及外来入侵物种非法引进、处置的犯罪，与生物安全法等规定衔接，《刑法修正案（十一）》增加了本条规定。

根据本条规定，"违反国家规定，非法引进、释放或者丢弃外来入侵物种，情节严重的"，追究刑事责任。"违反国家规定"，是指违反全国人民代表大会及其常务委员会制定的法律和决定，国务院制定的行政法规、规定的行政措施、发布的决定和命令中有关外来物种安全和制度的规定。有关部门规章对国家规定有关条款作出进一步细化明确规定的，根据情况，违反该具体规定的也可认定为"违反国家规定"。我国涉及外来物种管理的法律主要有国境卫生检疫法、进出境动植物检疫法、动物防疫法、野生动物保护法等法律，对防范外来物种入侵作了原则性规定。2003年国务院办公厅发布《关于加强防范外来有害生物传入工作的意见》，对外来有害生物入侵的防范、调查、预警和应对机制作了规定，并要求及时调整禁止进境动物、植物危险性有害生物名录和禁止进境物名录。2005年原国家林业局制定《引进陆生野生动物外来物种种类及数量审批管理办法》，规定了引进陆生野生动物外来物种种类及数量审批许可制度。野生动物保护法第三十七条规定："从境外引进野生动物物种的，应当经国务院野生动物保护主管部门批准。从境外引进列入本法第三十五条第一款名录的野生动物，还应当依法取得允许进出口证明书。海关依法实施进境检疫，凭进口批准文件或者允许进出口证明书以及检疫证明按照规定办理通关手续。从境外引进野生动物物种的，应当采取安全可靠的防范措施，防止其进入野外环境，避免对生态系统造成危害。确需将其放归野外的，按照国家有关规定执行。"2020年通过的生物安全法及其有关配套规定对外来入侵物种的防范和管理，以及名录等作了进一步细化和全面的规定。引进、处置外来物种应当依照包括上述法律法规在内的"国家规定"确定的条件、程序和要求进行。

关于"外来入侵物种",根据有关法律规定实行名录制管理。据有关方面调查,我国目前共有280多种外来入侵物种,其中陆生植物170种,其余为微生物、无脊椎动物、两栖爬行类、鱼类、哺乳类等。原产地来自美洲的占一半以上,说明美洲生物较为适应我国环境。外来入侵物种中,39.6%是属于有意引进的,49.3%是属于无意引进造成的,经自然扩散而进入中国境内的仅占3.1%。外来入侵动物中25%是有意引进造成的,主要用于养殖、观赏、生物防治,如大瓶螺、牛蛙、獭狸等,因野生放养或者弃养后,在野外形成自然种群,对本地生物系统造成危害,也有外来入侵动物是随着树木接穗、苗木或者盆景而传入,如美国白蛾等。76.3%的外来入侵动物是无意引进造成的,是在贸易流通等环节,由于检查不严格,随产品混入我国,随后发展成为野生,如松材线虫等。2003年原国家环境保护总局制定发布了《中国第一批外来入侵物种名单》,包括解放草、水花生、飞机草、水葫芦等植物,以及蔗扁蛾、美国白蛾、非洲大蜗牛、牛蛙等动物。生物安全法第六十条规定:"国家加强对外来物种入侵的防范和应对,保护生物多样性。国务院农业农村主管部门会同国务院其他有关部门制定外来物种名录和管理办法。"下一步,有关方面还将制定统一的、明确的外来入侵物种目录及其管理办法。

本罪的客观行为要件是非法引进、释放、丢弃外来入侵物种。引进外来入侵物种应当依照有关法律法规的规定,实行行政审批许可,处置外来入侵物种按照国家有关规定进行。任何单位和个人未经批准,不得擅自引进、释放或者丢弃外来物种。生物安全法第八十一条规定,擅自引进外来物种的,由县级以上人民政府有关部门根据职责分工,没收引进的外来物种,并处五万元以上二十五万元以下的罚款;擅自释放或者丢弃外来物种的,由县级以上人民政府有关部门根据职责分工,责令限期捕回、找回释放或者丢弃的外来物种,处一万元以上五万元以下罚款。除了上述行政责任外,构成犯罪的依法追究刑事责任。本条中的"引进",主要是指从国外非法携带、运输、邮寄、走私进境等行为。"释放""丢弃"是非法处置外来入侵物种的行为,包括经过批准引进的物种,在进行实验研究等之后予以非法野外放养或者随意丢弃的情况。犯本罪的,处三年以下有期徒刑或者拘役,并处或者单处罚金。

【实践中需要注意的问题】

一是构成犯罪要求行为人认识到行为的严重社会危害性，对生态环境的严重破坏性，是故意犯罪。行为人要知道或者应当知道引进、释放或者丢弃的是外来入侵物种。办案过程中也要注意调查取证工作，不能因行为人辩驳说不知道该物种为入侵物种就不作处理。二是外来入侵物种实行目录制管理，应当严格按照目录认定外来入侵物种，而不能将一切外来物种都认定为本罪的对象。本条在立法过程中也有意见提出，将"外来入侵物种"修改为"外来物种"，考虑两者的范围是不一样的，刑事处罚应当惩治危害性严重的行为，因此规定为外来入侵物种。实践中也不能因为属于目录中的外来入侵物种就认定犯罪，也要考虑行为人的主观故意和目的，具体的行为方式和情节，外来入侵物种是否已经在国内较大规模生存，是否可能造成严重损害生态环境后果等主客观方面的因素综合判断，确保罪责刑相适应。

第三百四十五条 【盗伐林木罪】【滥伐林木罪】【非法收购、运输盗伐、滥伐的林木罪】

盗伐森林或者其他林木，数量较大的，处三年以下有期徒刑、拘役或者管制，并处或者单处罚金；数量巨大的，处三年以上七年以下有期徒刑，并处罚金；数量特别巨大的，处七年以上有期徒刑，并处罚金。

违反森林法的规定，滥伐森林或者其他林木，数量较大的，处三年以下有期徒刑、拘役或者管制，并处或者单处罚金；数量巨大的，处三年以上七年以下有期徒刑，并处罚金。

非法收购、运输明知是盗伐、滥伐的林木，情节严重的，处三年以下有期徒刑、拘役或者管制，并处或者单处罚金；情节特别严重的，处三年以上七年以下有期徒刑，并处罚金。

盗伐、滥伐国家级自然保护区内的森林或者其他林木的，从重处罚。

【条文精解】

本条是关于盗伐林木罪，滥伐林木罪，非法收购、运输盗伐、滥伐的林木罪及其刑罚的规定。

本条共分四款。本条第一款是关于盗伐森林或者其他林木的犯罪及其刑事处罚的规定。"盗伐森林或者其他林木"，是指以非法占有为目的，具有下列情形之一的行为：(1)擅自砍伐国家、集体、他人所有或者他人承包经营管理的森林或者其他林木的；(2)擅自砍伐本单位或者本人承包经营管理的森林或者其他林木的；(3)在林木采伐许可证规定的地点以外采伐国家、集体、他人所有或者他人承包经营管理的森林或者其他林木的。"森林"，是指具有一定面积的林木的总体，包括树林和竹林，具体可分为五类：防护林、用材林、经济林、薪炭林、特种用途林。"其他林木"，是指其他的树木和竹子。根据2000年最高人民法院《关于审理破坏森林资源刑事案件具体应用法律若干问题的解释》第四条的规定，"数量较大"，以二至五立方米或者幼树一百至二百株为起点；"数量巨大"，以二十至五十立方米或者幼树一千至二千株为起点；"数量特别巨大"，以一百至二百立方米或者幼树五千至一万株为起点。

本条第二款是关于滥伐森林或者其他林木的犯罪及其刑事处罚的规定。森林采伐方式和采伐量是否得当，直接关系到合理利用森林资源和森林再生产问题。要确保森林资源永续利用，必须有计划地采伐利用，以保证森林的消耗量不超过生长量。因此，为了防止滥伐林木的情况，森林法规定了限额采伐的原则和核发采伐许可证制度。根据森林法第五十六条的规定，采伐林地上的林木应当申请采伐许可证，并按照采伐许可证的规定进行采伐；采伐自然保护区以外的竹林，不需要申请采伐许可证，但应当符合林木采伐技术规程。农村居民采伐自留地和房前屋后个人所有的零星林木，不需要申请采伐许可证。非林地上的农田防护林、防风固沙林、护路林、护岸护堤林和城镇林木等的更新采伐，由有关主管部门按照有关规定管理。采挖移植林木按照采伐林木管理。具体办法由国务院林业主管部门制定。禁止伪造、变造、买卖、租借采伐许可证。第五十七条规定，采伐许可证由县级以上人民政府林业主管部门核发。县级以上人民政府林业主管部门应当采取措施，方便申请人办理采伐许可证。农村居民采伐自留山和个人承包集体林地上的林木，由县级人民政府林业主管部门或者其委托的乡镇人民政府核发采伐许可证。"滥伐森林或者其他林木"，是指违反森林法及其他保护森林的法规规定，具有下列情形之一的行为：(1)未经林业行政主管部门及法律规定的其他主管部门批准并核发林木采伐许可证，或者虽持有林木采伐许可证，但违反林木采伐许可证规定的时间、数量、树种或者方式，任意采伐本单位所有或者本人所有的森林或者其他林木的；(2)超过林木采伐许可证规定的数量采伐他人所有的森林或者其他林木的；(3)林木权属争议一方在林木权属确权之前，擅自砍伐森林或者其他林木。根据《关于审理破坏森林资源刑事案件具体应用法律若干问题的解释》第六条规定,"数量较大",以十至二十立方米或者幼树五百至一千株为起点;"数量巨大",以五十至一百立方米或者幼树二千五百至五千株为起点。

本条第三款是关于非法收购、运输明知是盗伐、滥伐的林木的犯罪及其刑事处罚的规定。本款中的"非法收购、运输明知是盗伐、滥伐的林木",是指根据有关规定,无证收购、无证运输明知是盗伐、滥伐的林木的行为。其中"明知"是指知道或者应当知道。具有下列情形之一的,可以视为应当知道,但是有证据证明确属被蒙骗的除外:(1)在非法的木材交易场所或者销售单位收购木材的;(2)收购以明显低于市场价格出售的木材的;(3)收购违反规定出售的木材的;(4)没有运输证件,从林区运出木材等。根据2000年最高人民法院《关于审理破坏森林资源刑事案件具体应用法律若干问题的解释》第十一条规定,非法收购盗伐、滥伐的林木"情节严重",主要包括以下几种情形:(1)非法收购盗伐、滥伐的林木二十立方米以上或者幼树一千株以上的;(2)非法收购盗伐、滥伐的珍贵树木二立方米以上或者五株以上的;(3)其他情节严重的情形。非法收购盗伐、滥伐的林木"情节特别严重",主要包括以下几种情形:(1)非法收购盗伐、滥伐的林木一百立方米以上或者幼树五千株以上的;(2)非法收购盗伐、滥伐的珍贵树木五立方米以上或者十株以上的;(3)其他情节特别严重的情形。

本条的第四款是关于盗伐、滥伐国家级自然保护区内的森林或者其他林木的犯罪及其刑事处罚的规定。"国家级自然保护区",是指在国内外有典型意义,在科学上有重大国际影响或者有特殊科学研究价值的,由国家主管机关确认的自然保护区。根据本款规定,盗伐、滥伐国家级自然保护区内的森林或者其他林木的,依照本条第一款、第二款的规定,从重处罚。

【实践中需要注意的问题】

1.关于在林木采伐许可证规定的地点之外采伐本单位或者本人所有的森林或者其他林木的行为应当如何处理。根据2004年最高人民法院《关于在林木采伐许可证规定的地点以外采伐本单位或者本人所有的森林或者其他林木的行为如何适用法律问题的批复》规定,对于上述行为,除农村居民采伐自留地和房前屋后个人所有的零星林木以外,属于"未经林业行政主管部门及法律规定的其他主管部门批准并核发林木采伐许可证"规定的情形,数量较大的,应当依照本条第二款滥伐林木罪追究刑事责任。

2.对于偷砍他人自留地和房前屋后种植的零星林木,以及将国家、集体、他人所有并已经伐倒的树木窃为已有的行为，数额较大，根据2000年最高人民法院《关于审理破坏森林资源刑事案件具体应用法律若干问题的解释》第九条的规定，应当依照刑法第二百六十四条的规定，以盗窃罪定罪处罚。

3.关于单位构成本罪的入刑标准。构成本条规定的犯罪的主体包括个人，也包括单位。根据刑法第三百四十六条的规定，单位犯本节规定之罪的，对单位判处罚金，并对其直接负责的主管人员和直接责任人员，依照本节该条的规定处罚。关于单位犯本罪的入罪标准，根据最高人民法院《关于审理破坏森林资源刑事案件具体应用法律若干问题的解释》第十六条规定，单位犯第三百四十四条、三百四十五条规定之罪的，定罪量刑标准应当依照个人犯罪的定罪量刑标准执行。

第三百四十六条 【单位犯本节规定之罪的处罚】

单位犯本节第三百三十八条至第三百四十五条规定之罪的，对单位判处罚金，并对其直接负责的主管人员和其他直接责任人员，依照本节各该条的规定处罚。

【条文精解】

本条是关于单位犯本节规定之罪如何处罚的规定。

根据本条规定，本节规定的犯罪，犯罪主体除自然人外还包括单位。"单位犯本节第三百三十八条至第三百四十五条规定之罪"，是指单位犯本法分则第六章第六节破坏环境资源保护罪中规定的任何一罪的情形。依照本条规定，对单位犯本节规定之罪的，实行双罚制，对犯罪的单位判处罚金，同时对单位犯罪直接负责的主管人员和其他对犯罪负有直接责任的人员，依照上述各该罪规定的处刑标准处罚。

【实践中需要注意的问题】

关于单位犯本节规定的破坏环境资源保护罪的入罪标准，应当依照各罪名有关司法解释的规定予以确定。

第七节　走私、贩卖、运输、制造毒品罪

第三百四十七条【走私、贩卖、运输、制造毒品罪】

走私、贩卖、运输、制造毒品，无论数量多少，都应当追究刑事责任，予以刑事处罚。

走私、贩卖、运输、制造毒品，有下列情形之一的，处十五年有期徒刑、无期徒刑或者死刑，并处没收财产：

（一）走私、贩卖、运输、制造鸦片一千克以上、海洛因或者甲基苯丙胺五十克以上或者其他毒品数量大的；

（二）走私、贩卖、运输、制造毒品集团的首要分子；

（三）武装掩护走私、贩卖、运输、制造毒品的；

（四）以暴力抗拒检查、拘留、逮捕，情节严重的；

（五）参与有组织的国际贩毒活动的。

走私、贩卖、运输、制造鸦片二百克以上不满一千克、海洛因或者甲基苯丙胺十克以上不满五十克或者其他毒品数量较大的，处七年以上有期徒刑，并处罚金。

走私、贩卖、运输、制造鸦片不满二百克、海洛因或者甲基苯丙胺不满十克或者其他少量毒品的，处三年以下有期徒刑、拘役或者管制，并处罚金；情节严重的，处三年以上七年以下有期徒刑，并处罚金。

单位犯第二款、第三款、第四款罪的，对单位判处罚金，并对其直接负责的主管人员和其他直接责任人员，依照各该款的规定处罚。

利用、教唆未成年人走私、贩卖、运输、制造毒品，或者向未成年人出售毒品的，从重处罚。

对多次走私、贩卖、运输、制造毒品，未经处理的，毒品数量累计计算。

【条文精解】

本条是关于走私、贩卖、运输、制造毒品罪及其刑罚的规定。

本条共分七款。本条第一款是关于走私、贩卖、运输、制造毒品，不论数量多少，都应予以刑事处罚的规定。只要有走私、贩卖、运输、制造毒品行为的，不论走私、贩卖、运输、制造毒品数量多少，一律构成犯罪，予以刑事处罚。根据该款的规定，对于走私、贩卖、运输、制造毒品数量较小的，

不能适用总则第十三条"情节显著轻微危害不大，不认为是犯罪"而不追究刑事责任，这体现了我国从严打击毒品犯罪的决心和力度。

本条第二款是对走私、贩卖、运输、制造毒品情节严重的如何处罚的规定。其中，"走私"毒品，是指携带、运输、邮寄毒品非法进出国、边境的行为。"贩卖"毒品，是指非法销售毒品，包括批发和零售；以贩卖为目的收买毒品的，也属于贩卖毒品。"运输"毒品，是指利用飞机、火车、汽车、轮船等交通工具或者采用随身携带的方法，将毒品从这一地点运往另一地点的行为。贩毒者运输毒品的，应按照贩卖毒品定罪；贩毒集团或者共同犯罪中分工负责运输毒品的，应按照集团犯罪、共同犯罪的罪名定罪。"制造"毒品，是指非法从毒品原植物中提炼毒品或者利用化学分解、合成等方法制成毒品的行为。"贩卖""运输""制造"这三种行为互有联系又有区别，不需同时具备而只需具备其中之一，即可构成本罪。为医疗、科研、教学需要，依照国家法律、法规生产、制造、运输、销售麻醉药品、精神药品，不能适用本条规定。

根据我国打击毒品犯罪的实际情况，并参照国际公约的规定，本款具体规定了适用十五年有期徒刑、无期徒刑、死刑的五种情节。一是第一项规定的"走私、贩卖、运输、制造鸦片一千克以上、海洛因或者甲基苯丙胺五十克以上或者其他毒品数量大的"。毒品数量的多少，是毒品犯罪中的主要情节之一。关于鸦片和海洛因的不同数量标准，是根据鸦片可制成海洛因的实际比例规定。鸦片与海洛因的比例，从理论上讲，十克鸦片可以制成一克海洛因，但由于制造毒品者技术、设备等条件的限制，实际上是约二十克鸦片才能提取一克海洛因。本条根据这种实际情况，按照二十比一的原则确定了鸦片和海洛因的不同数量。甲基苯丙胺是一种精神药品，属兴奋剂类，因其固体形状为结晶体，酷似冰糖，被俗称为"冰毒"。在1997年刑法修订时，"冰毒"作为一种新兴毒品，在东南亚一带被贩卖已经较为严重，在我国也出现了走私、贩卖"冰毒"的犯罪，为防止这种犯罪蔓延，根据"冰毒"的危害，本条按照海洛因规定了其处刑的数量标准。这样规定，并不是说两者的毒性相等，海洛因是麻醉药品、甲基苯丙胺是精神药品，两者很难简单类比，本条是从其对社会综合危害程度考虑作出的规定，表示了我国对"冰毒"犯罪严厉打击的态度。"其他毒品"是指鸦片、海洛因、甲基苯丙胺以外的毒品，如吗啡、黄皮等。因情况很复杂，本条只作了"数量大的"规定。根据2016年最高人民法院《关于审理毒品犯罪案件适用法律若干问题的解释》第一条的规定，以下情形应认定为本款第一项所指"其他毒品数量大"：

（1）可卡因五十克以上；（2）3,4-亚甲二氧基甲基苯丙胺（MDMA）等苯丙胺类毒品（甲基苯丙胺除外）、吗啡一百克以上；（3）芬太尼一百二十五克以上；（4）甲卡西酮二百克以上；（5）二氢埃托啡十毫克以上；（6）哌替啶（度冷丁）二百五十克以上；（7）氯胺酮五百克以上；（8）美沙酮一千克以上；（9）曲马多、γ-羟丁酸二千克以上；（10）大麻油五千克、大麻脂十千克、大麻叶及大麻烟一百五十千克以上；（11）可待因、丁丙诺啡五千克以上；（12）三唑仑、安眠酮五十千克以上；（13）阿普唑仑、恰特草一百千克以上；（14）咖啡因、罂粟壳二百千克以上；（15）巴比妥、苯巴比妥、安钠咖、尼美西泮二百五十千克以上；（16）氯氮卓、艾司唑仑、地西泮、溴西泮五百千克以上；（17）上述毒品以外的其他毒品数量大的。

二是第二项至第五项规定了四种即使毒品数量虽未达到第一项所规定的标准，也应处十五年有期徒刑、无期徒刑或者死刑的情形。其中，"走私、贩卖、运输、制造毒品集团的首要分子"，是指在集团性毒品犯罪中起组织、策划、指挥作用的犯罪分子。"武装掩护走私、贩卖、运输、制造毒品的"，是指罪犯在走私、贩卖、运输、制造毒品过程中，自己携带枪支、弹药、爆炸物或者雇用武装人员进行押送、掩护、警戒等，随时准备与国家执法机关和执法人员进行武力对抗的行为。"以暴力抗拒检查、拘留、逮捕，情节严重的"，是指在执法部门查缉毒品犯罪时，毒品犯罪分子实施暴力抗拒对其身体、物品、住所等进行检查，或者抗拒对其依法予以拘留、逮捕，情节严重的。其中"情节严重"，是指以暴力抗拒检查、拘留、逮捕，造成执法人员死亡、重伤、多人轻伤或者具有其他严重情节的，或者有预谋、有组织地进行暴力抗拒等。"参与有组织的国际贩毒活动的"，主要是指参与国际贩毒集团的犯罪活动。"有组织的国际贩毒活动"，是指有计划、有分工、有指挥地进行跨国贩毒的活动，其走私、贩毒活动涉及多个国家或者境外地区。

根据第一款规定，凡是属于上述五种情形，如没有法定减轻处罚情节，都应处以十五年有期徒刑、无期徒刑或者死刑，并处没收财产。

本条第三款是对走私、贩卖、运输、制造毒品数量较大的刑事处罚的规定。"鸦片二百克以上""海洛因或者甲基苯丙胺十克以上"都包括本数在内；鸦片"不满一千克"、海洛因或者甲基苯丙胺"不满五十克"都不包括本数在内。对于达到鸦片一千克、海洛因或者甲基苯丙胺五十克的，应依照本条第二款的规定处罚。根据本款规定，凡是走私、贩卖、运输、制造鸦片二百克以上不满一千克、海洛因或者甲基苯丙胺十克以上不满五十克或者其他毒品数量较大的，如果没有法定减轻处罚情节，就应判处七年以上有期徒刑，并处罚金。根据2016年最高人民法院《关于审理毒品犯罪案件适用法律若干问题的解释》的规定，以下情形应当认定为本款中"其他毒品数量较大"：（1）可卡因十克以上不满五十克；（2）3,4-亚甲二氧基甲基苯丙胺（MDMA）等苯丙胺类毒品（甲基苯丙胺除外）、吗啡二十克以上不满一百克；（3）芬太尼二十五克以上不满一百二十五克；（4）甲卡西酮四十克以上不满二百克；（5）二氢埃托啡二毫克以上不满十毫克；（6）哌替啶（度冷丁）五十克以上不满二百五十克；（7）氯胺酮一百克以上不满五百克；（8）美沙酮二百克以上不满一千克；（9）曲马多、γ-羟丁酸四百克以上不满二千克；（10）大麻油一千克以上不满五千克、大麻脂二千克以上不满十千克、大麻叶及大麻烟三十千克以上不满一百五十千克；（11）可待因、丁丙诺啡一千克以上不满五千克；（12）三唑仑、安眠酮十千克以上不满五十千克；（13）阿普唑仑、恰特草二十千克以上不满一百千克；（14）咖啡因、罂粟壳四十千克以上不满二百千克；（15）巴比妥、苯巴比妥、安钠咖、尼美西泮五十千克以上不满二百五十千克；（16）氯氮卓、艾司唑仑、地西泮、溴西泮一百千克以上不满五百千克；（17）上述毒品以外的其他毒品数量较大的。

本条第四款是对走私、贩卖、运输、制造少量毒品予以刑事处罚的规定。鸦片"不满二百克"，海洛因或者甲基苯丙胺"不满十克"都不包括本数在内。根据2007年最高人民法院、最高人民检察院、公安部《办理毒品犯罪案件适用法律若干问题的意见》的规定，以下情形应当认定为本款规定的"其他少量毒品"：（1）二亚甲基双氧安非他明（MDMA）等苯丙胺类毒品（甲基苯丙胺除外）不满二十克的；（2）氯胺酮、美沙酮不满二百克的；（3）三唑仑、安眠酮不满十千克的；（4）氯氮卓、艾司唑仑、地西泮、溴西泮不满一百千克的；（5）上述毒品以外的其他少量毒品的。根据2016年最高人民法院《关于审理毒品犯罪案件适用法律若干问题的解释》的规定，"情节严重"主要包括：（1）向多人贩卖毒品或者多次走私、贩卖、运输、制造毒品的；（2）在戒毒场所、监管场所贩卖毒品的；（3）向在校学生贩卖毒品的；（4）组织、利用残疾人、严重疾病患者、怀孕或者正在哺乳自己婴儿的妇女走私、贩卖、运输、制造毒品的；（5）国家工作人员走私、贩卖、运输、制造毒品的；（6）其他情节严重的情形。

本条第五款是关于单位犯第二款、第三款、第四款罪如何处罚的规定。单位犯本条第二款、第三款、第四款规定之罪的，对单位判处罚金，对单位直接负责的主管人员和其他直接责任人员，依照本条第二款、第三款、第四款的规定处罚。

本条第六款是关于利用、教唆未成年人走私、贩卖、运输、制造毒品或者向未成年人出售毒品的，从重处罚的规定。"利用"，是指毒品犯罪分子采取雇用、收买、胁迫，或者其他方法使未成年人参与进行走私、贩卖、运输、制造毒品犯罪活动的行为。如让儿童携带毒品进出国、边境，或者把毒品从一地运往另一地，而犯罪分子在幕后操纵、指挥、策划等。"教唆"，是指毒品犯罪分子指使、引诱未成年人进行毒品犯罪的行为。"未成年人"，是指未满十八周岁的人。对于教唆未成年人犯罪的，如果是教唆走私毒品，就是走私毒品罪；如果是教唆贩卖毒品的，就是贩卖毒品罪，即使教唆分子本人没有亲自参加被教唆人所进行的走私、贩毒活动，也应依照本条的规定处罚。

本条第七款是关于多次走私、贩卖、运输、制造毒品，未经处理的，毒品数量累计计算的规定。"多次走私、贩卖、运输、制造毒品，未经处理的"，其中"多次"是指两次以上，包括本数在内。"未经处理"，是指未经刑事处罚，根据本条第一款规定，走私、贩卖、运输、制造毒品，无论数量多少，都应当追究刑事责任，予以刑事处罚。"累计计算"，是指将犯罪分子每次未经处理的走私、贩卖、运输、制造毒品的数量相加。毒品犯罪中毒品数量的大小，直接关系到刑罚的轻重。犯罪分子为了逃避惩罚，往往采取多种对策。小额多次走私、贩卖、运输毒品是他们经常采用的手段之一。这样规定，可以防止犯罪分子钻法律空子，有利于更加严厉地打击毒品惯犯。需要特别注意的是，对已经处理过的毒品犯罪，应视为已经结案，不应再将已经处理案件中的毒品数量与未经处理案件中的毒品数量累计相加。

【实践中需要注意的问题】

1. 关于本罪的主体范围。根据我国刑法第十七条的规定，已满十四周岁不满十六周岁的人，犯贩卖毒品罪的，应当负刑事责任。1979年刑法关于已满十四岁不满十六岁的人负刑事责任的范围是"犯杀人、重伤、抢劫、放火、惯窃罪或者其他严重破坏社会秩序罪"，1997年刑法修改为"犯故意杀人、故意伤害致人重伤或者死亡、强奸、抢劫、贩卖毒品、放火、爆炸、投毒罪"，把"严重破坏社会秩序"进行了分解。长期以来，我国就走私、贩卖、运输、制造毒品罪属于严重破坏社会秩序罪是有共识的，鉴于毒品犯罪危害性，根据未成年人实施毒品犯罪的特点，1997年刑法将贩卖毒品纳入了已满十四周岁不满十六周岁的未成年人应当负刑事责任的范围。已满十四周岁不满十六周岁的人实施贩卖毒品行为的，应当负相应的刑事责任，根据第十七条的规定从轻或者减轻处罚。

2. 关于居间行为的定性问题。在司法实践中，购买毒品和销售毒品行为人之间往往存在着居间介绍人，起着牵线搭桥的作用，有的从中会得到一定的好处。对该行为定性时，应当结合行为人的目的和行为进行综合判断。居间人为了帮助销售毒品的人卖出毒品而牵线搭桥的，应当构成贩卖毒品罪；居间人只是出于亲友等情谊，或不忍心、同情吸毒者毒瘾发作，而代为购买时，若居间人代为购买的已达到法定数量，居间者和委托人都可构成非法持有毒品罪，二者成立共犯，如未达到法定数量，则属于一般的违法行为，由公安机关依法予以治安管理处罚。

3. 关于非法贩卖国家管制的麻醉药品和精神药品的适用。刑法第三百五十七条对刑法中毒品的定义作了规定，即鸦片、海洛因、甲基苯丙胺（冰毒）、吗啡、大麻、可卡因以及国家规定管制的其他能够使人形成瘾癖的麻醉药品和精神药品。需要注意的是，应当把毒品和医疗上使用的药品区别开来，有些药用麻醉品如阿片、吗啡、杜冷丁等，对于治疗某些疾病是不可缺少的，不能把它们当作本条的毒品。根据2015年最高人民法院《全国法院毒品犯罪审判工作座谈会纪要》，行为人向走私、贩卖毒品的犯罪分子或者吸食、注射毒品的人员贩卖国家规定管制的能够使人形成瘾癖的麻醉药品或精神药品的，以贩卖毒品罪定罪处罚。而行为人若出于医疗目的，违反有关药品管理的国家规定，非法贩卖上述麻醉药品和精神药品，扰乱市场秩序，情节严重的，则应当以非法经营罪定罪处罚。

4. 关于本罪的量刑问题。毒品数量是毒品犯罪案件量刑的重要依据，但不是唯一的依据。在司法实践中，还应当综合犯罪情节、危害后果、行为人的主观恶性、人身危险性等各种因素，予以区别对待。此外，本罪规定了五种可以判处死刑的情形，根据党的十八届三中全会决定"逐步减少适用死刑罪名"的精神，判处死刑应当特别慎重，一般只对罪行极其严重、人身危险性极大、主观恶性极深的罪犯判处死刑。2008年《全国部分法院审理毒品犯罪案件工作座谈会纪要》第二条对毒品犯罪的死刑适用问题，包括可以判处被告人死刑、可以不判处被告人死刑立即执行的情形等作了规定，2015年《全国法院毒品犯罪审判工作座谈会纪要》对运输毒品犯罪的死刑适用问题作了专门规定，司法实践中应当把握其精神，严格限制死刑的适用。

在《刑法修正案（八）》之后的刑法修改的过程中，一直有一种意见建议废除运输毒品罪的死刑，认为运输毒品的行为仅仅是毒品犯罪的中间环节，其危害性不如走私、贩卖、制造毒品犯罪。实践中，较多发生的是贫困边民、下岗工人、无业人员等为了赚取少量运费而受雇从事毒品的运输，相对于幕后指使者，这些犯罪分子的行为具有从属性、辅助性的特点，行为人在犯罪链条中所起的作用较小，所处的地位相对轻微，主观恶性也相对较小，应当判处死刑的更应当是毒品犯罪的幕后指使者、大毒枭。但也有意见认为，当前毒品犯罪的形势仍旧严峻，取消运输毒品罪的死刑，不利于对毒品犯罪的严厉打击，可以在保留死刑的同时，在司法适用中综合各种因素予以把握。鉴于目前各方面对运输毒品罪取消死刑尚未取得共识，刑法暂时未作修改，但司法实践中应当从严把握，对于运输毒品犯罪的行为人，根据其行为的性质及严重程度，确定应当适用的具体刑罚。并根据刑法规定精神，严格限制死刑的适用。

5. 走私、贩卖、运输、制造两种以上毒品时如何处理。根据《全国法院毒品犯罪审判工作座谈会纪要》的规定，可以将不同种类的毒品分别折算为海洛因的数量，以折算后累加的毒品总量作为量刑的根据。对于规定了定罪量刑数量标准的毒品，应当按照该毒品与海洛因定罪量刑数量标准的比例进行折算后累加。对于没有规定定罪量刑标准的，可以参照《非法药物折算表》的规定，将该毒品折算为海洛因后予以累加。对于不具备折算条件的，则综合考虑其致瘾癖性、社会危害性、数量、纯度等因素依法量刑。

6. 关于毒品犯罪的侦查。我国刑事诉讼法针对毒品案件规定了特殊的侦查措施，根据刑事诉讼法第一百五十条的规定，公安机关在立案后，对于重大毒品犯罪案件，根据侦查犯罪的需要，经过严格的批准手续，可以采取技术侦查措施。第一百五十三条规定，对涉及给付毒品等违禁品或者财物的犯罪活动，公安机关根据侦查犯罪的需要，可以依照规定实施控制下交付。这些侦查措施对侦破毒品案件起到积极作用。但应当注意的是，刑事诉讼法也明确要求侦查机关采取技术侦查措施要符合法律的规定。比如，技术侦查措施要在立案后实施、要经过严格的批准手续、不得诱使他人犯罪，不得采取可能危害公共安全或者发生重大人身危险的行为，应根据法律的规定使用证据等。实践中，毒品犯罪的侦查要特别注意遵守法律的规定，避免出现违反法律规定影响证据采集、使用，影响对犯罪的打击。

第三百四十八条【非法持有毒品罪】

非法持有鸦片一千克以上、海洛因或者甲基苯丙胺五十克以上或者其他毒品数量大的，处七年以上有期徒刑或者无期徒刑，并处罚金；非法持有鸦片二百克以上不满一千克、海洛因或者甲基苯丙胺十克以上不满五十克或者其他毒品数量较大的，处三年以下有期徒刑、拘役或者管制，并处罚金；情节严重的，处三年以上七年以下有期徒刑，并处罚金。

【条文精解】

本条是关于非法持有毒品罪及其刑罚的规定。

"非法持有毒品"，是指除依照国家有关规定生产、管理、运输、使用麻醉药品、精神药品的以外而持有毒品。本条规定与第三百四十七条的规定是有所区别的。考虑到一些非法持有毒品者，虽然具有走私、贩卖、运输、制造毒品的可能性，但并未掌握这种证据，同时还存在为他人窝藏毒品等其他的可能性。因此，本条没有规定死刑，处刑的毒品数量标准也相对高一些。

本条对非法持有毒品罪，规定了三档刑罚，根据2016年最高人民法院《关于审理毒品犯罪案件适用法律若干问题的解释》的规定，其中"其他毒品数量大""其他毒品数量较大"的认定情形与第三百四十七条相同，详见第三百四十七条条文解读，此处不再赘述。"情节严重的"，一般是指多次被查获持有毒品的等。根据上述司法解释的规定，非法持有毒品达到本条或者该解释第二条规定的"数量较大"标准，且具有下列情形之一的，应当认定为刑法第三百四十八条规定的"情节严重"：(1)在戒毒场所、监管场所非法持有毒品的；(2)利用、教唆未成年人非法持有毒品的；(3)国家工作人员非法持有毒品的；(4)其他情节严重的情形。

在主观方面，构成本罪要求行为人明知是毒品而非法持有。司法实践中，存在行为人否认自己知道走私、运输、持有的系毒品的情况。毒品犯罪案件中，判断行为人对涉案毒品是否明知，不能仅凭犯罪嫌疑人、被告人的供述，而应当依据行为人实施毒品犯罪行为的过程、方式、毒品被查获时的情形等证据，结合行为人的年龄、阅历、行为表现等情况，进行综合分析判断。根据2007年最高人民法院、最高人民检察院、公安部《办理毒品犯罪案件适用法律若干问题的意见》的规定，走私、贩卖、运输、非法持有毒品的主观故意中的"明知"，是指行为人知道或者应当知道所实施的行为是走私、贩卖、运输、非法持有毒品行为。具有下列情形之一，并且犯罪嫌疑人、被告人不能做出合理解释的，可以认定其"应当知道"，但有证据证明确属被蒙骗的除外：（1）执法人员在口岸、机场、车站、港口和其他检查站检查时，要求行为人申报为他人携带的物品和其他疑似毒品物，并告知其法律责任，而行为人未如实申报，在其所携带的物品内查获毒品的；（2）以伪报、藏匿、伪装等蒙蔽手段逃避海关、边防等检查，在其携带、运输、邮寄的物品中查获毒品的；（3）执法人员检查时，有逃跑、丢弃携带物品或逃避、抗拒检查等行为，在其携带或丢弃的物品中查获毒品的；（4）体内藏匿毒品的；（5）为获取不同寻常的高额或不等值的报酬而携带、运输毒品的；（6）采用高度隐蔽的方式携带、运输毒品的；（7）采用高度隐蔽的方式交接毒品，明显违背合法物品惯常交接方式的；（8）其他有证据足以证明行为人应当知道的。

【实践中需要注意的问题】

1.关于非法持有毒品罪与走私、贩卖、运输、制造毒品罪，窝藏、转移、隐瞒毒品罪的界限。非法持有，是指行为人将毒品至于自己的控制之下的行为，比如在自己的住所藏有毒品，或者在身上携带毒品等。持有是一种状态，其目的可以是走私、贩卖、运输毒品，或者在制造行为完成后而持有毒品等。因此，走私、贩卖、运输、制造毒品一般都是以持有毒品为前提的，也就是说一般都会包含对毒品的非法持有。对于走私、贩卖、运输、制造毒品过程中非法持有毒品的，应当按照走私、贩卖、运输、制造毒品予以定罪处罚。在司法实践中，对于被查获的非法持有毒品者，首先应当尽力调查犯罪事实，查明持有毒品的目的。若行为人非法持有毒品是以走私、贩卖、运输、制造毒品或者窝藏、转移、隐瞒毒品为目的的，则构成走私、贩卖、运输、制造毒品罪或者窝藏、转移、隐瞒毒品罪。即使确实难以查实走私、贩卖、运输、制造毒品的犯罪行为，为了惩治犯罪分子，也应当适用非法持有毒品罪对犯罪分子进行定罪处罚。

2.构成持有毒品犯罪要求行为人持有的毒品达到一定数量，这个数量是罪与非罪的界限。但持有的毒品没有达到该数量的，仍然是违法行为，需要受到行政处罚。根据禁毒法和治安管理处罚法，非法持有毒品，尚不构成犯罪的，依法应当给予治安管理处罚，可以处十日以上十五日以下拘留，并处二千元以下罚款，情节较轻的，处五日以下拘留或者五百元以下罚款。

第三百四十九条 【包庇毒品犯罪分子罪】【窝藏、转移、隐瞒毒品、毒赃罪】

包庇走私、贩卖、运输、制造毒品的犯罪分子的,为犯罪分子窝藏、转移、隐瞒毒品或者犯罪所得的财物的,处三年以下有期徒刑、拘役或者管制;情节严重的,处三年以上十年以下有期徒刑。

缉毒人员或者其他国家机关工作人员掩护、包庇走私、贩卖、运输、制造毒品的犯罪分子的,依照前款的规定从重处罚。

犯前两款罪,事先通谋的,以走私、贩卖、运输、制造毒品罪的共犯论处。

【条文精解】

本条是关于包庇毒品犯罪分子罪,窝藏、转移、隐瞒毒品、毒赃罪及其处罚的规定。

本条共分三款。本条第一款是关于包庇走私、贩卖、运输、制造毒品的犯罪分子的,为犯罪分子窝藏、转移、隐瞒毒品或者犯罪所得的财物的犯罪及其刑事处罚的规定。"包庇走私、贩卖、运输、制造毒品的犯罪分子",是指采取窝藏犯罪分子或者作假证明等方法,帮助犯罪分子逃避法律追究的行为。为犯罪分子"窝藏"毒品或者犯罪所得的财物,是指将犯罪分子的毒品或者进行毒品犯罪得到的财物隐藏在自己的住所或者其他隐蔽的场所,以逃避司法机关追查的行为。为犯罪分子"转移"毒品或者犯罪所得的财物,是指将犯罪分子的毒品或者进行毒品犯罪所得的财物从一地转移到另一地,以抗拒司法机关对毒品或者进行毒品犯罪所得财物追缴的行为。"隐瞒毒品或者犯罪所得的财物",是指当司法机关追查毒品和赃物,向其询问时,故意不讲毒品、犯罪所得财物隐藏处的行为。根据2016年最高人民法院《关于审理毒品犯罪案件适用法律若干问题的解释》第六条的规定,包庇走私、贩卖、运输、制造毒品的犯罪分子,具有下列情形之一的,应当认定为这里规定的"情节严重":(1)被包庇的犯罪分子依法应当判处十五年有期徒刑以上刑罚的;(2)包庇多名或者多次包庇走私、贩卖、运输、制造毒品的犯罪分子的;(3)严重妨害司法机关对被包庇的犯罪分子实施的毒品犯罪进行追究的;(4)其他情节严重的情形。为走私、贩卖、运输、制造毒品的犯罪分子窝藏、转移、隐瞒毒品或者毒品犯罪所得的财物,具有下列情形之一的,应当认定为这里规定的"情节严重":(1)为犯罪分子窝藏、转移、隐瞒毒品达到刑法

第三百四十七条第二款第一项或者本解释第一条第一款规定的"数量大"标准的；（2）为犯罪分子窝藏、转移、隐瞒毒品犯罪所得的财物价值达到五万元以上的；（3）为多人或者多次为他人窝藏、转移、隐瞒毒品或者毒品犯罪所得的财物的；（4）严重妨害司法机关对该犯罪分子实施的毒品犯罪进行追究的；（5）其他情节严重的情形。

本条第二款是关于缉毒人员或者其他国家机关工作人员掩护、包庇走私、贩卖、运输、制造毒品的犯罪分子的刑事处罚的规定。"缉毒人员"，指因公负责查处毒品犯罪的国家工作人员。"掩护"走私、贩卖、运输、制造毒品逃避法律追究，指缉毒人员或者其他国家机关工作人员采取警戒、牵制、压制等手段，帮助进行走私、贩卖、运输、制造毒品的犯罪分子的犯罪活动。缉毒人员或者国家机关工作人员，因具有特殊的身份，其掩护、包庇行为，对社会造成的危害性更大，应当从重处罚。

本条第三款是对犯本条前两款罪，事先与犯罪分子通谋的，以走私、贩卖、运输、制造毒品罪的共犯论处的规定。其中，"事先通谋"，是指在犯罪分子进行毒品犯罪活动之前，与犯罪分子共同策划、商议并事后包庇犯罪分子或为其窝藏、转移、隐瞒毒品及犯罪所得的财物的行为。"事先通谋"表明行为人与犯罪分子有共同的犯罪故意，属于刑法中的共犯，应当以走私、贩卖、运输、制造毒品罪的共同犯罪论处，依照本法第三百四十七条的规定处罚。

【实践中需要注意的问题】

1.关于本罪的适用。如果是一般犯罪中的包庇、窝藏、转移、隐瞒赃物行为，应当适用刑法第三百一十条、第三百一十二条的规定处罚；如果是涉毒犯罪中包庇、窝藏、转移、隐瞒毒赃的，则可能同时触犯第三百一十二条、第一百九十一条和本条的规定，需要择一重罪予以定罪处罚。根据本条规定，一般来说，本条比第三百一十二条规定的处罚更重，具体案件是适用第一百九十一条还是三百一十二条的规定，则需要根据案件事实的具体情况进行判断。

2.关于单位犯罪。本条未规定单位犯罪，但刑法第一百九十一条针对毒品犯罪所得的洗钱罪和第三百一十二条掩饰、隐瞒犯罪所得、犯罪所得收益罪都规定了单位犯罪。单位为犯罪分子窝藏、转移、隐瞒毒品或者犯罪所得的赃物的，可以依照刑法第一百九十一条或者第三百一十二条的规定定罪处罚。

第三百五十条【非法生产、买卖、运输制毒物品、走私制毒物品罪】

违反国家规定，非法生产、买卖、运输醋酸酐、乙醚、三氯甲烷或者其他用于制造毒品的原料、配剂，或者携带上述物品进出境，情节较重的，处三年以下有期徒刑、拘役或者管制，并处罚金；情节严重的，处三年以上七年以下有期徒刑，并处罚金；情节特别严重的，处七年以上有期徒刑，并处罚金或者没收财产。

明知他人制造毒品而为其生产、买卖、运输前款规定的物品的，以制造毒品罪的共犯论处。

单位犯前两款罪的，对单位判处罚金，并对其直接负责的主管人员和其他直接责任人员，依照前两款的规定处罚。

【条文精解】

本条是关于非法生产、买卖、运输制毒物品、走私制毒物品罪及其刑罚的规定。

本条共分三款。本条第一款是关于违反国家规定，非法生产、买卖、运输醋酸酐、乙醚、三氯甲烷或者其他用于制造毒品的原料、配剂，或者携带上述物品进出境的犯罪及其刑事处罚的规定。"用于制造毒品的原料、配剂"，是指提炼、分解毒品使用的原材料及辅助性配料。本条列举了醋酸酐、乙醚、三氯甲烷等制毒物品。醋酸酐是乙酰化试剂，是制造海洛因的关键化学品，乙醚、三氯甲烷是溶剂，广泛使用于海洛因、冰毒、氯胺酮等各种毒品制造过程中。这几种物品，既是医药和工农业生产原料，又是制造毒品必不可少的配剂。《联合国禁止非法贩运麻醉药品和精神药物公约》中列举了几种可用于制造药品的化学物品，醋酸酐、乙醚都被明确规定在这几种物品之列。公约还规定，明知用于制造毒品而为其生产、销售上述物品的行为是犯罪行为。1988年，我国卫生部、经贸部、公安部、海关总署发布了《关于对三种特殊化学品实行出口准许证管理的通知》，规定对醋酸酐、乙醚、三氯甲烷三种物品实行出口准许证制度。当前在司法实践中，制毒物品犯罪涉及的主要是麻黄碱（冰毒前体）、羟亚胺（氯胺酮前体）、邻酮（羟亚胺前体）等，这三种物质属于制造毒品的原料。根据有关司法解释，制毒物品的具体品种范围按照国家关于易制毒化学品管理的规定确定。根据《易制毒化学品管理条例》的规定，易制毒化学品分为三类：第一类是可以用于制毒的主要原料，包括1-苯基-2-丙酮等；第二类是可以用于制毒的化学配剂，包括苯乙酸等；第三类也是可以用于制毒的化学配剂，包括甲苯等。易制毒化学品的分类和品种需要调整的，由国务院公安部门会同国务院有关主管部门提出方案，报国务院批准。省、自治区、直辖市人民政府认为有必要在本行政区域内调整分类或者增加该条例规定以外的品种的，应当向国务院公安部门提出，由国务院公安部门会同国务院有关主管部门提出方案，报国务院批准。

"违反国家规定，非法生产、买卖、运输醋酸酐、乙醚、三氯甲烷或者其他用于制造毒品的原料、配剂，或者携带上述物品进出境"，是指除了依照国家规定，经过法定审批手续的以外，非法生产、买卖、运输以及携带这些物品进出境的行为。国家对易制毒化学品的生产、经营、购买、运输和进口、出口实行分类管理和许可制度。禁毒法第二十一条第二款、第三款中规定，国家对易制毒化学品的生产、经营、购买、运输实行许可制度。禁止非法生产、买卖、运输、储存、提供、持有、使用易制毒化学品。第二十二条中规定，国家对易制毒化学品的进口、出口实行许可制度。国务院有关部门应当按照规定的职责，对进口、出口易制毒化学品依法进行管理。禁止走私易制毒化学品。根据禁毒法和国务院有关规定，生产、买卖、运输、进出口易制毒化学品的，应当履行相关手续。这里所规定的"生产"，包括制造、加工、提炼等不同环节。《刑法修正案（九）》在对本条作出修改时，在入罪条件中增加了"情节较重"的规定，目的是划清罪与非罪的界限。

第一款对违反国家规定，非法生产、买卖、运输醋酸酐、乙醚、三氯甲烷或者其他用于制造毒品的原料、配剂，或者携带上述物品进出境的犯罪规定了三档刑罚，即情节较重的，处三年以下有期徒刑、拘役或者管制，并处罚金；情节严重的，处三年以上七年以下有期徒刑，并处罚金；情节特别严重的，处七年以上有期徒刑，并处罚金或者没收财产。本条在七年以上有期徒刑的量刑档次中规定可以并处没收财产，是为了严厉惩治涉毒犯罪，对于犯罪分子非法获得的财产应当认定为违法所得，予以追缴，并可以根据其行为适用没收财产刑，摧毁其再次犯罪的物质基础，有效惩治和预防这类犯罪。

2016年最高人民法院《关于审理毒品犯罪案件适用法律若干问题的解释》对"情节较重""情节严重""情节特别严重"作了具体规定："情节较重"主要包括两种情况。第一种是达到一定数量标准的：（1）麻黄碱（麻黄素）、伪麻黄碱（伪麻黄素）、消旋麻黄碱（消旋麻黄素）一千克以上不满五千克；（2）1-苯基-2-丙酮、1-苯基-2-溴-1-丙酮、3,4-亚甲基二氧苯基-2-丙酮、羟亚胺二千克以上不满十千克;(3)3-氧-2-苯基丁腈、邻氯苯基环戊酮、去甲麻黄碱(去甲麻黄素)、甲基麻黄碱(甲基麻黄素)四千克以上不满二十千克;(4)醋酸酐十千克以上不满五十千克;(5)麻黄浸膏、麻黄浸膏粉、胡椒醛、黄樟素、黄樟油、异黄樟素、麦角酸、麦角胺、麦角新碱、苯乙酸二十千克以上不满一百千克;(6)N-乙酰邻氨基苯酸、邻氨基苯甲酸、三氯甲烷、乙醚、哌啶五十千克以上不满二百五十千克;(7)甲苯、丙酮、甲基乙基酮、高锰酸钾、硫酸、盐酸一百千克以上不满五百千克;(8)其他制毒物品数量相当的。第二种是达到第一类规定的数量标准最低值的百分之五十,且具有下列情形之一的:(1)曾因非法生产、买卖、运输制毒物品、走私制毒物品受过刑事处罚的;(2)二年内曾因非法生产、买卖、运输制毒物品、走私制毒物品受过行政处罚的;(3)一次组织五人以上或者多次非法生产、买卖、运输制毒物品、走私制毒物品,或者在多个地点非法生产制毒物品的;(4)利用、教唆未成年人非法生产、买卖、运输制毒物品、走私制毒物品的;(5)国家工作人员非法生产、买卖、运输制毒物品、走私制毒物品的;(6)严重影响群众正常生产、生活秩序的;(7)其他情节较重的情形。"情节严重"是指具有下列情形之一的:(1)制毒物品数量在该解释第七条第一款规定的最高数量标准以上,不满最高数量标准五倍的;(2)达到该解释第七条第一款规定的数量标准,且具有该解释第七条第二款第三项至第六项规定的情形之一的;(3)其他情节严重的情形。"情节特别严重"是指具有下列情形之一的:(1)制毒物品数量在该解释第七条第一款规定的最高数量标准五倍以上的;(2)达到前款第一项规定的数量标准,且具有该解释第七条第二款第三项至第六项规定的情形之一的;(3)其他情节特别严重的情形。

　　第二款是对明知他人制造毒品而为其生产、买卖、运输制造毒品所需原料或者配剂的,以制造毒品罪的共犯论处的规定。本款是关于构成制造毒品罪共犯的规定,对于有证据证明行为人明知他人实施制造毒品犯罪,而为其生产、运输、买卖制毒物品的,其行为是整个制造毒品犯罪过程中的一个环节,应当依照刑法总则有关共同犯罪的规定,适用刑法第三百四十七条的规定定罪处罚,而不能以违反国家规定,非法生产、买卖、运输制毒物品的犯罪定罪处罚,避免重罪轻罚。这里的"明知",是指行为人知道他人所需要的原料及配剂是用于制造毒品,但仍然为其生产、买卖、运输这种物品的。明知他人制造毒品而为其走私制毒物品的,也应当以制造毒品罪的共犯处理。

第三款是对单位犯罪刑事责任的规定。"单位犯前两款罪的",是指单位违反国家规定,非法生产、买卖、运输、携带制毒物品进出境的;明知他人制造毒品而为其生产、买卖、运输制毒物品的行为。单位犯两款罪的,对单位判处罚金。"直接负责的主管人员和其他直接责任人员",是指对违反国家规定,非法生产、买卖、运输、携带制毒物品进出境,或者明知他人制造毒品而为其生产、买卖、运输制毒物品的犯罪行为负有直接责任的领导人员和具体执行者。"依照前两款的规定处罚",是指单位实施前两款行为,构成犯罪的,对其直接负责的主管人员和其他直接责任人员,依照前两款关于违反国家规定,非法生产、买卖、运输、携带制毒物品进出境犯罪和关于制造毒品罪的规定定罪处罚。

【实践中需要注意的问题】

1. 在司法实践中,要注意划清罪与非罪的界限。《刑法修正案(九)》在入罪条件中增加了"情节较重"的规定,目的就是把握住罪与非罪的界限,并不是出现了生产、买卖、运输制毒物品的行为,就要追究刑事责任。实践中,有些易制毒化学品一般同时具有正常的生产、生活、医药等用途,对于为生产、生活需要,但在生产、运输等过程中违反有关规定的,如具有生产药用麻黄素资质的合法企业,未按照要求履行批准手续,或者超过批准数量、品种要求而生产的,个人未办理许可证明或者备案证明而购买高锰酸钾等易制毒化学品的等,在追究责任的过程中,需要划清罪与非罪的界限。2016年最高人民法院《关于审理毒品犯罪案件适用法律若干问题的解释》第七条规定,易制毒化学品生产、经营、购买、运输单位或者个人未办理许可证明或者备案证明,生产、销售、购买、运输易制毒化学品,确实用于合法生产、生活需要的,不以制毒物品犯罪论处。

2. 关于本罪与走私、贩卖、运输、制造毒品罪的区分。实践中,有些制毒原料本身就是毒品,如提炼海洛因的鸦片、黄皮、吗啡,如果非法生产、买卖、运输、携带进出境的是这些本身属于毒品的原料,则应当以走私、贩卖、运输、制造毒品罪定罪处罚。

第三百五十一条 【非法种植毒品原植物罪】

非法种植罂粟、大麻等毒品原植物的，一律强制铲除。有下列情形之一的，处五年以下有期徒刑、拘役或者管制，并处罚金：

（一）种植罂粟五百株以上不满三千株或者其他毒品原植物数量较大的；

（二）经公安机关处理后又种植的；

（三）抗拒铲除的。

非法种植罂粟三千株以上或者其他毒品原植物数量大的，处五年以上有期徒刑，并处罚金或者没收财产。

非法种植罂粟或者其他毒品原植物，在收获前自动铲除的，可以免除处罚。

【条文精解】

本条是关于非法种植毒品原植物罪及其处罚的规定。

本条共分三款。第一款是对构成非法种植毒品原植物罪的具体情节和处罚的规定。本款所规定的这些情节是非法种植毒品原植物罪与非罪的界限。根据本款规定，有下列情节之一的，即构成非法种植毒品罪：一是种植罂粟五百株以上不满三千株或者其他毒品原植物数量较大的。根据这一规定，该罪的起刑数量标准是种植罂粟五百株。值得注意的是，这里只规定了种植罂粟的量刑数量标准，而对于其他毒品原植物量刑标准只规定了"数量较大"。这样规定是由于在我国境内出现的非法种植的毒品原植物的情况中，主要是罂粟；另外，由于其他毒品原植物的情况各不相同，相当复杂，也难以在法律中都规定具体数量。根据2016年最高人民法院《关于审理毒品犯罪案件适用法律若干问题的解释》的规定，具有下列情形之一的，应当认定为"数量较大"：（1）非法种植大麻五千株以上不满三万株的；（2）非法种植罂粟二百平方米以上不满一千二百平方米、大麻二千平方米以上不满一万二千平方米，尚未出苗的；（3）非法种植其他毒品原植物数量较大的。二是"经公安机关处理后又种植的"，是指过去曾因为种植罂粟等毒品原植物被公安机关给予治安管理处罚或者强制铲除过，也包括被依法追究过刑事责任，又再次种植毒品原植物的。在这种情况下，只要再次种植的，无论种植毒品原植物多少，都构成犯罪。三是"抗拒铲除的"，是指非法种植毒品原植物的行为人，在公安机关或者政府有关部门依法强制铲除这些毒品原植物时，使用暴力、威胁、设置障碍等方法拒不铲除的。

本条第二款是对非法种植毒品原植物数量大的处刑规定。根据本款规定，非法种植罂粟三千株以上或者其他毒品原植物数量大的，处五年以上有期徒刑，最高刑期为十五年有期徒刑，并处罚金或者没收财产。

本条第三款是对在收获前自动铲除非法种植毒品原植物的可以免除处罚的规定。"收获"，是指收获毒品，如对罂粟进行割浆等。"自动铲除"，是指非法种植毒品原植物的人主动进行铲除，而不是在执法人员的强制下铲除。"可以免除处罚"，是指对自动铲除非法种植的毒品原植物的人，一般可免除处罚。这主要是考虑到行为还没有造成实质的社会危害，这也是鼓励行为人迷途知返，及时中止违法犯罪行为。但对于非法种植毒品原植物情节很严重，确需处罚的，也可酌情给予适当的处罚。需要特别强调的是，如果行为人在铲除后利用被铲除的毒品原植物制造毒品的，则不能适用本款的规定。

【实践中需要注意的问题】

关于非法种植的罂粟、大麻等毒品原植物的处理。根据本条规定，非法种植罂粟、大麻等毒品原植物的，一律强制铲除。实践中，无论行为人种植的数量多少，无论行为构成行政违法还是犯罪，非法种植的毒品原植物，都应当予以铲除。该内容在禁毒法第十九条中也有体现，根据禁毒法的规定，地方各级人民政府发现非法种植毒品原植物的，应当立即采取措施予以制止、铲除。村民委员会、居民委员会发现非法种植毒品原植物的，应当即使予以制止、铲除，并向当地公安机关报告。

第三百五十二条 【非法买卖、运输、携带、持有毒品原植物种子、幼苗罪】

非法买卖、运输、携带、持有未经灭活的罂粟等毒品原植物种子或者幼苗，数量较大的，处三年以下有期徒刑、拘役或者管制，并处或者单处罚金。

【条文精解】

本条是关于非法买卖、运输、携带、持有毒品原植物种子、幼苗罪及其刑罚的规定。本条中，非法"买卖"，是指非法购买或者出售未经灭活的毒品原植物种子或者幼苗的行为。非法"运输"，是指非法运输未经灭活的罂粟等毒品原植物种子或者幼苗的行为，包括国内运输和在国境、边境非法输入输出。非法"携带、持有"，是指违反国家规定，随身携带、私藏未经灭活的罂粟等毒品原植物种子或者幼苗的行为。"未经灭活的罂粟等毒品原植物种子"，是指没有经过烘烤、放射线照射等处理手段，还能继续繁殖、发芽的罂粟等毒品原植物种子。根据本条规定，只要具有本条规定的非法买卖、运输、携带、持有未经灭活的罂粟等毒品原植物种子或者幼苗，数量较大的行为的，无论其目的为何，即构成犯罪，这一规定与联合国公约中对毒品原植物种子进行严格管制的精神是完全一致的。根据最高人民法院《关于审理毒品犯罪案件适用法律若干问题的解释》第十条的规定，"数量较大"是指：（1）罂粟种子五十克以上、罂粟幼苗五千株以上的；（2）大麻种子五十千克以上、大麻幼苗五万株以上的；（3）其他毒品原植物种子或者幼苗数量较大的。

【实践中需要注意的问题】

1. 关于本罪的认定。对于持有未经灭活的罂粟等毒品原植物种子或者幼苗的行为，需要结合行为人持有的目的予以认定。如果行为人持有这些种子或者幼苗是为了自己栽培、种植的，对于其播种和栽培幼苗的行为，应当以非法种植毒品原植物罪论处；如果行为人持有的目的不是进一步种植，而是出售或者提供给他人，则应当依照本罪予以定罪处罚。"买卖""运输""携带""持有"这四种行为互有联系又有区别，不需同时具备而只需具备其中之一，即可构成本罪。

2. 关于本罪的处罚。根据本法第三百五十六条的规定，因走私、贩卖、运输、制造、非法持有毒品罪被判过刑，又犯本条规定之罪的，从重处罚。

第三百五十三条【引诱、教唆、欺骗他人吸毒罪】【强迫他人吸毒罪】
引诱、教唆、欺骗他人吸食、注射毒品的，处三年以下有期徒刑、拘役或者管制，并处罚金；情节严重的，处三年以上七年以下有期徒刑，并处罚金。
强迫他人吸食、注射毒品的，处三年以上十年以下有期徒刑，并处罚金。
引诱、教唆、欺骗或者强迫未成年人吸食、注射毒品的，从重处罚。

【条文精解】

本条是关于引诱、教唆、欺骗他人吸毒罪，强迫他人吸毒罪及其刑罚的规定。

本条共分三款。本条第一款是对引诱、教唆、欺骗他人吸食、注射毒品的行为定罪处刑的规定。"引诱、教唆他人吸食、注射毒品的"，是指通过向他人宣传吸毒后的体验，示范吸毒方法，或者对他人进行蛊惑，从而促使他人吸食、注射毒品的行为。"欺骗他人吸食、注射毒品的"，是指在他人不知情的情况下，给他人吸食、注射毒品的行为。例如，暗中在香烟中掺入毒品，或者在药品中掺入毒品,供他人吸食或者使用,使其不知不觉地染上毒瘾,从而达到欺骗者的某些个人目的。被引诱、教唆、欺骗者是否因此形成毒瘾,不是构成犯罪的必要条件,但应该作为处刑的情节来考虑。有引诱、教唆、欺骗他人吸食、注射毒品的行为的,即构成本条规定的犯罪,依法应当处三年以下有期徒刑、拘役或者管制,并处罚金。这里的"情节严重",主要是指引诱、教唆、欺骗多人吸食、注射毒品以及致使他人吸毒成瘾,造成严重后果的等。根据最高人民法院《关于审理毒品犯罪案件适用法律若干问题的解释》的规定,具有下列情形之一的,应当认定为"情节严重":(1)引诱、教唆、欺骗多人或者多次引诱、教唆、欺骗他人吸食、注射毒品的;(2)对他人身体健康造成严重危害的;(3)导致他人实施故意杀人、故意伤害、交通肇事等犯罪行为的;(4)国家工作人员引诱、教唆、欺骗他人吸食、注射毒品的;(5)其他情节严重的情形。根据本条规定,情节严重的,应当处以三年以上七年以下有期徒刑,并处罚金。

本条第二款是对强迫他人吸食、注射毒品的行为定罪处刑的规定。"强迫"他人吸食、注射毒品,是指违背他人的意愿,以暴力、胁迫或者其他手段,迫使他人吸食、注射毒品的行为。强迫他人吸食、注射毒品的行为,比引诱、教唆、欺骗他人吸食、注射毒品的行为危害程度更大,因此本条规定了更重的刑罚,为三年以上十年以下有期徒刑,并处罚金。

本条第三款是对引诱、教唆、欺骗或者强迫未成年人吸食、注射毒品的行为从重处罚的规定。这里的"未成年人"是指不满十八周岁的人。未成年人也正处于人生观、价值观、世界观形成的关键时期,不能认识或者不能正确认识毒品的危害性,比成年人更容易被引诱、教唆或者欺骗而吸食毒品,并且未成年人正处在长身体时期,吸食、注射毒品对他们的身心健康将带来极大的危害,给他们正常学习生活带来极大的负面影响,影响其成长成才,这在将来也可能会成为社会的不稳定因素。因此,本款规定,引诱、教唆、欺骗或者强迫未成年人吸食、注射毒品的,从重处罚。

第三百五十四条 【容留他人吸毒罪】

容留他人吸食、注射毒品的,处三年以下有期徒刑、拘役或者管制,并处罚金。

【条文精解】

本条是关于容留他人吸毒罪及其刑罚的规定。

本条中规定的"容留他人吸食、注射毒品",是指提供场所,供他人吸食、注射毒品的行为。这里的"场所",可以是自己的住所,也可以是其经管的场所,如酒吧等。其重点打击的应是以牟利为目的,为他人吸毒提供处所和集中为多人提供吸毒场所的行为。根据2016年最高人民法院《关于审理毒品犯罪案件适用法律若干问题的解释》,具有下列情形之一的,应当以容留他人吸毒罪定罪处罚:(1)一次容留多人吸食、注射毒品的;(2)二年内多次容留他人吸食、注射毒品的;(3)二年内曾因容留他人吸食、注射毒品受过行政处罚的;(4)容留未成年人吸食、注射毒品的;(5)以牟利为目的容留他人吸食、注射毒品的;(6)容留他人吸食、注射毒品造成严重后果的;(7)其他应当追究刑事责任的情形。执行中,应注意掌握好罪与非罪的界限,对于不知某人是吸毒人,而为其提供旅馆等场所住宿,吸毒人在其场所吸毒的,不应按犯罪处理。

【实践中需要注意的问题】

对于容留他人吸毒的行为,尚不构成犯罪的,也应当给予行政处罚。根据禁毒法第六十一条的规定,应当由公安机关处十日以上十五日以下拘留,可以并处三千元以下罚款;情节较轻的,处五日以下拘留或者五百元以下罚款。

第三百五十五条 【非法提供麻醉药品、精神药品罪】
依法从事生产、运输、管理、使用国家管制的麻醉药品、精神药品的人员,违反国家规定,向吸食、注射毒品的人提供国家规定管制的能够使人形成瘾癖的麻醉药品、精神药品的,处三年以下有期徒刑或者拘役,并处罚金;情节严重的,处三年以上七年以下有期徒刑,并处罚金。向走私、贩卖毒品的犯罪分子或者以牟利为目的,向吸食、注射毒品的人提供国家规定管制的能够使人形成瘾癖的麻醉药品、精神药品的,依照本法第三百四十七条的规定定罪处罚。

单位犯前款罪的,对单位判处罚金,并对其直接负责的主管人员和其他直接责任人员,依照前款的规定处罚。

【条文精解】

本条是关于非法提供麻醉药品、精神药品罪及其刑罚的规定。
本条共分两款。本条第一款是关于依法从事生产、运输、管理、使用国家管制的麻醉药品、精神药品的人员，违反国家规定，向吸毒、走私、贩卖毒品的人提供国家管制的麻醉药品、精神药品的行为如何追究刑事责任的规定。"依法从事生产、运输、管理、使用国家管制的麻醉药品和精神药品的人员"，是指对国家管制的麻醉药品和精神药品有合法生产、运输、管理、使用权的人员。本款规定的犯罪主体是个人。其中"生产"，是指依照国家卫生行政主管部门的指定，种植用于加工提炼麻醉药品的原植物，制造或者试制麻醉药品、精神药品的成品、半成品和制剂；"运输"，是指将国家管制的麻醉药品和精神药品通过陆路、水路或者空中，由一地运往另一地，包括进出口；"管理"，是指对国家管制的麻醉药品和精神药品存放的保管以及批发、调拨、供应等；"使用"，是指有关人员依照国家有关规定将国家管制的麻醉药品和精神药品用于医疗、教学、科研的行为。如医生为癌症病人开具吗啡、杜冷丁用药处方等。"违反国家规定，向吸食、注射毒品的人提供国家规定管制的能够使人形成瘾癖的麻醉药品、精神药品"，是指上述人员明知某种药品属于麻醉药品或精神药品而违反国家有关规定，将该药品提供给吸食、注射毒品者的行为。根据刑法第九十六条的规定，这里的"违反国家规定"，指的是违反国家管制的麻醉药品、精神药品的有关法律、行政法规，以及国务院规定的行政措施、发布的决定和命令，包括禁毒法、药品管理法、《麻醉药品和精神药品管理条例》等，不包括部门规章。"向走私、贩卖毒品的犯罪分子或者以牟利为目的，向吸食、注射毒品的人提供国家规定管制的能够使人形成瘾癖的麻醉药品、精神药品的"，是指行为人明知某药品属于国家管制的麻醉药品、精神药品而向走私、贩卖毒品的人提供该药品的行为和以获取金钱财物为目的，向吸毒者提供该药品的行为。这种行为与贩毒行为的主观故意和危害后果完全一致。因此，本款规定对这种行为依照刑法第三百四十七条的规定处罚。需要特别注意的是，对于以牟利为目的，违反国家规定，虽向他人提供国家管制的麻醉药品和精神药品，但用于医疗、教学、科研的，不能适用本款规定，而应依照其他有关法律追究责任。

本条第二款是对单位违反国家规定，非法向他人提供国家规定管制的麻醉药品、精神药品的行为进行处罚的规定。"单位犯前款罪的"，是指依法从事生产、运输、管理、使用国家管制的麻醉药品和精神药品的单位，违反国家规定，犯本条第一款规定之罪的。"直接负责的主管人员"，是指对本单位非法提供国家管制的麻醉药品和精神药品负有直接责任的单位领导人员。"其他直接责任人员"，是指其他直接参与单位非法提供国家管制的麻醉药品和精神药品犯罪活动的人员，可能是一人，也可能是多人。

第三百五十五条之一 【妨害兴奋剂管理罪】
引诱、教唆、欺骗运动员使用兴奋剂参加国内、国际重大体育竞赛，或者明知运动员参加上述竞赛而向其提供兴奋剂，情节严重的，处三年以下有期徒刑或者拘役，并处罚金。

组织、强迫运动员使用兴奋剂参加国内、国际重大体育竞赛的，依照前款的规定从重处罚。

【条文精解】

本条是关于妨害兴奋剂管理罪及其处罚的规定。

使用兴奋剂是体育运动中的丑恶现象。在体育竞赛中使用兴奋剂的行为，既扰乱了体育竞赛的公平正义，又损害体育运动参加者的身心健康。在国际体育赛事中使用兴奋剂，还会严重损害国家的形象和荣誉。我国高度重视体育竞技中的反兴奋剂工作。1995年8月第八届全国人民代表大会常务委员会第十五次会议通过的体育法第三十四条规定，体育竞赛实行公平竞争的原则。体育竞赛的组织者和运动员、教练员、裁判员应当遵守体育道德，不得弄虚作假、营私舞弊。在体育运动中严禁使用禁用的药物和方法。禁用药物检测机构应当对禁用的药物和方法进行严格检查。第五十条规定，在体育运动中使用禁用的药物和方法的，由体育社会团体按照章程规定给予处罚；对国家工作人员中的直接责任人员，依法给予行政处分。2004年1月，国务院制定了《反兴奋剂条例》，对体育运动中禁止使用兴奋剂的原则、兴奋剂管理、体育社会团体、运动员等主体的反兴奋剂义务、兴奋剂检查与检测等制度作了规定。该条例第三十九条第一款规定，体育社会团体、运动员管理单位向运动员提供兴奋剂或者组织、强迫、欺骗运动员在体育运动中使用兴奋剂的，由国务院体育主管部门或者省、自治区、直辖市人民政府体育主管部门收缴非法持有的兴奋剂；负有责任的主管人员和其他直接责任人员四年内不得从事体育管理工作和运动员辅助工作；情节严重的，终身不得从事体育管理工作和运动员辅助工作；造成运动员人身损害的，依法承担民事赔偿责任；构成犯罪的，依法追究刑事责任。第四十条规定，运动员辅助人员组织、强迫、欺骗、教唆运动员在体育运动中使用兴奋剂的，由国务院体育主管部门或者省、自治区、直辖市人民政府体育主管部门收缴非法持有的兴奋剂；四年内不得从事运动员辅助工作和体育管理工作；情节严重的，终身不得从事运动员辅助工作和体育管理工作；造成运动员人身损害的，依法承担民事赔偿责任；构成犯罪的，依法追究刑事责任。运动员辅助人员向运动员提供兴奋剂，或者协助运动员在体育运动中使用兴奋剂，或者实施影响采样结果行为的，由国务院体育主管部门或者省、自治区、直辖市人民政府体育主管部门收缴非法持有的兴奋剂；二年内不得从事运动员辅助工作和体育管理工作；情节严重的，终身不得从事运动员辅助工作和体育管理工作；造成运动员人身损害的，依法承担民事赔偿责任；构成犯罪的，依法追究刑事责任。2018年修订后，上述规定未作改变。2006年，我国签署了联合国教科文组织制定的《反对在体育运动中使用兴奋剂国际公约》，承诺执行《世界反兴奋剂条例》。依法惩治有关兴奋剂的犯罪行为，是我国作为负责任大国应尽的国际义务。2019年11月，最高人民法院制定了《关于审理走私、非法经营、非法使用兴奋剂刑事案件适用法律若干问题的解释》。《刑法修正案（十一）》制定前，对于涉及兴奋剂的违法犯罪行为，可以依照上述法律和司法解释追究法律责任。

近年来，我国兴奋剂违法违规问题屡禁不止。有的参加奥运会等重大国际体育比赛的我国运动员被查出兴奋剂违规遭到处罚，严重损害了国家形象和荣誉。兴奋剂违法违规还呈现低龄化、社会化的特征，向食品药品、教育考试等领域蔓延，危害社会公众特别是青少年的身心健康。党中央对反兴奋剂工作作出重要指示，要求对兴奋剂问题"零容忍"，对兴奋剂违法违规行为严肃处理、坚决打击。为加大对兴奋剂违法行为的惩治力度，维护体育竞赛的公平和运动员等的身心健康，《刑法修正案（十一）》增加规定了引诱、教唆、欺骗运动员使用兴奋剂和向运动员提供兴奋剂的犯罪，组织、强迫运动员使用兴奋剂的犯罪。

本条共分两款。第一款是关于引诱、教唆、欺骗运动员使用兴奋剂和向运动员提供兴奋剂的犯罪及其处罚的规定。本条规定犯罪的主体是一般主体，常见的是组织运动员参加竞赛的体育社会团体、运动员管理单位或者教练员、队医等运动员辅助人员。本款规定了两类犯罪行为。一是引诱、教唆、欺骗运动员使用兴奋剂参加国内、国际重大体育竞赛，情节严重的。这里规定的"引诱"，是指以提高比赛成绩，物质奖励等条件诱使运动员使用兴奋剂。"教唆"，是指唆使运动员使用兴奋剂。"欺骗"，是指使用欺诈手段使运动员在不知情的情况下使用兴奋剂，如谎称是服用正常药品等。"运动员"，根据国家体育总局《体育运动中兴奋剂管制通则》的规定，是指体育社会团体注册运动员，以及参加政府举办、授权举办或资助的体育比赛或赛事的运动员。"兴奋剂"，是指兴奋剂目录所列的禁用物质等，具体包括蛋白同化制剂、肽类激素、有关麻醉药品和刺激剂等。兴奋剂目录由国务院体育主管部门会同国务院食品药品监督管理部门、国务院卫生主管部门、国务院商务主管部门和海关总署制定、调整并公布。国务院体育主管部门负责制定兴奋剂检测规则和兴奋剂检测计划并组织实施。"国内、国际重大体育竞赛",是指体育法第二十六条规定的重大体育竞赛,如奥运会、亚运会、单项世界锦标赛等,具体范围由国务院体育主管部门确定。根据本款规定,引诱、教唆、欺骗运动员使用兴奋剂参加国内、国际重大体育竞赛的,构成本款规定的犯罪。如果不是在国内、国际重大体育竞赛中,而是在低级别比赛中使用兴奋剂,不构成本条规定的犯罪,可依照其他法律法规的规定予以处罚。二是明知运动员参加国内、国际重大体育竞赛而向其提供兴奋剂,情节严重的。这是帮助运动员在重大体育竞赛中使用兴奋剂的行为。本款规定的"明知",是指知道或应当知道运动员参加国内、国际重大体育竞赛。"向其提供",包括向运动员本人提供,也包括通过运动员的教练员、队医等辅助人员向运动员提供。"情节严重",是指引诱、教唆、欺骗运动员使用兴奋剂或者提供兴奋剂的数量较大,涉及人数较多,给国家荣誉和形象造成不良影响,对运动员健康造成不良影响等,具体可由司法机关制定司法解释确定。根据本款规定,对上述两种犯罪行为,处三年以下有期徒刑或者拘役,并处罚金。

第二款是关于组织、强迫运动员使用兴奋剂的犯罪及其处罚的规定。这里规定的"组织",是指利用管理、指导运动员的机会等,使多名运动员有组织地使用兴奋剂。"强迫",是指迫使运动员违背本人意愿使用兴奋剂。根据本款规定,组织、强迫运动员使用兴奋剂参加国内、国际重大体育竞赛的行为,即可构成犯罪,没有规定"情节严重的"条件,这是因为组织、强迫使用兴奋剂的行为,比第一款规定的引诱、教唆、欺骗使用兴奋剂和提供兴奋剂的行为社会危害性更大。根据本款规定,对上述犯罪行为,依照本条第一款的规定从重处罚,即在"三年以下有期徒刑或者拘役,并处罚金"的量刑幅度内从重处罚。

【实践中需要注意的问题】

1. 本条将在参加国内、国际重大体育竞赛中,引诱、教唆、欺骗运动员使用兴奋剂和向运动员提供兴奋剂的行为,组织、强迫运动员使用兴奋剂的行为规定为犯罪,对于运动员本人使用兴奋剂的行为未规定为犯罪,是考虑到在重大体育竞赛涉兴奋剂违法违规案件中,引诱、教唆、欺骗使用兴奋剂和提供兴奋剂,明知运动员参加上述竞赛而向其提供兴奋剂,组织、强迫使用兴奋剂的行为具有更大的社会危害性。运动员本人往往是被裹挟、被动地使用兴奋剂,可以不作为犯罪处理。但运动员本人使用兴奋剂的行为仍然是违法行为,应当依照有关法律法规和体育组织的规定予以处罚。运动员本人参与本条规定的犯罪行为的，应当依法追究刑事责任。

2. 与兴奋剂相关的有关犯罪行为的处理。最高人民法院《关于审理走私、非法经营、非法使用兴奋剂刑事案件适用法律若干问题的解释》对与兴奋剂相关的犯罪行为的法律适用作了规定：（1）运动员、运动员辅助人员走私兴奋剂目录所列物质，或者其他人员以在体育竞赛中非法使用为目的走私兴奋剂目录所列物质，涉案物质属于国家禁止进出口的货物、物品，具有特定情形的，应当依照刑法第一百五十一条第三款的规定，以走私国家禁止进出口的货物、物品罪定罪处罚。（2）对未成年人、残疾人负有监护、看护职责的人组织未成年人、残疾人在体育运动中非法使用兴奋剂，具有特定情形的，应当认定为刑法第二百六十条之一规定的"情节恶劣"，以虐待被监护、看护人罪定罪处罚。（3）实施有关兴奋剂犯罪行为，涉案物质属于毒品、制毒物品等，构成涉及毒品、制毒物品有关犯罪的，依照相应犯罪定罪处罚。

3. 本条为治理兴奋剂违法犯罪行为提供了强有力的法律武器。但兴奋剂的治理是系统工程，不能仅依靠刑事手段进行打击。要充分发挥司法机关、体育主管部门、体育协会等各方面的作用，综合运用多种手段，对运动员、教练员等加强教育管理，树立正确的竞赛观、荣誉观，从源头上减少兴奋剂违法违规现象。

第三百五十六条 【毒品犯罪的再犯】

因走私、贩卖、运输、制造、非法持有毒品罪被判过刑，又犯本节规定之罪的，从重处罚。

【条文精解】

本条是关于因走私、贩卖、运输、制造、非法持有毒品罪被判过刑，又犯本节规定之罪的如何处罚的规定。

"因走私、贩卖、运输、制造、非法持有毒品罪被判过刑"，是指因犯本节规定的走私、贩卖、运输、制造、非法持有毒品罪中的任何一种罪，被判处任何一种刑罚的情况。"又犯本节规定之罪的"，是指再犯本节规定的任何一种罪。"从重处罚"，是指在法定量刑幅度内处以较重的刑罚，较长的刑期。与刑法第六十五条规定的一般累犯相比，毒品再犯没有对前后罪的时间间隔作出要求，这是为了从严惩治毒品犯罪和防止行为人再次实施毒品犯罪而作出的特别规定。

【实践中需要注意的问题】

1.关于累犯和毒品再犯的认定和处罚。根据本条的规定，认定毒品再犯时，先犯的罪限定为走私、贩卖、运输、制造、非法持有毒品五种犯罪，而对再犯的罪则取消了上述限制，只要再犯本节规定的任何一种罪，都应从重处罚。行为人再犯的罪名不一定与其被判过刑的罪名一样，但只要符合本条规定的犯罪种类，就应从重处罚。此外，根据毒品再犯与累犯的有关规定，行为人很有可能同时构成毒品再犯和累犯，根据《全国法院毒品犯罪审判工作座谈会纪要》的精神，累犯、毒品再犯是法定从重处罚情节，即使本次毒品犯罪情节较轻，也要体现从严惩处的精神。对于因同一毒品前科同时构成累犯和毒品再犯的，量刑时不得重复予以从重处罚。

2.关于未成年人是否适用毒品再犯。2011年通过的《刑法修正案（八）》根据对犯罪未成年人从宽处罚的精神，取消了未成年人构成一般累犯的规定，但保留了未成年人可成立毒品再犯的规定。累犯和毒品再犯是两种性质不同的制度，在法律后果也有所不同，累犯不得缓刑、假释，对判处死缓的累犯可以限制减刑，而毒品再犯并未规定上述法律后果。毒品再犯是针对毒品犯罪形势严峻，毒品犯罪屡禁不止的情况作出的从严惩处的特别规定，并没有排除未成年人毒品犯罪构成毒品再犯的情况。司法实践中，应当依法执行，未成年人成立毒品再犯的，需综合考虑未成年人的年龄等因素后，在刑法规定的幅度内予以处罚。

第三百五十七条 【毒品的含义及毒品数量的计算】

本法所称的毒品，是指鸦片、海洛因、甲基苯丙胺（冰毒）、吗啡、大麻、可卡因以及国家规定管制的其他能够使人形成瘾癖的麻醉药品和精神药品。

毒品的数量以查证属实的走私、贩卖、运输、制造、非法持有毒品的数量计算，不以纯度折算。

【条文精解】

本条是关于本法中毒品含义和毒品数量不以纯度折算的规定。

本条共分两款。第一款是关于毒品含义的规定。本条关于毒品的含义与禁毒法第二条规定的毒品的含义是一致的，是指鸦片、海洛因、甲基苯丙胺（冰毒）、吗啡、大麻、可卡因以及国家规定管制的其他能够使人形成瘾癖的麻醉药品和精神药品。鸦片、海洛因、吗啡同属罂粟类毒品。罂粟是一种草本植物，结有蒴果，用刀子划破后，有白色的汁流出，这就是人们通常所说的生鸦片。生鸦片经过第一次处理后可生产出可吸鸦片。海洛因和吗啡是鸦片的精制品。吗啡是一种极易溶于水的粉末，是一种抑制呼吸的药物，剂量过大会造成呼吸停止以致死亡。海洛因是通过回流加热吗啡提取出来的半生物碱混合物，是一种既轻又细的粉末。用量过度，会引起昏迷、体温降低、心跳缓慢，并导致呼吸困难而死亡。大麻又叫印度大麻，是一种无花瓣双子叶植物，是当今世界使用最多、范围最广的麻醉品。它的主要成分是四氢大麻酚。经常或者过量吸食大麻，会对人体的许多器官造成危害，破坏其功能。可卡因是从古柯属的小灌木树的叶（古柯叶）中提取出来的，又称古柯碱，是一种粉末状的白色晶体，具有强烈的麻醉作用。大剂量的可卡因会导致人的中枢神经的传感源受阻，严重的会造成极度痉挛和心力衰竭，从而导致死亡。甲基苯丙胺，又称去氧麻黄碱、去氧麻黄素，因其固体形状为结晶体，酷似冰糖，故又被俗称为"冰毒"，甲基苯丙胺是一种精神药品，是苯丙胺类即安非他明类兴奋剂中药性非常强的一种兴奋剂。具有兴奋神经中枢的作用，会使吸食、注射者变得兴奋、易激动和焦躁不安，会出现暴力倾向。长期服用会严重损害健康，甚至造成死亡。"国家规定管制的其他能够使人形成瘾癖的麻醉药品和精神药品"，是指除前面列举的几种毒品外，其他国家规定管制的麻醉药品和精神药品。关于麻醉药品和精神药品的范围，根据《麻醉药品和精神药品管理条例》第三条的规定，麻醉药品和精神药品是指列入麻醉药品目录、精神药品目录的药品和其他物质，目录由国务院药品监督管理部门会同国务院公安部门、国务院卫生主管部门制定、调整并公布。这些麻醉药品、精神药品的种类、范围是由国务院或者国务院主管部门规定的，必须依照国家规定生产、经营、使用、储存、运输，并只限于医疗、科研、教学。"麻醉药品"，是指连续使用后易产生身体依赖性、易形成瘾癖的药品，如鸦片、海洛因、吗啡、可卡因、杜冷丁等。"精神药品"，是指直接作用于中枢神经系统，使之兴奋或抑制，连续使用能使人体产生依赖性的药品。如甲基苯丙胺（去氧麻黄碱）、安纳咖、安眠酮等。这两类物品具有双重性，使用得当，可以舒缓病痛，治疗疾病；使用不当或滥用，则会使人产生药物依赖性，损害身体健康。因此，国家通过颁布法规，对这类药品的生产、经营、使用、储存、运输以及原植物的种植，都作了严格的规定。违反有关规定，用于非医疗、教学、科研目的而制造、运输、贩卖、走私、使用麻醉药品和精神药品时，这类物品属于毒品，反之则属于药品。

本条第二款是关于毒品数量以实际数量计算，不以提纯计算的规定。"毒品的数量以查证属实的走私、贩卖、运输、制造、非法持有毒品的数量计算"，是指被查获的走私、贩卖、运输、制造、非法持有的毒品数量，以被查获的毒品的实际数量计算。"不以纯度折算"，是指对查获的掺入非毒品成分的毒品不作提纯计算，以被查获的毒品的实际数量计算。这样规定体现从严打击毒品犯罪的一贯宗旨。

【实践中需要注意的问题】

1. 关于麻醉药品和精神药品的范围。根据有关规定，2005年原国家食品药品监督管理总局、公安部和原国家卫生计生委公布了《麻醉药品品种目录》《精神药品品种目录》，并进行过调整。在此之外，2015年9月，原国家食品药品监督管理总局、公安部和原国家卫生计生委、国家禁毒委员会办公室共同印发了《非药用类麻醉药品和精神药品列管办法》及其附表《增补目录》。2017年1月，公安部、原国家食品药品监督管理总局和原国家卫生计生委决定将卡芬太尼、呋喃芬太尼、丙烯酰芬太尼、戊酰芬太尼四种物质列入了增补目录，2019年4月，公安部、国家卫生健康委、国家药监局决定将芬太尼物质列入增补目录。据此，芬太尼类物质被整列列管，纳入了刑法规定的毒品的范围，与芬太尼物质有关的行为可以适用毒品犯罪的有关规定追究刑事责任。

2. 关于能够使人形成瘾癖的精神药品的认定。实践中，对一些案件所涉及的精神药品，是否属于本条规定的"毒品"的范畴，存在不同的认识。如贩卖、走私、运输或非法持有大量的国家管制的精神药品，如安定注射液、盐酸二氢埃托啡、咪达唑仑、艾司唑仑等。这些药品虽然属于国家规定管制的精神药品，但有些专家认为，经过临床试验，这类药品虽列入国家规定管制的精神药品的第二类药品条目，但就其对人体产生的依赖性程度上，较之一类药品条目所列药品低得多，不宜对其按照毒品予以处罚。对这一问题应当这样认识，根据《麻醉药品和精神药品管理条例》的规定，国家将"使人形成瘾癖的麻醉药品和精神药品"按照其使人形成依赖性的瘾癖程度划分为第一类和第二类。第一类精神药品和第二类精神药品，只是致人瘾癖的程度不同，都对人体有伤害，都会带来严重的社会危害，两类药品条目所列的麻醉药品和精神药品都是本条规定的"毒品"的范畴。对于贩卖、走私、运输或非法持有大量的这类精神药品的行为，需要依法予以打击，但司法实践中，具体量刑时可以作为一个因素予以考虑。

第八节　组织、强迫、引诱、容留、介绍卖淫罪

第三百五十八条　【组织卖淫罪】【强迫卖淫罪】【协助组织卖淫罪】

组织、强迫他人卖淫的，处五年以上十年以下有期徒刑，并处罚金；情节严重的，处十年以上有期徒刑或者无期徒刑，并处罚金或者没收财产。

组织、强迫未成年人卖淫的，依照前款的规定从重处罚。

犯前两款罪，并有杀害、伤害、强奸、绑架等犯罪行为的，依照数罪并罚的规定处罚。

为组织卖淫的人招募、运送人员或者有其他协助组织他人卖淫行为的，处五年以下有期徒刑，并处罚金；情节严重的，处五年以上十年以下有期徒刑，并处罚金。

【条文精解】

本条是关于组织卖淫罪、强迫卖淫罪和协助组织卖淫罪及其刑事处罚的规定。

本条共分四款。本条第一款是关于组织、强迫他人卖淫的犯罪及刑事处罚的规定。"组织他人卖淫"，主要是指通过纠集、控制一些卖淫的人员进行卖淫，或者以雇用、招募、容留等手段，组织、诱骗他人卖淫，从中牟利的行为。组织他人卖淫的犯罪分子，实际上类似于旧社会开妓院的老鸨。组织他人卖淫罪，主要具有以下几个特征：第一，本罪的犯罪主体必须是卖淫活动的组织者，也就是那些开设卖淫场所的"老鸨"或者以其他方式组织他人卖淫的人，可以是几个人，也可以是一个人，关键要看其在卖淫活动中是否起组织者的作用。这里所说的组织者，有的是犯罪集团的首要分子，有的是临时纠合在一起进行组织卖淫活动的不法分子，有的是纠集、控制几个卖淫人员从事卖淫活动的个人。第二，行为人必须实施了组织卖淫的行为，至于其本人是否参与卖淫、嫖娼，并不影响本罪的构成。这里所说的"组织"，通常表现为以下两种形式：一是行为人设置卖淫场所，或者以发廊、旅店、饭店、按摩房、出租屋等为名设置变相卖淫场所，招募一些卖淫人员在此进行卖淫活动。二是行为人自己没有开设固定的场所，但组织、操纵他所控制的卖淫人员有组织地进行卖淫活动。例如，一些按摩院、发廊、酒店的老板，公然唆使服务人员同顾客到店外进行卖淫、嫖娼活动，从中收取钱财；或者以提供服务为名，向顾客提供各种名义的陪伴女郎，实际上是提供卖淫妇女进行卖淫活动。犯罪分子也会利用新技术的发展组织卖淫活动，当前通过手

机短信、网络、微信等新手段组织卖淫也成为组织卖淫的一种新的犯罪形式。无论以上哪种形式，行为人均构成组织他人卖淫罪。第三，组织他人卖淫罪是故意犯罪，行为人组织他人卖淫的行为必须是出于故意。第四，组织的对象必须是多人，而不是一个人，如果是一个人则不能构成组织他人卖淫罪。本条中所规定的"他人"，既包括妇女，也包括男性。

根据2017年7月21日最高人民法院、最高人民检察院发布的《关于办理组织、强迫、引诱、容留、介绍卖淫刑事案件适用法律若干问题的解释》的规定，以招募、雇佣、纠集等手段，管理或者控制他人卖淫，卖淫人数在三人以上的，应当认定为刑法第三百五十八条规定的组织他人卖淫，组织者是否设置固定的卖淫场所、组织卖淫者人数多少、规模大小，不影响组织卖淫行为的认定。组织他人卖淫，具有下列情形之一的，应当认定为刑法第三百五十八条第一款规定的"情节严重"：（1）卖淫人数累计达十人以上的；（2）卖淫人员中未成年人、孕妇、智障人员、患有严重性病人累计达五人以上的；（3）组织境外人员在境内卖淫或者组织境内人员出境卖淫的；（4）非法获利人民币一百万元以上的；（5）造成被组织卖淫的人自残、自杀或者其他严重后果的；（6）其他情节严重的情形。在组织卖淫犯罪活动中，对被组织卖淫的人有引诱、容留、介绍卖淫行为的，依照处罚较重的规定定罪处罚。但是，对被组织卖淫的人以外的其他人有引诱、容留、介绍卖淫行为的，应当分别定罪，实行数罪并罚。

"强迫他人卖淫"，主要是指行为人采取暴力、威胁或者其他手段，违背他人意志，迫使他人卖淫的行为。这里所说的"强迫"，既包括直接使用暴力手段或者以暴力相威胁，也包括使用其他非暴力的逼迫手段，如以揭发他人隐私或者以可能使他人的某种利害关系遭受损失相威胁，或者通过使用某种手段和方法，形成精神上的强制，违背自己的意愿从事卖淫活动。无论行为人采取哪一种强迫手段，都构成强迫他人卖淫罪。这里所规定的"他人"，既包括妇女，也包括男性。强迫的对象，既可以是没有卖淫习性的人，也可以是由于某种原因不愿继续卖淫的有卖淫恶习的人。根据本款规定，组织、强迫他人卖淫的，处五年以上十年以下有期徒刑，并处罚金；情节严重的，处十年以上有期徒刑或者无期徒刑，并处罚金或者没收财产。

根据2017年7月21日最高人民法院、最高人民检察院发布的《关于办理组织、强迫、引诱、容留、介绍卖淫刑事案件适用法律若干问题的解释》第六条的规定，强迫他人卖淫，具有下列情形之一的，应当认定为刑法第三百五十八条第一款规定的"情节严重"：（1）卖淫人员累计达五人以上的；

(2)卖淫人员中未成年人、孕妇、智障人员、患有严重性病的人累计达三人以上的;(3)强迫不满十四周岁的幼女卖淫的;(4)造成被强迫卖淫的人自残、自杀或者其他严重后果的;(5)其他情节严重的情形。行为人既有组织卖淫犯罪行为,又有强迫卖淫犯罪行为,且具有下列情形之一的,以组织、强迫卖淫"情节严重"论处:(1)组织卖淫、强迫卖淫行为中具有该解释第二条、本条前款规定的"情节严重"情形之一的;(2)卖淫人员累计达到组织卖淫"情节严重"人数标准的;(3)非法获利数额相加达到组织卖淫"情节严重"数额标准的。

本条第二款关于组织、强迫未成年人卖淫从重处罚的规定。"未成年人",是指不满十八周岁的人。未成年人正处在成长发育时期,强迫其从事卖淫活动,对其生理发育和身心健康无疑是极大的摧残,而且未成年人也缺少必要的自我保护意识和自我控制能力,特别容易受到侵害。因此,法律上必须给予特殊保护。根据本款规定,组织、强迫未成年人卖淫的,从重处罚。

本条第三款是关于犯组织卖淫罪、强迫卖淫罪又有其他相关犯罪行为应当如何处罚的规定。根据本款规定,犯前两款罪,并有杀害、伤害、强奸、绑架等犯罪行为的,依照数罪并罚的规定处罚。也就是说,如果组织、强迫他人卖淫的犯罪分子,同时又对被组织、强迫卖淫的人员实施了杀害、伤害、强奸、绑架等犯罪行为,应当分别按照组织卖淫罪、强迫卖淫罪、故意杀人罪、故意伤害罪、强奸罪、绑架罪等分别定罪判刑,然后再依照刑法总则第六十九条的规定实行数罪并罚。虽然组织卖淫罪和强迫卖淫罪的死刑取消了,但由于故意杀人罪、故意伤害罪、强奸罪、绑架罪等都规定了死刑,在组织卖淫、强迫卖淫的过程中有上述行为的,符合法定情形的,依法仍然能被判处死刑。

本条第四款是关于协助组织他人卖淫的犯罪及其刑罚的规定。"协助组织他人卖淫",是指为组织卖淫的人招募、运送人员或者有其他协助行为的。这里所规定的"招募",是指协助组织卖淫者招雇、招聘、募集人员;"运送",是指为组织卖淫者通过提供交通工具接送、输送所招募的人员的行为。为组织卖淫者招募、运送人员,在有的情况下,招募、运送者可能只拿到几百元、上千元的所谓"人头费""介绍费",但正是这些招募、运送行为,为卖淫场所输送了大量的卖淫人员,使这种非法活动得以发展延续。"其他协助组织他人卖淫行为",是指在组织他人卖淫的活动中,起协助、帮助作用的其他行为,如为"老鸨"充当保镖、打手,为组织卖淫活动看门望哨或者管帐等。协助组织他人卖淫和活动,也是组织他人卖淫活动的一个环节,但其行为的性质、所起的作用与组织卖淫者具有很大的不同。本条对为组织卖淫的人招募、运送人员或者有其他协助组织他人卖淫行为的犯罪行为单独规定了刑罚,在定罪时,对这种犯罪应作为一个独立的罪名予以认定。根据这一款的规定,协助组织他人卖淫的,即处五年以下有期徒刑,并处罚金;情节严重的,处五年以上十年以下有期徒刑,并处罚金。

2017年7月21日最高人民法院、最高人民检察院发布的《关于办理组织、强迫、引诱、容留、介绍卖淫刑事案件适用法律若干问题的解释》进一步明确,明知他人实施组织卖淫犯罪活动而为其招募、运送人员或者充当保镖、打手、管帐人等,依照刑法第三百五十八条第四款的规定,以协助组织卖淫罪定罪处罚,不以组织卖淫罪的从犯论处。在具有营业执照的会所、洗浴中心等经营场所担任保洁员、收银员、保安员等,从事一般服务性、劳务性工作,仅领取正常薪酬,且无上述协助组织卖淫行为的,不认定为协助组织卖淫罪。协助组织他人卖淫,具有下列情形之一的,应当认定为刑法第三百五十八条第四款规定的"情节严重":(1)招募、运送卖淫人员累计达十人以上的;(2)招募、运送的卖淫人员中未成年人、孕妇、智障人员、患有严重性病的人累计达五人以上的;(3)协助组织境外人员在境内卖淫或者协助组织境内人员出境卖淫的;(4)非法获利人民币五十万元以上的;(5)造成被招募、运送或者被组织卖淫的人自残、自杀或者其他严重后果的;(6)其他情节严重的情形。

【实践中需要注意的问题】

1. 关于卖淫的含义和范围问题。卖淫违法犯罪是一种有伤风化、违背社会主义道德、危害社会秩序的行为,与社会的正常价值观念存在强烈的冲突。随着时代和社会观念的变化,人们对卖淫的具体含义和范围也会产生一定的变化,卖淫行为的形式越来越多。实践中,传统的卖淫行为,是指女性为男性提供性交服务并收取财物的行为。但是随着社会的发展变迁,男性也存在为了获取物质利益而与不特定的女性发生性关系的现象。甚至出现一些男男、女女卖淫的情况。除了传统的双方性器官进入式的性交行为外,卖淫也可能采取肛交、口交等一方生殖器进入另一方体内的进入式活动,以及其他形式的卖淫活动。卖淫的本质是通过金钱交易满足对方性欲,对于卖淫行为的认定,应当结合大众的普遍理解以及公民的犯罪心理预期进行认定,并遵循罪刑法定原则。至于性行为采取什么方式,不影响对卖淫的认定。

2. 关于强迫卖淫罪与强奸罪的区分。组织卖淫犯罪行为中,有的卖淫人员是自愿的,但强迫卖淫行为则一定违背了他人的真实意愿。实践中,要注意区分好强迫卖淫罪与强奸罪。强迫卖淫行为应当是强迫被害人向他人卖淫,目的一般是营利、报复、泄愤等,采取暴力、威胁或者其他手段是为了扫除他人卖淫的意志障碍,对其进行精神强制,使其屈服,使不愿卖淫的人不得不"同意"卖淫,不敢不卖淫,被害人的意志是不自主的,但就被害人和嫖客的发生性行为的客观表现看,不存在反抗的问题,有时甚至表现得"积极主动"。而强奸罪则是以暴力、胁迫或者其他手段强奸妇女的行为,行为目的是满足自己的性欲望,被害妇女对性行为客观上则明显表现为不愿意。暴力、胁迫等行为的目的是直接针对妇女的反抗,为强行发生性行为扫清障碍。实践中,行为人若明知第三人有强奸被害人的意愿,仍为其提供协助,强迫被害人向第三人卖淫,应当对行为人和第三人以强奸罪的共同犯罪追究刑事责任。

3.关于对卖淫嫖娼人员的处理。刑法对一般的卖淫嫖娼人员,没有规定处罚。但对于这部分人员,根据治安管理处罚法第六十六条的规定,处十日以上十五日以下拘留,可以并处五千元以下罚款;情节较轻的,处五日以下拘留或者五百元以下罚款。值得一提的是,之前,根据全国人大常委会《关于严禁卖淫嫖娼的决定》第四条的规定,对卖淫、嫖娼的,可以由公安机关会同有关部门强制集中进行法律、道德教育和生产劳动,使之改掉恶习。国务院《卖淫嫖娼人员收容教育办法》规定,对卖淫、嫖娼人员,可以公安机关决定收容教育。这一办法将上述决定规定的强制集中教育和生产劳动作为收容教育的一部分。但根据2019年12月全国人大常委会《关于废止有关收容教育法律规定和制度的决定》,该决定第四条第二款、第四款的规定以及据此实行的收容教育制度于2019年12月29日被废止。废止收容教育制度后,收容教育不再实施,但卖淫、嫖娼行为仍然是治安管理处罚法明确规定的违法行为,应当依法给予治安处罚。

第三百五十九条 【引诱、容留、介绍卖淫罪】【引诱幼女卖淫罪】
引诱、容留、介绍他人卖淫的,处五年以下有期徒刑、拘役或者管制,并处罚金;情节严重的,处五年以上有期徒刑,并处罚金。
引诱不满十四周岁的幼女卖淫的,处五年以上有期徒刑,并处罚金。

【条文精解】

本条是关于引诱、容留、介绍卖淫罪,引诱幼女卖淫罪及其刑罚的规定。
本条共分两款。本条第一款是关于引诱、容留、介绍他人卖淫的犯罪及其刑事处罚的规定。"引诱"他人卖淫,是指行为人为了达到某种目的,以金钱诱惑或通过宣扬腐朽生活方式等手段，诱使没有卖淫习性的人从事卖淫活动的行为。"容留"他人卖淫，是指行为人故意为他人从事卖淫、嫖娼活动提供场所的行为。这里规定的"容留"既包括在自己所有的、管理的、使用的、经营的固定或者临时租借的场所容留卖淫、嫖娼人员从事卖淫、嫖娼活动，也包括在流动场所，如运输工具中容留他人卖淫、嫖娼。"介绍"他人卖淫，是指为卖淫人员与嫖客寻找对象，并在他们中间牵线搭桥的行为，即人们通常所说的"拉皮条"。另外，应当注意的是，本条规定的引诱、容留、介绍他人卖淫的犯罪规定，是一个罪名的选择性规定，这三种行为只要实施了其中一种行为，即可构成犯罪。在认定罪名的时候，根据其行为确定罪名。既引诱又容留并介绍卖淫的，定引诱、容留、介绍卖淫罪；行为人实施了引诱、容留、介绍行为的其中一种的，则可以分别定引诱卖淫罪、容留卖淫罪、介绍卖淫罪；实施其中两项行为的，定引诱、容留卖淫罪，引诱、介绍卖淫罪，容留、介绍卖淫罪。有两种或者三种行为的，也是一个罪名，一般不实行数罪并罚。根据2017年7月21日最高人民法院、最高人民检察院发布的《关于办理组织、强迫、引诱、容留、介绍卖淫刑事案件适用法律若干问题的解释》的规定，引诱、容留、介绍他人卖淫，具有下列情形之一的，应当依照刑法第三百五十九条第一款的规定定罪处罚：(1)引诱他人卖淫的；(2)容留、介绍二人以上卖淫的；(3)容留、介绍未成年人、孕妇、智障人员、患有严重性病的人卖淫的；(4)一年内曾因引诱、容留、介绍卖淫行为被行政处罚，又实施容留、介绍卖淫行为的；(5)非法获利人民币一万元以上的。利用信息网络发布招嫖违法信息，情节严重的，依照刑法第二百八十七条之一的规定，以非法利用信息网络罪定罪处罚。同时构成介绍卖淫罪的，依照处罚较重的规定定罪处罚。引诱、容留、介绍他人卖淫是否以营利为目的，不影响犯罪的成立。引诱、容留、介绍他人卖淫，具有下列情形之一的，应当认定为刑法第三百五十九条第一款规定的"情节严重"：(1)引诱五人以上或者引诱、容留、介绍十人以上卖淫的；(2)引诱三人以上的未成年人、孕妇、智障人员、患有严重性病的人卖淫，或者引诱、容留、介绍五人以上该类人员卖淫的；(3)非法获利人民币五万元以上的；(4)其他情节严重的情形。

　　本条第二款是对引诱不满十四周岁的幼女卖淫的处罚规定。不满十四周岁的幼女，正处在心理和生理上的发育时期，且缺少必要的自我保护意识和自我控制的能力，特别容易受到侵害，是法律重点保护的对象，因此本条规定了比引诱妇女卖淫罪更重的刑罚。另外，实践中还发现，有的容留妇女卖淫的犯罪分子未直接引诱幼女卖淫，也未与引诱幼女卖淫的犯罪分子事前通谋，而是他人将幼女带到容留妇女卖淫的窝点，交给容留妇女卖淫的犯罪分子，由容留妇女卖淫的犯罪分子将幼女接收下来容留其卖淫。对于这种情况应当以容留他人卖淫罪定罪处罚。

【实践中需要注意的问题】

1.引诱、容留、介绍卖淫行为，没有达到本罪入罪门槛，不构成犯罪的，应当依法给予治安管理处罚。根据治安管理处罚法第六十七条的规定，引诱、容留、介绍他人卖淫的，处十日以上十五日以下拘留，可以并处五千元以下罚款；情节较轻的，处五日以下拘留或者五百元以下罚款。

2.实践中存在行为人既引诱、容留、介绍成年人卖淫，又引诱未成年人卖淫的情况。这种情况，行为人分别触犯了本条第一款、第二款的规定，实际上实施了两个不同的犯罪，应当依照引诱卖淫罪和引诱幼女卖淫罪分别定罪并进行数罪并罚。

3.实践中可能存在组织卖淫活动并有引诱、容留、介绍卖淫行为的定罪问题。一种情况是对被组织卖淫的人有引诱、容留、介绍卖淫行为的，可以依照处罚较重的规定定罪处罚。一般情况下，组织卖淫罪的处罚重于引诱、容留、介绍卖淫罪。但引诱的对象是不满十四周岁的幼女时，则存在引诱幼女卖淫罪所处的刑罚可能重于组织卖淫罪的刑罚。根据刑法第三百五十八条的规定，组织卖淫行为未达到情节严重的情况时，其法定刑为五年以上十年以下有期徒刑，并处罚金，而本条第二款规定的引诱幼女卖淫罪的法定刑为五年以上有期徒刑，并处罚金。此时，引诱幼女卖淫罪的刑罚要重于组织卖淫罪，应依照引诱幼女卖淫罪定罪处罚，并可以根据犯罪情节判处十年以上有期徒刑。如果组织卖淫犯罪达到情节严重时，应当以组织卖淫罪定罪处罚。如果是对被组织卖淫者以外的其他人实施引诱、容留、介绍卖淫行为的，则应当分别定罪，实行数罪并罚。

第三百六十条 【传播性病罪】
明知自己患有梅毒、淋病等严重性病卖淫、嫖娼的，处五年以下有期徒刑、拘役或者管制，并处罚金。

【条文精解】

本条是关于传播性病罪及其处罚的规定。

本条的规定包含三层意思：第一，行为人必须是患有梅毒、淋病等严重性病的。这里所称的"性病"，亦称为"性传染疾病"，过去被称为"花柳病"，主要通过性接触、性行为传播的疾病，包括艾滋病、梅毒、淋病、软下疳、性病性淋巴肉芽肿、生殖道沙眼衣原体感染、尖锐湿疣、生殖器疱疹、腹股沟肉芽肿、生殖器念珠菌病、阴道毛滴虫病、细菌性阴道病、阴虱病等。"严重性病"，主要是指对人体健康危害较重或者传染性较强，发病率较高的性病。本条列举了梅毒、淋病两种严重性病，至于其他严重性病，未作明确规定。在司法实践中，司法机关应在传染病防治法中规定的性病和国家卫生健康委规定实行性病监测的性病范围内，依照其危害、特点与梅毒、淋病相当的原则，从严掌握不能将普通性病都作为严重性病，防止扩大打击面。

第二，行为人主观上必须是"明知"，即行为人清楚地知道自己患有严重性病，从事卖淫、嫖娼活动会造成性病被传播的后果，希望并积极促使性病传播的后果，或者放任这种危害后果的发生。如果行为人不明知自己患有严重性病，即便实施了卖淫、嫖娼行为，也不构成犯罪。"明知"在这里是划分罪与非罪的主要界限。根据 2017 年 7 月 21 日最高人民法院、最高人民检察院发布的《关于办理组织、强迫、引诱、容留、介绍卖淫刑事案件适用法律若干问题的解释》的规定，具有下列情形之一的，应当认定为刑法第三百六十条规定的"明知"：（一）有证据证明曾到医院或者其他医疗机构就医或者检查，被诊断为患有严重性病的；（二）根据本人的知识和经验，能够知道自己患有严重性病的；（三）通过其他方法能够证明行为人是"明知"的，如行为人的朋友曾告诉过行为人其病症极有可能是严重性病而其本人也真的怀疑过自己是患上性病的，或行为人曾告诉过别人自己患有严重性病的；等等。

第三，行为人实施了卖淫、嫖娼的行为。这里的"卖淫"，是指以获取金钱、财物为目的而将自己的肉体提供给他人以淫乱的行为。"嫖娼"，是指以支付报酬为代价与卖淫者发生性交的行为。这里的卖淫、嫖娼行为不仅限于性交方式，还包括肛交、口交或者其他与性接触有关的行为。关于卖淫的含义和范围问题，在本法第三百五十八条组织、强迫卖淫罪的释义中已有详细说明。

值得注意的是，传播性病行为是否实际造成他人患上严重性病的后果，不影响本罪的成立。同时，明知自己患有艾滋病或者感染艾滋病病毒而卖淫、嫖娼的，应当依照本条规定，以传播性病罪定罪，从重处罚。根据最高人民法院、最高人民检察院《关于办理组织、强迫、引诱、容留、介绍卖淫刑事案件适用法律若干问题的解释》的规定，具有下列情形之一，致使他人感染艾滋病病毒的，认定为刑法第九十五条第三项"其他对于人身健康有重大伤害"所指的"重伤",依照刑法第二百三十四条第二款的规定,以故意伤害罪定罪处罚:(1)明知自己感染艾滋病病毒而卖淫、嫖娼的;(2)明知自己感染艾滋病病毒,故意不采取防范措施而与他人发生性关系的。

根据本条规定,犯本罪的,处五年以下有期徒刑、拘役或者管制,并处罚金。

【实践中需要注意的问题】

值得一提的是,关于对卖淫、嫖娼人员的性病检查和治疗问题,之前,根据全国人大常委会《关于严禁卖淫嫖娼的决定》第四条第四款的规定,对卖淫、嫖娼的,一律强制进行性病检查。对患有性病的,进行强制治疗。国务院《卖淫嫖娼人员收容教育办法》规定,对卖淫、嫖娼人员,可以公安机关决定收容教育,这一办法将上述决定规定的强制性病检查和治疗作为收容教育的一部分内容。但根据2019年12月全国人大常委会《关于废止有关收容教育法律规定和制度的决定》,该决定第四条第二款、第四款的规定以及据此实行的收容教育制度于2019年12月29日被废止。

第三百六十一条 【旅馆业、饮食服务业等单位组织、强迫、引诱、容留、介绍卖淫的处罚规定】

旅馆业、饮食服务业、文化娱乐业、出租汽车业等单位的人员,利用本单位的条件,组织、强迫、引诱、容留、介绍他人卖淫的,依照本法第三百五十八条、第三百五十九条的规定定罪处罚。

前款所列单位的主要负责人,犯前款罪的,从重处罚。

【条文精解】

本条是关于对公共服务娱乐业从业人员组织、强迫、引诱、容留、介绍他人卖淫的处刑的规定。

本条共分两款。本条第一款是关于旅馆业、饮食服务业、文化娱乐业、出租汽车业等单位的人员,利用本单位的条件,组织、强迫、引诱、容留、介绍他人卖淫的处刑规定。本款所说的"旅馆业",是指接待旅客住宿的旅馆、饭店、宾馆、招待所、客货栈、车马店、浴池等。根据《旅馆业治安管理办法》的规定,旅馆业包括国营、集体、个体经营的,合伙经营的,中外合资、中外合作经营的和外国独资经营的;既包括专营的,也包括兼营的;

既包括常年经营的，也包括季节性临时经营的。"饮食服务业"包括"饮食业"和"服务业"两个行业。"饮食业"包括餐厅、饭馆、酒吧、咖啡厅等。"服务业"，是指利用一定的设备、工具，提供劳动或物品，为社会生活服务的行业，包括发廊、按摩院、美容院、浴池等。"文化娱乐业"，是指提供场所、设备、服务，以供群众娱乐的行业，如歌厅、舞厅、音乐茶座、夜总会、影剧院等。"出租汽车业"，是指出租汽车服务的行业。"旅馆业、饮食服务业、文化娱乐业、出租汽车业等单位的人员"，是指这些单位的所有职工。"利用本单位的条件"，是指利用本单位的一切设备、设施，如汽车等交通工具，房屋等建筑设施，房内各项设施以及电话等通信设施，也包括利用单位提供的其他工作条件而形成的便利。对这些单位的人员，利用本单位的条件，从事组织、强迫、引诱、容留、介绍他人卖淫的，根据本条规定，分别依照刑法关于组织他人卖淫、强迫他人卖淫罪或者引诱、容留、介绍他人卖淫罪的规定定罪处刑。

本条第二款是关于第一款规定的单位的主要负责人，利用本单位的条件，组织、强迫、引诱、容留、介绍他人卖淫的从重处罚规定。本款所说的"主要负责人"是指经理、副经理等负责人。作为单位的主要负责人，有义务自觉遵守国家法律规定，应当合法经营。如果对发生在本单位的卖淫、嫖娼活动，不但不采取措施制止，协助有关部门查禁，反而利用本单位的条件，实施组织卖淫等犯罪活动，这种行为不仅直接破坏社会管理秩序，妨害社会治安，而且还严重影响单位的声誉，破坏单位的正常经营管理活动，甚至使自己主管的单位成为藏污纳垢的色情场所，影响十分恶劣，必须严厉打击。为此，本款将这些单位的主要负责人，利用本单位的条件，组织、强迫、引诱、容留、介绍他人卖淫的，作为法定从重情节处罚。

第三百六十二条 【查处卖淫、嫖娼活动中通风报信的处罚规定】
旅馆业、饮食服务业、文化娱乐业、出租汽车业等单位的人员，在公安机关查处卖淫、嫖娼活动时，为违法犯罪分子通风报信，情节严重的，依照本法第三百一十条的规定定罪处罚。

【条文精解】

本条是关于对公共服务娱乐业从业人员为违法犯罪分子通风报信的处刑规定。本条规定的旅馆业、饮食服务业、文化娱乐业、出租汽车业等单位的人员,指的是这些单位的全体工作人员,包括这些单位的负责人和职工。"为违法犯罪分子通风报信",是指在公安机关依法查处卖淫、嫖娼活动时,将行动地点、时间、对象等情况以及其他有关的消息告知组织、强迫、引诱、容留、介绍他人卖淫以及卖淫、嫖娼的违法犯罪分子。这里所说的"在公安机关依法查处卖淫、嫖娼活动时",是指在公安机关依法查处的全过程中的任何阶段,既包括查处卖淫、嫖娼活动的部署阶段,也包括实施阶段。无论在哪个阶段向违法犯罪分子通风报信,以使他们及时隐藏、逃避查处的行为都应按本条的规定处罚。而不能仅仅理解为具体实施查处行动的时刻。另外,"通风报信"包括各种传递消息的方法和手段,如打电话、发送短信息、传呼信号和事先规定的各种联系暗号等。根据本条规定,对在公安机关查处卖淫、嫖娼活动时,为违法犯罪分子通风报信,情节严重的,依照刑法第三百一十条的规定定罪处罚,即依照包庇罪的规定定罪处罚。

"情节严重"是划分罪与非罪的一个重要界限,主要是指严重干扰对卖淫嫖娼活动的惩处或者具有其他恶劣情节的情形。根据2017年7月21日最高人民法院、最高人民检察院发布的《关于办理组织、强迫、引诱、容留、介绍卖淫刑事案件适用法律若干问题的解释》的规定,具有下列情形之一的,应当认定为刑法第三百六十二条规定的"情节严重":(1)向组织、强迫卖淫犯罪集团通风报信的;(2)二年内通风报信三次以上的;(3)一年内因通风报信被行政处罚,又实施通风报信行为的;(4)致使犯罪集团的首要分子或者其他共同犯罪的主犯未能及时归案的;(5)造成卖淫嫖娼人员逃跑,致使公安机关查处犯罪行为因取证困难而撤销刑事案件的;(6)非法获利人民币一万元以上的;(7)其他情节严重的情形。

【实践中需要注意的问题】

1. 本条是按照窝藏、包庇罪定罪处理的一种特殊规定。构成本罪不需要具备第三百一十条规定的窝藏、包庇罪的构成要件。与窝藏、包庇罪的规定相比较,本条规定的构成要件有以下两点不同:一是窝藏、包庇罪规定了窝藏犯罪分子和作假证明包庇的行为,本条规定的是为违法犯罪分子通风报信行为;二是扩大了窝藏、包庇对象的范围。窝藏、包庇罪的对象仅限于犯罪分子,本条规定的是违法犯罪分子。违法人员包括不构成犯罪的卖淫、嫖娼人员和引诱、容留、介绍他人卖淫,情节显著轻微,不构成犯罪的人员。也就是说构成本罪不以卖淫嫖娼活动构成犯罪为前提条件,卖淫嫖娼活动仅构成违法不影响本罪的成立。窝藏、包庇罪是选择性罪名,根据最高人民法院、最高人民检察院

《关于办理组织、强迫、引诱、容留、介绍卖淫刑事案件适用法律若干问题的解释》的有关规定，对本条规定的行为，情节严重的，以包庇罪定罪处罚。

2. 对于在犯罪分子实施本节规定的犯罪之前或者过程中，与其通谋，进行通风报信的，应当以共同犯罪论处。司法实践中要避免将事前通谋的通风报信行为，作为包庇罪进行处罚。

3. 对于尚不构成犯罪的通风报信行为，应当依法给予治安处罚。我国治安管理处罚法第七十四条规定，旅馆业、饮食服务业、文化娱乐业、出租汽车业等单位的人员，在公安机关查处吸毒、赌博、卖淫、嫖娼活动时，为违法犯罪行为人通风报信的，处十日以上十五日以下拘留。

第九节　制作、贩卖、传播淫秽物品罪

第三百六十三条　【制作、复制、出版、贩卖、传播淫秽物品牟利罪】【为他人提供书号出版淫秽书刊罪】

以牟利为目的，制作、复制、出版、贩卖、传播淫秽物品的，处三年以下有期徒刑、拘役或者管制，并处罚金；情节严重的，处三年以上十年以下有期徒刑，并处罚金；情节特别严重的，处十年以上有期徒刑或者无期徒刑，并处罚金或者没收财产。

为他人提供书号，出版淫秽书刊的，处三年以下有期徒刑、拘役或者管制，并处或者单处罚金；明知他人用于出版淫秽书刊而提供书号的，依照前款的规定处罚。

【条文精解】

本条是关于制作、复制、出版、贩卖、传播淫秽物品牟利罪和为他人提供书号出版淫秽书刊罪及其处罚的规定。

本条共分两款。第一款是关于以牟利为目的，制作、复制、出版、贩卖、传播淫秽物品的犯罪和处罚的规定。构成本罪应当具备以下条件：第一，主观上必须是故意的，并且具有以牟利为目的。所谓"以牟利为目的"，是指行为人实施制作、复制、出版、贩卖、传播淫秽物品的行为，必须出于谋取利益的目的，包括谋取一定的货币和财物，也包括谋取其他物质利益，包括因此减少的货币支出或者财物的减损，如服务等。如果行为人是出于教学、医学、科研、文学、艺术等正当目的，合理使用有关性行为、性体验、性技巧

的书刊、图片、影视作品、音视频软件、医学或教学器具等，即使获取一定的利益，也不能构成本罪。第二，行为人实施了制作、复制、出版、贩卖、传播的行为。这里所说的"制作"，是指生产、录制、编写、译著、绘画、印刷、刻印、摄制、洗印等行为。"复制"，是指通过翻印、翻拍、复印、复写、复录、抄写、拓印、临摹等方式对已有的淫秽物品进行伪造或者重复制作的行为。"出版"，是指编辑、印刷出版发行淫秽物品的行为。"贩卖"，是指销售淫秽物品的行为，包括发行、批发、零售、倒卖等。"传播"，是指通过播放、出租、出借、承运、邮寄等方式致使淫秽物品流传的行为。行为人只要以牟利为目的，实施了"制作、复制、出版、贩卖、传播"这五种行为之一的，即构成本罪。第三，制作、复制、出版、贩卖、传播的对象是淫秽物品。这里所说的"淫秽物品"，根据本法第三百六十七条的规定，是指具体描绘性行为或者露骨宣扬色情的诲淫性的书刊、影片、录像带、录音带、图片及其他淫秽物品；有关人体生理、医学知识的科学著作不是淫秽物品；包含有色情内容的有艺术价值的文学、艺术作品不视为淫秽物品。

随着互联网应用的普及，利用互联网从事有关淫秽物品违法犯罪活动的情况变得比较突出。对此，也应当按照刑法和有关法律的规定予以打击。全国人民代表大会常务委员会《关于维护互联网安全的决定》第三条第五项规定，在互联网上建立淫秽网站、网页，提供淫秽站点链接服务，或者传播淫秽书刊、影片、音像、图片，构成犯罪的，依照刑法有关规定追究刑事责任。为此，最高人民法院、最高人民检察院、公安部《关于依法开展打击淫秽色情网站专项行动有关工作的通知》，进一步明确要严格按照刑法、全国人民代表大会常务委员会《关于维护互联网安全的决定》和有关司法解释的规定，对于利用互联网从事有关淫秽物品的犯罪活动的，应当根据其具体实施的行为，分别以制作、复制、出版、贩卖、传播淫秽物品牟利罪、传播淫秽物品罪、组织播放淫秽音像制品罪及刑法规定的其他有关罪名，依法追究刑事责任。2004年和2010年最高人民法院、最高人民检察院《关于办理利用互联网、移动通讯终端、声讯台制作、复制、出版、贩卖、传播淫秽电子信息刑事案件具体应用法律若干问题的解释（一）》《关于办理利用互联网、移动通讯终端、声讯台制作、复制、出版、贩卖、传播淫秽电子信息刑事案件具体应用法律若干问题的解释（二）》明确规定，利用互联网、移动通讯终端、声讯台制作、复制、出版、贩卖、传播淫秽电子信息的犯罪适用刑法第三百六十三条、第三百六十四条、第三百六十七条的有关规定定罪处罚。2017年最高人民法院、最高人民检察院《关于利用网络云盘制作、复制、贩卖、传播淫秽电子信息牟利行为定罪量刑问题的批复》进一步明确，对于以牟利为目的，利用网络云盘制作、复制、贩卖、传播淫秽电子信息的行为，是否应当追究刑事责任，适用刑法及上述司法解释的有关规定。

第一款根据制作、复制、出版、贩卖、传播淫秽物品的不同情节规定了三个不同档次的刑罚，犯本罪的，处三年以下有期徒刑、拘役或者管制，并处罚金；情节严重的，处三年以上十年以下有期徒刑，并处罚金；情节特别严重的，处十年以上有期徒刑或者无期徒刑，并处罚金或者没收财产。区别"一般情节""情节严重""情节特别严重"主要应当根据行为人制作、复制、出版、贩卖、传播淫秽物品的数量、次数、造成的影响以及在犯罪中所起的作用而定。最高人民法院《关于审理非法出版物刑事案件具体应用法律若干问题的解释》，对构成制作、复制、出版、贩卖、传播淫秽物品牟利罪、为他人提供书号、刊号出版淫秽书刊罪的"情节严重""情节特别严重"的情况，作了具体的解释。具体内容如下：(1)以牟利为目的，实施刑法第三百六十三条第一款规定的行为，具有下列情形之一的，以制作、复制、出版、贩卖、传播淫秽物品牟利罪定罪处罚：①制作、复制、出版淫秽影碟、软件、录像带五十至一百张（盒）以上，淫秽音碟、录音带一百至二百张（盒）以上，淫秽扑克、书刊、画册一百至二百副（册）以上，淫秽照片、画片五百至一千张以上的；②贩卖淫秽影碟、软件、录像带一百至二百张（盒）以上，淫秽音碟、录音带二百至四百张（盒）以上，淫秽扑克、书刊、画册二百至四百副（册）以上，淫秽照片、画片一千至二千张以上的；③向他人传播淫秽物品达二百至五百人次以上，或者组织播放淫秽影、像达十至二十场次以上的；④制作、复制、出版、贩卖、传播淫秽物品，获利五千元至一万元以上的。根据本款规定，有上述行为之一的，处三年以下有期徒刑、拘役或者管制，并处罚金。(2)以牟利为目的，实施刑法第三百六十三条第一款规定的行为，具有下列情形之一的应当认定为制作、复制、出版、贩卖、传播淫秽物品牟利罪"情节严重"：①制作、复制、出版淫秽影碟、软件、录像带二百五十至五百张（盒）以上，淫秽音碟、录音带五百至一千张（盒）以上，淫秽扑克、书刊、画册五百至一千副（册）以上，淫秽照片、画片二千五百至五千张以上的；②贩卖淫秽影碟、软件、录像带五百至一千张（盒）以上，淫秽音碟、录音带一千至二千张（盒）以上，淫秽扑克、书刊、画册一千至二千副（册）以上，淫秽照片、画片五千至一万张以上的；③向他人传播淫秽物品达一千至二千人次以上，或者组织播放淫秽影、像达五十至一百场次以上的；④制作、复制、出版、贩卖、传播淫秽物品，获利三万至五万元以上的。根据本款规定，有上述行为之一的,处三年以上十年以下有期徒刑,并处罚金。(3)以牟利为目的,实施刑法第三百六十三条第一款规定的行为,其数量(数额)达到前款(情节严重情形)规定的数量(数额)五倍以上的,应当认定为制作、复制、出版、贩卖、传播淫秽物品牟利罪"情节特别严重"。根据本款规定,对有上述行为之一的,处十年以上有期徒刑或者无期徒刑,并处罚金或者没收财产。

此外,最高人民法院、最高人民检察院《关于利用网络云盘制作、复制、贩卖、传播淫秽电子信息牟利行为定罪量刑问题的批复》规定,对于以牟利为目的,利用网络云盘制作、复制、贩卖、传播淫秽电子信息的行为,在追究刑事责任时,鉴于网络云盘的特点,不应单纯考虑制作、复制、贩卖、传播淫秽电子信息的数量,还应充分考虑传播范围、违法所得、行为人一贯表现以及淫秽电子信息、传播对象是否涉及未成年人等情节,综合评估社会危害性,恰当裁量刑罚,确保罪责刑相适应。

本条第二款是关于为他人提供书号出版淫秽书刊的犯罪和处罚的规定。根据实际情况,本款规定了以下两种犯罪行为:第一,为他人提供书号,出版淫秽书刊的。这里所说的"为他人提供书号",是指违反国家关于书号管理的各种规定,向单位和个人提供书号的行为。"提供"既包括有偿提供,如出卖书号,也包括无偿提供。"书号"是国家为了对图书出版进行管理而设置的,从某种意义上讲,相当于图书出版的许可证,没有书号,就不能出版图书。依照国家的有关规定,书号只能由出版机构自己使用,只有在协作出版的情况下,才允许出版机构将书号提供给协作的有关单位。根据国务院《出版管理条例》第二十一条第一款规定,出版单位不得向任何单位或者个人出售或者以其他形式转让本单位的名称、书号、刊号或者版号、版面,并不得出租本单位的名称、刊号。因此,这里所说的"书号"包括书号、刊号、版号等。"出版淫秽书刊",是指违反国家规定,非法向他人提供书号,造成了淫秽书刊出版的后果。本罪主要有以下特征:(1)本罪的犯罪主体,可以是个人,也可以是单位。(2)行为人必须是违反国家关于出版方面的规定,实施了向他人(包括个人和单位)提供书号的行为。(3)这一行为,必须造成淫秽书刊出版的后果。(4)行为人在提供书号时,并不明知该书号将被用于出版淫秽书刊,即主观上对造成淫秽书刊出版的后果不具有直接故意,性质上与直接制作、出版淫秽书刊存在不同,因此在刑罚设置上,也与故意出版淫秽书刊的行为进行了区别,规定为独立的罪名和刑罚。第二,明知他人用于出版淫秽书刊而提供书号的。这里所说的"明知",是指行为人明知其所提供的书号将被用于出版淫秽书刊，而仍然违反规定向他人提供的行为。也就是说，行为人同淫秽书刊出版人对出版淫秽书刊具有共同的故意。根据刑法关于共犯的规定，这种行为实际上就是出版淫秽书刊的故意行为。因此，本款规定，明知他人用于出版淫秽书刊而提供书号的，依照出版淫秽书刊罪的规定处罚，而不能按为他人提供书号、出版淫秽书刊罪处罚。需要注意的是，本条第一款虽然规定了以牟利为目的，但本款规定的明知他人用于出版淫秽书刊而提供书号的，并不需要以牟利为目的，只要是明知他人用于出版淫秽书刊，而实施提供书号的行为，就应当依照刑法第三百六十三条第一款的规定，以出版淫秽物品牟利罪定罪处罚。

【实践中需要注意的问题】

1. 根据本条第一款的规定，制作、复制、出版、贩卖、传播淫秽物品罪要求行为人主观上有牟利的目的，对不是以牟利为目的的，如制作、复制淫秽音像制品供自己观看的，可以予以批评教育或者治安处罚，不作为犯罪处理。但是，如果有传播淫秽物品的行为，则要视情节而定，对情节严重的，应当依照刑法第三百六十四条的规定，以传播淫秽物品罪定罪处罚。

2. 根据本条第二款规定，行为人实施了向他人提供书号，出版淫秽书刊的行为，他人应当是将淫秽书刊印刷成书，并发行到社会上，如果他人并没有利用其提供的书号出版淫秽书刊，或者在出版过程中因某种原因而停止，未将书刊发行到社会上，或者是从其他地方得到的书号出版的淫秽书刊，一般情况下对行为人不能以本罪追究刑事责任。

3. 网络服务提供者是否构成传播淫秽物品牟利罪。互联网信息技术的飞速发展极大丰富了人们的文化生活，但网络淫秽色情行业也"大行其道"，不断变换着传播的方式和传染渠道，毒害人们思想，损害社会风气，诱发性犯罪或其他犯罪。实践中，一些网络服务提供者不履行法律、行政法规规定的信息网络安全管理义务，导致淫秽音像制作、音视频软件等在网络上大量传播，危害网络的健康发展。如何确定网络服务提供者的责任，需要根据具体的案件情况，如果网络服务提供者与淫秽物品的制作者、传播者串通，故意在网络上传播淫秽的书刊、音像制品、音视频软件等，则属于制作、复制、出版、贩卖、传播淫秽物品牟利罪的共犯，应当依照该罪定罪处罚；如果网络服务提供者只是明知是淫秽色情内容而放任在其服务平台上传播，且经监管部门责令采取改正措施而拒不改正的，如通过其删除、阻断等而未采取措施的，则应当依照刑法第二百八十六条之一拒不履行信息网络安全管理义务罪定罪处罚。

第三百六十四条 【传播淫秽物品罪】【组织播放淫秽音像制品罪】

传播淫秽的书刊、影片、音像、图片或者其他淫秽物品,情节严重的,处二年以下有期徒刑、拘役或者管制。

组织播放淫秽的电影、录像等音像制品的,处三年以下有期徒刑、拘役或者管制,并处罚金;情节严重的,处三年以上十年以下有期徒刑,并处罚金。

制作、复制淫秽的电影、录像等音像制品组织播放的,依照第二款的规定从重处罚。

向不满十八周岁的未成年人传播淫秽物品的,从重处罚。

【条文精解】

本条是关于传播淫秽物品,组织播放淫秽音像制品的犯罪及其处刑的规定。

本条共分四款。第一款是关于传播淫秽物品罪的规定。根据本款规定,构成本罪应当具备以下条件:第一,行为人实施了传播淫秽物品的行为。这里所说的"传播",是指在公共场所或者公众之中进行传播,主要是指通过播放、发表、传阅、出借、出租、展示、赠送、讲解、邮寄以及利用互联网等方式散布、流传淫秽物品的行为。传播是在一定范围内进行的,被传播的内容往往从一点向多点放射性扩散,由一人或少数人知悉转而为更大范围的人群知悉,这种传播行为可以是在公共场合公开进行,也可以是在私下进行,如果只是私下里自己观看,则不属于传播。第二,行为人传播的是淫秽物品,即传播淫秽的图书、报纸、刊物、画册、图片、影片、录像带、录音带、激光唱盘、激光视盘、载有淫秽内容的文化娱乐品等淫秽物品。传播的内容既可以是淫秽物品中的淫秽内容,也可以是包含有淫秽内容的淫秽物品这个载体。第三,必须达到"情节严重"才构成本罪,"情节严重"是区分罪与非罪的界限。这里所说的"情节严重",主要是指多次、经常性地在社会上传播淫秽物品;所传播的淫秽物品数量较大;或者虽然传播淫秽物品数量不大、次数不多,但被传播对象人数众多;造成的后果严重等。根据最高人民法院《关于审理非法出版物刑事案件具体应用法律若干问题的解释》第十条第一款规定,向他人传播淫秽的书刊、影片、音像、图片等出版物达三百至六百人次以上或者造成恶劣社会影响的,属于"情节严重"。最高人民法院、最高人民检察院《关于办理利用互联网、移动通讯终端、声讯台制作、复制、出版、贩卖、传播淫秽电子信息刑事案件具体应用法律若干问题的解释(二)》第三条规定,利用互联网建立主要用于传播淫秽电子信息的群组,成员达三十人以上或者造成严重后果的，对建立者、管理者和主要传播者，依照刑法第三百六十四条第一款的规定，以传播淫秽物品罪定罪处罚。根据本款规定，传播淫秽的书刊、影片、音像、图片或者其他淫秽物品，情节严重的，处二年以下有期徒刑、拘役或者管制。

第二款是关于组织播放淫秽音像制品罪的规定。根据本款规定，构成本罪应当具备以下条件：第一，本罪规定的是组织犯，主要是惩治"组织播放"者，构成本罪的主体一般仅限于那些组织、策划、指挥播放和亲自操作播放的人员，对于向个别人播放或者仅仅参与观看等行为，则不构成本罪，不能按本款规定处罚，这是区分罪与非罪的界限。第二，行为人实施了组织播放淫秽的电影、录像等音像制品的行为。这里所说的"组织播放"，是指召集多人或者在互联网上播放淫秽电影、录像等音像制品的行为。播放淫秽音像制品，实质上也是一种传播淫秽物品的方式，鉴于这种行为在传播淫秽物品的各项活动中比较突出，且危害也比较严重，为了明确这种行为的法律责任，以利于打击这种犯罪活动，本款将这种行为规定为一个独立的罪名。这里所说的"音像制品"，除了淫秽的电影、录像外，还包括淫秽的幻灯片、录音带、激光唱片、激光视盘、网络音视频等。本款对组织播放淫秽的音像制品的犯罪行为，根据不同情节，分别规定了两个处罚档次：犯本罪的，处三年以下有期徒刑、拘役或者管制，并处罚金。根据最高人民法院《关于审理非法出版物刑事案件具体应用法律若干问题的解释》第十条第二款规定，组织播放淫秽的电影、录像等音像制品达十五至三十场次以上或者造成恶劣社会影响的，依照刑法第三百六十四条第二款的规定，以组织播放淫秽音像制品罪定罪处罚。对情节严重的，处三年以上十年以下有期徒刑，并处罚金。

第三款是关于对制作、复制淫秽的音像制品，又组织播放的从重处罚的规定。根据本款规定，行为人既实施了制作、复制淫秽的电影、录像等音像制品的行为，又实施了组织播放淫秽的电影、录像等音像制品的行为，应当按照组织播放音像制品罪的规定从重处罚。"从重"，是指根据行为人所犯的罪行的具体情节在本条第二款所规定的相应的量刑幅度内判处较重的刑罚。

第四款是关于向不满十八周岁的未成年人传播淫秽物品从重处罚的规定。未成年人是需要在法律上特殊保护的群体，由于未成年人认识能力受到年龄的限制，对淫秽物品的性质和危害性往往缺乏正确的认识，向未成年人传播淫秽物品，会导致未成年人形成错误的世界观人生观，甚至诱发未成年人实施违法犯罪行为，社会危害性更为严重，因此，对引诱、教唆以及对未成年人实施的犯罪行为，必须予以严厉打击，这是立法和司法实践中一贯坚持的。

因此，本款规定，向不满十八周岁的未成年人传播淫秽物品的，从重处罚。这也与国际上的做法是衔接的。比如，有的国家刑法专门将向未成年人传播淫秽物品的行为单独规定为犯罪，如联邦德国刑法规定，对向儿童展示猥亵性图画、模型或者开放猥亵性录音及其他传播猥亵性书籍的行为，处一年以下监禁或并科罚金；美国纽约州刑法规定，有意向未成年人传播淫秽物品的，处不定期刑4年以下监禁。

【实践中需要注意的问题】

1. 如何区分传播淫秽物品罪与传播淫秽物品牟利罪的界限。这两个罪的行为人都实施了传播淫秽物品的行为，但两罪还是存在区别：一是主观目的不同。行为人传播淫秽物品不是以牟利为目的，则构成传播淫秽物品罪。如果行为人"以牟利为目的"实施传播淫秽物品的行为，则构成传播淫秽物品牟利罪，依照本法第三百六十三条的规定定罪处罚。二是情节要求不同。只有"情节严重的"传播淫秽物品的行为，才能构成传播淫秽物品罪；而本法第三百六十三条规定的传播淫秽物品牟利罪，并未要求达到情节严重，情节严重只是作为第二档处刑的条件。

2. 如何区分组织播放淫秽音像制品罪与传播淫秽物品罪的界限。组织播放淫秽音像制品实质上也是传播淫秽物品的一种形式，只是因为其具有更严重的社会危害性，单独规定为犯罪。两罪之间的主要区别：一是传播的内容不同。组织播放淫秽音像制品罪是直接播放淫秽的内容；而传播淫秽物品罪既可以传播淫秽的内容也可以传播含有淫秽内容的载体。二是客观方面表现不同。组织播放淫秽音像制品罪必须有召集多人观看、收听的行为；而传播淫秽物品罪并没有这一要求，如果行为人在公开的场合自己观看没有组织他人，导致他人围观，也有可能构成传播淫秽物品罪。三是情节要求不同。传播淫秽物品罪必须要达到"情节严重的"条件，才构成犯罪；而组织播放淫秽音像制品罪没有这一限制，情节严重只是作为第二档处刑的条件。

第三百六十五条 【组织淫秽表演罪】

组织进行淫秽表演的，处三年以下有期徒刑、拘役或者管制，并处罚金；情节严重的，处三年以上十年以下有期徒刑，并处罚金。

【条文精解】

本条是关于组织淫秽表演罪及其处刑的规定。

根据本条规定，构成组织淫秽表演罪，必须具备以下两方面条件：第一，犯罪主体是淫秽表演的组织者，有些可能是专门从事淫秽表演的组织者，类似"穴头"；有些就是酒吧的老板，为招揽生意而组织淫秽表演。表演者不构成本罪，对表演者应采用教育和行政措施使其认识错误，从事正当劳动，构成违反治安管理行为的，依照治安管理处罚法的规定处罚。对于既是组织者又是表演者的，应按照组织者处理。对于明知他人组织淫秽表演，仍为其提供场所或者其他便利条件的，按照组织淫秽表演罪的共犯处理，应根据其在犯罪中的作用处罚。对于为组织淫秽表演活动卖票或者进行其他服务性活动的，应根据实际情况，区别对待，对于犯罪团伙、集团的成员应当按共犯处理，对于犯罪分子雇用的服务员，一般可不按照犯罪处理。

第二，行为人实施了组织淫秽表演的行为。行为人所雇用的演员的多少以及观众的多少，一般并不影响本罪的构成，而应作为犯罪的情节考虑。实践中，这些淫秽表演大多以牟利为目的，但也有个别情况不是以牟利为目的。不论是否以牟利为目的，均不影响本罪的构成。这里所说的"淫秽表演"，是指关于性行为或者露骨宣扬色情的诲淫性的表演，如进行性交表演、手淫口淫表演、脱衣舞表演等。"组织进行淫秽表演"，是指组织他人进行淫秽性的表演，既可以是公开进行的，也可以是在隐蔽情况下针对部分人进行的。其中"组织"，是指策划表演过程，纠集、招募、雇用表演者，寻找、租用表演场地，招揽观众等组织演出的行为。组织的表现形式是多样的，是指在组织淫秽表演过程中起到纠集、组织、指挥、协调等作用，有的在组织淫秽表演过程中的各个环节都发挥组织作用，也有的只是在其中某一个或几个环节发挥作用，有的组织行为是独立进行的，有的组织行为则是受到总的组织者的指示。对于各种不同的情形，应当根据其具体作用作出不同认定，有的可以认定为"组织"的主犯，有的则可以认定为组织的帮助犯或从犯。根据最高人民检察院、公安部《关于公安机关管辖的刑事案件立案追诉标准的规定（一）》第八十六条规定，以策划、招募、强迫、雇用、引诱、提供场地、提供资金等手段，组织进行淫秽表演，涉嫌下列情形之一的，应予立案追诉：（1）组织表演者进行裸体表演的；（2）组织表演者利用性器官进行诲淫性表演的；（3）组织表演者半裸体或者变相裸体表演并通过语言、动作具体描绘性行为的；（4）其他组织进行淫秽表演应予追究刑事责任的情形。

根据本条规定，组织进行淫秽表演的，处三年以下有期徒刑、拘役或者管制，并处罚金；情节严重的，处三年以上十年以下有期徒刑，并处罚金。"情节严重"，是指多次组织淫秽表演、造成非常恶劣影响，以暴力、胁迫的方式迫使他人进行淫秽表演以及犯罪集团首要分子等严重的情节。

【实践中需要注意的问题】

1. 在聚众进行淫乱活动中，也经常出现由数人作性交表演，其他人观看的情况，这种表演属于聚众进行淫乱的一部分，对于这种行为，应按照本法第三百零一条聚众淫乱罪的规定来处理。对受雇从事淫秽表演的人员，观看淫秽表演者，可以视情节予以治安管理处罚或者批评教育。

2. 关于淫秽色情网络直播行为如何定性的问题。随着科技的发展与普及，人们获取信息、传播信息的途径不断扩大，社交方式在网络环境下也多种多样。网络直播是在互联网、移动通讯不断普及下而产生的一种新兴社交方式，在我国得到迅速发展，由于网络直播可以获得观众财物打赏或者其他礼物，产生巨大利益，一些不法分子利用直播进行色情表演，有的直播裸体、洗澡等行为，有的直播性行为。对于利用网络直播软件和直播平台进行淫秽色情直播的行为如何定罪，实践中存在不同认识，有的认为属于制作、传播淫秽物品的犯罪，有的认为属于组织淫秽表演的犯罪。网络直播行为不能一概而论，要根据案件的具体情况，分别以制作、传播淫秽物品牟利罪，传播淫秽物品罪，组织播放淫秽音像制品罪，组织淫秽表演罪定罪处罚。

第三百六十六条 【单位犯本节规定之罪的处罚】

单位犯本节第三百六十三条、第三百六十四条、第三百六十五条规定之罪的，对单位判处罚金，并对其直接负责的主管人员和其他直接责任人员，依照各该条的规定处罚。

【条文精解】

本条是对单位实施有关淫秽物品犯罪如何处罚的规定。

根据本条规定，单位有本法第三百六十三条、第三百六十四条、第三百六十五条所规定的犯罪行为的，依照本条规定，除对单位判处罚金外，对其直接负责的主管人员和其他直接责任人员，还应分别依照各该条的有关规定予以刑事处罚。这里所说的"直接负责的主管人员"，是指单位对犯罪活动负直接责任的主要领导人。"直接责任人员"，是指具体实施犯罪活动的行为人，即直接参与本单位制作、复制、出版、贩卖、传播淫秽物品，为他人出版书刊提供书号，传播淫秽的图片、书刊、影片、音像或者其他淫秽物品，组织播放淫秽的电影、录像或者其他音像制品，组织淫秽表演等行为的人员。

【实践中需要注意的问题】

对单位犯罪进行追究，在认定直接责任人员或者直接负责的主管人员时，应当把握两点：一是行为人在主观上必须对单位所从事的犯罪活动是明知的，具体表现为有批准、默许、纵容本单位实施或者直接参与实施本条规定的违法犯罪活动的行为。二是单位从事本条规定的违法犯罪行为所获得的具体利益归于单位。上述两个条件同时具备才能构成本条规定的单位犯罪。

第三百六十七条 【淫秽物品的含义】

本法所称淫秽物品，是指具体描绘性行为或者露骨宣扬色情的诲淫性的书刊、影片、录像带、录音带、图片及其他淫秽物品。

有关人体生理、医学知识的科学著作不是淫秽物品。

包含有色情内容的有艺术价值的文学、艺术作品不视为淫秽物品。

【条文精解】

本条是关于淫秽物品定义的规定。

本条共分三款。第一款是关于淫秽物品概念的规定。根据本款规定，第一，淫秽物品具有具体描绘性行为或者露骨宣扬色情的诲淫性的特征。这里所说的"具体描绘性行为"，是指较详尽、具体地描写性行为的过程及其心理感受；淫亵性地描述或者传授性技巧；具体描写通奸、淫乱、卖淫、乱伦、强奸的过程细节；描写未成年人的性行为、同性恋的性行为或者其他性变态行为及与性变态有关的暴力、虐待、侮辱行为和令普通人不能容忍的对性行为等的淫亵描写。"露骨宣扬色情"，是指公然地、不加掩饰地宣扬色情淫荡形象；着力表现人体生殖器官等。"诲淫性"，是指挑动人们的性欲，足以导致普通人的腐化堕落的具有刺激、挑逗性的文字和画面等。第二，淫秽物品的具体表现形式，包括淫秽的书刊、影片、录像带、录音带、图片及其他淫秽物品。根据最高人民法院、最高人民检察院《关于办理利用互联网、移动通讯终端、声讯台制作、复制、出版、贩卖、传播淫秽电子信息刑事案件具体应用法律若干问题的解释（一）》第九条的规定，"其他淫秽物品"包括具体描绘性行为或者露骨宣扬色情的诲淫性的视频文件、音频文件、电子刊物、图片、文章、短信息等互联网、移动通讯终端电子信息和声讯台语音信息。

第二款是关于有关人体生理、医学知识的科普著作不是淫秽物品的规定。根据本款规定，有关人体生理、医学知识的科学著作不是淫秽物品。这里所说的"有关人体生理、医学知识的科学著作"，是指有关人体的解剖生理知识、生育知识、疾病防治和其他有关性知识、性道德、性社会等自然科学和社会科学作品。这类作品不是淫秽物品。根据最高人民法院、最高人民检察院《关于办理利用互联网、移动通讯终端、声讯台制作、复制、出版、贩卖、传播淫秽电子信息刑事案件具体应用法律若干问题的解释（一）》第九条规定，有关人体生理、医学知识的电子信息和声讯台语音信息不是淫秽物品。

第三款是关于有色情内容的有艺术价值的文学、艺术作品不视为淫秽物品的规定。根据本款规定，包含有色情内容的有艺术价值的文学、艺术作品不视为淫秽物品。所谓"有艺术价值"，是指在现实生活中以及文化艺术发展的历史长河中具有较高文学、艺术价值，同时也包含有对性行为、色情等内容的描绘的文学、艺术作品。例如，中国古典小说《金瓶梅》不仅在文学史上有一定的地位，而且在今天看来仍有较高的文学、艺术价值，是人类文化的遗产；还有一些表现人体美的美术作品，如裸体的绘画、雕刻、摄影等，能给人们带来艺术享受。根据最高人民法院、最高人民检察院《关于办理利用互联网、移动通讯终端、声讯台制作、复制、出版、贩卖、传播淫秽电子信息刑事案件具体应用法律若干问题的解释（一）》第九条规定，包含色情内容的有艺术价值的电子文学、艺术作品不视为淫秽物品。上述具有艺术价值的文学、艺术作品，在一定范围内传播对社会没有危害性，但应当注意的是，对这类作品本身虽不视为淫秽物品，然而对这类作品的复制、贩卖、传播仍应加以必要的管理和限制，也不能任其广泛、随意传播。

【实践中需要注意的问题】

本条规定的淫秽物品的本质特征是指该书刊、影片、录像带、录音带、图片等淫秽物品具有诲淫性。判断一个作品是否是淫秽物品，需要从作品的整体性、淫秽描写与作品的关联性等方面进行综合判断，一般来说，淫秽作品应当是整体具有诲淫性，也就是该作品从其基本内容、基本格调来看是淫秽的，是描绘性行为或者露骨宣扬色情为主的。

第七章 危害国防利益罪

第三百六十八条【阻碍军人执行职务罪】【阻碍军事行动罪】
　　以暴力、威胁方法阻碍军人依法执行职务的,处三年以下有期徒刑、拘役、管制或者罚金。
　　故意阻碍武装部队军事行动,造成严重后果的,处五年以下有期徒刑或者拘役。

【条文精解】
　　本条是关于阻碍军人执行职务、阻碍军事行动的犯罪及其处罚的规定。
　　本条共分两款。第一款是关于阻碍军人执行职务罪的规定。构成本罪须具备以下条件：第一,行为人主观上是故意犯罪,即故意阻碍军人依法执行职务。行为人的动机或者目的可以是多种多样的,有的是认为军人执行职务触犯了其个人利益,有的是对军人个人有私仇宿怨,有的则有与军事行动对抗的动机或者目的等。具体动机或者目的不影响阻碍军人执行职务罪的成立,但可以作为量刑情节予以考虑。第二,行为人在客观上实施了阻碍军人执行职务的行为,且这种阻碍是以暴力、威胁的方法实施的。"暴力",是指对依法执行职务的军人人身施以殴打、伤害、捆绑等行为。"威胁",是指以杀害、伤害、毁坏名誉、毁坏财物等方式对依法执行职务的军人进行要挟、恐吓的行为。根据本款的规定,采取暴力、威胁方法是构成本罪的必要条件。阻碍军人执行职务罪是行为犯,只要行为人客观上实施了以暴力、威胁方法阻碍军人执行职务的行为,就足以构成本罪,不需要实际对军人执行职务产生严重妨害的后果。第三,阻碍的对象必须是军人。这里规定的"军人"是指现役军人,其具体范围应当按照刑法第四百五十条的规定理解。第四,受到阻碍的必须是军人依法执行职务的行为。国防法等法律规定了我国武装力量的任务,军人"依法"执行职务,是指军人依照国防法等法律规定的职责和部队的命令执行有关职务。这里需强调两点：一是对于军人违反法律规定,滥用、擅用、超越职权及其他违法行为进行抵制的,不是本条所说的阻碍军人执行职务。二是构成本条规定的犯罪，阻碍的必须是军人执行职务的行为。如果是对军人执行职务以外的行为进行阻碍的，不构成本款规定的犯罪。

根据第一款规定，对以暴力、威胁方法阻碍军人依法执行职务的，处三年以下有期徒刑、拘役、管制或者罚金。有本款规定的阻碍军人执行职务的行为，造成军人伤害、死亡的，应当按照处罚较重的犯罪规定定罪处罚。

本条第二款是关于阻碍军事行动罪的规定。构成本款规定的犯罪，须具备以下几个条件：第一，行为人在主观上有犯罪的故意，即有阻碍武装部队军事行动的故意。如果是出于过失，尽管在客观上也阻碍了武装部队的军事行动，也不构成本罪。第二，行为人在客观上实施了阻碍的行为。这里并未规定阻碍所必需的手段，也就是无论行为人是以暴力、威胁手段阻碍还是采取其他非暴力的手段设置各种障碍，制造各种困难等方式均构成这里规定的"阻碍"。第三，阻碍的对象必须是对武装部队的整体，而不是武装部队中的某个人。这里规定的"武装部队"，根据国防法第二十二条的规定，包括中国人民解放军现役部队和预备役部队、中国人民武装警察部队、民兵。第四，受到阻碍的必须是武装部队的军事行动，如不是军事行动，则不构成本罪。"军事行动"包括作战、军事演习等行动，也包括抢险救灾等非战争军事行动。第五，阻碍武装部队军事行动的行为必须造成严重后果，才构成本罪。这里规定的"严重后果"，是指造成贻误战机，作战部署作出重大调整，造成灾害扩大、人员伤亡等严重后果。

根据第二款规定，对故意阻碍武装部队军事行动，造成严重后果的，处五年以下有期徒刑或者拘役。

【实践中需要注意的问题】

1. 本条第一款规定阻碍军人执行职务罪与第二款规定的阻碍军事行动罪的区分。这两种犯罪的区别主要有：一是犯罪对象不同。阻碍军人执行职务罪的犯罪对象是依法执行职务的军人，是武装部队中执行某项任务的少数人。阻碍军事行动罪的犯罪对象是武装部队整体。二是客观方面不同。阻碍军人执行职务罪以采用暴力、威胁方法为构成要件，阻碍军人执行职务罪没有限定特定的犯罪手段。阻碍军人执行职务罪不要求危害后果，阻碍军事行动罪要求造成严重后果。

2. 本条第一款规定的阻碍军人执行职务罪与刑法第四百二十六条规定的阻碍执行军事职务罪的区别。刑法第四百二十六条规定了阻碍执行军事职务罪，即以暴力、威胁方法，阻碍指挥人员或者值班、值勤人员执行职务的，处五年以下有期徒刑或者拘役；情节严重的，处五年以上十年以下有期徒刑；情节特别严重的，处十年以上有期徒刑或者无期徒刑。战时从重处罚。这两种犯罪的区别主要有：一是主体不同，阻碍军人执行职务罪的主体是一般主体，阻碍执行军事职务罪的主体限于现役军人。二是阻碍的对象不同。阻碍军人执行职务罪阻碍的对象可能是所有依法执行职务的军人，阻碍执行军事职务罪阻碍的对象是指挥人员或者值班、值勤人员，只是军人的一部分。三是处刑不同，阻碍执行军事职务罪作为军人违反职责罪，最高可能判处无期徒刑，比阻碍军人执行职务罪的处刑重得多。

第三百六十九条 【破坏武器装备、军事设施、军事通信罪】【过失损坏武器装备、军事设施、军事通信罪】

破坏武器装备、军事设施、军事通信的，处三年以下有期徒刑、拘役或者管制；破坏重要武器装备、军事设施、军事通信的，处三年以上十年以下有期徒刑；情节特别严重的，处十年以上有期徒刑、无期徒刑或者死刑。

过失犯前款罪的，造成严重后果的，处三年以下有期徒刑或者拘役；造成特别严重后果的，处三年以上七年以下有期徒刑。

战时犯前两款罪的，从重处罚。

【条文精解】

本条是关于破坏武器装备、军事设施、军事通信和过失损坏武器装备、军事设施、军事通信的犯罪及其处罚的规定。

本条共分三款。第一款是关于破坏武器装备、军事设施、军事通信罪及其处罚的规定。构成本款规定的犯罪必须具备以下几个条件：

第一，实施破坏武器装备、军事设施、军事通信的犯罪行为人，在主观上必须是出于故意。也就是说，实施破坏行为的动机和目的是明确的。第二，行为人客观上已经实施了破坏武器装备、军事设施、军事通信的行为。武器装备、军事设施是否完好无损，军事通信是否畅通无阻，直接关系到国家的国防安全和利益。因此，对采取任何手段破坏武器装备、军事设施、军事通信的行为都应追究刑事责任。这里的"破坏"，包括以各种手段和方法对武器装备、军事设施、军事通信设备设施本身进行的破坏，也包括对其正常功能和作用的损坏。第三，破坏的对象必须是武器装备、军事设施、军事通信。

"武器装备",是指部队用于实施和保障作战行动的武器、武器系统和军事技术器材的统称。备用的武器装备重要零件、部件,应视为武器装备。"军事设施",根据军事设施保护法第二条的规定,是指国家直接用于军事目的的下列建筑、场地和设备:指挥机关、地面和地下的指挥工程、作战工程;军用机场、港口、码头;营区、训练场、试验场;军用洞库、仓库;军用通信、侦察、导航、观测台站,测量、导航、助航标志;军用公路、铁路专用线、军用通信、输电线路,军用输油、输水管道;边防、海防管控设施;国务院和中央军事委员会规定的其他军事设施。"军事通信",是指军事通信设备、通信枢纽等。第四,只要实施了破坏武器装备、军事设施、军事通信的行为,就构成本款规定的犯罪,并不要求破坏行为造成一定的后果。

第一款对破坏武器装备、军事设施、军事通信的犯罪行为规定了三个处罚档次:对一般的破坏行为,处三年以下有期徒刑、拘役或者管制;对破坏重要武器装备、军事设施、军事通信的犯罪行为,处三年以上十年以下有期徒刑。根据有关规定,这里所说的"重要武器装备",是指战略导弹及其他导弹武器系统、飞机、直升机、作战舰艇、登陆舰和一吨位以上辅助船、坦克、装甲车辆、较大毫米以上口径的地面火炮、岸炮、雷达、声呐、指挥仪、较大功率的电台和电子对抗设备、舟桥、较大功率的工程机械、汽车、陆军船舶等。"重要军事设施",是指指挥中心、大型作战工程、各类通信、导航、观测枢纽、导弹基地、机场、港口、大型仓库、重要管线等。"重要军事通信",是指军事首脑机关及重要指挥中心的通信,部队作战中的通信,等级战备通信,飞行航行训练、抢险救灾、军事演习或者处置突发性事件中的通信,以及执行试飞试航、武器装备科研试验或者远洋航行等重要军事任务中的通信。根据最高人民法院《关于审理危害军事通信刑事案件具体应用法律若干问题的解释》有关规定,实施破坏军事通信行为,具有下列情形之一的,属于本款规定的"情节特别严重",以破坏军事通信罪定罪,处十年以上有期徒刑、无期徒刑或者死刑:(1)造成重要军事通信中断或者严重障碍,严重影响部队完成作战任务或者致使部队在作战中遭受损失的;(2)造成部队执行抢险救灾、军事演习或者处置突发性事件等任务的通信中断或者严重障碍,并因此贻误部队行动,致使死亡三人以上、重伤十人以上或者财产损失一百万元以上的;(3)破坏重要军事通信三次以上的;(4)其他情节特别严重的情形。实践中,建设、施工单位直接负责的主管人员、施工管理人员,明知是军事通信线路、设备而指使、强令、纵容他人予以损毁的,或者不听管护人员劝阻,指使、强令、纵容他人违章作业,造成军事通信线路、设备损毁的,以破坏军事通信罪定罪处罚。

第二款是关于过失损坏武器装备、军事设施、军事通信罪及其处罚的规定。本款是《刑法修正案（五）》新增加的内容。这里规定的"过失"犯罪，既包括过失损坏武器装备、军事设施、军事通信的犯罪行为，也包括过失损坏重要的武器装备、军事设施、军事通信的犯罪行为。对于过失犯罪，必须造成严重后果的，才构成犯罪。这里的"严重后果"，是指由于过失行为致使大量武器装备、军事设施遭到损坏或重要军事通信遭到损坏。根据最高人民法院《关于审理危害军事通信刑事案件具体应用法律若干问题的解释》有关规定，过失损坏军事通信，具有下列情形之一的，属于刑法本款规定的"造成特别严重后果"，以过失损坏军事通信罪定罪，处三年以上七年以下有期徒刑：(1) 造成重要军事通信中断或者严重障碍，严重影响部队完成作战任务或者致使部队在作战中遭受损失的；(2) 造成部队执行抢险救灾、军事演习或者处置突发性事件等任务的通信中断或者严重障碍，并因此贻误部队行动，致使死亡三人以上、重伤十人以上或者财产损失一百万元以上的；(3) 其他后果特别严重的情形。实践中，建设、施工单位直接负责的主管人员、施工管理人员，忽视军事通信线路、设备保护标志，指使、纵容他人违章作业，致使军事通信线路、设备损毁，构成犯罪的，以过失损坏军事通信罪定罪处罚。

根据第二款规定，过失破坏武器装备、军事设施、军事通信和过失损坏重要武器装备、军事设施、军事通信，造成严重后果的，处三年以下有期徒刑或者拘役。造成特别严重后果的，处三年以上七年以下有期徒刑。

第三款是关于战时破坏武器装备、军事设施、军事通信和过失损坏武器装备、军事设施、军事通信的犯罪从重处罚的规定。这里的"战时"，根据刑法第四百五十一条的规定，是指国家宣布进入战争状态、部队受领作战任务或者遭敌突然袭击时。这里规定的从重处罚，是指根据不同的犯罪情节，分别在第一、二款规定的不同的处罚档次内判处较重处罚。

【实践中需要注意的问题】

实践中存在因盗窃行为破坏武器装备、军事设施、军事通信的情形，如盗割军事通信电缆的行为等。这些行为同时构成盗窃罪和本条规定的破坏武器装备、军事设施、军事通信罪的，应当依照处罚较重的犯罪规定定罪处罚。

第三百七十条 【故意提供不合格武器装备、军事设施罪】【过失提供不合格武器装备、军事设施罪】

明知是不合格的武器装备、军事设施而提供给武装部队的，处五年以下有期徒刑或者拘役；情节严重的，处五年以上十年以下有期徒刑；情节特别严重的，处十年以上有期徒刑、无期徒刑或者死刑。

过失犯前款罪，造成严重后果的，处三年以下有期徒刑或者拘役；造成特别严重后果的，处三年以上七年以下有期徒刑。

单位犯第一款罪的，对单位判处罚金，并对其直接负责的主管人员和其他直接责任人员，依照第一款的规定处罚。

【条文精解】

本条是关于故意提供不合格武器装备、军事设施罪和过失提供不合格武器装备、军事设施罪及其处罚的规定。

本条共分三款。第一款是关于故意提供不合格武器装备、军事设施罪的规定。一般情况下，武器装备、军事设施均为国家指定的单位生产、建造。本款规定的犯罪主体，一般是在这些军工企业事业单位中负责武器装备、军事设施的设计、生产、检验、质量验收、销售等的人员。如果他们由于徇私舞弊、谋取私利或者其他原因，失于职责，将明知是不合格的武器装备、军事设施放任过关，导致最终提供给武装部队的，就应当依照本款的规定承担相应的刑事责任。构成本款规定的犯罪，须具备以下几个条件：第一，行为人主观上必须是故意，即明知武器装备、军事设施是不合格的产品，仍向武装部队提供。这是区分罪与非罪的界限。第二，提供的必须是武器装备、军事设施，而不是一般的军用物资。如果提供给部队的武器装备、军事设施以外的军用物资，如军用食品出现质量问题的，不适用本款规定。构成其他犯罪的，按照其他犯罪的规定处罚。"军事设施"，根据军事设施保护法第二条的规定，是指国家直接用于军事目的的下列建筑、场地和设备：指挥机关、地面和地下的指挥工程、作战工程；军用机场、港口、码头；营区、训练场、试验场；军用洞库、仓库；军用通信、侦察、导航、观测台站，测量、导航、助航标志；军用公路、铁路专用线、军用通信、输电线路，军用输油、输水管道；边防、海防管控设施；国务院和中央军事委员会规定的其他军事设施。"提供"指交付部队使用。第三，提供给部队的武器装备、军事设施是不合格的。"不合格"，是指不符合规定的质量标准。

第一款对明知是不合格的武器装备、军事设施而提供给部队的犯罪规定了三个处罚档次：对构成本款规定犯罪的，处五年以下有期徒刑或者拘役；情节严重的，处五年以上十年以下有期徒刑；情节特别严重的，处十年以上有期徒刑、无期徒刑或者死刑。"情节严重"，是指造成人员重伤、死亡的；造成较大经济损失的；严重影响部队完成任务的等。"情节特别严重"，是指造成多人重伤、死亡的；严重影响部队完成重要任务的；造成重大经济损失或者其他特别严重后果的等。

本条第二款是关于过失提供不合格武器装备、军事设施罪的规定。构成本款规定的犯罪，须具备以下条件：第一，行为人主观上是出于过失。故意实施的，按照本条第一款的规定定罪处罚。第二，行为人客观上必须有第一款规定的犯罪行为，即将不合格的武器装备、军事设施提供给武装部队。第三，行为人的行为必须是造成严重后果的，才构成犯罪，这是区分罪与非罪的重要界限。

第二款对过失犯前款罪，规定了两个处罚档次：对造成严重后果的，处三年以下有期徒刑或者拘役；造成特别严重后果的，处三年以上七年以下有期徒刑。这里规定的"严重后果"包括人员伤亡的后果、经济受到损失的后果以及影响部队任务完成的后果等。最高人民检察院、公安部《关于公安机关管辖的刑事案件立案追诉标准的规定（一）》对本条前两款规定的犯罪的具体立案追诉标准作了规定。

本条第三款是关于单位故意提供不合格武器装备、军事设施犯罪的规定。这里应注意的是，单位只有在明知武器装备、军事设施是不合格的，仍向武装部队提供的情况下，才构成犯罪。本条没有对单位的过失犯罪作出规定。根据本款规定，对单位犯故意提供不合格武器装备、军事设施罪的，采取双罚制的原则，对单位判处罚金，对其直接负责的主管人员和其他直接责任人员依照第一款的规定处罚，即处五年以下有期徒刑或者拘役；情节严重的，处五年以上十年以下有期徒刑；情节特别严重的，处十年以上有期徒刑、无期徒刑或者死刑。

【实践中需要注意的问题】

实践中应当注意本条规定的故意提供不合格武器装备、军事设施罪与刑法第一百四十条规定的生产、销售伪劣产品罪的区分。生产、销售武器装备、军事设施的企业事业单位生产、销售不合格的武器装备、军事设施，可能也构成生产、销售伪劣产品罪，这属于法条竞合的情形。根据特别法优于一般法的原则，对于这种行为，应当依照本条的规定定罪处罚。

第三百七十一条 【聚众冲击军事禁区罪】【聚众扰乱军事管理区秩序罪】

聚众冲击军事禁区,严重扰乱军事禁区秩序的,对首要分子,处五年以上十年以下有期徒刑;对其他积极参加的,处五年以下有期徒刑、拘役、管制或者剥夺政治权利。

聚众扰乱军事管理区秩序,情节严重,致使军事管理区工作无法进行,造成严重损失的,对首要分子,处三年以上七年以下有期徒刑;对其他积极参加的,处三年以下有期徒刑、拘役、管制或者剥夺政治权利。

【条文精解】

本条是关于聚众冲击军事禁区罪和聚众扰乱军事管理区秩序罪及其处罚的规定。

本条共分两款。第一款是关于聚众冲击军事禁区罪及处罚的规定。根据军事设施保护法第八条的有关规定,国家根据军事设施的性质、作用、安全保密的需要和使用效能的要求,划定军事禁区、军事管理区。"军事禁区",是指设有重要军事设施或者军事设施具有重大危险因素,需要国家采取特殊措施加以重点保护,依照法定程序和标准划定的军事区域。军事禁区由国务院和中央军事委员会确定,或者由军区根据国务院和中央军事委员会的规定确定。陆地和水域的军事禁区的范围,由军区和省、自治区、直辖市人民政府共同划定,或者由军区和省、自治区、直辖市人民政府、国务院有关部门共同划定。空中军事禁区和特别重要的陆地、水域军事禁区的范围,由国务院和中央军事委员会划定。"聚众冲击",是指纠集多人强行进入军事禁区,占据办公地点、毁坏财物等暴力性的干扰活动。构成本款规定的犯罪,行为人的行为必须是严重扰乱了军事禁区的秩序。"军事禁区秩序"包括军事禁区中武装部队作战、演习、训练、生产、教学、生活、科研等各方面的活动和秩序。所谓"严重扰乱",是指行为人的行为,致使军事禁区的各项工作无法正常进行,或者具有其他严重情形的。最高人民检察院、公安部《关于公安机关管辖的刑事案件立案追诉标准的规定(一)》第八十九条对构成本款规定的犯罪的具体立案标准作了规定。

构成第一款规定的犯罪,对首要分子,处五年以上十年以下有期徒刑;对其他积极参加的,处五年以下有期徒刑、拘役、管制或者剥夺政治权利。考虑到军事禁区关系到国家重大国防军事利益,是国家采取特殊措施加以重点保护的军事区域,本款对聚众冲击军事禁区犯罪规定的刑罚是比较严厉的。

第二款是关于聚众扰乱军事管理区秩序罪及其处罚的规定。根据军事设施保护法的有关规定，"军事管理区"，是指设有较重要军事设施或者军事设施具有较大危险因素，需要国家采取特殊措施加以保护，依照法定程序和标准划定的军事区域。军事管理区由国务院和中央军事委员会确定，或者由军区根据国务院和中央军事委员会的规定确定。陆地和水域的军事管理区的范围，由军区和省、自治区、直辖市人民政府共同划定，或者由军区和省、自治区、直辖市人民政府、国务院有关部门共同划定。这里规定的"扰乱"，包括各种对军事管理区秩序进行暴力和非暴力的干扰、破坏活动，如纠集多人在军事管理区进行故意喧闹、辱骂、纠缠，冲砸军事管理区的各种设施等。这些行为，如果情节严重，致使军事管理区工作无法进行，并且造成严重损失的，即构成犯罪。"情节严重"，主要是指行为人多次实施扰乱的行为，经军事管理区工作人员制止仍不停止其扰乱活动的，或者采取暴力扰乱军事管理区秩序的等情况。"造成严重损失"不仅包括给财产造成损失，也包括造成人员伤亡的损失。最高人民检察院、公安部《关于公安机关管辖的刑事案件立案追诉标准的规定（一）》第九十条对构成本款规定的犯罪的具体立案标准作了规定。

构成第二款规定的犯罪，对首要分子，处三年以上七年以下有期徒刑；对其他积极参加的，处三年以下有期徒刑、拘役、管制或者剥夺政治权利。

【实践中需要注意的问题】

1. 准确界定犯罪行为。本条两款规定的聚众冲击军事禁区罪和聚众扰乱军事管理区秩序罪，都是严重侵犯有关军事区域管理秩序的犯罪，在构成要件上，分别要求达到"严重扰乱军事禁区秩序"和"情节严重，致使军事管理区工作无法进行，造成严重损失"的程度。对于一些群众因为军地关系中涉及自身利益的问题聚集在军事区域表达诉求，有一些过激行为，但尚未达到本条规定的构成犯罪的条件的，应当从化解矛盾、做好群众工作的角度妥善处理，不能过度依赖刑事手段进行打击。需要予以行政处罚的，可以依照军事设施保护法、治安管理处罚法的规定处罚。

2. 准确界定涉案人员在聚众违法犯罪中的作用。本条两款规定的犯罪都是聚众型犯罪，追究刑事责任的是聚众犯罪中的首要分子和其他积极参加者，对于一般参加者不作为犯罪处理。这就要求司法机关准确界定涉案人员在聚众违法犯罪中的作用，对于依法应当追究刑事责任的严格依法办理。对于首要分子和其他积极参加者以外的违法活动参加者，特别是受裹挟、蒙蔽参与违法活动的，严格掌握法律和政策界限，注意控制刑事打击面。需要予以行政处罚的，可以依照军事设施保护法、治安管理处罚法的规定处罚。

3. 区分本条规定的犯罪与刑法第二百九十条规定的聚众扰乱社会秩序罪、聚众冲击国家机关罪。刑法第二百九十条第一款规定了聚众扰乱社会秩序罪，是指聚众扰乱社会秩序，致使工作、生产、营业和教学、科研、医疗无法进行，造成严重损失的犯罪行为。本条是针对军事区域秩序的保护，将聚众冲击军事禁区和聚众扰乱军事管理区秩序的犯罪行为专门作出规定。对于当事人的行为同时构成聚众扰乱社会秩序罪和本条规定的犯罪的，根据特别法优于一般法的原则，应当依照本条的规定定罪处刑。同时，刑法第二百九十条第二款规定了聚众冲击国家机关罪，是指聚众冲击国家机关，致使国家机关工作无法进行，造成严重损失的犯罪行为。军事机关也是我国国家机关的组成部分，但对于聚众冲击军事机关的行为，构成本条规定的犯罪的，也应当首先适用本条的规定追究刑事责任。

第三百七十二条　【冒充军人招摇撞骗罪】
　　冒充军人招摇撞骗的，处三年以下有期徒刑、拘役、管制或者剥夺政治权利；情节严重的，处三年以上十年以下有期徒刑。

【条文精解】

本条是关于冒充军人招摇撞骗罪及其处罚的规定。

构成本条规定的犯罪，须具备以下条件：第一，行为人冒充的对象是军人。冒充军人身份是构成本罪的重要条件，也是与刑法第二百七十九条规定的冒充国家机关工作人员招摇撞骗罪的重要区别。这里规定的"军人"，指具有中国人民解放军军籍的现役军人及中国人民武装警察部队的现役武警，具体可根据刑法第四百五十条的规定掌握。具体行为方式上，可以是通过穿着、佩戴军人专用的服装、标志，使用伪造、变造或者冒用的军人证件，驾驶挂有伪造、盗窃或者非法获取的武装部队车辆号牌的车辆，以及自称是军人等方式冒充军人。第二，行为人在客观上实施了招摇撞骗的行为。"招摇撞骗"，是指假借军人名义到处炫耀，利用人民群众对人民军队的信任、爱戴进行欺骗活动，以谋取非法利益的行为。例如，冒充军队干部以招兵为名，向希望参军的青年或其亲属骗取财物；冒充军人骗取他人"爱情"；冒充军人骗取得到有关方面给予军人的优先待遇等。从实践中的情况来看，冒充军人招摇撞骗的行为往往具有多次、多样的特点，即多次多处行骗，骗取的利益也比较多样，包括财产性利益和非财产性利益。如果行为人只是由于军人在人民群众中的形象好、威信高而冒充军人以满足自己的虚荣心，并没有假借军人身份进行招摇撞骗的活动，不构成本罪，可以对其进行批评教育或给予纪律处分等。

根据本条规定，对冒充军人招摇撞骗的，处三年以下有期徒刑、拘役、管制或者剥夺政治权利；情节严重的，处三年以上十年以下有期徒刑。本条规定的刑罚与刑法第二百七十九条规定的招摇撞骗罪的刑罚是一致的。将冒充军人招摇撞骗的行为在刑法分则危害国防利益罪一章单独规定，主要是体现对这种犯罪行为惩治的针对性和明确性。

【实践中需要注意的问题】

本条规定的冒充军人招摇撞骗罪与刑法第二百六十六条规定的诈骗罪的区分。刑法第二百六十六条规定了诈骗罪，即诈骗公私财物，数额较大的犯罪行为。冒充军人招摇撞骗罪与诈骗罪的主要区别有以下几个方面：一是侵犯的法益不同。冒充军人招摇撞骗罪不仅侵犯了有关个人、组织的财产等合法权益，还侵犯人民军队的声誉和形象，诈骗罪侵犯的是公私财物的所有权。二是行为手段不同。冒充军人招摇撞骗罪的手段是冒充军人行骗，诈骗罪的行为手段多样。三是行为人通过犯罪获取的非法利益不同。冒充军人招摇撞骗罪获取的非法利益比较多样，可以是财产性利益，也可以是非财产性利益。诈骗罪获取的非法利益是财物。如果行为人冒充军人身份骗取他人财物，数额较大，可能同时触犯冒充军人招摇撞骗罪和诈骗罪。这时应当依照处罚较重的犯罪定罪处罚。对于诈骗财物数额特别巨大或者有其他特别严重情节的，根据刑法第二百六十六条的规定可以判处十年以上有期徒刑或者无期徒刑，重于本条规定的刑罚，这种情况下应当依照诈骗罪的规定定罪处罚。

另外，根据最高人民法院、最高人民检察院《关于办理妨害武装部队制式服装、车辆号牌管理秩序等刑事案件具体应用法律若干问题的解释》第六条的有关规定，实施刑法第三百七十五条规定的伪造、变造、买卖、盗窃、抢夺武装部队公文、证件、印章，非法生产、买卖武装部队制式服装，伪造、盗窃、买卖、非法提供、非法使用武装部队专用标志的犯罪行为，同时又构成冒充军人招摇撞骗等犯罪的，依照处罚较重的规定定罪处罚。

第三百七十三条 【煽动军人逃离部队罪】【雇用逃离部队军人罪】
煽动军人逃离部队或者明知是逃离部队的军人而雇用,情节严重的,处三年以下有期徒刑、拘役或者管制。

【条文精解】

本条是关于煽动军人逃离部队罪和雇用逃离部队军人罪及其处罚的规定。本条规定了两种犯罪行为:

第一,煽动军人逃离部队罪。构成煽动军人逃离部队罪须具备以下条件:一是行为人主观上是出于故意,即有明确的要使军人脱离所在部队,不履行服兵役义务的目的。实践中行为人煽动军人逃离部队的动机存在多种情况,有的是希望在部队服役的亲人回到自己身边,有的是希望军人到自己的企业工作或者从事其他工作,也有的是出于破坏武装部队战斗力和国家兵役制度的政治目的而煽动军人逃离部队。二是行为人客观上实施了煽动军人逃离部队的行为。"煽动",是指通过宣传、鼓动的行为,使在部队服役的现役军人逃离部队。煽动的方法多种多样,如发表演说,发送、邮寄纸质和电子形式的宣传材料,散发标语传单等。只要行为人实施了煽动军人逃离部队的行为,就可以构成本条规定的犯罪。至于军人是否产生了逃离部队的意图,是否实施了逃离部队的行为,不影响犯罪的构成,但可以作为量刑时考虑的情节。这里还应注意将煽动行为与军人家属、亲友因确有困难,向服役的军人表达希望其早日转业回家的愿望等情况区别开来,这种情形不能按犯罪处理。三是行为人的行为必须是情节严重的,才构成犯罪,这是区分罪与非罪的界限。"情节严重",是指多次实施煽动行为、煽动多名军人或者军队的高级人员离开部队等情况。根据最高人民检察院、公安部《关于公安机关管辖的刑事案件立案追诉标准的规定(一)》第九十一条的规定,煽动军人逃离部队,涉嫌下列情形之一的,应予立案追诉:煽动三人以上逃离部队的;煽动指挥人员、值班执勤人员或者其他负有重要职责人员逃离部队的;影响重要军事任务完成的;发生在战时的;其他情节严重的情形。

第二,雇用逃离部队军人罪。构成雇用逃离部队军人罪须具备以下条件:一是行为人在主观上必须是明知,即明知其所雇用的是逃离部队的军人。这种明知,可以是行为人明确承认,也可以通过客观情形推定。二是行为人在客观上实施了明知是逃离部队的军人而雇用的行为。这里规定的"雇用",是指通过付给报酬让逃离部队的军人为其提供劳务。雇用的形式可以是多样的,不限于签订劳动合同的正式用工。只要形成了事实上的雇用关系，都可以构成本条规定的犯罪。三是行为人的行为必须是情节严重的，才构成犯罪，这是罪与非罪的界限。"情节严重"，是指雇用多名或多次雇用逃离部队的军人等情况。根据最高人民检察院、公安部《关于公安机关管辖的刑事案件立案追诉标准的规定（一）》第九十二条的规定，明知是逃离部队的军人而雇用，涉嫌下列情形之一的，应予立案追诉：雇用一人六个月以上的；雇用三人以上的；明知是逃离部队的指挥人员、值班执勤人员或者其他负有重要职责人员而雇用的；阻碍部队将被雇用军人带回的；其他情节严重的情形。

根据本条规定，对煽动军人逃离部队或者明知是逃离部队的军人而雇用，情节严重的，处三年以下有期徒刑、拘役或者管制。

【实践中需要注意的问题】

实践中适用煽动军人逃离部队罪和雇用逃离部队军人罪，应当注意这两个犯罪与逃离部队罪的共同犯罪的区分。刑法第四百三十五条规定的逃离部队罪的主体是现役军人。煽动军人逃离部队的行为，实际上是教唆军人实施逃离部队罪。但刑法已经将这种煽动行为单独规定为煽动军人逃离部队罪，就不再以逃离部队罪的共同犯罪定罪处罚。同时，对于行为人事先与准备逃离部队的军人通谋，军人逃离部队后予以雇用的行为，应当以逃离部队罪的共犯定罪处罚。

第三百七十四条 【接送不合格兵员罪】

在征兵工作中徇私舞弊，接送不合格兵员，情节严重的，处三年以下有期徒刑或者拘役；造成特别严重后果的，处三年以上七年以下有期徒刑。

【条文精解】

本条是关于接送不合格兵员罪及其处罚的规定。

构成本条规定的接送不合格兵员犯罪，须具备以下条件：

第一，犯罪主体是特殊主体，即负责接送新兵的工作人员，包括军队中负责征兵工作的人员，也包括地方负责征召、审查和向部队输送兵员工作的人员，以及在征兵工作中承担相关职责的医务人员等。

第二，行为人主观上是故意犯罪，即行为人明知兵员的政治条件、年龄条件、身体条件或者其他条件不符合征兵要求，仍然故意将不合格的兵员接送到部队。行为人的动机可能是多样的，如收受钱财、照顾亲友等。

第三，行为人客观上具有在征兵工作中，徇私舞弊，接送不合格兵员的行为。这里的"征兵"，是指国家依照国防法、兵役法、《征兵工作条例》等规定，征集中国人民解放军和中国人民武装警察部队现役的兵员。"徇私舞弊"，主要是指徇私情，如看在是老同学、老同事、老部下、老上级或亲属朋友的面子，或是收受贿赂而徇私等。"接送"按照部队和地方征兵工作人员的职责，包括"接"和"送"两种情形。"接"，是指部队有关人员将新兵接收到部队。"送"，是指地方有关部门工作人员将兵员送至部队。"接送"的具体环节包括兵役登记、体格检查、政治审查、审定新兵、交接新兵等。"不合格兵员"，是指不符合法律法规规定的新兵征集条件的兵员。兵役法、《征兵工作条例》等法律、法规中，对兵员的各方面条件规定了明确的要求，主要有以下几个方面：

一是年龄条件。根据《征兵工作条例》第三条的规定，每年12月31日以前年满十八岁的男性公民，应当被征集服现役。当年未被征集的，在二十二岁以前，仍可以被征集服现役。根据军队需要，可以按上述规定征集女性公民服现役。根据军队需要和本人自愿的原则，可以征集当年12月31日以前年满十七岁未满十八岁的男女公民服现役。二是文化程度条件。根据有关规定，目前征兵对象以高中毕业以上文化程度的青年为主。三是身体条件。2003年国防部发布的《应征公民体格检查标准》对应征入伍的身体条件作了详细规定，具体包括外科、内科、耳鼻咽喉科、眼科、口腔科、妇科、辅助检查等多方面的标准。四是政治条件。根据兵役法和《征兵工作条例》的规定，依照法律被剥夺政治权利的人，不征集。被羁押正在受侦查、起诉、审判的或者被判处徒刑、拘役、管制正在服刑的公民，不征集。除这些不得征集的情形以外，军队和地方有关部门还应当根据有关规定，对应征人员的政治条件进行严格审查，切实保证新兵政治可靠，防止把不符合政治条件的人征入部队。

第四，行为人的行为，情节严重的，才构成犯罪，这是区分罪与非罪的重要界限。情节严重包括被送到部队的不合格的人员到部队后不接受部队教育，又进行违法犯罪活动，造成恶劣影响等情况。根据最高人民检察院、公安部《关于公安机关管辖的刑事案件立案追诉标准的规定（一）》第九十三条的规定，在征兵工作中徇私舞弊，接送不合格兵员，涉嫌下列情形之一的，应予立案追诉：接送不合格特种条件兵员一名以上或者普通兵员三名以上的；发生在战时的；造成严重后果的；其他情节严重的情形。

根据本条规定，对在征兵工作中徇私舞弊，接送不合格兵员，情节严重的，处三年以下有期徒刑或者拘役；造成特别严重后果的，处三年以上七年以下有期徒刑。"造成特别严重后果"，主要是指被送到部队的不合格兵员，不接受部队教育，进行违法犯罪造成严重后果；多次接送不合格兵员；或接送不合格兵员多人等情况。

【实践中需要注意的问题】

实践中犯本条规定的接送不合格兵员罪的军队、地方工作人员，往往同时存在收受贿赂的情形。根据最高人民法院、最高人民检察院《关于办理渎职刑事案件适用法律若干问题的解释（一）》第三条的规定，国家机关工作人员犯本条规定的接送不合格兵员罪并收受贿赂，同时构成受贿罪的，应当以接送不合格兵员罪和受贿罪数罪并罚。

第三百七十五条 【伪造、变造、买卖武装部队公文、证件、印章罪】【盗窃、抢夺武装部队公文、证件、印章罪】【非法生产、买卖武装部队制式服装罪】【伪造、盗窃、买卖、非法提供、非法使用武装部队专用标志罪】

伪造、变造、买卖或者盗窃、抢夺武装部队公文、证件、印章的，处三年以下有期徒刑、拘役、管制或者剥夺政治权利；情节严重的，处三年以上十年以下有期徒刑。

非法生产、买卖武装部队制式服装，情节严重的，处三年以下有期徒刑、拘役或者管制，并处或者单处罚金。

伪造、盗窃、买卖或者非法提供、使用武装部队车辆号牌等专用标志，情节严重的，处三年以下有期徒刑、拘役或者管制，并处或者单处罚金；情节特别严重的，处三年以上七年以下有期徒刑，并处罚金。

单位犯第二款、第三款罪的，对单位判处罚金，并对其直接负责的主管人员和其他直接责任人员，依照各该款的规定处罚。

【条文精解】

本条是关于伪造、变造、买卖武装部队公文、证件、印章罪，盗窃、抢夺武装部队公文、证件、印章罪，非法生产、买卖武装部队制式服装罪，以及伪造、盗窃、买卖、非法提供、非法使用武装部队专用标志罪及其处罚的规定。

本条共分四款。第一款是关于伪造、变造、买卖武装部队公文、证件、印章罪和盗窃、抢夺武装部队公文、证件、印章罪及其处罚的规定。构成本款规定的犯罪须具备以下条件：第一，行为人在主观上是出于故意，至于行为人出于何种动机不影响本罪成立。第二，行为人客观上实施了"伪造、变造、买卖"或者"盗窃、抢夺"的行为。第三，犯罪对象是武装部队的公文、证件、印章，而不是一般国家机关的公文、证件、印章。"武装部队"，是指中国人民解放军和中国人民武装警察部队。"公文"，是指武装部队在执行公务活动当中或履行日常工作职责的活动中所形成或发布的文件、公函、通告、命令等公务文件。"证件"，是指武装部队成员的身份证件、通行证件以及一些特别证件。"印章"，是指武装部队用于各种公务性文件、公函、命令、通告等文件中能够代表部队的印章。

最高人民法院、最高人民检察院《关于办理妨害武装部队制式服装、车辆号牌管理秩序等刑事案件具体应用法律若干问题的解释》第一条对构成本款规定的犯罪的定罪量刑标准作了规定。根据解释的相关规定，伪造、变造、买卖或者盗窃、抢夺武装部队公文、证件、印章，具有下列情形之一的，应当依照本款的规定，以伪造、变造、买卖武装部队公文、证件、印章罪或者盗窃、抢夺武装部队公文、证件、印章罪定罪处罚：(1)伪造、变造、买卖或者盗窃、抢夺武装部队公文一件以上的；(2)伪造、变造、买卖或者盗窃、抢夺武装部队军官证、士兵证、车辆行驶证、车辆驾驶证或者其他证件二本以上的；(3)伪造、变造、买卖或者盗窃、抢夺武装部队机关印章、车辆牌证印章或者其他印章一枚以上的。数量达到上述规定标准五倍以上或者造成严重后果的，应当认定为本款规定的"情节严重"。行为人只要实施了上述行为之一就构成犯罪。实践中，这一犯罪往往与其他犯罪相联系，成为犯罪分子进行其他犯罪的一种手段，在这种情况下，原则上应按从一重罪处罚的原则定罪处刑。根据刑法第三百七十五条第一款的规定，对伪造、变造、买卖或者盗窃、抢夺武装部队公文、证件、印章的，处三年以下有期徒刑、拘役、管制或者剥夺政治权利；情节严重的，处三年以上十年以下有期徒刑。

第二款是关于非法生产、买卖武装部队制式服装罪及其处罚的规定。武装部队制式服装是用以证明武装部队人员身份的专用服装。武装部队制式服装不是一般商品，不得自由买卖，任何非法生产、买卖的行为都会危害国防安全和利益，必须予以惩处。构成本款规定的犯罪，须同时具备以下条件：第一，行为人主观上出于故意。第二，行为人客观上实施了非法生产、买卖武装部队制式服装的行为。武装部队制式服装由国家指定的厂家生产，任何厂家、个人非经指定不得从事生产、制造活动。"非法生产"包括无权制造的单位私自制造，也包括有权制造的单位不按规定，擅自超量制造。第三，犯罪对象必须是武装部队的制式服装。"制式服装",是指中国人民解放军和武装警察部队的军装。第四,行为人实施上述行为,必须达到情节严重的程度,才构成犯罪。根据《关于办理妨害武装部队制式服装、车辆号牌管理秩序等刑事案件具体应用法律若干问题的解释》第二条的相关规定,非法生产、买卖武装部队现行装备的制式服装,具有下列情形之一的,应当认定为本款规定的"情节严重",以非法生产、买卖武装部队制式服装罪定罪处罚:(1)非法生产、买卖成套制式服装三十套以上,或者非成套制式服装一百件以上的;(2)非法生产、买卖帽徽、领花、臂章等标志服饰合计一百件(副)以上的;(3)非法经营数额二万元以上的;(4)违法所得数额五千元以上的;(5)具有其他严重情节的。

根据第二款的规定,对非法生产、买卖武装部队制式服装,情节严重的,处三年以下有期徒刑、拘役或者管制,并处或者单处罚金。

第三款是关于伪造、盗窃、买卖、非法提供、非法使用武装部队专用标志罪及处罚的规定。武装部队车辆号牌等专用标志是为便于社会外界识别,表明武装部队身份,用于执行部队公务的场所、车辆等的外形标记,包括军车号牌、军衔标志、军徽、臂章以及特种部队或者某些部队执行特别任务时专用的特别标志等。伪造、盗窃、买卖或者非法提供、使用武装部队车辆号牌等专用标志的行为,破坏了军队的正常管理秩序,干扰了部队正常的军事训练,败坏军队的形象,危害国防利益,必须严惩。构成本款犯罪应具备以下条件:第一,行为人出于主观的故意。第二,行为人在客观上实施了伪造、盗窃、买卖或者非法提供、使用武装部队车辆号牌等专用标志的行为。应当明确的是,这里所说的"买卖或者非法提供、使用武装部队车辆号牌等专用标志",既包括买卖或者非法提供、使用真的专用标志,也包括买卖或者非法提供、使用伪造、变造等假的专用标志。第三,行为人的行为必须达到情节严重的程度。根据《关于办理妨害武装部队制式服装、车辆号牌管理秩序等刑事案件具体应用法律若干问题的解释》第三条的相关规定,伪造、盗窃、买卖或者非法提供、使用武装部队车辆号牌等专用标志,具有下列情形之一的,应当认定为本款规定的"情节严重",以伪造、盗窃、买卖、非法提供、非法使用武装部队专用标志罪定罪处罚:(1)伪造、盗窃、买卖或者非法提供、使用武装部队军以上领导机关车辆号牌一副以上或者其他车辆号牌三副以上的;(2)非法提供、使用军以上领导机关车辆号牌之外的其他车辆号牌累计六个月以上的;(3)伪造、盗窃、买卖或者非法提供、使用军徽、军旗、军种符号或者其他军用标志合计一百件(副)以上的;(4)造成严重后果或者恶劣影响的。实施上述规定的行为，具有下列情形之一的，应当认定为本款规定的"情节特别严重"：（1）数量达到上述第一项、第三项规定标准五倍以上的；（2）非法提供、使用军以上领导机关车辆号牌累计六个月以上或者其他车辆号牌累计一年以上的；（3）造成特别严重后果或者特别恶劣影响的。

根据第三款的规定，对伪造、盗窃、买卖或者非法提供、使用武装部队车辆号牌等专用标志，情节严重的，处三年以下有期徒刑、拘役或者管制，并处或者单处罚金；情节特别严重的，处三年以上七年以下有期徒刑，并处罚金。

第四款是关于单位犯罪的规定。根据本款规定，单位可以成为第二款规定的非法生产、买卖武装部队制式服装的犯罪的主体，也可以成为第三款规定的伪造、盗窃、买卖或者非法提供、使用武装部队车辆号牌等专用标志的犯罪的主体。根据本款规定，单位构成本条第二款、第三款犯罪的，除对单位判处罚金外，对其直接负责的主管人员和其他直接责任人员，依照各该款的规定处罚。

【实践中需要注意的问题】

本条第一款规定了伪造、变造、买卖或者盗窃、抢夺武装部队公文、证件、印章的犯罪，共涉及五种犯罪行为，三类犯罪对象。根据最高人民法院《关于执行〈中华人民共和国刑法〉确定罪名的规定》相关规定，该款规定的犯罪分为伪造、变造、买卖武装部队公文、证件、印章罪和盗窃、抢夺武装部队公文、证件、印章罪两个选择性罪名。实践中对于行为人有该款规定的多种犯罪行为的，如果是一个选择性罪名内的多种犯罪行为，如既伪造武装部队公文，又买卖武装部队证件的，按一罪处理；涉及不同罪名的，如既伪造武装部队公文，又盗窃武装部队印章的，按照数罪并罚的规定处理。

第三百七十六条 【战时拒绝、逃避征召、军事训练罪】
【战时拒绝、逃避服役罪】

预备役人员战时拒绝、逃避征召或者军事训练，情节严重的，处三年以下有期徒刑或者拘役。

公民战时拒绝、逃避服役，情节严重的，处二年以下有期徒刑或者拘役。

【条文精解】

本条是关于战时拒绝、逃避征召、军事训练罪和战时拒绝、逃避服役罪及其处罚的规定。

本条共分两款。第一款是关于战时拒绝、逃避征召、军事训练罪及其处罚的规定。构成本款规定的犯罪，须具备以下条件：一是本款规定的犯罪行为发生在战时，这是构成本罪的前提条件。预备役人员在平时拒绝、逃避征召或者军事训练的行为，可以依照兵役法、预备役军官法等规定予以处罚，但不构成犯罪。战时的含义，应当根据刑法第四百五十一条的规定理解，即国家宣布进入战争状态、部队受领作战任务或者遭敌突然袭击时。部队执行戒严任务或者处置突发性暴力事件时，以战时论。二是犯罪主体是预备役人员。预备役人员的含义，应当根据兵役法第五条的规定掌握，即经过登记，预编到现役部队、编入预备役部队、编入民兵组织服预备役的或者以其他形式服预备役的人员，分为预备役士兵和预备役军官。三是预备役人员实施了拒绝、逃避征召或者军事训练的行为。"拒绝"是指不接受。"逃避"是指有意躲避。"征召"，是指兵役机关依法向预备役人员发出通知，要其按规定的时间地点报到，准备转服现役。根据兵役法的规定，预备役人员在接到应召通知后，必须准时到指定地点报到。预备役人员明确地向有关人员表示拒绝征召或者军事训练，以及虽未明确拒绝，但以消极躲避的方式不响应征召或者军事训练的，都可以构成本款规定的犯罪。四是行为人的行为必须是情节严重的，才构成犯罪，"情节严重"，主要是指无故拒绝、逃避，经多次教育仍不改正的或其他严重情节。根据最高人民检察院、公安部《关于公安机关管辖的刑事案件立案追诉标准的规定（一）》第九十五条的规定，预备役人员战时拒绝、逃避征召或者军事训练，涉嫌下列情形之一的，应予立案追诉：（1）无正当理由经教育仍拒绝、逃避征召或者军事训练的；（2）以暴力、威胁、欺骗等手段，或者采取自伤、自残等方式拒绝、逃避征召或者军事训练的；（3）联络、煽动他人共同拒绝、逃避征召或者军事训练的；（4）其他情节严重的情形。对于有些预备役人员因生病或家中确有实际困难不能或者不能及时应召或参加军事训练的，不能定罪处刑。

根据第一款规定，对预备役人员战时拒绝、逃避征召或者军事训练，情节严重的，处三年以下有期徒刑或者拘役。

本条第二款是关于战时拒绝、逃避服役罪及其处罚的规定。构成本罪须同时具备以下条件：一是本款规定的犯罪行为发生在战时，这是构成本罪的前提条件。公民平时拒绝、逃避服役的行为，可以依照兵役法等规定予以处罚，但不构成犯罪。二是犯罪主体是一般公民。根据兵役法的有关规定，中华人民共和国公民，不分民族、种族、职业、家庭出身、宗教信仰和教育程度，都有义务依法服兵役。年满十八岁的公民，按照兵役机关的安排，进行兵役登记。三是行为人实施了拒绝、逃避服役的行为。在兵役登记、体格检查、政治审查、审定新兵、交接新兵等征兵工作各环节拒绝、逃避服役的行为，都可能构成本款规定的犯罪。四是行为人的行为必须情节严重的，才构成犯罪。根据最高人民检察院、公安部《关于公安机关管辖的刑事案件立案追诉标准的规定（一）》第九十六条的规定，公民战时拒绝、逃避服役，涉嫌下列情形之一的，应予立案追诉：（1）无正当理由经教育仍拒绝、逃避服役的；（2）以暴力、威胁、欺骗等手段，或者采取自伤、自残等方式拒绝、逃避服役的；（3）联络、煽动他人共同拒绝、逃避服役的；（4）其他情节严重的情形。

根据本款规定，对公民战时拒绝、逃避服役，情节严重的，处二年以下有期徒刑或者拘役。考虑到一般公民和预备役人员的身份、义务等方面的不同，本款规定的刑罚与第一款规定的预备役人员战时拒绝、逃避征召、军事训练罪作了轻重区别。

第三百七十七条 【战时故意提供虚假敌情罪】

战时故意向武装部队提供虚假敌情，造成严重后果的，处三年以上十年以下有期徒刑；造成特别严重后果的，处十年以上有期徒刑或者无期徒刑。

【条文精解】

本条是关于战时故意提供虚假敌情罪及其处罚的规定。

构成本条规定的战时故意提供虚假敌情罪须具备以下条件：一是本条规定的犯罪必须是发生在战时，这是构成本罪的前提条件。平时故意向武装部队提供虚假情况的，可以依照有关规定予以处罚，但不构成犯罪。战时的含义，应当根据刑法第四百五十一条的规定理解。二是行为人主观上是故意犯罪，即故意向武装部队谎报敌情，使我方据此作出错误的判断和决定。过失向武装部队提供虚假敌情的，如道听途说未核实准确，因为缺乏军事专业知识而产生误解，或者被敌方散布的虚假情况迷惑而向我方武装力量提供虚假敌情的，不构成本条规定的犯罪。三是行为人实施了向武装部队提供虚假敌情的行为。"虚假"包括无中生有，凭空编造根本不存在的情况，也包括歪曲、颠倒已存在的事实情况。"敌情"主要是敌方的有关情报，包括与敌方军事行动直接相关的兵力部署，作战计划等，也包括与敌方有关的后勤保障、经济信息、政局情况等。"提供"的方式包括主动向武装部队报告，也包括在武装部队人员询问时提供；包括口头提供，也包括书面提供。四是行为人战时向武装部队提供虚假敌情的行为造成严重后果的，才构成犯罪，这是区分罪与非罪的界限。"造成严重后果"，主要是指贻误了战机；使我方作出错误的军事行动决定；造成人员伤亡、武器装备、军用物资损失等重大损失等情况，具体可由司法机关根据实际情况掌握。

根据本条规定，对战时故意向武装部队提供虚假敌情，造成严重后果的，处三年以上十年以下有期徒刑；造成特别严重后果的，处十年以上有期徒刑或者无期徒刑。这里规定的"造成特别严重后果"，主要是指致使战斗、战役失利，造成重大人员伤亡和武器装备、军用物资损失，影响重大军事任务完成等特别严重后果，具体可由司法机关根据实际情况掌握。

【实践中需要注意的问题】

实践中应当注意区分本条规定的犯罪与刑法第四百二十二条规定的隐瞒、谎报军情罪的区分。刑法第四百二十二条规定，故意隐瞒、谎报军情，对作战造成危害的，处三年以上十年以下有期徒刑；致使战斗、战役遭受重大损失的，处十年以上有期徒刑、无期徒刑或者死刑。本条规定的战时故意提供虚假敌情罪与该罪的区别主要有：一是犯罪主体不同，本罪的主体是一般主体，一般是军人以外的人员。隐瞒、谎报军情罪是军人违反职责罪的一种，犯罪主体限于军人。这是两罪最主要的区别。二是客观表现形式不同，本罪只能由积极的行为构成，即向武装部队提供了虚假的敌情。隐瞒、谎报军情罪的行为方式既包括积极的谎报军情，也包括消极的隐瞒军情。三是涉及的情报信息范围不同。本罪涉及的是"敌情"，即作战敌方的有关情况。隐瞒、谎报军情罪涉及的是"军情"，不仅包括敌方的军情，也包括我方的有关情况、战场环境的情况等与军事行动有关的情报信息。四是入罪和适用第二档刑的标准不同，本罪构成犯罪的条件是"造成严重后果"，适用第二档刑期的条件是"造成特别严重后果"。隐瞒、谎报军情罪构成犯罪的条件是"对作战造成危害"，适用第二档刑期的条件是"致使战斗、战役造成重大损失"。总体来看，作为军人违反职责罪，隐瞒、谎报军情罪的入罪和适用第二档刑期的门槛比本罪要低。

第三百七十八条 【战时造谣扰乱军心罪】
战时造谣惑众，扰乱军心的，处三年以下有期徒刑、拘役或者管制；情节严重的，处三年以上十年以下有期徒刑。

【条文精解】

本条是关于战时造谣扰乱军心罪及其处罚的规定。

构成本条规定的战时造谣扰乱军心罪须具备以下条件：一是犯罪主体是非军人，即除军人以外的其他任何人。这是与刑法分则军人违反职责罪一章中规定的战时造谣惑众、动摇军心犯罪的主要区别。二是本条规定的行为，战时才构成犯罪。平时造谣惑众，扰乱军心的，可以依照有关规定予以处罚，但不构成犯罪。战时的含义，应当根据刑法第四百五十一条的规定理解。三是行为人实施了造谣惑众的行为。"造谣惑众"，是指行为人制造谣言，或以虚构的情况在部队中进行传播，迷惑众人的行为，既包括行为人捏造事实，在部队中传播，也包括行为人将听说的谣言在部队中传播。谣言的具体内容可以是凭空捏造的信息，也可以是颠倒歪曲的信息；可以是夸大敌方军队数量、实力、武器的杀伤力，也可以是我方友邻部队失利、军需物资供应困难、后勤保障中断，或者夸大、渲染战争残酷，制造恐怖气氛等方面的信息。四是行为人制造散布的谣言足以扰乱军心或造成了扰乱军心的后果。"扰乱军心"，是指行为人通过传播虚假事实或谣言，在部队中散布怯战、厌战或恐怖情绪，造成军心不稳，斗志涣散，削弱战斗力。如果行为人散布的谣言不足以造成扰乱军心的后果，如基于迷信散布一些荒诞的谣言的，也不宜认定为本罪。五是犯罪对象必须是多数人。本条规定的"惑众"，是指将谣言向武装部队中的众人宣扬、散布。如果只是向很小范围内的特定人传播谣言，没有造成谣言广泛传播的，不应当认定为"惑众"。造谣惑众的具体形式可以是口头散布、书面散布、通过信息网络、短信、即时通讯工具等散布谣言等。

根据本条规定，对战时造谣惑众，扰乱军心的，处三年以下有期徒刑、拘役或者管制；情节严重的，处三年以上十年以下有期徒刑。这里规定的"情节严重"，包括散布大量谣言惑众，谣言传播的范围大、人数多，组织、指使他人造谣惑众，扰乱军心，在作战的紧要关头造谣惑众，扰乱军心，勾结敌人造谣惑众，造成部队混乱，战斗、战役失利等严重后果等，具体可由司法机关根据案件情况掌握。

【实践中需要注意的问题】

1.本条规定的犯罪与刑法第四百三十三条规定的战时造谣惑众罪的区别。刑法第四百三十三条规定，战时造谣惑众，动摇军心的，处三年以下有期徒刑；情节严重的，处三年以上十年以下有期徒刑；情节特别严重的，处十年以上有期徒刑或者无期徒刑。本条规定的战时造谣扰乱军心罪与该罪主要区别是犯罪主体不同，本罪的犯罪主体是军人以外的人员，战时造谣惑众罪是军人违反职责罪的一种，其犯罪主体是军人。在刑罚配置上，战时造谣惑众罪的刑罚也比本条规定的较重。

2.本条规定的犯罪与刑法第三百七十七条规定的战时故意提供虚假敌情罪区别。这两种犯罪的区别主要有：一是犯罪的客观方面不尽相同。本罪客观方面的特征是造谣惑众，散布谣言的对象是不特定的人，谣言的内容也可以多样，不限于与敌方有关的情况。战时故意提供虚假敌情罪客观方面的特征是向武装部队提供虚假敌情，不一定有散布谣言的行为，提供的信息内容是与敌方有关的情报信息。二是构成犯罪的条件不同，构成本罪要求谣言足以扰乱军心或扰乱了军心，不一定要求造成严重后果，构成战时故意提供虚假敌情罪要求造成严重后果。

第三百七十九条 【战时窝藏逃离部队军人罪】
战时明知是逃离部队的军人而为其提供隐蔽处所、财物，情节严重的，处三年以下有期徒刑或者拘役。

【条文精解】

本条是关于战时窝藏逃离部队军人罪及其处罚的规定。

构成本条规定的战时窝藏逃离部队军人罪须具备以下条件：第一，本条规定的行为，战时才构成犯罪，这是构成本罪的前提条件。平时窝藏逃离部队军人的，可以依照有关规定予以处罚，但不构成犯罪。战时的含义，应当根据刑法第四百五十一条的规定理解。第二，行为人在主观上必须是明知，即明知是逃离部队的军人而故意为其提供有关便利条件。具体来讲，要求行为人明知其窝藏的人是军人，而且是逃离部队的军人。如果行为人不知道是逃离部队的军人的，不能构成本罪。明知的认定，可以是行为人承认，也可以通过客观情形推定。行为人窝藏逃离部队军人的动机可能是为了帮助亲友，也可能是为了妨碍部队的军事行动，具体动机不影响构成犯罪。第三，行为人实施了为逃离部队的军人提供隐蔽处所、财物的行为。"提供隐蔽处所"，是指为逃离部队的军人提供住处或者场所，将其隐藏起来，以逃避部队和地方有关部门查找。包括提供自己所有或者控制的场所，也包括利用他人所有或者管理的场所。为逃离部队的军人提供"财物"，是指为其提供物质帮助，以使其进一步逃跑或隐藏，具体可以包括提供资金、食物、生活用品、交通工具等财物。第四，行为人的行为，情节严重的，才构成犯罪，这是区分罪与非罪的界限。"情节严重的"，主要是指行为人在部队或有关部门、组织进行查找时，故意编造虚假情况进行隐瞒，或者多次提供财物帮助多名逃离部队的军人潜逃等。根据最高人民检察院、公安部《关于公安机关管辖的刑事案件立案追诉标准的规定（一）》第九十七条的规定，战时明知是逃离部队的军人而为其提供隐蔽处所、财物，涉嫌下列情形之一的，应予立案追诉：(1)窝藏三人次以上的；(2)明知是指挥人员、值班执勤人员或者其他负有重要职责人员而窝藏的；(3)有关部门查找时拒不交出的；(4)其他情节严重的情形。

根据本条规定，对战时明知是逃离部队的军人而为其提供隐蔽处所、财物，情节严重的，处三年以下有期徒刑或者拘役。

【实践中需要注意的问题】

1.本条规定的犯罪与逃离部队罪的共同犯罪的区分。刑法第四百三十五条规定了逃离部队罪，即违反兵役法规，逃离部队，情节严重的犯罪。该罪的犯罪主体是军人。对于战时行为人与逃离部队的军人事先通谋，在其逃离部队后为其提供隐蔽处所、财物的，应当以逃离部队罪的共同犯罪定罪处罚。

2.本条规定的犯罪与雇用逃离部队军人罪的区分。刑法第三百七十三条规定了雇用逃离部队军人罪。本罪与该罪的区别主要有：一是构成犯罪的时间要求不同。本罪只能在战时构成，雇用逃离部队军人罪战时、平时都可以构成。二是行为方式不同。本罪的行为方式是为逃离部队的军人提供隐蔽处所、财物帮助其隐藏，雇用逃离部队军人罪的行为方式是雇用逃离部队的军人为其劳动。本罪的行为方式范围更大，在战时的入罪门槛相对较低。

第三百八十条 【战时拒绝、故意延误军事订货罪】

战时拒绝或者故意延误军事订货，情节严重的，对单位判处罚金，并对其直接负责的主管人员和其他直接责任人员，处五年以下有期徒刑或者拘役；造成严重后果的，处五年以上有期徒刑。

【条文精解】

本条是关于战时拒绝、故意延误军事订货罪及其处罚的规定。

构成本条规定的战时拒绝、故意延误军事订货罪，应具备以下条件：一是本条规定的行为，战时才构成犯罪，这是构成本罪的前提条件。平时拒绝、故意延误军事订货的，可以依照有关规定予以处罚，但不构成犯罪。战时的含义，应当根据刑法第四百五十一条的规定理解。二是犯罪主体是与军事单位签订军事订货合同的当事人，且当事人是单位。自然人不能单独成为本条规定的犯罪的主体，这是考虑到我国能够承担军事订货任务、研制、生产武器装备、军用物资的，都是企业、事业单位。三是行为人在主观上必须是出于故意，即明知是国家的军事订货而拒绝或者延误。如果虽然拒绝或者延误了订货，但行为人不知道订货的性质是军事订货的，不构成本条规定的犯罪。如果行为人不是出于故意，而是客观上由于不可抗力、意外事件等原因或一些特殊的实际困难，没有完成军事订货或延误军事订货，也不构成本条规定的犯罪。行为人实施本罪的动机可能是多样的，有的是因为军事订货利润不高，从经济利益考虑拒绝或者延误，有的具有妨害军事行动的动机，具体动机不影响犯罪的构成。四是行为人实施了拒绝、延误军事订货的行为。具体包括两种犯罪行为。其一，拒绝军事订货。"拒绝"，是指拒不履行规定的供货义务，即在国家或者军队有关部门向其提出军事订货任务时明确表示不接受。拒绝的具体形式可以包括口头和书面的形式，也可以包括采用暴力、威胁的方式抗拒。其二，故意延误军事订货。"延误"，是指在规定的时间以后供货。"军事订货"，是指国家和军队有关部门向有关企业、事业单位提出的研制、生产武器装备和其他军用物资的订货任务。五是行为人的行为必须是情节严重的，才构成犯罪。所谓"情节严重"，主要是指拒绝手段恶劣的；或者由于急需的武器装备、后勤给养供应不及时，使我方陷入不利境地，严重影响战斗任务的顺利完成等。根据最高人民检察院、公安部《关于公安机关管辖的刑事案件立案追诉标准的规定（一）》第九十八条的规定，战时拒绝或者故意延误军事订货，涉嫌下列情形之一的，应予立案追诉：（1）拒绝或者故意延误军事订货三次以上的；（2）联络、煽动他人共同拒绝或者故意延误军事订货的；（3）拒绝或者故意延误重要军事订货，影响重要军事任务完成的；（4）其他情节严重的情形。

根据本条规定，对战时拒绝或者故意延误军事订货，情节严重的单位实行双罚制，对单位判处罚金，并对其直接负责的主管人员和其他直接责任人员处五年以下有期徒刑或者拘役；造成严重后果的，处五年以上有期徒刑。"造成严重后果"，主要是指使战斗、战役遭受重大损失，造成不必要的人员伤亡等严重后果。

【实践中需要注意的问题】

实践中执行本条应当注意本条规定的犯罪与阻碍军事行动罪的区分。刑法第三百六十八条第二款规定了阻碍军事行动罪，即故意阻碍武装部队军事行动，造成严重后果的，处五年以下有期徒刑或者拘役。本罪与该罪的区别主要有：一是构成犯罪的时间要求不同。本罪只能在战时构成，阻碍军事行动罪战时、平时都可以构成。二是犯罪主体不同。本罪的主体是接受军事订货的单位，阻碍军事行动罪的主体是个人。三是行为方式不同。本罪的行为方式是拒绝或者故意延误军事订货，阻碍军事行动罪的行为方式是多样的。对于战时接受军事订货的单位以拒绝、故意延误军事订货的方式阻碍军事行动的，应当依照处罚较重的犯罪的规定定罪处罚。

第三百八十一条【战时拒绝军事征收、征用罪】

战时拒绝军事征收、征用，情节严重的，处三年以下有期徒刑或者拘役。

【条文精解】

本条是关于战时拒绝军事征收、征用罪及其处罚的规定。

根据国防法的规定，国家在依照宪法规定宣布战争状态时，采取各种措施集中一切人力、物力、财力，以抵抗侵略，保卫祖国。在国家发布动员令后，一切国家机关、武装力量、各政党、各社会团体、各企业事业单位和公民，都必须完成规定的动员任务，这是每一个公民和组织应尽的义务。对于拒绝履行这一义务，情节严重的，根据本条规定，应追究其刑事责任。

构成本条规定的战时拒绝军事征收、征用罪，须具备以下条件：一是本条规定的行为,战时才构成犯罪。这是构成本罪的前提条件。平时拒绝军事征收、征用罪的,可以依照有关规定予以处罚,但不构成犯罪。战时的含义,应当根据刑法第四百五十一条的规定理解。二是行为人在主观上出于故意。即行为人明知是军事征收、征用仍然拒绝的。如果行为人不明知征收、征用的性质,如认为是地方政府出于开发目的征收、征用土地而拒绝的,不构成本条规定的犯罪。行为人实施本罪的动机可能是多样的,有的是不愿意放弃自己的财产,认为国家给予的补偿太低,有的具有妨害军事行动的动机,具体动机不影响犯罪的构成。三是行为人在客观上实施了拒绝军事征收、征用的行为。"拒绝",是指行为人故意不履行义务,在国家或者军队有关部门向其提出军事征收、征用任务时明确表示不接受,不将被征收、征用的物资交付武装部队或者有关部门。拒绝的具体形式可以包括口头和书面的形式,也可以包括采用暴力、威胁的方式抗拒。具体可以分为拒绝军事征收和拒绝军事征用两种情形。"军事征收",是为军事需要将非国有的物资收归国有。"军事征用",是为军事需要将非国有物资由国家临时使用。国防动员法第十章对国家决定实施国防动员后对民用资源征用与补偿的具体制度作了规定。四是行为人的行为必须是情节严重的,才构成犯罪。所谓"情节严重",主要是指造成严重后果;影响了部队完成任务;经反复教育、动员仍不交付等情况。根据最高人民检察院、公安部《关于公安机关管辖的刑事案件立案追诉标准的规定(一)》第九十九条的规定,战时拒绝军事征用,涉嫌下列情形之一的,应予立案追诉:(1)无正当理由拒绝军事征用三次以上的;(2)采取暴力、威胁、欺骗等手段拒绝军事征用的;(3)联络、煽动他人共同拒绝军事征用的;(4)拒绝重要军事征用,影响重要军事任务完成的;(5)其他情节严重的情形。

根据本条规定,对战时拒绝军事征收、征用,情节严重的,处三年以下有期徒刑或者拘役。

【实践中需要注意的问题】

实践中执行本条应当注意本条规定的犯罪与阻碍军事行动罪的区分。刑法第三百六十八条第二款规定了阻碍军事行动罪,即故意阻碍武装部队军事行动,造成严重后果的,处五年以下有期徒刑或者拘役。本罪与该罪的区别主要有:一是构成犯罪的时间要求不同。本罪只能在战时构成,阻碍军事行动罪战时、平时都可以构成。二是行为方式不同。本罪的行为方式是拒绝军事征收、征用,阻碍军事行动罪的行为方式是多样的。

第八章 贪污贿赂罪

第三百八十二条 【贪污罪】

国家工作人员利用职务上的便利,侵吞、窃取、骗取或者以其他手段非法占有公共财物的,是贪污罪。

受国家机关、国有公司、企业、事业单位、人民团体委托管理、经营国有财产的人员,利用职务上的便利,侵吞、窃取、骗取或者以其他手段非法占有国有财物的,以贪污论。

与前两款所列人员勾结,伙同贪污的,以共犯论处。

【条文精解】

本条是关于贪污罪定义的规定。

本条共分三款。第一款是关于贪污罪概念的规定。根据这一规定,构成贪污罪,必须具备以下条件:

首先,贪污罪的主体是国家工作人员,即本法第九十三条规定的"国家机关中从事公务的人员","国有公司、企业、事业单位、人民团体中从事公务的人员和国家机关、国有公司、企业、事业单位委派到非国有公司、企业、事业单位、社会团体从事公务的人员,以及其他依照法律从事公务的人员,以国家工作人员论"。我国国家工作人员可以分为以下四类:(1)国家机关中从事公务的人员,是指在国家机关中行使国家赋予该国家机关职权的人员,以及在这些国家机关中履行管理职责的人员。根据我国宪法和有关法律法规的规定,国家机关包括:国家的权力机关,即各级人民代表大会及其常务委员会,以及各级人民代表大会及其常务委员会下设的工作机构、办事机构;国家的监察机关,即国家监察委员会以及各级监察委员会;国家的行政机关,即中央的、地方的各级政府及其下属机构、办事机构;国家的审判机关,即各级人民法院及其派出的审判机构;国家的检察机关,即各级人民检察院及其派出的检察机构;军队,即中国人民解放军和中国人民武装警察部队系列的各部门、各机构;中国共产党的各级机关及其派出机构;中国人民政治协商会议的各级机关及其派出机构。（2）国有公司、企业、事业单位、人民团体中从事公务的人员，是指在上述单位中从事经营、管理职责或者履行经管单位财务等职责的人员。国有公司、企业，是指国家所有的公司、企业以及直接隶属于国家机关、行使一定行政管理职能的企业、事业单位，如烟草公司等。国有参股、合资、合作的公司、企业，不应认为是刑法意义上的国有公司、企业。国有的事业单位、人民团体，是指国家出资兴办的事业单位和人民团体，如公立大学、医院以及妇联、共青团等。（3）国家机关、国有公司、企业、事业单位委派到非国有公司、企业、事业单位、社会团体从事公务的人员。非国有的公司、企业、事业单位、社会团体，是指国有公司、企业、事业单位、社会团体以外的各种公司、企业、事业单位以及各种依法设立的学会、协会、基金会等社会团体，也包括上述单位参与国有资产投资形成的企业等。委派人员不仅包括国有公司、企业、事业单位有投资而委派去的经营、管理人员，也包括没有国有资产投资，但为了加强对非国有单位人员指导、监督而委派的人员。委派人员不一定具备国家机关工作人员的身份，但只要接收了委派，代表委派单位行使经营管理、督导等职权者就以国家工作人员论。这些人员包括国有单位从现有人员中派出的，或者从外单位调入的，或者从社会上聘用后委派到非国有单位从事上述公务的人员。对于上述三类人员，刑法部分犯罪明确按照国家工作人员的罪名处理。如我国刑法第一百六十三条规定，国有公司、企业或者其他国有单位中从事公务的人员和国有公司、企业或者其他国有单位委派到非国有公司、企业以及其他单位从事公务的人员利用职务上的便利，索取他人财物，为他人谋取利益，数额较大的，按照受贿罪定罪处罚；刑法一百八十三条规定，国有保险公司工作人员和国有保险公司委派到非国有保险公司从事公务的人员，有利用职务上的便利故意编造未曾发生的保险事故进行虚假理赔，骗取保险金归自己所有的，按照刑法关于贪污罪的规定定罪处罚；刑法一百八十四条规定，国有金融机构工作人员和国有金融机构委派到非国有金融机构从事公务的人员，有利用职务上的便利索取他人财物或者非法收受他人财物，为他人谋取利益的行为，或者违反国家规定，收受各种名义的回扣、手续费，给个人所有的，按照受贿罪的规定定罪处罚。（4）其他依照法律从事公务的人员。这类人员是指依照宪法和法律、法规被选举、被任命从事公务的人员，包括：各民主党派的专职工作人员；人民陪审员；由法律法规授权行使行政管理职能的组织的人员；由行政机关委托行使行政管理的组织的工作人员等，以及农村的村民委员会、城镇的居民委员会等基层群众组织中协助人民政府从事特定的行政管理工作的人员等。2000年4月29日第九届全国人民代表大会常务委员会第十五次会议通过的《关于〈中华人民共和国刑法〉第九十三条第二款的解释》中，规定了村民委员会等村基层组织人员协助人民政府从事下列行政管理工作，属于刑法第九十三条第二款规定的"其他依照法律从事公务的人员"：（1）救灾、抢险、防汛、优抚、扶贫、移民、救济款物的管理；（2）社会捐助公益事业款物的管理；（3）国有土地的经营和管理；（4）土地征收、征用补偿费用的管理；（5）代征、代缴税款；（6）有关计划生育、户籍、征兵工作；（7）协助人民政府从事的其他行政管理工作。并同时规定，村民委员会等村基层组织人员从事前款规定的公务，利用职务上的便利，非法占有公共财物、挪用公款、索取他人财物或者非法收受他人财物，构成犯罪的，适用刑法第三百八十二条和第三百八十三条贪污罪、第三百八十四条挪用公款罪、第三百八十五条和第三百八十六条受贿罪的规定。也就是说，村民委员会等村基层组织的人员在协助人民政府进行有关管理工作时，属于刑法第九十三条第二款规定的"其他依照法律从事公务的人员"，可以成为贪污罪和受贿罪的犯罪主体。

其次，贪污罪侵犯的对象是公共财物。我国刑法第九十一条对公共财产的范围作了规定，主要包括：（1）国有财产，即国家所有的资财和物品。国家所有，具有特定的含义，即中华人民共和国所有的财物、资源。（2）劳动群众集体所有的财产，即属于集体所有制的资财和物品，如集体所有土地等。（3）用于扶贫和其他公益事业的社会捐助或者专项基金的财产。这些财产，既包括国家下拨的扶贫和其他公司公益事业的专项基金、公益机构的事业费、国家拨付的专项研究基金，也包括由社会捐助、赞助的财物，也包括国外捐助的资金、实物、联合国的专项基金、援助资金和物资等。（4）在国家机关、国有公司、企业、集体企业和人民团体管理、使用或者运输中的私人财产。对于该财产的性质，要根据所管理、使用或者运输该私人财产的单位的性质来确定以何种财产论，如果是由国家机关、国有公司、企业来管理、使用或者运输，则认定为国有财产；如果是集体企业管理、使用或者运输，则认定为集体财产；如果是扶贫、救济等公益团体管理、使用、运输的私人财产，应认定为公益事业财产。

最后，贪污罪在行为上主要表现为利用职务上的便利，侵吞、窃取、骗取或者以其他手段非法占有公共财物的行为。这里所说的"利用职务上的便利"，是指利用自己职务范围内的权力和地位所形成的主管、管理、经手公共财物的便利条件。"侵吞"，是指利用职务上的便利，将自己主管、管理、经手的公共财物非法占为己有的行为。侵吞的手段多种多样，如收入不入帐、据为己有；涂改帐目、单据，缩小收入，加大支出；多报消耗，加大报废物资数量；伪造支取凭证套现等。"窃取"，是指利用职务上的便利，用秘密获取的方法，将自己主管、管理、经手的公共财物占为己有的行为，即通常所说的"监守自盗"。"骗取"，是指行为人利用职务上的便利，使用欺骗的方法，非法占有公共财物的行为，如伪造、涂改单据，虚报冒领；用虚假票据、单据报帐等。所谓"其他手段"，是指侵吞、窃取、骗取以外的利用职务上的便利非法占有公共财物的手段，如银行系统内外勾结将公款私存，套取利息私分；利用彩票、福利抽奖作弊贪污等。

本条第二款是关于受国家机关、国有公司、企业、事业单位、人民团体委托管理、经营国有财产的人员，利用职务上的便利，侵吞、窃取、骗取或者以其他手段非法占有国有财物的，以贪污论的规定。这里规定的"国有财产"，与第一款规定的"公共财物"是有区别的。前者只限定于国家所有（或全民所有）的财产，后者还包括集体所有的财产、用于社会公益事业的财产等。侵吞、窃取、骗取或者以其他手段非法占有国有财物的行为，同第一款规定的行为内容是一致的，不再赘述。

本条第三款是对与前两款所列人员勾结、伙同贪污的，以共犯论处的规定。这里所说的"伙同贪污"，是指伙同国家工作人员进行贪污，其犯罪性质是贪污罪，对伙同者，应以贪污罪的共犯论处。

【实践中需要注意的问题】

1. 关于贪污罪犯罪主体的认定。国家工作人员，主要是指在国家机关中从事公务的人员，包括履行组织、领导、监督、管理等职责的人员，以及经手、管理公共财物的人员等，一般工人、勤杂人员，如果未涉及上述职责，则不属于从事公务的人员。另外，根据刑法第九十三条的规定，国有公司、企业、事业单位、人民团体中从事公务的人员和国家机关、国有企业、事业单位委派到非国有公司、企业、事业单位、社会团体从事公务的人员，以及其他依照法律从事公务的人员，以国家工作人员论。因此，对于受上述委派到非国有单位的人员等，应结合具体案件的情况，根据相关人员任职条件、程序，实际承担的职责等情况，综合认定其是否按照国家工作人员进行处理。

2. 关于国家出资企业主体的认定。国家出资企业包括国家出资的国有独资公司、国有独资企业，以及国有资本控股公司、国有资本参股公司。对国家出资企业的认定，应遵循"谁投资，谁拥有产权"的原则进行界定。企业注册登记中的资金来源与实际出资不符的，应根据实际出资情况确定企业的性质；企业实际出资情况不清楚的，可以综合工商注册、分配形式、经营管理等因素确定企业的性质。对于经国家机关、国有公司、企业、事业单位提名、推荐、任命、批准等，在国家控股、参股公司及其分支机构中从事公务的人员，在履行上述职责时，应当以国家工作人员论处。经国家出资企业中负有管理、监督国有资产职责的组织批准或者研究决定，代表其在国有控股、参股公司及其分支机构中从事组织、领导、监督、经营、管理工作的人员，应当以国家工作人员论处。国家出资企业中的国家工作人员，在国家出资企业中持有个人股份或者同时接受非国有股东委托的，不影响以国家工作人员身份进行论处。

3. 关于国家工作人员和非国家工作人员勾结共同非法占有单位财物行为的认定。按照最高人民法院《关于审理贪污、职务侵占案件如何认定共同犯罪几个问题的解释》规定，行为人与国家工作人员勾结，利用国家工作人员的职务便利，共同侵吞、窃取、骗取或者以其他手段非法占有公共财物的，以贪污罪共犯论处。行为人与公司、企业或者其他单位的人员勾结，利用公司、企业或者其他单位人员的职务便利，共同将该单位财物非法占为己有，数额较大的，以职务侵占罪共犯论处。公司、企业或者其他单位中，不具有国家工作人员身份的人与国家工作人员勾结，分别利用各自的职务便利，共同将本单位财物非法占为己有的，按照主犯的犯罪性质定罪。

4. 贪污罪与获取合法报酬、不当得利之间的界限。对于一些在国家研究、学习机构工作的科研人员，在国有公司、企业工作的工程技术人员，在法律政策允许的范围内，承担某些工作和提供咨询服务而获得的报酬行为，在实践中应正确把握与贪污罪之间的界限，应当从主体是否为科研或者工程技术人员、经费是否用于科研用途、是否利用了职务便利、实施了侵吞、窃取或者骗取科研费用等进行认定，以更好地保护科研创新。

5. 贪污罪既遂与未遂的认定。贪污罪是一种以非法占有为目的的财产性犯罪，与盗窃、诈骗、抢夺等侵犯财产罪一样，应当以行为人是否实际控制财物作为区分贪污罪既遂与未遂的标准，对于行为人利用职务便利，实施了虚假平帐等贪污行为，但公共财物尚未转移的，或者尚未被行为人控制就被查获的，应当认定为贪污未遂。

第三百八十三条 【对贪污罪的处罚】

对犯贪污罪的，根据情节轻重，分别依照下列规定处罚：

（一）贪污数额较大或者有其他较重情节的，处三年以下有期徒刑或者拘役，并处罚金。

（二）贪污数额巨大或者有其他严重情节的，处三年以上十年以下有期徒刑，并处罚金或者没收财产。

（三）贪污数额特别巨大或者有其他特别严重情节的，处十年以上有期徒刑或者无期徒刑，并处罚金或者没收财产；数额特别巨大，并使国家和人民利益遭受特别重大损失的，处无期徒刑或者死刑，并处没收财产。

对多次贪污未经处理的，按照累计贪污数额处罚。

犯第一款罪，在提起公诉前如实供述自己罪行、真诚悔罪、积极退赃，避免、减少损害结果的发生，有第一项规定情形的，可以从轻、减轻或者免除处罚；有第二项、第三项规定情形的，可以从轻处罚。

犯第一款罪，有第三项规定情形被判处死刑缓期执行的，人民法院根据犯罪情节等情况可以同时决定在其死刑缓期执行二年期满依法减为无期徒刑后，终身监禁，不得减刑、假释。

【条文精解】

本条是关于贪污罪如何处罚的规定。

本条共分四款。第一款规定了贪污罪的具体量刑标准，将数额和情节综合作为定罪量刑标准，其中规定了三个量刑档次，即贪污数额较大或者有其他较重情节，贪污数额巨大或者有其他严重情节，贪污数额特别巨大或者有其他特别严重情节。根据本款规定，行为人贪污数额较大应定贪污罪，追究其相应的刑事责任，行为人贪污数额虽没有达到较大的标准，但有其他较重情节也应定罪判刑。2016年4月18日，最高人民法院、最高人民检察院施行《关于办理贪污贿赂刑事案件适用法律若干问题的解释》，对数额较大、数额巨大、数额特别巨大及情节严重作出进一步规定。贪污数额在三万元以上不满二十万元的，为"数额较大"，贪污数额在二十万元以上不满三百万元的，为"数额巨大"，贪污数额在三百万元以上的，为"数额特别巨大"。贪污数额达到上述标准，可按照刑法第三百八十三条第一款进行处罚。贪污数额在一万元以上不满三万元，有下列情形之一，可以认定为"其他较重情节"：（1）贪污救灾、抢险、防汛、优抚、扶贫、移民、救济、防疫、社会捐助等特定款物的。2017年7月19日，最高人民检察院发布《关于贪污养老、医疗等社会保险基金能否适用〈最高人民法院、最高人民检察院关于办理贪污贿赂刑事案件适用法律若干问题的解释〉第一条第二款第一项规定的批复》明确，养老、医疗、工伤、失业、生育等社会保险基金可以认定为特定款物。（2）曾因贪污、受贿、挪用公款受过党纪、行政处分的。（3）曾因故意犯罪受过刑事追究的。（4）赃款赃物用于非法活动的。（5）拒不交待赃款赃物去向或者拒不配合追缴工作，致使无法追缴的。（6）造成恶劣影响或者其他严重后果的。依法判处三年以下有期徒刑或者拘役，并处罚金。贪污数额在十万元以上不满二十万元，具有上述情形之一的，应当认定为"其他严重情节"，依法判处三年以上十年以下有期徒刑，并处罚金或者没收财产。贪污数额在一百五十万元以上不满三百万元，具有上述情形之一的，应当认定为"其他特别严重情节"，依法判处十年以上有期徒刑、无期徒刑或者死刑，并处罚金或者没收财产。

考虑到贪污受贿犯罪是一种以非法占有为目的的财产性职务犯罪，行为人利用职务上的便利实施犯罪，侵犯了职务廉洁性；同时，与盗窃、诈骗等侵犯财产罪一样，具有贪利性，为不使行为人在经济上得利，本款对贪污受贿犯罪量刑相对较轻的档次中增加规定了罚金刑，贪污贿赂罪犯在依法被判处自由刑的同时，还要同时被判处财产刑。2016年4月18日最高人民法院、最高人民检察院《关于办理贪污贿赂刑事案件适用法律若干问题的解释》规定，对贪污罪、受贿罪判处三年以下有期徒刑或者拘役的，应当并处十万元以上五十万元以下的罚金；判处三年以上十年以下有期徒刑的，应当并处二十万元以上犯罪数额二倍以下的罚金或者没收财产；判处十年以上有期徒刑或者无期徒刑的，应当并处五十万元以上犯罪数额二倍以下的罚金或者没收财产；对刑法规定并处罚金的其他贪污贿赂犯罪，应当在十万元以上犯罪数额二倍以下判处罚金。

第二款是对多次贪污未经处理的如何计算贪污数额的规定。多次贪污未经处理，是指两次以上的贪污行为，以前既没有受过刑事处罚，也没有受过行政处理，追究其刑事责任时，应当累计计算贪污数额。

第三款是关于对贪污犯罪可以从宽处理的规定。对贪污犯罪从宽处理必须同时符合以下条件：一是在提起公诉前。"提起公诉"是人民检察院对公安机关、监察机关移送起诉认为应当起诉的案件，经全面审查，对事实清楚，证据确实充分，依法应当判处刑罚的，提交人民法院审判的诉讼活动。二是行为人必须如实供述自己罪行、真诚悔罪、积极退赃。如实供述自己罪行，是指犯罪分子对于自己所犯的罪行，无论司法机关是否掌握，都要如实地、全部地、无保留地向司法机关供述。需要指出的是，"如实供述自己罪行、真诚悔罪、积极退赃"是并列条件，要求全部具备。实践中，有些犯罪分子虽然如实供述了自己的罪行，但没有积极退赃的表现，有的甚至将所贪污受贿的财产转移，企图出狱后自己和家人仍继续享受这些财产，这种行为表明其不具有真诚悔罪的表现，不符合从宽处理的条件。三是避免、减少损害结果的发生。犯罪分子真诚悔罪、积极退赃的表现，必须要达到避免或者减少损害结果发生的实际效果。在同时具备以上前提的条件下，本款根据贪污受贿的不同情形，规定可以从宽处罚。根据本款的规定，对贪污数额较大或者有其他较重情节的，可以从轻、减轻或者免除处罚；对贪污数额巨大或者有其他严重情节以及对贪污数额特别巨大或者有其他特别严重情节的，可以从轻处罚。这是针对贪污受贿犯罪所作的特别规定。

第四款是关于终身监禁，不得减刑、假释的规定。特别需要明确的是，这里规定的"终身监禁"不是独立的刑种，它是对罪当判处死刑的贪污受贿犯罪分子的一种不执行死刑的刑罚执行措施。从这个意义上讲，也可以说是对死刑的一种替代性措施。因此，与无期徒刑不同，无期徒刑是刑法总则规定的一个独立刑种。同时，在执行中，对被判处无期徒刑的罪犯，根据该罪犯接受教育改造、悔罪表现等情况，满足一定条件的可以减刑、假释。根据本款规定，"终身监禁"只适用于贪污数额特别巨大，并使国家和人民利益遭受特别重大损失，被判处死刑缓期执行的犯罪分子，特别是其中本应当判处死刑的，根据慎用死刑的刑事政策，结合案件的具体情况，对其判处死刑缓期二年执行的犯罪分子。需要指出的是，本款规定只是明确了可以适用"终身监禁"的人员的范围，并不是所有贪污受贿犯罪被判处死刑缓期执行的都要"终身监禁"。是否"终身监禁"，应由人民法院根据其所实施犯罪的具体情节等情况综合考虑。这里规定的"同时"，是指被判处死刑缓期执行的同时，不是在死刑缓期执行二年期满以后减刑的"同时"。根据刑事诉讼法第二百六十五条的规定，可以暂予监外执行的对象是被判处无期徒刑、有期徒刑和拘役的罪犯，因此，终身监禁的罪犯，不得减刑、假释，也不得暂予监外执行。2016年4月18日最高人民法院、最高人民检察院《关于办理贪污贿赂刑事案件适用法律若干问题的解释》第四条规定，贪污数额特别巨大，犯罪情节特别严重、社会影响特别恶劣、给国家和人民利益造成特别重大损失的，可以判处死刑。有上述情形但具有自首、立功，如实供述自己罪行、真诚悔罪、积极退赃，或者避免、减少损害结果的发生等情节，不是必须立即执行的，可以判处死刑缓期二年执行，同时裁判决定在其死刑缓期执行二年期满依法减为无期徒刑后，终身监禁，不得减刑、假释。2017年1月1日最高人民法院《关于办理减刑、假释案件具体应用法律的规定》第十五条规定，对被判处终身监禁的罪犯，在死刑缓期执行期满依法减为无期徒刑的裁定中，应当明确终身监禁，不得再减刑或者假释。

【实践中需要注意的问题】

关于《刑法修正案（九）》的时间效力问题。2015年11月1日最高人民法院《关于〈中华人民共和国刑法修正案（九）〉时间效力问题的解释》第八条规定，对于2015年10月31日以前实施贪污、受贿行为，罪行极其严重，根据修正前刑法判处死刑缓期执行不能体现罪刑相适应原则，而根据修正后刑法判处死刑缓期执行同时决定在其死刑缓期执行二年期满依法减为无期徒刑后，终身监禁，不得减刑、假释可以罚当其罪的，适用修正后刑法第三百八十三条第四款的规定。根据修正前刑法判处死刑缓期执行足以罚当其罪的，不适用修正后刑法第三百八十三条第四款的规定。

第三百八十四条 【挪用公款罪】

国家工作人员利用职务上的便利，挪用公款归个人使用，进行非法活动的，或者挪用公款数额较大、进行营利活动的，或者挪用公款数额较大、超过三个月未还的，是挪用公款罪，处五年以下有期徒刑或者拘役；情节严重的，处五年以上有期徒刑。挪用公款数额巨大不退还的，处十年以上有期徒刑或者无期徒刑。

挪用用于救灾、抢险、防汛、优抚、扶贫、移民、救济款物归个人使用的，从重处罚。

【条文精解】

本条是关于挪用公款罪的概念及其处罚的规定。

本条共分两款。第一款是关于挪用公款罪的概念及其处罚的规定。根据本款规定，构成挪用公款罪必须具备以下几个条件：

其一，犯罪主体只能是国家工作人员。另外，根据2000年4月29日第九届全国人民代表大会常务委员会第十五次会议通过的全国人民代表大会常务委员会《关于〈中华人民共和国刑法〉第九十三条第二款的解释》，村民委员会等村基层组织人员在协助人民政府从事行政管理工作中，利用职务上的便利，挪用公款构成犯罪的，适用刑法第三百八十四条挪用公款罪的规定，也可以成为挪用公款罪的主体。

其二，在客观方面是利用职务上的便利，实施以下三种行为之一的：（1）挪用公款归个人使用，进行非法活动的。这里所说的"挪用公款归个人使用"，包括挪用者本人使用或者给其他人使用。为私利以个人名义将挪用的公款给其他单位使用的，应视为挪用公款归个人使用。"进行非法活动"，是指进行违法犯罪活动，如赌博、走私。（2）挪用公款归个人使用数额较大，进行营利活动的。这里所说的"进行营利活动"，是指进行经商办企业、投资股市、放贷等经营性活动。（3）挪用公款数额较大的，归个人使用，超过三个月未还的。这种挪用主要指用于个人生活，如挪用公款盖私房、买车或者进行挥霍。这里所说的"未还"，是指案发前（被司法机关、主管部门或者有关单位发现前）未还。如果挪用公款数额较大，超过三个月后在案发前已全部归还本息的，不作为犯罪处理。2016年4月18日施行的最高人民法院、最高人民检察院《关于办理贪污贿赂刑事案件适用法律若干问题的解释》第六条规定，挪用公款归个人使用，进行营利活动或者超过三个月未还，数额在五万元以上的，应当认定为"数额较大"；数额在五百万元以上的，应当认定为"数额巨大"；具有下列情形之一的，应当认定为"情节严重"：①挪用公款数额在二百万元以上的；②挪用救灾、抢险、防汛、优抚、扶贫、移民、救济特定款物，数额在一百万元以上不满二百万元的；③挪用公款不退还，数额在一百万元以上不满二百万元的；④其他严重的情节。

其三，挪用公款罪在主观方面具有挪用的故意，即准备以后归还，不打算永久占有。这是挪用公款罪与贪污罪的根本区别。另外，2002年4月28日第九届全国人民代表大会常务委员会第二十七次会议通过的全国人民代表大会常务委员会《关于〈中华人民共和国刑法〉第三百八十四条第一款的解释》中，对于挪用公款"归个人使用"的问题作了专门解释：有下列情形之一的，属于挪用公款"归个人使用"：（1）将公款供本人、亲友或者其他自然人使用的；（2）以个人名义将公款供其他单位使用的；（3）个人决定以单位名义将公款供其他单位使用，谋取个人利益。

根据第一款规定，对挪用公款罪，处五年以下有期徒刑或者拘役；情节严重的，处五年以上有期徒刑。挪用公款数额巨大不退还的，处十年以上有期徒刑、无期徒刑。这里所说的"不退还"，是指主观上想还而还不了的。如果在主观上就想非法占有挪用款，即构成贪污罪，应当按照贪污罪定罪处罚。

本条第二款是对挪用救灾、抢险、防汛、优抚、扶贫、移民、救济款物归个人使用的从重处罚的规定。本款所规定的"从重处罚",是指根据挪用特定款物行为的情节,分别适用第一款规定的量刑幅度,在各量刑幅度内处较重刑罚。

第三百八十五条【受贿罪】
国家工作人员利用职务上的便利,索取他人财物的,或者非法收受他人财物,为他人谋取利益的,是受贿罪。
国家工作人员在经济往来中,违反国家规定,收受各种名义的回扣、手续费,归个人所有的,以受贿论处。

【条文精解】

本条是关于受贿罪定义的规定。

本条共分两款。第一款规定了受贿罪的概念。根据这一规定,构成受贿罪必须具备以下几个条件:第一,受贿罪的主体是国家工作人员。根据2000年4月29日第九届全国人民代表大会常务委员会第十五次会议通过的《关于〈中华人民共和国刑法〉第九十三条第二款的解释》,村民委员会等村基层组织人员在协助人民政府从事行政管理工作时,属于刑法第九十三条第二款规定的"其他依照法律从事公务的人员"。也就是说,如果上述人员利用职务上的便利,索取他人财物或者非法收受他人财物,构成犯罪的,适用刑法第三百八十五条和第三百八十六条受贿罪的规定,也可以成为受贿罪的主体。第二,受贿罪在客观方面表现为利用职务上的便利,索取他人财物,或者非法收受他人财物,为他人谋取利益。这里所说的"利用职务上的便利",是指利用本人职务范围内的权力,即自己职务上主管、负责或者承办某种公共事务的职权所造成的便利条件,既包括利用本人职务上主管、负责、承办某项公共事务的职权,也包括利用职务上有隶属、制约关系的其他国家工作人员的职权。担任单位领导职务的国家工作人员通过不属自己主管的下级部门的国家工作人员的职务为他人谋取利益的,也应当认定为"利用职务上的便利条件"。"索取他人财物",是指行为人在职务活动中主动向他人索要财物。索贿是严重的受贿行为,比一般受贿具有更大的主观恶性和社会危害性,因此,对索取他人财物的,法律没有规定要以"为他人谋取利益"为条件,不论是否为他人谋取利益,均可构成受贿罪。"非法收受他人财物",是指行贿人向受贿人主动给予财物时,受贿人非法收受他人财物的行为。"为他人谋取利益",是指受贿人利用职权为行贿人办事,即进行"权钱交易"。至于为他人谋取的利益是否正当,为他人谋取的利益是否实现,不影响受贿罪的成立。为他人谋取利益包括承诺、实施和实现三个阶段,只要具有其中一个阶段的行为,如国家工作人员收受他人财物时,根据他人提供的具体请托事项,承诺为他人谋取利益的,就具备了为他人谋取利益的要件。明知他人有具体请托事项而收受其财物的,视为承诺为他人谋取利益。2016年4月18日最高人民法院、最高人民检察院《关于办理贪污贿赂刑事案件适用法律若干问题的解释》第十三条第一款规定,具有下列情形之一的,应当认定为"为他人谋取利益":(1)实际或者承诺为他人谋取利益的;(2)明知他人有具体请托事项的;(3)履职时未被请托,但事后基于该履职事由收受他人财物的。第十三条第二款规定,国家工作人员索取、收受具有上下级关系的下属或者具有行政管理关系的被管理人员的财物价值三万元以上,可能影响职权行使的,视为承诺为他人谋取利益。

需要注意的是,2016年4月18日最高人民法院、最高人民检察院《关于办理贪污贿赂刑事案件适用法律若干问题的解释》第十二条规定,贿赂犯罪中的"财物",包括货币、物品和财产性利益。财产性利益包括可以折算为货币的物质利益如房屋装修、债务免除等,以及需要支付货币的其他利益如会员服务、旅游等。后者的犯罪数额,以实际支付或者应当支付的数额计算。

本条第二款是对国家工作人员在经济往来中,违反国家规定收受各种名义的回扣、手续费,归个人所有,以受贿论处的规定。这里所说的"违反国家规定",是指违反全国人大及其常委会制定的法律,国务院制定的行政法规和行政措施、发布的决定和命令。"手续费",是指在经济活动中,除回扣以外,违反国家规定支付给对方的各种名义的钱或物,如佣金、信息费、顾问费、劳务费、辛苦费、好处费。根据本款规定,收受回扣或者各种名义的手续费归个人所有的,就应以受贿罪论处。

【实践中需要注意的问题】

关于特定情形能否认定为受贿行为的问题。对于以借钱为名索取或者非法收受财物、索取或者非法收受股票、收受干股、以开办公司等合作投资名义收受贿赂、委托请托人投资证券、期货或者其他委托理财的名义收受贿赂、赌博形式以及收受财物后退还或者上交、挂名形式领取报酬、在职为请托人谋利,离职后收受财物,应当结合最高人民法院、最高人民检察院《关于办理受贿刑事案件适用法律若干问题的意见》，正确予以认定。

第一，关于以交易形式收受贿赂问题。国家工作人员利用职务上的便利为请托人谋取利益，以下列交易形式收受请托人财物的，以受贿论处：（1）以明显低于市场的价格向请托人购买房屋、汽车等物品的；（2）以明显高于市场的价格向请托人出售房屋、汽车等物品的；（3）以其他交易形式非法收受请托人财物的。如果根据商品经营者事先设定的各种优惠交易条件，以优惠价格购买商品的，不属于受贿。

第二，关于收受干股问题。国家工作人员利用职务上的便利为请托人谋取利益，收受请托人提供的干股的，以受贿论处。进行了股权转让登记，或者相关证据证明股份发生了实际转让的，受贿数额按转让行为时股份价值计算，所分红利按受贿孳息处理。股份未实际转让，以股份分红名义获取利益的，实际获利数额应当认定为受贿数额。

第三，关于以开办公司等合作投资名义收受贿赂问题。国家工作人员利用职务上的便利为请托人谋取利益，由请托人出资，"合作"开办公司或者进行其他"合作"投资的，以受贿论处。受贿数额为请托人给国家工作人员的出资额。国家工作人员利用职务上的便利为请托人谋取利益，以合作开办公司或者其他合作投资的名义获取"利润"，没有实际出资和参与管理、经营的，以受贿论处。

第四，关于以委托请托人投资证券、期货或者其他委托理财的名义收受贿赂问题。国家工作人员利用职务上的便利为请托人谋取利益，以委托请托人投资证券、期货或者其他委托理财的名义，未实际出资而获取"收益"，或者虽然实际出资，但获取"收益"明显高于出资应得收益的，以受贿论处。受贿数额，前一情形，以"收益"额计算；后一情形，以"收益"额与出资应得收益额的差额计算。

第五，关于以赌博形式收受贿赂的认定问题。根据最高人民法院、最高人民检察院《关于办理赌博刑事案件具体应用法律若干问题的解释》第七条规定，国家工作人员利用职务上的便利为请托人谋取利益，通过赌博方式收受请托人财物的，构成受贿。实践中应注意区分贿赂与赌博活动、娱乐活动的界限。具体认定时，主要应当结合以下因素进行判断：（1）赌博的背景、场合、时间、次数；（2）赌资来源；（3）其他赌博参与者有无事先通谋；（4）输赢钱物的具体情况和金额大小。

第六，关于特定关系人"挂名"领取薪酬问题。国家工作人员利用职务上的便利为请托人谋取利益，要求或者接受请托人以给特定关系人安排工作为名，使特定关系人不实际工作却获取所谓薪酬的，以受贿论处。

第七，关于由特定关系人收受贿赂问题。国家工作人员利用职务上的便利为请托人谋取利益，授意请托人以该意见所列形式，将有关财物给予特定关系人的，以受贿论处。对于事前同谋。特定关系人与国家工作人员通谋，共同实施前款行为的，对特定关系人以受贿罪的共犯论处。特定关系人以外的其他人与国家工作人员通谋，由国家工作人员利用职务上的便利为请托人谋取利益，收受请托人财物后双方共同占有的，以受贿罪的共犯论处。

第八，关于收受贿赂物品未办理权属变更问题。国家工作人员利用职务上的便利为请托人谋取利益，收受请托人房屋、汽车等物品，未变更权属登记或者借用他人名义办理权属变更登记的，不影响受贿的认定。认定以房屋、汽车等物品为对象的受贿，应注意与借用的区分。具体认定时，除双方交待或者书面协议之外，主要应当结合以下因素进行判断：（1）有无借用的合理事由；（2）是否实际使用；（3）借用时间的长短；（4）有无归还的条件；（5）有无归还的意思表示及行为。

第九，关于收受财物后退还或者上交问题。国家工作人员收受请托人财物后及时退还或者上交的，不是受贿。国家工作人员受贿后，因自身或者与其受贿有关联的人、事被查处，为掩饰犯罪而退还或者上交的，不影响认定受贿罪。

第十，关于在职时为请托人谋利，离职后收受财物问题。国家工作人员利用职务上的便利为请托人谋取利益之前或者之后，约定在其离职后收受请托人财物，并在离职后收受的，以受贿论处。国家工作人员利用职务上的便利为请托人谋取利益，离职前后连续收受请托人财物的，离职前后收受部分均应计入受贿数额。

第三百八十六条 【对受贿罪的处罚】

对犯受贿罪的，根据受贿所得数额及情节，依照本法第三百八十三条的规定处罚。索贿的从重处罚。

【条文精解】

本条是关于对受贿罪如何进行处罚的规定。

本条是关于受贿罪的具体量刑幅度的规定。根据本款规定，对犯受贿罪的，根据刑法第三百八十三条规定的贪污罪的量刑标准处罚，即对个人受贿的处罚也分为四个量刑档次，根据受贿数额及其情节分别按照有关档次进行处罚。根据本条规定，对索贿的，应当从重处罚。

2016年4月18日最高人民法院、最高人民检察院《关于办理贪污贿赂刑事案件适用法律若干问题的解释》第一条规定，受贿数额在三万元以上不满二十万元的，应当认定为"数额较大"，依法判处三年以下有期徒刑或者拘役，并处罚金。受贿数额在一万元以上不满三万元，具有下列情形之一的，应当认定为"其他较重情节"，依法判处三年以下有期徒刑或者拘役，并处罚金：（1）曾因贪污、受贿、挪用公款受过党纪、行政处分的；（2）曾因故意犯罪受过刑事追究的；（3）赃款赃物用于非法活动的；（4）拒不交待赃款赃物去向或者拒不配合追缴工作，致使无法追缴的；（5）造成恶劣影响或者其他严重后果的；（6）多次索贿的；（7）为他人谋取不正当利益，致使公共财产、国家和人民利益遭受损失的；（8）为他人谋取职务提拔、调整。第二条规定，受贿数额在二十万元以上不满三百万元的，应当认定为"数额巨大"，依法判处三年以上十年以下有期徒刑，并处罚金或者没收财产；受贿数额在十万元以上不满二十万元，具有下列情形之一的，应当认定为"其他严重情节"，依法判处三年以上十年以下有期徒刑，并处罚金或者没收财产：（1）多次索贿的；（2）为他人谋取不正当利益，致使公共财产、国家和人民利益遭受损失的；（3）为他人谋取职务提拔、调整的。第三条规定，受贿数额在三百万元以上的，应当认定为"数额特别巨大"，依法判处十年以上有期徒刑、无期徒刑或者死刑，并处罚金或者没收财产；受贿数额在一百五十万元以上不满三百万元，具有下列情形之一的，应当认定为"其他特别严重情节"，依法判处十年以上有期徒刑、无期徒刑或者死刑，并处罚金或者没收财产：（1）多次索贿的；（2）为他人谋取不正当利益，致使公共财产、国家和人民利益遭受损失的；（3）为他人谋取职务提拔、调整的。

第三百八十七条 【单位受贿罪】

国家机关、国有公司、企业、事业单位、人民团体，索取、非法收受他人财物，为他人谋取利益，情节严重的，对单位判处罚金，并对其直接负责的主管人员和其他直接责任人员，处五年以下有期徒刑或者拘役。

前款所列单位，在经济往来中，在帐外暗中收受各种名义的回扣、手续费的，以受贿论，依照前款的规定处罚。

【条文精解】

本条是关于单位受贿罪及其处罚的规定。

本条共分两款。第一款是关于单位受贿罪及其处罚的规定。根据本款规定，单位受贿罪的犯罪主体是国家机关、国有公司、企业、事业单位、人民团体。除此以外，其他单位包括集体经济组织、中外合资企业、中外合作企业、外商独资企业和私营企业，都不能成为单位受贿罪的主体。国有单位的内设机构利用其行使职权的便利，索取、非法收受他人财物并归该内设机构所有或者支配，为他人谋取利益，情节严重的，可以单位受贿罪追究刑事责任。在经济往来中，在帐外暗中收受各种名义的回扣、手续费的，以受贿罪论处。本罪在行为上主要表现为上述单位索取、非法收受他人财物，为他人谋取利益，情节严重的行为，如国有商业银行利用发放贷款的职务便利，向申请贷款的单位或个人索要好处费。这里所说的"为他人谋取利益"，既包括谋取非法利益，也包括正当利益。至于是否为他人谋取到利益，不影响本罪的构成。

根据第一款规定，单位犯受贿罪的，对单位判处罚金，并对其直接负责的主管人员和其他直接责任人员，处五年以下有期徒刑或者拘役。应当注意的是，本罪的重要特征是将索取、非法收受的他人财物归单位所有。如果单位直接负责的主管人员和其他直接责任人员借单位名义索取、收受他人财物后私分、中饱私囊的，则不适用本条规定，而应根据对个人犯受贿罪的处刑规定追究刑事责任。

本条第二款是关于国家机关、国有公司、企业、事业单位、人民团体在经济往来中，在帐外暗中收受各种名义的回扣、手续费，以受贿论处的规定。这里所说的在经济往来中"在帐外暗中"收受回扣、手续费的行为，是指未在依法设立的财务帐目上按照财物会计制度如实记载。在帐外暗中给予对方回扣的，以行贿论；在帐外暗中收受回扣的，以受贿论。

【实践中需要注意的问题】

单位受贿罪是将索取、非法收受的他人财物归单位所有，如果单位直接负责的主管人员和其他直接责任人员借单位名义索取、收受他人财物后私分、中饱私囊的，则不适用本条规定，而应根据对个人犯受贿罪的处刑规定追究刑事责任。

第三百八十八条 【斡旋受贿的处罚】
国家工作人员利用本人职权或者地位形成的便利条件，通过其他国家工作人员职务上的行为，为请托人谋取不正当利益，索取请托人财物或者收受请托人财物的，以受贿论处。

【条文精解】

本条是关于斡旋受贿犯罪及其处罚的规定。

根据本条规定，斡旋受贿行为，是指国家工作人员利用本人职权或者地位形成的便利条件，通过其他国家工作人员职务上的行为，为请托人谋取不正当利益，索取请托人财物或者收受请托人财物的行为。例如，利用上下级之间的隶属关系，利用部门、单位之间的工作关系，让其他国家工作人员为请托人办事。这里所说的"谋取不正当利益"，是指根据法律及有关政策规定不应得到的利益。根据本条规定，如果为请托人谋取的是正当的利益，不构成本条规定的犯罪。根据本条规定，对斡旋受贿行为以受贿论处，即依照刑法第三百八十六条的规定进行处罚。

关于利用本人职权或者地位形成的便利条件，并不要求行为人利用其职权或者地位，只要是利用其国家工作人员的立场实施斡旋受贿行为就符合条件。行为人与其被利用的国家工作人员之间在职务上虽然没有隶属、制约关系，但是行为人利用了本人职权或者地位产生的影响和一定的工作联系，如单位内不同国家工作人员之间，上下级单位没有隶属、制约关系的国家机关工作人员之间，工作关系认识的不同单位的国家工作人员之间，都符合利用本人职权或者地位形成的便利条件。对于国家工作人员利用本人职务上主管、负责、承办某项公共事务的职权，或者利用职务上有隶属、制约关系的其他国家工作人员的职权索取贿赂的，可以直接适用刑法第三百八十五条受贿罪的规定。

关于接收请托。与普通受贿要求谋取利益不同，本条规定要求国家工作人员有为请托人谋取不正当利益的意图。只要行为人认识到其受托事项不正当就可以，不要求已经为请托人谋取了不正当利益，也不要求其他国家工作人员知道行为人有索取请托人财物或者有收受请托人财物的行为。

关于索取财物或者收受请托人的财物。这种财物是行为人使其他国家工作人员为请托人谋取不正当利益的报酬。对于事先索贿，或者事后索取、收受财物的行为，也成立斡旋受贿犯罪。

第三百八十八条之一 【利用影响力受贿罪】

国家工作人员的近亲属或者其他与该国家工作人员关系密切的人，通过该国家工作人员职务上的行为，或者利用该国家工作人员职权或者地位形成的便利条件，通过其他国家工作人员职务上的行为，为请托人谋取不正当利益，索取请托人财物或者收受请托人财物，数额较大或者有其他较重情节的，处三年以下有期徒刑或者拘役，并处罚金；数额巨大或者有其他严重情节的，处三年以上七年以下有期徒刑，并处罚金；数额特别巨大或者有其他特别严重情节的，处七年以上有期徒刑，并处罚金或者没收财产。

离职的国家工作人员或者其近亲属以及其他与其关系密切的人，利用该离职的国家工作人员原职权或者地位形成的便利条件实施前款行为的，依照前款的规定定罪处罚。

【条文精解】

本条是关于利用影响力受贿罪及其处罚的规定。

本条共分两款。第一款是关于国家工作人员的近亲属或者其他与该国家工作人员关系密切的人，利用影响力进行受贿犯罪及处罚的规定。根据第一款的规定，本罪的犯罪主体包括：与国家工作人员有着某种特定关系的非国家工作人员，包括国家工作人员的近亲属或者其他与该国家工作人员关系密切的人。之所以将这两种人的斡旋受贿行为规定为犯罪，主要是考虑到他们与国家工作人员有着血缘、亲属关系，有的虽不存在亲属关系，但彼此是同学、战友、老部下、老上级或是有着某种共同的利益关系，或是过从甚密，具有足够的影响力，他们斡旋受贿的行为影响了国家工作人员职务的廉洁性，应当受到刑罚处罚。至于关系密切的人具体指哪些人，应当由司法机关根据案件的具体情况确定，也可以由司法机关依法作出司法解释。这里规定的近亲属，主要是指夫、妻、父、母、子、女、同胞兄弟姐妹、祖父母、外祖父母、孙子女、外孙子女。这里所说的"谋取不正当利益",根据 2012 年 12 月 26 日最高人民法院、最高人民检察院《关于办理行贿刑事案件具体应用法律若干问题的解释》第十二条规定,是指行贿人谋取的利益违反法律、法规、规章、政策规定,或者要求国家工作人员违反法律、法规、规章、政策、行业规范的规定,为自己提供帮助或者方便条件。违背公平、公正原则,在经济、组织人事管理等活动中,谋取竞争优势的,可以认定为"谋取不正当利益"。

根据第一款的规定,数额较大或者有其他较重情节的,处三年以下有期徒刑或者拘役,并处罚金;数额巨大或者有其他严重情节的,处三年以上七年以下有期徒刑,并处罚金;数额特别巨大或者有其他特别严重情节的,处七年以上有期徒刑,并处罚金或者没收财产。2016 年 4 月 18 日最高人民法院、最高人民检察院《关于办理贪污贿赂刑事案件适用法律若干问题的解释》第十条规定,利用影响力受贿罪的定罪量刑适用标准,参照该解释关于受贿罪的规定执行。应当说明的是,受贿罪与贪污罪不同,受贿的数额可能不大,但给国家和人民的利益造成的损失可能是巨大的,因此,对受贿罪的量刑,除了要考虑数额之外,还要考虑其他情节。

第二款是关于离职的国家工作人员或其近亲属以及其他与其关系密切的人,利用影响力进行犯罪及处罚的规定。"离职",是指曾经是国家工作人员,但目前的状态是已离开了国家工作人员岗位,包括离休、退休、辞职、辞退等。

构成第二款规定的犯罪,应依照第一款的规定定罪处罚,即数额较大或者有其他较重情节的,处三年以下有期徒刑或者拘役,并处罚金;数额巨大或者有其他严重情节的,处三年以上七年以下有期徒刑,并处罚金;数额特别巨大或者有其他特别严重情节的,处七年以上有期徒刑,并处罚金或者没收财产。

第三百八十九条 【行贿罪】

为谋取不正当利益,给予国家工作人员以财物的,是行贿罪。

在经济往来中,违反国家规定,给予国家工作人员以财物,数额较大的,或者违反国家规定,给予国家工作人员以各种名义的回扣、手续费的,以行贿论处。

因被勒索给予国家工作人员以财物,没有获得不正当利益的,不是行贿。

【条文精解】

本条是关于行贿罪定义的规定。

本条共分三款。第一款是关于什么是行贿罪的规定。这里所规定的"谋取不正当利益",既包括谋取的利益是违反法律、法规及政策规定的,也包括违反有关规章制度的情况,根据2012年12月26日最高人民法院、最高人民检察院《关于办理行贿刑事案件具体应用法律若干问题的解释》的规定,是指行贿人谋取的利益违反法律、法规、规章、政策规定,或者要求国家工作人员违反法律、法规、规章、政策、行业规范的规定,为自己提供帮助或者方便条件。违背公平、公正原则,在经济、组织人事管理等活动中,谋取竞争优势的,可以认定为"谋取不正当利益"。如果行为人谋取的利益是正当的,迫于某种压力或屈于惯例不得已而为之的,则不构成本款所说的行贿罪。

本条第二款是关于在经济往来中违反国家规定,给予国家工作人员以财物或者回扣、手续费,以行贿论处的规定。这里所规定的"违反国家规定",是指违反全国人大及其常委会制定的法律和决定,国务院制定的行政法规和行政措施、发布的决定和命令。"给予国家工作人员以各种名义的回扣、手续费的",是指违反国家规定,在帐外暗中给予回扣、手续费的行为。根据本款规定,对上述行为应以行贿论处,即应当按照行贿罪追究行为人的刑事责任。

本条第三款是关于因被勒索给予国家工作人员以财物,但并没有获得不正当利益的,不构成行贿的规定。这里所规定的"被勒索",是指被索要或者被敲诈勒索。"没有获得不正当利益",是指行为人虽有给予国家工作人员以财物的行为,但最后没有获得不正当利益,包括其获取的是合法利益,也包括根本未获得任何利益。

【实践中需要注意的问题】

关于行贿罪和受贿罪。在通常情况下,受贿方与行贿方的行为均成立犯罪,但有些情形下,没有行贿罪同样存在受贿罪;没有受贿罪,行贿罪也仍然可以成立。例如:以被勒索而给予以财物,而没有获得不正当利益的,不是行贿,但受贿方可以认定为受贿罪;一方行贿而另一方予以拒绝未受贿,则只能认定为一方行贿;一方行贿数额未达到定罪条件,而收受贿赂方面因收受多人贿赂而构成犯罪;一方为了谋取正当利益而给予国家工作人员以财物,不是行贿,但国家工作人员接受财物的行为成立受贿罪。在实践中应注意把握行贿罪在具备给付财物的行为外,还必须主观上具备谋取不正当利益的目的,行为数额达到定罪标准。

第三百九十条 【对行贿罪的处罚】

对犯行贿罪的，处五年以下有期徒刑或者拘役，并处罚金；因行贿谋取不正当利益，情节严重的，或者使国家利益遭受重大损失的，处五年以上十年以下有期徒刑，并处罚金；情节特别严重的，或者使国家利益遭受特别重大损失的，处十年以上有期徒刑或者无期徒刑，并处罚金或者没收财产。

行贿人在被追诉前主动交待行贿行为的，可以从轻或者减轻处罚。其中，犯罪较轻的，对侦破重大案件起关键作用的，或者有重大立功表现的，可以减轻或者免除处罚。

【条文精解】

本条是关于对行贿罪如何进行处罚的规定。

本条共分两款。第一款规定了行贿罪的具体量刑标准，分三个量刑档次：（1）对犯一般行贿罪的，处五年以下有期徒刑或者拘役，并处罚金；（2）因行贿谋取不正当利益，情节严重的，或者使国家利益遭受重大损失的，处五年以上十年以下有期徒刑，并处罚金；（3）情节特别严重的，或者使国家利益遭受特别重大损失的，处十年以上有期徒刑或者无期徒刑，并处罚金或者没收财产。关于"谋取不正当利益"，2012年最高人民法院、最高人民检察院《关于办理行贿刑事案件具体应用法律若干问题的解释》规定，"谋取不正当利益"，是指行贿人谋取的利益违反法律、法规、规章、政策规定，或者要求国家工作人员违反法律、法规、规章、政策、行业规范的规定，为自己提供帮助或者方便条件。同时规定，违背公平、公正原则，在经济、组织人事管理等活动中，谋取竞争优势的，应当认定为"谋取不正当利益"。2016年4月18日最高人民法院、最高人民检察院《关于办理贪污贿赂刑事案件适用法律若干问题的解释》对行贿数额、情节严重、国家利益遭受损失等予以明确规定：（1）关于行贿数额，第七条第一款规定，为谋取不正当利益，向国家工作人员行贿，数额在三万元以上的，应当以行贿罪追究刑事责任；第七条第二款规定，行贿数额在一万元以上不满三万元，具有下列情形之一的，应当以行贿罪追究刑事责任：①向三人以上行贿的；②将违法所得用于行贿的；③通过行贿谋取职务提拔、调整的；④向负有食品、药品、安全生产、环境保护等监督管理职责的国家工作人员行贿，实施非法活动的；⑤向司法工作人员行贿，影响司法公正的；

⑥造成经济损失数额在五十万元以上不满一百万元的。（2）关于"情节严重"，第八条规定，具有下列情形之一的，应当认定为"情节严重"：①行贿数额在一百万元以上不满五百万元的；②行贿数额在五十万元以上不满一百万元，并具有该解释第七条第二款第一项至第五项规定的情形之一的；③其他严重的情节。第九条规定，具有下列情形之一的，应当认定为"情节特别严重"：①行贿数额在五百万元以上的；②行贿数额在二百五十万元以上不满五百万元，并具有该解释第七条第二款第一项至第五项规定的情形之一的；③其他特别严重的情节。（3）关于"使国家利益遭受特别重大损失"，造成经济损失数额在一百万元以上不满五百万元的，应当认定为"使国家利益遭受重大损失"；造成经济损失数额五百万元以上的，应当认定为"使国家利益遭受特别重大损失"。

　　本条第二款是对行贿人主动交待行贿行为从宽处理的特别规定。为了分化瓦解贿赂犯罪分子，严厉惩治受贿犯罪，本款对行贿人主动交待行贿行为从宽处理的条件作了特别规定："行贿人在被追诉前主动交待行贿行为的，可以从轻或者减轻处罚。其中，犯罪较轻的，对侦破重大案件起关键作用的，或者有重大立功表现的，可以减轻或者免除处罚。"由于贿赂犯罪隐蔽性很强，取证难度较大，行贿人主动交待行贿行为，实际上是对受贿人的揭发检举，属于立功表现。根据本款规定，只要行贿人在被追诉前主动交待行贿行为的，就可以从轻或者减轻处罚。这一规定与刑法第六十八条关于犯罪分子有揭发他人犯罪行为，查证属实的，或者提供重要线索，从而得以侦破其他案件等立功表现的，可以从轻或者减轻处罚的规定基本一致。这里所说的"被追诉前"，是指对行贿人的行贿行为刑事立案前。根据本款规定，可以对行贿人减轻或者免除处罚的首要条件是行贿人在被追诉前主动交待行贿行为，在此前提下，符合以下三个条件之一的，即可以对行贿人减轻或者免除：一是犯罪情节较轻的。如犯罪数额较少，行贿行为没有造成严重后果、偶犯、初犯等。二是对侦破重大案件起关键作用的。实践中，揭发检举他人的犯罪行为或者提供重要线索，使得其他案件得以破获的才算立功。但行贿犯罪有自己的特点，行贿人主动交待行贿，实际与立功的作用相近，所以，这里明确，只要是行贿人主动交待行贿行为，并且对侦破重大案件起关键作用的，就可以对行贿人减轻或者免除处罚。三是有重大立功表现的。这里所说的"重大立功表现"，是指刑法第七十八条所列的重大立功表现之一，即阻止他人重大犯罪活动的；检举监狱内外重大犯罪活动，经查证属实的；有发明创造或者重大技术革新的；在日常生产、生活中舍己救人的；在抗御自然灾害或者排除重大事故中，有突出表现的；对国家和社会有其他重大贡献的。2016年4月18日最高人民法院、最高人民检察院《关于办理贪污贿赂刑事案件适用法律若干问题的解释》第十四条规定，根据行贿犯罪的事实、情节，可能被判处三年有期徒刑以下刑罚的，可以认定为"犯罪较轻"。根据犯罪的事实、情节，已经或者可能被判处十年有期徒刑以上刑罚的，或者案件在本省、自治区、直辖市或者全国范围内有较大影响的，可以认定为"重大案件"。具有下列情形之一的，可以认定为"对侦破重大案件起关键作用"：（1）主动交待办案机关未掌握的重大案件线索的；（2）主动交待的犯罪线索不属于重大案件的线索，但该线索对于重大案件侦破有重要作用的；（3）主动交待行贿事实，对于重大案件的证据收集有重要作用的；（4）主动交待行贿事实，对于重大案件的追逃、追赃有重要作用的。

在《刑法修正案（九）》草案的起草和征求意见过程中，也有意见担心，本条对刑法第三百九十条第二款规定的修改，会增加对受贿等职务犯罪的侦办难度，甚至会促使行贿人与受贿人达成攻守同盟，不利于惩治腐败犯罪。为减少和遏制行贿犯罪，推进惩治和预防腐败体系建设，有必要加大对行贿犯罪的惩处力度，解决司法实践中出现的对行贿犯罪失之于宽的情况；且本条第二款对行贿人从宽处理的规定与刑法总则关于自首、立功的规定相比，适用的条件宽，可以起到分化瓦解贿赂犯罪分子的作用。

第三百九十条之一 【对有影响力的人行贿罪】

为谋取不正当利益，向国家工作人员的近亲属或者其他与该国家工作人员关系密切的人，或者向离职的国家工作人员或者其近亲属以及其他与其关系密切的人行贿的，处三年以下有期徒刑或者拘役，并处罚金；情节严重的，或者使国家利益遭受重大损失的，处三年以上七年以下有期徒刑，并处罚金；情节特别严重的，或者使国家利益遭受特别重大损失的，处七年以上十年以下有期徒刑，并处罚金。

单位犯前款罪的，对单位判处罚金，并对其直接负责的主管人员和其他直接责任人员，处三年以下有期徒刑或者拘役，并处罚金。

【条文精解】

本条是关于对有影响力的人行贿罪及其处罚的规定。

本条共分两款。第一款是关于向国家工作人员的近亲属及其关系密切的人行贿罪及其处罚的规定。本款规定的行贿犯罪主体是一般主体，行贿的对象有五类：第一类是国家工作人员的近亲属；第二类是与该国家工作人员关系密切的人；第三类是离职的国家工作人员；第四类是离职的国家工作人员的近亲属；第五类是其他与离职的国家工作人员关系密切的人。将向这五类人员行贿增加规定为犯罪，主要考虑到他们与国家工作人员有着血缘关系、亲属关系，虽然有的不是亲属关系，但彼此是同学、战友、老部下、老上级或是有着某种共同的利益关系，或是过从甚密，具有足够的影响力。所以，向上述人员行贿的行为应当受到刑事处罚。这里所说的"近亲属"，主要是指夫、妻、父、母、子、女、同胞兄弟姐妹、祖父母、外祖父母、孙子女、外孙子女。这里所说的"谋取不正当利益"，是指根据法律及有关政策规定不应得到的利益。这里所说的"离职的国家工作人员"，是指曾经是国家工作人员但目前的状态是已离开国家工作人员岗位的人，包括离休、退休、辞职、辞退等情况。至于"关系密切的人"具体指哪些人，可由司法机关根据案件的具体情况确定，也可由司法机关依法作出司法解释。本款规定的犯罪是行为犯，根据本款规定，为谋取不正当利益，向上述人员行贿的，处三年以下有期徒刑或者拘役，并处罚金。对于情节严重的或者使国家利益遭受重大损失的，处三年以上七年以下有期徒刑，并处罚金。对于情节特别严重或者使国家利益遭受特别重大损失的，处七年以上十年以下有期徒刑，并处罚金。对于本款规定的"情节严重的，或者使国家利益遭受重大损失的"和"情节特别严重的，或者使国家利益遭受特别重大损失的"，是两个条件，具备其中之一分别构成第二档和第三档刑罚。2016年4月18日最高人民法院、最高人民检察院《关于办理贪污贿赂刑事案件适用法律若干问题的解释》第十条第二款规定，向国家工作人员的近亲属及其关系密切的人行贿罪的定罪量刑适用标准，参照该解释关于受贿罪的规定执行。

第二款是关于单位向第一款所规定的人员行贿的犯罪及其处罚的规定。本款规定的"单位"包括任何形式的单位。根据本款规定，单位犯前款罪的，对单位判处罚金，并对其直接负责的主管人员和其他直接责任人员，处三年以下有期徒刑或者拘役，并处罚金。2016年4月18日最高人民法院、最高人民检察院《关于办理贪污贿赂刑事案件适用法律若干问题的解释》第十条第三款规定，单位对有影响力的人行贿数额在二十万元以上的，应当以对有影响力的人行贿罪追究刑事责任。需要注意的是，《刑法修正案（九）》已对刑法第三百九十条规定的行贿犯罪作了修改。在对行贿犯罪给予严厉惩处的同时，对行贿人在被追诉前主动交待行贿行为的，规定可以从轻或者减轻处罚。其中，犯罪较轻的，对侦破重大案件起关键作用的，或者有重大立功表现的，可以减轻或者免除处罚。这一规定是对一般行贿犯罪的规定，因此，也应考虑适用刑法第三百九十条第二款的从宽处罚的规定精神，以体现我国宽严相济的刑事政策。

第三百九十一条 【对单位行贿罪】

为谋取不正当利益，给予国家机关、国有公司、企业、事业单位、人民团体以财物的，或者在经济往来中，违反国家规定，给予各种名义的回扣、手续费的，处三年以下有期徒刑或者拘役，并处罚金。

单位犯前款罪的，对单位判处罚金，并对其直接负责的主管人员和其他直接责任人员，依照前款的规定处罚。

【条文精解】

本条是关于对单位行贿罪及其处罚的规定。

本条共分两款。第一款是关于个人向单位行贿或给予回扣、手续费及其处罚的规定。根据本款规定，行贿的对象仅限于国家机关、国有公司、企业、事业单位、人民团体。本款规定是行为犯，只要行为人实施了向单位行贿或给予回扣、手续费的行为，就构成本罪，处三年以下有期徒刑或者拘役，并处罚金。

第二款是关于单位行贿罪及其处罚的规定。这里规定的单位包括任何所有制形式的单位。依照本款的规定，单位向国家机关、国有公司、企业、事业单位、人民团体行贿的，对单位判处罚金，并对其直接负责的主管人员和其他直接责任人员，依照前款的规定处三年以下有期徒刑或者拘役，并处罚金。本款虽然在《刑法修正案（九）》中未明确修改，但修改了第一款，增加了"并处罚金"的规定，按照第二款的表述"依照前款的规定处罚"，就意味着第二款也作了修改。就是说，对单位犯罪的个人除判处自由刑外，还要并处罚金，同样，比原来规定的处罚更严厉。

第三百九十二条 【介绍贿赂罪】
　　向国家工作人员介绍贿赂,情节严重的,处三年以下有期徒刑或者拘役,并处罚金。
　　介绍贿赂人在被追诉前主动交待介绍贿赂行为的,可以减轻处罚或者免除处罚。

【条文精解】

　　本条是关于介绍贿赂罪及其处罚的规定。
　　本条共分两款。第一款是关于介绍贿赂罪及其处罚的规定。介绍贿赂罪是指在行贿人和受贿人之间进行联系、沟通、促使贿赂得以实现的犯罪行为。首先,行贿人主观上应当具有向国家工作人员介绍贿赂的故意。如果行为人主观上没有介绍贿赂的故意,即不知道请托人有给付国家工作人员财物的意图,而从中帮忙联系的,即使请托人事实上暗中给予了国家工作人员财物的,该介绍人也不构成介绍贿赂罪。其次,行为人在客观上具有介绍行贿人与受贿人沟通关系,促使行贿实现的行为。最后,构成介绍贿赂罪,必须达到"情节严重"的条件。根据本条规定,构成犯罪的,处三年以下有期徒刑或者拘役,并处罚金。根据1999年9月16日最高人民检察院《关于人民检察院直接受理立案侦查案件立案标准的规定(试行)》规定,介绍个人向国家工作人员行贿,数额在二万元以上的;介绍单位向国家工作人员行贿,数额在二十万元以上的;介绍贿赂数额不满上述标准,但有为使行贿人获得非法利益而介绍贿赂的,三次以上或者为三人以上介绍贿赂的,向党政领导、司法工作人员、行政执法人员介绍贿赂的,致使国家或者社会利益遭受重大损失的。人民检察院应当立案。2018年刑事诉讼法第十九条第二款对人民检察院直接立案侦查的案件类型作了修改。
　　第二款是对介绍贿赂人在被追诉前主动交待介绍贿赂行为,可以减轻或者免除处罚的规定。介绍贿赂人在被追诉前主动交待介绍贿赂犯罪行为,实际上是检举、揭发了行贿、受贿双方的犯罪行为,对于司法机关收集证据,查明贿赂犯罪事实,惩处贿赂犯罪将起到很重要的作用,因此本款规定,介绍贿赂人在被追诉前主动交待介绍贿赂行为的,可以减轻处罚或者免除处罚。这里所说的"被追诉前",根据2012年最高人民法院、最高人民检察院《关于办理行贿刑事案件具体应用法律若干问题的解释》,是指对行贿人的行贿行为刑事立案前。本款对介绍贿赂犯罪的从宽处罚规定比刑法第三百九十条第二款（即《刑法修正案（九）》第四十五条第二款）关于行贿犯罪的从宽处罚规定还要宽，也就是说，介绍贿赂人在被追诉前主动交待介绍贿赂行为的，就可以依法减轻或者免除处罚，不需要受其他犯罪较轻等情节的限制。由于介绍贿赂是介于受贿和行贿二者之间的行为，属于牵线搭桥的人，其社会危害性较之直接行贿人轻，所以，法律对介绍贿赂犯罪的处罚规定比行贿犯罪的处罚规定轻。这一规定有利于固定贿赂犯罪的证据链和查处贿赂犯罪，也给介绍贿赂人一个从宽处罚和改过自新的机会。

第三百九十三条【单位行贿罪】

单位为谋取不正当利益而行贿，或者违反国家规定，给予国家工作人员以回扣、手续费，情节严重的，对单位判处罚金，并对其直接负责的主管人员和其他直接责任人员，处五年以下有期徒刑或者拘役，并处罚金。因行贿取得的违法所得归个人所有的，依照本法第三百八十九条、第三百九十条的规定定罪处罚。

【条文精解】

本条是关于单位行贿罪及其处罚的规定。

本条是关于单位行贿罪及其处罚的规定。本条有两层意思：第一层意思是关于犯单位行贿罪的应该如何处罚。根据本条的规定，这一犯罪的主体是单位，具体包括公司、企业、事业单位、机关、团体。在行为上主要表现为单位为谋取不正当利益而行贿，或者违反国家规定，给予国家工作人员以回扣、手续费情节严重的行为。这里所说的"违反国家规定"给予回扣、手续费，是指故意违反国家有关主管机关的禁止性规定或规章制度在帐外暗中给予回扣、手续费。"情节严重"，主要是指行贿或者给予"回扣""手续费"多次、多人或数额较大，或者给国家利益造成严重损失等。

考虑到单位行贿的直接责任人员是为单位利益或者受单位指使，实施了行贿行为，获得的不正当利益也未归其本人所有，因此，对其规定了相对自然人行贿较轻的刑罚。本条规定的"情节严重"是构成本罪的必要条件，根据本条规定，单位犯行贿罪的，对单位判处罚金，并对其直接负责的主管人员和其他直接责任人员，处五年以下有期徒刑或者拘役，并处罚金。1999年9月16日最高人民检察院《关于人民检察院直接受理立案侦查案件立案标准的规定（试行）》规定，单位行贿数额在二十万元以上的；单位为谋取不正当利益而行贿，数额在十万元以上不满二十万元，但是具有为谋取非法利益而行贿，向三人以上行贿的，向党政领导、司法工作人员、行政执法人员行贿的，致使国家或者社会利益遭受重大损失的，人民检察院应当立案侦查。2018年刑事诉讼法第十九条第二款对人民检察院直接立案侦查的案件类型作了修改。

第二层意思是如果单位行贿的直接负责的主管人员和其他直接责任人员将单位行贿而获得的违法所得归个人所有的，即以单位名义行贿，实际上将得到的不正当利益个人中饱私囊的，实质上就是个人行贿行为，根据本条规定，应对直接负责的主管人员和其他直接责任人员依照刑法第三百八十九条、第三百九十条有关行贿罪的规定定罪处罚。对直接负责的主管人员和其他直接责任人员不是按单位犯罪处罚，而是按个人行贿罪处罚，即最高法定刑可处无期徒刑。

第三百九十四条 【国家工作人员在公务活动、对外交往中违规收受礼物不交公的处罚】

国家工作人员在国内公务活动或者对外交往中接受礼物，依照国家规定应当交公而不交公，数额较大的，依照本法第三百八十二条、第三百八十三条的规定定罪处罚。

【条文精解】

本条是关于国家工作人员在公务活动或者对外交往中收受礼物应当交公而不交公，按贪污罪定罪处罚的规定。

根据本条规定，国家工作人员在国内公务活动或者对外交往中接受礼物，依照国家规定应当交公而不交公，数额较大的，依照本法关于贪污罪的规定定罪处罚。这里所说的"国内公务活动"，主要是指在国内参加的各种与本人工作有关的公务活动。"礼物"，包括各种作为赠礼的物品、礼金、礼券等。"依照国家有关规定应当交公而不交公"，是指违反国家有关法律、行政法规、政策文件中关于国家工作人员在国内外公务活动中接受礼物应当交公的规定。例如，国务院1988年发布的《国家行政机关及其工作人员在国内公务活动中不得赠送和接受礼品的规定》、国务院1980年发布的《国务院关于在对外活动中不赠礼、不受礼的决定》。构成本罪，必须达到数额较大。数额不大的，属于违反党纪政纪的行为，可由其所在单位或者上级主管部门给以行政处分。关于"数额较大"的标准，应由司法机关根据实际情况作出司法解释。对构成本条规定的犯罪行为的，应当按照刑法第三百八十二条、第三百八十三条规定的贪污罪定罪处罚。

> **第三百九十五条** 【巨额财产来源不明罪】【隐瞒境外存款罪】
> 　　国家工作人员的财产、支出明显超过合法收入，差额巨大的，可以责令该国家工作人员说明来源，不能说明来源的，差额部分以非法所得论，处五年以下有期徒刑或者拘役；差额特别巨大的，处五年以上十年以下有期徒刑。财产的差额部分予以追缴。
> 　　国家工作人员在境外的存款，应当依照国家规定申报。数额较大、隐瞒不报的，处二年以下有期徒刑或者拘役；情节较轻的，由其所在单位或者上级主管机关酌情给予行政处分。

【条文精解】

本条是关于巨额财产来源不明罪和隐瞒境外存款罪及其处罚的规定。

本条共分两款。第一款是关于巨额财产来源不明罪及其处罚的规定。巨额财产来源不明罪，是指国家工作人员的财产、支出明显超过合法收入，差额巨大，本人不能说明其来源的行为。这里所说的"国家工作人员的财产"，是指国家工作人员私人所有的房屋、车辆、存款、现金、股票、生活用品等。"支出"，是指各种消费以及其他开支。"超过合法收入"，是指国家工作人员的财产、支出数额，明显超过其工资、奖金、津贴以及其他依照国家规定取得的报酬的数额。

这里应说明的是，原刑法规定"国家工作人员的财产或者支出明显超过合法收入"，实践中，有的部门提出，这一规定是指财产和支出两项总和明显超过合法收入，还是指其中一项明显超过合法收入，不清楚。《刑法修正案（七）》对此予以明确，表述为"财产、支出明显超过合法收入"，不仅包括财产和支出两项总和明显超过其合法收入，也包括财产或者支出其中一项明显超过合法收入的情况。"差额巨大""差额特别巨大"的具体数额标准，有待司法机关根据实际情况作出司法解释。本条所规定的"不能说明其来源的"，是指行为人不能说明其支出明显超过合法收入、差额巨大的财产是如何获得的。这里既包括本人拒不向调查的司法机关说明，也包括"说明"的内容经调查证明是虚假的情况。

根据第一款规定，构成本罪的，处五年以下有期徒刑或者拘役，差额特别巨大的，处五年以上十年以下有期徒刑，并追缴其财产的差额部分。

第一款在实际执行中应当注意，在清查、核实行为人的财产来源时，司法机关应当尽量查清其财产是通过何种非法方式取得的，如果能够查清其财产是以贪污、受贿或者其他犯罪方法取得的，应当按照贪污、受贿或者其他犯罪追究刑事责任。只有在确实无法查清其巨额财产非法来源，本人又不能说明的情况下，才应按巨额财产来源不明罪进行追究。

第二款是关于隐瞒境外存款罪的规定。国家工作人员按照规定申报境外存款，也是国家工作人员财产申报制度的要求，是国家工作人员的义务。境外存款数额较大，隐瞒不报的，是一种严重的不履行义务的行为。隐瞒境外存款罪，是指国家工作人员隐瞒在境外的存款，不按照国家规定申报，并且数额较大的行为。

根据第二款的规定，对犯隐瞒境外存款罪的，处二年以下有期徒刑或者拘役；情节较轻的，由其所在单位或者上级主管机关酌情给予行政处分。

第三百九十六条　【私分国有资产罪】【私分罚没财物罪】

国家机关、国有公司、企业、事业单位、人民团体，违反国家规定，以单位名义将国有资产集体私分给个人，数额较大的，对其直接负责的主管人员和其他直接责任人员，处三年以下有期徒刑或者拘役，并处或者单处罚金；数额巨大的，处三年以上七年以下有期徒刑，并处罚金。

司法机关、行政执法机关违反国家规定，将应当上缴国家的罚没财物，以单位名义集体私分给个人的，依照前款的规定处罚。

【条文精解】

本条是关于私分国有资产罪、私分罚没财物罪及其处罚的规定。

本条共分两款。根据本条第一款的规定，构成私分国有资产罪应当具备以下几个条件：（1）犯罪主体是国家机关、国有公司、企业、事业单位、人民团体。（2）本罪在客观方面表现为，违反国家规定，以单位名义将国有资产集体私分给个人。这里所说的"违反国家规定"，是指违反国家有关管理、使用、保护国有资产方面的法律、行政法规规定。"国有资产"，是指国家依法取得和认可的，或者国家以各种形式对企业投资和投资收益、国家向行政事业单位拨款等形成的资产。"以单位名义将国有资产集体私分给个人",是指由单位负责人决定,或者单位决策机构集体讨论决定,分给单位所有职工。如果不是分给所有职工,而是几个负责人暗中私分,则不应以本条定罪处罚,而应以贪污罪追究私分者的刑事责任。(3)集体私分国有资产必须达到数额较大,才能构成犯罪。法律对"数额较大"没有具体规定,应当由司法机关根据实际情况作出司法解释。根据1999年9月16日最高人民检察院《关于人民检察院直接受理立案侦查案件立案标准的规定(试行)》,涉嫌私分国有资产,累计数额在十万元以上的,应予立案;涉嫌私分罚没财物,累计数额在十万元以上,应予立案。2018年刑事诉讼法第十九款第二款对人民检察院直接立案侦查的案件类型作了修改。

本条第二款是关于私分罚没财物罪的规定,即司法机关、行政执法机关违反国家规定,将应当上缴国家的罚没财物,以单位名义集体私分给个人的,依照前款的规定处罚。这里所说的"司法机关",是指人民法院、人民检察院、公安机关。"行政执法机关",主要是指依照行政处罚法的规定,对公民和单位有行政处罚权的政府机关,如市场监管、税务、海关、生态环境、交通运输等政府有关行政部门。"罚没财物",包括人民法院对犯罪分子判处的罚金、没收的财产;行政执行机关对违法行为给予的罚款;司法机关、行政执法机关在执法中没收违法犯罪人用于违法犯罪行为的金钱、物品及各种违法所得。

根据本条规定,单位犯私分国有资产罪的,对单位的直接负责的主管人员和其他直接责任人员,处三年以下有期徒刑或者拘役,并处或者单处罚金;数额巨大的,处三年以上七年以下有期徒刑,并处罚金。

【实践中需要注意的问题】

私分国有资产罪和私分罚没款物罪均为单位犯罪,前罪主体是国家机关、国有公司、企业、事业单位、人民团体;后罪主体是司法机关和行政执法机关。对于国有企业、公司违反国家规定,在改制过程中隐匿公司、企业财产,转为企业职工集体持股的改制后公司、企业所有的,对其直接负责的主管人员和其他直接责任人员,依照私分国有资产定罪处罚。对于改制后的公司、企业中只有改制前公司、企业的管理人员或者少数职工持股、改制前公司、企业的多数职工未持股的,则应当依照贪污罪定罪处罚。

第九章 渎职罪

第三百九十七条【滥用职权罪】【玩忽职守罪】
　　国家机关工作人员滥用职权或者玩忽职守,致使公共财产、国家和人民利益遭受重大损失的,处三年以下有期徒刑或者拘役;情节特别严重的,处三年以上七年以下有期徒刑。本法另有规定的,依照规定。
　　国家机关工作人员徇私舞弊,犯前款罪的,处五年以下有期徒刑或者拘役;情节特别严重的,处五年以上十年以下有期徒刑。本法另有规定的,依照规定。

【条文精解】
　　本条是关于滥用职权罪、玩忽职守罪及其处罚的规定。
　　本条共分两款。第一款是关于滥用职权罪和玩忽职守罪及其处罚的规定。
　　本条规定的"滥用职权罪",是指国家机关工作人员超越职权,违法决定、处理其无权决定、处理的事项,或者违反规定处理公务,致使公共财产、国家和人民利益遭受重大损失的犯罪。"玩忽职守罪",是指国家机关工作人员严重不负责任,不履行或者不认真履行其职责,致使公共财产、国家和人民利益遭受重大损失的犯罪。滥用职权行为和玩忽职守行为是渎职犯罪中最典型的两种行为,两种行为的构成要件,除客观方面不一样以外,其他均相同,在实践中正确认定和区分这两种犯罪具有重要意义。
　　滥用职权罪和玩忽职守罪具有以下共同特征:
　　第一,滥用职权罪和玩忽职守罪侵犯的客体均是国家机关的正常管理活动。虽然滥用职权和玩忽职守行为往往还同时侵犯了公民权利或者社会秩序,但两罪所侵犯的主要客体还是国家机关的正常管理活动。因为滥用职权罪和玩忽职守罪从其引起的后果看可能侵犯了公民的人身权利,引起人身伤亡,或者使公共财产、国家和人民财产造成重大损失,但这些都属于这两种罪的社会危害性的客观表现,其本质仍然属于侵犯了国家机关的正常管理活动。
　　第二,两罪的犯罪主体均为国家机关工作人员。这里所称"国家机关工作人员",是指在国家机关中从事公务的人员。"国家机关",是指国家权力机关、行政机关、监察机关、司法机关、军事机关。2002年12月28日第九届全国人民代表大会常务委员会第三十一次会议通过了全国人民代表大会常务委员会《关于〈中华人民共和国刑法〉第九章渎职罪主体适用问题的解释》,根据该解释的规定,下列人员在代表国家机关行使职权时,有渎职行为构成犯罪的,也依照刑法关于渎职罪的规定追究刑事责任:(1)在依照法律、法规规定行使国家行政管理职权的组织中从事公务的人员;(2)在受国家机关委托,代表国家机关行使职权的组织中从事公务的人员;(3)虽未列入国家机关人员编制但在国家机关中从事公务的人员。

第三,滥用职权和玩忽职守的行为只有"致使公共财产、国家和人民利益遭受重大损失"的,才能构成犯罪。是否造成"重大损失"是区分罪与非罪的重要标准,未造成重大损失的,属于一般工作过失的渎职行为,可以由有关部门给予批评教育或者处分。

滥用职权罪与玩忽职守罪在客观方面有明显的不同:滥用职权罪客观方面表现为违反或者超越法律规定的权限和程序而使用手中的职权,致使公共财产、国家和人民利益遭受重大损失的行为。滥用职权的行为,必须是行为人手中有"权",并且滥用权力与危害结果有直接的因果关系,如果行为人手中并无此权力,或者虽然有权但行使权力与危害结果没有直接的因果关系,则不能构成本罪,而应当按照其他规定处理。玩忽职守罪客观方面表现为不履行、不正确履行或者放弃履行职责,致使公共财产、国家和人民利益遭受重大损失的行为。玩忽职守的行为,必须是违反国家的工作纪律和规章制度的行为,通常表现是工作马虎草率,极端不负责任;或是放弃职守,对自己应当负责的工作撒手不管;等等。

根据本款规定,国家机关工作人员犯滥用职权罪和玩忽职守罪的,处三年以下有期徒刑或者拘役;情节特别严重的,处三年以上七年以下有期徒刑。根据最高人民法院、最高人民检察院《关于办理渎职刑事案件适用法律若干问题的解释(一)》第一条规定,国家机关工作人员滥用职权或者玩忽职守,具有下列情形之一的,应当认定为本条规定的"致使公共财产、国家和人民利益遭受重大损失":(1)造成死亡一人以上,或者重伤三人以上,或者轻伤九人以上,或者重伤二人、轻伤三人以上,或者重伤一人、轻伤六人以上的;(2)造成经济损失三十万元以上的;(3)造成恶劣社会影响的;(4)其他致使公共财产、国家和人民利益遭受重大损失的情形。具有下列情形之一的,应当认定为本条规定的"情节特别严重":(1)造成伤亡达到上述第一项规定人数三倍以上的;(2)造成经济损失一百五十万元以上的;(3)造成前款规定的损失后果,不报、迟报、谎报或者授意、指使、强令他人不报、迟报、谎报事故情况,致使损失后果持续、扩大或者抢救工作延误的;(4)造成特别恶劣社会影响的;(5)其他特别严重的情节。

本款还规定,"本法另有规定的,依照规定",这是指除本条的一般规定外,刑法规定的其他犯罪中也有滥用职权和玩忽职守的情况,对于本法另有特别规定的,适用特别规定,而不按本条定罪处罚。例如,本法第四百零三条关于国家有关主管部门的国家机关工作人员,对不符合法律规定条件的公司设立、登记申请或者股票、债券发行、上市申请,予以批准或者登记的滥用职权的规定;第四百条第二款关于司法工作人员由于玩忽职守的行为,致使在押的犯罪嫌疑人、被告人或者罪犯脱逃的规定;等等。

第二款是关于国家机关工作人员徇私舞弊,犯第一款罪如何处罚的规定。国家机关工作人员担负着管理国家事务的职责,必须秉公守法,任何徇私舞弊的行为都应当予以惩处。这里的"徇私舞弊",是指为个人私利或者亲友私情的行为。由于这种行为是从个人利益出发,置国家利益于不顾,所以主观恶性要比第一款的规定严重,本款规定了较重的处罚,即对行为人处五年以下有期徒刑或者拘役;情节特别严重的,处五年以上十年以下有期徒刑。另外,本款同时也规定了"本法另有规定的,依照规定",对此理解也应与第一款的理解相同。

另外,1998年,针对当时骗购外汇,非法截留、转移和买卖外汇活动十分猖獗的情况,为了有力打击骗汇、逃汇、非法买卖外汇的违法犯罪行为,保持人民币汇率的稳定,有效防范金融风险,全国人大常委会作出了《关于惩治骗购外汇、逃汇和非法买卖外汇犯罪的决定》,对刑法加以补充并作出立法解释性的规定。该决定第六条规定,海关、外汇管理部门的工作人员严重不负责任,造成大量外汇被骗购或者逃汇,致使国家利益遭受重大损失的,依照本条的规定定罪处罚。

【实践中需要注意的问题】

1.在主客观两方面准确把握构成犯罪的条件。在主观方面,滥用职权罪的行为人在主观上明知自己违反或者超越了法定权限,玩忽职守罪的行为人在主观上存在疏忽大意或者过于自信的过失。如果主观上没有过错,只是由于业务水平低下,工作能力不高造成失误的,不构成本条规定的犯罪。在客观方面,构成滥用职权罪和玩忽职守罪都要求致使公共财产、国家和人民利益遭受重大损失。如果没有造成重大损失，即使行为人主观上有过错，也不构成本条规定的犯罪。

2. 准确把握本条规定与其他渎职罪规定的关系。本条是刑法分则第九章"渎职罪"中关于国家机关工作人员滥用职权、玩忽职守罪的一般性规定。本章其他关于特定国家机关工作人员滥用职权、玩忽职守的专门规定，与本条是一般规定与特别规定的关系。其他条款已经作了专门规定的，应当适用该特别规定；对国家机关工作人员滥用职权、玩忽职守的行为，刑法没有专门规定为特别犯罪的，应当依照本条的规定追究。

第三百九十八条【故意泄露国家秘密罪】【过失泄露国家秘密罪】

国家机关工作人员违反保守国家秘密法的规定，故意或者过失泄露国家秘密，情节严重的，处三年以下有期徒刑或者拘役；情节特别严重的，处三年以上七年以下有期徒刑。

非国家机关工作人员犯前款罪的，依照前款的规定酌情处罚。

【条文精解】

本条是关于故意泄露国家秘密罪、过失泄露国家秘密罪及其处罚的规定。

本条共分两款。第一款是关于国家机关工作人员泄露国家秘密犯罪的规定。本款规定的"泄露国家秘密"，是指国家机关工作人员违反保守国家秘密法的规定，故意或者过失泄露国家秘密，情节严重的行为。本款所称"国家秘密"，根据保守国家秘密法第二条的规定，是指关系国家安全和利益，依照法定的程序确定，在一定的时间内只限于一定范围的人员知悉的事项。根据保守国家秘密法第九条的规定，国家秘密主要包括：（1）国家事务重大决策中的秘密事项；（2）国防建设和武装力量活动中的秘密事项；（3）外交和外事活动中的秘密事项以及对外承担保密义务的秘密事项；（4）国民经济和社会发展中的秘密事项；（5）科学技术中的秘密事项；（6）维护国家安全活动和追查刑事犯罪中的秘密事项；（7）经国家保密行政管理部门确定的其他秘密事项。另外，政党的秘密事项符合国家秘密性质的，也属于国家秘密。保守国家秘密法将国家秘密的密级分为"绝密""机密"和"秘密"三级。"绝密"是最重要的国家秘密，其泄露会使国家的安全和利益遭受特别严重的损害；"机密"是重要的国家秘密，泄露会使国家的安全和利益遭受严重的损害；"秘密"是一般的国家秘密，泄露会使国家的安全和利益遭受损害。

根据第一款规定，构成本罪的行为人必须具有违反保守国家秘密法的规定泄露国家秘密，且情节严重的行为。保守国家秘密法对国家秘密的保密制度和接触国家秘密的国家工作人员等人员的保密义务作了具体规定。如保守国家秘密法第二十四条规定，机关、单位应当加强对涉密信息系统的管理，任何组织和个人不得有下列行为：（1）将涉密计算机、涉密存储设备接入互联网及其他公共信息网络；（2）在未采取防护措施的情况下，在涉密信息系统与互联网及其他公共信息网络之间进行信息交换；（3）使用非涉密计算机、非涉密存储设备存储、处理国家秘密信息；（4）擅自卸载、修改涉密信息系统的安全技术程序、管理程序；（5）将未经安全技术处理的退出使用的涉密计算机、涉密存储设备赠送、出售、丢弃或者改作其他用途。第二十五条规定，机关、单位应当加强对国家秘密载体的管理，任何组织和个人不得有下列行为：（1）非法获取、持有国家秘密载体；（2）买卖、转送或者私自销毁国家秘密载体；（3）通过普通邮政、快递等无保密措施的渠道传递国家秘密载体；（4）邮寄、托运国家秘密载体出境；（5）未经有关主管部门批准，携带、传递国家秘密载体出境。第二十六条规定，禁止非法复制、记录、存储国家秘密。禁止在互联网及其他公共信息网络或者未采取保密措施的有线和无线通信中传递国家秘密。禁止在私人交往和通信中涉及国家秘密。行为人故意或者过失违反了保守国家秘密法这些规定中的保密义务，造成了泄露国家秘密，应当依法追究法律责任。

"泄露国家秘密"，是指行为人把自己掌管的或者知悉的国家秘密让不应知悉者知悉的行为。泄露的方式是多种多样的：可以是口头泄露，也可以是书面泄露；可以是用交给实物的方法泄露，也可以是用发送电子信息等方法泄露。泄露的方式不同，不影响泄露国家秘密罪的成立。根据本款规定，故意和过失行为均可以构成犯罪。"故意泄露国家秘密"，是指行为人违反保守国家秘密法，故意使国家秘密被不应知悉者知悉，或者故意使国家秘密超出了限定的接触范围，情节严重的行为。"过失泄露国家秘密"，是指行为人违反保守国家秘密法，过失泄露国家秘密，或者遗失国家秘密载体，致使国家秘密被不应知悉者知悉或者超出了限定知悉的范围，情节严重的行为。

根据第一款规定，泄露国家秘密还必须"情节严重"，才构成犯罪。根据最高人民检察院《关于渎职侵权犯罪案件立案标准的规定》，故意泄露国家秘密，涉嫌下列情形之一的，应予立案：（1）泄露绝密级国家秘密一项（件）以上的;(2)泄露机密级国家秘密二项(件)以上的;(3)泄露秘密级国家秘密三项(件)以上的;(4)向非境外机构、组织、人员泄露国家秘密,造成或者可能造成危害社会稳定、经济发展、国防安全或者其他严重危害后果的;(5)通过口头、书面或者网络等方式向公众散布、传播国家秘密的;(6)利用职权指使或者强迫他人违反国家保守秘密法的规定泄露国家秘密的;(7)以牟取私利为目的泄露国家秘密的;(8)其他情节严重的情形。过失泄露国家秘密,涉嫌下列情形之一的,应予立案:(1)泄露绝密级国家秘密一项(件)以上的;(2)泄露机密级国家秘密三项(件)以上的;(3)泄露秘密级国家秘密四项(件)以上的;(4)违反保密规定,将涉及国家秘密的计算机或者计算机信息系统与互联网相连接,泄露国家秘密的;(5)泄露国家秘密或者遗失国家秘密载体,隐瞒不报、不如实提供有关情况或者不采取补救措施的;(6)其他情节严重的情形。

根据第一款的规定,国家机关工作人员泄露国家秘密的,处三年以下有期徒刑或者拘役;情节特别严重的,处三年以上七年以下有期徒刑。

第二款是关于非国家机关工作人员泄露国家秘密罪的规定。根据本款的规定,非国家机关工作人员犯泄露国家秘密罪的,依照第一款的规定酌情处罚。此处"酌情处罚",是指在第一款规定的量刑幅度内,根据具体情节予以适当处罚。

【实践中需要注意的问题】

实践中执行本条规定应当注意本条规定的犯罪与刑法规定的其他涉及国家秘密犯罪的关系。刑法中涉及国家秘密的犯罪除本条外,还有第一百一十一条规定的为境外窃取、刺探、收买、非法提供国家秘密、情报罪,第二百八十二条规定的非法获取国家秘密罪等。如果行为人以危害国家安全为目的,为境外的机构、组织、人员窃取、刺探、收买、非法提供国家秘密或者情报的,应当依照刑法第一百一十一条的规定定罪处罚,而不应适用本条规定。如果非国家机关工作人员以窃取、刺探、收买方法,非法获取国家秘密后又泄露的,则应当依照刑法第二百八十二条第一款的规定定罪处罚。如果非法获取后向境外的机构、组织、个人泄露的,应当依照刑法第一百一十一条的规定定罪处罚。

第三百九十九条 【徇私枉法罪】【民事、行政枉法裁判罪】【执行判决、裁定失职罪】【执行判决、裁定滥用职权罪】

司法工作人员徇私枉法、徇情枉法，对明知是无罪的人而使他受追诉、对明知是有罪的人而故意包庇不使他受追诉，或者在刑事审判活动中故意违背事实和法律作枉法裁判的，处五年以下有期徒刑或者拘役；情节严重的，处五年以上十年以下有期徒刑；情节特别严重的，处十年以上有期徒刑。

在民事、行政审判活动中故意违背事实和法律作枉法裁判，情节严重的，处五年以下有期徒刑或者拘役；情节特别严重的，处五年以上十年以下有期徒刑。

在执行判决、裁定活动中，严重不负责任或者滥用职权，不依法采取诉讼保全措施、不履行法定执行职责，或者违法采取诉讼保全措施、强制执行措施，致使当事人或者其他人的利益遭受重大损失的，处五年以下有期徒刑或者拘役；致使当事人或者其他人的利益遭受特别重大损失的，处五年以上十年以下有期徒刑。

司法工作人员收受贿赂，有前三款行为的，同时又构成本法第三百八十五条规定之罪的，依照处罚较重的规定定罪处罚。

【条文精解】

本条是关于徇私枉法罪，民事、行政枉法裁判罪，执行判决、裁定失职罪，执行判决、裁定滥用职权罪及其处罚的规定。

本条共分四款。第一款是关于徇私枉法罪及其处罚的规定。根据本款规定，本罪主体为特殊主体，只能是司法工作人员。根据刑法第九十四条规定，"司法工作人员"，是指负有侦查、检察、审判、监管职责的工作人员。本罪主观方面为直接故意，要求必须"明知"，过失行为不能构成本罪。在办案过程中，司法工作人员由于政策观念不强，工作不深入、不细致，调查研究不够，以至于造成工作上的错误，如错捕、错判的案件，不能认定为本条规定的犯罪，如确实需要追究刑事责任的，应当依照玩忽职守罪、滥用职权罪定罪处罚。本罪客观行为表现为在刑事诉讼活动中"徇私枉法、徇情枉法"，具体而言，有三种行为方式：（1）"对明知是无罪的人而使他受追诉"，是指在刑事诉讼过程中，司法工作人员在明知他人没有犯罪的情况下，却因徇私情对不该立案的立案，不该起诉的起诉，不该审判的审判。（2）"对明知是有罪的人而故意包庇不使他受追诉"，是指在刑事诉讼中，司法工作人员明知他人犯有罪行,却由于徇私情而不予追诉。(3)"在刑事审判活动中故意违背事实和法律作枉法裁判",是指司法工作人员利用掌握刑事审判的便利条件,故意歪曲案情真相,作出违背事实和违反法律的判决、裁定,包括在刑事案件中明知是无罪而故意判有罪,明知是有罪而故意判无罪,也包括故意轻罪重判、重罪轻判等。这种行为具体表现为搜集制造假的证据材料,篡改、销毁足以证明事实真相的证据材料,曲解或者滥用法律条文,违反诉讼程序等。

根据最高人民检察院《关于渎职侵权犯罪案件立案标准的规定》,徇私枉法,涉嫌下列情形之一的,应予立案:(1)对明知是没有犯罪事实或者其他依法不应当追究刑事责任的人,采取伪造、隐匿、毁灭证据或者其他隐瞒事实、违反法律的手段,以追究刑事责任为目的立案、侦查、起诉、审判的;(2)对明知是有犯罪事实需要追究刑事责任的人,采取伪造、隐匿、毁灭证据或者其他隐瞒事实、违反法律的手段,故意包庇使其不受立案、侦查、起诉、审判的;(3)采取伪造、隐匿、毁灭证据或者其他隐瞒事实、违反法律的手段,故意使罪重的人受较轻的追诉,或者使罪轻的人受较重的追诉的;(4)在立案后,采取伪造、隐匿、毁灭证据或者其他隐瞒事实、违反法律的手段,应当采取强制措施而不采取强制措施,或者虽然采取强制措施,但中断侦查或者超过法定期限不采取任何措施,实际放任不管,以及违法撤销、变更强制措施,致使犯罪嫌疑人、被告人实际脱离司法机关侦控的;(5)在刑事审判活动中故意违背事实和法律,作出枉法判决、裁定,即有罪判无罪、无罪判有罪,或者重罪轻判、轻罪重判的;(6)其他徇私枉法应予追究刑事责任的情形。根据本款规定,司法工作人员徇私枉法的,处五年以下有期徒刑或者拘役;情节严重的,处五年以上十年以下有期徒刑;情节特别严重的,处十年以上有期徒刑。

第二款是关于民事、行政枉法裁判罪的规定。本款针对在民事、行政审判活动中存在的司法工作人员故意枉法裁判,情节严重的行为作了规定。"民事、行政审判活动",是指依照民事诉讼法、行政诉讼法,审理民事、行政案件的诉讼活动。"枉法裁判",是指故意作出不符合事实或者违反法律规定的裁定、判决,如该胜诉的判败诉,该败诉的判胜诉等。本款规定只有"情节严重"的才能构成犯罪。根据最高人民检察院《关于渎职侵权犯罪案件立案标准的规定》,民事、行政枉法裁判,涉嫌下列情形之一的,应予立案:(1)枉法裁判,致使当事人或者其近亲属自杀、自残造成重伤、死亡,或者精神失常的;(2)枉法裁判,造成个人财产直接经济损失十万元以上,或者直接经济损失不满十万元,但间接经济损失五十万元以上的;(3)枉法裁判,造成法人或者其他组织财产直接经济损失二十万元以上,或者直接经济损失不满二十万元，但间接经济损失一百万元以上的；（4）伪造、变造有关材料、证据，制造假案枉法裁判的；（5）串通当事人制造伪证，毁灭证据或者篡改庭审笔录而枉法裁判的；（6）徇私情、私利，明知是伪造、变造的证据予以采信，或者故意对应当采信的证据不予采信，或者故意违反法定程序，或者故意错误适用法律而枉法裁判的；（7）其他情节严重的情形。根据本款规定，枉法裁判情节严重的，处五年以下有期徒刑或者拘役；情节特别严重的，处五年以上十年以下有期徒刑。

第三款是关于执行判决、裁定失职罪和执行判决、裁定滥用职权罪及其处罚的规定。本款是《刑法修正案（四）》新增加的内容。根据本款规定，在执行判决、裁定的活动中，严重不负责任或者滥用职权的行为具体表现为：不依法采取诉讼保全措施、不履行法定执行职责、违法采取诉讼保全、强制执行措施。包括对应当采取诉讼保全措施的不采取或不及时采取，对不应当采取诉讼保全措施的违法采取诉讼保全措施；对能够执行的案件不予执行或故意拖延执行，对不应当采取强制执行措施的案件违法采取强制执行措施。这里的"执行判决、裁定活动"，是指人民法院的执行活动。根据本款规定，行为人的上述行为致使当事人或者其他人的利益遭受重大损失即构成犯罪，处五年以下有期徒刑或者拘役；致使当事人或者其他人的利益遭受特别重大损失的，处五年以上十年以下有期徒刑。"当事人"包括申请执行人、被执行人等。"其他人"，主要是指与执行有利害关系的案外人。根据最高人民检察院《关于渎职侵权犯罪案件立案标准的规定》，执行判决、裁定失职，涉嫌下列情形之一的，应予立案：（1）致使当事人或者其近亲属自杀、自残造成重伤、死亡，或者精神失常的；（2）造成个人财产直接经济损失十五万元以上，或者直接经济损失不满十五万元，但间接经济损失七十五万元以上的；（3）造成法人或者其他组织财产直接经济损失三十万元以上，或者直接经济损失不满三十万元，但间接经济损失一百五十万元以上的；（4）造成公司、企业等单位停业、停产一年以上，或者破产的；（5）其他致使当事人或者其他人的利益遭受重大损失的情形。执行判决、裁定滥用职权，涉嫌下列情形之一的，应予立案：（1）致使当事人或者其近亲属自杀、自残造成重伤、死亡，或者精神失常的；（2）造成个人财产直接经济损失十万元以上，或者直接经济损失不满十万元，但间接经济损失五十万元以上的；（3）造成法人或者其他组织财产直接经济损失二十万元以上，或者直接经济损失不满二十万元，但间接经济损失一百万元以上的；（4）造成公司、企业等单位停业、停产六个月以上，或者破产的；（5）其他致使当事人或者其他人的利益遭受重大损失的情形。

第四款是关于司法工作人员收受贿赂，犯前三款罪，按照重罪处罚的规定。依照本款，对司法工作人员收受贿赂，有前三款行为，同时其受贿行为又构成受贿罪的，应当根据受贿的数额和情节确定应当处刑的档次，如果按受贿罪判处的刑期高于按本罪判处的刑期，则应当按照受贿罪的规定处罚，反之，则应当按照本罪处罚。

【实践中需要注意的问题】

1. 在刑事附带民事诉讼中枉法裁判行为的定性问题。司法工作人员在审理刑事附带民事诉讼案件中，如果仅就附带民事案件部分作枉法裁判构成犯罪的，应适用本条第二款的规定；如果就刑事部分和民事部分都作了枉法裁判的，应从一重罪处罚。

2. 本条第二款规定的民事、行政枉法裁判罪与虚假诉讼罪的关系。刑法第三百零七条之一规定了虚假诉讼罪。实践中存在司法工作人员与当事人串通，参与虚假诉讼活动的情况，可能同时构成虚假诉讼罪和本条第二款规定的民事、行政枉法裁判罪。对于这种情况，根据刑法第三百零七条之一第四款的规定，应当依照处罚较重的规定定罪从重处罚。

第三百九十九条之一 【枉法仲裁罪】

依法承担仲裁职责的人员，在仲裁活动中故意违背事实和法律作枉法裁决，情节严重的，处三年以下有期徒刑或者拘役；情节特别严重的，处三年以上七年以下有期徒刑。

【条文精解】

本条是关于枉法仲裁罪及其处罚的规定。

根据本条规定，本罪主体为特殊主体，即"依法承担仲裁职责的人员"。实践中，依法承担仲裁职责的人员主要是仲裁委员会的仲裁员。仲裁法第十三条第一款、第二款规定了担任仲裁员的条件。具备法定条件的人员经仲裁委员会聘任并登记注册，即可承担仲裁职责，如其有枉法仲裁行为的，构成本罪主体。同时，除了仲裁法规定的民商事仲裁制度以外，我国一些其他法律、行政法规还规定了一些其他领域的仲裁制度。如劳动法、劳动争议调解仲裁法规定了劳动争议仲裁制度；农村土地承包经营纠纷调解仲裁法规定了农村土地承包经营纠纷仲裁制度；公务员法规定了人事争议仲裁制度；体育法、《反兴奋剂条例》规定了体育仲裁制度等。根据上述法律、行政法规的规定，在由政府行政主管部门代表参加组成的仲裁机构中对法律、行政法规规定的特殊争议承担仲裁职责的人员，也属于本条规定的"依法承担仲裁职责的人员"。

本罪在客观方面表现为，在仲裁活动中，故意违背事实和法律作枉法裁决，情节严重的行为。该行为有以下三点特征：第一，必须发生在仲裁活动中。这也是本罪与徇私枉法罪，民事、行政枉法裁判罪的重要区别。第二，违背事实和法律作枉法裁决。这是指仲裁员背离案件的客观事实，故意歪曲法律、法规和相关司法解释的原意，作出仲裁裁决。因为专业水平不够，对法律规定理解偏差等造成错误裁决的，不构成本条规定的犯罪。第三，必须达到情节严重程度，包括收受贿赂枉法裁决、给仲裁当事人造成重大财产损失或者造成其他严重后果等情形，具体可由司法机关根据案件情况掌握。

根据本条的规定，枉法仲裁情节严重的，处三年以下有期徒刑或者拘役；情节特别严重的，处三年以上七年以下有期徒刑。

【实践中需要注意的问题】

根据仲裁法的有关规定，仲裁裁决作出后，当事人可以向人民法院申请执行，不服仲裁裁决的当事人也可以向人民法院申请撤销仲裁裁决。人民法院在仲裁裁决执行程序或者审理撤销仲裁裁决案件中发现承担仲裁职责的人员涉嫌枉法仲裁犯罪线索的，应当依照有关规定向负责调查本罪的监察机关移送。

第四百条 【私放在押人员罪】【失职致使在押人员脱逃罪】

司法工作人员私放在押的犯罪嫌疑人、被告人或者罪犯的，处五年以下有期徒刑或者拘役；情节严重的，处五年以上十年以下有期徒刑；情节特别严重的，处十年以上有期徒刑。

司法工作人员由于严重不负责任，致使在押的犯罪嫌疑人、被告人或者罪犯脱逃，造成严重后果的，处三年以下有期徒刑或者拘役；造成特别严重后果的，处三年以上十年以下有期徒刑。

【条文精解】

本条是关于私放在押人员罪、失职致使在押人员脱逃罪及其处罚的规定。

本条共分两款。第一款是关于私放在押人员罪的规定。这里规定的"私放在押的犯罪嫌疑人、被告人或者罪犯"，是指司法工作人员利用职务上的便利，私自非法将被监管或押解的犯罪嫌疑人、被告人或者罪犯放走的行为。根据本款规定，构成私放在押人员罪主观上必须是故意。这种犯罪的动机是各种各样的，有的是为了贪图钱财而私放，有的是为了徇私情而私放，有的是为了包庇犯罪同伙而私放。如果由于疏忽大意、严重不负责任使犯罪嫌疑人、被告人或者罪犯脱逃,造成严重后果的,则不构成本罪,而应当按照本条第二款的规定处理。构成本罪在客观方面必须是实施了私放犯罪嫌疑人、被告人或者罪犯的行为。这里的"私放",是指擅自、非法将在押人员释放使其逃出监管机关的监控范围。监控范围可以是看守所等固定场所,也可以是押解途中、监管场所以外的劳动作业场所等临时性场所。本条规定的在押人员,包括在押的犯罪嫌疑人、被告人或者罪犯,不包括被采取行政拘留、司法拘留、强制隔离戒毒等其他限制人身自由的处罚或者措施的人员。私放的行为主要表现为:司法工作人员利用职务之便,如利用看守、押解、关押在押人员等职务、职责的便利条件,私自将犯罪嫌疑人、被告人或者罪犯放走或者授意、指使他人放走;伪造、变造或者涂改有关法律文件,将犯罪嫌疑人、被告人或者罪犯放走;为犯罪嫌疑人、被告人或者罪犯提供便利条件、帮助,使其脱逃等情形。根据最高人民检察院《关于渎职侵权犯罪案件立案标准的规定》第一部分第九条的规定,私放在押人员,涉嫌下列情形之一的,应予立案:(1)私自将在押的犯罪嫌疑人、被告人、罪犯放走,或者授意、指使、强迫他人将在押的犯罪嫌疑人、被告人、罪犯放走的;(2)伪造、变造有关法律文书、证明材料,以使在押的犯罪嫌疑人、被告人、罪犯逃跑或者被释放的;(3)为私放在押的犯罪嫌疑人、被告人、罪犯,故意向其通风报信、提供条件,致使该在押的犯罪嫌疑人、被告人、罪犯脱逃的;(4)其他私放在押的犯罪嫌疑人、被告人、罪犯应予追究刑事责任的情形。

根据第一款的规定,对司法工作人员私放在押的犯罪嫌疑人、被告人或者罪犯的,处五年以下有期徒刑或者拘役;情节严重的,处五年以上十年以下有期徒刑;情节特别严重的,处十年以上有期徒刑。

第二款是关于失职致使在押人员脱逃罪及其处罚的规定。根据本款规定,构成本罪的主观方面主要是过失,即司法工作人员因为疏忽大意而没有预见,或者已经预见而轻信能够避免,以致发生了在押人员脱逃的后果。构成本罪的主观方面有时也存在间接故意,即司法工作人员明知自己严重不负责任的行为会发生被监管或押解人脱逃的危害社会的结果,并且有意识地放任这种结果的发生;行为人虽然不希望结果的发生,但又不设法防止,采取听之任之、漠不关心的态度,以致发生了这种结果。本罪的客观方面必须是司法工作人员严重不负责任,致使犯罪嫌疑人、被告人或者罪犯脱逃,造成了严重后果。是否"造成严重后果"是区分罪与非罪的界限,对造成一般后果的,可以采取批评教育或者党政纪律、政务处分的措施处理。所谓"严重不负责任"，是指司法工作人员违反职责要求，不履行或不正确履行职责义务，情节恶劣的行为。具体表现为工作上的官僚主义，马马虎虎，敷衍了事等。"脱逃"，是指被拘留、逮捕的犯罪嫌疑人、被告人或者正在服刑的罪犯逃离羁押、监管场所的行为。根据最高人民检察院《关于渎职侵权犯罪案件立案标准的规定》第一部分第十条的规定，失职致使在押人员脱逃，涉嫌下列情形之一的，应予立案：（1）致使依法可能判处或者已经判处十年以上有期徒刑、无期徒刑、死刑的犯罪嫌疑人、被告人、罪犯脱逃的；（2）致使犯罪嫌疑人、被告人、罪犯脱逃三人次以上的；（3）犯罪嫌疑人、被告人、罪犯脱逃以后，打击报复报案人、控告人、举报人、被害人、证人和司法工作人员等，或者继续犯罪的；（4）其他致使在押的犯罪嫌疑人、被告人、罪犯脱逃，造成严重后果的情形。

根据第二款的规定，司法工作人员严重不负责任，致使在押的犯罪嫌疑人、被告人或者罪犯脱逃，造成严重后果的，处三年以下有期徒刑或者拘役；造成特别严重后果的，处三年以上十年以下有期徒刑。这里"造成特别严重后果"，是指造成多人脱逃或者多次造成犯罪嫌疑人、被告人或者罪犯脱逃以及脱逃的犯罪嫌疑人、被告人或者罪犯继续危害社会，使国家和人民利益遭受重大损失等情形。

【实践中需要注意的问题】

本条规定的犯罪主体是司法工作人员。根据刑法第九十四条的规定，司法工作人员，是指有侦查、检察、审判、监管职责的工作人员。刑法的这一规定的实质，是看行为人是否具有履行以上职责的义务。实践中由于受到编制等因素的影响，有的司法机关、监管场所存在使用未列入司法工作人员编制的辅助人员从事监管工作，履行监管职责的情况，对于这些人员，当其受委托履行监管职责时，实施了本条规定的行为，应构成本条规定的犯罪。

第四百零一条【徇私舞弊减刑、假释、暂予监外执行罪】
司法工作人员徇私舞弊，对不符合减刑、假释、暂予监外执行条件的罪犯，予以减刑、假释或者暂予监外执行的，处三年以下有期徒刑或者拘役；情节严重的，处三年以上七年以下有期徒刑。

【条文精解】

本条是关于徇私舞弊减刑、假释、暂予监外执行罪及其处罚的规定。

本条规定的徇私舞弊减刑、假释、暂予监外执行罪，是指司法工作人员利用职权，为徇私情，对不符合减刑、假释或者暂予监外执行条件的罪犯，予以减刑、假释或者暂予监外执行的行为。构成本罪须具备以下条件：

第一，行为人在主观上必须是故意，即司法工作人员在徇私情或者其他谋取私利等动机的驱动下实施的行为。过失不能构成本罪。因为业务水平不高，对法律的理解错误等造成工作失误，造成错误适用减刑、假释、暂予监外执行的，也不构成本条规定的犯罪。

第二，在客观方面，司法工作人员必须实施了对不符合减刑、假释、暂予监外执行条件的罪犯，予以减刑、假释或者暂予监外执行情节严重的行为。关于减刑、假释、暂予监外执行的条件、程序，刑法、刑事诉讼法等都作了明确规定，行为人在司法工作中违反了这些规定，具体分为三种情况：一是对不符合减刑条件的罪犯予以减刑。根据刑法第七十八条的规定，被判处管制、拘役、有期徒刑、无期徒刑的犯罪分子，在执行期间，如果认真遵守监规，接受教育改造，确有悔改表现的，或者有立功表现的，可以减刑；有特定重大立功表现之一的，应当减刑。根据刑法第五十条的规定，死刑缓期执行的罪犯，在死刑缓期执行期间，如果没有故意犯罪，二年期满后，减为无期徒刑；确有重大立功表现，二年期满后，减为二十五年有期徒刑。关于减刑的程序，根据刑法、刑事诉讼法、监狱法的有关规定，对于犯罪分子的减刑，由执行机关向中级以上人民法院提出减刑建议书。人民法院应当组成合议庭进行审理，对确有悔改或者立功事实的，裁定予以减刑。执行机关应当并将减刑建议书副本抄送人民检察院。人民检察院可以向人民法院提出书面意见。人民检察院认为人民法院减刑的裁定不当，应当在收到裁定书副本后二十日以内，向人民法院提出书面纠正意见。人民法院应当在收到纠正意见后一个月以内重新组成合议庭进行审理，作出最终裁定。二是对不符合假释条件的罪犯予以假释。根据刑法第八十一条的规定，被判处有期徒刑的犯罪分子，执行原判刑期二分之一以上，被判处无期徒刑的犯罪分子，实际执行十三年以上，如果认真遵守监规，接受教育改造，确有悔改表现，没有再犯罪的危险的，可以假释。如果有特殊情况，经最高人民法院核准，可以不受上述执行刑期的限制。该条同时规定，对累犯及因故意杀人、强奸、抢劫、绑架、放火、爆炸、投放危险物质或者有组织的暴力性犯罪，被判处十年以上有期徒刑、无期徒刑的犯罪分子，不得假释。关于假释的程序，根据刑法、刑事诉讼法、监狱法的有关规定，假释的提请、决定和监督程序与减刑相似。三是对不符合暂予监外执行条件的罪犯予以暂予监外执行。根据刑事诉讼法

第二百六十五条的规定，对于被判处有期徒刑或者拘役的罪犯，如果患有严重疾病需要保外就医，或者怀孕、正在哺乳自己婴儿的妇女，或者生活不能自理，适用暂予监外执行不致危害社会的，或者被判处无期徒刑的罪犯怀孕、正在哺乳自己婴儿的，可以暂予监外执行。对其不在监管场所执行刑罚，而是暂时放在社会上实行社区矫正。关于暂予监外执行程序，根据刑事诉讼法、监狱法的有关规定，在交付执行前，暂予监外执行由交付执行的人民法院决定；在交付执行后，暂予监外执行由监狱或者看守所提出书面意见，报省级以上监狱管理机关或者设区的市一级以上公安机关批准。人民检察院认为对罪犯适用暂予监外执行不当的，应当自接到通知之日起一个月内将书面意见递交批准暂予监外执行的机关，批准暂予监外执行的机关接到人民检察院的书面意见后，应当立即对该决定进行重新核查。

第三，本罪的犯罪主体为特殊主体，即司法工作人员。实践中，一般是指刑罚执行机关、审判机关中有权决定减刑、假释、暂予监外执行的司法工作人员。根据最高人民检察院《关于渎职侵权犯罪案件立案标准的规定》第一部分第十一条的规定，徇私舞弊减刑、假释、暂予监外执行，涉嫌下列情形之一的，应予立案：(1)刑罚执行机关的工作人员对不符合减刑、假释、暂予监外执行条件的罪犯，捏造事实，伪造材料，违法报请减刑、假释、暂予监外执行的；(2)审判人员对不符合减刑、假释、暂予监外执行条件的罪犯，徇私舞弊，违法裁定减刑、假释或者违法决定暂予监外执行的；(3)监狱管理机关、公安机关的工作人员对不符合暂予监外执行条件的罪犯，徇私舞弊，违法批准暂予监外执行的；(4)不具有报请、裁定、决定或者批准减刑、假释、暂予监外执行权的司法工作人员利用职务上的便利，伪造有关材料，导致不符合减刑、假释、暂予监外执行条件的罪犯被减刑、假释、暂予监外执行的；(5)其他徇私舞弊减刑、假释、暂予监外执行应予追究刑事责任的情形。

根据本条的规定，对司法工作人员犯本罪的，处三年以下有期徒刑或者拘役；情节严重的，处三年以上七年以下有期徒刑。

【实践中需要注意的问题】

1.本罪与徇私枉法罪的关系。审判人员徇私舞弊减刑、假释、暂予监外执行的行为，严格上来讲也属于刑法第三百九十九条第一款中规定的在刑事审判活动中故意违背事实和法律作枉法裁判的行为，构成该条规定的徇私枉法罪。但刑法已经将这种行为规定为单独的犯罪，就应当认定为本条规定的徇私舞弊减刑、假释、暂予监外执行罪，不再认定为徇私枉法罪。

2.司法工作人员收受贿赂，又实施本条规定的犯罪如何处理。实践中存在司法工作人员受人请托，收受贿赂后实施徇私舞弊减刑、假释、暂予监外执行的情况。根据最高人民法院、最高人民检察院《关于办理贪污贿赂刑事案件适用法律若干问题的解释》第十七条的规定，对这种情形，应当以受贿罪和本条规定的徇私舞弊减刑、假释、暂予监外执行罪数罪并罚。

第四百零二条　【徇私舞弊不移交刑事案件罪】
行政执法人员徇私舞弊，对依法应当移交司法机关追究刑事责任的不移交，情节严重的，处三年以下有期徒刑或者拘役；造成严重后果的，处三年以上七年以下有期徒刑。

【条文精解】

本条是关于徇私舞弊不移交刑事案件罪及其处罚的规定。

本条规定的徇私舞弊不移交刑事案件罪，是指行政执法人员对依法应当移交司法机关追究刑事责任的案件不移交，情节严重的行为。根据本条规定，构成本罪应具备以下条件：

一是本罪的主体为特殊主体，即行政执法人员。"行政执法人员"，是指在具有行政执法权的行政机关中从事公务的人员，如税务、市场监督管理、环境保护、金融监管、应急管理等机关的工作人员。对于依照法律法规授权，具有管理公共事务职能，在法定授权范围内实施行政处罚的组织的执法人员实施本条规定的行为的，也可以构成本罪。

二是构成本罪在主观上必须是故意，即行政执法人员明知对应当移交司法机关追究刑事责任的案件不移交的行为会产生危害社会的后果，但仍徇私舞弊不移交。这种犯罪有的是为徇亲友私情，有的是为了得到某种利益，比如为徇单位私利而以行政处罚代替刑罚，或者出于地方保护主义对犯罪人网开一面等。如果行政执法人员不是出于徇私的动机，而是由于没有认真了解情况，存在对事实认识上的偏差，或者由于业务水平不高，对法律法规的理解偏差造成工作上的失误，致使没有移交应当移交的刑事案件的，则不构成本罪。

三是在客观方面，行政执法人员实施了依法应当将案件移交司法机关追究刑事责任的不移交，情节严重的行为。其中，"依法应当移交司法机关追究刑事责任的不移交"，是指明知他人的行为已经构成犯罪，应当交由司法机关依法追究其刑事责任，但是行为人不移交司法机关，而故意使犯罪人逃避法律追究的行为。本条规定的"司法机关",主要是指对刑事案件负有侦查职责的机关,包括公安机关、检察机关、国家安全机关、海警机关等。行政处罚法和一些具体的行政法律法规都对行政机关将涉嫌犯罪的案件移交司法机关作了规定。最高人民检察院、公安部《关于公安机关管辖的刑事案件立案追诉标准的规定(一)》《关于公安机关管辖的刑事案件立案追诉标准的规定(二)》中都明确了刑法规定的有关犯罪的具体立案追诉标准,也就是行政执法机关向司法机关移送案件的具体标准。国务院颁布的《行政执法机关移送涉嫌犯罪案件的规定》,明确规定行政执法机关在依法查处违法行为过程中,发现违法事实涉嫌构成犯罪的,必须向公安机关移送,并对移送的时间、有关证据的保存、移送所应附的材料等都作了具体规定。行政执法人员违反了这些规定,对应当移交司法机关的案件不移交,就可能构成本条规定的犯罪。

行政执法人员徇私舞弊不移交刑事案件的行为并非都构成犯罪,只有"情节严重"才能构成,这是区分罪与非罪的主要标准。根据最高人民检察院《关于渎职侵权犯罪案件立案标准的规定》第一部分第十二条的规定,徇私舞弊不移交刑事案件,涉嫌下列情形之一的,应予立案:(1)对依法可能判处三年以上有期徒刑、无期徒刑、死刑的犯罪案件不移交的;(2)不移交刑事案件涉及三人次以上的;(3)司法机关提出意见后,无正当理由仍然不予移交的;(4)以罚代刑,放纵犯罪嫌疑人,致使犯罪嫌疑人继续进行违法犯罪活动的;(5)行政执法部门主管领导阻止移交的;(6)隐瞒、毁灭证据,伪造材料,改变刑事案件性质的;(7)直接负责的主管人员和其他直接责任人员为牟取本单位私利而不移交刑事案件,情节严重的;(8)其他情节严重的情形。

根据本条的规定,行政执法人员犯徇私舞弊不移交刑事案件罪的,处三年以下有期徒刑或者拘役;造成严重后果的,处三年以上七年以下有期徒刑。其中,"造成严重后果",是指造成罪行严重的犯罪分子逃避法律追究,或者由于不移交的行为使国家利益遭受特别重大损失等。

【实践中需要注意的问题】

1.公安机关工作人员犯罪的处理。考虑到公安机关既行使行政执法权,又行使刑事侦查权,公安机关的工作人员属于本法第三百九十九条规定的"司法工作人员"。公安机关的工作人员行使行政执法权时,如果徇私舞弊,对明知是构成犯罪应当立案进行刑事侦查的案件不提交刑事立案的,属于对明知是有罪的人而故意包庇不使他受追诉,应当以本法第三百九十九条第一款规定的徇私枉法罪追究其刑事责任。

2.行政执法人员收受贿赂,又实施本条规定的犯罪如何处理。行政执法人员受人请托，收受贿赂后实施徇私舞弊不移交刑事案件的行为的，根据最高人民法院、最高人民检察院《关于办理贪污贿赂刑事案件适用法律若干问题的解释》第十七条的规定，应当以受贿罪和本条规定的徇私舞弊不移交刑事案件罪数罪并罚。

> **第四百零三条 【滥用管理公司、证券职权罪】**
> 　　国家有关主管部门的国家机关工作人员，徇私舞弊，滥用职权，对不符合法律规定条件的公司设立、登记申请或者股票、债券发行、上市申请，予以批准或者登记，致使公共财产、国家和人民利益遭受重大损失的，处五年以下有期徒刑或者拘役。
> 　　上级部门强令登记机关及其工作人员实施前款行为的，对其直接负责的主管人员，依照前款的规定处罚。

【条文精解】

本条是关于滥用管理公司、证券职权罪及其处罚的规定。

本条共分两款。第一款是关于滥用管理公司、证券职权罪及其处罚的规定。本罪有以下特征：一是构成本罪的主体必须是国家有关主管部门的国家机关工作人员。这里规定的"国家有关主管部门"，是指根据公司法、证券法和有关法规规定负责对公司设立、申请或者股票、公司债券发行、上市申请的条件是否符合法律规定的条件予以审核、批准或者登记的国家机关，如负责公司设立登记工作的市场监督管理机关，负责证券发行注册的国务院证券监督管理机构等。二是行为人必须实施了对不符合法律规定条件的公司设立、登记申请或者股票、债券发行、上市申请，予以批准或登记，致使公共财产、国家和人民利益遭受重大损失的行为。对公司设立、股票、债券发行、上市的条件，公司法、证券法等法律法规作了规定。需要说明的是，2019年12月，第十三届全国人民代表大会常务委员会第十五次会议修订了证券法，将股票发行核准制改为注册制。证券法第二十一条规定，国务院证券监督管理机构或者国务院授权的部门依照法定条件负责证券发行申请的注册。国务院证券监督管理机构或者国务院授权的部门工作人员在股票发行注册工作中徇私舞弊，滥用职权的，仍然可以构成本条规定的犯罪。三是行为人构成本罪主观上只能是故意，犯罪行为方式表现为徇私情，对公司设立、登记申请或者股票、债券发行、上市申请不严格依照法律进行审查或者根本不作审查而予以批准，明知申请人不符合条件，为了谋取私利予以批准。行为人的行为必须是"致使公共财产、国家和人民利益遭受重大损失的"，才能构成犯罪，这是区分罪与非罪的界限，如果行为人的行为没有造成重大损失，则不能追究刑事责任，而应依照公司法、证券法的规定，对其给予处分。最高人民检察院《关于渎职侵权犯罪案件立案标准的规定》第一部分第十三条对本罪的具体立案标准作了规定。

根据第一款规定，构成本罪的，处五年以下有期徒刑或者拘役。

本条第二款是关于上级部门强令登记机关及其工作人员实施第一款行为的，对其直接负责的主管人员依照第一款的规定处罚的规定。这里规定的"上级部门"是广义的，既包括登记机关即市场监督管理机关、证券监督管理部门内部具有上下级领导关系的人员，也包括上级市场监督管理机关、证券监督管理部门中负有领导责任的人员；既包括上级部门的负责人，也包括在上级部门工作的具体工作人员。"强令"，是指行为人明知其命令违反法律，而强迫下级机关及其工作人员执行其命令的行为。

根据第二款规定，实施本款规定行为的，依照第一款的规定处罚，即对直接负责的主管人员，处五年以下有期徒刑或者拘役。

【实践中需要注意的问题】

有关主管部门工作人员与实施虚报注册资本、虚假出资、欺诈发行股票、债券的行为人通谋，在履职过程中徇私舞弊，滥用职权，实施本条规定的行为的，应当以虚报注册资本、虚假出资、欺诈发行股票、债券等犯罪的共犯定罪处罚。

第四百零四条 【徇私舞弊不征、少征税款罪】

税务机关的工作人员徇私舞弊，不征或者少征应征税款，致使国家税收遭受重大损失的，处五年以下有期徒刑或者拘役；造成特别重大损失的，处五年以上有期徒刑。

【条文精解】

本条是关于徇私舞弊不征、少征税款罪及其处罚的规定。

本条规定的徇私舞弊不征、少征税款罪，是指税务机关工作人员利用职权，为徇私情，不征或者少征应当征收的税款，致使国家税收流失，遭受重大损失的行为。本罪具有以下特征：首先，主体必须是税务机关的工作人员。这里规定的"税务机关"，是指各级税务局、税务分局和税务所。非税务机关人员不能构成本罪。我国的税务机关在2018年以前分为国家税务机关和地方税务机关，根据2018年3月十三届全国人大一次会议批准的国务院机构改革方案，改革国税地税征管体制。将省级和省级以下国税地税机构合并，具体承担所辖区域内各项税收、非税收入征管等职责。国税地税机构合并后，实行以国家税务总局为主与省（区、市）人民政府双重领导管理体制。税收征收管理法第九条第二款、第三款规定，税务机关、税务人员必须秉公执法，忠于职守，清正廉洁，礼貌待人，文明服务，尊重和保护纳税人、扣缴义务人的权利，依法接受监督。税务人员不得索贿受贿、徇私舞弊、玩忽职守、不征或者少征应征税款；不得滥用职权多征税款或者故意刁难纳税人和扣缴义务人。税务机关工作人员徇私舞弊不征、少征税款的行为违反了上述法定义务。其次，主观方面必须是故意。也就是说，税务机关的工作人员明知自己不征或少征应征税款，会给国家税收造成重大损失，而为了徇私情、私利，不征或少征税款。最后，客观方面实施了不征或少征应征税款，并使国家税收遭受重大损失的行为。"应征税款"，是指税务机关根据法律、行政法规规定的税种、税率，应当向纳税人征收的税款。近年来，根据税收法定原则，全国人大及其常委会先后制定或修改了个人所得税法、企业所得税法、车船税法、车辆购置税法、耕地占用税法、船舶吨税法、环境保护税法等多部税收法律。对尚未制定法律的一些税种，国务院制定的《增值税暂行条例》《消费税暂行条例》等行政法规作了规定。税务机关工作人员应当根据这些法律、行政法规关于税种、税率等的规定，依法确定应向纳税人征收的税款并及时征收。行为人的行为具体表现为擅自决定税收的停征、减征或者免征，即为徇私情对应当征收税款的不征收、少征收；或者对纳税人欠缴税款的，本应通知银行或其他金融机构从纳税人存款中扣缴而不通知；对应当查封、扣押、拍卖价值与欠税人应纳税款相当的物品而不查封、扣押或拍卖等。

另外，税务机关的工作人员实施的前述行为，必须是使国家税收遭受重大损失的才能构成犯罪，这是区分罪与非罪的界限，如果不征或少征应征税款，数额较小，没有使国家的税收遭受重大损失，就不能按本罪处理，而应当追究行为人的行政责任。根据最高人民检察院《关于渎职侵权犯罪案件立案标准的规定》第一部分第十四条的规定，徇私舞弊不征、少征税款，涉嫌下列情形之一的，应予立案：（1）徇私舞弊不征、少征应征税款，致使国家税收损失累计达十万元以上的；（2）上级主管部门工作人员指使税务机关工作人员徇私舞弊不征、少征应征税款，致使国家税收损失累计达十万元以上的；（3）徇私舞弊不征、少征应征税款不满十万元，但具有索取或者收受贿赂或者其他恶劣情节的；（4）其他致使国家税收遭受重大损失的情形。

根据本条规定，税务机关的工作人员犯本罪的，处五年以下有期徒刑或者拘役；造成特别重大损失的，处五年以上有期徒刑。"造成特别重大损失"，是指造成税收流失数额特别巨大，后果特别严重的情形等。

【实践中需要注意的问题】

1. 税务机关工作人员在征税工作中严重不负责任，计算税款有误，没有征收或者少征应征税款，致使国家税收遭受重大损失，但没有徇私舞弊情节的，不构成本条规定的犯罪。构成刑法第三百九十七条规定的玩忽职守罪的，按照该条规定追究其刑事责任。

2. 税务机关工作人员与纳税人相勾结，帮助纳税人逃税，如为其出主意，然后不征或少征其应缴的税款，应按逃税罪的共犯追究其刑事责任。

第四百零五条 【徇私舞弊发售发票、抵扣税款、出口退税罪】【违法提供出口退税凭证罪】

税务机关的工作人员违反法律、行政法规的规定，在办理发售发票、抵扣税款、出口退税工作中，徇私舞弊，致使国家利益遭受重大损失的，处五年以下有期徒刑或者拘役；致使国家利益遭受特别重大损失的，处五年以上有期徒刑。

其他国家机关工作人员违反国家规定，在提供出口货物报关单、出口收汇核销单等出口退税凭证的工作中，徇私舞弊，致使国家利益遭受重大损失的，依照前款的规定处罚。

【条文精解】

本条是关于徇私舞弊发售发票、抵扣税款、出口退税罪和违法提供出口退税凭证罪及其处罚的规定。

本条共分两款。第一款是关于徇私舞弊发售发票、抵扣税款、出口退税罪及其处罚的规定。该罪主要是指税务机关工作人员违反法律、行政法规的规定，在发售发票、抵扣税款、出口退税的具体工作中，为徇私情，弄虚作假、徇私舞弊，致使国家利益遭受重大损失的行为。根据本款规定，构成本罪的行为人主观上必须是故意，即税务机关工作人员明知自己在发售发票、抵扣税款以及出口退税工作中徇私舞弊的行为会产生危害后果，而故意实施。这种犯罪的动机是各种各样的，有的为徇亲友私情，有的为了得到某种利益而亵渎国家赋予的职责等。过失行为不能构成本罪。本罪的客观方面是实施了徇私舞弊的行为，即税务机关的工作人员违反法律、行政法规的规定，在发售发票、抵扣税款、出口退税工作中徇私舞弊，对明知是不符合条件的人仍为其发售发票、抵扣税款、办理出口退税，并致使国家利益遭受重大损失的行为。"发票"，是指在购销商品，提供或者接受服务以及从事其他经营活动中，开具、收取的收付款凭证。"发售发票"，是指税务机关根据已依法办理税务登记的单位或个人提出的领购发票申请，向其发售发票的活动。"抵扣税款"，是指税务机关对购货方在购进商品时已由供货方收取的增值税款抵扣掉，只征收购货方作为生产者、经营者在销售其产品或商品环节增值部分的税款。"出口退税"，是指税务机关依法在出口环节向出口商品的生产者或经营单位退还该商品在生产环节、流通环节已征收的增值税和消费税。税务机关工作人员在发售发票、抵扣税款、出口退税工作中的徇私舞弊主要是：对不应发售发票的，予以发售；对不应抵扣或者应少抵扣税款的，擅自抵扣或者多抵扣；利用职权为自己或帮助他人骗取出口退税款；等等。实践中，应当把税务机关工作人员在发售发票、抵扣税款或出口退税等工作中出现的失误与主观上故意徇私舞弊的行为区别开来。应当注意的是，是否"致使国家利益遭受重大损失"是区分罪与非罪的界限，只有造成"重大损失"的，才构成犯罪。根据最高人民检察院《关于渎职侵权犯罪案件立案标准的规定》第一部分第十五条的规定，徇私舞弊发售发票、抵扣税款、出口退税，涉嫌下列情形之一的，应予立案：（1）徇私舞弊，致使国家税收损失累计达十万元以上的；（2）徇私舞弊，致使国家税收损失累计不满十万元，但发售增值税专用发票二十五份以上或者其他发票五十份以上或者增值税专用发票与其他发票合计五十份以上，或者具有索取、收受贿赂或者其他恶劣情节的；（3）其他致使国家利益遭受重大损失的情形。

根据第一款的规定，税务机关的工作人员犯本款之罪的，处五年以下有期徒刑或者拘役；致使国家利益遭受特别重大损失的，处五年以上有期徒刑。"特别重大损失"，是指抵扣的税款、出口退税款数额特别巨大、使国家税款流失的数额特别巨大等情况。

第二款是关于其他国家机关工作人员违反国家规定，在提供出口货物报关单、出口收汇核销单等出口退税凭证的工作中，徇私舞弊，致使国家利益遭受重大损失的犯罪及其处罚的规定。本款所称的"其他国家机关工作人员",是指除税务机关工作人员以外,负有对进出口货物检验、出具进出口货物证明的其他国家机关工作人员,如海关工作人员、外汇管理部门工作人员。按照 1997 年修订刑法时出口退税制度的规定,企业申请出口退税除必须提供购进出口货物的增值税专用发票、出口货物销售明细账外,还必须提供盖有海关验讫章的《出口货物报关单(出口退税联)》和外汇管理部门开具的出口货物收汇单,以备税务机关核对。"违反国家规定,在提供出口货物报关单、出口收汇核销单等出口退税凭证工作中,徇私舞弊",是指海关、外汇管理部门等工作人员,为徇私情私利,违反出口退税制度,对明知没有货物出口或者以少报多、以劣报优的,仍违背事实,弄虚作假,在报关单上加盖海关验讫章或者出具出口收汇核销单。2012 年 6 月,国家外汇管理局、海关总署、国家税务总局联合发布了《关于货物贸易外汇管理制度改革的公告》,自 2012 年 8 月 1 日起在全国实施货物贸易外汇管理制度改革,相应调整出口报关流程,取消出口收汇核销单,企业不再办理出口收汇核销手续。外汇管理部门对企业的贸易外汇管理由现场逐笔核销改变为非现场总量核查。

根据第二款规定,构成本罪必须是致使国家利益遭受重大损失的,这主要是指退税数额巨大,使国家税款遭受重大损失等情形。根据最高人民检察院《关于渎职侵权犯罪案件立案标准的规定》第一部分第十六条的规定,违法提供出口退税凭证,涉嫌下列情形之一的,应予立案:(1)徇私舞弊,致使国家税收损失累计达十万元以上的;(2)徇私舞弊,致使国家税收损失累计不满十万元,但具有索取、收受贿赂或者其他恶劣情节的;(3)其他致使国家利益遭受重大损失的情形。

根据第二款规定,构成本款规定之罪的,依照前款的规定处罚,即处五年以下有期徒刑或者拘役;致使国家利益遭受特别重大损失的,处五年以上有期徒刑。

【实践中需要注意的问题】

1. 本条第一款规定的徇私舞弊发售发票、抵扣税款、出口退税罪是选择性罪名,行为人实施了徇私舞弊发售发票、抵扣税款、出口退税中的一种具体犯罪行为的,可按其犯罪行为确定罪行;行为人实施其中两种或者三种犯罪行为的,也按一罪处理,不实行数罪并罚。

2. 本罪与徇私舞弊不征、少征税款罪的区分。刑法第四百零四条规定了徇私舞弊不征、少征税款罪,本罪与该罪都是税务机关工作人员在税收工作中的渎职犯罪,主要区别在于徇私舞弊不征、少征税款罪发生在征收税款的工作中,是直接不征、少征了应征税款,而本罪则是发生在与征税、退税相关的发售发票、抵扣税款、出口退税罪等环节,造成了国家税款损失。

3.本条规定的两种犯罪都要求行为人具有徇私舞弊情节,如果行为人没有徇私舞弊,但在有关工作中严重不负责任,致使国家利益遭受重大损失的,可以依照刑法第三百九十七条规定的玩忽职守罪追究刑事责任。

第四百零六条 【国家机关工作人员签订、履行合同失职被骗罪】
国家机关工作人员在签订、履行合同过程中,因严重不负责任被诈骗,致使国家利益遭受重大损失的,处三年以下有期徒刑或者拘役;致使国家利益遭受特别重大损失的,处三年以上七年以下有期徒刑。

【条文精解】

本条是关于国家机关工作人员签订、履行合同失职被骗罪及其处罚的规定。

根据本条规定,国家机关工作人员签订、履行合同失职被骗罪具有以下几个方面的特征:

一是犯罪主体是国家机关工作人员,具体可以是各国家机关中负责签订、履行合同的工作人员。

二是行为人在客观方面实施了由于严重不负责任而在签订、履行合同过程中被诈骗的行为。主要表现包括未向主管单位或有关单位了解对方当事人的合同主体资格、资信情况、履约能力和资源等情况,因而盲目同无资金或无货源的另一方签订购销合同而被诈骗;对供方销售的以次充好不符合质量要求、质次价高的货物,应检查而未检查,擅自同意发货,不坚持按合同验收等,致使被诈骗;对合同对方提供的不符合合同要求的服务疏于监督检查,造成质量问题;被诈骗后,对质次货劣的商品,不及时采取措施,延误索赔期或擅自决定不索赔,造成重大经济损失等。司法实践中,还应当区分由于市场行情剧变、受个人本身水平限制以及出现不可抗力等情况的原因,使国家机关工作人员在签订、履行合同过程中,致使国家利益遭受重大损失与本罪的界限,如果出现上述情况,应当具体情况具体分析,不能简单地以本罪论处。行为人实施上述行为,必须是"致使国家利益遭受重大损失的"才能构成本罪。根据最高人民检察院《关于渎职侵权犯罪案件立案标准的规定》第一部分第十七条的规定,国家机关工作人员签订、履行合同失职被骗,涉嫌下列情形之一的,应予立案:(1)造成直接经济损失三十万元以上,或者直接经济损失不满三十万元,但间接经济损失一百五十万元以上的;(2)其他致使国家利益遭受重大损失的情形。

三是行为人主观上主要是过失,即行为人应当预见自己的行为可能发生被诈骗的危害结果,由于主观上马马虎虎、疏忽大意没有预见,或者已经预见而轻信能够避免,严重不负责任,致使造成重大损失。但也有部分是由间接故意构成,即行为人明知自己不负责任签订、履行合同的行为会造成被诈骗的危害后果,而放任这种结果的发生。

根据本条的规定,国家机关工作人员犯本条之罪的,处三年以下有期徒刑或者拘役;致使国家利益遭受特别重大损失的,处三年以上七年以下有期徒刑。

【实践中需要注意的问题】

1.本条规定的犯罪与签订、履行合同失职被骗罪的区别。刑法第一百六十七条规定了签订、履行合同失职被骗罪,即国有公司、企业、事业单位直接负责的主管人员,在签订、履行合同过程中,因严重不负责任被诈骗,致使国家利益遭受重大损失的,处三年以下有期徒刑或者拘役;致使国家利益遭受特别重大损失的,处三年以上七年以下有期徒刑。本罪与签订、履行合同失职被骗罪在客观方面都表现为在签订、履行合同过程中,因严重不负责任被诈骗,致使国家利益遭受重大损失。主要区别是犯罪主体不同,本罪属于渎职犯罪,主体是国家机关工作人员。签订、履行合同失职被骗罪属于妨害对公司、企业的管理秩序罪,主体是国有公司、企业、事业单位直接负责的主管人员。

2.本罪的特征是"失职被骗"。如果国家机关工作人员与合同对方通谋,甚至收受贿赂,在签订、履行合同过程中徇私舞弊,损害国家利益的,不应当认定为本罪,而是应依照受贿罪、滥用职权罪的规定定罪处罚。

第四百零七条 【违法发放林木采伐许可证罪】

林业主管部门的工作人员违反森林法的规定,超过批准的年采伐限额发放林木采伐许可证或者违反规定滥发林木采伐许可证,情节严重,致使森林遭受严重破坏的,处三年以下有期徒刑或者拘役。

【条文精解】

本条是关于违法发放林木采伐许可证罪及其处罚的规定。

根据本条规定，构成本罪的主体是林业主管部门的工作人员。"林业主管部门"，是指县级以上地方人民政府中主管本地区林业工作的机构以及国务院的林业主管部门。根据2018年3月十三届全国人大一次会议批准的国务院机构改革方案，组建国家林业和草原局。将国家林业局的职责，农业部的草原监督管理职责，以及国土资源部、住房和城乡建设部、水利部、农业部、国家海洋局等部门的自然保护区、风景名胜区、自然遗产、地质公园等管理职责整合，组建国家林业和草原局，由自然资源部管理。目前国务院和地方各级人民政府的林业主管部门是各级林业和草原部门。"超过批准的年采伐限额发放林木采伐许可证"，是指林业主管部门的工作人员利用职权，对符合采伐许可证发放条件的申请人，在年度木材生产计划之外，擅自发放给林木采伐申请人采伐许可证的行为。"违反规定滥发林木采伐许可证"，是指林业主管部门的工作人员违反森林法以及有关行政法规的规定，利用掌握发放林木采伐许可证的权力，超越自己的权限发放采伐许可证或者对采伐许可证申请的内容不符合法律规定的要求仍然予以批准并发给采伐许可证的行为。

构成本罪必须具备"情节严重"和"致使森林遭受严重破坏"的要件。根据最高人民法院《关于审理破坏森林资源刑事案件具体应用法律若干问题的解释》第十二条的规定，具有下列情形之一的，属于"情节严重，致使森林遭受严重破坏"：发放林木采伐许可证允许采伐数量累计超过批准的年采伐限额，导致林木被采伐数量在十立方米以上的；滥发林木采伐许可证，导致林木被滥伐二十立方米以上的；滥发林木采伐许可证，导致珍贵树木被滥伐的；批准采伐国家禁止采伐的林木，情节恶劣的；其他情节严重的情形。

根据本条规定，林业主管部门的工作人员犯本条规定之罪的，处三年以下有期徒刑或者拘役。

【实践中需要注意的问题】

林业主管部门的工作人员收受贿赂，又实施本条规定的犯罪如何处理。林业主管部门的工作人员受人请托，收受贿赂后实施违法发放林木采伐许可证行为的，根据最高人民法院、最高人民检察院《关于办理贪污贿赂刑事案件适用法律若干问题的解释》第十七条的规定，应当以受贿罪和本条规定的违法发放林木采伐许可证罪数罪并罚。

第四百零八条 【环境监管失职罪】

负有环境保护监督管理职责的国家机关工作人员严重不负责任,导致发生重大环境污染事故,致使公私财产遭受重大损失或者造成人身伤亡的严重后果的,处三年以下有期徒刑或者拘役。

【条文精解】

本条是关于环境监管失职罪及其处罚的规定。

根据本条规定,构成本罪的主体是对环境保护负有监督管理职责的国家机关工作人员,主要包括在国务院环境保护行政主管部门、县级以上地方人民政府环境保护行政主管部门从事环境保护监督管理工作的人员,也包括在国家自然资源、港务监督、渔政渔港监督、军队环境保护部门和各级公安、交通运输等管理部门中,依照有关法律的规定对环境污染防治实施监督管理的人员。根据2018年3月十三届全国人大一次会议批准的《国务院机构改革方案》,将环境保护部的职责,国家发展和改革委员会的应对气候变化和减排职责,国土资源部的监督防止地下水污染职责,水利部的编制水功能区划、排污口设置管理、流域水环境保护职责,农业部的监督指导农业面源污染治理职责,国家海洋局的海洋环境保护职责,国务院南水北调工程建设委员会办公室的南水北调工程项目区环境保护职责整合,组建生态环境部,作为国务院组成部门。目前国务院和地方各级人民政府的环境保护部门是各级生态环境部门。另外,在县级以上人民政府的自然资源、林业和草原、农业农村、水利行政主管部门中,依照有关法律的规定对资源的保护实施监督管理的人员,也可以构成本罪的主体。

根据本条规定,构成本罪必须是上述人员严重不负责任,不认真履行监督管理职责,以致发生重大环境污染事故,致使公私财产遭受重大损失或者造成人身伤亡的严重后果。"重大环境污染事故",是指造成大气、水源、海洋、土地等环境质量标准严重不符合国家规定标准,造成公私财产重大损失或人身伤亡的严重事件。其中"污染",是指在生产建设或者其他活动中产生的足以危害人体健康的废气、废水、废渣、粉尘、恶臭气体、放射性物质以及噪声、振动、电磁波辐射等。根据本条规定对造成环境污染事故的,必须是"致使公私财产遭受重大损失或者造成人身伤亡的严重后果的"才构成犯罪。如果没有造成严重后果,可以由有关部门予以行政处分。应当注意的是,只要具备"使公私财产遭受重大损失"或者"造成人身伤亡"其中任何一个条件即构成本罪。根据最高人民法院、最高人民检察院《关于办理环境污染刑事案件适用法律若干问题的解释》第二条的规定,致使公私财产损失三十万元以上,或者具有下列情形之一的,应当认定为"致使公私财产遭受重大损失或者造成人身伤亡的严重后果":(1)造成生态环境严重损害的;(2)致使乡镇以上集中式饮用水水源取水中断十二小时以上的;(3)致使基本农田、防护林地、特种用途林地五亩以上,其他农用地十亩以上,其他土地二十亩以上基本功能丧失或者遭受永久性破坏的;(4)致使森林或者其他林木死亡五十立方米以上,或者幼树死亡二千五百株以上的;(5)致使疏散、转移群众五千人以上的;(6)致使三十人以上中毒的;(7)致使三人以上轻伤、轻度残疾或者器官组织损伤导致一般功能障碍的;(8)致使一人以上重伤、中度残疾或者器官组织损伤导致严重功能障碍的。

根据本条规定,构成本罪的,对行为人处三年以下有期徒刑或者拘役。

【实践中需要注意的问题】

环保监督管理人员收受贿赂,又实施本条规定的犯罪如何处理。环保监督管理人员受人请托,收受贿赂后实施本条规定的失职行为的,根据最高人民法院、最高人民检察院《关于办理贪污贿赂刑事案件适用法律若干问题的解释》第十七条的规定,应当以受贿罪和本条规定的环境监管失职罪数罪并罚。

第四百零八条之一 【食品、药品监管渎职罪】

负有食品药品安全监督管理职责的国家机关工作人员,滥用职权或者玩忽职守,有下列情形之一,造成严重后果或者有其他严重情节的,处五年以下有期徒刑或者拘役;造成特别严重后果或者有其他特别严重情节的,处五年以上十年以下有期徒刑:

(一)瞒报、谎报食品安全事故、药品安全事件的;

(二)对发现的严重食品药品安全违法行为未按规定查处的;

(三)在药品和特殊食品审批审评过程中,对不符合条件的申请准予许可的;

(四)依法应当移交司法机关追究刑事责任不移交的;

(五)有其他滥用职权或者玩忽职守行为的。

徇私舞弊犯前款罪的,从重处罚。

【条文精解】

本条是关于食品、药品监管渎职的犯罪及其处罚的规定。

为了贯彻落实党中央关于食品药品安全"四个最严"的要求，2018年12月，第十三届全国人民代表大会常务委员会第七次会议修订了食品安全法；2019年6月，第十三届全国人民代表大会常务委员会第十一次会议通过了疫苗管理法；2019年8月，第十三届全国人民代表大会常务委员会第十二次会议第二次修订了药品管理法。这几部法律强化了食品药品监督管理部门的监管职责，有关部门的国家工作人员在食品的生产、经营，药品和疫苗的研发、生产、经营和使用等环节担负广泛的监管职责，行使一系列行政许可、行政处罚职权。为了贯彻党中央提出的"最严肃的问责"的精神，进一步强化食品药品安全，保护人民群众安全，与食品安全法、药品管理法做好衔接，2020年12月26日第十三届全国人民代表大会常务委员会第二十四次会议通过的《刑法修正案（十一）》对本条作了修改：一是在犯罪主体方面，在负有食品安全监督管理职责的国家机关工作人员的基础上，增加负有药品安全监督管理职责的国家机关工作人员；二是在构成犯罪和适用第二档刑的条件中增加了情节因素，三是增加规定了五类具体犯罪情形。

本条共分两款。第一款是关于食品、药品监管渎职的犯罪行为及其处罚的规定。根据本条规定，构成本罪的主体是负有食品药品安全监督管理职责的国家机关工作人员。根据2018年3月十三届全国人大一次会议批准的《国务院机构改革方案》，将国家工商行政管理总局的职责，国家质量监督检验检疫总局的职责，国家食品药品监督管理总局的职责，国家发展和改革委员会的价格监督检查与反垄断执法职责，商务部的经营者集中反垄断执法以及国务院反垄断委员会办公室等职责整合，组建国家市场监督管理总局，作为国务院直属机构。同时，组建国家药品监督管理局，由国家市场监督管理总局管理。目前，负责食品、药品安全监督管理职责的主要是各级市场监管、药品监管部门的工作人员。构成本罪，上述人员必须有滥用职权或者玩忽职守的行为。这里所规定的"滥用职权"，是指国家机关工作人员超越职权，违法决定、处理其无权决定、处理的事项，或者违反规定处理公务的行为。"玩忽职守"，是指国家机关工作人员严重不负责任，不履行或者不认真履行其职责的行为。构成本罪，还必须因为滥用职权或者玩忽职守，造成严重后果或者有其他严重情节。"造成严重后果"，包括导致发生重大食品安全事故、重大药品安全事件、疫苗安全事件等，以及其他严重后果。"有其他严重情节"，是指虽未造成严重后果，但滥用职权、玩忽职守的情节严重，如滥用职权、玩忽职守的时间长、次数多、涉及面广、社会影响恶劣等。具体情形可由司法机关根据实际情况制定司法解释确定。为了细化食品药品渎职的情形，增强可操作性和适用性,《刑法修正案（十一）》在本款分五项增加规定了五种具体的食品、药品监管渎职行为：

第一项是关于瞒报、谎报食品安全事故、药品安全事件的规定。这里规定的"瞒报"是指隐瞒事实不报。"谎报"是指不真实的报告，如对事故、事件的危害后果避重就轻地报告等。"食品安全事故"，根据食品安全法第一百五十条的规定，是指食源性疾病、食品污染等源于食品，对人体健康有危害或者可能有危害的事故。"药品安全事件"，是指在药品研发、生产、经营、使用中发生的，对人体健康造成或者可能造成危害的事件。

第二项是关于对发现的严重食品药品安全违法行为未按规定查处的规定。这里规定的"严重食品药品安全违法行为"，是指严重违反食品安全法、药品管理法、疫苗管理法及其配套规定的行为。对于这些严重违法行为，有关国家机关工作人员已经发现，但不按照法律法规规定的权限和程序查处的，就可能构成本条规定的犯罪。食品安全法第一百四十二条至第一百四十四条、药品管理法第一百四十九条规定了有关国家机关工作人员不按规定查处违法行为的行政责任，本项规定是与之衔接的。

第三项是关于在药品和特殊食品审批审评过程中，对不符合条件的申请准予许可的。这里规定的"药品"，根据药品管理法第二条的规定，是指用于预防、治疗、诊断人的疾病，有目的地调节人的生理机能并规定有适应症或者功能主治、用法和用量的物质，包括中药、化学药和生物制品等。"特殊食品"，根据食品安全法第七十四条的规定，包括保健食品、特殊医学用途配方食品和婴幼儿配方食品等。根据药品管理法和食品安全法的规定，药品和特殊食品在研制、生产、经营、使用等环节，需要依法向监管部门申请审批审评，监管部门的工作人员应当依照有关法律规定和技术标准进行审批审评。有关国家机关工作人员对明知不符合条件的药品和特殊食品审批审评申请准予许可的，对食品、药品安全造成危害，可能构成本条规定的犯罪。

第四项是关于依法应当移交司法机关追究刑事责任不移交的规定。刑法分则第三章第一节规定了一系列食品、药品领域的犯罪行为及其处罚。实践中这些犯罪行为往往是由食品、药品监管部门在行政执法中发现，再移交公安机关侦查的。食品、药品监管机关的工作人员对于行政执法中发现的犯罪线索，应当依法及时移交司法机关追究刑事责任。如果不移交或者降格处理以罚代刑的，可能构成本条规定的犯罪。需要注意把握本项规定的犯罪行为与本条第二项规定犯罪行为的区分。第二项规定的行为主要是在行政管理执法中不尽职，该项规定是为了促使有关国家机关工作人员积极查处有关食品、药品行政违法行为，防止造成更严重的后果和危害。本项规定的行为则是对已经构成犯罪的案件不依法移交。

第五项是关于有其他滥用职权或者玩忽职守行为的规定。这里规定的"其他滥用职权或者玩忽职守行为"，是指第一款第一项至第四项规定行为以外的对食品、药品安全造成危害，应当追究刑事责任的滥用职权、玩忽职守行为。具体情形可由司法机关根据实际情况制定司法解释确定。

根据第一款规定，构成本条规定的犯罪的，对行为人处五年以下有期徒刑或者拘役；造成特别严重后果或者有其他特别严重情节的，处五年以上十年以下有期徒刑。

本条第二款是关于徇私舞弊犯第一款罪如何处罚的规定。这里所规定的"徇私舞弊"，是指为个人私利或者亲友私情的行为。由于这种行为是从个人利益出发，置国家利益于不顾，主观恶性要比第一款规定的行为严重，因此本款规定，徇私舞弊犯第一款罪的，在第一款规定的法定量刑幅度内从重处罚。

【实践中需要注意的问题】

实践中执行本条规定应当注意本条第一款第四项规定的犯罪与刑法第四百零二条规定的徇私舞弊不移交刑事案件罪的区分。构成徇私舞弊不移交刑事案件罪要求行政执法人员有徇私舞弊情节，本条第一款第四项没有规定徇私舞弊情节。同时，本条规定的刑罚比第四百零二条规定更重。本条规定是对食品、药品监督管理工作人员不移交刑事案件的行为规定了更严格严厉的处罚。

第四百零九条 【传染病防治失职罪】

从事传染病防治的政府卫生行政部门的工作人员严重不负责任，导致传染病传播或者流行，情节严重的，处三年以下有期徒刑或者拘役。

【条文精解】

本条是关于传染病防治失职罪及其处罚的规定。

根据本条规定，构成本罪的主体为从事传染病防治的政府卫生行政部门的工作人员，即在各级政府卫生行政部门中对传染病的防治工作负有统一监督管理职责的人员。根据2018年3月十三届全国人大一次会议批准的《国务院机构改革方案》,将国家卫生和计划生育委员会、国务院深化医药卫生体制改革领导小组办公室、全国老龄工作委员会办公室的职责,工业和信息化部的牵头《烟草控制框架公约》履约工作职责,国家安全生产监督管理总局的职业安全健康监督管理职责整合,组建国家卫生健康委员会,作为国务院组成部门。目前国务院和地方各级人民政府的卫生行政部门是各级卫生健康部门。根据2004年和2013年两次修改后的传染病防治法的规定,县级以上政府卫生行政部门对传染病防治工作行使下列监督检查职责:对下级人民政府卫生行政部门履行本法规定的传染病防治职责进行监督检查;对疾病预防控制机构、医疗机构的传染病防治工作进行监督检查;对采供血机构的采供血活动进行监督检查;对用于传染病防治的消毒产品及其生产单位进行监督检查,并对饮用水供水单位从事生产或者供应活动以及涉及饮用水卫生安全的产品进行监督检查;对传染病菌种、毒种和传染病检测样本的采集、保藏、携带、运输、使用进行监督检查;对公共场所和有关单位的卫生条件和传染病预防、控制措施进行监督检查。省级以上人民政府卫生行政部门负责组织对传染病防治重大事项的处理。

根据本条规定,从事传染病防治的政府卫生行政部门的工作人员如果不履行或者不认真履行应尽职责,导致传染病传播或者流行,情节严重的即构成本罪。"传染病传播或者流行",是指在一定范围内出现传染病防治法中规定的甲类、乙类或丙类传染病疫情的发生,其中,甲类、乙类、丙类传染病,是指传染病防治法第三条规定的传染病种类。此外,构成本罪还必须具备"情节严重"这一要件。所谓"情节严重",是指卫生行政部门的工作人员严重不负责,不履行或不认真履行职责,情节恶劣,以及对出现的疫情进行隐瞒、压制、虚报或者对出现的疫情不及时通报、公布和处理,以致造成严重后果的情形。根据最高人民法院、最高人民检察院《关于办理妨害预防、控制突发传染病疫情等灾害的刑事案件具体应用法律若干问题的解释》第十六条的规定,在国家对突发传染病疫情等灾害采取预防、控制措施后,具有下列情形之一的,属于本条规定的"情节严重":对发生突发传染病疫情等灾害的地区或者突发传染病病人、病原携带者、疑似突发传染病病人,未按照预防、控制突发传染病疫情等灾害工作规范的要求做好防疫、检疫、隔离、防护、救治等工作,或者采取的预防、控制措施不当,造成传染范围扩大或者疫情、灾情加重的;隐瞒、缓报、谎报或者授意、指使、强令他人隐瞒、缓报、谎报疫情、灾情,造成传染范围扩大或者疫情、灾情加重的;拒不执行突发传染病疫情等灾害应急处理指挥机构的决定、命令,造成传染范围扩大或者疫情、灾情加重的；具有其他严重情节的。

2020年3月，为了保障新冠肺炎疫情防控工作顺利开展，最高人民法院、最高人民检察院、公安部、司法部联合发布了《关于依法惩治妨害新型冠状病毒感染肺炎疫情防控违法犯罪的意见》。该意见第一部分第七条规定，卫生行政部门的工作人员严重不负责任，不履行或者不认真履行防治监管职责，导致新型冠状病毒感染肺炎传播或者流行，情节严重的，依照本条的规定，以传染病防治失职罪定罪处罚。

根据本条规定，构成本罪的，对行为人处三年以下有期徒刑或者拘役。

第四百一十条 【非法批准征收、征用、占用土地罪】【非法低价出让国有土地使用权罪】

国家机关工作人员徇私舞弊，违反土地管理法规，滥用职权，非法批准征收、征用、占用土地，或者非法低价出让国有土地使用权，情节严重的，处三年以下有期徒刑或者拘役；致使国家或者集体利益遭受特别重大损失的，处三年以上七年以下有期徒刑。

【条文精解】

本条是关于非法批准征收、征用、占用土地罪和非法低价出让国有土地使用权罪及其处罚的规定。

根据本条规定，构成本条规定的犯罪，必须是国家机关工作人员为徇私情，实施了违反土地管理法规，滥用职权，非法批准征收、征用、占用土地，或者非法低价出让国有土地使用权，且情节严重的行为。根据全国人民代表大会常务委员会《关于〈中华人民共和国刑法〉第二百二十八条、第三百四十二条、第四百一十条的解释》，本条规定的"违反土地管理法规"，是指违反土地管理法、森林法、草原法等法律以及有关行政法规中关于土地管理的规定。"非法批准征收、征用、占用土地"，是指非法批准征收、征用、占用耕地、林地等农用地以及其他土地。"征收、征用土地"，是指国家为进行经济、文化、国防建设以及兴办社会公共事业的需要，而征收集体所有的土地。

土地管理法规定，国有土地的使用权可以依法转让，应当依照国务院的有关规定进行。根据本条规定，如果非法低价出让国有土地使用权，情节严重的，即构成犯罪。"非法低价出让国有土地使用权"，是指将属于国有的土地使用权以低于其本身的价值非法转让给他人使用的行为。

构成本条规定的犯罪必须是"情节严重"的行为，不构成本罪的行为，可以依法给予行政处分。2000年6月发布的最高人民法院《关于审理破坏土地资源刑事案件具体应用法律若干问题的解释》规定，非法批准征用、占用土地，情节严重，是指非法批准征用、占用基本农用地十亩以上的；非法批准征用、占用基本农田以外的耕地三十亩以上的；非法批准征用、占用其他土地五十亩以上的；虽未达到上述数量标准，但非法批准征用、占用土地造成直接损失三十万元以上的；造成耕地大量毁坏等恶劣情节的。非法出让国有土地使用权，情节严重，是指出让国有土地使用权面积在三十亩以上，并且出让价额低于国家规定的最低价额标准的百分之六十的；造成国有土地资产流失价额在三十万元以上的。2005年12月颁布的最高人民法院《关于审理破坏林地资源刑事案件具体应用法律若干问题的解释》对非法批准征用、占用林地，非法低价出让国有林地使用权犯罪定罪量刑的具体标准作了规定。2012年11月最高人民法院《关于审理破坏草原资源刑事案件应用法律若干问题的解释》对国家机关工作人员徇私舞弊，违反草原法等土地管理法规，非法批准征收、征用、占用草原犯罪的具体定罪量刑标准作了规定。

根据本条规定，对构成本罪的行为人，处三年以下有期徒刑或者拘役；致使国家或者集体利益遭受特别重大损失的，处三年以上七年以下有期徒刑。"致使国家或者集体利益遭受特别重大损失"的具体标准，有关司法解释作了规定。

【实践中需要注意的问题】

国家机关工作人员收受贿赂，又实施本条规定的犯罪如何处理。国家机关工作人员受人请托，收受贿赂后实施非法批准征收、征用、占用土地或者非法低价出让国有土地使用权罪行为的，根据最高人民法院、最高人民检察院《关于办理贪污贿赂刑事案件适用法律若干问题的解释》第十七条的规定，应当以受贿罪和本条规定的犯罪数罪并罚。

第四百一十一条 【放纵走私罪】

海关工作人员徇私舞弊，放纵走私，情节严重的，处五年以下有期徒刑或者拘役；情节特别严重的，处五年以上有期徒刑。

【条文精解】

本条是关于放纵走私罪及处罚的规定。

根据本条规定，构成本罪的主体为海关工作人员。这里的"海关工作人员"，是指在我国海关机构中从事公务的人员。"海关机构"，主要是指国务院设立的海关总署以及在对外开放的口岸和海关监管业务集中的地点，设立的依法独立行使职权的海关机构。我国目前主要在以下地点设立海关机构：（1）开放对外贸易的港口；（2）边境火车站、汽车站和主要国际联运火车站；（3）边境地区的陆路和江河上准许货物和人员进出的地点；（4）国际航空站；（5）国际邮件互换局（站）；（6）其他对外开放口岸和海关监管业务比较集中的地点；（7）国务院特许或者其他需要设立海关的地点。海关机构按层级分为海关总署；直接由海关总署领导，负责管理一定区域范围内的海关业务的直属海关；由直属海关领导，负责办理具体海关业务的隶属海关。海关总署、直属海关和隶属海关的工作人员，都属于本条规定的"海关工作人员"。

在海关机构中从事公务的工作人员，如果实施了徇私舞弊、放纵走私，情节严重的行为即构成本罪。"徇私舞弊、放纵走私"，是指海关工作人员为袒护亲友或其他私情私利，违背法律，对明知是走私行为而予以放纵，使之不受查究的行为。既包括明知是走私货物而私自放行，也包括应当没收走私货物、物品、违法所得而不予没收，应当予以罚款的不予罚款；既包括放纵走私犯罪分子，也包括放纵不构成犯罪的走私行为人。"情节"是否"严重"是区分罪与非罪的界限，"情节严重"，是指多次实施徇私舞弊，放纵走私的行为或者由于徇私舞弊，放纵走私的行为，致使公共财产、国家和人民的利益遭受重大损失的情形。根据最高人民检察院《关于渎职侵权犯罪案件立案标准的规定》第一部分第二十三条的规定，放纵走私，涉嫌下列情形之一的，应予立案：（1）放纵走私犯罪的；（2）因放纵走私致使国家应收税额损失累计达十万元以上的；（3）放纵走私行为三起次以上的；（4）放纵走私行为，具有索取或者收受贿赂情节的；（5）其他情节严重的情形。

根据本条规定，海关工作人员犯本罪的，处五年以下有期徒刑或者拘役；情节特别严重的，处五年以上有期徒刑。

【实践中需要注意的问题】

1. 根据最高人民法院、最高人民检察院、海关总署《关于办理走私刑事案件适用法律若干问题的意见》第十六条的规定，放纵走私行为，一般是消极的不作为。如果海关工作人员与走私分子通谋，在放纵走私过程中以积极的行为配合走私分子逃避海关监管或者在放纵走私之后分得赃款的，应以共同走私犯罪追究刑事责任。

2. 海关工作人员收受贿赂又放纵走私的，根据最高人民法院、最高人民检察院、海关总署《关于办理走私刑事案件适用法律若干问题的意见》第十六条和最高人民法院、最高人民检察院《关于办理贪污贿赂刑事案件适用法律若干问题的解释》第十七条的规定，应当以受贿罪和本条规定的放纵走私罪数罪并罚。

3. 海关工作人员在工作中严重不负责任，疏于职守，造成发生走私违法犯罪，但没有徇私舞弊，放纵走私情节的，不构成本条规定的犯罪。构成刑法第三百九十七条规定的玩忽职守罪的，按照该条规定追究其刑事责任。

第四百一十二条 【商检徇私舞弊罪】【商检失职罪】
国家商检部门、商检机构的工作人员徇私舞弊，伪造检验结果的，处五年以下有期徒刑或者拘役；造成严重后果的，处五年以上十年以下有期徒刑。

前款所列人员严重不负责任，对应当检验的物品不检验，或者延误检验出证、错误出证，致使国家利益遭受重大损失的，处三年以下有期徒刑或者拘役。

【条文精解】

本条是关于商检徇私舞弊罪、商检失职罪及其处罚的规定。

本条共分两款。第一款是关于国家商检部门、商检机构的工作人员徇私舞弊，伪造检验结果的犯罪及其处罚的规定。根据本款规定，构成本罪的主体为国家商检部门、商检机构的工作人员。"国家商检部门、商检机构的工作人员"，是指在国务院设立的进出口商品检验部门中，从事进出口商品检验工作的人员以及在国家商检部门设在各地的进出口商品检验机构中管理所辖地区的进出口商品检验工作的人员。2018年以前，我国的进出口商品检验工作是由质检部门负责的，根据2018年3月十三届全国人大一次会议批准的《国务院机构改革方案》，将国家质量监督检验检疫总局的出入境检验检疫管理职责和队伍划入海关总署。2019年3月国务院修改后的《进出口商品检验法实施条例》第二条规定，海关总署主管全国进出口商品检验工作。海关总署设在省、自治区、直辖市以及进出口商品的口岸、集散地的出入境检验检疫机构及其分支机构，管理所负责地区的进出口商品检验工作。目前，负责进出口商品检验的是海关部门。根据本款规定，商检工作人员如果在工作中为徇亲友私情或者谋取其他私利，实施了对报检的进出口商品伪造与事实不符的检验结果的行为，即构成本罪。"伪造检验结果"，是指对明知是不合格的商品故意出具检验合格证明；对明知是合格的商品故意出具不合格的检验证明；或者实际上未对商品进行检验，即出具合格或者不合格的检验证明。最高人民检察院《关于渎职侵权犯罪案件立案标准的规定》第一部分第二十四条，对商检徇私舞弊罪的具体立案标准作了规定。

根据第一款的规定，对构成本款规定之罪的行为人，处五年以下有期徒刑或者拘役；造成严重后果的，处五年以上十年以下有期徒刑。"造成严重后果"，是指因伪造检验结果，致使不合格或残损短缺的进出口商品进出口，造成国家利益遭受严重损失或致使外方向我方索赔，造成严重损失的情形。

第二款是关于商检工作人员由于严重不负责任，对应当检验的物品不检验，或者延误检验出证、错误出证，致使国家利益遭受重大损失的犯罪及其处罚的规定。这里规定的"严重不负责任"，是指不履行或者不认真履行应尽职责，情节恶劣的情形。"应当检验的物品"，是指列入国家商检部门根据对外贸易发展的需要，制定、调整并公布的必须实施检验的进出口商品目录的进出口商品和其他法律、行政法律规定须经商检机构检验的进出口商品。"延误检验出证"，是指国家商检部门、商检机构的工作人员由于严重不负责任，在对外贸易合同约定的索赔期限内没有检验完毕。"错误出证"，是指国家商检部门、商检机构的工作人员由于严重不负责任，出具了与被检验商品的客观情况不相符合的检验证明文件。

第二款区别于第一款规定的犯罪，主要在于构成本款之罪的行为人主观方面主要是过失，而第一款是故意，所以本款规定，必须是"致使国家利益遭受重大损失的"才构成犯罪。最高人民检察院《关于渎职侵权犯罪案件立案标准的规定》第一部分第二十五条，对商检失职罪的具体立案标准作了规定。由于主观恶性的不同，本款规定的处刑也低于第一款，即构成本款规定之罪的，对行为人处三年以下有期徒刑或者拘役。

【实践中需要注意的问题】

商检人员收受贿赂，又实施本条第一款规定的犯罪如何处理。商检人员受人请托，收受贿赂后实施商检徇私舞弊的行为的，根据最高人民法院、最高人民检察院《关于办理贪污贿赂刑事案件适用法律若干问题的解释》第十七条的规定，应当以受贿罪和本条第一款规定的商检徇私舞弊罪数罪并罚。

第四百一十三条 【动植物检疫徇私舞弊罪】【动植物检疫失职罪】
动植物检疫机关的检疫人员徇私舞弊，伪造检疫结果的，处五年以下有期徒刑或者拘役；造成严重后果的，处五年以上十年以下有期徒刑。

前款所列人员严重不负责任，对应当检疫的检疫物不检疫，或者延误检疫出证、错误出证，致使国家利益遭受重大损失的，处三年以下有期徒刑或者拘役。

【条文精解】

本条是关于动植物检疫徇私舞弊罪、动植物检疫失职罪及其处罚的规定。

本条共分两款。第一款是关于动植物检疫徇私舞弊罪及其处罚的规定。动植物检疫徇私舞弊罪，是指动植物检疫机关的检疫人员，为徇私情，伪造检疫结果的犯罪。本款的犯罪主体为动植物检疫机关的检疫人员。"动植物检疫机关的检疫人员"，是指在国务院设立的动植物检疫机关中，从事进出境动植物检疫工作的人员以及国家动植物检疫机关在对外开放的口岸和进出境动植物检疫业务集中的地点设立的口岸动植物检疫机关中，具体实施进出境动植物检疫工作的人员。改革开放以来，我国的进出境动植物检疫体制经历了多次改革。2018年以前，我国的进出境动植物检疫工作是由质检部门负责的，根据2018年3月十三届全国人大一次会议批准的《国务院机构改革方案》，将国家质量监督检验检疫总局的出入境检验检疫管理职责和队伍划入海关总署。目前，负责进出境动植物检疫的是海关部门。根据本款规定，动植物检疫人员如果在工作中徇私舞弊，对报检的动植物、动植物产品和其他检疫物，实施了伪造与事实不符的检疫结果的行为，即构成本罪。"伪造检疫结果"，是指明知进出境的动植物、动植物制品和其他检疫对象不合格，仍弄虚作假出具签发检疫合格的单证；明知进出境的动植物、动植物制品和其他检疫对象检疫合格，仍出具、签发检疫不合格的单证；或者实际上未对检疫物进行检疫，即出具合格或者不合格的单证。最高人民检察院《关于渎职侵权犯罪案件立案标准的规定》第一部分第二十六条，对动植物检疫徇私舞弊罪的具体立案标准作了规定。

根据第一款规定，对构成本款之罪的行为人，处五年以下有期徒刑或者拘役；造成严重后果的，处五年以上十年以下有期徒刑。"造成严重后果"，是指因伪造检疫结果的行为，致使带有传染病、寄生虫病和植物危险性病、虫、害传入、传出国境，造成重大疫情或者遭受重大损失的情形。

第二款是关于动植物检疫失职罪及其处罚的规定。本款中所称的"应当检疫的检疫物",是指国家动植物检疫机关职权范围内应当检疫的物品,主要包括:进出境的动物、动物产品、植物种子、种苗及其他繁殖材料、装载动植物、动植物制品和其他检疫物的装载容器、包装物,以及来自动植物疫区的运输工具等。"延误检疫出证",是指对报检的动植物、动植物产品或其他检疫物没有在规定的时间内签发检疫单证,耽误了检疫结论的出示;"错误出证",是指出具的检疫单证与被检疫物品的客观情况不相符合,将不合格的检疫物检疫为合格,或将合格的检疫物检疫为不合格。本款区别于第一款规定的犯罪主要在于构成本款之罪的行为人主观上主要是过失,而第一款是故意,所以构成本款之罪还必须是致使国家利益遭受重大损失的。最高人民检察院《关于渎职侵权犯罪案件立案标准的规定》第一部分第二十七条,对动植物检疫失职罪的具体立案标准作了规定。

根据主观恶性的不同,本款规定的处刑要轻于第一款,即构成本款之罪的,处三年以下有期徒刑或者拘役。

【实践中需要注意的问题】

动植物检疫人员收受贿赂,又实施本条第一款规定的犯罪如何处理。动植物检疫人员受人请托,收受贿赂后实施动植物检疫徇私舞弊的行为的,根据最高人民法院、最高人民检察院《关于办理贪污贿赂刑事案件适用法律若干问题的解释》第十七条的规定,应当以受贿罪和本条第一款规定的动植物检疫徇私舞弊罪数罪并罚。

第四百一十四条 【放纵制售伪劣商品犯罪行为罪】
对生产、销售伪劣商品犯罪行为负有追究责任的国家机关工作人员,徇私舞弊,不履行法律规定的追究职责,情节严重的,处五年以下有期徒刑或者拘役。

【条文精解】

本条是关于放纵制售伪劣商品犯罪行为罪及其处罚的规定。

本条规定的"负有追究责任的国家机关工作人员",是指负有查禁生产、销售伪劣商品职责的国家机关工作人员,如市场监督管理人员、司法工作人员等。2018年以前，我国的产品质量监督工作主要是由质检部门负责的。根据2018年3月十三届全国人大一次会议批准的《国务院机构改革方案》，将国家工商行政管理总局的职责，国家质量监督检验检疫总局的职责，国家食品药品监督管理总局的职责，国家发展和改革委员会的价格监督检查与反垄断执法职责，商务部的经营者集中反垄断执法以及国务院反垄断委员会办公室等职责整合，组建国家市场监督管理总局，作为国务院直属机构。2018年12月全国人大常委会修改后的产品质量法第八条第一款中规定，国务院市场监督管理部门主管全国产品质量监督工作。目前，负责产品质量监督的主要是市场监督管理部门。

构成本罪的主观方面必须是故意，因工作失误或粗心大意没有检查出伪劣商品，不能适用本条。根据本条规定，构成本罪必须具备实施了对有生产、销售伪劣商品犯罪行为的公司、企业、事业单位或者个人，为徇私情而故意不履行法律规定的追究职责的行为。"不履行法律规定的追究职责"，是指对法律赋予的应当对有生产、销售伪劣商品犯罪行为的公司、企业、事业单位或者个人进行追究和处罚的职责不予履行。根据本条规定，行为人只有具备"情节严重的"，才能构成犯罪。根据最高人民法院、最高人民检察院于2001年4月发布的《关于办理生产、销售伪劣商品刑事案件具体应用法律若干问题的解释》第八条规定，"情节严重"，是指放纵生产、销售假药或有毒、有害食品犯罪行为的；放纵依法可能判处二年有期徒刑以上刑罚的生产、销售伪劣商品犯罪行为的；对三个以上有生产、销售伪劣商品犯罪行为的单位或个人不履行追究职责的；致使国家和人民利益遭受重大损失或造成恶劣影响等情形。

根据本条规定，对犯本罪的行为人，处五年以下有期徒刑或者拘役。

【实践中需要注意的问题】

司法工作人员在侦查、检察、审判工作中放纵生产、销售伪劣商品犯罪行为，同时构成本条规定的犯罪和本法第三百九十九条第一款规定的徇私枉法罪的，应当依照处罚较重的犯罪的规定追究刑事责任。

第四百一十五条 【办理偷越国（边）境人员出入境证件罪】
【放行偷越国（边）境人员罪】

负责办理护照、签证以及其他出入境证件的国家机关工作人员，对明知是企图偷越国（边）境的人员，予以办理出入境证件的，或者边防、海关等国家机关工作人员，对明知是偷越国（边）境的人员，予以放行的，处三年以下有期徒刑或者拘役；情节严重的，处三年以上七年以下有期徒刑。

【条文精解】

本条是关于办理偷越国（边）境人员出入境证件罪、放行偷越国（边）境人员罪及其处罚的规定。

构成本条规定之罪的主体为负责办理护照、签证以及其他出入境证件的国家机关工作人员和边防、海关等国家机关工作人员。其中，"护照"，是指一国主管机关发给本国公民出国履行公务、旅行或者在外居留，用以证明其国籍和身份的证件，分为外交护照、公务护照和普通护照。"签证"，是指一国国内或驻国外主管机关在外国或本国公民所持的护照或其他旅行证件上签证、盖印，表示准其出入本国国境或者过境的手续。"其他出入境证件"，是指除护照签证以外的其他用于出境、入境和过境的证件，包括边防证、海员证、过境证等。负责办理上述证件的国家机关工作人员，主要是指在外交部或者外交部委托的地方外事部门、中华人民共和国驻外使馆、领馆和外交部委托的其他驻外机构，公安部出入境管理机构或者公安部授权的地方公安机关中从事办理护照、签证以及其他出入境证件工作的人员。"边防、海关等国家机关工作人员"，是指在边防、海关等机构中从事公务的国家机关工作人员。其中，本条所称"边防"即边防机构，是为保卫国家主权、领土完整和安全，防御侵犯和防止人员非法偷越国（边）境，在边境地区为采取防卫措施而设立的机构。根据2018年3月十三届全国人大一次会议批准的《国务院机构改革方案》，将公安部的出入境管理、边防检查职责整合，建立健全签证管理协调机制，组建国家移民管理局，加挂中华人民共和国出入境管理局牌子，由公安部管理。目前履行边防职责的是移民管理部门。"海关"，是指根据国家规定，对进出国境的货物、邮递物品、旅客行李、货币、金银、证券和运输工具等进行监督检查、征收关税及其他税费并执行查禁走私任务的国家行政管理机关。

根据本条规定，上述人员如果明知是企图偷越国（边）境的人员，而予以办理出入境证件或者予以放行，即构成犯罪。"偷越国（边）境"，是指非经有关主管机关批准，通过不正当手段出入或者穿越国（边）境的行为。"办理出入境证件"，是指有关主管机关依照出入境管理规定，经审查合格后，为申请出入境者提供可以放行的有效证件。"予以放行"，是指边防、海关等国家机关工作人员经查验申请出入境者的有关有效证件后，准许其出入通过国（边）境的行为。根据本条规定，构成本条规定之罪的人员，主观上必须是故意，即明知是企图偷越国（边）境的人员而予以办理出入境证件或明知是采取持伪造、变造的护照、偷渡等手段偷越国（边）境的人员，而故意予以放行。如果行为人不是故意实施上述行为，只是由于疏忽大意或其他非主观原因，则不能构成本罪。

根据本条规定，对构成本条规定之罪的行为人，处三年以下有期徒刑或者拘役；情节严重的，处三年以上七年以下有期徒刑。这里"情节严重"，是指多次实施本条规定的犯罪行为，情节恶劣或者造成严重后果的情形。

【实践中需要注意的问题】

有关部门的工作人员收受贿赂，又实施本条规定的犯罪如何处理。有关部门的工作人员受人请托，收受贿赂后实施办理偷越国（边）境人员出入境证件或者放行偷越国（边）境人员的行为的，根据最高人民法院、最高人民检察院《关于办理贪污贿赂刑事案件适用法律若干问题的解释》第十七条的规定，应当以受贿罪和本条规定的办理偷越国（边）境人员出入境证件罪或者放行偷越国（边）境人员罪数罪并罚。

第四百一十六条 【不解救被拐卖、绑架妇女、儿童罪】【阻碍解救被拐卖、绑架妇女、儿童罪】

对被拐卖、绑架的妇女、儿童负有解救职责的国家机关工作人员，接到被拐卖、绑架的妇女、儿童及其家属的解救要求或者接到其他人的举报，而对被拐卖、绑架的妇女、儿童不进行解救，造成严重后果的，处五年以下有期徒刑或者拘役。

负有解救职责的国家机关工作人员利用职务阻碍解救的，处二年以上七年以下有期徒刑；情节较轻的，处二年以下有期徒刑或者拘役。

【条文精解】

本条是关于不解救被拐卖、绑架妇女、儿童罪和阻碍解救被拐卖、绑架妇女、儿童罪及其处罚的规定。

本条共分两款。第一款是关于对被拐卖、绑架的妇女、儿童负有解救职责的国家机关工作人员接到被拐卖、绑架的妇女、儿童及其家属的解救要求或者接到其他人的举报,而对被拐卖、绑架的妇女、儿童不进行解救,造成严重后果的犯罪及其处罚的规定。"负有解救职责的国家机关工作人员",是指各级政府中主管打击拐卖、绑架妇女、儿童及解救被拐卖、绑架的妇女、儿童的工作人员,公安机关工作人员以及其他负有会同公安机关解救被拐卖、绑架的妇女、儿童职责的工作人员。"解救要求""举报",既可以是口头的,也可以是书面的。"不进行解救",是指对被害人及其家属或者其他人的解救要求和举报置之不理,不采取任何解救措施,或者推诿、推延解救工作。"严重后果",主要是指负有解救职责的国家机关工作人员对被拐卖、绑架的妇女、儿童不进行解救,因而造成被害人及其家属重伤、死亡或者引起其他恶性案件发生的情形。根据最高人民检察院《关于渎职侵权犯罪案件立案标准的规定》第一部分第三十一条的规定,不解救被拐卖、绑架妇女、儿童,涉嫌下列情形之一的,应予立案:(1)导致被拐卖、绑架的妇女、儿童或者其家属重伤、死亡或者精神失常的;(2)导致被拐卖、绑架的妇女、儿童被转移、隐匿、转卖,不能及时进行解救的;(3)对被拐卖、绑架的妇女、儿童不进行解救三人次以上的;(4)对被拐卖、绑架的妇女、儿童不进行解救,造成恶劣社会影响的;(5)其他造成严重后果的情形。

根据第一款规定,对犯本款之罪的行为人,处五年以下有期徒刑或者拘役。

第二款是关于阻碍解救被拐卖、绑架的妇女、儿童犯罪的规定。本款规定的是负有解救职责的国家机关工作人员,利用职务阻碍解救被拐卖、绑架的妇女、儿童的犯罪。"利用职务阻碍解救",是指负有解救职责的国家机关工作人员,利用职务给解救工作设置障碍,或者利用自己的身份、权力,阻止和干扰解救工作的进行。这种行为严重地破坏了解救工作的正常进行,破坏了国家机关在人民群众心目中的形象,社会危害性较大。根据本款规定,具有"利用职务阻碍解救"行为的,无论是否造成严重后果,都构成犯罪,都要依法追究刑事责任。根据最高人民检察院《关于渎职侵权犯罪案件立案标准的规定》第一部分第三十二条的规定,阻碍解救被拐卖、绑架妇女、儿童,涉嫌下列情形之一的,应予立案:(1)利用职权,禁止、阻止或者妨碍有关部门、人员解救被拐卖、绑架的妇女、儿童的;(2)利用职务上的便利,向拐卖、绑架者或者收买者通风报信,妨碍解救工作正常进行的;(3)其他利用职务阻碍解救被拐卖、绑架的妇女、儿童应予追究刑事责任的情形。

根据第二款规定，对犯本款之罪的行为人，处二年以上七年以下有期徒刑。对情节较轻的，处二年以下有期徒刑或者拘役。

【实践中需要注意的问题】

实践中执行本条规定应当注意本条第二款规定的阻碍解救被拐卖、绑架妇女、儿童罪与刑法第二百四十二条规定的聚众阻碍国家机关工作人员解救被收买的妇女、儿童犯罪的区别。本条第二款和第二百四十二条规定的犯罪都存在阻碍解救被拐卖的妇女、儿童的行为，主要区别在于本条第二款规定的犯罪属于渎职罪，主体是负有解救职责的国家机关工作人员，行为人是利用职务阻碍解救。第二百四十二条规定的犯罪属于侵犯公民人身权利罪，主体是一般主体，阻碍解救的手段是暴力、威胁方法或者聚众。

第四百一十七条 【帮助犯罪分子逃避处罚罪】

有查禁犯罪活动职责的国家机关工作人员，向犯罪分子通风报信、提供便利，帮助犯罪分子逃避处罚的，处三年以下有期徒刑或者拘役；情节严重的，处三年以上十年以下有期徒刑。

【条文精解】

本条是关于帮助犯罪分子逃避处罚罪及其处罚的规定。

本条规定中"有查禁犯罪活动职责的国家机关工作人员"，是指对犯罪活动负有查禁职责的国家机关工作人员，主要是指有查禁犯罪活动职责的公安机关、国家安全机关、检察机关、审判机关中的工作人员。海关、税务、市场监管、生态环境等行政执法机关的人员，因为其负责查禁的行政违法行为情节严重的即可能构成犯罪，也可以成为本条规定的犯罪的主体。"通风报信"，是指向犯罪分子有意泄露或者直接告知犯罪分子有关部门查禁活动的部署、措施、时间、地点等情况的行为；"提供便利"，是指为犯罪分子提供隐藏处所、交通工具、通讯设备或其他便利条件，协助其逃避法律追究的行为。这里规定的通风报信、提供便利的行为是一种故意行为，即行为人在主观上必须具有使犯罪分子逃避处罚的目的，故意向犯罪分子通风报信、提供便利的，才能适用本条的规定。如果行为人是无意中泄露有关情况，或者是在不知情的情况下，为犯罪分子提供了便利，则不能适用本条的规定。

根据最高人民检察院《关于渎职侵权犯罪案件立案标准的规定》第一部

分第三十三条的规定，有本条规定的行为，涉嫌下列情形之一的，应予立案：（1）向犯罪分子泄漏有关部门查禁犯罪活动的部署、人员、措施、时间、地点等情况的；（2）向犯罪分子提供钱物、交通工具、通讯设备、隐藏处所等便利条件的；（3）向犯罪分子泄漏案情的；（4）帮助、示意犯罪分子隐匿、毁灭、伪造证据，或者串供、翻供的；（5）其他帮助犯罪分子逃避处罚应予追究刑事责任的情形。

为杜绝在查禁犯罪活动中国家机关工作人员徇私枉法的犯罪活动，本条规定，上述国家机关工作人员为犯罪分子通风报信、提供便利的，处三年以下有期徒刑或者拘役；情节严重的，处三年以上十年以下有期徒刑。"情节严重"，主要是指由于行为人通风报信、提供便利的行为，使众多的犯罪分子没有受到应有的处罚，或者使罪行较重的犯罪分子逃避刑事追诉，以及造成其他严重后果的等情形。

【实践中需要注意的问题】

1. 有查禁犯罪活动职责的国家机关工作人员，事前与犯罪分子通谋，向犯罪分子通风报信、提供便利，帮助犯罪分子逃避处罚的，应当以其帮助的犯罪分子所犯罪的共同犯罪论处。

2. 本条规定的犯罪与刑法第三百一十条规定的窝藏、包庇罪的区别。本条规定的犯罪属于渎职罪，主体是有查禁犯罪活动职责的国家机关工作人员，犯罪行为是利用职务便利帮助犯罪分子逃避处罚。窝藏、包庇罪属于妨害司法罪，主体是一般主体，犯罪行为主要是为犯罪分子提供隐藏处所、财物，帮助其逃匿或者作假证明包庇。

3. 本条规定的犯罪与刑法第三百九十九条第一款规定的徇私枉法罪的区别。本条规定的犯罪是帮助犯罪分子逃避处罚，即通过通风报信、提供便利，使犯罪分子不被追究刑事责任。徇私枉法罪的犯罪行为是对已经进入刑事诉讼程序的犯罪嫌疑人、被告人，明知其有罪而故意包庇不使其受追诉。

第四百一十八条 【招收公务员、学生徇私舞弊罪】

国家机关工作人员在招收公务员、学生工作中徇私舞弊，情节严重的，处三年以下有期徒刑或者拘役。

【条文精解】

本条是关于招收公务员、学生徇私舞弊罪及其处罚的规定。

本条所称的"招收公务员、学生徇私舞弊罪",是指负有招收公务员、学生工作职责的国家机关工作人员,在上述工作中,为徇私情,进行非法录用、徇私舞弊的犯罪。构成本罪的主体为具有招收公务员、学生工作职责的国家机关工作人员,包括国家机关中负有招收公务员工作职责的主管人员以及有关负责具体招收工作的组织人事部门的工作人员,教育部门中主管和负责招生工作的领导人员以及其他具体工作人员等。本条规定的"招收公务员"包括中央机关及其直属机构招收公务员,也包括地方各级机关招收公务员。本条规定的"招收学生",一般是指高等学校招生,也可以包括高中、中专等学校招生。根据公务员法、教育法以及国务院关于招生工作的有关规定,公务员、学生录用工作必须坚持公开、平等、择优录用的原则,特别是在录用公务员工作中,更应当严格审查、严格把关,按照国家规定的录用程序进行,任何徇私舞弊的行为,都应受到法律的惩处。本条规定的"徇私舞弊",是指在招收公务员、学生工作中,利用职权,弄虚作假,为亲友徇私情,将不合格或不应招收的人员予以招收、录用,或者将应当予以招收、录用的不予招收、录用。根据本条规定,构成本罪的,必须具备"情节严重"这一要件。这里的"情节严重",是指在招收公务员、学生工作中多次徇私舞弊、屡教不改的或者在群众中造成极坏影响,给所在部门的声誉带来严重损害的等情形。根据最高人民检察院《关于渎职侵权犯罪案件立案标准的规定》第一部分第三十四条的规定,招收公务员、学生徇私舞弊,涉嫌下列情形之一的,应予立案:(1)徇私舞弊,利用职务便利,伪造、变造人事、户口档案、考试成绩或者其他影响招收工作的有关资料,或者明知是伪造、变造的上述材料而予以认可的;(2)徇私舞弊,利用职务便利,帮助五名以上考生作弊的;(3)徇私舞弊招收不合格的公务员、学生三人次以上的;(4)因徇私舞弊招收不合格的公务员、学生,导致被排挤的合格人员或者其近亲属自杀、自残造成重伤、死亡,或者精神失常的;(5)因徇私舞弊招收公务员、学生,导致该项招收工作重新进行的;(6)其他情节严重的情形。

根据本条规定,对犯本条之罪的行为人,处三年以下有期徒刑或者拘役。

【实践中需要注意的问题】

实践中执行本条规定应当注意本条规定的犯罪与冒名顶替犯罪的关系。《刑法修正案(十一)》增加了盗用、冒用他人身份,顶替他人取得的高等学历教育入学资格、公务员录用资格、就业安置待遇的犯罪。负责招收公务员、学生的国家工作人员与冒名顶替他人的人员相勾结,利用职权为其冒名顶替行为提供帮助和便利的，可能同时构成本条规定的招收公务员、学生徇私舞弊罪和冒名顶替犯罪。对于这种情形，根据《刑法修正案（十一）》增加的第二百八十条之二第三款的规定，应当依照数罪并罚的规定处罚。

第四百一十九条 【失职造成珍贵文物损毁、流失罪】
国家机关工作人员严重不负责任，造成珍贵文物损毁或者流失，后果严重的，处三年以下有期徒刑或者拘役。

【条文精解】

本条是关于失职造成珍贵文物损毁、流失罪及其处罚的规定。

根据本条规定，国家机关工作人员因严重不负责任，造成珍贵文物损毁或者流失，后果严重的，即构成本罪。本条规定的犯罪的主体，是负有文物保护职责的国家机关工作人员，包括文物行政部门和其他部门的工作人员。"严重不负责任"，是指对自己经手管理、运输、使用的珍贵文物，不认真管理和保管，或者对可能造成珍贵文物损毁或者流失的隐患，不采取措施，情节恶劣的行为。根据文物保护法第二条、第三条的规定，本条规定的"文物"主要包括：具有历史、艺术、科学价值的古文化遗址、古墓葬、古建筑、石窟寺和石刻、壁画；与重大历史事件、革命运动或者著名人物有关的以及具有重要纪念意义、教育意义或者史料价值的近代现代重要史迹、实物、代表性建筑；历史上各时代珍贵的艺术品、工艺美术品；历史上各时代重要的文献资料以及具有历史、艺术、科学价值的手稿和图书资料等；反映历史上各时代、各民族社会制度、社会生产、社会生活的代表性实物。珍贵文物，是指在中华人民共和国境内，具有重要历史、艺术、科学价值的文物，珍贵文物分为一级文物、二级文物、三级文物。另外，根据全国人民代表大会常务委员会《关于〈中华人民共和国刑法〉有关文物的规定适用于具有科学价值的古脊椎动物化石、古人类化石的解释》的规定，刑法有关文物的规定，适用于具有科学价值的古脊椎动物化石、古人类化石。因此，本条规定也适用于国家机关工作人员严重不负责任，造成具有科学价值的古脊椎动物化石和古人类化石损毁或者流失，后果严重的犯罪行为。本条所称"损毁"，是指在考古发掘或者管理、保护过程中，造成珍贵文物破坏、损坏，或者毁灭，无法恢复原貌的行为；"流失"，是指造成珍贵文物丢失、流传到国外等情形。

根据本条规定，构成本条规定的犯罪应当具备"后果严重"这一要件，如果只是造成文物很小的破损，或者失而复得没有造成大的损坏，则不能按照本罪处理。最高人民法院、最高人民检察院《关于办理妨害文物管理等刑事案件适用法律若干问题的解释》第十条规定，国家机关工作人员严重不负责任，造成珍贵文物损毁或者流失，具有下列情形之一的，应当认定为"后果严重"：（1）导致二级以上文物或者五件以上三级文物损毁或者流失的；（2）导致全国重点文物保护单位、省级文物保护单位的本体严重损毁或者灭失的；（3）其他后果严重的情形。

根据本条规定，构成本条规定之罪的，处三年以下有期徒刑或者拘役。

【实践中需要注意的问题】

本条规定的犯罪与刑法第三百二十四条第三款规定的过失损毁文物罪的区别。本条规定的犯罪与过失损毁文物罪都可能有因过失造成文物损毁的行为，主要区别在于本条规定的犯罪是渎职罪，主体是负有文物保护职责的国家机关工作人员，其过失行为发生在履行职责过程中。过失损毁文物罪属于妨害文物管理罪，主体是一般主体，其过失行为与国家工作人员履行文物保护职责无关。

第十章　军人违反职责罪

第四百二十条　【军人违反职责罪的概念】

军人违反职责，危害国家军事利益，依照法律应当受刑罚处罚的行为，是军人违反职责罪。

【条文精解】

本条是关于军人违反职责罪概念的法律规定。

根据本条规定，构成军人违反职责罪应当具备以下条件：

首先，构成军人违反职责罪的主体主要是军人。根据刑法第四百五十条的规定，军人违反职责罪适用于中国人民解放军的现役军官、文职干部、士兵及具有军籍的学员和中国人民武装警察部队的现役警官、文职干部、士兵及具有军籍的学员以及文职人员、执行军事任务的预备役人员和其他人员。

其次，行为人实施了违反军人职责的行为。这里规定的"军人职责"，是指我国宪法、法律、行政法规以及各种军事法规、规章中规定的军人职责。2013年2月26日最高人民检察院、解放军总政治部《军人违反职责罪案件立案标准的规定》第三十四条明确规定，本规定中的"违反职责"，是指违反国家法律、法规，军事法规、军事规章所规定的军人职责，包括军人的共同职责，士兵、军官和首长的一般职责，各类主管人员和其他从事专门工作的军人的专业职责等。例如，宪法明确规定，中华人民共和国武装力量的任务是巩固国防，抵抗侵略，保卫祖国，保卫人民的和平劳动，参加国家建设事业，努力为人民服务。兵役法规定，现役军人必须遵守宪法和法律，遵守军队的条令和条例，忠于职务，随时为保卫祖国而战斗。中国人民解放军的有关条例和各类专门军事法规、规章中对于军人的一般职责，各级指挥人员、主管人员、值班值勤人员及其他专门人员的具体职责等都作了明确的规定。这是所有军人都应当严格遵守和履行的。任何违反军人职责的行为，都要按照军纪处理，情节严重，构成军人违反职责罪的，要依法追究刑事责任。

再次，行为人违反军人职责的行为危害了国家军事利益。军人违反职责行为必须对国家的军事利益造成了危害，如果没有危害国家军事利益的，也不能构成军人违反职责罪。这里规定的"国家军事利益"，主要是指国家在国防建设、武装力量建设以及军事行动等方面的利益。军人违反职责的犯罪对国家军事利益的危害可以表现在许多方面，如危害部队的作战行动，破坏武器装备、军事设施，泄露军事机密等。军人违反职责犯罪对国家军事利益的危害可能是直接的，如直接危害了作战行动，导致作战失败；也有可能是间接危害了国家的军事利益，如自伤身体，使军队战斗人员减少，从而削弱战斗力；在军事行动区残害、掠夺无辜居民，影响军民关系，破坏我军形象等。军人违反职责罪对国家军事利益的危害既包括对国家军事利益已经造成危害后果的情况，也包括可能危害国家军事利益的情况。

最后，依照法律应当受刑罚处罚的行为。军人违反职责危害国家军事利益的行为表现多样，其危害程度也各有不同。法律对于军人违反职责危害国家军事利益构成犯罪的行为作了具体规定，也规定了不同的标准，有的只要实施了规定的行为就构成犯罪，有的要求行为造成了一定的危害后果才构成犯罪。只有依照刑法或者其他法律的规定，应当受到刑罚处罚的行为，才能构成犯罪。这也是区分军人违反职责罪与一般的违反军队纪律行为的界限。

第四百二十一条 【战时违抗命令罪】
战时违抗命令,对作战造成危害的,处三年以上十年以下有期徒刑;致使战斗、战役遭受重大损失的,处十年以上有期徒刑、无期徒刑或者死刑。

【条文精解】

本条是关于战时违抗命令罪及其处罚的规定。

构成本罪应当同时具备下列条件:

首先,行为人具有在战时违抗命令的行为。服从命令是军人的天职,军人只有服从命令,听从指挥,才能保证统一行动,保证战斗的胜利。尤其是在战时,违抗命令的行为,往往给作战造成危害。因而本条规定,在战时违抗命令是构成本罪的重要条件。这里规定的"战时",在刑法第四百五十一条有具体规定,即国家宣布进入战争状态、部队受领作战任务或者遭敌突然袭击时。部队执行戒严任务或者处置突发性暴力事件时,以战时论。2013年2月26日最高人民检察院、解放军总政治部《军人违反职责罪案件立案标准的规定》第三十三条对"战时"也作了相应解释。在《惩治军人违反职责罪暂行条例》第十七条中,对于这一犯罪的时间要件,规定的是"在战斗中"。在1997年刑法修订研究过程中,考虑到军队及军事行动的特点,普遍感到将此罪限制在"在战斗中"这一时间条件内,限制过严,不利于惩治违抗命令的犯罪,故在将该罪纳入1997年刑法时,对于构成本罪的时间条件,最终没有规定为"在战斗中",而是修改为"战时"。这里规定的"违抗命令",是指故意违背上级的命令,不按照命令的具体要求,错误地执行或者拒不执行命令的行为。

其次,这种行为对作战造成了实际的危害。例如,由于行为人违抗命令的行为,扰乱了作战的部署,给敌人以可乘之机,造成战斗失利,影响了作战顺利进行或作战中重大任务的完成或者给部队造成了较大损失等情况。如果行为人违抗命令的行为没有对作战造成危害,则不能构成本罪,可以根据情况按照其他规定或者违反军纪处理。《惩治军人违反职责罪暂行条例》第十七条中规定的构成本罪要"对作战造成危害"。1997年修订刑法时,立法机关曾考虑删除原写法中"对作战造成危害"的规定,以降低定罪量刑的标准。最终考虑到如果删除这一要件,此罪就由原先的结果犯修改为行为犯,致使成立犯罪的门槛过低,与其严重的法定刑的设置不相适应,立法机关最终仍然保留了《惩治军人违反职责罪暂行条例》中关于该罪"对作战造成危害"

的时间要件，由此形成了本条规定。

再次，行为人在主观上是故意。过失不能构成本罪，如果行为人主观上不是故意违抗，而是由于没有及时接到命令或者由于对命令发生误解而没有正确执行命令的，不能构成本罪。

最后，本条规定中"致使战斗、战役遭受重大损失"，是指造成我军人员严重伤亡、物质严重损失，甚至整个战斗、战役失利等严重后果的。

第四百二十二条【隐瞒、谎报军情罪】【拒传、假传军令罪】
故意隐瞒、谎报军情或者拒传、假传军令，对作战造成危害的，处三年以上十年以下有期徒刑；致使战斗、战役遭受重大损失的，处十年以上有期徒刑、无期徒刑或者死刑。

【条文精解】

本条是关于隐瞒、谎报军情罪和拒传、假传军令罪及其处罚的规定。

构成本条规定的犯罪应当同时具备下列条件：

首先，行为人实施了故意隐瞒军情、故意谎报军情、拒传军令或者假传军令的行为。这里规定的"军情"，是指与军事行动有关的我军、友军和敌军的情报，如敌军的位置和数量，敌军的作战动向，敌军火力点的分布情况等。"隐瞒军情"，是指行为人对军情加以掩盖，应该向上级报告而不报告的行为。"谎报军情"，是指行为人故意报告虚构的、不真实的军情。这里规定的"拒传军令"，是指负有传递军令职责的军人，拒不传达军事命令、指示的行为，如拒不传达军队调动的命令等。"假传军令"，是指故意传达篡改的军事命令或者故意传达内容虚假的编造的军事命令的行为，如假传进攻命令，编造撤换指挥人员命令。"军令"，是指与部队军事活动有关的命令，包括口头的、书面的、利用网络信息等各种方式发布的命令。故意隐瞒、谎报军情或者拒传、假传军令的行为，都可能影响作战的正确决策，对军事行动和作战极为不利，其危害性很大。

其次，这种行为对作战造成了实际危害。这里规定的"对作战造成危害"与刑法第四百二十一条的"对作战造成危害"的含义是一致的。同时，行为人故意隐瞒、谎报军情或拒传、假传军令的行为，还可能造成决策上的失误，这也是对作战造成了危害的一种情形。

最后，行为人在主观上是故意。如果行为人没有故意隐瞒、谎报军情而是由于认识错误而错报了军情，或者不是故意拒传、假传军令而是误传了军令或是由于不可抗拒的原因无法传达军令的，不能构成本条之罪。

本条规定，故意隐瞒、谎报军情或者拒传、假传军令，对作战造成危害的，处三年以上十年以下有期徒刑；致使战斗、战役遭受重大损失的，处十年以上有期徒刑、无期徒刑或者死刑。这里规定的"致使战斗、战役遭受重大损失"的含义与第四百二十一条"致使战斗、战役遭受重大损失"的含义是一致的。

【实践中需要注意的问题】

假传的军令既可以是无中生有凭空编造的，也可以是篡改真实的军令；既可以是行为人自己编造或者篡改的，也可以是行为人明知别人编造或者篡改后自己仍然予以传递的。

拒传军令和假传军令的行为结合在一起实施时，作为选择性罪名，不进行数罪并罚，只定一个拒传、假传军令罪。

第四百二十三条 【投降罪】

在战场上贪生怕死，自动放下武器投降敌人的，处三年以上十年以下有期徒刑；情节严重的，处十年以上有期徒刑或者无期徒刑。

投降后为敌人效劳的，处十年以上有期徒刑、无期徒刑或者死刑。

【条文精解】

本条是关于投降罪及其处罚的规定。

本条共分两款。第一款是关于投降敌人的犯罪及其处罚的规定。构成本罪应当具备以下条件：

第一，具有在战场上自动放下武器投降敌人的行为。这里规定的"自动放下武器投降敌人"，是指在战场上因贪生怕死、畏惧战斗，能抵抗而放弃抵抗，自行放下武器投降敌人的行为。军人的职责是保卫国家和人民，在战场上为了履行自己的职责，应当英勇战斗，不怕牺牲。贪生怕死是可耻的，自动放下武器投降敌人，更是违背了军人的根本职责，其危害性极大，是国法和军纪所不容的。将这种行为规定为犯罪，对于加强战场纪律，教育军人认真履行职责，提高我军的战斗力是很有必要的。应注意的是，"投降"是向敌对一方表示屈服的行为。要将自动放下武器投降敌人与被俘区分开来。对不是由于贪生怕死放下武器投降的,不应当追究刑事责任。

第二,行为人在主观上是出于贪生怕死。如果行为人投降敌人是出于推翻人民民主专政的政权和社会主义制度的目的,则构成危害国家安全的犯罪。

本条第一款规定,对于在战场上贪生怕死,自动放下武器投降敌人的,处三年以上十年以下有期徒刑;情节严重的,处十年以上有期徒刑或者无期徒刑。这里所说的"情节严重",主要是指率部队投降的、策动他人投降的以及胁迫他人投降的情况。

本条第二款是关于对投降敌人后为敌人效劳的,如何处罚的规定。"投降后为敌人效劳"的表现形式可能有许多种,如向敌人提供军事秘密,为敌人进行煽动,动摇我军战斗意志,甚至为敌人作战。投降后为敌人效劳,更是背叛祖国和人民的犯罪行为,其性质更为严重,因此本条对此作了单独规定,并加重了处罚。本条第二款规定,对于投降后为敌人效劳的,处十年以上有期徒刑、无期徒刑或者死刑。

【实践中需要注意的问题】

正确区分投降敌人和被敌俘虏的界限。被敌俘虏系战场上被敌人俘获,它和投降敌人是两种性质截然不同的行为。但如果不对战场上错综复杂的情况进行客观分析,也可能混淆了这两种行为。这两种行为的主要区别是:(1)行为人是主动还是被动。投降敌人虽然也是迫于敌人的武装压力,但在形式上是主动的,而被敌俘虏则完全是被迫的;(2)有无条件进行抵抗。投降敌人是有条件进行抵抗而不抵抗,自动放下武器,而被敌俘虏则是不具备使用武器进行抵抗的条件。如因弹药耗尽、武器毁损、严重伤病、极度疲惫等原因,无法使用武器进行抵抗而被敌抓获的;遭到敌人突然袭击,措手不及未能使用武器进行抵抗而被敌人抓获的;非武装人员无法摆脱敌人的追捕而被敌人抓获的等。这些都属于被敌俘虏,而不应认定为投降敌人。即使被俘虏后叛变,积极为敌人效劳的,也不应以投降罪论处,而应适用刑法第一百零八条所规定的投敌叛变罪定罪处罚。

投降行为是否完成,并不以敌人是否接受投降为准,只要行为人向敌人明确表达了投降的意思,就是完成了投降的行为。

第四百二十四条 【战时临阵脱逃罪】

战时临阵脱逃的，处三年以下有期徒刑；情节严重的，处三年以上十年以下有期徒刑；致使战斗、战役遭受重大损失的，处十年以上有期徒刑、无期徒刑或者死刑。

【条文精解】

本条是关于战时临阵脱逃罪及其处罚的规定。

构成本罪需要具备以下条件：首先，必须具有临阵脱逃的行为。这里规定的"临阵脱逃"，是指在战场上或者在临战或战斗状态下，擅自脱离岗位逃避战斗的行为。军人的职责是保卫国家和人民的安全和利益，为了履行这一职责必须要坚守自己的岗位，尤其是在战斗中更是不能擅离职守，宁可牺牲自己，也要顾全大局。临阵脱逃的行为，主要是由于行为人畏惧战斗、贪生怕死而逃避战斗。不论是逃避一时还是完全逃离，都是违反了军人职责的，都有可能给军事行动造成重大的危害。尤其是现代战争，讲求各兵种、各部门的协同作战，行为人逃离任何一个岗位都可能给战斗和战役造成无法估量的损失。因而对于这种行为，必须追究刑事责任，予以必要的惩罚，以严肃纪律，保证军队的战斗力。其次，这种脱逃行为必须发生在战时。这里所称的"战时"，在刑法第四百五十一条中有明确的规定，这里不再赘述。

刑罚上本条规定三档刑罚，对于在战时临阵脱逃的，处三年以下有期徒刑；情节严重的，处三年以上十年以下有期徒刑；致使战斗、战役遭受重大损失的，处十年以上有期徒刑、无期徒刑或者死刑。对"情节严重"的理解，一般是指率部队临阵脱逃的，指挥人员或者负有重要职责的人员临阵脱逃的，策动他人临阵脱逃的，在关键时刻临阵脱逃的，造成较为严重的后果等情况。如果行为人临阵脱逃的行为给战斗、战役造成了重大的损失，如导致了重大的人员伤亡或者武器装备的重大损失，甚至导致整个战斗、战役的失败的，按照本条的规定处十年以上有期徒刑、无期徒刑或者死刑。

【实践中需要注意的问题】

1.对面临的作战任务应作广义的理解。从作战任务的内容上看，既包括直接实施作战行动的任务，如进攻敌方阵地，坚守我方阵地，与敌机、敌舰交战，遭敌突然袭击被迫应战等；也包括保障作战行动的任务，如运输弹药，抢救伤员，抢修战损的武器装备等。

2. 应当注意的是，如果指挥人员、值班、值勤人员在战时不是由于畏惧战斗临阵脱逃，而是由于其他原因擅自离开自己的岗位的，不构成本罪，而应按照刑法第四百二十五条关于擅离、玩忽军事职守罪的规定追究刑事责任。

第四百二十五条 【擅离、玩忽军事职守罪】

指挥人员和值班、值勤人员擅离职守或者玩忽职守，造成严重后果的，处三年以下有期徒刑或者拘役；造成特别严重后果的，处三年以上七年以下有期徒刑。

战时犯前款罪的，处五年以上有期徒刑。

【条文精解】

本条是关于擅离、玩忽军事职守罪及其处罚的规定。

本条共分两款。第一款是关于指挥人员和值班、值勤人员擅离职守或者玩忽职守的犯罪的规定。构成本款规定之罪必须具备以下条件：

首先，主体必须是指挥人员和值班、值勤人员。本罪规定了特殊的主体，是考虑到这几类人员负有重要的和特殊的职责，他们擅离职守或者玩忽职守的行为，不仅违反了他们所负有的职责，而且往往造成严重的后果。"指挥人员"，是指对部队或部属负有组织、领导、管理职责的军人。专业主管人员在其业务管理范围内，也应属于指挥人员。对部队或者部属的作战、训练及其他各项工作和日常生活负有组织、领导、管理职责的军人，如班长、排长、连长、指导员、营长、教导员、团长、政委、舰长、飞行大队长等。这些人员与被其领导、管理的人员之间，都有行政上的隶属关系。这种隶属关系不仅限于军官和士兵之间的，而且也包括上级军官与下级军官之间的，甚至还包括士兵与士兵之间的。如部队中的班长虽然也是士兵，但他有权指挥本班的其他士兵，所以属于本罪的犯罪主体之一。军队中的专业主管人员虽然和其他军人没有行政隶属关系，不具有全部的指挥职责，但由于其主管某一方面的业务，具有特殊的职责和相应的管理职权，因而在其主管的业务范围内，具有一定的指挥职权，应视其为指挥人员。"值班人员"，是指军队各单位、各部门为保持指挥或者职责不间断而设立的，定期轮流负责处理本单位、本部门特定事务的人员。"值勤人员"，是指正在担任警卫、巡逻、观察、纠察、押运等勤务工作的人员。

其次，行为人必须实施了擅离职守或者玩忽职守的行为。这里规定的"擅离职守"，是指指挥人员或者值班、值勤人员未经批准，擅自离开自己正在履行职责的指挥岗位或者值班、值勤岗位。"玩忽职守"，是指指挥人员或者值班、值勤人员严重不负责任，不履行自己的职责或者不认真履行自己职责的行为。

最后，行为人擅离职守或者玩忽职守的行为必须造成了严重的后果。这里规定的"严重后果"，是指由于行为人擅离职守或者玩忽职守的行为，造成了重大的人员伤亡、物质损失或者严重影响军事行动等后果，如造成武器装备、军事设施、军事物资毁损、丢失、被盗；造成部队重大任务迟缓完成或不能完成等。这是区分罪与非罪的主要界限。

根据第一款的规定，对于指挥人员和值班、值勤人员擅离职守或者玩忽职守，造成严重后果的，处三年以下有期徒刑或者拘役；造成特别严重后果的，处三年以上七年以下有期徒刑。《惩治军人违反职责罪暂行条例》即规定了本罪，但法定刑为"处七年以下有期徒刑或者拘役"；战时"处五年以上有期徒刑"。1997年修订刑法时，为了便于操作，体现罪责刑相适应，将非战时犯本罪的法定刑分为两档。对战时犯本罪的，仍为"五年以上有期徒刑"，以体现战时从重的精神。

本条第二款是关于战时犯第一款罪，如何处罚的规定。刑法第四百五十一条对"战时"的含义有明确规定。指挥人员和值班、值勤人员在战时的擅离职守或者玩忽职守行为，其危害性要比平时大得多，因而根据罪刑相适应原则，本款也规定了较重的刑罚。根据本款规定，指挥人员和值班、值勤人员在战时擅离职守或者玩忽职守的，处五年以上有期徒刑。

【实践中需要注意的问题】

应当注意的是，指挥人员和值班、值勤人员战时擅离职守的犯罪与军人战时临阵脱逃的犯罪是不同的。前者的主体是特定的，即指挥人员和值班、值勤人员，后者的主体则是一般军人；前者的行为是擅离职守行为，后者的行为则是贪生怕死，畏惧战斗，临阵脱逃行为；前者要求造成了严重的后果，后者则不要求造成后果即可构成犯罪。如果指挥人员、值班、值勤人员在战时不是由于畏惧战斗临阵脱逃，而是由于其他原因擅自离开自己的岗位的，不构成战时临阵脱逃罪，而应按照刑法第四百二十五条关于擅离、玩忽军事职守罪的规定追究刑事责任。

第四百二十六条 【阻碍执行军事职务罪】

以暴力、威胁方法，阻碍指挥人员或者值班、值勤人员执行职务的，处五年以下有期徒刑或者拘役；情节严重的，处五年以上十年以下有期徒刑；情节特别严重的，处十年以上有期徒刑或者无期徒刑。战时从重处罚。

【条文精解】

本条是关于阻碍执行军事职务罪及其处罚的规定。

构成本条规定的犯罪应当具备以下条件：

首先，行为人实施了阻碍指挥人员或者值班、值勤人员执行职务的行为。本条中规定的"阻碍指挥人员或者值班、值勤人员执行职务"，是指行为人故意以暴力或者威胁的方法阻挠、妨碍指挥人员、值班、值勤人员依法执行职务的行为。"执行职务"应是指挥、值班、执勤人员正在履行的特定职责。指挥人员和值班、值勤人员一般都负有重要、专门的职责，保证他们能正常执行职务，对于国防建设、国防安全都是非常重要的。阻碍指挥人员或者值班、值勤人员执行职务，不仅侵害了他们的人身权利，更重要的是使他们无法正常执行职务，对国家的国防利益和军事利益造成危害。

其次，必须是以暴力或者威胁的方法阻碍执行职务。这里规定的"暴力"，是指对指挥人员或者值班、值勤人员实施殴打、捆绑等严重人身侵害行为。这里规定的"威胁"，是指以将要对指挥人员或者值班、值勤人员的人身、财产等切身利益造成危害的方法，影响、迫使指挥人员、值班、值勤人员形成精神方面的强制，使其不能也不敢正常执行职务的行为。

根据本条的规定，对于以暴力、威胁方法阻碍指挥人员或者值班、值勤人员执行职务的，处五年以下有期徒刑或者拘役；情节严重的，处五年以上十年以下有期徒刑；情节特别严重的，处十年以上有期徒刑或者无期徒刑。这里规定的"情节严重"，是指使用武器阻碍指挥人员或者值班、值勤人员执行职务的，纠集多人阻碍执行职务的以及其阻碍执行职务的行为给军事利益造成重大损失的情况。这里规定的"情节特别严重"，是指阻碍执行职务造成军事利益重大损失的以及聚众使用武器暴力阻碍执行职务的情况。

本条规定对战时犯本罪的，从重处罚。在战时，阻碍指挥人员或者值班、值勤人员执行职务的行为其危害性比平时相对要大，对军事利益造成的危害也相对较大，必须从重处罚。

【实践中需要注意的问题】

实践中，如有暴力阻碍执行军事职务，情节特别恶劣，确需判处死刑的，还可以根据案件情况，依照刑法故意杀人罪、故意伤害罪规定判处。

第四百二十七条 【指使部属违反职责罪】

滥用职权，指使部属进行违反职责的活动，造成严重后果的，处五年以下有期徒刑或者拘役；情节特别严重的，处五年以上十年以下有期徒刑。

【条文精解】

本条是关于指使部属违反职责罪及其处罚的规定。

构成本条规定之罪应当具备下列条件：

首先，本罪的主体是特殊主体，一般是负有一定职责的部队的各级指挥人员。

其次，必须具有滥用职权，指使部属进行违反职责的活动的行为。这里规定的"滥用职权，指使部属进行违反职责的活动"，是指行为人不正当运用职权，超越职权，指使下级实施违反军人职责或者特定岗位职责的行为。部队的各级指挥人员，对于所属部队的作战、训练、行政管理、思想政治工作、后勤和技术保障工作等负有完全的责任。他们应当教育部属遵守国家的法律、行政法规，执行军队的条令、条例和各项规章制度，认真履行军人应尽的职责。部队的各级指挥人员具有相应的职权，其责任也是重大的，他们应当正确地履行自己的职权，任何滥用职权，指使部属进行违反职责的活动的行为，都会破坏部队的管理秩序，危害部队的团结统一和战斗力，必须给予处罚。

最后，滥用职权的行为必须造成了严重的后果。滥用职权的行为表现为不正当运用职权，指使部属进行各种违反职责的活动，其危害性和后果也是各不相同的，因而对其处罚也不一样。滥用职权的行为是否造成了严重的后果，是区分罪与非罪的重要标准。造成了严重后果的，应当依法追究刑事责任；没有造成严重后果的，应当按照军纪处理。这里规定的"严重后果"，是指造成了恶劣影响的，影响部队任务完成的，以及造成人员伤亡或者重大物质损失的情况。

根据本条的规定，滥用职权，指使部属进行违反职责的活动，造成严重后果的，处五年以下有期徒刑或者拘役；情节特别严重的，处五年以上十年以下有期徒刑。这里规定的"情节特别严重",是指滥用职权手段特别恶劣的,影响特别恶劣的,造成人员重大伤亡的,以及严重妨害重要军事任务的完成的情况。

【实践中需要注意的问题】

正确处理指使部属违反职责罪与刑法第三百九十七条滥用职权罪的法条竞合问题。刑法对指使部属违反职责罪和第三百九十七条滥用职权罪的规定存在部分的法条竞合关系,即国家机关工作人员犯滥用职权罪的规定可以包括一部分指使部属违反职责罪。对这种情况,根据刑法理论对法条竞合问题的处理原则,即特别法优先于普通法、法律的特别规定优先于一般规定适用,当军队的各级首长和指挥人员滥用职权,指使部属进行违反职责的活动,造成严重后果时,应优先适用本章的规定,以指使部属违反职责罪论处。

第四百二十八条 【违令作战消极罪】

指挥人员违抗命令,临阵畏缩,作战消极,造成严重后果的,处五年以下有期徒刑;致使战斗、战役遭受重大损失或者有其他特别严重情节的,处五年以上有期徒刑。

【条文精解】

本条是关于违令作战消极罪及其处罚的规定。

军人的天职是坚决服从命令,完成上级交给的作战任务,不得违抗命令,临阵畏缩,消极作战。对于严重违反有关军令和条例的行为,直接影响到部队的作战部署和战斗士气,甚至造成战斗、战役失利。

构成本条规定之罪应当具备下列条件:

首先,本条的主体是特殊主体,为军队的指挥人员。一般的作战人员不能构成作战消极的犯罪。

其次,行为人实施了违抗命令,临阵畏缩,作战消极的行为。这里规定的"临阵畏缩,作战消极",是指指挥人员在作战中不尽全力,不求进取,畏惧害怕而消极避战、怠战的行为。这种行为必须是违背了上级的命令,如果指挥人员是遵照上级有关命令而没有采取积极的行动,不是作战消极。在作战中,勇敢战斗,不怕牺牲是压倒敌人,完成战斗目的的重要因素,各级指挥人员应当服从命令,英勇战斗,坚决完成任务。借口保存自己而不积极、不坚决消灭敌人，会贻误战机，影响作战的胜利。对这种行为必须给予处罚，情节严重的，要追究指挥人员的刑事责任。

最后，指挥人员消极作战的行为造成了严重后果。指挥人员消极作战的行为表现是多样的，有的表现为不积极进攻，有的表现为不坚决防御，有的表现为贻误战机等，其行为对作战的危害也不一样，对于造成了严重后果的，应当依法追究刑事责任。这里规定的"严重后果"，是指由于指挥人员消极作战的行为而造成贻误战机，没有完成作战任务的，以及妨害了协同作战等情况。

【实践中需要注意的问题】

本罪与刑法第四百二十四条规定的临阵脱逃罪是不同的：第一，两罪的主体是不同的，本罪的主体只能是指挥人员，一般作战人员不能构成，而临阵脱逃罪的主体是军人；第二，两罪的行为是不同的，本罪是消极作战的行为，而临阵脱逃罪则是临阵逃离自己岗位的行为；第三，本罪要求作战消极的行为必须是造成了严重后果才能构成犯罪，而临阵脱逃罪则是只要行为人具有临阵脱逃的行为即可构成。

根据本条的规定，对于违抗命令，临阵畏缩，作战消极，造成严重后果的指挥人员，处五年以下有期徒刑；致使战斗、战役遭受重大损失或者有其他特别严重情节的，处五年以上有期徒刑。这里规定的"致使战斗、战役遭受重大损失"，是指由于指挥人员的消极作战行为而导致我军人员重大伤亡、武器装备等严重物质损失，甚至战斗、战役失利等情况。

第四百二十九条 【拒不救援友邻部队罪】

在战场上明知友邻部队处境危急请求救援，能救援而不救援，致使友邻部队遭受重大损失的，对指挥人员，处五年以下有期徒刑。

【条文精解】

本条是关于拒不救援友邻部队罪及其处罚的规定。

人民军队的性质决定了所有部队和人员是一个统一的整体，各部队的利益在根本上是一致的，都是为了保卫国家领土和主权，在战场上都是为了消灭敌人，争取战斗的胜利。各部队在战场上必须团结、协作、相互配合、相互支援，争取胜利。不允许为了保存实力或者其他本位利益的考虑，明知友邻部队处境危急或者接到友邻部队的救援请求而见危不救。这不仅会使友邻部队遭受损失，而且会影响整个战斗、战役的全局，严重危害军事利益。我军纪律条令明确规定，见死不救的，给予军纪处分；情节严重，构成犯罪的，依法追究刑事责任。

构成本条规定之罪应当具备下列条件：

首先，本条的主体是特殊主体，为在战场上对友邻部队见危不救的指挥人员。一般的作战人员不能构成拒不救援友邻部队罪的犯罪。

其次，行为人必须具有明知友邻部队处境危急请求救援，能救援而不救援的行为。这里规定的"处境危急"，是指友邻部队受到敌人的围困、追击或者阵地将被攻陷等处于危难之中迫切需要救援的紧急情形。这里规定的"能救援而不救援"，是指根据当时其所处的环境、作战能力和所担负的作战任务，有条件对处境危急的友邻部队进行救援而不予救援的行为。"友邻部队"，是指由于驻地、配置地域或者执行任务而相邻的部队。既包括有隶属关系的部队，也包括没有隶属关系的部队。我军各部队的利益是一致的，都是为了保卫国家领土和主权，在战场上都是为了消灭敌人，争取战斗的胜利，因而在战场上必须团结协作，相互配合，相互支援。在战场上明知友邻部队处境危急或者接到友邻部队的救援请求，为了保存自己或者出于某种本单位的利益，见危而不救援的，不但会给友邻部队造成重大的损失，而且会影响战斗、战役的胜利，严重危害军事利益，对这种见危不救的行为必须依法惩处。如果对于友邻部队处境危急不知情的，不能构成本罪。

再次，这一行为是发生在战场上。

最后，行为必须使友邻部队遭受了重大的损失。这里规定的"重大损失"，是指由于见危不救的行为，致使友邻部队遭受重大的人员伤亡、物质损失、阵地失陷、舰船被击沉、飞行器被击落、进攻严重受挫等情况。

第四百三十条 【军人叛逃罪】

在履行公务期间，擅离岗位，叛逃境外或者在境外叛逃，危害国家军事利益的，处五年以下有期徒刑或者拘役；情节严重的，处五年以上有期徒刑。

驾驶航空器、舰船叛逃的，或者有其他特别严重情节的，处十年以上有期徒刑、无期徒刑或者死刑。

【条文精解】

本条是关于军人叛逃罪及其处罚的规定。

保卫祖国是军人的神圣职责，叛逃行为不仅违背了军人的职责，同时对国防安全和国家利益也造成了危害，因而对这种行为必须依法追究刑事责任。航空器、船舰是军人的重要武器装备，驾驶航空器、船舰叛逃，给国家的军事利益造成重大危害，因而对这种行为规定了比一般叛逃行为更为严厉的处罚。《惩治军人违反职责罪暂行条例》规定了偷越国（边）境外逃犯罪，1997年修订刑法时，根据打击犯罪的需要，对本条作了规定。

本条共分两款。第一款是关于叛逃罪的规定。构成本罪应当具备下列条件：

首先，行为人必须具有叛逃境外或者在境外叛逃的行为。这里规定的"叛逃"，是指以反对社会主义制度、危害祖国和人民利益为目的逃往境外的行为，既包括从境内逃往境外，也包括合法出境而在境外叛逃。叛逃有两种基本形式，一种是叛逃境外，即行为人原先在境内，现从境内叛逃到了境外。行为人出境的方法既包括通过合法手续出境，也包括采取偷渡等非法手段出境。叛逃至外国驻华使馆、领馆的，应以叛逃境外论。另一种是在境外叛逃，即行为人因履行公务出境后，擅自离队或者与派出单位和有关部门脱离关系，并滞留境外不归而叛逃。如果行为人是因私合法出境后，与派出单位和有关部门脱离关系，并滞留境外不归的，属于出走，不应认定在境外叛逃，但如其在境外有投敌叛变的行为，则可以投敌叛变罪论处。这里所称的"境外"，是指在中华人民共和国国境、边境以外的国家和地区，包括外国驻华使、领馆。保卫社会主义祖国是军人神圣的职责，叛逃的行为不仅违背了军人的这一职责，同时对国防安全和国家的利益也造成了危害，因而对这种行为必须依法追究刑事责任。

其次，行为人的叛逃行为必须危害了国家的军事利益。这也是区分罪与非罪，本罪与其他犯罪的重要特征。如果行为人前往境外不归或者滞留境外不归，没有危害国家的军事利益，不能构成本罪。

最后，行为人的叛逃行为是发生在履行公务期间的。这也是区分罪与非罪的一个重要界限。如果行为人不是在履行公务期间叛逃的，不能构成本罪。

根据本条规定，对于叛逃境外或者在境外叛逃的，处五年以下有期徒刑或者拘役；情节严重的，处五年以上有期徒刑。这里规定的"情节严重"，是指策动他人叛逃的，指挥人员或者负有重要职责的人员叛逃的，携带军事秘密叛逃的或者叛逃后公开发表叛国言论，申请政治避难或进行其他危害国防安全活动等情况。

本条第二款是关于驾驶航空器、舰船叛逃的，或者有其他特别严重情节的，如何处罚的规定。航空器、舰船是军队的重要武器装备，驾驶航空器、舰船叛逃的，往往给国家的军事利益造成重大的危害，对于这种行为必须予以严惩。因而本款对于这种行为规定了比一般叛逃行为更为严厉的处罚。本款规定，对于驾驶航空器、舰船叛逃的，或者有其他特别严重情节的，处十年以上有期徒刑、无期徒刑或者死刑。这里规定的"情节特别严重"，是指胁迫他人叛逃的，携带重要武器装备叛逃的，携带大量或者重要的军事机密叛逃的，以及叛逃后进行严重危害国家国防利益的活动的情况。

第四百三十一条 【非法获取军事秘密罪】【为境外窃取、刺探、收买、非法提供军事秘密罪】

以窃取、刺探、收买方法，非法获取军事秘密的，处五年以下有期徒刑；情节严重的，处五年以上十年以下有期徒刑；情节特别严重的，处十年以上有期徒刑。

为境外的机构、组织、人员窃取、刺探、收买、非法提供军事秘密的，处五年以上十年以下有期徒刑；情节严重的，处十年以上有期徒刑、无期徒刑或者死刑。

【条文精解】

本条是关于非法获取军事秘密罪和为境外窃取、刺探、收买、非法提供军事秘密罪及其处罚的规定。

窃取、刺探、收买军事秘密，为境外机构、组织、人员窃取、刺探、收买、非法提供军事秘密的行为，严重危害国家国防安全和军事利益，应当予以严惩。刑法第二百八十二条规定了以窃取、刺探、收买方法非法获取国家秘密罪；第一百一十一条规定了为境外窃取、刺探、收买、非法提供国家秘密、情报罪。军事秘密属于国家秘密，但考虑到军人身份特殊，军事秘密直接关系国家国防安全和军事利益，因此本条对军人实施上述行为的犯罪和处罚作了专门规定，并规定了更为严厉的刑罚，以体现军法从严、治军从严的精神。

刑法分则第七章、第十章，是1997年刑法修改时根据军队有关部门建议增设的专章。1979年刑法没有相关规定。为此，受时任全国人大常委会委员长彭真委托，军队有关部门起草了《惩治军人违反职责罪暂行条例》。启动刑法修改时，为准确打击危害国防利益和侵害军事利益犯罪行为，军队有关部门建议增设"危害国防利益罪"一章，与《惩治军人违反职责罪暂行条例》一并纳入，单设"军人违反职责罪"一章，1997年刑法修改时，采纳了上述建议，将上述条例的内容纳入刑法之中。

《惩治军人违反职责罪暂行条例》第四条规定了为敌人或者外国人窃取、刺探军事机密罪，即"为敌人或者外国人窃取、刺探、提供军事机密的，处十年以上有期徒刑、无期徒刑或者死刑"。1997年刑法修改时为境外窃取、刺探、收买、非法提供军事秘密罪基本是延续了此规定，将为"敌人或者外国人"概括为"为境外"。条例第四条第三款规定了为敌人或者外国人窃取、刺探、提供军事机密罪，但从司法实践看，为台、港、澳人员窃取、刺探或者非法提供军事秘密的案件时有发生，这些人不属于外国人，如果他们没有敌特身份，也不能定为敌人，所以不能适用该条款定罪处罚；同时，用收买方法为敌人或者外国人获取军事秘密的，也不能适用该条款定罪处罚。考虑到全国人大常委会《关于惩治泄露国家秘密犯罪的补充规定》规定了为境外的机构、组织和人员窃取、刺探、收买、非法提供国家秘密罪，所以1997年修订刑法时在原条文的基础上增加了"为境外的机构、组织、人员窃取、刺探、收买、非法提供军事秘密"的规定，以便扩大适用范围，加强对军事秘密的保护。

同时根据其他法律的相关规定，对于非境外的以窃取、刺探、收买方法非法获取军事秘密的行为作出规定。保守国家秘密法第十一条规定，国家秘密及其密级的具体范围，由国家保密行政管理部门分别会同外交、公安、国家安全和其他中央有关机关规定。军事方面的国家秘密及其密级的具体范围，由中央军事委员会规定。国家秘密及其密级的具体范围的规定，应当在有关范围内公布，并根据情况变化及时调整。第十六条规定，国家秘密的知悉范围，应当根据工作需要限定在最小范围。国家秘密的知悉范围能够限定到具体人员的，限定到具体人员；不能限定到具体人员的，限定到机关、单位，由机关、单位限定到具体人员。国家秘密的知悉范围以外的人员，因工作需要知悉国家秘密的，应当经过机关、单位负责人批准。第三十条规定，机关、单位对外交往与合作中需要提供国家秘密事项，或者任用、聘用的境外人员因工作需要知悉国家秘密的，应当报国务院有关主管部门或者省、自治区、直辖市人民政府有关主管部门批准，并与对方签订保密协议。

2020年12月26日通过的《刑法修正案（十一）》对本条作了修改。2020年12月26日，第十三届全国人民代表大会常务委员会第二十四次会议通过的《刑法修正案（十一）》对本条作了修改，主要是对为境外窃取、刺探、收买、非法提供军事秘密罪增加了一档"五年以上十年以下有期徒刑"的刑罚。有的部门提出，原刑法规定只有一个量刑档，且起刑为十年有期徒刑，实践中情况比较复杂，不同情形差异较大，如果都判处十年以上有期徒刑处罚较重。按照最高人民检察院、解放军总政治部《军人违反职责罪案件立案标准的规定》第十三条规定，凡涉嫌为境外窃取、刺探、收买、非法提供军事秘密的，应予立案。根据这一标准，只要有上述行为之一，哪怕只是1份军事秘密，在没有减轻情节的情况下，起刑就是十年，实践中非法出卖军事秘密的数量、密级和危害性差异较大，有的仅出卖的是一两份参会名单、会议照片，有的则是出卖几十份机密级、秘密级军事秘密，都在一个量刑档次，罪责刑不相适应的问题较突出。据统计，2010年以来犯该罪的二分之一是战士，其中多数是十八岁左右的年轻战士，多为普通士兵，有的还是炊事员、驾驶员，接触军事秘密的机会很小，多因网络交友不慎，利诱下一时糊涂，这些人往往主观恶性不大，提供的秘密密级不高、数量较少，危害也不是特别严重，应当以教育挽救为主。处以重刑，难以取得较好的社会效果和法律效果。此外，1997年刑法制定时，网络信息不发达，电脑办公刚刚起步，即时通讯尚未普及，手机还不能作为互联网移动终端使用，与境外人员勾连主要靠电话联系或面对面接头，窃取、传递秘密主要靠相机拍照、人力输送，极少数使用电子邮件传递，实施出卖秘密的犯罪有一定难度，也说明犯罪分子主观恶性大，犯罪意志相对坚决，判处重刑确有必要。而如今在信息化时代，传递、买卖秘密的行为实现更容易，往往一念之差误入歧途，主观恶性比以往较小，对此需要区别对待。立法上在体现军法从严、从重时，也要充分考虑宽严相济的刑事政策。

　　本条共分两款。本条规定的"军事秘密"，是指在一定时间内只限于一定范围的人员知悉，不能对外公开并直接关系到国防安全和军事利益的事项。例如，国防和战斗力量建设规划及其实施情况；军事部署，作战和其他重要军事行动的计划及其实施情况；战备演习、军事训练计划及其实施情况；军事情报及其来源，通信、电子对抗和其他特种技术的手段、能力，机要密码及有关资料；武装力量的组织编制，部队的任务、实力、素质、状态等基本情况；部队及特殊单位的番号；武器装备的研制、生产、配备情况和补充、维修能力，特种军事装备的战斗技术性能；军事学术、国防科学技术研究的重要项目、成果及其应用；军事物资的筹措、生产、供应和储备等情况。对于军事秘密的范围和等级，有关法律、法规、条例中有具体的规定。

　　第一款是关于非法获取军事秘密的犯罪及其处罚的规定。根据本款的规定，只要行为人具有非法获取军事秘密的行为，不论是采取秘密窃取，还是刺探、收买方式获取军事秘密的，都可构成本罪。本款规定，对于以窃取、刺探、收买的方法非法获取军事秘密的,处五年以下有期徒刑;情节严重的,处五年以上十年以下有期徒刑;情节特别严重的,处十年以上有期徒刑。这里规定的"情节特别严重",主要是指非法获取了大量的军事秘密的、非法获取了重要的军事秘密的、非法获取军事秘密的手段特别恶劣等情况。

第二款是关于为境外的机构、组织、人员窃取、刺探、收买、非法提供军事秘密的犯罪及其处罚的规定。这里规定的"非法提供",是指军事秘密的持有人,将自己知悉、管理、持有的军事秘密以各种方法,通过各种渠道将军事秘密提供给境外的机构、组织、个人的行为。军事秘密一旦为境外的机构、组织、个人所掌握,对国家的国防安全和军事利益都有很大的危害,因而本款对为境外机构、组织、人员窃取、刺探、收买、非法提供军事秘密的犯罪行为规定了比非法获取军事秘密更为严厉的刑罚。

窃取是指秘密获取,刺探是指暗中打听、观察、探知等,收买是指以财物交换,这是几种最常见的非法手段。其他一些非法手段,如骗取、敲诈等,从广义上看也属于窃取行为。本罪是单一罪名,所以不能以非法获取军事秘密的具体手段来定罪,如"窃取军事私密罪""刺探军事秘密罪"和"收买军事秘密罪"。"非法获取"是这些具体手段的共同特征,即行为人没有知悉军事秘密的正当理由和合法依据,却采取积极的行为了解军事秘密的内容。

军事秘密是国家秘密中的重要组成部分。在当前西方敌对势力加紧对我进行颠覆、渗透活动,国际政治、经济、科技、军事竞争日趋激烈的形势下,境外势力每时每刻都企图获取我军事秘密。加强对军事秘密的保护,严防军事秘密被境外的机构、组织、人员知悉,不仅是确保军事秘密安全的需要,而且事关国防安全。军事秘密一旦被境外的机构、组织、人员知悉,除了军事秘密的安全将直接受到威胁外,还将对国防安全造成严重危害。

保守国家秘密法第二十一条规定,国家秘密载体的制作、收发、传递、使用、复制、保存、维修和销毁,应当符合国家保密规定。绝密级国家秘密载体应当在符合国家保密标准的设施、设备中保存,并指定专人管理;未经原定密机关、单位或者其上级机关批准,不得复印和摘抄;收发、传递和外出携带,应当指定人员负责,并采取必要的安全措施。因此,凡违反上述规定,事先未经依法批准而擅自将军事秘密提供给境外的机构、组织、人员的,均属非法提供。

【实践中需要注意的问题】

为境外窃取、刺探、收买、非法提供军事秘密罪在罪与非罪的界限上容易混淆的问题，是如何区分合法提供和非法提供。对此可从实体上和程序上两个方面来区别。从实体上看，合法提供是行为人履行职责的活动，而非法提供是行为人违背职责的行为。从程序上看，合法提供经过了严格的组织审批手续和法定程序，而非法提供完全是个人擅自所为。

第四百三十二条　【故意泄露军事秘密罪】【过失泄露军事秘密罪】

违反保守国家秘密法规，故意或者过失泄露军事秘密，情节严重的，处五年以下有期徒刑或者拘役；情节特别严重的，处五年以上十年以下有期徒刑。

战时犯前款罪的，处五年以上十年以下有期徒刑；情节特别严重的，处十年以上有期徒刑或者无期徒刑。

【条文精解】

本条是关于故意泄露军事秘密罪和过失泄露军事秘密罪及其处罚的规定。

本条共分两款。第一款是关于故意泄露军事秘密罪和过失泄露军事秘密罪及其处罚的规定。构成本罪应当具备下列条件：

首先，行为人实施了泄露军事秘密的行为。泄露包括以口头或者书面等各种形式，使不应知悉的人知悉。这种行为可以表现为作为，即行为人通过口头告知或者书信提供等主动行为泄露；也可以表现为不作为，即行为人没有按照有关保守军事秘密的规定，采取必要的防范措施，以致泄露了军事秘密的行为。行为人泄露军事秘密包括故意泄露和过失泄露两种情况。

其次，行为人必须实施了违反保守国家秘密法律法规的行为。保守国家秘密，特别是国家军事秘密，关系到国防的安全、战斗的胜败和国家与人民的重大利益。除刑法和其他有关法律作了规定外，国家还颁布了一系列的保守国家军事秘密的法规，每个军人都应严格遵守这些规定，保守国家军事秘密。如果行为人的行为没有违反保守国家军事秘密法规的，当然不能构成本罪。

最后，行为人的泄密行为必须是"情节严重"的才能构成。这里规定的"情节严重"，主要是指行为人泄露大量军事秘密的，泄露重要军事秘密的，泄露的军事秘密对国家军事利益造成重大危害的，以及泄密手段极为恶劣的情况。

根据第一款的规定，行为人必须同时具备以上条件，才构成泄露军事秘密罪和过失泄露军事秘密罪。对于违反保守国家秘密法规，故意或者过失泄露军事秘密，情节严重的，处五年以下有期徒刑或者拘役；情节特别严重的，处五年以上十年以下有期徒刑。

第二款是关于战时泄露军事秘密的犯罪和处罚的规定。战时泄露军事秘密，对于国家军事利益和国防安全具有严重的危害，因而本款对于战时犯有泄露军事秘密罪行的，规定了较重的刑罚。应当注意的是，战时构成泄露军事秘密罪，也要符合前款规定的条件。根据本款的规定，对于战时犯有泄露军事秘密罪的，处五年以上十年以下有期徒刑；情节特别严重的，处十年以上有期徒刑或者无期徒刑。这里规定的"情节特别严重"，主要是指泄露了大量军事秘密的，泄露核心军事秘密以及造成战斗、战役遭受重大损失等严重后果的情况。

第四百三十三条 【战时造谣惑众罪】

战时造谣惑众，动摇军心的，处三年以下有期徒刑；情节严重的，处三年以上十年以下有期徒刑；情节特别严重的，处十年以上有期徒刑或者无期徒刑。

【条文精解】

本条是关于战时造谣惑众罪及其处罚的规定。

构成本条规定的犯罪应当具备下列条件：

首先，行为人实施了造谣惑众、动摇军心的行为。这里规定的"造谣惑众"，是指在战时，行为人捏造事实，制造谎言，并在部队中散布谣言以迷惑他人的行为。这里规定的"动摇军心"，是指行为人通过造谣惑众，造成部队情绪恐慌、士气不振、军心涣散、思想不稳定的行为。散布谣言的方式，可以是在公开场合散布，也可以是在私下向多人传播，可以是口头散布，也可以通过文字、图像、计算机网络或其他途径散布。

其次，这种行为必须发生在战时。何时为"战时"，刑法第四百五十一条已有规定。战时造谣惑众、动摇军心的行为，在客观上起着帮助敌人，削弱我军战斗力的作用，影响部队的作战，严重危害军事利益，必须依法惩处。

最后，行为人造谣惑众的行为足以动摇军心或者已造成军心动摇。对于在部队中发牢骚、讲怪话，甚至也散布了谎言，但没有动摇军心，也不足以动摇军心的，不能构成本罪，应当加以批评制止。

根据本条规定，战时造谣惑众，动摇军心的，处三年以下有期徒刑；情节严重的，处三年以上十年以下有期徒刑；情节特别严重的，处十年以上有期徒刑或者无期徒刑。这里规定的"情节严重",主要是指谣言煽动性大,对作战或者军事行动造成危害的以及在紧急关头或者危急时刻造谣惑众的情况。这里规定的"情节特别严重",主要是指造谣惑众造成部队军心涣散、部队怯战、厌战或者引起其他严重后果等情况。

【实践中需要注意的问题】

造谣惑众、动摇军心,是指行为人自己编造虚假的情况,在部队中散布,煽动怯战、厌战或者恐怖情绪,蛊惑官兵,造成部队情绪恐慌,士气不振,军心涣散。如果是行为人将道听途说的内容不负责任地又向他人散布,不能认定为造谣。行为人所散布的内容必须是虚假的,而且是与作战有直接关系的,如夸大敌人的兵力和装备优势,虚构敌方的战绩和对我方不利的战况等。如果行为人所散布的内容确属实情,即使对我军不利,也不宜认定为造谣。

第四百三十四条 【战时自伤罪】
战时自伤身体,逃避军事义务的,处三年以下有期徒刑;情节严重的,处三年以上七年以下有期徒刑。

【条文精解】

本条是关于战时自伤罪及其处罚的规定。

构成本条规定之罪应当具备下列条件:

首先,行为人具有故意自伤身体的行为。这里规定的"自伤",是指行为人自己故意伤害身体或者授意他人伤害自己身体的行为。行为人对于自身的伤害必须具有直接的故意,如果行为人是在战斗中或者是在军事行动中,由于过失自伤身体的,不能构成犯罪。但如果行为人为逃避军事义务,有意加重已有的伤害,则应构成本罪。至于自伤的程度和后果,是利用枪击还是其他的方法造成自伤,造成的是重伤还是轻伤,不影响本罪的构成。

其次,行为人自伤身体是出于逃避军事义务的目的。这里规定的"军事义务"是一个广义的概念,包括军人根据职责所需要履行的各种军事义务,如巡逻任务,值班、值勤任务,作战任务等。军人自伤身体不是为了逃避军事义务,而是为了骗取某种荣誉或掩盖自己过失的,不能构成本罪。

最后,行为人自伤身体的行为必须是在战时。作为军人应当随时准备参战,履行保卫祖国的神圣职责,为了逃避军事义务在战时自伤身体的行为,是一种畏惧战斗、贪生怕死的可耻行为,不仅会影响部队的士气、削弱部队的战斗力,而且对于国家的军事利益也有危害。行为人不是在战时自伤身体的,不能构成本罪。何时为战时,刑法第四百五十一条已有详细规定。

行为人的行为必须同时具备以上条件的,才能构成本罪。根据本条的规定,对于战时自伤身体,逃避军事义务的,处三年以下有期徒刑;情节严重的,处三年以上七年以下有期徒刑。这里规定的"情节严重",是指负有重要职责的人员战时自伤身体的,在紧要关头或危急时刻自伤身体的,以及战时自伤身体对军事利益造成严重危害后果的情况。

【实践中需要注意的问题】

自伤身体,是指行为人自己有意识地伤害自己的身体,包括直接造成伤害和在已有的伤害基础上加重伤情。行为人人为造成的疾病虽然也对身体有一定的损害,但不属于本条所规定的自伤行为。对自伤的部位、方法和伤害的程度,应从广义上理解,不论是伤害哪一部位,是造成轻伤还是重伤,是利用枪击、刀砍还是其他方法,是行为人自己伤害自己的身体,还是利用他人的故意或者过失行为伤害自己的身体,均属于自伤身体的行为。但从司法实践看,行为人自伤身体,与正常的作战受伤往往存在一些不同的表现,比如,往往选择手足和四肢等非要害部位实施自伤,而且一般是持枪伤害,并谎称是枪支走火所致,所造成的伤害一般都不严重,不会危及生命安全。因此,判断行为人是否存在自伤行为,要综合各方面的情况和证据作出认定。

第四百三十五条 【逃离部队罪】

违反兵役法规,逃离部队,情节严重的,处三年以下有期徒刑或者拘役。

战时犯前款罪的,处三年以上七年以下有期徒刑。

【条文精解】

本条是关于逃离部队罪及其处罚的规定。

本条共分两款。第一款是关于逃离部队罪及其处罚的规定。根据本款规定,逃离部队罪,是指军人违反兵役法规,逃离部队,情节严重的行为。构成本款规定之罪应当具备下列条件:

首先,行为人具有违反兵役法规,逃离部队的行为。这里规定的"违反兵役法规",是指行为人违反兵役法等法律、法规关于公民履行服兵役义务的规定。"逃离部队",是指行为人未经过批准,为了逃避履行兵役义务而擅自离开部队的行为。我国宪法规定，保卫祖国，抵抗侵略是中华人民共和国每一个公民的神圣职责。依法服兵役是公民的光荣义务。违反兵役法规，逃离部队，情节严重的，要依法追究刑事责任。应当注意的是，行为人主观上要具有逃避服兵役的目的，客观上要具有违反兵役法规，逃离部队的行为，才能构成本罪。如果行为人是由于迷失了方向脱离了部队，受伤掉队，或者因其他无法克服的原因而没有按期归队的，都不能认为是逃离部队，更不构成犯罪。

其次，行为人逃离部队的行为必须是达到情节严重的程度。这也是区分罪与非罪的一个重要标准。这里规定的"情节严重"，主要是指多次逃离部队、屡教不改的，以及组织他人一同逃离部队的情况。实践中，对于行为人确系家庭有困难，或其他特殊原因，确需本人处理而擅自离开部队的，应当说服教育，可以给予必要的纪律处分，而不能一律按犯罪处理。

根据第一款的规定，对于违反兵役法规，逃离部队，情节严重的，处三年以下有期徒刑或者拘役。

本条第二款是关于战时犯有逃离部队罪的处罚规定。战时逃离部队的行为相对于平时逃离部队的危害要大，因而本款规定了较之和平时期逃离部队犯罪更重的刑罚，即对于战时犯有逃离部队罪的，处三年以上七年以下有期徒刑。应当注意的是，战时逃离部队罪与战时临阵脱逃罪是不同的，战时临阵脱逃罪是行为人在战场上、战斗中或者是在临战状态下，由于畏惧战斗等原因逃离岗位的行为，不论其是否已逃离了部队，只要是为了逃避战斗而逃离了战场和岗位，就构成临阵脱逃罪，应当按照刑法第四百二十四条的规定定罪处罚。同时，还应注意区分逃离部队罪与军人叛逃罪。这两种犯罪都有离队不归的行为，其主要区别是：前者以逃避服兵役为目的，后者则是以背叛祖国为目的，危害国家军事利益。叛逃必定是逃离部队，因此，应根据重罪吸收轻罪的原则，以军人叛逃罪追究其刑事责任，不再数罪并罚。

第四百三十六条 【武器装备肇事罪】

违反武器装备使用规定，情节严重，因而发生责任事故，致人重伤、死亡或者造成其他严重后果的，处三年以下有期徒刑或者拘役；后果特别严重的，处三年以上七年以下有期徒刑。

【条文精解】

本条是关于武器装备肇事罪及其处罚的规定。

构成本条规定之罪应当具备下列条件:

首先,必须具有违反武器装备使用规定的行为并且"情节严重"。这里规定的"武器装备",主要是指部队用于实施和保障作战行动的武器、武器系统和军事技术器材的统称,如枪、炮、战车、飞机、通信系统。备用的武器装备的重要零件、部件,应视为武器装备。武器装备是军人保卫国家,消灭敌人的工具,军人要爱护武器装备,并严格按照武器装备的使用规定和操作规定执行。违反武器装备使用规定的行为,不仅有可能损害武器装备,也有可能造成其他严重的后果。这里规定的"情节严重",是指违反武器装备使用规定的行为本身情节严重的,如严重违反了武器装备使用程序,或者在使用中严重不负责任。例如,行为人没有使用武器装备的任务,却违反规定擅自动用装备而发生事故;经常使用武器开玩笑,不听劝阻而发生事故的;故意违反武器装备使用规定的。

其次,违反武器装备使用规定的行为必须造成了责任事故,导致人员重伤、死亡或者其他严重后果。这里规定的"责任事故",是指由于行为人违反武器装备使用规定而造成的事故,行为人在主观上是有责任的。如果是由于自然原因造成的事故,或者是由于武器装备本身存在的技术方面的原因而造成的事故,行为人在使用时没有过错的,不是责任事故,也不能追究行为人的刑事责任。这里规定的"其他严重后果",是指由于行为人违反武器装备的使用规定而造成的,除致人重伤、死亡以外的其他严重后果,如造成了主要武器装备的毁损,造成了大量武器装备的毁损或者造成了火灾、爆炸、污染,危害了军事行动的情况。如果行为人违反武器装备使用规定的行为,没有造成严重后果,只是一般的责任事故,则不能构成本罪。

必须同时具备以上条件,才能构成本罪。根据本条规定,对于违反武器装备的使用规定,情节严重,因而发生责任事故,致人重伤、死亡或者造成其他严重后果的,处三年以下有期徒刑或者拘役;后果特别严重的,处三年以上七年以下有期徒刑。这里规定的"后果特别严重",是指造成多人重伤、死亡的,造成了重大的火灾、核污染或者使公私财产遭受特别重大损失的,以及严重危害军事行动或者军事研究的情况。

第四百三十七条 【擅自改变武器装备编配用途罪】

违反武器装备管理规定，擅自改变武器装备的编配用途，造成严重后果的，处三年以下有期徒刑或者拘役；造成特别严重后果的，处三年以上七年以下有期徒刑。

【条文精解】

本条是关于擅自改变武器装备编配用途罪及其处罚的规定。

构成本条规定之罪应当具备下列条件：

首先，行为人必须具有违反武器装备管理规定，擅自改变武器装备编配用途的行为。这里规定的"武器装备管理规定"，是指有关法规中关于武器装备的性能、动用权限、使用范围、编配用途等规定。这里规定的"擅自改变武器装备的编配用途"，是指行为人违反武器装备的管理规定，未经批准而自行将编配的武器装备改作其他用途的行为。部队配备武器装备是为了保卫国家和人民的利益，各种武器装备都有其专门的编配用途，应当按照有关法规的规定，按照武器装备的编配用途，正确使用武器装备。擅自改变武器装备的编配用途，不仅会损坏武器装备，而且会造成武器装备管理失控，严重影响其正常使用，甚至造成其他严重后果，危害国家军事利益，如擅自将军用飞机、舰船用于商业活动的。对于造成严重后果的要依法追究刑事责任。如果行为人的行为没有违反武器装备的管理规定，或者是按照规定经过上级机关批准，将武器装备用于非军事用途的，如将飞机、舰船用于抢险救灾，不是擅自改变武器装备的编配用途，当然也不能追究刑事责任。

其次，行为人擅自改变武器装备编配用途的行为必须造成了严重后果的。这里规定的"严重后果"，是指行为人擅自改变武器装备的编配用途造成了主要武器装备的毁损，或者大量武器装备的毁损的，用来进行违法犯罪活动的，造成了人员伤亡或者公私财产重大损失的，以及严重影响军事行动的情况。这种行为是否造成了严重的后果，是区分罪与非罪的重要标准。如果行为人擅自改变武器装备编配用途的行为没有造成严重后果的，不构成本罪，应当按照军纪处理。

构成本罪，必须同时具备上述条件。根据本条规定，对于违反武器装备管理规定，擅自改变武器装备的编配用途，造成严重后果的，处三年以下有期徒刑或者拘役；造成特别严重后果的，处三年以上七年以下有期徒刑。这里规定的"特别严重后果"，是指造成大量主要武器损毁的以及造成多人伤亡后果的情况。

【实践中需要注意的问题】

擅自改变武器装备的编配用途，使用武器装备去实施其他犯罪的，如使用装备枪支杀人，动用舰艇、军用飞机走私等，如果没有造成上述严重后果的，一般应将其擅自改变武器装备编配用途的行为作为实施其他犯罪的一个情节从重处罚。但是在使用武器装备实施其他犯罪过程中，造成重要武器装备严重毁损，人员重伤死亡及其他严重责任事故的，或者影响部队完成重要任务等严重后果的，则应实行数罪并罚。

第四百三十八条 【盗窃、抢夺武器装备、军用物资罪】

盗窃、抢夺武器装备或者军用物资的，处五年以下有期徒刑或者拘役；情节严重的，处五年以上十年以下有期徒刑；情节特别严重的，处十年以上有期徒刑、无期徒刑或者死刑。

盗窃、抢夺枪支、弹药、爆炸物的，依照本法第一百二十七条的规定处罚。

【条文精解】

本条是关于盗窃、抢夺武器装备、军用物资罪及其处罚的规定。

本条共分两款。第一款是关于盗窃、抢夺武器装备、军用物资罪的处罚规定。构成本款规定的盗窃、抢夺武器装备、军用物资罪应当具备以下条件：

首先，行为人必须实施了秘密窃取或者抢夺武器装备或者军用物资的行为。这里规定的"武器装备"的概念与刑法第四百三十六条规定的概念基本是一致的，但由于本条第二款对盗窃、抢夺枪支、弹药、爆炸物的刑罚适用专门作了规定，因此本款的"武器装备"不包括"枪支、弹药、爆炸物"。这里规定的"军用物资"，根据2013年2月26日最高人民检察院、解放军总政治部《军人违反职责罪案件立案标准的规定》第三十八条，本规定中的"军用物资"，是除武器装备以外，专供武装力量使用的各种物资的统称。包括装备器材、军需物资、医疗物资、油料物资、营房物资等，如军用被服、粮秣、药品、油料、建筑材料。军人盗窃、抢夺武器装备或者军用物资的行为，违反了军人的职责，不仅是侵犯了国家的财产权，更重要的是危害了国家的军事利益，因而对这种行为本条作了单独处罚规定，而没有按照一般盗窃、抢夺罪处罚。

其次，行为人具有非法占有的目的。不论行为人非法占有武器装备或者军用物资是出于经济原因，还是为了报复他人等其他原因，都不影响本罪的构成。

根据本款规定，盗窃、抢夺武器装备或者军用物资的，处五年以下有期徒刑或者拘役；情节严重的，处五年以上十年以下有期徒刑；情节特别严重的，处十年以上有期徒刑、无期徒刑或者死刑。这里规定的"情节严重"，是指盗窃、抢夺主要武器装备的，盗窃、抢夺大量武器装备或者军用物资的，以及多次盗窃或者抢夺武器装备、军用物资的情况。这里规定的"情节特别严重"，是指盗窃、抢夺大量主要武器装备的；盗窃、抢夺武器装备或者军用物资，数量特别巨大的；战时盗窃、抢夺武器装备或者军用物资，严重危害军事利益的情况。

第二款是关于盗窃、抢夺枪支、弹药、爆炸物罪如何处罚的规定。枪支、弹药和军用爆炸物是实践中使用比较普遍的武器装备。在实际生活中，盗窃、抢夺枪支、弹药、爆炸物的情况时有发生，针对这种情况，刑法在危害公共安全罪一章中，在第一百二十七条对这种犯罪作了规定，并规定了比较重的刑罚。本款明确规定，对于军人盗窃、抢夺枪支、弹药、爆炸物的，应当适用刑法第一百二十七条的规定处罚。

【实践中需要注意的问题】

1.在司法实践中，还发生过盗窃、抢夺军马、军驼、军犬、军鸽的案件。鉴于这些军用动物是用于实施和保障作战行动的。其作用相当于武器装备，所以应视为武器装备。军用物资，是指除武器装备以外，供武装部队使用和消费的被装、粮秣、油料、建材、药品、器材等物资。这些武器装备和军用物资可以是部队正在使用的，也可以是储存备用的，但不包括已确定退役报废的武器装备、军用物资，因为退役报废的武器装备、军用物资已不能形成部队的战斗力。正在生产过程中，尚未交付部队的产品和物资，不能视为部队的武器装备、军用物资。盗窃、抢夺武器装备、军用物资不受部队隶属关系的限制，即一个部队的人盗窃、抢夺另一个部队的武器装备、军用物资，现役军人盗窃、抢夺预备役部队的武器装备、军用物资，均属盗窃、抢夺部队的武器装备、军用物资。

2.在司法实践中如何区分武器装备和军用物资的界限，是一个经常遇到的问题，关系到准确地认定罪名。武器装备和军用物资的共同点在于都是供武装部队使用的，共同构成武装部队战斗力的物质基础。其区别主要在自然属性方面，如武器都是具有杀伤性的，除弹药以外，其他武器装备往往都可以重复使用。武器装备一般都是具有特定功能的机械、器具、装置、设备等，操作武器装备往往需要掌握特定的技能等；而军用物资一般不具有杀伤性，多是消耗性的物品、材料和原料等。

3. 在司法实践中，对军人携带配发给个人使用的武器装备逃离部队的，过去一般是作为逃离部队行为的一个严重情节，只定逃离部队罪。这样定罪忽略了军人携带武器装备特别是枪支、弹药、爆炸物逃离部队的严重危害性。配发给军人个人使用的武器装备，所有权属于部队，个人无权据为己有。军人携带配发给个人使用的武器装备逃离部队，不仅逃避服兵役，而且将部队的武器装备带走，侵害了部队对武器装备的所有权，是一种特殊方式的盗窃行为。从盗窃武器装备罪和逃离部队罪的法定刑看，前者可以判处死刑，后者平时最高只能判处三年有期徒刑，两者相差悬殊，对军人携带配发给个人使用的武器逃离部队的行为只定逃离部队罪，显然是重罪轻判。因此对军人携带配发给个人使用的武器装备逃离部队的，除了根据其逃离部队的情节决定是否构成逃离部队罪外，还应依照刑法第四百三十八条定盗窃武器装备罪。

第四百三十九条 【非法出卖、转让武器装备罪】

非法出卖、转让军队武器装备的，处三年以上十年以下有期徒刑；出卖、转让大量武器装备或者有其他特别严重情节的，处十年以上有期徒刑、无期徒刑或者死刑。

【条文精解】

本条是关于非法出卖、转让武器装备罪及其处罚的规定。

根据本条规定，行为人只要具有非法出卖或者转让军队武器装备行为的，就构成本罪。这里规定的"非法出卖"，是指行为人未经有权机关的批准而擅自将武器装备卖给他人的行为。"非法转让"，是指行为人未经有权机关的批准而擅自将武器装备赠送他人或者以武器装备换取其他物品的行为。非法出卖、转让武器装备的行为，不仅违反了武器装备管理制度，而且会危害国家的军事利益和公共安全，其社会危害性很大，必须依法追究刑事责任。

根据本条规定，对于非法出卖、转让军队武器装备的，处三年以上十年以下有期徒刑；出卖、转让大量武器装备或者有其他特别严重情节的，处十年以上有期徒刑、无期徒刑或者死刑。这里规定的"情节特别严重"，是指非法出卖、转让武器装备进行犯罪活动的,非法出卖、转让给境外的机构、组织、人员的以及非法出卖、转让武器装备造成严重后果的情况。

应当注意的是,非法出卖、转让武器装备的行为人应当是合法管理或者使用这些武器装备的人员,如果行为人将盗窃或者抢夺的武器装备出卖、转让的,应当按照刑法第四百三十八条规定的盗窃、抢夺武器装备罪与非法买卖枪支、弹药、爆炸物罪数罪并罚。刑法第一百二十五条规定了非法买卖枪支、弹药、爆炸物的犯罪,如果是军人出卖部队武器装备的,应适用本条。

【实践中需要注意的问题】

根据有关武器装备管理法规的规定,部队的武器装备由于使用、储存年久,性能下降,型号技术落后,或者因其他原因不宜继续装备部队的,可以作退役或者报废处理。退役、报废的武器装备根据不同情况,分别作储备用、教学、训练、装备民兵、拆件留用、拨作非军事使用或作为废旧物资等处置。未经批准,严禁任何单位或者个人擅自馈赠、出售、交换武器装备。非法出卖、转让武器装备,是指未经有关机关的批准,擅自将武器装备出售给他人、送给他人或者与他人交换其他物品。根据武器装备管理法规的规定,武器装备依其质量状况,分为新品、堪用品、待修品和废品四个等级。非法出卖、转让的武器装备应是部队在编的、正在使用的以及储存备用的武器装备,从武器装备的等级看,不包括已确定退役报废的武器装备,因为退役报废的武器装备已不能直接形成部队的战斗力。

第四百四十条 【遗弃武器装备罪】

违抗命令,遗弃武器装备的,处五年以下有期徒刑或者拘役;遗弃重要或者大量武器装备的,或者有其他严重情节的,处五年以上有期徒刑。

【条文精解】

本条是关于遗弃武器装备罪及其处罚的规定。

构成本条规定之罪应当具备下列条件:

首先,行为人具有遗弃武器装备的行为。这里规定的"遗弃武器装备",是指行为人故意抛弃武器装备的行为。武器装备是军人保卫国家和人民利益所必不可少的,必须加以妥善保管。随意遗弃武器装备,不仅会削弱我军的战斗力,而且可能被敌人所利用,严重危害军事利益。

其次,行为人的遗弃行为是故意实施的。如果行为人是由于疏忽大意而遗失了武器装备的,不能构成本罪。对遗失武器装备情节严重的,可以依照刑法第四百四十一条关于遗失武器装备罪的规定处罚。

最后,行为人遗弃武器装备的行为是违抗命令的。战场情况复杂,在战场上有时根据作战的需要,按照上级命令遗弃一些武器装备的行为,不构成犯罪,不能按照本条的规定处罚。

构成本罪必须同时具备以上条件。根据本条的规定,对于违抗命令,遗弃武器装备的,处五年以下有期徒刑或者拘役;遗弃重要或者大量武器装备的,或者有其他严重情节的,处五年以上有期徒刑。

实践中,违抗命令,遗弃武器装备与战时违抗命令虽然都具有违抗命令的情节,但战时违抗命令罪只限于战时,且要对作战造成危害;而遗弃武器装备罪中,遗弃武器装备才是构成本罪需要追究刑事责任的依据,违抗命令只是个条件,如果行为人是根据上级的命令、决定遗弃武器装备的,不能构成犯罪。

【实践中需要注意的问题】

在具体案件中,如果行为人所采取的遗弃武器装备的方法必然造成武器装备毁坏或者灭失的结果,如飞行员无重大危险而弃机跳伞,或者故意将武器装备投入深海等,则应属于破坏武器装备的行为。

第四百四十一条 【遗失武器装备罪】

遗失武器装备,不及时报告或者有其他严重情节的,处三年以下有期徒刑或者拘役。

【条文精解】

本条是关于遗失武器装备罪及其处罚的规定。

构成本条规定之罪应当具备下列条件:

首先,行为人具有遗失武器装备的行为。武器装备的理解,2013年2月26日最高人民检察院、解放军总政治部《军人违反职责罪案件立案标准的规定》第三十七条规定,"武器装备"是指实施和保障军事行动的武器、武器系统和军事技术器材的统称。这里规定的"遗失",是指在武器装备的操作使用、维护保养、运送等过程中，行为人因疏忽大意而造成武器装备丢失的行为。对武器装备不注意保管而遗失武器装备的行为，不仅会削弱我军的战斗力，而且会影响公共安全，危害我军的军事利益。

其次，行为人对武器装备的丢失，在主观上是有过失的。即行为人是因主观上疏忽大意或者轻信不会丢失而没有很好保管武器装备，以致武器装备丢失。如果行为人在主观上是故意丢弃武器装备的，不构成本罪，应按照遗弃武器装备罪的规定处理。如果行为人在武器装备的操作使用、维护保养中尽到了责任，但因为不可抗拒或者不可克服的原因丢失了武器装备的，不是遗失武器装备，也不构成犯罪。

最后，行为人遗失武器装备必须是没有及时报告或者有其他严重情节的，才构成犯罪。这里规定的"其他严重情节"，是指遗失重要武器装备的，遗失武器装备严重影响部队任务完成的，造成了严重的后果的以及编造虚假情况欺骗组织的情况。行为人遗失武器装备是否有严重的情节，是划分罪与非罪，犯罪与违纪的一个重要标准。如果行为人遗失武器装备后及时报告，也没有其他严重情节的，可按照军纪处理。

构成本罪必须同时具备以上条件。根据本条的规定，对于遗失武器装备，不及时报告或者有其他严重情节的，处三年以下有期徒刑或者拘役。

第四百四十二条 【擅自出卖、转让军队房地产罪】

违反规定，擅自出卖、转让军队房地产，情节严重的，对直接责任人员，处三年以下有期徒刑或者拘役；情节特别严重的，处三年以上十年以下有期徒刑。

【条文精解】

本条是关于擅自出卖、转让军队房地产罪及其处罚的规定。

构成本条规定之罪应当具备下列条件：

首先，行为人具有违反规定，擅自出卖、转让军队房地产的行为。这里规定的"违反规定"，是指行为人违反《中国人民解放军内务条令（试行）》《中国人民解放军房地产管理条例》等有关军队房地产管理和使用的规定。"擅自出卖、转让军队房地产"，是指行为人未经有权机关的批准，违反规定，自行将军队所有的或者由军队管理、使用的土地、房屋及其附属物等出卖、转让的行为。军队房地产是国防资产的重要组成部分，不得擅自变卖、转让。

擅自出卖、转让军队房地产的行为,不仅侵害了国防资产的所有权,而且影响军队正常的管理、训练和生产、生活,危害国家军事利益。行为人不论是出于经济目的,还是其他原因擅自出卖、转让军队房地产的,都要给予处罚,情节严重的,要依法追究刑事责任。

其次,擅自出卖、转让军队房地产的行为必须是情节严重的,才构成犯罪。这里规定的"情节严重",主要是指擅自出卖、转让军队房地产数量大的,出卖、转让重要房地产的,出卖、转让给境外的机构、组织、人员的,因出卖、转让军队房地产造成严重后果,如给军队造成严重经济损失、严重影响部队正常训练、工作和生活,对国家军事利益造成严重危害的,事后弄虚作假欺骗上级的,以及出卖、转让军事禁区房地产的等情况。是否达到情节严重的程度,是划分罪与非罪的重要界限。刑法第二百二十八条规定了非法转让、倒卖土地使用权的犯罪,第四百一十条规定了非法低价出让国有土地使用权的犯罪,军人擅自出卖、转让军队房地产的,适用本条规定。

根据本条规定,对于违反规定,擅自出卖、转让军队房地产,情节严重的,对直接责任人员,处三年以下有期徒刑或者拘役;情节特别严重的,处三年以上十年以下有期徒刑。这里规定的"情节特别严重",是指擅自出卖、转让军队房地产数量巨大的,造成巨大经济损失的,以及给国家军事利益造成特别严重损害的情况。

第四百四十三条 【虐待部属罪】

滥用职权,虐待部属,情节恶劣,致人重伤或者造成其他严重后果的,处五年以下有期徒刑或者拘役;致人死亡的,处五年以上有期徒刑。

【条文精解】

本条是关于虐待部属罪及其处罚的规定。

构成本条规定之罪应具备下列条件:

首先,行为人虐待的对象是自己的部属。尊重干部、爱护士兵是我军的优良传统。虐待、打骂、体罚士兵是军阀作风,是我们坚决反对的。虐待部属违反了我军的宗旨,破坏了官兵关系和军队内部的团结,同时也侵害了部属的人身权利。对于滥用职权,虐待部属,情节恶劣,致人重伤或造成其他严重后果的,应当追究其刑事责任。根据本条的规定,行为人必须是在军队中有一定职权的领导或者担负一定职责的人员。这里规定的"部属",是指与行为人存在一定隶属关系的下级军人。如果没有利用职权，对没有隶属关系的其他军人进行殴打等行为的，不构成本罪，致人伤亡的，可依照本法关于伤害罪、杀人罪的有关规定处罚。

其次，行为人实施了滥用职权，虐待部属，情节恶劣的行为。这里规定的"滥用职权"，是指行为人超越自己的权限或者不正确利用职权，对部属进行虐待的行为。这里规定的"虐待部属，情节恶劣"，是指行为人对部属进行身心上的严重摧残，虐待行为一般表现为采取不人道的生活待遇，打骂、体罚、折磨及施以其他酷刑，对部属体罚、殴打、冻饿、施以酷刑的，强迫从事危险性和侮辱性的工作等方法，摧残、折磨部属。虐待部属的行为，既可以发生在战时，也可以发生在非战时，所以本罪没有限定为战时犯罪，情节严重包括虐待部属人数众多的、手段方式较为残忍等。在我国军队中，官兵在人身权利上是一致的、平等的，绝不允许任何人对部属进行虐待，这不仅会损害官兵的关系，而且会削弱部队的战斗力。即使部属有错误的行为，也要以批评教育为主，以思想政治工作为主，对于严重的错误，可以按照军纪和法律处理，管理教育方法不能简单生硬，甚至进行体罚虐待。

最后，行为人的虐待行为造成了部属重伤或者其他严重后果。这是构成本罪的必要条件。这里规定的"其他严重后果"，是指由于行为人的虐待部属的行为引发重大暴力事件的，导致部属逃离部队，造成部属不堪忍受虐待而自杀的，在部队、社会造成极坏影响的等情况。如果行为人的虐待行为没有造成严重后果的，可按照军纪处理；造成了严重后果的，要依法追究刑事责任。

根据本条规定，对于滥用职权，虐待部属，情节恶劣，致人重伤或者造成其他严重后果的，处五年以下有期徒刑或者拘役；致人死亡的，处五年以上有期徒刑。

第四百四十四条 【遗弃伤病军人罪】

在战场上故意遗弃伤病军人，情节恶劣的，对直接责任人员，处五年以下有期徒刑。

【条文精解】

本条是关于遗弃伤病军人罪及其处罚的规定。

构成本条规定之罪应当具备下列条件：

首先，行为人具有在战场上故意遗弃伤病军人，情节恶劣的行为。这里规定的"故意遗弃",是指行为人明知有伤病军人而不予抢救,弃置不顾的行为。遗弃行为必须是发生在战场上,遗弃的对象应是我军因伤、病需要给予救护的人员。"情节恶劣",主要是指行为人故意遗弃伤病军人,造成伤病军人死亡、被敌人杀害等严重后果以及遗弃多名伤病军人等。在战场上对有伤病的军人,其他军人都有抢救与保护的责任,这也是我军的光荣传统。在战场上对伤病的战友遗弃不顾,会削弱我军的战斗力,影响部队的士气,破坏部队团结。当然,战场上的情况是非常复杂的,有时根据当时的条件和环境,无法对伤病军人进行抢救,对这种情况不能追究刑事责任。因而,本条只规定对于情节恶劣的遗弃行为,追究刑事责任。

其次,本罪的主体是故意遗弃伤病军人的直接责任人员。这里规定的"直接责任人员",是指对遗弃的伤病军人有条件救护而故意不予救护的人员,将自己负责救护的伤病军人遗弃的人员以及对故意遗弃伤病军人负有直接责任的指挥人员等。

根据本条规定,对于在战场上故意遗弃伤病军人,情节恶劣的,对直接责任人员,处五年以下有期徒刑。

第四百四十五条 【战时拒不救治伤病军人罪】

战时在救护治疗职位上,有条件救治而拒不救治危重伤病军人的,处五年以下有期徒刑或者拘役;造成伤病军人重残、死亡或者有其他严重情节的,处五年以上十年以下有期徒刑。

【条文精解】

本条是关于战时拒不救治伤病军人罪及其处罚的规定。

构成本条规定之罪应当具备下列条件:

首先,行为人有条件救治危重伤病军人而拒不救治的。这里规定的"有条件救治而拒不救治",是指行为人有医疗条件、技术条件救护、治疗危重伤病军人而以种种理由拒绝救治的。"危重伤病军人",是指伤势、病情严重、危险的军人。如果行为人确实没有条件救治伤病军人的,不是拒不救治,不能构成犯罪。对于有一般伤病的军人拒不救治的,一般不会造成严重的后果,因而不构成犯罪,情节恶劣的,应进行教育批评,也可给予必要的处分。

其次,犯罪主体是在救护治疗职位上,负有救护治疗职责的人员。这里规定的"在救护治疗职位上",是指正在当班的医务人员或者临时执行救护治疗任务的人员。

最后，本罪在战时才能构成。在战时，拒不救治危重伤病军人的行为，对部队的士气、战斗力都会有恶劣影响，其危害也比和平时期严重，必须依法追究刑事责任。

根据本条的规定，对于战时在救护治疗职位上，有条件救治而拒不救治危重伤病军人的，处五年以下有期徒刑或者拘役；造成伤病军人重残、死亡或者有其他严重情节的，处五年以上十年以下有期徒刑。这里规定的"重残"，是指按规定造成二等以上残疾的。"严重情节"，是指为报复而拒不救治的，阻止他人救治的，造成恶劣影响、引起严重事件的情况。

第四百四十六条 【战时残害居民、掠夺居民财物罪】

战时在军事行动地区，残害无辜居民或者掠夺无辜居民财物的，处五年以下有期徒刑；情节严重的，处五年以上十年以下有期徒刑；情节特别严重的，处十年以上有期徒刑、无期徒刑或者死刑。

【条文精解】

本条是关于战时残害居民、掠夺居民财物罪及其处罚的规定。

构成本条规定之罪应当具备下列条件：

首先，行为人必须实施了残害无辜居民或者掠夺无辜居民财物的行为。这里规定的"无辜居民"，是指在战区居住的对我军无敌对行动的居民，包括我方管辖的居民、敌方管辖的居民和属第三方管辖的居民。这里规定的"残害"，是指对无辜居民实施伤害、杀害、奸淫等侵犯人身的暴力行为。这里规定的"掠夺"，是指行为人用暴力或者以暴力相威胁，抢劫无辜居民财物的行为。军人的职责是保卫国家、消灭敌人，残害和掠夺无辜居民的行为不仅违反了军人的职责，而且败坏了我军的声誉，应当依法予以严惩。

其次，行为人必须是战时在军事行动地区实施上述行为的，才构成本罪。军事行动地区即我军作战的区域。战时在军事行动地区残害和掠夺无辜居民的行为，不仅是侵害了居民的人身权利和财产权利，更重要的是违背我军宗旨，破坏我军声誉，违反了有关国际公约的规定，危害了我军的军事利益，因而本条对这种犯罪作了单独的处罚规定，而没有依照本法伤害、抢劫等犯罪的规定处罚。如果行为人平时在非军事行动区残害无辜居民和掠夺无辜居民财产的，应按照本法有关侵犯公民人身权利和财产权利的犯罪的规定处罚。

根据本条规定，对于战时在军事行动地区，残害无辜居民或者掠夺无辜居民财物的，处五年以下有期徒刑；情节严重的，处五年以上十年以下有期徒刑；情节特别严重的，处十年以上有期徒刑、无期徒刑或者死刑。这里规定的"情节严重"，是指多次实施犯罪行为的，残害、掠夺无辜居民多人的，结伙实施犯罪行为的，犯罪手段恶劣的以及造成恶劣影响的情况。"情节特别严重"，是指残害掠夺人数众多的，掠夺财物数量特别巨大的，以及手段特别残忍的情况。

由于残害不是一种具体的犯罪行为表现，而是一系列违法犯罪行为的集中表现，因此，军人在特定的时间、特定的地点，实施的本条规定的犯罪，只适用本条规定，不再适用刑法对其他有关犯罪的规定。行为人在战时实施了残害居民、掠夺居民财物行为的，原则上都应以本罪追究刑事责任。但是战场上的情况错综复杂，残害居民、掠夺居民财物的行为是否都要追究刑事责任，还要根据刑法第十三条的规定来全面衡量。对其中情节显著轻微、危害不大的，如偶尔殴打群众、强拿群众少量财物的等，可以不按战时残害居民、掠夺居民财物罪论处的，应当依法予以军纪处分。

本条共规定了三档量刑幅度，根据不同的情况和情节作出不同区分，分别是对一般情节、情节严重和情节特别严重的规定。

第四百四十七条 【私放俘虏罪】

私放俘虏的，处五年以下有期徒刑；私放重要俘虏、私放俘虏多人或者有其他严重情节的，处五年以上有期徒刑。

【条文精解】

本条是关于私放俘虏罪及其处罚的规定。

根据本条规定，行为人只要具有私放俘虏的行为就可构成犯罪。本条所规定的"私放俘虏"，是指行为人违反战场纪律，未经批准而擅自将俘虏放走的行为。这种行为既可以是公开进行的，也可以是暗中进行的。私放俘虏的行为，既可以发生在战时，也可以发生在战后。俘虏是在作战中被我方俘获的敌方武装人员及其他为敌方武装部队服务的人员。私放俘虏的行为，严重违反了军队的战场纪律，不利于消灭敌人和获取敌方的情况，还有可能暴露我军的情况，危害我军的作战行动和军事利益，因而这种行为只要一经实施，就要追究行为人的刑事责任。如果出于特殊的需要，根据上级的批准而释放俘虏的，不是私放俘虏，当然不构成本罪。

根据本条规定，对于私放俘虏的，处五年以下有期徒刑；私放重要俘虏、私放俘虏多人或者有其他严重情节的，处五年以上有期徒刑。这里规定的"重要俘虏"，是指敌军的中、高级军官，掌握重要情况的人员以及为了解敌情而专门抓获的俘虏等。"其他严重情节"，是指除私放重要俘虏和私放俘虏多人以外的其他严重情况，如因私放俘虏而严重影响作战任务完成的，暴露我军军事秘密，危害我军军事利益的，以及因收受财物、贪图女色而私放俘虏的情况。

第四百四十八条 【虐待俘虏罪】

虐待俘虏，情节恶劣的，处三年以下有期徒刑。

【条文精解】

本条是关于虐待俘虏罪及其处罚的规定。

构成本条规定之罪应当具备以下条件：

首先，行为人对俘虏实施了虐待行为。这里规定的"虐待俘虏"，是指违背人道主义，违反《关于战俘待遇之日内瓦公约》和我军的俘虏政策，对被我军俘获后不再反抗的敌方人员，进行肉体上的摧残，或者生活上不给予人道待遇的行为。对于被我方俘虏后，继续进行反抗，甚至行凶逃跑的敌方人员所采取的必要措施，不能认为是虐待俘虏的行为。

其次，必须是情节恶劣的虐待行为才构成本罪。这里规定的"情节恶劣"，是指虐待手段特别残酷的，虐待伤病俘虏的，虐待俘虏造成重伤、死亡等严重后果的情况。

根据本条规定，对于虐待俘虏，情节恶劣的，处三年以下有期徒刑。

第四百四十九条 【战时缓刑戴罪立功的规定】

在战时，对被判处三年以下有期徒刑没有现实危险宣告缓刑的犯罪军人，允许其戴罪立功，确有立功表现时，可以撤销原判刑罚，不以犯罪论处。

【条文精解】

本条是关于战时缓刑的具体规定。

本条中规定的没有现实危险的犯罪军人，是指虽然有犯罪行为，但其不会对军事行动、军事利益以及我军人员构成危害的军人。"宣告缓刑"，是指在判刑后，暂不执行，允许其留在战斗岗位或者其他岗位上继续履行军人职责。"确有立功表现时，可以撤销原判刑罚"，是指犯罪军人在缓刑期间，确有杀敌立功或者其他突出表现的，可以由原审法院作出撤销原判的决定。

战时对犯罪军人的缓刑与对一般犯罪的缓刑不同。本法规定对于被宣告缓刑的一般犯罪分子，如果在缓刑考验期内没有再犯新罪或者没有严重违反法律、行政法规或者国务院、公安部门有关缓刑的监督管理规定的，原判刑罚就不再执行。而本条规定，对于战时被宣告缓刑的犯罪军人，如果确有立功表现的，可以撤销原判刑罚，并且不以犯罪论处。就是说，这个军人不再被认为曾经犯罪。这样规定，主要是考虑到战争这种特殊环境下最能考验人、教育人，给犯罪者在战争中以戴罪立功的机会，有利于对他们进行教育改造，而且会保存有生力量，让没有现实危险的犯罪军人，特别是有一定经验和专业技术的军人，继续留在部队战斗，加强部队的战斗力。实践证明，这一政策对于教育改造犯罪军人发挥了很好的作用，具有非常积极的意义。

第四百五十条 【本章适用的主体范围】

本章适用于中国人民解放军的现役军官、文职干部、士兵及具有军籍的学员和中国人民武装警察部队的现役警官、文职干部、士兵及具有军籍的学员以及文职人员、执行军事任务的预备役人员和其他人员。

【条文精解】

本条是关于本章的适用范围的规定。

2013年2月26日最高人民检察院、解放军总政治部《军人违反职责罪案件立案标准的规定》第三十二条，本规定适用于中国人民解放军的现役军官、文职干部、士兵及具有军籍的学员和中国人民武装警察部队的现役警官、文职干部、士兵及具有军籍的学员，以及执行军事任务的预备役人员和其他人员涉嫌军人违反职责犯罪的案件。但在实践中，究竟何谓"现役军人"，普遍感到难以把握其外延，有必要在修订的刑法中对此予以明确。2020年12月26日，第十三届全国人民代表大会常务委员会第二十四次会议通过的《刑法修正案（十一）》对本条作了修改，主要是在本章适用主体范围中增加了文职人员的规定。十余年前，军队就编有少量文职人员。此次国防和军队改革，全军编制文职人员 20 多万人，是现役军人总数的近十分之一。文职人员的岗位绝大多数都是改革前现役军人的岗位，有的文职人员就是现役军人转任。文职人员与现役军人都是军队人员的主体，区别只是岗位不同、分工不同。因此，军人违反职责犯罪同样适用于文职人员。

根据本条规定，下列人员犯有本章规定之罪的，适用本章的规定处罚：（1）中国人民解放军现役军官、文职干部、士兵及具有军籍的学员。（2）中国人民武装警察部队的现役警官、文职干部、士兵及具有军籍的学员。由于中国人民武装警察部队也是我国国家武装力量的组成部分，实行义务兵与志愿兵相结合的兵役制度，执行人民解放军的条令、条例。他们担负一定的军人职责，因而对于违反职责的犯罪，也适用本章的规定。（3）文职人员。本条规定的文职人员的范围，根据 2017 年修订的《中国人民解放军文职人员管理条例》第二条规定，文职人员是指在军民通用、非直接参与作战且社会化保障不宜承担的军队编制岗位从事管理工作和专业技术工作的非现役人员，是军队人员的组成部分。（4）执行军事任务的预备役人员和其他人员。由于执行军事任务的预备役人员和其他人员，也担负着与军人相同的保卫国家、人民利益的职责，因而本条规定，对于执行军事任务的预备役人员和其他人员违反职责的犯罪，适用本章的规定。

【实践中需要注意的问题】

关于文职人员的规定，既适用于中国人民解放军，也同时适用于中国人民武装警察。根据《中国人民解放军文职人员管理条例》第五十九条的规定，中国人民武装警察部队文职人员，适用本条例。

第四百五十一条 【战时的含义】

本章所称战时，是指国家宣布进入战争状态、部队受领作战任务或者遭敌突然袭击时。

部队执行戒严任务或者处置突发性暴力事件时，以战时论。

【条文精解】

本条是关于"战时"的含义的规定。

根据本条规定，战时是指下列情况：（1）国家宣布进入战争状态的。根据宪法规定，全国人民代表大会决定战争问题。在国家遭受武装侵犯或者必须履行国际间共同防止侵略的条约的情况下，全国人大常委会有权宣布进入战争状态。（2）部队受领作战任务的。（3）部队遭敌突然袭击时。

对于部队执行戒严任务或者处置突发性暴力事件时，本条规定以战时论。也就是说部队执行戒严任务或者执行处置突发性暴力事件，是在非战争的和平时期。这里的"戒严任务"，是指根据戒严法第二条的规定，在发生严重危及国家的统一、安全或者社会公共安全的动乱、暴乱或者严重骚乱，不采取非常措施不足以维护社会秩序、保护人民的生命和财产安全的紧急状态时，国家可以决定实施戒严。第八条规定，戒严任务由人民警察、人民武装警察执行；必要时，国务院可以向中央军事委员会提出，由中央军事委员会决定派出人民解放军协助执行戒严任务。"突发事件"，是指突然发生，造成或者可能造成严重社会危害，需要采取应急处置措施予以应对的事件。这里的"突发性暴力事件"，是指突然发生的，如恐怖事件、重大的打砸抢事件等，已经造成或者可能造成严重社会危害，危及人民生命和财产安全的，需要采取应急处置措施予以应对的事件。根据本条规定，对于部队执行戒严任务或者处置突发性暴力事件时，构成本章规定的军职罪的，以战时论。本章的有些条款作了战时从重处罚的规定。

附 则

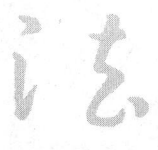

第四百五十二条 【本法的施行日期、相关法律的废止与保留】

本法自 1997 年 10 月 1 日起施行。

列于本法附件一的全国人民代表大会常务委员会制定的条例、补充规定和决定,已纳入本法或者已不适用,自本法施行之日起,予以废止。

列于本法附件二的全国人民代表大会常务委员会制定的补充规定和决定予以保留。其中,有关行政处罚和行政措施的规定继续有效;有关刑事责任的规定已纳入本法,自本法施行之日起,适用本法规定。

附件一

全国人民代表大会常务委员会制定的下列条例、补充规定和决定,已纳入本法或者已不适用,自本法施行之日起,予以废止:

1. 中华人民共和国惩治军人违反职责罪暂行条例
2. 关于严惩严重破坏经济的罪犯的决定
3. 关于严惩严重危害社会治安的犯罪分子的决定
4. 关于惩治走私罪的补充规定
5. 关于惩治贪污罪贿赂罪的补充规定
6. 关于惩治泄露国家秘密犯罪的补充规定
7. 关于惩治捕杀国家重点保护的珍贵、濒危野生动物犯罪的补充规定
8. 关于惩治侮辱中华人民共和国国旗国徽罪的决定
9. 关于惩治盗掘古文化遗址古墓葬犯罪的补充规定
10. 关于惩治劫持航空器犯罪分子的决定
11. 关于惩治假冒注册商标犯罪的补充规定
12. 关于惩治生产、销售伪劣商品犯罪的决定
13. 关于惩治侵犯著作权的犯罪的决定
14. 关于惩治违反公司法的犯罪的决定
15. 关于处理逃跑或者重新犯罪的劳改犯和劳教人员的决定

附件二

全国人民代表大会常务委员会制定的下列补充规定和决定予以保留，其中，有关行政处罚和行政措施的规定继续有效；有关刑事责任的规定已纳入本法，自本法施行之日起，适用本法规定：

1. 关于禁毒的决定
2. 关于惩治走私、制作、贩卖、传播淫秽物品的犯罪分子的决定
3. 关于严禁卖淫嫖娼的决定
4. 关于严惩拐卖、绑架妇女、儿童的犯罪分子的决定
5. 关于惩治偷税、抗税犯罪的补充规定
6. 关于严惩组织、运送他人偷越国（边）境犯罪的补充规定
7. 关于惩治破坏金融秩序犯罪的决定
8. 关于惩治虚开、伪造和非法出售增值税专用发票犯罪的决定

【条文精解】

本条是关于本法生效日期和本法施行前全国人大常委会制定的条例以及关于刑法的补充规定和决定在本法施行后的效力的规定。

本条共分三款。

第一款是关于刑法生效日期的规定。根据本款规定，刑法自1997年10月1日起施行。对于生效以后发生的行为，应当依照刑法的规定追究刑事责任。对于生效以前发生的行为，应当依照刑法第十二条关于刑法溯及力的规定进行处理。

第二款是关于列于刑法附件一中的，刑法施行前全国人大常委会制定的条例以及关于刑法的补充规定和决定在刑法施行后的效力的规定。1997年修订刑法，一个重要的考虑就是要制定一部统一的、比较完备的刑法，将1979年刑法实施十七年来由全国人大常委会作出的有关刑法的条例、补充规定和决定研究修改编入刑法。列于本法附件一的十五个条例、补充规定和决定的内容基本上都是有关刑事责任方面的规定，这些内容中需要继续适用的都经过研究修改后纳入刑法，其中关于处理逃跑或者重新犯罪的劳改犯和劳教人员的决定经过研究后认为应当不再适用。因此，依照本款规定，列于刑法附件一的全国人大常委会制定的条例、补充规定和决定，已纳入刑法或者已不

适用，自刑法施行之日起，予以废止，不再有效。

第三款是关于列于刑法附件二的刑法施行前全国人大常委会制定的关于刑法的补充规定和决定在本法施行后的效力的规定。列于刑法附件二的八个补充规定和决定，不仅规定了有关刑事责任的内容，还对一些违法行为规定了行政处罚及行政措施。其中有关刑事责任的内容，经过研究修改后纳入了刑法，刑法生效后，应当依照刑法的规定执行；但有关行政处罚及行政措施的规定在行政执法活动中仍然起着十分重要的作用，应当继续适用。因此，依照本款规定，列于刑法附件二的全国人大常委会制定的补充规定和决定予以保留。其中，有关行政处罚和行政措施的规定继续有效，执法机关仍然要适用这些规定处理违法行为；有关刑事责任的规定已纳入刑法，自刑法施行之日起，不再有效，对于相关的犯罪行为，应当依照刑法的有关规定追究刑事责任。

【实践中需要注意的问题】

1. 根据1997年3月25日最高人民法院《认真学习贯彻修订的〈中华人民共和国刑法〉的通知》（法发〔1997〕3号）规定，修订的刑法实施后，对已明令废止的全国人大常委会有关决定和补充规定，最高人民法院原作出的有关司法解释不再适用。但是如果修订的刑法有关条文实质内容没有变化的，人民法院在刑事审判工作中，在没有新的司法解释前，可参照执行。其他对于参与修订的刑法规定相抵触的司法解释，不再适用。

2. 附件二中"全国人民代表大会常务委员会制定的下列补充规定和决定予以保留，其中，有关行政处罚和行政措施的规定继续有效"的规定，已经有了相当的变化，具体包括：

（1）《关于禁毒的决定》已被2007年禁毒法第七十一条明文废止。

（2）《关于严禁卖淫嫖娼的决定》第四条第二款、第四款已被2019年12月全国人民代表大会常务委员会《关于废止有关收容教育法律规定和制度的决定》明文废止。

（3）《关于惩治偷税、抗税犯罪的补充规定》与《关于严惩组织、运送他人偷越国（边）境犯罪的补充规定》已被2009年6月全国人民代表大会常务委员会《关于废止部分法律的决定》明文废止。其中，《关于惩治偷税、抗税犯罪的补充规定》中有关行政处罚和行政措施的规定已纳入2015年修订的税收征收管理法，《关于严惩组织、运送他人偷越国（边）境犯罪的补充规定》中有关行政处罚的规定已纳入2012年修订的治安管理处罚法。

（4）《关于惩治走私、制作、贩卖、传播淫秽物品的犯罪分子的决定》《关于严惩拐卖、绑架妇女、儿童的犯罪分子的决定》与《关于严禁卖淫嫖娼的决定》，其中有关行政处罚和行政措施的规定已被2009年8月27日全国人大常委会《关于修改部分法律的决定》修订，原文中的"治安管理处罚条例"均被修改为"治安管理处罚法"。

（5）《关于惩治破坏金融秩序犯罪的决定》与《关于惩治虚开、伪造和非法出售增值税专用发票犯罪的决定》中有关行政处罚和行政措施的规定，继续有效。